環境人間学と地域

カタストロフと時間

記憶／語りと歴史の生成《エネルゲイア》

Catastrophe and Time

Memory, Narrative, and the *Energeia* of History

寺田匡宏 著
Masahiro Terada

京都大学学術出版会

「環境人間学と地域」の刊行によせて

地球環境問題が国際社会の最重要課題となり、学術コミュニティがその解決に向けて全面的に動き出したのは、一九九二年の環境と開発に関する国連会議、いわゆる地球サミットのころだろうか。それから二〇年が経った。

地球環境問題は人間活動の複合的・重層的な集積の結果であり、仮に解決にあたる学問領域を「地球環境学」と呼ぶなら、それがひとつのディシプリンに収まりきらないことは明らかである。当初から、生態学、経済学、政治学、歴史学、哲学、人類学などの諸学問の請来と統合が要請され、「文理融合」「学際的研究」といった言葉が呪文のように唱えられてきた。さらに最近は「トランスディシプリナリティ」という概念が提唱され、客観性・独立性に依拠した従来の学問を超え社会の要請と密接にかかわるところに「地球環境学」は構築すべきである、という主張がされている。課題の大きさと複雑さと問題の解決の困難さを反映し、「地球環境学」はその範域を拡大してきている。

わが国において、こうした「地球環境学」の世界的潮流を強く意識しながら最先端の活動を展開してきたのが、大学共同利用機関法人である総合地球環境学研究所（地球研）である。たとえば、創設一〇年を機に、価値命題を問う「設計科学」を研究の柱に加えたのもそのひとつである。事実を明らかにする「認識科学」だけでは問題に対応しきれないのが明らかになってきたからだ。

一方で、創設以来ゆるぎないものもある。環境問題は人間の問題であるという考えである。よりよく生きるためにはどうすればいいのか。環境学は、畢竟、人間そのものを対象とする人間学 Humanics でなければならなくなるだろう。今回刊行する叢書「環境人間学と地域」には、この地球研の理念が通底しているはずである。

これからの人間学は、逆に環境問題を抜きには考えられない。人間活動の全般にわたる広範な課題は環境問題へと収束するだろう。そして、そのときに鮮明に浮かび上がるのが人間活動の具体的な場である「地域」である。地域は、環境人間学の知的枠組みとして重要な役割を帯びることになる。

ひとつの地球環境問題があるのではない。地域によってさまざまな地球環境問題がある。問題の様相も解決の手段も、地域によって異なっているのである。安易に地球規模の一般解を求めれば、解決の道筋を見誤る。環境に関わる多くの国際的条約が、地域の利害の対立から合意形成が困難なことを思い起こせばいい。

地域に焦点をあてた環境人間学には、二つの切り口がある。特定の地域の特徴的な課題を扱う場合と、多数の地域の共通する課題を扱う場合とである。どちらの場合も、環境問題の本質に関わる個別・具体的な課題を措定し、必要とされるさまざまなディシプリンを駆使して信頼に足るデータ・情報を集め、それらを高次に統合して説得力のある形で提示することになる。簡単ではないが、叢書「環境人間学と地域」でその試みの到達点を問いたい。

「環境人間学と地域」編集委員長
総合地球環境学研究所　教授
阿部　健一

目次

第Ⅲ部　カタストロフと記憶

第Ⅳ部　場に残るカタストロフと「持去」——メモリアル・モニュメント・遺構

本書に関連する出来事の年表

以前-以後関係による時間スケール	キリストの誕生を基準にした時間スケール（西暦）	出来事	本書の中で関連する部ないし章
約138億年前		宇宙の誕生	序章、終章
約46億年前		地球の誕生	序章、終章
約2億5千万年前		中生代の開始。花崗岩が形成される	第十章
約6550万年前		ユカタン半島への巨大隕石の落下が原因とされる恐竜などの大型爬虫類の大量絶滅。これ以後、新生代となる	序章、終章
約260万年前		新生代第四紀の開始	終章
約2万9千年～2万6千年前		始良カルデラ巨大噴火	序章
約1万年前		新生代第四紀完新世（Holocene）の開始	序章、終章
約7300年前		鬼界カルデラ巨大噴火	序章
	紀元前4	イエス・キリスト誕生	
	紀元49	ヴェスヴィウス火山噴火（イタリア、ポンペイ）	第十章
	622	ムハンマドと信奉者による聖遷。のちに、イスラーム暦の元年とされる	補章2
	645	「大化の改新」で日本で初めて元号（大化）が制定される	第II部
	712	『古事記』成立	補章2
	1610	ガリレイ『星界の報告』。このころ西欧で「科学革命」の開始	
	1637	デカルト『方法序説』	第四章
	1687	ニュートン『プリンキピア』	
	18世紀半ば頃—19世紀半ば頃	イギリスで産業革命。このころを新生代第四紀アンソロポシーン（Anthropocene）の開始とする説あり	終章
	1830	ヘーゲル『世界史の哲学』	補章2
	1855	安政江戸地震	プロローグ
	1868	明治元年。日本において近代国民国家形成が本格的に開始する	

	1923	関東大震災	第六章
	1931	満州事変。十五年戦争の開始。関東軍が満州を占拠し、翌 32 年に満州国を建国。	補章 2
	1933	ドイツにおいてナチスが政権を掌握	第九章、コラム 5、コラム 6
	1937	盧溝橋事件により日中戦争はじまる。のちに大東亜戦争と呼称される	プロローグ、補章 2
	1939	ドイツ軍がポーランドに侵攻。第 2 次世界大戦の開始	
	1941	ラインハルト作戦により、ヨーロッパで組織的・計画的なユダヤ人殺害が開始される	第九章、コラム 5、コラム 6
	1941	日本がアメリカ・イギリスに宣戦布告。アジア・太平洋戦争の開始	プロローグ
	1945	広島と長崎に原子力（核）爆弾の投下。アジア・太平洋戦争（第 2 次世界大戦、15 年戦争、大東亜戦争）の終結	第五章
	1956	水俣病が公式に発見される	第三章
	1968	全世界的に学生運動が起こる	補章 2
	1968	ベリチェ地震	終章
	1975–1979	カンボジアでクメール・ルージュ政権が多くの国民を死に追いやる	第十章
	1991	雲仙普賢岳噴火	ダイアローグ 1
	1995	阪神・淡路大震災	本書全体
	2004	スマトラ島沖インド洋地震・津波	コラム 4
	2040	このころに火星に人が住み始める（予想）	終章
	2100	このころに現在と比較して気温が 0.3〜4.8℃上昇する（予測）	終章
43 億 2 千万年後		「一劫の終わり」	第三章
56 億 7 千万年後		「弥勒菩薩の出現」	第十章

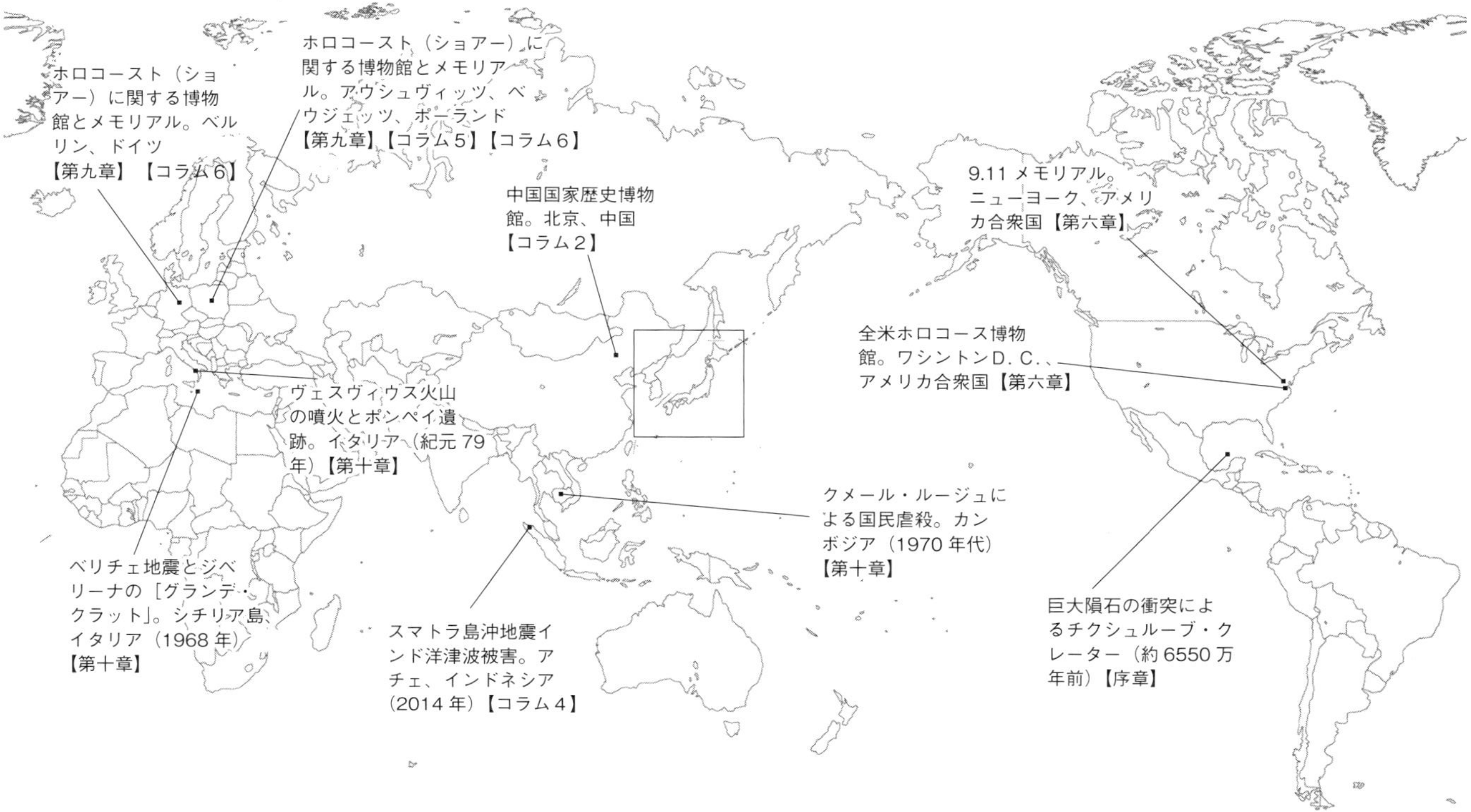

本書で取り上げるおもな国、地域、組織、カタストロフと関連する章　（1）　世界図

本書で取り上げるおもな国、地域、組織、カタストロフと関連する章　（2）日本全図

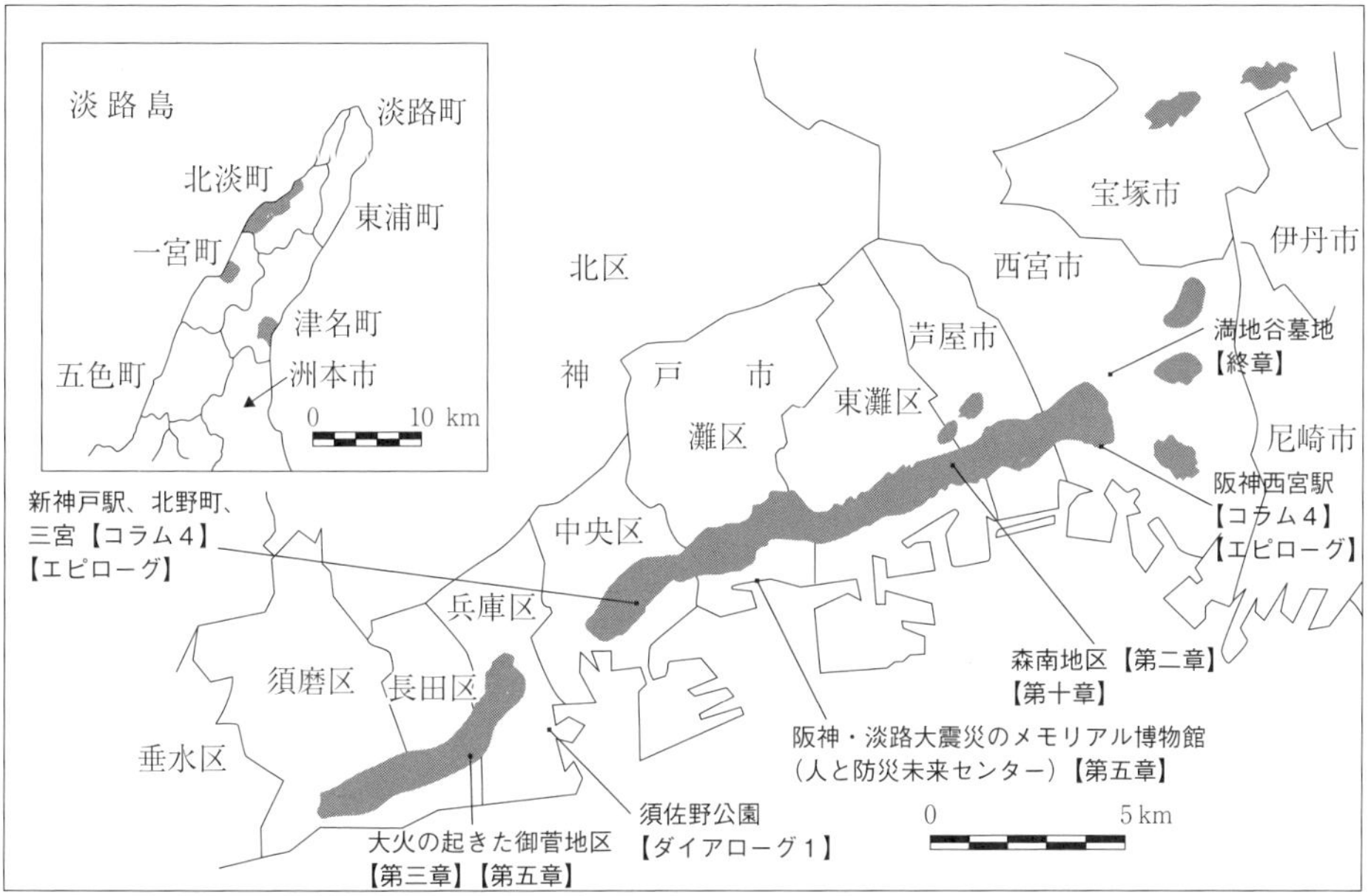

本書で取り上げるおもな国、地域、組織、カタストロフと関連する章　（3）阪神地域

出典：[気象庁 1997：60] に加筆。市町村名は当時のもの。淡路町・北淡町・一宮町・東浦町・津名町は合併して淡路市に、五色町は合併して洲本市になっている。

注：グレーの部分は阪神・淡路大震災における震度７の分布

プロローグ　鯰絵とプレゼンティズム

画面中央に大きな鯰が二匹。わらわらと駆けつける人々。押し合いへし合いしている。いったい、何人の人がいるのだろう。三〇人以上の人が描かれている。いや、人以外も描かれている。右上には、頭にツノを生やした雷神が描かれているし、その奥にいるのは、鹿島大明神である。人々の服装からして、ここにいるのは大半が町人たちである。武士はここにはいない。

これは、一八五五(安政二)年に、当時の首都とも言える将軍の居住地である江戸で起きた大地震の後に流行した「鯰絵」と呼ばれる一枚刷りの版画である(図0-1)[1]。

安政江戸地震と鯰絵

この地震は、江戸湾を震源としたマグニチュード六・九と推定される地震で、一般に安政江戸地震と呼ばれ

[1] 鯰絵については、[アウエハント2013]、[宮田・高田(編著)1995]、[北原2013]を参照した。

図 0-1　鯰絵「江戸鯰と信州鯰」(1855 (安政 2) 年)、国立歴史民俗博物館蔵

るが、約一万人近くが犠牲になったという。特に被害が大きかったのは、浅草、本所、深川、下谷などすでに当時から下町と言われていた東京の東部のエリアで、家屋が壊滅状態になった。地震の被害は、地面の状況を通じてその上に立っている建物にあらわれる。江戸は、太田道灌が一五世紀半ばに開発した土地で、地震の時点で四〇〇年ほどが経過していた。町人地である東部は、徳川幕府の成立とともに、江戸湾の浅い入り江を埋め立てながら広げた土地に建設された新しい都市である。それ以前から陸地であった台地すなわち山の手には武家の藩邸や屋敷が建設され、埋め立てなどによってできた土地には、商業地や町人の住居が建設された。埋め立て地は地震によって大きく揺れ、その被害は大きかったが、そこに住んでいたのは大半が商人や町人や職人たちだったのである。

安政江戸地震の特徴は、地震直後からこの鯰絵を含むかわら版が多数発行されたことである。地震が起きたのは安政二年一〇月二日の深夜一〇時ごろだったが、はやくもその二日後の一〇月四日にはかわら版が発行されていた[2]。当時、印刷物は幕府の発行許可を得ることが必要だったが、それに反して鯰絵は、発行許可を得ずにゲリラ的に売られていた。そのため、絵には作者の名前も書かれていないし、版元の名前もない。記録がないのでどれくらいの鯰絵が当時発行されたのかよくわかっていない。地震直後から約一ヶ月後の一一月二日に幕府による禁止が出されたが、それ以後も発行され続けたといわれている。今日残っているだけでも約二五〇種類の鯰絵があるが、当時流通したのはそれ以上の数だっただろう。

なぜ鯰なのだろうか。当時、江戸においては、地震は地下にいる鯰が暴れることによって起こるという俗信があった。その鯰を押さえつけていたのが、鹿島大明神であり、要石《かなめいし》という石で地中の鯰を押さえつけていると考えられていた。鹿島大明神をまつる鹿島神宮は茨城県に存在し、要石もそこに存在する。その石の押さえつけが緩んだ時、鯰が暴れ出し地震が起きると考えられていた。この鯰絵の右上に描かれている鹿島神が駆けつけているのは、暴れ出した鯰を押えつけるためである。

鯰絵が語る地震と人間社会の対応の共時性

鯰絵のモチーフはさまざまであるが、鯰に擬された地震と人間とのやり取りが描かれている。

少し詳しく見てみよう。

まず、鯰は二匹描かれていて、一匹の額には「江戸」と書かれ、もう一匹の額には「信州」と書かれている。ここでの「江戸」とは、安政江戸地震を指し、「信州」は、安政江戸地震の八年前、一八四七（弘化四）年に起きた「善光寺地震」を指す。この時期、日本列島では地震が多発しており、善光寺地震のほか、安政江戸地震の前年には安政東海地震、安政南海地震も起きていた。複数の鯰は、この時期は、鯰の活動期であったことを示す。

鯰の下敷きになっている人々かいる。地震による家屋の倒壊によって被害を受けた人々である。また、鯰の上に乗って暴れたり、たたいたり、道具で殴りつけたりしている人々がいる。地震によって被害を受けた人々にとって、地震鯰は怒りの対象である。画面中央に見える赤い隈取の化粧をして三升の模様の描かれた特徴的な柿色の裃を身につけているのは、歌舞伎の「暫《しばらく》」の主人公である。「暫」は歌舞伎で代々の市川團十郎が得意とした十八番の荒事の一つで、三重になった升の模様は市川家の紋である。主人公鎌倉権五郎景政が、悪人が善人を横暴に殺害しようとしているところに「しばらく〜、しばらく〜」と登場し、状況を逆転させるとい

［2］［北原 2013: 95］

う内容である。いわば彼は超越的力の持ち主である。それが、地震鯰の横暴を押さえつけている。つまり、描かれているのは、鯰をいたぶり、懲らしめる人々が大半である。

しかし、それだけではない。中には、それを傍観者のように見ている人もいる。

「みんなよ（寄）ってあんなにいじめるよ、なさけねえのう」

これは、右端に立つおでん屋の言葉である。地震後の復興工事により、立ち食い店舗は大繁盛した。それゆえ、彼らにとっては、地震鯰は収入をもたらしてくれた幸運の使者であっても、復讐の対象ではない。

「マアマアだんナがた、そんなにセずともうかんにんしておやんナセへ、それでハわつちらがこまりますこまります」

これは、職人の言葉である。職人も同様に、復興工事の需要の増大により懐が潤った。だから、彼らにとっては、鯰をいじめることは困ることなのである。つまりここには、人間社会の自然界への両義的な対応が描き出されている。このような自然災害後の社会の対応は、今日でも看取されるところであろう。つまり、人間社会における自然災害への対応の時代や時間を超えた共通性であるといえる。

自然としての鯰

また、地震を動物や怪物として描くことも共通しているといえるかもしれない。たしかに、地震を鯰として表象することは今日の日本では一般的でない。しかし、地震が動物のような怪物として描かれることはある。二〇一六年、東日本大震災の後に公開された映画『シン・ゴジラ』（総監督庵野秀明、監督樋口真嗣）においては、恐竜のような体長一一八・五メートルの怪物ゴジラが描かれるが、それは地震を表現しているという解釈がなされる場合がある。このゴジラは、一九五四年に公開された映画『ゴジラ』（監督本多猪四郎）を源流とする。この「初代」ゴジラは、水爆実験により海中での眠りを妨げられ日本に襲来したという設定だが、それは、その約一〇年前に敗北により終結したアジア太平洋戦争[3]（第二次世界大戦、十五年戦争、大東亜戦争）そのものや、その戦争末期に広島と長崎に対して行われた核爆弾攻撃をあらわしているとも言われる。[4]本書の中でこれから述べることになるが、一九九五年に起きた阪神・淡路大震災のメモリアル博物館で展示されているジオラマや特撮映像を監督したのは、ゴジラ映画の特撮映像監督で著名な川北紘一であった。[5]

　ゴジラも鯰も、神や妖怪などの超自然的な力を持つものとしては表現されていないことは共通している。それらは、現実にはあり得ない巨大な姿で描かれているが、動物であり、物理的な法則には従っており、あくまで「現世」の自然の枠組みの中にいて、ゴジラは口から火を噴いたり、地震鯰は地震を起こしたりするものの、妖力のような超自然の力を用いるわけではない。鯰絵に戻って見ると、ここに描かれている鯰は、生物としての鯰である。江戸の人々は、鯰を鯰として描いている。鯰が鯰であるということは、鯰は、自然そのものとし

［3］この戦争は、ここに述べたようにどの側面に着目するかで呼称が複数ある。過去と未来を複数形で書くことは本書のテーマの一つである。そのため、本書では煩雑になるが以下もこのように表記し続ける。なお、その他にも日中戦争や日米戦争などの呼称もあるが、全体像を指すものではないため、ここではその存在を指摘するにとどめ、本文では、以下は記載しない。

［4］［加藤 2010］ほか

［5］本書第五章第3節 282–290 ページ

て描かれているということである。神としての鯰ではなく、妖怪としての鯰でもない。神は天上界に属し、妖怪は異界に属す。しかし、鯰が属するのは、自然界である。

太平洋縁辺のプレート境界に位置する日本列島では歴史上数多く地震が起こってきていたが、その原因については、さまざまな説があった。災害史の北原糸子は、徳川期から明治にかけて発行された自然災害に関する刊本を時系列的に検討して、一七世紀には、神意によって自然現象が支配されるという考え方があったが、一八世紀初頭からは、中国の天文学を通じて西洋の地動説が導入され始め、地球の運行や自然現象を客観的に見ようとする考え方がひろがっていったことを明らかにしている。[6] そして、それは、一九世紀になるとヨーロッパでの物理学や化学など近代科学の発展の影響で、地震に際しては地中で爆発が起きているという説が紹介され、また安政江戸地震のほか頻発する災害に対する防災意識も高まることで変化し、地震は「怪異」から科学的に解明される対象へと少しずつ移り変わってゆくという。地震が本格的に科学的に扱われるようになるのは、開国と明治維新を経て近代化が進み始めてからである。

北原は一七一〇（宝永七）年に江戸で出版された『天地或問珍』（児嶋不永著）という書物に、地震は地中の陽の気と陰の気のバランスの崩れに原因があり、陽の気が陰の気に阻まれて上昇できないときに地震が起きるのであって、鹿島の要石に鯰が抑えられていると考えるのは妄説であるという記述があることを紹介している。気とは、朱子学の基本概念であり、天と地の相応を説く哲学である。朱子学は、自然のコスモロジーと人間社会を統一した視座で理解しようとした。朱子学の説く自然の概念をめぐっては、日本の近代化に伴う主体の形成と関係して本書の中でのちに論じることになるが、[7] ここでは、まずは、人々の伝統的な自然観と朱子学という外来の学問の葛藤が起きていることを確認したい。

朱子学とは、この鯰絵が発行された徳川期の公定学知であったが、公定学知により否定されたとはいえ、鯰絵が広く受け入れられたことは、地震は鯰の振動によって起こるという観念が、広く民衆の中に定着していたことを示している。市井の人々は、中国や西洋から入って来る新たな学知による説明の存在を知らなかったわけではなかっただろうが、一方で、伝統的な観念をも信奉していたのであろう。

鯰絵において、鯰が地震の原因であることは示されているが、目に見えない気や妖術や超自然的な力を操るものとしては描かれていないことは興味深い。ここにおいて、鯰は自然の一部であるととらえられている。一部により全体を表現することは提喩である。その結びつきは科学的なものではなく、民俗的なものではあるものの、鯰は、地震という自然現象の提喩であるといえる。鯰を地震の提喩として用いることは、今日、一般的ではない。しかし、ゴジラのような存在まで含めると、自然を日本の人々がどう認識して、どう表現してきたかを示すその根は深いといえる。

鯰絵に見られる時間 —— プレゼンティズム

一方、ここで鯰絵の時間感覚について見てみたい。他の鯰絵も含めて鯰絵を通して見る時、そこに見られるのは、現在への強い関心、現在のみを視線の対象とする時間感覚である。鯰絵には、現世とあの世という対比はあるが、歴史や未来という語りの要素は存在しない。

たとえば、「じしん百万遍」という鯰絵を見てみよう（図0-2）。この鯰絵においては、「とび」「めし」「大（大

［6］［北原 1998: 226-239］
［7］本書補章2 777-778ページ

工）」「石（石工）」「車（車引き）」などと書かれたはっぴを着た人々に取り巻かれた鯰が、大きな数珠を繰り、百万遍の読経をおこなっている。

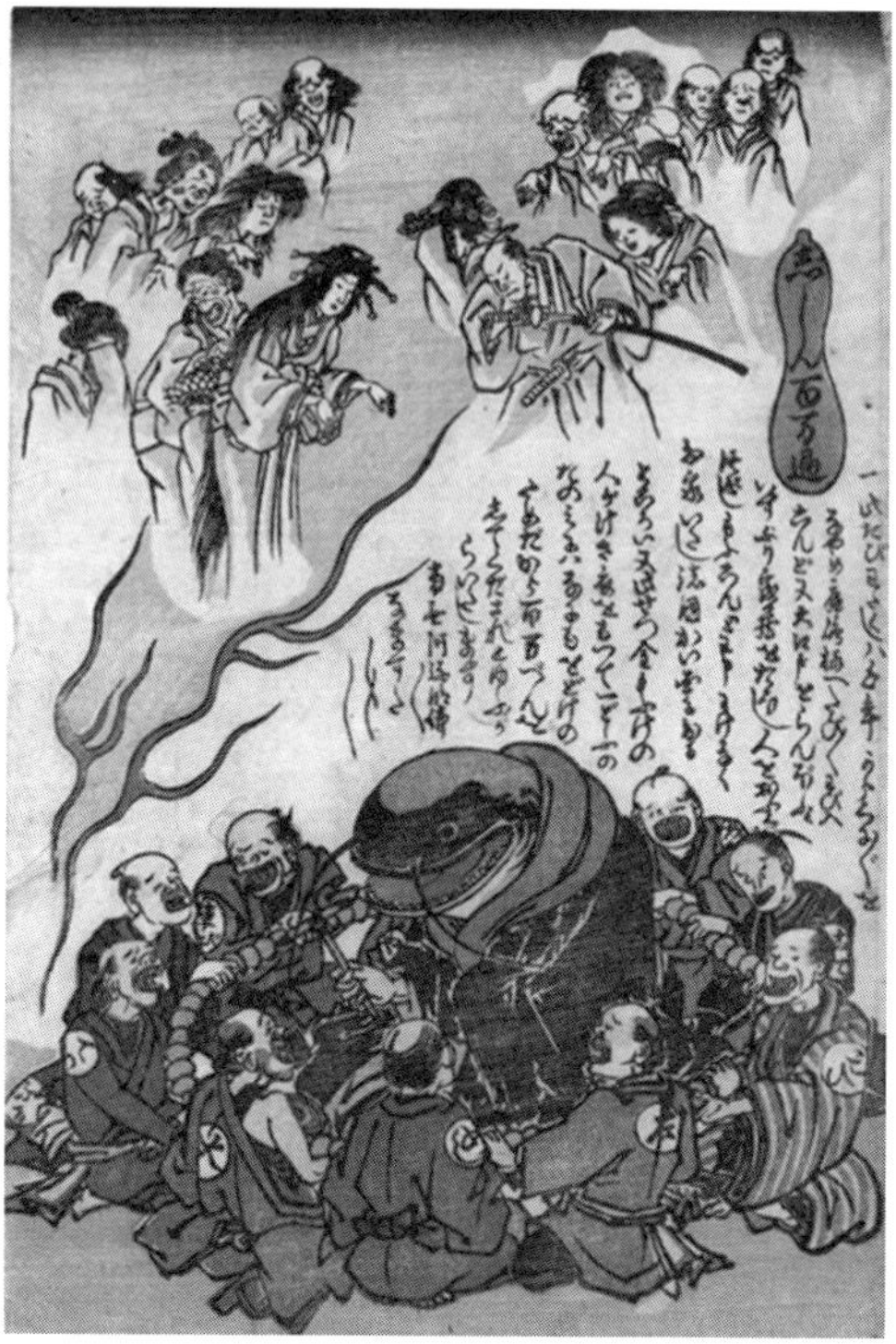

図 0-2　鯰絵「じしん百万遍」(1855（安政 2）年)、国際日本文化研究センター蔵

> 此たびわたくしハ、千年からくにぐに（国々）をなや（悩）め鹿島様へたびたびわび入、こんど又大江戸をらんぼうふニいすぶり、家蔵をたほし人をおふくつぶし、もふこんどわ申わけなく出家いたし、諸国かい国に出るところ……

鯰はこう述べて、地震によって多くの人々に迷惑をかけたことを悔いて、出家し巡礼の旅に出るところだと述べる。鯰の図像は頭頂部が青く塗られており、剃髪していることを示唆する。そして、一同とともに「南無阿弥陀仏」と経文を唱えるのだが、それは、「南無阿弥陀仏南無阿弥陀仏、なますた、なますた、なますた、なますた、なますた」と、次第に「なまず」の地口となってくる。その上方には、死者がいる。下の鯰や職人たちはカラーで刷られているのに対して、上方の死者は墨一色で刷られている。彼らには足が描かれていなくて、それが彼らが幽霊だということを示し、またカラーとモノクロの違いが、彼らが「この世」ではなく「あの世」にいることを示すが、彼らは、まるで生きているかのように描かれている。一人の武士は刀を抜いて「この世」の鯰や職人たちに切りかかろうとしているが、それは、「あの世」と「この世」の境界がないかのごとくである。

他にも「地震冥途ノ図」と名付けられた鯰絵のように、死者が「あの世」で暮らしている様を描いた鯰絵は存在する。そこで描かれている「あの世」の人々は、けれども、その時点での「現在」の人々の髪型や服装をしている。それゆえ、この「あの世」も、「あの世」と「この世」の別はあるが、現在の一部であるといえる。しかし、鯰絵には、過去の歴史を振り返ったり、未来や後世の防災のための教訓として記憶を伝えるというような今日の自然災害後に見られるようなナラティブ（語り）のモチーフは存在しない。[8]

むしろ、鯰絵に見られるのは、地震というつらい出来事においても、それをある意味で笑いに変える精神である。たとえば、「治る御代　ひやかし鯰」（図0-3）という鯰絵では、江戸の遊興街である吉原に、職人たちとともに遊びに来て、格子の向こうの遊女をひやかして歩いている鯰が遊女に髭をひっぱられている。

女郎「もしへ、ぬし（主）やア、あんまりさますよ、このぢう（間）もだしぬけにきさつして、大さわきをさせなました、ミセ（店）も、にかい（二階）も、一ときに、ひねりばなしじやア、目がまハるよウ、ぎり（義理）わるや」

［8］ ただし、徳川時代の人々に「後世」という感覚がなかったわけではない。本書第一章第1節85ページで見るように、この安政江戸地震の前年（一八五四年）に、大坂で起きた東南海地震にともなう津波の後には「後世」のための石碑がたてられている［小田 1995］。また家の永続の願いは、徳川期から近代を通じた人々の強い願望だったことを柳田國男は『明治大正史 世相篇』で描き出している［柳田 1998］。ここでは、鯰絵に限定すると歴史の存在と結びつけられた「後世」への感覚がなかったといえるとする。

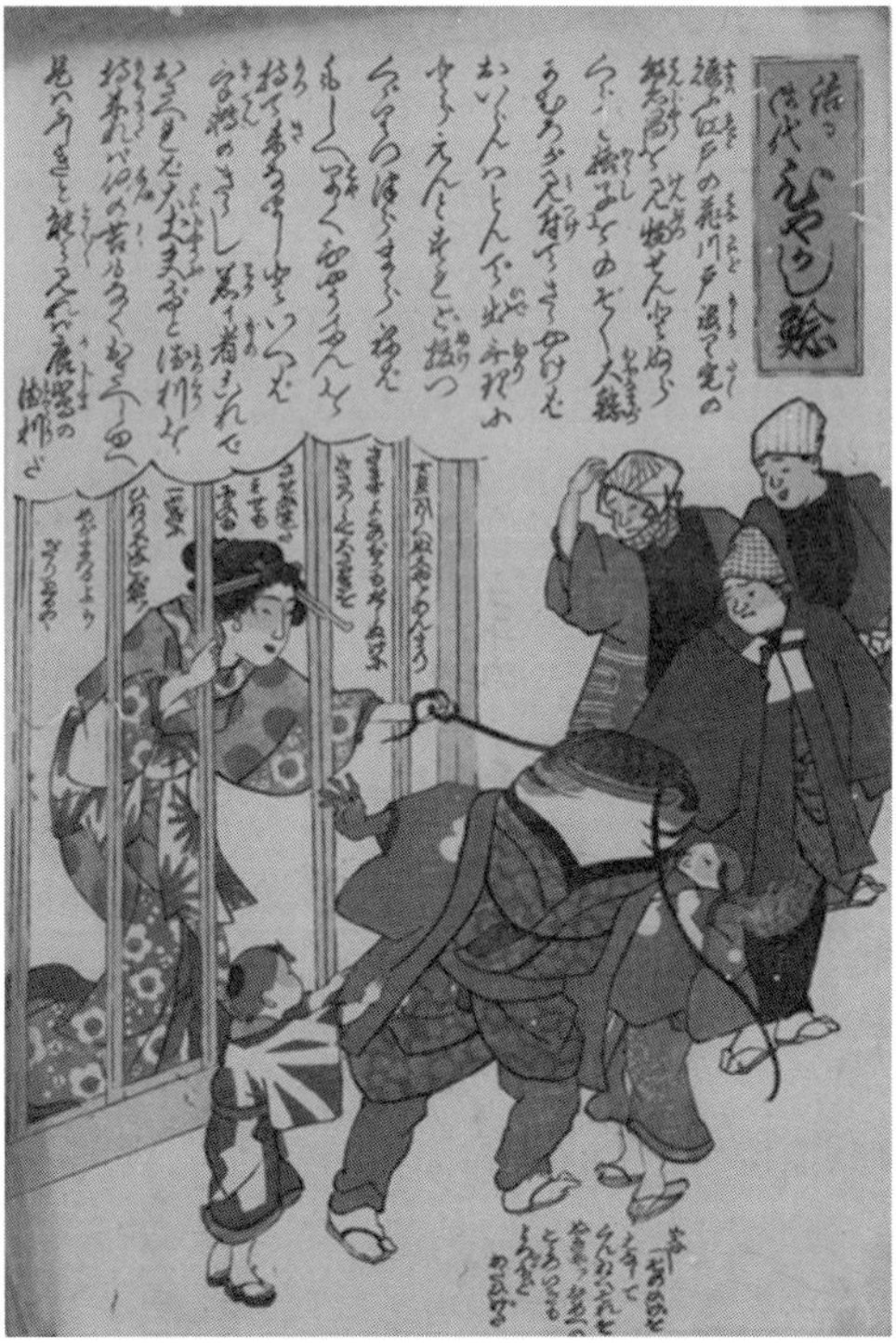

図0–3　鯰絵「治る御代　ひやかし鯰」［1855（安政2）年］、国際日本文化研究センター蔵

その後ろにいるのは、地震の復興需要で懐が潤って吉原に遊びに来る余裕ができた職人たちである。

　客（鯰）「そのひげをはなしてくんねへ、それをぬ（抜）きやア、おめへのこころいき（心意気）もよっぽどかたひげ（片髭）だ」

　当時、吉原は地震や火災のため営業できなくなっており、臨時に市中の家を借りた仮宅で営業をしていた。通常では、吉原は格式のある遊郭であるため職人が股引半纏の普段着で登楼することはできなかったが、このときは、仮宅であるため彼らでも遊郭に上がることができた。

　髭をひっぱられた鯰はもはや恐れや畏怖の対象ではない。その滑稽な姿は、笑いの対象である。笑いとは、現在の出来事である。笑いによって人々は現在を共有する。悲劇は時間を超えて残りやすいが、喜劇は時間を超えると後世の人にはその意味がわかりにくくなるといわれる。

ここで、この鯰絵にあらわれている現在への感覚をプレゼンティズムpresentismと呼ぼう。プレゼンティズムという語は、このすぐ後に見るように時間の存在にかかわる形而上学的意味があるし、またそのほかにも現在がすでに黙示録的終末への過程であるという神学的意味もあるが、ここでは、単純に現在を至上とする立場と考える。一方、それに対して、現在を過去の歴史や未来と関連づけて考える立場はヒストリシズム（歴史主義）である[9]。今日の日本の社会では、鯰絵に見られるようなプレゼンティズムは縮小し、ヒストリシズムが社会的に大きな位置を占めている。これは、いわゆる近代化を遂げた国や地域に共通した感覚である。ヒストリシズムの起源は、一八世紀から一九世紀にかけて西欧にあらわれた、過去を参照して、現在や未来を解釈する立場であり、それが、近代化の過程でグローバルに広がっていったからである。

歴史とはその中に人が主体的に入る過程である。歴史においてはダイナミズムが存在すると考えられているが、それは人が歴史をつくることに参加することであり、それを自覚することである[10]。鯰絵に描かれた江戸の人々、とりわけ職人や町人などの民衆にヒストリシズム（歴史主義）の感覚がなかったのは、歴史に主体的に参加するという意識がなかったからである。そのような人々が主体的に参加する歴史というものは、人類社会や国家という大きな共同体の存在を前提とする。だが、徳川時代の人々は政治からは切り離されていた。政治は治者の仕事であり、治者である領主や武士階級の行う「政事《まつりごと》」であった。当時の民衆は、そのような政事に仁政を求めるという関与の仕方でのみ政治にかかわることができたが、それは客分としてかかわることでしかなかった[11]。近代史の牧原憲夫は近代になり、民衆が客分から国民になる過程を分析し、近代前期にはまだ客分

［9］ヒストリシズムについては、本書序章第1節25–26ページ、第二章第3節133–135ページ、補章2 766ページでより詳しく述べる。
［10］本書補章2 768–770ページ
［11］［牧原 1998］

でありながら仁政が否定され、近代後期に入り、民衆が客分でなくなり国民化すると国家が国民を庇護する仁政の担い手として再びあらわれたことを明らかにした。だが、それは強者の庇護を求める意識であり、ファシズムへとつながるものでもあったという負の側面もある。近代の国民化においては、さまざまな制度が用いられた。西川長夫はその一つとして時間の国民化をあげている[12]。ここでの鯰絵の中に歴史というモチーフが見られないことは、時間が国民化される以前の、すなわち人々が国民となる前の状態を示すとともに、人々が歴史のダイナミズムの中にまだ入っていない状況を示している。

カタストロフという時間

他方で、ここには特殊な時間のあり方があらわれている。死と生が交錯し、この世とあの世が現在という時間のうちにあらわれる。これは、人間の時間の感覚のあるリアルな一面を示している。先ほど、鯰絵にあらわれているのは、現在だけを視線の対象とするプレゼンティズムの感覚であると述べた。その現在しか存在しないというプレゼンティズムとは、形而上的な時間の問題でもある。プレゼンティズムとは現代哲学においては、現在のみが、リアルであり、過去や未来はリアルではないという存在論的な立場を指す用語である[13]。鯰絵の中に現在の時間しか描かれていないことは、ある時間の特異性を示す。そこでは、時間は通常とは違った形で流れている。そのような違った時間が流れる時、人は、時間は存在するのか、過去はどのように存在するのか、未来はあるのかという問いに出会う。本書では自然災害がもたらす特異な側面に注意を向けるためカタストロフという用語を採用するが、たしかに、多数の鯰絵が、短期間に発行されたことは人々の間のこのような感覚をあらわしているともいえる。

鯰絵に見られるような人々の自然災害というカタストロフへのまなざしは、今日の日本では見られない。現代の日本の人々の自然災害というカタストロフへの感覚は異なっている。地震という自然の現象は時間を隔てても、同じである。しかし、人間が地球上で生きているという時、人間は地球という自然の上で生きていると同時に、人間は社会や文化の中に存在するともいえる。自然の時間と社会や文化の時間は異なる。同じ時間の中に存在していても、自然と人間の時間は異なっている。自然災害というカタストロフとは、その異なる二つの軸が交わる出来事である。また、人間社会は時間と空間のどの位置に存在するかによってもそのありようは異なる。言い換えれば、歴史、社会や文化は異なっている。自然災害というカタストロフへの対応は文化である。文化は自然と組み合わさっている。自然災害というカタストロフは、それを浮かび上がらせる。

［12］［西川 1998］
［13］［Crisp 2003］［Loux 2002］［Van Inwagen 2014］ほか。より詳しくは本書第八章第1節 508–513 ページで述べる。

序章　時間・カタストロフ・エネルゲイア——本書の射程

本書はカタストロフ、とりわけ、自然災害を扱う。しかし、この序章では、いきなりカタストロフの問題には入らずに、まずは、地球環境学における重要な課題である環境と時間をどうとらえるか、環境と時間はどう関係するかということがらを先に述べる。

カタストロフというのは、極端な出来事、極限状態である。通常の出来事の中で普段は見えなかったことがその極端であることによって明らかになる。そのような極端で極限状態の出来事であるカタストロフに目を凝らすことは、環境一般について多大な示唆を与えると考える。しかし、極端で極限的なことは、特殊なことでもある。特殊なことは一般的で普遍的な中に位置づけられなくてはならないだろう。本の構成として、いきなり極端な出来事に入っていくより、それをとりまく文脈をあらかじめ明らかにし、大きな枠組みの中で見ておくことが、本書の内容をより深く理解してもらえることにつながると思う。そこで、まず、環境と時間について大きな枠組みの中で考えておきたい。

1　環境と時間

環境と時間はどのように関係するのだろうか。

一般に環境とは空間的な概念であると思われており、環境と時間の関係はあまり考えられない問題のようだが、実は環境が問われる際に常に問われている。たとえば、環境はしばしば未来とセットになって論じられる。特に、地球環境問題が論じられる際には、未来の地球環境をどう考えるかが問われる。また、過去の知恵に学ぶということが言われることもある。そして、もちろん、地球環境が現代において問題化する背景には、現在の環境の状況についての危機感がある。つまり、環境に関しては、つねに時間の問題が背景にあるといえる。

一方、環境と時間に関して考える際に困難があるのも事実である。その理由の一つは、すでに述べたように環境とは、通常時間よりも空間とかかわりが深いと考えられていることである。地球環境が表現される時、それは空間的なものとして描かれる。たとえば、それは主体の周囲に同心円状に、身の回りから地域、グローバルへと、いくつかの段階を持って外延的に広がる空間ととらえられることが多い。

また、地球環境の時間と人間の時間の問題もある。地球環境の時間は、人間の時間とスケールが異なる。地球環境問題は、地球レベルの問題であり、地球環境を考えようとするならば約四六億年前の地球の誕生から始まる地球史を視野に入れなくてはならない。あるいは、地球は地球だけで存在しているのではなく、重力や太陽光など地球外の天体が地球環境にもたらす影響も無視できないため、地球環境は地球の誕生以前を含む約一三八億年の宇宙史の時間とかかわりがあるともいえる。一方、人間の時間はそれとは別個に人間の時間として存在する。ここでいう、人間の時間とは、人間にとっての、つまり人間によって知覚された時間である。しかも、人間にとっての時間は、一様ではない。それは時代によって異なり、文化によって異なる。人の一生の中でも異なる。そのような地球の時間と人間の時間をどう接合するかという問題がある。

地球環境学は現在・過去・未来をどう扱うか――位相と関係

この異なった複数の時間の問題をどう扱うかは、時間論に共通する構図である。今日、時間が論じられる際、標準的には、物理学的時間、現象学的時間、形而上学的時間という三つの側面から論じられるといってよい。時間論のスタンダードな入門書の一つである『オックスフォード・ハンドブック　時間の哲学 *The Oxford Handbook of Philosophy of Time*』も、その目次構成をこの三つの区分によってなしている。[14] 物理学的時間とは、先に見た宇宙の誕生以来現在までを貫く時間である。これを、相対論や量子論的に論じることが今日の物理学的時間論の課題である。一方、現象学的時間とは、人間の時間、人間にとっての時間である。人間の内部での経験された時間として時間がどのように知覚されたかが問題となる。第三の形而上学的時間とは、それらの基礎としての時間の存在そのものの論理を探るものである。アリストテレスの形而上学の伝統を引きつつ、分析哲学の言語とモダリティ（様相性）への着目の立場から時間が論じられる。本書は、この三つの時間の側面を統合したところに歴史的時間というものが存在すると考えるが、この点は、後ほど詳しく検討することにして、[15] とりあえずここでは地球環境学と時間とのかかわりについてだけを見てみると、環境の時間という物理学

［14］［Callender 2011］
［15］本書第三章第1節147–152ページ、第八章第1節513ページ

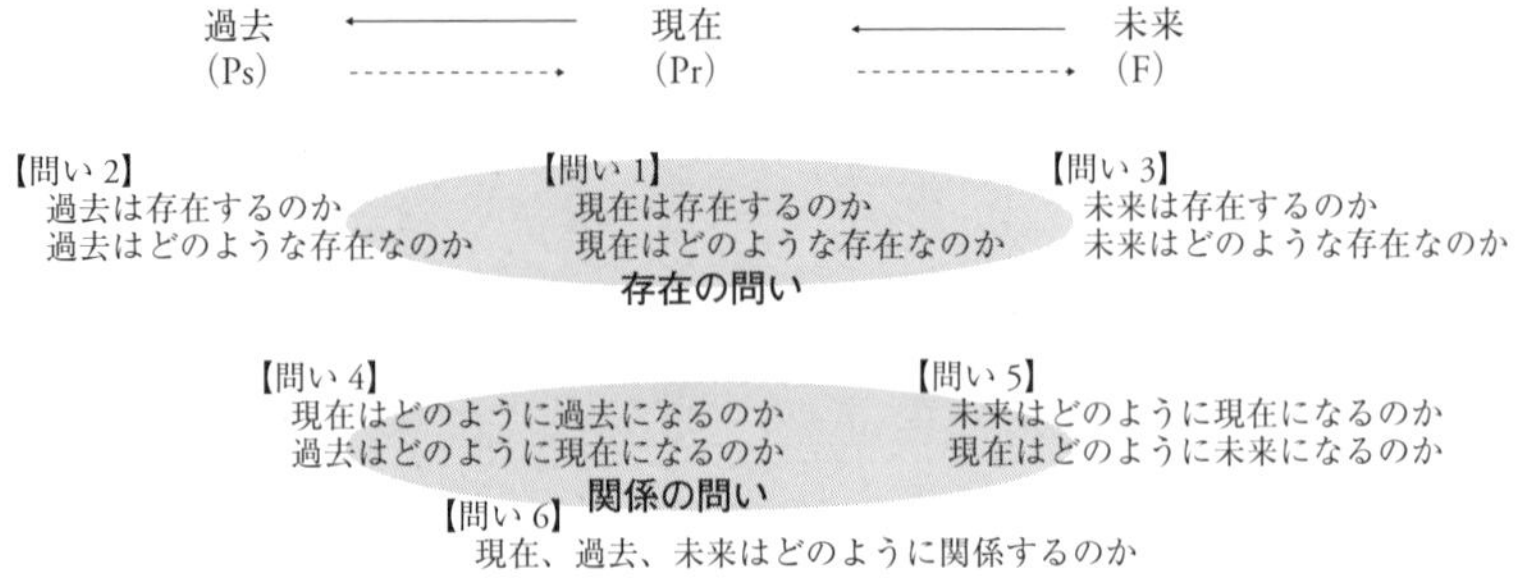
過去
(Ps)
現在
(Pr)
未来
(F)
【問い 2】
過去は存在するのか
過去はどのような存在なのか
【問い 1】
現在は存在するのか
現在はどのような存在なのか
【問い 3】
未来は存在するのか
未来はどのような存在なのか
存在の問い
【問い 4】
現在はどのように過去になるのか
過去はどのように現在になるのか
【問い 5】
未来はどのように現在になるのか
現在はどのように未来になるのか
関係の問い
【問い 6】
現在、過去、未来はどのように関係するのか

図 0-4　未来、現在、過去と本書での問い

的時間と人間の時間という現象学的時間をともに視野に入れざるを得ず、その意味をこうして存在論的に問わざるを得ないという点で、地球環境学としての時間を論じることは、一般的な時間論と相同の構造を持っているといえる。つまり、はじめに述べた環境と時間を考えることは、一般的な時間論の枠組みと合致するのである。

　時間を一般として論じるのは領域が膨大過ぎるので、それを分節化して考えることにする。時間をより詳しく見ると、それは、現在、過去、未来からなる。環境と時間を考えるとすれば、その現在、過去、未来のそれぞれが環境とどうかかわるのかが考えられなくてはならない。そうした上で、その現在、過去、未来を貫いて何が言えるかが見えてきた時、それが環境と時間を考えたことになると考える。

　現在、過去、未来の関係について、一般的な認識は図 0-4 の一番上の実線のようにあらわすことができるだろう。すなわち、時間は、未来から流れてきて、現在を通って、過去へと過ぎ去ってゆく。ここでいう時間とは物理学的時間である。そのような、時間の流れを前提とした時、そのそれぞれに関して、いくつかの問いが考えられる。

　その問いを二つのレベルに分ける。まず第一のレイヤーは、それぞれのあり方、存在に関する問いである。それぞれ、現在、過去、未来が存在するかどうか、どのような存在なのかという問題である。

一般には現在も過去も未来も存在すると思われている。しかし、詳細に見るとそのあり方は異なっている。現在とはいかなる存在なのか。それは、いつなのか。どれくらいの長さがあるのか。現在については、それが存在することを疑うことは難しいだろう。しかし、過去や未来についてはどうだろうか。一般的には、過去の出来事が起きたことは、事実だと考えられている。[16]しかし、未来の出来事が起きるだろうことは、事実ではないと考えられる場合が多い。それは、確率的な問題であるとされる場合や、可能性の問題とされる場合がある。そのような時、現在や過去や未来が存在するといえるのか、あるいは、どのような意味で存在するのか、という問いが生じる。これをまとめると次のような問いになる。

【問い1】現在は存在するのか。現在はどのような存在なのか。
【問い2】過去は存在するのか。過去はどのような存在なのか。
【問い3】未来は存在するのか。未来はどのような存在なのか。

第二のレイヤーにある問いとしては、それぞれの現在、過去、未来が相互にどのように関係するのかという関係の問いがある。通常、時間の流れは、先ほどの実線であらわされたように未来から、現在になり、過去へ流れると考えられている。しかし、破線のように、過去から現在、未来へと時間が進むと考える考え方もありうる。たとえば、現在と過去に関しては、ふつう、現在は過去になるという。そういったとき、そこでは、現在から過去への時間の流れが想定されている。[17]しかし、過去が現在になることもある。現在と未来の関係に関

［16］ここでは行論の都合上、議論を単純化している。この後述べるように、形而上学の立場では、過去の存在物も未来の存在物もリアルではないというプレゼンティズムの考え方がある。それについては第八章第1節 508–513 ページで詳しく述べる。
［17］ここでも行論の都合上、議論を単純化している。この後述べるように、過去が現在になるという考え方もある。過去が現在になる問題については、「捏造」や「持去」の問題として本書第五章第3節 297–299 ページ、本書第十章第1節 636–637 ページで扱う。

しても同じことがいえる。未来が現在になるといわれることもあるし、現在が未来になるといわれることもある。とはいえ、過去と未来はその存在のあり方が異なるといわれることも確かである。その時、現在と未来と過去の関係はどうなるのか。これをまとめると次のような問いになる。

【問い4】現在はどのように過去になるのか。過去はどのように現在になるのか。

【問い5】未来はどのように現在になるのか。現在はどのように未来になるのか。

【問い6】現在、過去、未来はどのように関係するのか。

以下、これらの問いを、地球環境問題の問いとして考えた場合どうなるのかを、本書の内容に即して考えてみたい。議論の順序として、まずは、過去に関する問いをまとめて先に論じることにすることにして、【問い2】と【問い4】から論じる。そして、次に現在に関する【問い1】に移り、最後に未来に関する二つの【問い3】、【問い5】と現在、過去、未来の関係に関する【問い6】について論じる。

発見のプロセスとしての環境と世界への対峙 —— 環境と過去

まずは、過去と環境についての問題から見てゆこう。過去そのものを扱うことは難しい。本書では、過去そのものの存在の問題についても扱うが、[18]それは第二のステップとして、ここではまず第一段階として、過去を歴史と言い換えて考えて検討することにする。もちろん、過去と歴史とは厳密には同じではない。過去の中の一部が歴史となる。だが、ここであえて過去を歴史と呼ぶことは、そう考える方がより人間に近い時間としてとらえることができるからである。

先に見た問いのうち【問い2】は、過去は存在するのか、過去とはどのような存在であるのか、という問いであった。これを、環境における歴史は存在するのか、環境における歴史とはどのような存在であるのか、と言い換える。

環境に歴史があるのか、という問いは、奇異なものに思われるかもしれない。環境には歴史があるのは、当たり前のように思われている。環境史という分野があり、そこでは、さまざまな内容の環境の歴史が描かれている。たとえば、自然環境つまり、森や山や海の歴史が描かれる。気候変動の歴史や森林荒廃の歴史、生業の歴史、病気の歴史などが環境史として世に通っている。もちろん、これらは環境史である。それらは、それまでの歴史が人間だけを叙述の対象としていたことに対して、人間以外の存在を過去の語りの中に組み入れ、地球環境の過去のあり方を明らかにしている。

しかし、環境の歴史とは、それだけなのであろうか。あるいは、気候変動の歴史や森林荒廃の歴史や生業の歴史や病気の歴史を総和したものが環境の歴史なのだろうか。というよりも、むしろ、より積極的に、気候変動の歴史や、森林荒廃の歴史や、生業の歴史や、病気の歴史を貫いて、そして、さらに、それらと、従来考えられてきている歴史をも貫いて、環境史と呼べるある歴史の領域があると考えられるのではないか、という問いがある。もし、そのようなものがあれば、それは、何によって実現するのだろうか。

この環境の歴史への問いを考えるために、迂遠なようだが、世界の歴史について考えてみたい。後で述べるように、世界と環境はほぼ重なるともいえる概念である。環境史という領域あるいは概念がいつから存在したか定義は難しいが、仮に地球環境問題が顕在化した一九九〇年代以降とすると、世界の歴史という概念が存在した古さは環境の歴史のそれよりも長い。このすぐ後でくわしく述べるが、世界史という概念は、一八世紀か

［18］　本書第八章第3節 508–513 ページ

ら一九世紀のヨーロッパの近代を起源としている。それゆえ、世界の歴史は存在するのか、世界の歴史とはどのような存在か、という問いにはさまざまな角度から検討がくわえられている。それらの議論を参照することで、環境の歴史はいかなるものであるのかがより鮮明になる。

一般的には、世界というものに歴史というものがあると思われている。あるいは、別の言い方をすると、世界というものが歴史というものを持っていると考えられている。日本の学校では「世界史」が教えられているし、図書館や書店に行けば「世界史」を扱った本がある。しかし、世界の歴史とはいったい何なのであろうか。世界の歴史というと、人は、たとえば、古代から始まり現代にいたる各地域、各国の歴史が書かれた歴史を思い浮かべるかもしれない。これは、万国の歴史としての世界の歴史である。しかし、よく考えてみると、世界とは万国と同義ではない。もちろん、世界とは万国であるという考え方があることは確かではある。しかし、それは、世界という語義のうちの一つである。

世界の意味を改めて辞書的に確認してみよう。辞書は現代の日本語において「世界」という単語の意味に次のようなものがあることを教える[19]。

一、宇宙。

二、地球全体、そこにある人間社会。万国。

三、同類のものの集まり。

また、別の日本語に関する辞典は次のような意味を示す[20]。

一、仏教語でいう衆生が住む時間（現在・過去・未来という三世）と空間（東西南北と上下という界）。

二、人間をとりまき、人間が過ごしている範囲（社会や、諸国の集合体）。

三、あたり一帯。

四、歌舞伎や浄瑠璃の舞台設定となる時代や所、人間関係の総体。
五、人間や動物など同種のものが作り上げる社会。
一方、英語においては、世界を意味する語の world には大別すると次のような意味がある。[21]
一、人間の存在の世、時代（地上における世俗的な人間の世界という点で宗教的な天上の世界と区別される）。
二、地球、自然環境やそのシステム（地球上に存在するものの集合体の意味、国の集まりや、動物、植物界などを含む）。
三、社会や人々（人々の各種の集合体の形態を指す）。

これを見ると、たしかに、世界には万国という意味もあるが、それ以外の意味もある。その点で、世界の歴史が万国の歴史であるというのは、世界という語の一部の意味を使用しているのであり、世界ということばをより広く捉えた時には、世界の歴史は万国の歴史ではないともいえる。たとえば、世界の歴史とは、地球全体の歴史であり、宇宙の歴史である、と考えることもできるのである。

では、世界の歴史が今一般に考えられているような万国の歴史として考えられているのはなぜか。それは、近代ヨーロッパの啓蒙主義以来の世界観が、今現在の世界に力を持っているからである。近代ヨーロッパにおいては、世界が万国と同義と考えられた。同時に、近代のヨーロッパでは、歴史を重視する態度が生まれた。ヒストリシズム（歴史主義）である。この二つが合わさって世界の歴史というものが考えられた時、世界の歴

［19］『岩波国語辞典』
［20］『日本国語大辞典』。ただし、この辞書は全部で一二の意味を挙げるが、中には風俗史の隠語なども含まれるため、ここでは、本章の行論に関係するものに限った。
［21］*Shorter Oxford English Dictionary.*

史を万国史と考える考え方が生まれたのである。その考え方は、ヨーロッパの覇権が世界を覆うに従って世界中に広がった。いま、われわれが世界の歴史として万国史を思い浮かべるのは、それが大きな原因である。[22]

これは、世界観の問題である。世界を万国の歴史ととらえる世界観には、今見たように、近代西洋の見方が反映されているので、そのような近代西洋中心主義には、さまざまに異議が申し立てられ、別種の世界の歴史が書かれている。たとえば、そのような世界史のオルタナティブを構想する日本の歴史家グループが編纂する『「世界史」の世界史』というシリーズは、世界システム論や地域史という歴史叙述法は、万国史としての世界の歴史とは別種の世界の歴史の書き方であるとする。[23]そうして、環境の歴史もオルタナティブな世界の歴史の一つであると述べる。

世界と環境

さて、世界と環境が重なると言った。先に見た日本語と英語の辞書の意味の解説は、英語でも日本語でも、どちらにも世界という語に周りをとりまくもの、という意味があることを教えた。

興味深いことに、日本語も英語も、世界という語には、宗教と関係する意味が第一義的に挙げられているが、そこにすでに周りをとりまくものを人間がどのように認識してきたかが、世界を考える際にカギとなることを示されている。日本語では、世界という言葉は、もともとは仏教用語として生まれた。仏教用語では「世界」は「衆生の住むところであり、須弥山を中心とした四大州を一世界とし、三千大世界で全宇宙が構成される」とする。[24]この意味では、全世界は全宇宙を含み込んでいる。一方、英語においても、世界 world とは、heaven と対照される語という意味がある。heaven は天や天国と訳される。天と訳される場合、そこは、神の被創造世界の一部でありながらも神が玉座を置く場所であるという含意がある。一方、天国と訳される場合、それは、彼岸の世界の超越的幸福の場であり、地の人々の行いを支配する神が存在する場である。これは、キリストが昇天した場でもある。[25] 宗教とは、最も古く人間が周囲をとりまくものについて認識を規定した営為の一つである。それゆえ、そこにおいて、世界という語に日本語と英語には共通した宗教的な起源を持つニュアンスがあることは、おどろくべきことではないのかもしれない。

それに加えて、世界という語が人間の社会という意味を持つことも共通している。これは、先ほどの万国という意味での世界史の概念に触れる中で見た。

それらに加えて、第三番目に、周りをとりまくもの、環境という意味が共通しているといえるのである。

世界と環境の語義の重なりはドイツ語を見るとよくわかる。ドイツ語で、環境を意味する言葉は、die Umwelt である。um は周りをとりまくという意味の接頭辞であり、die Welt は世界という名詞である。つまり、ドイツ語で die Umwelt は環境と訳されるが、直訳すれば、環世界である。ドイツ語で考えた時、環境とはまさにとりまく世界だといえる。環世界とは、主体から見た時、その主体をとりまく世界だと言えるのである。ここからわかるように、世界と環境とは、重なり合う意味内容を表現する語である。

ただし、そもそも、世界や環境に相当する語彙がない文化においては、このような重なりは生まれない。その意味でこの重なりは、英語、ドイツ語、漢語、日本語等においては成り立つ重なりであるが、それ以外の言

［22］［秋田・永原・羽田ほか（編著）2016: 2–4］
［23］［秋田・永原・羽田ほか（編著）2016: 398–410］
［24］『岩波仏教辞典』
［25］『岩波キリスト教辞典』

語においては表現できない可能性がある。たとえば、環境に近い語である「自然」について見ても、カラハリ砂漠にすむ狩猟採集民であるサン（いわゆるブッシュマン）の人々は、日本語でいう「自然」にあたる語彙を持っていないという。[26] いや、そもそも、日本語においても、「自然」は英語の nature やドイツ語の die Natur の翻訳語として、近代になってから新たな意味を付与された語である。[27] 今日、nature や die Natur に相当するものとして日本語で考えられている「自然」は、近代以前には、山川草木や森羅万象、造化や天地と呼ばれていた。[28] 環境や世界とは、存在としてはとりまくものとして共通して地球上に存在している。しかし、それがこの地球上で、果たして普遍的なものであるのかどうかという問いが問われているのである。

この問いは、実は、環世界論の問いでもある。とりまく世界とは、ある視点から見た時の世界である。環世界という考え方を学術的に展開した生物学者ヤコブ・フォン・ユクスキュル Jakob Johann von Uexküll は、人間以外の生物にも環世界があり、そこでは、認識された世界が人間とは全く違うものであることを明らかにした。[29] 生物種の間にも世界の違いがある。またこれは、主体のあり方の違いでもあるのだから、人間についていうならば、各個人においても世界の見え方は違っていると考えることができる。

発見と出来《しゅったい》としての世界と歴史

長々と世界と環境の語義の重なりを辞書的に見てきたが、ここから導かれるのは、環境に歴史があるのか、という問題は、とりまく世界に歴史はあるのか、という問いとしても考えることができるということである。環世界論の教えるところでは、世界と環境の重なるところにあるのが環世界であり、環境であるものとは、主体をとりまくものであるということであった。そうなると、環境や世界は、その人、あるいはその生物にとっ

「環境」
　客体としてみた環境　…　大きな環境　…　地球環境
　主体から見た環境　　…　小さな環境　…　身の回りのものごと

「世界」
　客体としてみた世界　…　大きな世界　…　万国
　主体から見た世界　　…　小さな世界　…　とりまくものごと

図 0–5　環境と世界をめぐる問題

ての世界であるということになる。世界と環境が、その人にとってのとりまくものであるとしたら、世界の歴史は、その人の数だけあることになる。そして、その人は、生まれた時から、現在まで、刻々と変わり続けているから、その刻々と変わり続けている中で、世界は刻々と変わり続けることになる。これは、環境といった時、地球という全球を指す環境というとらえ方、また、世界といった時、万国を指す世界のとらえ方とは逆の方向にあるといえる。全球として環境を見、万国として世界を見るとは、その人からのという固有の視点を脱却して全球や万国をある客体として見る見方である。

それらをまとめたのが図0–5である。客体としてそれをとらえた時、そこでは、世界は万国としてとらえられ、地球環境は地球全体ととらえられる。それを「大きな環境」「大きな世界」と呼ぶとする。一方、主体の側から見た時には身のまわりのものごとやとりまくものごとが目に入る。その時とらえられるものを「小さな環境」「小さな世界」と呼ぶとする。世界にも環境にも、この二重の意味があるといえる。

この世界と環境の二重性は環境問題を論じる際に常に付きまとう問題である。地

[26]［今村 2016］
[27]［柳父 1977］
[28]［Bret 2011］
[29]［Uexküll 2014］

球環境問題といった時に、それがあまりに大きなものであるととらえられ、自分のこととしてなかなかとらえられないとよく述べられるが、それは、この二つの内容の重なりによる。それは、世界の二重性とも重なる。その政治的含意も同じく二重性があるという論者もいる。世界が万国と同義としてとらえられたのは、近代ヨーロッパの覇権という政治的な歴史と関係していた。科学史の米本昌平は、地球環境問題が世界的にクローズアップされてきたのは、一九九〇年代であるが、それが国際社会の重要な政治的課題となるに際しては、冷戦の終結とその後の国際秩序におけるヘゲモニーを握ろうとしたドイツの戦略という政治的な歴史が関係していると指摘する。[30]「大きな世界」と「大きな環境」には国際的な覇権争いの歴史も絡んでいるのである。

本書では、環境の歴史、世界の歴史をこの両面の相からとらえたい。とりわけ、これまで世界史でも、環境史でも見過ごされがちであった主体にとっての世界、主体にとっての環境という側面からの視座を重要視してゆきたい。これは、環境と世界が、その人にとっての環境と世界であって、ある環境や世界が先にあるのではないという立場に立った考えであって、極端な考え方ではあろう。もちろん、客観的な環境や世界の存在を前提とした立場もあり、それが近代科学の考え方の基礎となっていることはたしかである。しかし、同時に、世界や環境が問題になるときは、このそれぞれにとっての世界、それぞれにとっての環境ということが問題になることも否定できない。

環境と世界とは、その人をとりまくものである。その人、つまり「わたし」から見た時の世界であり環境である。「わたし」から見た時、世界に時間があり、歴史があることは、一つの発見である。世界の歴史というのは、「わたし」が発見してゆくものであろう。あるいは、環境や世界に歴史があることというのは、決して自明ではなく、もともとは、発見すべきことであろう。「わたし」が、生まれ、時間というものの存在を知り、過去が存在するということを知り、その過去が歴史として連綿と続くという気付きがあることが世界史、環境史そのものであるともいえよう。つまり、発見過程としての歴史である。世界の歴史、環境の歴史の一つの側面としては、そのような、発見と認識のプロセスであるという面がある。環境と世界とは発見されるものとして出来《しゅったい》してくるものである。それは、動いていること、なること、生成することであり、詳しくは後述するが、本書ではこれを歴史のエネルゲイアと呼ぶ。環境の歴史を貫くものを考えた時、そのようなアプローチもあり得るのではないか、というのが本書の問題意識である。

現在が過去になるとき、過去が現在になるとき

第一の問いについての記述が長くなってしまったが、過去をめぐる第二の問いである現在はどのように過去になるのか、過去はどのように現在になるのかという問題【問い４】に移ろう。先ほどの問題では、過去を歴史と言い換え、環境の歴史はあるのか、それはどのようなものなのかという問題を考えた。ここでは、現在がどのように過去になるのか、過去は現在にどのようになるのかを、環境をめぐるいくつかの例に即して考えてみたい。

まず現在はどのように過去になるのか、という問題について考えてみる。現在が過去になることにあまり問題はないように思われる。現在が過去になることは、一般的に合意されている。時間は未来から流れてきて、現在に至り、過去に流れてゆくものであると一般に考えられているからである。現在が、過去になることは、時間の流れに沿ってそのようになるといえる。現在が過去になるとき、先ほど過去を歴史と言い換えたことを

[30]　[米本 1994]

参照すると、現在が歴史となるといえる。現在が歴史となる時、そこには、それが書かれるのかどうか、どう書かれるのか、だれが書くのかという問題がある。[31]

この問題は、もう一つの問題、すなわち、過去がどのように現在になるのかという問題とも関係する。過去が現在になるとはどういうことだろうか。一般には、過去が現在になることはないと思われている。それは、時間が流れてゆく方向とは逆の方向であるからである。しかし、現実には、さまざまな方途で過ぎ去った過去は現在になっている。その方途については本書の中で述べていくが、過去の出来事を現在のものとして再現することができるという考え方に基づく。時間の流れの考え方でいうと、時間は未来から過去に流れてゆくのであるから、過去はもう過ぎ去ったものである。過ぎ去ってしまったものは、目の前にはない。目の前にはないことは忘れ去ることであり、現に忘れ去られることも多い。しかし、過去が忘れ去られない場合もある。それどころか、忘れ去られていたものが想起されることもある。想起とは現在の行為である。想起によって過去は現在となる。これは、行為の主体から見た時、行為者は常に未来に向かって進んでゆくことと同じことであろう。行為は、現在から未来に進んでいく。行為者の眼から見た時、時間は現在から未来へと流れてゆく。

ドイツの哲学者マルティン・ハイデガーMartin Heideggerは『存在と時間 Sein und Zeit』の中で、出来事としての歴史とは、その出来事が常に想起されることで現在になることだと定義した。[32] 出来事としての歴史とは、歴史の基礎となるものである。ハイデガーは、出来事としての歴史をゲシヒテ die Geschichte、書かれたものとしての、あるいは歴史として認識されたものとしての歴史をヒストリーdie Historieという言葉で表現している。両者とも日本語にすると歴史だが、そのニュアンスは異なる。前者は、起きるという動詞 geschehen がもととなった言葉である。一方の、die Historie は英語の history やフランス語の histoir と同じように、ギリシア語の *ιστορία* という語を語源に持ち、語られたこと、書かれたこと、というニュアンスが強い。[33] そのような想起を、ハイデガーは、日本語で繰り返しや反復、回帰を意味する die Wiederholung という単語で呼んでいる。この繰り返し、反復とは、過去が現在になることである。つまり、歴史というものの基本には過去が現在になることがあるのである。本書でも、この過去が現在になる問題について重視する。詳しくは、第十章で述べるが、過去が現在に保持されるという意味でこれを「持去」と呼ぶ[34]。

これは、文化的な問題でもある。過ぎ去ったこと、あるいは、過ぎ去ったものを現在にとどめておくことにそれほど価値を認めない文明や文化もある。プロローグでは、鯰絵にあらわれたプレゼンティズムを見た。そこにあらわれていた江戸の市井の人々の心性の中には、「この世」と「あの世」はあるが、歴史や未来には重きをおかない心性であった。しかし、環境が問題になる近代以降の文化においては、過去が重要であり、その過去を現在にすることが行われる。これがヒストリシズムという態度をみちびいているともいえる。さまざまなデータを用いて過去を現在に呼び返す。それだけでなく、積極的にそれを構築する。過去は、過去にあるのではなく、現在にあるのである。その意味で、過去は常に動いて、歴史も常に動いているといえる。

環境と過去の関係が問われるのはここにおいてである。地球環境問題においては、過去は重要な参照の対象である。過去のデータを現在に使用することは、過去を現在にすることである。その時、過去が現在になっているといえる。

この過去が現在になることについては、カタストロフにおいてより露わになる。カタストロフの意義につい

［31］［White 1973］
［32］［Heidegger 1927=1972: 386］
［33］Erymologisches Wörterbuch des Deutschen.
［34］本書第十章第1節 636–637 ページ

て詳しくは次節で述べるが、カタストロフの後には、それを歴史とするために、過去が現在にされるさまざまな手段が用いられる。

環境と未来の問い

つぎに、未来に関する問いに移ろう。ここでは、未来というものの存在に関する問いと、現在、過去、未来の関係を問う問いをまとめて扱う。あらためて確認すると、その三つの問いとは、
「未来は存在するのか。未来はどのような存在なのか。」【問い3】
「未来はどのように現在になるのか。現在はどのように未来になるのか。」【問い5】
「現在、過去、未来はどのように関係するのか。」【問い6】
という問いである。

まともな科学は未来を扱わないと考えられていた時代がそう遠くない過去にあったと聞いたことがある。一方、未来を語ることが学問の役割だと考えられていた時代があったこともよく語られる。そして、すでに述べたように、地球環境問題においては、未来の地球環境をどう考えるか、未来の世代への責任をどう考えるかが問題となる。

未来は存在するか、という問いを考えた時、先ほどの過去は存在するか、という問いにおいて過去を歴史と言い換えたような言い換えができないことに気付く。過去の中のある部分が歴史であった。より詳しく見ると、過去の中で歴史として残されたものが歴史であった。歴史として残されるべきであるものが歴史であると言い換えられる。一方、未来に関しては、それに対応する言葉がない。ここに、未来と過去の非対称性があらわれ

ている。それは過去に関する記述の可能性と未来に関する記述の不可能性という非対称性の問題である。

この未来に関する記述の不可能性という点は、先に見た未来に関する【問い5】、図0-4のうち関係の問いのレイヤーにある問いを見ることで、何を意味しているかがわかる。関係の問いとは、未来は現在にどのようになるのか、現在はどのように未来になるのかという問いである。

未来が現在になるとは、時間の流れの自然な流れであるといえる。時間は、未来から現在を通り、過去に流れていると一般的には考えられている。その時、時間の自然な流れに合わせた感覚でいうと、未来は現在になるものである。これは、上流から流れてきた川が中流に立ってそれを見ている人の前を流れてゆくのと同じである。未来は上流である。上流から流れてきた未来は、現在になる。つまり、未来が現在になるというのは、時間の流れをそれを見る主体の外部にあるものとしてあらわした表現である。

一方の現在が未来になるというのはどういうことであろうか。前項で過去が現在になることを見た。現実には、過去が現在になるとはあまり言われないが、現在が未来になるという言い方は特に違和感なく使用することができるだろう。この時、先ほどの川の流れのたとえでいうと、現在という川の中流にいる人は流れている川を見ているのではない。現在という川の中流から自ら川の上流にさかのぼっているといえる。過去が現在になる問題を見た時、行為者の立場について述べたが、つまり、これは、人の側に立った時、人の主体性をあらわした言い方であるといえる。これは未来と現在についても同じである。現在が未来になるというとき、それは主体である行為者の立場からそれを見た表現である。

未来と現在の関係に関しては、時間の流れという外部の条件に任せるという関係がある一方、人が未来に向かうという人の主体性を中心にした見方がある。この人の主体性の側に立って見る見方があるということが、地球環境問題において、未来が問われる原因である。もし人の主体性がなくて、未来は単に外部の時間のままに流れて来るだけだとしたら、未来を論じる意味はないことになる。

現在、未来、過去はどうかかわるのか、という問題をこの視点から見た時、それが環境とどう関係するかが見えてくる。人は、過去にも主体的にかかわり、未来にも主体的にかかわることができるし、それが必要である。これが第一である。

第二に、書くことの意味である。地球環境の未来については、複数形の未来のシナリオを持つことの重要性がシステム論や複雑系理論の研究者から指摘されている。[35] シナリオを持つことで人は未来に主体的に向き合うことができるからである。このシナリオを「未来史」と呼びたい。一方、過去を書くことは、歴史を書くことだが、その歴史とは複数の歴史である。これまで世に歴史は書かれてきたが、それは一つの歴史ではなく、複数の主体によって書かれた複数の歴史である。過去と未来の存在については、プロローグで簡単に紹介し、詳細については、第八章で述べるが、過去も未来も存在しないという考え方がある。プレゼンティズムという考え方である。[36] その考え方でいうと、過去について書くことは存在しないことについて書くことである。これまで歴史は書かれてきたが、それは、存在しない過去についての歴史という語りを幾種類も書いているのと同じことであったといえる。人類の文化が存在してきた過程で膨大な歴史という語りが書かれてきた。だから我々は歴史についてさまざまなことを知っているような気がしている。しかし、実は、過去は存在しないのであるから人間はそれを直接知ることができないのであって、歴史として書かれていること、つまりあったことそのものではなく、あったことの確からしい語りを通じて知っている気になっているといえる。

これは未来も同じである。未来について人は不確かなことしかわからないと思っている。しかし、人が精度を高めて未来について考えて書けば、その知識は少しずつ豊かになり、確からしくなる。歴史家には一〇年前の歴史を専門とする人もいれば、一〇〇〇年前の専門家もいる。同じように、未来についても一〇年後の未来、一〇〇年後の未来の専門家が存在するようになり、これまでこの世で書かれた歴史と同じ量の記述、すなわち「未来史」が書かれれば、いま、我々が過去について知っているのと同じような確かさで未来についても知ることができるに違いない。この未来史については、本書終章で詳しく述べる。[37]

今、ここにいること――環境と現在

時間と環境の問いの最後に現在とはどのような時間なのかという【問い1】を見ておきたい。現在とは、時間が生まれてくる根源である。現在において人が存在することが時間の源泉である。

人がいること、そこに存在というものをもっていることが現在である。それは人が環境という場にいることと同じことである。人がそこにいなければ時間は存在しない。人の内部で時間が存在するためには、人がそこにいることが必要である。その意味では、現在は環境と密接にかかわっている

一方、人の外にも時間が流れている。そこにも現在がある。それは物理的環境の時間である。この物理的環境の時間と人の内部の時間の二つの中で、現在が存在している。

この、人が存在をもって現在にいることとは、カタストロフという極限状態においてはげしく問われることとなる。[38] カタストロフとは極限状態であるが、それが極限状態であるという意味は、一つには、世界や環境、時

［35］［Bai et al. 2015］。この点については、終章第2節 752–753 ページで詳しく展開する。
［36］本書第八章第1節 508–513 ページ。なお、プレゼンティズムについては、本書プロローグ 13 ページで簡単に述べた。
［37］本書終章第2節 750ff. ページ
［38］本書第三章第1節 143–144 ページ

間の巨大さや無限さに気付くことである。そして、その前での自己というものの小ささに気付くことである。

また、第二にそれは、生命の危機ともかかわる。生命の危機とは、存在の有限性とかかわることである。存在が存在していることが有限であり、限りがあるとしたら、その存在の限りの外にある境域が考えられる。存在の外とは、存在していないこと、つまり非存在である。存在していることを現実態であるとしたら、存在していないこと、つまり非存在は可能態である。この現実態と可能態という問題についてはこの後第3節で述べる。時間とは、何かと何かの差異から生まれる。一が一であり、同一が同一であれば、そこには差異はない。差異とは、変化である。変化のないところには、時間は生まれない。可能態と現実態とは、まさに、差異である。その差異とは、存在をめぐる最も基底にある差異であるが、それは同時に、その差異であるということによって、時間を生み出すものであるともいえる。その時間が生まれてくる基底に目を向けさせるという点において、カタストロフとは現在という時間と関係しているといえる。

2 視角としてのカタストロフ

さて、以上時間について見てきたが、次に本書のテーマであるカタストロフについて述べたい。カタストロフに注目することで、環境と人間のかかわりが見えてくる、とりわけ、環境と人間の時間を通じたかかわりが見えてくる、というのが本書の姿勢である。特に、本書ではカタストロフとして、大規模な自然災害を扱う。一九九五年に起きた阪神・淡路大震災を中心に、関東大震災（一九二三年）、スマトラ島沖インド洋地震・津波（二〇〇四年）、東日本大震災（二〇一一年）などについて見る。さらに、本書は、自然災害だけではない人為的なカタストロフである戦争や大量虐殺、原子力（核）発電所の事故も併せて論じる。これらのことがらはカタストロフとしてくくられるとはいうものの、そのような論じ方は、環境学研究においてあまり見られないところである。そこでここでは、地球環境学の書においてカタストロフを論じる意義について述べておきたい。

カタストロフということば

カタストロフとは耳慣れないことばである。まずは、カタストロフについてその語の意味をたどるところから始めよう。

カタストロフは、英語では catastrophe、ドイツ語では die Katastrophe、フランス語では la catastrophe、ロシア語では катастрофа で、ほぼ同じ綴り字と発音を持つ。ここでは、英語でカタストロフの語義を見てゆこう。カタストロフにはいくつかの意味がある。『オックスフォード英語辞典』は四つの意味を掲載し、[39]『英語語源辞典』も四つの意味を載せる。[40] それは大きく見て二つに分けられる。一つは、演劇における大団円のことである。「悲劇において、最高潮を過ぎて結末に至る紛糾の解決部分」とされている。もう一つは、突然の悲劇、大災害のことである。本書では、もっぱら後者の意味でこのカタストロフを使用するが、しかし、同時にカタストロフが悲劇として物語られるという側面にも意識的になる。[41] 先ほど見たように、過去が現在となるときには、語りという行為が用いられるからである。

［39］ *Shorter Oxford English Dictionary.*
［40］『英語語源辞典』
［41］ 本書第七章 437ff. ページ

この英語のカタストロフの語源は、ギリシア語の *καταστροφή* から来ている。実は、ギリシア語のカタストロフェには悲劇や災厄という意味はない。これは、*κατα* という前綴りと *στροφή* という動詞の連結形である。カタは上方にという意味を持つ。カタルシスなどの言葉もこれと同じ前綴りを持っている。一方、ストロフェは回転するという意味を持つ。つまり、カタストロフェとは上方への回転という意味を持つのである。ギリシア悲劇においては、劇中の最高潮を過ぎて結末に至る紛糾の解決部分をカタストロフェと称した。そこにおいて、劇がクライマックスを迎えるからである。そして、そこから、悲劇、大災害がカタストロフと称されるようになった。『英語語源辞典』は、一五七九年のスペンサーの定義を引き、また一六〇二年のシェイクスピア William Shakespeare の喜劇「終わりよければすべてよし *All's Well That Ends Well*」における用例をあげている。ギリシア悲劇を通じて演劇に関係する用語として英語に入ってきたものである。

ここからわかるようにカタストロフという語には二つの密接に重なる意味が存在する。一つは、災害などの出来事そのもののことであり、もう一つは、それが、カタストロフとして認識されるということである。これは、過去と歴史の二つの関係と言ってもよい。前節でハイデガーの歴史という語に関する説明を見たが、歴史には、歴史的に存在した過去そのものを指すと同時に、歴史として語られたことを指すという二重の意味があった。それと同じ二重性をカタストロフということばも内包しているのである。

これは、人間と環境の関係でもある。自然災害は、自然のメカニズムにより起きる事象であり、単なる物理現象である。たとえば、無人の土地で火山が噴火し、地震が起こったとしても、それは、単なる火山噴火であり地震である。しかし、そこに人がいる時、それは、火山災害となり、震災となる。その意味で、自然現象がカタストロフとして認識されること自体が、環境と人間の関係をあらわしている。

これは、本書の扱う対象の問題ともかかわる。

本書は、一九九五年に起きた阪神・淡路大震災を中心的な研究対象、叙述の縦糸としながら、関東大震災、東日本大震災、ホロコースト、ヨーロッパにおける第二次世界大戦、日本におけるアジア太平洋戦争（第二次世界大戦、十五年戦争、大東亜戦争）について扱う。

このようなことがらが扱われる際にはこれまで「災厄」「災害」という言葉が使われてきた。[42]しかし、このことばは、厄や害という語がある価値判断を含むこと、また、戦争などは通常は災害とはみなされないことなどの問題がある。

それに代わって、本書で採用するのがカタストロフという用語である。カタストロフという用語は、人文学において少しずつ使われてきている。たとえば、『見ることのエチカ *Une éthique du regard*』という本を書いたフランスの映画美学者シルヴィ・ロレ Sylvie Rollet は、カタストロフに、人間性の破壊と証言者の不在という指標を認め、積極的にこの用語を採用している。[43]人間性の破壊と証言者の不在は、イタリアの哲学者のジョルジョ・アガンベン Giorgio Agamben が、アウシュヴィッツが何故に人間に対する罪であるのかを存在論的に考察した際の重要な指標である。[44]アガンベンは、アウシュヴィッツに代表されるナチス・ドイツによるユダヤ人の大量殺戮が人間への罪であるのは、そこで人が大量の中の一個として死んでいかねばならず、それを見守る人がだれもいなかったからであるとした。カタストロフと並んで本書のもう一つの大きなテーマである時間はこの人間の存在論にかかわる問題である。カタストロフということばを使うことによって、両者を架橋できる。

［42］　著者も、本書巻末の研究助成一覧に記したように、これまで、災厄をテーマとした共同研究を行い、災厄をテーマとした著書を編纂してきた。その成果として、［寺田（編）2016］ほか。
［43］　［Rollet 2011］
［44］　［アガンベン 2001］

また、もう一つ付け加えたいのが、日本の東日本大震災は、外国とりわけヨーロッパ等のメディアではトリプル・カタストロフ triple catastrophe と呼ばれていることが多いことである。東日本大震災は、地震と津波という自然災害と原子力（核）発電所の爆発という人為的な災害が重なって起きた複合災害だが、それはまさに、先に述べたような、災害の二重性を如実にあらわすものであった。東日本大震災について、本書で直接的に述べることは少ないが、本書の叙述は東日本大震災を意識して書かれている。

終章で述べるが[45]、二〇〇〇年ごろから地球環境研究において、地球の超長期の過去の見方を再考する動きがある。具体的にいうと、地質年代区分において、現代をホロシーン（Hollocene 完新世）からアンソロポシーン（Anthropocene 人新世・人類世）として独立させるべきであるという議論が起きている。地質年代という超長期の時間スケールで見ても、人間の地球環境への影響が無視しえないレベルになったことを受けてのことである。

この新しい時代区分においては、人間と環境とテクノロジーの関係が問われている。なぜなら、人間が地球環境への影響を無視できないくらいの力を持つようになったのは、人間が技術、つまりテクノロジーを自在に操ることができるようになったことと関係があるからである。そのような中、自然災害と人為的なテクノロジーの災害が重なりあったカタストロフとしての東日本大震災の意味は新しい視点からも国際的な議論の焦点となりつつある。たとえば、ケンブリッジ大学出版局から出版されている最新の『コンサイス日本史 *A Consise History of Japan*』のなかでアメリカの日本史研究者ブレット・ウォーカー Brett Walker は、東日本大震災の衝撃は、二〇一三年にフィリピンを襲い甚大な被害を出した台風ヨランダと並んで、アンソロポシーンにおける人間と環境の再考の大きな一因であると述べ[46]、自然災害と歴史を再考する章を設けている。歴史と環境のかかわりが、カタストロフという切り口から見直されているのである。その意味からも本書でカタストロフということばを採用することで、地球環境学への新たな貢献ができると考える。

時間とカタストロフ

次に、カタストロフと時間の関係について少し踏み込んで述べておこう。詳細については、各章の中で展開されるが、ここでは、全体を貫く問題意識を述べる。

時間については前節で述べたが、時間は空間と並び、われわれ人間がこの世界を認識する最も基本的な要素である。もちろん、この「われわれ人間」とは、だれのことなのかという問題は残る。世界の認識は文化によって異なるから、ここでいう「われわれ」のように世界を認識していない「われわれ人間」も存在する。この世界の認識の相対性問題は、本書の扱う時間の認識の相対性の問題ともつながるが、ここでは、その問題には踏み込まない。そして先に見たように、世界は環境と同義であるともいえた。そうすると環境は、時間と空間により構築されるといってよく、環境の基本概念として、時間があるといえる。

第一に、カタストロフは、時間の中でも、現在と密接にかかわる。前節でも見たが、現在とは、時間と自己の関係により生じる現象である。だが一方、カタストロフにおいては、通常とは異なる現在という時間が出来《しゅったい》する。災害ユートピアなどの通常は出現しない特別な時間が、災害の被害を受けた場所においてはあらわれる。これは、カタストロフと言われる大規模な自然災害が、人間存在に根源的な影響を及ぼすことを示している。[47]

その根源的な影響とは何か。それは、通常はあるはずの自明性が崩れることである。自然災害というカタストロフにおいては、通常は動かないと思われている大地が動き、火山が噴火し、巨大な波があらわれる。その時、

［45］　本書終章第2節 746–747 ページ
［46］　［Walker 2015: xv-xviii］
［47］　この点については本書第三章第1節 152–153 ページで述べる。

人は生身でナマの自然に対峙せざるを得ない状況に立ち至る。自然災害というカタストロフにおいて、人は環境に、それ以外には通常あまりない回路を経て、直接的に向き合うことになるのである。そのような時、現在という時間がありありと認識されることになる。

第二に、時間の経緯の問題とかかわる。カタストロフという現在を体験した人は、同時に、現在はどのように過去になるのか、過去はどのように現在になるのか、未来はどのように現在になるのか、現在はどのように未来になるのか、という問題に直面することになる。これらについても前節ですでに検討した。時間の経緯は、人間の存在にとってさまざまな切り口から見出される。カタストロフは、現在を強烈なかたちで固定する。その固定された現在が存在することで、時間の経緯がはっきりと意識の中に浮かび上がってくるのである。

本書では、この二つの時間のありようを、カタストロフのいくつかのフェーズに即して見てゆく。その際、本書では、記憶とナラティブ（語り）を重視する。カタストロフを人間の立場からとらえ、時間の面から見てゆこうとする時、それを記憶としてとらえる立場が生まれる。人間の過去は、まずは個々人に体験されたものとして存在する。それが歴史となるのは、個々人の体験が、集合した時である。個々人の体験したものは、記憶となってその個々人の中に残り続ける。その個々人の記憶は、個々人の内部にとどまっている限りは他者には伝わらないのだが、言語と語りを用いることで他者に伝達可能となり集合的なものとなることができる。人間は群居する生物の一種であり、群居することによってさまざまな利得を得てきた。言語による情報の伝達は人間の特徴である。記憶はナラティブとして語られることによって伝達される。本書は、この基本的な部分をおさえ、カタストロフが時間の中でどのように伝わってゆくかを問題とする。

記憶が集合的となる際のナラティブは、さまざまな社会的制度の中にある。本書で注目するのは、博物館やメモリアル、モニュメントである。ナラティブと言っても、言語による語りだけではない。言語以外の語りもカタストロフが時間を伝わってゆくときに大きな役割を果たす。ここでは、現在が過去になり、過去がどのように現在になるか、また、現在が未来になり、未来が現在にどのようになるかの具体的な様態、とりわけそのメディア・媒介のありようが問われる。

アクターと文化

時間とナラティヴに関しては、いくつかのアクターがある。個人、社会的集団と並んで見逃せないのが国家である。

プロローグで安政江戸地震の際に発行された鯰絵について見た。そこでは、そこに見られる人々の心性をプレゼンティズムという考え方のもとにあるものであると述べたが、もう一つ、鯰絵に見いだされる人々の特徴的な傾向がある。それは、そこに大きな地震、とりわけ当時の日本の首都とも言える将軍の居住地である江戸を襲ったカタストロフを「日本の」「国民的な」とする視点の欠如である。今日であれば、大規模な災害は日本国民全体にわがことととしてとらえられ、国民的関心が寄せられ、国民的な支援の対象となる。[48] しかし、プロローグで見たように江戸と並んで信州の地震が語られたりはするものの、鯰絵にはそのようなものの見方はない。そこに登場するのは大多数が江戸の被災した人々であって、それを全国的、国民的な視点のもとでとらえる見方はないといえる。[49]

[48]　この点に関しては第五章第3節285ページで述べる。
[49]　ただし、鯰絵以外のかわら版においては、江戸の地震を全国に報道するという姿勢が見られた。それは、「ニュースの誕生」として近代メディア史の中で評価されている［木下・吉見 1999］。

北原糸子が安政江戸地震や磐梯山噴火（一八八八年）を事例に描き出したように[50]、近代と近世の災害においては、大きな断絶が存在する。一つは、近代国民国家の成立とそれと軌を一にして出現したメディアの存在であり、もう一つは、科学知の存在である。鯰絵のあらわれた安政江戸地震は、大きな災害ではあったが、近代国民国家成立以前の災害であったため、江戸の災害ではあっても、それは「日本」の災害ではなかった。また、それは鯰絵に代表されるように、人々には、ある種の怪異としてとらえられるものであり、科学的なメカニズムの分析の対象ではなかった。しかし、近代以降の災害になると、メディアは報道や義援金の全国的な募集を通じて、それを「国民的災害」とする。また、西洋から導入された近代科学の知は、災害をその発生メカニズムから解明し、とりわけ、地震や津波や火山噴火などの自然災害が繰り返されるものであることが明らかになってゆく。その意味では、自然災害というカタストロフは、決して自然の現象なのではなく、それを人がどう扱うかという点も含めて、人間文化と地球環境の相互関係の中で生み出された現象である。

その相互関係において、近代では国民国家はその関係を規定する大きな要因である。この国民国家というアクターは、本書では、「復興」という方向づけを行い、その復興を記念しメモリアルする博物館を建設することで、カタストロフの後の時間の方向性を決める主体の一つとしてあらわれる[51]。復興とは、再び興ることであり、再びという時、そこには、過去の参照という含意がある。また、メモリアルとは、記憶と想起にかかわる行為である。想起という行為を通じて、過去は現在になるが、復興をメモリアルすることにおいては、何がどのように想起されるべきか、何が過去から現在に残されるべきかという選択が行われる。つまり、国民国家というアクターはカタストロフにおいて時間を操作する主体としてあらわれるのである。

また、アクターには文化の問題もある。文化とは人々の行動様式である。カタストロフに関しては、それへの対応に文化による違いがある。自然災害に関する人類学的研究は、カタストロフに対して文化により異なった対応のあり方があることを明らかにしている。たとえば、災害に対して「やり過ごす」という対応があることをフィリピンの先住民社会を調査した清水展は明らかにしている。山中に住む先住民の人々は、椰子などを用いてつくられた簡便な家に住んでいる。その家は、持ち運びが比較的容易である。彼らは、災害によって居住が困難になった時には家を移動して、災害の影響をやり過ごすのだという。[52] 二〇〇四年のスマトラ島沖インド洋地震・津波により被災したインドネシアのアチェを調査した地域研究の山本博之と西芳実は、津波というカタストロフへの人々の対応は、流動性の高い社会独自のあり方を示しているという。[53] 流動性の高い社会は、アドホックに生まれたその場にいる人のつながりを大切にし、それに基づいて、フレキシブルに対応を組み立ててゆく。また、同じスマトラ島沖インド洋地震・津波によって被災したタイのプーケットの人々を調査した人類学の市野澤潤平によると、プーケットの人々は災害を忘れ去る、という形で災害に対応しているという。[54] さらに、トルコで一九九九年に起きたコジャエリ地震の社会人類学的研究を行っている木村周平によると、トルコ語には日本語における社会やまちの再建をも含む「復興」に相当することばがないといい、その背景には流動性の高い社会のあり方が見られること、それに対応したネットワークの仕方が存在し災害後の再建において機能していることを明らかにしている。[55]

これらは、いれずも、日本においては、同じようなシチュエーションであれば異なった対応がとられると想

[50]　[北原 1998][北原 2013]
[51]　本書第五章第1節 253ff. ページ
[52]　[清水・木村（編）2015]
[53]　[山本 2014][西 2014]
[54]　[市野澤 2015]
[55]　[木村 2013]

定される事例である。それらは日本に住む人々の目から見るとずいぶんと異なった災害への対応に見えるだろう。しかし、他方で、それらの文化に属する人から見れば、日本での自然災害というカタストロフへの対応は自分たちとはずいぶんと異なったものに見えるだろう。たとえば、社会的流動性の低さを前提として、復興に関する施策が土地所有に基づく関係に規定されていることは、復興の足かせととらえられるかもしれない。本書の対象とするのは、日本を中心とした事例であり、それに加えていくつかのヨーロッパの例をとりあげるが、それは、西洋近代の影響を受けた地域である。異なる文化的文脈を持つ社会が地球上にはいくつも存在していることを自覚しながら、本書の叙述を進めることにする。

カタストロフと超長期の時間

自然災害というカタストロフについて見る時、長期の時間という視点を欠かすことはできない。カタストロフは、まれに起こる出来事であるからカタストロフと呼ばれるが、このまれであるということも、巨視的、超長期的に見れば、まれとは言い切れない場合がある。それがまれである出来事だと思われているのは、人間の時間の尺度で見た場合であり、地球史的に見た場合には、別の基準が必要となる。カタストロフを地球環境の視点から見る時、このまれである自然災害というカタストロフは新たな位置づけを獲得する。

長期の時間の問題には、記憶と忘却が関係する。自然災害というカタストロフは、多くが周期性を持つ。ただし、それは、超長期的な周期性であるため気付かれにくいし、仮に気付かれていても、忘却されることが多い。カタストロフの周期性が忘却されている時に、あらたなカタストロフが起こるとそれは大きな衝撃をもって受け止められる。日本においては戦後の高度成長期においては大きな自然災害は起きていなかった。本書の中心的な記述の対象である阪神・淡路大震災の発生は、その忘却期間に起こったため大きな衝撃として受け止められた。だが、今日の日本並びに国際社会では、二〇〇五年のスマトラ島沖インド洋地震・津波、二〇一一年の東日本大震災や、地球温暖化などの地球的規模の危機によって、地球上で自然災害が繰り返し起こってきた歴史が想起され研究が進んでいる。[56]この忘却と想起は、環境と人間の関係のあり方の一側面である。

想起がいったん始まると、対象となるカタストロフは文字での記憶が残っている歴史時代に起きた災害にとどまらない。新たな過去が発見され、想起が続く。たとえば、日本では、縄文時代にあたる二万九〇〇〇年前ごろ起こった九州の姶良カルデラの巨大噴火や、同じく七三〇〇年前ごろ起こり、九州の縄文文化を壊滅させた鬼界カルデラの巨大噴火など、文字による歴史以前に起きた巨大災害が発見され、想起されるようになってきている。[57]グローバルに見ると、さらに巨視的なカタストロフも発見され、想起されている。人類の存在以前の約六五五〇万年前に恐竜など中世代に栄えた大型の爬虫類の大絶滅を引き起こしたとされ、現在でもその痕跡が半径約一六〇㎞のチクシュルーブ・クレーター chicxulub crater として残っている、ユカタン半島への巨大隕石の衝突が、過去に起こった何度もの生物の大絶滅の歴史の一つとして想起されている。[58]

先ほど、アンソロポシーンという新たな地質年代の提唱が行われていることを紹介した。アンソロポシーンが提唱される背景には、人間活動が地球環境に危機的な影響を与えているという認識があるが、それは、ゆっくりとしたカタストロフであるともいえる。それに加えて、激甚な自然災害の想起が遠い過去にまで及んでいることは、カタストロフというものへの注目が超長期的な時間のパースペクティブをよびおこすものであるこ

［56］［北原 2006］［北原ほか（編）2012］［日外アソシエーツ（編）2009］
［57］［石黒 2002］［新東 2010］
［58］［松井 2010］［Kolbert 2014］

とを示している。

3　歴史のエネルゲイアというアプローチ

さて、以上、時間とカタストロフという点から本書のトピックスを見てきた。次に、本書がそれらに対してどのようにアプローチするのかを述べておきたい。

先ほど第1節で、世界と環境は発見の過程として出来《しゅったい》することを述べた。本書は、そのような発見のプロセスとしてカタストロフと時間の諸相にアプローチする。発見とは、認知により出来事が新たな何かになってゆく過程である。何かになってゆくこととは、それが生成しているということである。たとえば、時間について見ると、時間は刻々と動く。現在が刻々と過ぎ、過去になり、その過去も刻々と過ぎ、更なる過去になる。未来は刻々と過ぎ現在になり、その未来に刻々と過ぎて更なる未来が到来する。ここでは、絶え間なく、あるものが生成している。その生成しているものに焦点を当てる。

本書では、それを歴史のエネルゲイアのアプローチと呼びたい。エネルゲイアとは、ギリシアの哲学者アリストテレスἈριστοτέλης の基本的な概念である。アリストテレスは、現実を可能態と現実態に分けて理解した。『自然学 Φυσικὴ ἀκρόασις』と『形而上学 Μεταφυσικά』の中で彼は、存在には可能態と現実態があるとしている[59]。可能態とはまだ現実になっていない状態で、物事は可能世界の中にある。一方、それが現実になった状態が現実態である。そこでは、可能態の中に可能性として存在していた現実が現実として出来《しゅったい》している。この可能態は、アリストテレスの用いたギリシア語ではデュナミス（δύναμις）という。日本語では、可能態のほか可能性、能力、潜在、潜勢態、英語ではpotentialityやcapacityなどと表現され、ドイツ語ではdie Möglichkeitなどと訳される。一方の現実態は、アリストテレスの用いたギリシア語ではエネルゲイア（ἐνέργεια）である。日本語では、現実態のほか現実性、活動、現実活動、実現態、顕在、顕勢態などと訳され、英語ではactualityと、ドイツ語ではdie Aktualitätなどと訳されている。[60] ここからわかるように、可能態（デュナミス）と現実態（エネルゲイア）には、意味の揺らぎがあるが、もともとアリストテレス自身がこの二つに意図的に揺らいだ意味を与えていた。現実を生き生きととらえるためには固定的な態度ではなく、揺らぎに開かれたしなやかな姿勢が必要だからである。[61]

　本書では、出来事や過去というものが動くという側面に着目する。出来事や時間が動くのは、出来事や時間そのものが動くことでもあるが、もっと重要なのは、そこに参加し、それを語り、それを記憶する人間の側、つまり主体の側が動いている、生きているということである。そのような動きによって、可能態（デュナミス）の中に存在したものが現実態（エネルゲイア）となってゆく。その動きや出来《しゅったい》のさまをとらえるアプローチの仕方を歴史のエネルゲイアのアプローチと呼びたい。

　この可能態（デュナミス）と現実態（エネルゲイア）のペアの考え方に注目した学説として、ケイパビリティ・アプローチがある。実際、可能態（デュナミス）は、文脈によって能力capableと訳される場合もある。ノーベル賞を受賞したアマルティア・センAmartya Senと哲学者のマーサ・ヌスバウムMartha Nussbaumの提唱しているケイパビリティという考え方は、人間の中には、ある可能性があることを前提とし、それを全きこととし

［59］［Aristotle 1929］［Aristotle 1933］
［60］［藤沢 1980: 231］［桑木 1993: iv］
［61］［Rapp and Corcilius 2011: 178］［諸富 2002: 123–125］

て実現することに価値を見出す考え方である。センはこの考え方を独自に発展させたが、ヌスバウムはアリストテレスとマルクスの考え方により、センの考え方をより精緻にした[62]。

ケイパビリティというセンやヌスバウムのアプローチは、人間存在にとってのエネルゲイアの意味を問うているが、地球環境学研究においては、それを地域に広げてその潜在的な可能性を発揮させる社会的条件の実現を目指すエリア・ケイパビリティという考え方も提唱されている[63]。本書で問題にする歴史のエネルゲイアとは歴史にとっての可能性や出来《しゅったい》ということの意味を問う。

この歴史のエネルゲイアという概念、およびそれの持つ意味については終章で詳しく述べるが、ここでは、そのアプローチの綱領と、それが本書の中でどのように扱われるかを示しておく。

（1）偶然性と必然性

出来事が起きることは、偶然であり、必然である。ある出来事が出来《しゅったい》する、ある出来事が起きるということには、出来事を出来事にする力が働く。歴史のエネルゲイアという立場とは、出来事の偶然と必然ということに敏感になることである。

カタストロフに出会うことは、ある意味で偶然である。しかし、人間はそれを必然であると考えてゆく。その際、過去が参照され、未来に出来事を伝える意識が生まれる。

偶然性と必然性は、環境決定論 determinism と人間の主体性 subjectivity や自由意志 free will の問題でもある。環境を物理学的法則が貫徹するものと見た時、出来事は因果性の連鎖によって決定されていると見られる。決定論である。この決定論の立場に立つとき、人間もそこからは例外ではなくなる。では、人間の主体性や自由意志というものはどうなるのか。カタストロフに出会った人にとってそれは、運命なのか。運命であるとしたらそこからは逃れられないのか。その時、人は、どのようにふるまうのか。カタストロフに出会うことは、この根源的な問いを人に突き付ける。

このテーマについては、中心的に、第三章、第七章、第八章で扱う[64]。

（2）時間の存在と時間の方向性

時間が存在するのか、時間がどのような存在であるのか、時間はどのように流れるのか、という点については、すでに述べた。時間が時間になること、時間が出来《しゅったい》すること、時間が流れることは、エネルゲイアの作用の一つであるといえる。これも、歴史のエネルゲイアにおける基本的な問題である。

カタストロフにおいて、時間はまずは存在の原点のような時間としてあらわれる。また、その時間は、流れゆく時間、流れ去る時間として認識されるとともに、主体的に選び取られる時間としても動く。出来事を記録すること、未来へ伝えること、未来へ残すこととは、時間に主体的にかかわるかかわり方である。時間に注目することは、この時間の動く動き方に注目することである。

時間の動き自体は本書を通じて論じられるが、とくに第Ⅰ部の第一章から三章、第八章、第十章[65]で詳しく述べられる。

[62]［Nussbaum 2000: 11–13］
[63]［石川・渡辺 2017］
[64] 本書第三章第1節 145–146 ページ、第七章第2節 459–461 ページ、第八章第3節 550–551 ページ
[65] 本書第一章第4節 105–107 ページ、第二章第3節 138–140 ページ、第三章第1節 153–154 ページ、第八章第1節 509–512 ページ、第十章 673–674 ページ

（3）生まれること、未来

エネルゲイアとは、可能態が現実態になることである。これは、生まれるということともいえる。生まれることとは、まだ存在しない可能性の中からある一つの現実性が選び取られるということである。現実に存在するものは、そのようにして可能世界の中から、この現実世界にあらわれたものである。

カタストロフは、一般的には、負の出来事であると思われている。しかし、すでに見たように本来それには負の語感はない。前節においてカタストロフの語源を探る中で、それが悲劇における用語であったことを見たが、古典ギリシア時代における悲劇とは、マイナスの語感を持つものではなかった。むしろ、喜劇が自分たちより劣った人間のくりひろげるドラマであるのに対して、悲劇は自分たちよりも優れた人間のおりなすドラマであるという意味であり、それは気高く人間の真実をあらわしているものであるという含意があった。[66] 負の出来事としてのカタストロフというと、それと死が結び付けられることが多い。だが、カタストロフを出来事として虚心に見たとき、それは出来《しゅったい》する出来事であり、人間世界でそれに対応するのは、誕生、生であるともいえる。つまり、歴史のエネルゲイアの立場から考えると、カタストロフを見るとき、死だけではなく、誕生、生が考えられるべきであるということになる。この点に関しては、第八章で述べる。[67]

と同時に、生と誕生は未来と関係する。未来を見通すこともこの立場から導かれる。未来については、第二章、第五章、第六章、第八章、終章で述べる。[68]

（4）かかわり・ひらかれ・出来《しゅったい》

エネルゲイアという語は、アリストテレスが、存在という語をもとに造語したといわれているが、行為やはたらきも意味し、事実、英語では、act という行為をあらわす動詞をもとにした名詞のアクチュアリティと訳される。アクチュアリティとは、アクチュアルであることであり、同じ現実性と訳されても現実に対するとらえ方として、リアリティと対照的なとらえ方である。リアリティは、リアル real がラテン語の物を意味する rēs から来ているように、ものの現実性の側をとらえようとする。一方、アクチュアリティは行為を意味するラテン語の āctus から来ているように、行為や行動の立場から現実に関与することである。

それは、コミットメントあるいは、投企とも言い換えられるが、かかわりによって出来するものやことにひらかれた態度である。すでに存在するある型をなぞったり、それにあてはめたりしようとするのではなく、かかわることによって出来する予測不可能な何かや未来を積極的に評価することである。それが、創造性を生み出す。この点については、第八章で述べ[69]、また実際の事例を二つのダイアローグにおいて見る[70]。

（5）書くこと、語ること

エネルゲイアとは現実であるが、その現実は、書くことや語ることによってつくられるものでもある。書くことによって、書かれていなかったことは、書かれたものとして現実になる。書かれなければ、歴史は歴史にはならない。未来も書かれることによって、書かれた未来として存在し、現実の未来はその書かれた未来を型

［66］［アリストテレス 1972］
［67］本書第八章第3節 552–558 ページ
［68］本書第二章第3節 138–140 ページ、第五章第1節 262–264 ページ、第六章第4節 406 ページ、第八章第3節 549–558 ページ、終章 750ff. ページ
［69］本書第八章第1節 513 ページ
［70］本書ダイアローグ1 234ff. ページ、ダイアローグ2 479ff. ページ

として形成されてゆくともいえる。可能態からの現実態の出来に注目する歴史のエネルゲイアには、歴史を書き、未来を書くという行為も含まれる。これについては、第十章、終章で述べる[71]。

書くことと似た行為に語ることもある。出来事は語られることにより、ある出来事として、始まりがあり、中間があり、終わりのある物語となる。物語で考えるとは人間の基本的な特徴の一つである[72]。

エネルゲイアという現実に自覚的になることは、書くこと、語ることに自覚的になることでもある。

4 本書の構成

さて、本書の構成を述べておきたい。

本書は、四つの部から構成される。この四つの部に分割されたテキストの流れは、中心的な叙述の対象である阪神・淡路大震災の発生から始まる時間の流れに大まかには沿っている。これから詳しく述べるように、必ずしも時系列的に時間の経過を追うわけではなく、また、阪神・淡路大震災だけを扱っているわけでもないが、カタストロフの発生とその後の時間という点で見れば、本書の叙述は、ある一つの大きな時間の流れに従うように構成されている。

第Ⅰ部は、「カタストロフという出来事」として、カタストロフという出来事そのものの時間を扱う。出来《しゅったい》する出来事、動いているもの、その中で生成する時間と出来事である。対して、第Ⅱ部以降は、それが過去、あるいは歴史になってゆく様態を扱う。博物館や語り、モニュメントや場といった制度や人為によって出来事は過去、あるいは歴史になる。ただし、それは、過去や歴史になるだけではない。そのような制度や人為によって現在になるともいえる。第Ⅱ部以降は、そのような、現在と過去と未来の重層した関係に着目する。

以下、具体的に述べる。

第Ⅰ部「カタストロフという出来事」

第Ⅰ部は、カタストロフそのものがどのような時間であったかということを扱う。大規模災害によって自明性が失われた時、社会の中でアイデンティティのよりどころとして過去の歴史が参照され、それとともに体験が未来に向けて語られるべきものとして認識される。

第一章は「カタストロフの中で想起される過去のカタストロフ――まちの記憶とアイデンティティ」として、一九九五年に起きた阪神・淡路大震災の概況を、直後の混乱期に想起されたことと残されたものという側面から見る。自明性を取り戻すために過去が参照される際の語りの型の問題や、記憶としてまだ歴史にならない過去の様態を扱う。主に描かれるのは、第2節では、カタストロフの発生から八日後以降、また五〇年前、七〇年前も扱われる。第3節では、三ヶ月後から八ヶ月後である。

第二章「記録と記憶」では、阪神・淡路大震災の体験を記録するさまざまな活動に焦点を当てる。ここでは、体験という言葉に込められた歴史主義の問題や、未来に対する主体の問題が扱われる。描かれる時間は、カタストロフの発生後、一年から二年後である。

第三章「カタストロフの前の人――渦中と瞬間」は、カタストロフの時間とはいったいどのような時間であるのかを、内的時間の構造から考える。ここでは、カタストロフの渦中の時間に焦点を当て、それが自己の

［71］　第十章第4節 708–710 ページ、終章第2節 750ff. ページ

［72］　第七章第3節 469–472 ページ

発生機とも重なる構造を持つことを明らかにする。対象とされる時間は、まさにカタストロフの渦中である。ただし、渦中とは何を意味するかもここでは問われる。

以上は、カタストロフを住人として経験した定住者に視点を当てたものである。しかし、大規模なカタストロフにおいては社会が流動化し、地域住民以外の非当事者もがカタストロフにかかわることになる。第四章「心の揺れという体験 ── 震災ボランティアたちのカタストロフ」では、社会的な流動性が高まった例としてボランティアをとりあげる。震災ボランティアの歴史的位置づけを行い、ボランティアたちの語りを見る。扱われる時間は地震の発生の直後から約六ヶ月後までだが、その時間がその後にどのように認識されているかを七年目の時点で検討する。その中で、カタストロフの場に、非当事者としていあわせることの心の揺れを見る。

第Ⅱ部「カタストロフ・国家・近代」

第Ⅱ部は「カタストロフ・国家・近代」として、時間を支配する国家と近代の問題を扱う。近代に特有の現象である国民国家が時間を編成する様態を、博物館におけるカタストロフの表現から見てゆく。

第五章「「復興」と無名の死者の捏造」では、阪神・淡路大震災のメモリアル博物館の建設過程と展示を分析する。創造的復興の枠組みやメディアの作用によってカタストロフが国民的な出来事となっていったこと、展示のナラティブが収斂する先に「無名の死者」が、若い未婚の女子の人身犠牲として「捏造」されていったことを明らかにし、その意味を考える。対象とされる時間は、第1節が直後から約五年後、第2節が約五年後、第3節から6節は約七年後である。ただし、これは、本章の対象とする博物館の展示内容においては、渦中が描かれているため七年後における渦中という二重の時間でもある。また、本書ではアジア太平洋戦争（第二次世界大戦、十五年戦争、大東亜戦争）、一九世紀初頭の戦争画もとりあげられるため、カタストロフから七〇年後、二〇〇年後も扱われているともいえる。

第六章「透明な空間、浮遊する時間 ―― 慰霊と復興の近代とポスト・モダン」は博物館が置かれた場の問題である。博物館という場自体が、国家がどのように時間を編成しようとしているかを示していることを、関東大震災と阪神・淡路大震災の博物館の例から見る。現在、博物館という制度は地球規模で世界を覆っているため、グローバルな国際比較も行う。対象とする時間は、主に扱う関東大震災、阪神・淡路大震災に限ってみると、約九〇年後、約七年後である。

第Ⅲ部「カタストロフと記憶」

第Ⅱ部は時間と国家の問題であったが、第Ⅲ部では時間と個人の問題が扱われる。ここでは「カタストロフと記憶」と題して、カタストロフが個人に記憶される問題を扱う。第Ⅱ部では、捏造を扱うことで過去が再現されるという側面を見たが、ここでは過去の再現の背景にある過去の真正性の問題が扱われる。個人といっても、その人生のステージには偏差がある。第七章は老境にある人の記憶、第八章は胎児、嬰児、幼児の記憶を問題にし、人の一生の中での始まりと終わりに近い時点でのカタストロフと記憶の問題を扱う。

第七章「悲劇と語り ―― 死者と想起」は悲劇というナラティブをとりあげる。カタストロフという出来事が劇ではないのに劇という型をもって語られることの意味を探る。ここで見るのは、一九三三年に東北地方で起きた昭和三陸津波の記憶である。インタビューによって、その出来事が、約八〇年後にどのように記憶され語られているかを明らかにする。

第八章「だれの記憶、だれのための記憶 ―― カタストロフの記憶を残すという営為」では、記憶の継承の方法である「かかわりによる開かれた出来《しゅったい》来」について見てゆく。過去の真正性にではなく、過去にいかに主体的にかかわることができるかという問題として記憶の継承をとらえ、その実践のための事例を紹介する。また、胎児と嬰児の記憶をインタビューから探り、未来に向けた人間の主体性についても論じる。扱われるのは一〇年後の時間である。

第Ⅳ部「場に残るカタストロフと「持去」——メモリアル・モニュメント・遺構」

第Ⅳ部は「場に残るカタストロフと「持去」」と題する。カタストロフが過去になるとき、場という環境の中に残る。メモリアルという人為的でやや狭い場という環境と、風景や地域という非人為的で、より広がりをもった場という環境の中でカタストロフがどのように残るのか、どのように残ることが望ましいのかを見る。

第九章「感情操作のポリティクス——メモリアルにおける演出と動員」では、ポーランドとドイツのホロコーストに関するメモリアルをとりあげ、環境の中でカタストロフが残る際に起こる感情の問題を見る。対象とする時間は約七〇年後である。

第十章「カタストロフとともにある場——遺構保存のアポリアを越えて」では、風景や地域の中でカタストロフが残る際の遺構の扱いの問題を見る。遺構の保存とは、過去を過去にするのではなく過去を現在にすることである。それを「持去」と呼び、その「持去」という行為が社会的に引き起こす相克を明らかにし、それを克服する手段を探る。本章の扱う時間は多岐にわたる。第2節では(1)約六年後、(2)約七〇年後、(3)約三〇年後、(4)約二〇〇〇年後、(5)約六ヶ月後が扱われ、第3節では約三〇年後、第4節では約一〇年後が扱われる。また行論の中で五六億年後という時間も扱われる。対象とする出来事は、阪神・淡路大震災のほか、ヨーロッパにおける第二次大戦中のナチス・ドイツのユダヤ人虐殺、一九七〇年代のカンボジアのクメール・ルージュの国民虐殺、一九六〇年代のイタリアのベリチェ地震、古代ローマにおけるヴェスヴィウス火山噴火によるポンペイの被災などである。

カタストロフの個々の側面を追った本文は以上で終わる。

終章「カタストロフから見た地球環境・歴史・未来史」はそれら本文の内容を序章で問題にした出来事のエ

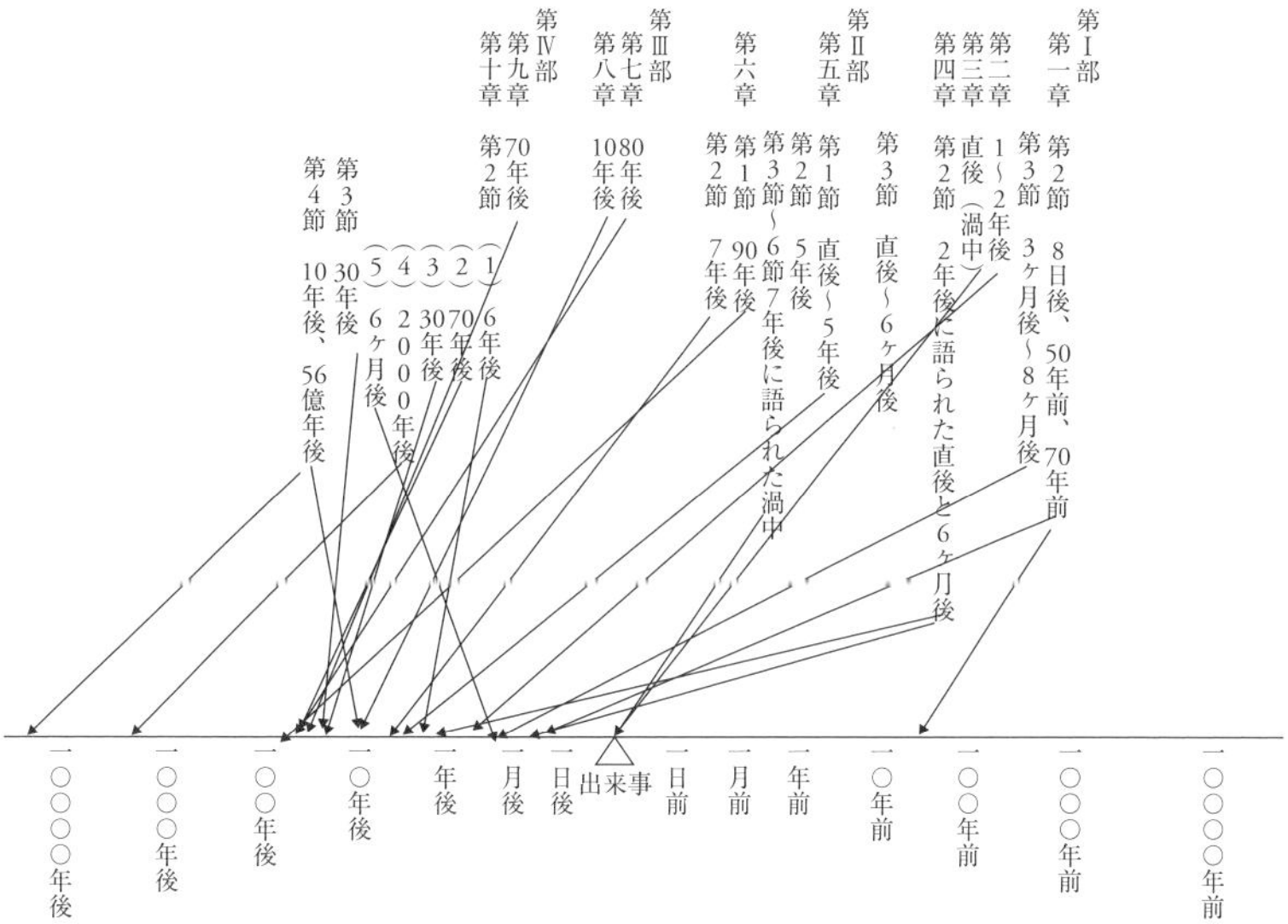

図0-6　本書の構成と対象となる時間

ネルゲイアという概念のもとでまとめた上で、そのことの地球環境学における意味を、過去と未来という二つの側面から明らかにする。

本書の扱う時間は図0-6のように一見すると入り組んでいるが、本書の構成する四つの部は、すでに述べたように、大まかにカタストロフの後の時間を区切ったものでもある。カタストロフの後の時間の区分の問題については、第三章第1節で詳しく見るが、とりあえず、本書の構成に即して述べておくと、本書はカタストロフを社会の視点、マクロな視点でとらえているが、仮に、それをミクロなある人間の反応ととらえた時、本書の採用している時間の区切り方は、病における、「急性期」「回復期」「治癒への緩やかな過程」という時期に対応しているといえる。急性期は文字通り、最も危機的な状況であり、狭義のカタストロフである。そこから社会は回復に向かう。そして、最終的に目指されるのは「治癒（寛解）」である。

この最終の段階を医師はしばしば治癒と言わず寛

解と呼ぶが、確かに状況がゆるむという意味の寛解が、なおるということを意味する治癒という語といささかの語義の差異を持つように、病から脱することは元の状態に戻ることではない。カタストロフを経過した後においては、そのカタストロフという出来事がすでに経過しているのであるから、元の状態に戻ることはありえない。しかし、とはいえ、寛解とは安定した状態ではある。カタストロフからの立ち直りとは、旧に復することではなく、寛解と呼ばれるような何らかの安定した状況を目指すことであろう。

これは、「復興」が過去を参照し、元のように再び興るという含意を持つのとは異なった時間への対処の仕方であるともいえる。時間は未来から現在に至り、過去に流れてゆく。それは、逆戻りしない。もちろん、時間を逆戻りして災害前の時間を想起し、それをふたたび目指すことに社会的意味はあるが、それは、時間の現実に即しているわけではない。むしろ、時間の流れが未来から過去に流れること、あるいは主体は時間の中を未来に向かうものであることを踏まえて、どのように、出来事に向き合うのか、過去を未来にどのように織り込んでいくか、ということが本書の問題意識である。

本書では「急性期」をカタストロフの発生から半年後くらいまでとする。これは、第Ⅰ部が対象とする時間である。「回復期」はその後、五年目くらいまでであり、本書では第Ⅱ部がそれにあたる。「寛解への緩やかな過程」は、その五年目以降である。本書の第Ⅲ部、第Ⅳ部である。

なお、上記の一〇章からなる本論と序章、終章のほか、本書は、補章、口絵、コラム、ダイアローグを持つ。カタストロフと時間という本書のテーマに、本論と関係しつつ、やや違った側面から光を当てることを目的としたものである。二つの補章では、本論で詳しく触れることのできなかったボランティアと写真の問題や、歴史のエネルゲイアと「なる」の問題をやや詳しく論じる。口絵では、第四章・補章1でも取り上げた阪神・淡路大震災におけるボランティアを撮影した写真集からの写真を掲載する。コラムでは、博物館における歴史の表現の問題や、中国やインドネシアにおける復興のあり方、ドイツやポーランドにおけるホロコーストやフクシマにおけるカタストロフの記憶などの諸相を見る。二つのダイアローグでは、表現にかかわる立場からカタストロフを見つめてきたゲストをお招きし、対話の中からカタストロフと時間について考える。

5　阪神・淡路大震災はどのように過去、あるいは歴史になっているか
――歴史辞典・歴史教科書・歴史書の記述とメタヒストリーという立場

先ほど第1節で、過去を歴史と言い換えた。序章の最後に、本書の中心的な対象である阪神・淡路大震災について、出来事がどのように過去、あるいは歴史になるのかという視点から触れておく。阪神・淡路大震災がどのような出来事であったのかとともに、その出来事という過去がどのように歴史になっているのかという問題を、それがどのように歴史辞典・歴史教科書・歴史書に記載されているかを見ることで瞥見しておきたい。本書の中で、過去がどのように歴史になるかという諸相についてより詳しく見ることになるが、ここでは、そのイントロダクションとして、いくつかの例から見ておこう。

そもそも、この地震は、直後には、「阪神・淡路大震災」ではなかった。一九九五年一月一七日の地震発生の直後には、「兵庫県南部地震」と呼ばれていた。気象庁の使用した地震そのものを指す名称である。一方、新聞やテレビなどでは、それを『震災』であり、「大」地震であると呼称していた。『毎日新聞』大阪本社版は、翌一月一八日の一面から「阪神大震災」の名称を使用し、『朝日新聞』大阪本社版も一月二三日の朝刊から「阪神大震災」の名称を使用している。二月一〇日には政府の閣議で「阪神・淡路大震災」とすることが決定され

ている。単なる地震や震災ではなく「大」地震であり、「大」震災であると認識することは、過去の災害との比較による。出来事という過去が歴史になる際には、過去が参照されながら歴史になるのである。

歴史辞典の記述

出来事が歴史になるのを端的に示すのが年表や辞典に記載されることである。年表や辞典に記載されることは、それが歴史であることの一つの指標だと考えてよい。では、この地震、震災はどのように位置づけられているのか。まず『国史大辞典』を見てみる。『国史大辞典』は全一五巻一七冊、全巻を合計すると約一万七〇〇〇ページとなり、日本史の分野では世界最大の辞典である。本編の刊行は一九七九年から一九九三年にかけてであったため、本編として刊行された一五冊のうちには立項されてないが、一九九七年に発行された増補版に「阪神・淡路大震災」という記述がある。

はんしん・あわじだいしんさい　阪神・淡路大震災　平成七年（一九九五）一月一七日午前五時四六分ごろ、淡路島北端付近を震源として発生した兵庫県南部地震（東経一三五度〇三分、北緯三四度三六分、マグニチュード七・二）による災害。（中略）この地震では、（一）地震以前の災害対策準備の不足、（二）発生時の初動体制の不手際、（三）救援の遅れ、（四）非常食・飲み水の確保、（五）医療体制の不備、（六）全世界からのボランティアの受け入れなどのほか、さらに日が経つにつれて、（七）交通手段の確保、（八）仮設住宅の建設・入居、（九）罹災者への法的援助措置、（一〇）被害原因の糾明などが問題化した。いわゆる都市直下型大震災の政治的、経済的、工学的諸問題が一時に顕在化してきたのである。幸いなことに伝染病の発生、略奪強盗、社会不安、パニックなどの発生はなく、一部で大きな余震があるというデマが流れたにとどまった。工場の倒壊、物流の停滞、神戸港における輸出入の減少など経済的影響は日本のみならず外国にも及んだ[73]。

執筆を担当したのは宇佐美竜夫で、東京大学地震研究所で歴史地震の研究を長く続けた地震学者である。ここでの記述は、まず最初に震災の被害状況が書かれる。引用文の中略した部分では、一九九五年五月までに判明していただけで、五千人以上の死者と四万人以上の負傷者が出ていたことや、避難者が三〇万人を超え、避難所は一一三八ヶ所に及んだことなどの人的被害が書かれ、次に、直後に神戸市で火災が発生し、その焼失面積は約六万㎡に及んだことや、高速道路や鉄道なども被害をうけたこと、断水、ガスや電気の供給停止、電話の不通が生じたというインフラストラクチャーの物的被害が述べられ、最後に、被害総額は一〇兆円にも上ったという経済的被害が述べられる。その後、引用にあるとおり地震以前の災害対策の不足や発生時の初動対策の不手際などの問題点が列挙される。この阪神・淡路大震災の前の大震災というと関東大震災であったためか、デマについて特筆されていることが興味深い。この記述では、震災は都市直下型地震の問題が噴出したものであるというところに眼目がある。

次に、歴史の中辞典である岩波書店の『日本史辞典』を見てみる。

阪神・淡路大震災　はんしんあわじだいしんさい　一九九五・一・一七午前五時四五分頃発生した〈平成七年兵庫県南部地震〉による震災。（中略）同年一二月末現在の死者・行方不明者は六三〇八人、負傷四万三一七二人、全半

［73］『国史大辞典』

壊住宅二〇万九〇〇〇戸余、一部破損住宅二二万七三〇〇戸余、公共建物七五〇棟、その他三九五二棟、高速道路・新幹線・港湾施設等交通運輸機関も機能しなくなった。三〇万人もの被災者が約八〇〇か所の避難所生活を余儀なくされた。予測されていた大震災対策を行わなかった都市行政のあり方が問われている。[74]

これもまず、災害の理学的・地学的な状況が書かれ、次に被害状況、そして被災者の避難所生活が書かれ、最後に、予測されていた大震災への対策を行わなかった行政のあり方を問題にする文言で結ばれる。先ほどの『国史大辞典』の記述が現実への批判的言及がなかったのに対して、こちらは現実への批判的言及が書かれている。「避難所生活を余儀なくされた」や「都市行政のあり方が問われている」という記述からは、震災のさまざまなアスペクトの中で注目されるべきなのは、避難所生活、そしてとりわけ行政の怠慢の責任が大きいというところであるという含意が読み取れる。『国史大辞典』は都市直下型地震固有の問題としていたが、こちらは災害における都市行政の問題としてとらえている。

歴史教科書の記述

次に歴史教科書の記述を見てみよう。まず山川出版社の『詳説日本史』という日本で一番シェアの高い高等学校の歴史教科書を見る。その最後の章である第一三章「激動する世界と日本」の「現代の諸課題」という項目に阪神・淡路大震災が登場する。

一九九五（平成七）年に、阪神・淡路大震災やオウム真理教団による地下鉄サリン事件が起こった。また、沖縄

ではアメリカ軍兵士
学生暴行事件をきっ
アメリカ軍基地の縮
る県民の運動が高揚
世紀の日本は，未曽《みぞ》
や大事件に見舞われ
閉じた。

2001（平成13）年
泉純一郎《いずみじゅんいちろう》（1942～）が構造改
て内閣を組織した
相は，小さな政府をめざす新自由主義的な政策をとり，不良債権処

阪神・淡路大震災《あわじだいしんさい》で横倒しとなった橋脚《きょうきゃく》　京阪神地方を襲ったマグニチュード7.3，震度7の大地震で，死者は6400人をこえた。（毎日新聞社）

写真0–4　山川出版社発行の高校の歴史教科書に掲載された阪神・淡路大震災で横倒しになった阪神高速道路の写真。日本の苦境を暗示する。［笹山・佐藤ほか 2016］

ではアメリカ軍兵士の女子小学生暴行事件をきっかけに、アメリカ軍基地の縮小を求める県民の運動が高揚した。二〇世紀の日本は、未曽有の災害や大事件に見舞われつつ幕を閉じた。[75]

この教科書は不安を強調する。この記述の前の部分にあたる「平成不況下の日本経済」と題された項目では、バブル経済の崩壊に伴う不況や景気の後退が克明に描き出される。山一證券や日本債券信用銀行などの金融機関の破たんが相次ぎ、企業の倒産やリストラが頻発したこと、これまで日本経済を牽引してきた自動車や電子、家電産業が内需の不振と輸出競争力の低下で「深刻な状況に追い込まれた」ことが描かれる。そこを阪神・淡路大震災が襲ったという歴史の語りである。

不安を強調する語りの中で、阪神・淡路大震災は現代の不安の象徴の一つとなっている。その文章には、阪神・淡路大震災において横倒しになった阪神高速道路の写真までもが添えられ、「崩壊」の感覚が補強される

［74］『日本史辞典』
［75］［笹山・佐藤ほか 2016: 413-414］

（写真0-4）。高校生という未来を考えるべき世代に、暗い気持ちを与えるのではないかという危惧を覚えるともいえる内容である。

もう一つ、教科書を見ておこう。東京書籍の『日本史A —— 現代からの歴史』の中の最後の章である第五章「現代の世界と日本」の中の第五番目の節「よりよい未来にむけて」の中の「自然災害と市民の役割」という項目に阪神・淡路大震災のことが登場する。教科書全体の締めくくりにあたる部分である。

日本では近年、深刻な自然災害があいついで発生している。一九九五（平成七）年の阪神・淡路大震災、二〇〇四年の新潟県中越地震に続いて、二〇一一年三月一一日、三陸沖を震源とするマグニチュード九・〇の大地震が起き、東北地方の太平洋岸を中心に巨大な津波が押し寄せた。[76]

この教科書でも、この記述の前に、平成不況や「日本社会をおおう閉塞感」が述べられ、人々に「不安」が与えられていることが述べられており、自然災害の頻発もその不安の一環として語られているといえる。だが、この教科書では、それに対する未来への希望の存在も、述べられる。

阪神・淡路大震災では、市民が無償で自発的に活動するボランティアが、被災者の支援で大きな役割を果たした。これをきっかけに、NPO（民間非営利組織）に法人格を与え、強化するNPO法が成立した。政府だけが公共の担い手ではなく、市民やNPOも行政や企業と共同して公共サービスを行う「新しい公共」という考え方も登場している。[77]

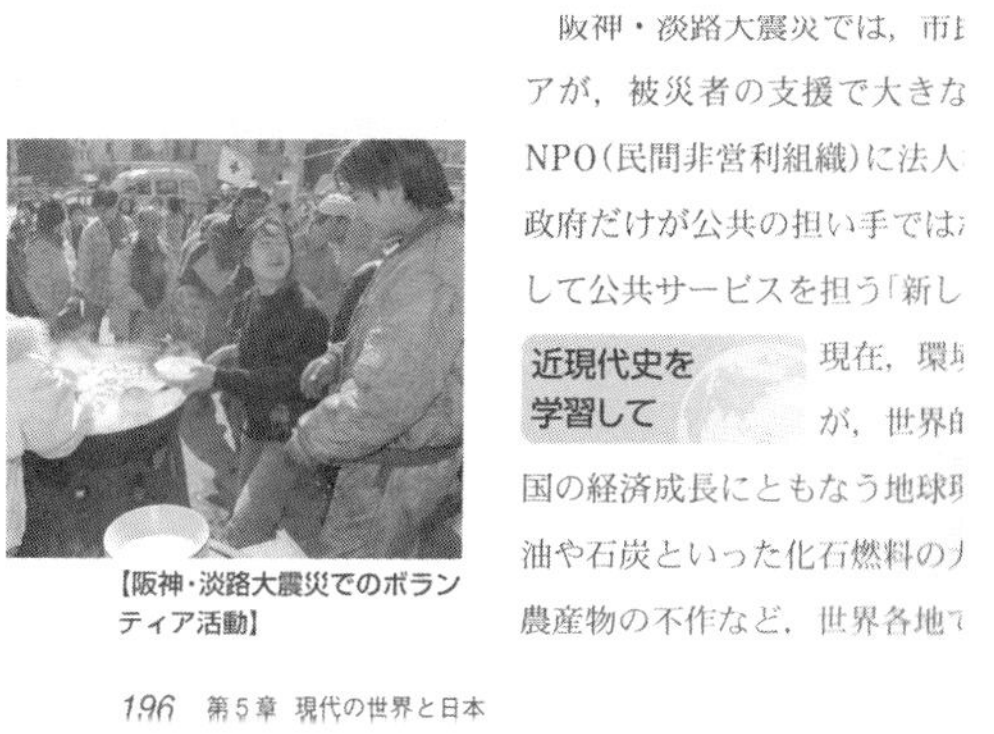
阪神・淡路大震災では，市
アが，被災者の支援で大きな
NPO(民間非営利組織)に法人
政府だけが公共の担い手では
して公共サービスを担う「新し
近現代史を学習して
現在，環
が，世界
国の経済成長にともなう地球
油や石炭といった化石燃料の
農産物の不作など，世界各地

196　第5章　現代の世界と日本

写真0–5　東京書籍発行の高校の歴史教科書に掲載された阪神・淡路大震災におけるボランティア活動の写真。未来への希望の存在を示唆する。［三宅・大門ほか 2016］

阪神・淡路大震災におけるボランティアの存在が、新しい社会を導いたことがプラスに評価されている。

この教科書のこの部分には、「阪神・淡路大震災でのボランティア活動」と題したカラー写真も掲載されている。その写真には、玉杓子を手に湯気の立つ炊き出しの大なべから食材を容器に入れようとしている若い女性の姿が写っている。春先の日差しはきらきらと明るくきらめき、女性は、炊き出しの容器を受け取ろうとしている若い男性の方に輝くような笑顔を向けている（写真0–5）。これから青年期を過ごすことになる高校生に、人と人との助け合いの意味や、立ち直りのあり方を示唆し、ポジティブに未来に向かって歩き出そうと考えさせるような歴史の語りである。

歴史書の記述とメタヒストリー

さて、阪神・淡路大震災を描いた歴史書についてはどうだろうか。

［76］［三宅・大門ほか 2016: 196］
［77］［三宅・大門ほか 2016: 196］

阪神・淡路大震災に関する著述物は多い。第二章で見るように、それらを収集保存する特別の施設も、神戸大学附属図書館震災文庫や阪神・淡路大震災記念人と防災未来センター資料室のように存在し、前者は約五万六〇〇〇点の図書を中心とした資料を、後者は約一九万点の一次資料と約四万点の二次資料を所蔵している。それらの収蔵する資料の中には、歴史的なパースペクティブに立って阪神・淡路大震災を叙述した書物もある。

歴史書を、職業的であるか否かを問わず自分が歴史家であると自任する著者が、ある出来事やある時間の経緯を「歴史」として描いた書物と定義すると、阪神・淡路大震災を歴史書として描き出したものは皆無ではないかと思われる。もちろん、すでにみたように、辞書や教科書の中の記述や論文の中で阪神・淡路大震災について言及しているものは数多くあるだろう。しかし、阪神・淡路大震災だけを単独で対象とし、歴史家によって歴史書として書かれ出版された書はないように思われる。

一方、その定義を少しずつ緩めてゆくと歴史書にあたるものが存在するといえる。先ほどの定義は歴史家が書いたものとしていたが、歴史家ではないが、歴史的パースペクティブを持つ著者が著した書とした時、たとえば、朝日新聞の記者であった外岡秀俊が著した『地震と社会』[78]や、毎日グラフ編集長であった西井一夫が編集した『毎日ムック 詳細阪神大震災』[79]、精神医学者の中井久夫が編集した『一九九五年一月・神戸――「阪神大震災」下の精神科医たち』、『昨日のごとく――災厄の年の記録』などがそれにあたろう[80]。また、必ずしも歴史として位置付けているわけではないが、阪神・淡路大震災というある出来事を総合的に、始まりと中間と終わりを持ったあるひとつながりのまとまった語りのもとで叙述しようとした書とするなら、精神医学者の野田正彰が著した『わが街――東灘区森南町の人々』[81]、産経新聞の記者であった河村直哉と震災で娘をなくした中北幸家族が共著として書いた『百合――亡き人の居場所、希望のありか』[82]などは、その広い視野と総合の視点から、歴史書と言ってよいだろう。さらに、個人が書いたものという条件を緩めて、複数の著者が書いたものとすると、震災復興調査研究委員会編『阪神・淡路大震災復興誌』全一〇巻や[83]、市民約二一〇人のインタビュー集『大震災・市民篇 一九九五』が挙げられる[84]。これらの書のうち、『わが街』については、本書第一章第3節で、『大震災・市民篇』についてはダイアローグ1でやや詳しくふれる[85]。

また、さらに、定義を広くとり、歴史書を、「書」だけにかぎらないものと考えた時、そこには、展示や映画も含まれることになる。展示としては、阪神・淡路大震災のメモリアル博物館である人と防災未来センターの展示が代表的なものである。この博物館については、本書第Ⅱ部の第五章と第六章で詳細に検討する[86]とはいえ、先ほど述べたように、純粋に歴史書として見た時、歴史書として阪神・淡路大震災を描き出した試みは今のところ見られないと思われることも事実である。

では一体、その中で、本書は阪神・淡路大震災を扱うことで、何をするのか。本書の基本的な学問ディシプリンは歴史学であるが、本書は、歴史書として、阪神・淡路大震災を描き出すことを目的とはしていない。それよりも、本書が目指すのは、阪神・淡路大震災が歴史としてどう描かれているか、あるいは、歴史としてどのように構築されつつあるか、どのようにその歴史は時間の中で動いているかである。それは、ヒストリーと

［78］［外岡 1997・1998］
［79］［毎日新聞社 1996］
［80］［中井 1995］［中井 1996］
［81］［野田 1996］
［82］［河村・中北幸家族 1999］
［83］［震災復興調査研究委員会編 1997–2004］
［84］［長征社 1996］
［85］本書第一章第3節 101–102ページ、本書ダイアローグ1 246–248ページ
［86］本書第Ⅱ部第五章 251ff. ページ、第六章第2節 377ff. ページ

いうよりも、メタヒストリーである。

メタヒストリー metahistory とは、アメリカの歴史家ヘイドン・ホワイト Hayden White がその著書のタイトルとしたことで人口に膾炙したが、[87] 歴史を包括的な高次のレベルで分析する方法である。これは、アリストテレスの用語「メタフィジックス」から来ている。本章第3節で見たようにアリストテレスは、『自然学』という本を著したが、[88] その自然を存在の点から分析した『形而上学』という本も著している。[89] この『自然学』を意味する語はギリシア語で「Φυσικὴζακροάσεωζ フュシケース・アクロアセオース」で自然に関する講義を意味する語である。一方『形而上学』とは「Τὰ μετὰ τὰ φυσικά βιβλία タ・メタ・タ・フュシカ・ビブリア」を和訳したものであるが、これは、フュシスすなわち自然の分析の上にある本という意味である。この「上」を意味するメタという前置詞は、文字通り上下関係の上という意味で使われ、本として見た時、『形而上学』が、『自然学』という本の上に置かれる本であるという含意でこの本が「自然学の上に置かれるもの」と称されたという説もある。上に置かれた本とは、後から書かれた本ということを示す。アリストテレス自身はこの書のことを第一哲学と呼んでおり、これを『形而上学（タ・メタ・タ・フュシカ）』とは呼ばなかったという説もあるが、[90] この書名はアリストテレスが、『自然学』において、運動や空間や時間などの基本的な原理について叙述し、そして、それについて書き終えた後、その自然を、異なった次元から見てその基底にある存在というものの原理を探ろうとしたことを示しているとはいえる。

それに倣っていうなら、本書は、歴史が書かれ語られた後に、その歴史が書かれ語られるとはどういうことかを分析しようとするものである。ヒストリシズムという近代がもたらした考え方の後で、そのヒストリシズムが生み出した歴史を書く語るという営為の意味を考えようとする試みである。本書は、それを阪神・淡路大震災というカタストロフの時間の中で、あらわれた過去の意識や、過去を分析することによって行う。その意味で、この書は、メタヒストリーとして阪神・淡路大震災を描き出す試みである。

［87］［White 1973］
［88］［Aristotle 1929］
［89］［Aristotle 1933］
［90］［Rapp und Corcilius（Hr.g.）2011: Ⅱ23］

第Ⅰ部　カタストロフという出来事

第Ⅰ部はカタストロフそのものの時間に焦点を当てる。出来事としてのカタストロフである。カタストロフの直後にどのような時間が流れたのかを、阪神・淡路大震災の被災地域における人々の過去と未来への向き合い方から見る。カタストロフとは、秩序の崩壊であり、自明性が失われることである。カタストロフは、個別の人の身体に働きかけることで、その人の時間の感覚を研ぎ澄ませる。カタストロフによって崩壊した秩序を再構築するために、時間が遡られ、あらためて未来に向かう時間がクローズアップされる。

この第Ⅰ部では、被災体験そのもののほか、救援活動、まちづくり、記録活動、ボランティアなどの諸相を見ることを通じてカタストロフの渦中の時間とはどのような時間なのかを検討する。

第一章　カタストロフの中で想起される過去のカタストロフ

――まちの記憶とアイデンティティ

カタストロフの体験とは自明性の喪失の体験である。大地など、通常は動かないと思っていたものが動いた時、人は秩序の崩壊を感じ、その崩壊を立て直そうとする。崩壊したのは、時間である。通常のリニアな時間が崩れることによって、未来が崩れる。未来が崩れることは、過去が崩れることでもある。未来を再び均衡の中に取り戻すためには過去を再び語りなおさなくてはならない。言い換えると、カタストロフという出来事は周囲の環境と世界を崩れさせることで、その周囲の環境と世界とともにつくり上げられてきた主体をも崩れさせることである。周囲の環境と世界とともにつくり上げてきた環境とは、それまでのその主体の過去である。カタストロフの後、過去が語られるということは、主体を立て直すためには、過去が語りなおされなくてはならないということでもある。では、カタストロフの後、過去はどのように語りなおされたのであろうか。

1　カタストロフと想起

その二、三日前にドイツ・ベルリンでの比較的長い現地調査を終えたばかりだったので、その日は、まだ体が日本時間に適応せず、奇妙な時間に眠ったり起きたりという宙ぶらりんな時間の中にあった。その時間とは、体の中にあるぼんやりした感じが、精神にも連鎖し、どこか現実感に乏しい時間だ。

昼食を食べた後、少し書きものをしたのだったか、本を読んだのだったか、荷物整理だったかをしたら、強烈な眠気が襲って来たので、机の前でうとうととしていたところだったと思う。よく晴れたのんびりした昼下がりで、柔らかな日差しがカーテンや摺りガラスや障子紙を通じてほんのりと室内を照らしていた。

強烈な揺れが襲ってきた。

いや、たしかにそれは強烈な揺れだったのだが、それは、強烈というときに連想される突き上げるような強さというよりは、むしろゆっくりと深いところで何かが動いているという感覚だった。本棚からバタバタと本が落ちるのが見え、別の部屋にある棚からものが落ちる音がした。

揺れは何度かあったと思う。何度かの大きな揺れがあるという事態は、なんだかただ事ではない感じを与え、急いで外に出た。前では、水道工事が行われていて、掘削のためのショベルカーがトラックの荷台に積まれていた。地面が揺れるたびに、トラックが揺れ、トラックが揺れると、荷台に乗ったショベルカーもぐらぐらと揺れた。あるいは、ショベルカーが揺れたから、トラックが揺れていたのかもしれなかったが。

あたりでは瓦の落ちる音がしていた。瓦が落ちる地震は珍しい。よほど強い地震なのだな、そう思っている間にも地面は揺れ続けたので、目の前にあった子牛ほどの大きさがある大きな黒い石の上にとび乗った。どうしてそんな奇妙な行動をとったのかわからない。揺れる地面の上に立っているということが耐えられなかったのかもしれない。石は固いから確かに揺れないようには思えた。だが、その石自体が乗っている地面は揺れているのだから、その石も揺れているはずだ。けれども、少なくとも、その固い石の上に乗っている限りは、ぐにゃぐにゃになったように感じられた地面の揺れからは逃れられるような気がした。

非常ベルの音がけたたましく鳴り響き、非常用の放送があたりに流れた。とはいえ、日差しはのんびりとした春先の昼下がりの日差しである。大きな地震だ、という胸騒ぎとその昼下がりの光景のギャップに心が追い付けないままでいた。

東北地方で津波警報が出ていることを知ったのはいつの時点だっただろうか。もしかしたら、水道工事の人々がカー・ラジオを大きな音で鳴らしていたのかもしれない。大津波警報という言葉を聞いたような気がする。大津波という単語を、それまで人が現実に警告のために口から発するのは聞いたことがなかった。そのような言葉が現実に人の口から発されるとは、とてつもないことが起こっているということだ。大津波、ということばに恐怖を覚える。ここは海岸からは三〇キロメートルははなれているし、第一に、台地の上だ。それなのに、動悸が早くなる。

揺れがおさまってきたので室内に入りテレビをつける。このところ調子の悪かったテレビで、ざらざらした画面だが、かろうじて映像は映った。画面には、茶色の大地が映っていた。稲刈りを終えた田んぼが広がる平野の風景だ。上空からヘリコプターで撮られた映像。その映像に、アナウンサーの声がかぶさる。その茶色の大地に白い波頭がやってくる。波頭の後ろには茶色い水がある。それは、とぎれなく画面を覆ってゆく。地震学者のT助教授の声がかぶさる。数年前、一緒に仕事をした人だ。普段は明るい人だが、その人の明るい声が普段通りに明るい声であることがなんだか信じられないような思いがする。いったい、この映像は何なんだ。ヘリコプターからのカメラは、茶色なものに飲み込まれてゆくものたちをとらえる。だが、それは、そのような光景をカメラに収め続けることに耐えられないかのように、あるとき、ふっと別の方向に振られた。

テレビは、いつの間にか映らなくなっていた。ラジオとインターネットにかじりつく。オランダで在外研究中の友人がメールをくれる。ロンドンに住むフランス人の友人からもメールが来る。それに返事を書きながら、同時に、ご飯を炊き、おにぎりをつくる。水は出たし、電気もつながっていたが、断水に備えて水をためる。暗くなってきたが、電気は通じていたのはありがたい。

ラジオから、「原子力緊急事態」という聞きなれない言葉がまた聞こえてくる。聞きなれない言葉は、とてつもない事態が起こっていることを暗示している。電源喪失、ベント、冷却。地図を取り出して福島の位置を見る。この時点ではまだフクシマではなく、福島だ。

インターネットでテレビの放送を見る。暗闇の中の真っ赤な炎。ときおりの揺れと、緊急地震速報を告げるチャイムの音。まんじりともせず迎えた朝はいつもと変わりなく、外に出てみれば、土曜日のがらんとした青い町がひろがっているだけだった。


これは著者の二〇一一年三月一一日の記憶である。この章で扱うのは、一九九五年の阪神・淡路大震災であり、本書そのものがその出来事を中心的な叙述の対象としているのだから、「三・一一」のことをここに書くのはおかしいかもしれない。しかし、すでに序章で述べたように、この本は、阪神・淡路大震災を中心的としつつも、広く、自然災害や戦争などのカタストロフを扱うことによって、広義の環境と人間の関係を問おうとしている。とりわけ、本章では、カタストロフの発生直後のことを扱う。その時間とはどのような時間だったのか。カタストロフの時間について、この章を書き始めた時、頭に浮かんできたのは、一九九五年の阪神・淡路大震災の光景ではなく、実は、この「三・一一」の光景だった。

カタストロフは、カタストロフを想起させる。それは、一つにはカタストロフがまれなことだからであろう。まれなことは、その〝まれであること性〟によって記憶され、その〝まれであること性〟によって想起される。毎日の食事のような日常的な出来事はそもそも記憶されることはあまりないが、カタストロフのようなめったに起きないことは記憶され、同じカタストロフが起きた時に想起されるのである。

その〝まれであること性〟を持つものとして記憶され、想起されているカタストロフがそのように記憶され、想起されているのは、類似によってである。危機という意味では、別の生命の危機が想起されてもよいのかもしれないが、自然災害という出来事の類似性を持つ出来事として、この場合、自然災害が想起される。自然とは、環境であるといえる。自然災害とは生命の危険を感じさせる環境の劇的変容である。その生命の危険を感じさせる環境の劇的変容の中に身体が入り込んでいる感覚の共通性が、カタストロフに際して、過去の環境の激変であった別のカタストロフの記憶を想起させる。[1]

カタストロフとは、常ならぬことが起こっているという意味で異常な事態である。とはいえ、自然の側にとっては常ならぬ事態というものは存在せず、ただそれは、自然の法則に照らせば「自然な」ことである。自然の法則の系と人間社会の系、それが交わったところにあるのがカタストロフであるが、その二つの間にあるのは、自然と人間の間にある断絶である。[2]

カタストロフの記憶は、記憶されているとはいえ、それは顕在化せず通常は心の中に蔵され、隠されている。しかし、あるカタストロフが起きた時、それは、別のカタストロフを想起させる。それが想起されたことにより、時空が更新される。時空が更新されるとは、過去が新しく語りなおされるということである。カタストロフとは、現在の出来事だが、その現在に大きな変化が起こることで、現在だけでなく、過去も未来も変わる。[3]

阪神・淡路大震災に戻ると、一九九五年一月一七日午前五時四六分に、兵庫県南東部の阪神地域で、震度七

［1］　カタストロフと身体については、本書第三章第1節 143–144 ページで論じる。
［2］　二つの系の交わりが偶然と必然という問題も起こす。これについては、第三章第1節 145–146 ページ、第七章第3節 467–468 ページで論じる。
［3］　これは、カタストロフが悲劇として語られるという問題でもある。この点に関しては、本書第七章第3節 468 ページで論じる。

の地震が起きたことで、過去と未来はどのように変わったのか。何が想起され、何が語りなおされたのか。第Ⅰ部では、カタストロフという極限状態に照らされたさまざまな時間の位相について見ていくが、この章では、カタストロフという極限状態によって、過去が想起されるメカニズムについて検討しよう。

2　想起されたこと

神戸よ

我が愛する神戸のまちが、壊滅に瀕するのを、私は不幸にして三たび、この目で見た。水害、戦災、そしてこのたびの地震である。大地が揺らぐという、激しい地震が、三つの災厄の中で最も衝撃的であった。

私たちは、ほとんど茫然自失のなかにいる。

それでも、人びとは動いている。このまちを生き返らせるために、けんめいに動いている。滅びかけた町は、生き返れという呼びかけに、けんめいに答えようとしている。地の底から、声をふりしぼって、答えようとしている。水害でも戦災でも、私たちはその声を聞いた。五〇年以上も前の声だ。いま聞こえるのは、いまの轟音である。耳を掩うばかりの声だ。

それに耳を傾けよう。そしてその声に和して、再建の誓いを胸から胸に伝えよう。（中略）

神戸市民の皆様、神戸は亡びない。新しい神戸は、一部の人が夢みた神戸ではないかもしれない。しかし、もっとかがやかしいまちであるはずだ。人間らしい、あたたかみのあるまち。自然があふれ、ゆっくりと流れおりる美わしの神戸よ。そんな神戸を、私たちは胸に抱きしめる。[4]

写真 1-1　陳舜臣の「神戸よ」を一面トップに掲げた異例の紙面構成の『神戸新聞』1995 年 1 月 25 日朝刊。印刷工場も被害を受けたためページ数を減らして 12 ページ建てで発行された。

これは阪神・淡路大震災が起きた一九九五年一月一七日から八日目の一月二五日に地元紙『神戸新聞』の一面トップに掲載された文章である（写真1-1）。書いたのは、作家の陳舜臣《ちんしゅんしん》。神戸に在住していた作家である。八日目というと地震直後の混乱はおさまりつつあるものの、まだカタストロフの渦中にあるといってもよかった。そもそも、この文章が掲載された『神戸新聞』の発行元である神戸新聞社自体も地震によって被災していた。神戸三宮にある本社が入っていたビルが全壊し、新聞発行機能を喪失し、京都市にある京都新聞社の社屋を間借りしながらかろうじて新聞の発行を続けていた。そのような中、この文章が掲載された[5]。

陳舜臣は、一九二四年（大正一三年）生まれの華僑の作家である。ルーツは台湾にあるか、本人は神戸の元町で生まれた。神戸は華僑が多い土地で華僑のための小学校や中学校もある。第一神港商業（後の神戸市立神港高等学校）を経て、一九四一年に大阪外国語学校（現大阪大学外国語学部）に入学した。同時期同校には、一学年下に福田定一（のちの作家司馬遼太郎）が在学していた。戦

［4］［陳 1995］
［5］［神戸新聞 1995］

中は、同校の西南亜細亜語研究所の助手となりヒンドゥー語辞典の編纂作業などに従事したが、戦後は、家業の貿易商などに従事し、一九六一年、三七歳の時に神戸を舞台にした長編推理小説「枯草の根」で江戸川乱歩賞を受賞し、作家となった。中国を舞台にした歴史小説などで知られる。二〇一五年に亡くなるまで終生神戸に在住し、神戸を舞台にした小説やエッセイも多い[6]。全国区の作家でありながら関西に在住した、ないし、在住している作家として、司馬遼太郎（東大阪市）や田辺聖子（兵庫県伊丹市）、宮本輝（伊丹市）が知られているが、そのような作家のひとりである。出版メディアの中心は東京にあるため、東京以外に執筆の場を持つことは、それなりの覚悟とその土地への愛着を必要とする。その点で、「神戸よ」にあらわれていたのは、陳のナマの声であった。神戸を住処として選んだ作家、被災して避難を余儀なくされた地元紙。突然のカタストロフから何とか立ち直ろうとしている点で彼らの思いは一致していたといえよう。そして、読者の思いもそこに重なっていたといえるだろう。

そのような状況の中で書かれたこの文章の中に、過去が登場している。ここでいう過去とは、歴史である。歴史とは、単なる過去ではなく、ある一つのまとまりのもとで語られた過去である。もちろん陳舜臣が歴史小説を得意とする作家であることはその語りに影響を与えているだろう。しかし、カタストロフという特異な体験は、別のカタストロフという過去を想起させるものであることもこれは示す。ここで想起されているのは、水害と戦災という過去に神戸を「壊滅」させた二つの災厄である。そして、その災厄から立ち直った経験を思い起こすことが、「再建の誓いを胸から胸に伝え」る支えとなる。

地震により都市が壊滅するというカタストロフに出会った時、想起されたのは、歴史であった。歴史への関心が高まり、さまざまな歴史が語られた。まずは、そのことを確認し、次に、その歴史はどのように語られたのかを、いくつかのケースに分けて見てゆくことにしたい。

歴史の中で忘却されていた地震

第一に挙げられるのは、地震の歴史への関心である。神戸に住む人々にとって地震は予期せぬ出来事だった。痛切な体験を経ることによって、それを引き起こした地震のメカニズムとその活動への関心が高まった。地震考古学が脚光を浴び、活断層という言葉が日常的に使われるようになった。ここでの歴史への関心は、地球的規模の過去への関心といってもよい。

地震の歴史を知ることは、地球のプレートや断層の動きという数千万年や数億年レベルの時間の経過と関係する歴史の中に自分がいる事実を知ることである。それは同時に、過去、この地で地震が何度も起きている事実を知ることでもあった。

関西では、一五九六（文禄五）年の伏見慶長大地震、大阪湾に大きな被害をもたらした一八五四（嘉永七）年の東海・南海地震津波など、この五〇〇年間だけ見ても大規模な地震は複数回起こっている。しかし、そのことは忘却されており、歴史の中では、語られてこなかった。たとえば、後者の地震に関しては、後世の人々に対しての警告の文言を刻んだ石碑が当時の人々によって安治川河口に建立されていたが、その石碑の存在はほとんど知られていなかった。それは、阪神・淡路大震災の後、急に脚光を浴びて、そのような出来事があったことが改めて認識された[7]。忘却によって、過去は忘れ去られていた。それゆえ、地震は予期しない出来事として受け止められたのである。

［6］［陳 1998］
［7］［小田 1995］

地震が予期せぬ出来事だったことは、地震が関西では起こらないとだれもが当然のように考えていたことを示す。しかし、それが、根拠のない思い込みだったのが明らかになった。ここから、一方で、「歴史に学ばなかった」という反省が生じ、もう一方で、地震が起こらないと思い込んでいたのは、実はそう思い込んでいただけであって、過去に地震は存在したことについての気づきが生じた。言い換えれば、地震という出来事は存在したが、それは歴史としては語られていなかったということについての気づきである。序章において世界の歴史とは発見の過程であることを述べたが[8]、この気づきとは、その世界の歴史の発見でもある。地震史への関心によって明らかになったのは、過去の地震発生の歴史であるとともに、それが歴史の中で語られてこなかったことでもあった。

水害と戦災の既視感と語りの型、過去の重ね合わせ

地震の歴史への関心とともに、阪神地域を過去に襲った他のカタストロフへの関心も高まった。前掲の「神戸よ」でも述べられていた水害と戦災である。具体的に言うと、一九九五年から見て五七年前に、六甲山南麓で起きた「阪神大水害」と、五〇年前の出来事である「神戸大空襲」である。

阪神大水害とは、一九三八（昭和一三）年七月三日から七月五日にかけて、六甲山系の複数の川で起きた大規模な山崩れと鉄砲水を指す。梅雨期の大雨が三日間で六〇〇ミリメートル以上に達し、花崗岩のもろい六甲山の山にしみこんだ水が山腹の崩壊と土砂流の発生をもたらした。当時、神戸は造船業を中心にして工業都市として発展する途上であり、また、阪神地域は大阪近郊の住宅地として開発が進んでいた時期である。都市とその郊外として人口が増大していた。流れ出た土砂はその新しく発展した地域を襲った。寝耳に水を襲われた

形になり、死者・行方不明者は七〇〇人以上に及んだ。その様子は、当時神戸市に在住していた作家の谷崎潤一郎の小説『細雪』（執筆時期一九四三―一九四八年）にリアルに描かれている[9]。谷崎は、一八八六年に東京日本橋で生まれたが、一九二三年の関東大震災によって、大きな被害を受けた東京を去って、阪神間に居を構えていた。谷崎の関西在住は、この時点ですでに、一五年目に入っており、その間、『蓼食ふ虫』（一九二三年）や『春琴抄』（一九三三年）、『猫と庄造と二人のをんな』（一九三八年）など、関西方言を生かした小説を旺盛に執筆していた。また、一九三五年、四九歳の時には、最後の夫人となる松子とも三度目の結婚をしている。谷崎は、この水害を武庫郡住吉村反高林（現・神戸市東灘区）の自宅（現・倚松庵）で経験した。水害は、『細雪』の中巻で克明に描かれる。小説は、近代に阪神間に移住した船場（大阪）の旧家である蒔岡家の四姉妹を主人公とするが、その一人である四女妙子が恋人により救出されるという物語の転換点となる事件として扱われる。

神戸大空襲は、アジア太平洋戦争（第二次世界大戦、十五年戦争、大東亜戦争）の末期に、制空権を失った日本本土に、太平洋から飛来したアメリカ軍機により繰り返されたいわゆる戦略爆撃のうちの一つである。近隣都市である大阪市は、三月一三日に大規模な爆撃を受け、市街地の大半が焼け野原になった。また、東京においても大空襲が、その三日前である三月一〇日に行われていて、一〇万人以上の死者を出している。神戸には、一九四五年初めから一〇〇回以上の爆撃が繰り返されていたが、そのうちの三月一七日の爆撃は大きな被害を出した。神戸の市街地の大半が焼け野原となり、八〇〇〇人以上の死者と多くの罹災者を出した。その様子は神戸出身の作家の野坂昭如の小説『火垂るの墓』（執筆時期一九六七年）、同じく神戸出身のエッセイスト・作家

［8］　本書序章第1節 28–31 ページ
［9］　[谷崎 1946–1948]

写真 1–2　車木蓉子『五十年目の戦場・神戸』。震災で解体される集合住宅が戦場の光景と二重写しになる。［車木 1996］。

の妹尾河童の小説『少年H』上下（執筆時期一九九六年）などに克明に描かれている。[10] 野坂は、一九三〇年生まれで、一五歳の時に養子先の神戸市東灘区で神戸大空襲に遭遇し、養父をなくした経験を持つ。また妹尾も、同じ一九三〇年、神戸市林田区（現・長田区）生まれで、旧制第二神戸中学校（現・兵庫県立兵庫高等学校）の生徒であった一五歳の時に、神戸大空襲に遭遇し、洋裁店を営んでいた実家が焼失した経験を持つ。先ほどの谷崎の『細雪』が、大人の視点、また上流階級から見たカタストロフとして描かれていたといえるとすると、ここでは、子どもの視点、また庶民の視点からカタストロフが描き出される。

これらのカタストロフは、第一に、被害の光景が似ているという既視感から語られた。確かに、水害も空襲も形あるものを壊す。また、とりわけ、阪神・淡路大震災の場合、大規模な火災が起きたことで、空襲による焼け野原と同じような光景が出現した。妹尾河童が空襲の体験から五〇年以上を経て『少年H』の執筆を開始したのも、その光景の重ね合わせが原因である。詩人の車木蓉子が詩集『五十年目の戦場・神戸 —— 詩と証言・阪神大震災』において描き出したように、幼少期の空襲の体験と震災の体験は、容易に重ね合わせられた[11]（写真1–2）。

また第二に、過去のカタストロフは、復興という、これから起きる未来を先取りする過去としても語られた。第五章で述べるように日本における「復興」というキータームは、戦後を通じて、その時期を指す言葉として国民的に使われた用語であった。[12] カタストロフから立ち直ることは「復興」という言葉に集約されるものとして認識されていた。

第三に、カタストロフとは、非日常の出来事であるため、その時にそれをどうとらえるべきか、どう語るべきか、あるいはどのようにふるまうべきかという範例が豊富に存在するわけではない。新たなるカタストロフに出会った時、そのとらえ方や語り方、ふるまいの型を提供するものとして、過去のカタストロフが想起された。

ノーベル文学賞で受賞したベラルーシの作家スベトラーナ・アレクシェービチ Святлана Аляксандраўна Алексіевіч は、一九八六年に当時のソビエト社会主義連邦共和国、現在のウクライナで起きたチェルノブイリ原子力（核）発電所の爆発事故の際、その出来事を人々が語ろうとした時に第二次世界大戦の語り方が用いられたことを紹介している。彼女はチェルノブイリ事故を体験した当時のソ連の人々にインタビューした際、人々が、これまで経験したことのなかった放射能からの避難や被害について語ろうとした時、それを語る適切な語り方を見つけることができず、過去の戦争を語るように語るしかないことに気づいたとしばしば述べたことを報告している。[13] この点に関連して、ベラルーシ文学研究の越野剛もチェルノブイリ原子力（核）発電所事故を描いたベラルーシやウクライナの小説において、しばしば、廃墟となった村の光景の類似性から、戦争が言及されることを明らかにしている。[14]

アメリカの美術史研究者ジェニファー・ワイゼンフェルド Gennifer Weisenfeld は、一九二三年に東京で起き

---

[10]［野坂 1968］［妹尾 1997］
[11]［車木 1996］
[12] 本書第五章第1節 263–264 ページ
[13]［アレクシェービチ 2011］
[14]［越野 2016］

た関東大震災において、災害表象の様式化が見られたが、それは一二世紀までさかのぼる日本における戦争と災害を結びつける絵画表現の方法の歴史的なあり方と、近代におけるメディアを通じて災害がセンセーショナルに扱われるマスメディア・スペクタクルの現象によるものだということを明らかにした[15]。これらの例が示すように、カタストロフが語られる語り方には、その社会が経験した歴史と文化の型が反映しているのである。

阪神・淡路大震災の後の過去の想起も、日本の社会が経験した歴史と文化の型が刻印されており、その型に沿って過去が想起されていたといえる。空襲と水害という過去の想起は、それを示す。ただし、本書を通じて見ていくように、新しい出来事は、新しい語りの型をもたらす。阪神・淡路大震災をめぐる語りの型は、この後、ここで述べている初期段階の型とは異なった型を持つことになることも付け加えておきたい。この語りの型の問題は、この後、第五章、ダイアローグ２で論じられる[16]。

さて、阪神・淡路大震災の直後に想起された過去の問題に戻ると、過去のカタストロフに関する関心の高まりとその知識の増大は、震災の被害の拡大は、過去の災害の教訓を生かしていなかったためだということも明らかにした。地震の警告が生かされていなかったとして、「地震隠し検討資料シリーズ①〈復刻〉」として『神戸と地震――一九七四年一一月』という神戸市発行の冊子と、『兵庫県下震災対策調査報告書』（一九七九年）が復刻印刷された。過去は、警告を無視して自然災害に脆弱な都市を作ってきた過去としてとらえられたのである[17]。水害に関しては過去の教訓は比較的生かされていたといえるが、地震の後、改めて水害誌の復刻が相次ぎ[18]、また水害に関して建立された記念碑の存在が注目を浴びた。

ここで注目したいのが、過去のカタストロフが地域の視点から語られていることである。同じ大震災でありながら関東大震災は阪神・淡路大震災の被災地で語られることは少なかったが、その理由の一端はここにある。地域の視点は、震災という災害がある地域に限定的な災害であることを考えると、当然のことである。しかし、同時にそれは、地域において過去のカタストロフの記憶がわずかとはいえ、残っていたということを示すものでもある。

関西で地震に関する過去が忘却されていたと述べたが、水害や戦災については忘却されていたわけではなかった。水害については水害のアルバムや今述べたような水害を知らしめるための碑が存在し、市史や学校史に描かれ、文学に描かれていた。もちろん、万人に広く深く知られていたというわけではなかったが、完全に忘却されたというわけではなく、少なくともそのような歴史が存在したことは、広く浅く認識されていたといえる。また、戦災の歴史についても、同様に、戦災碑や神戸空襲を記録する会ほかの戦災を語り継ぐ会の存在、また市史や学校史の記述の存在を通じて、そのような歴史が存在したことは認識されていた。[19] 第十章でカタストロフが風景の中に残ることの意味を考えるが、[20] 風景の中にわずかでも手がかりとして残ることで、過去のカタストロフは完全な忘却をまぬかれていたといえ、それらが、改めて脚光を浴びたのである。くり返しになるが、それは、わずかな痕跡から過去をよみがえらせるという意味で発見の過程である。環境や世界の歴史がカタストロフによって新たに意味づけられていった過程であったといえる。

[15]〔ワイゼンフェルド 2014〕
[16] 本書第五章第3節 285 ページ、ダイアローグ2 470ff. ページ
[17]〔市民がつくる神戸市白書委員会 1996〕
[18]〔甲南大学阪神大震災調査委員会編 1996〕
[19]〔神戸空襲を記録する会（編）1972〕〔君本 1983〕ほか。
[20] 本書第十章第4節 711–714 ページ

歴史的存在としての都市

三番目に、歴史的存在としての被害状況という認識が生まれた。地震後、歴史地理学は、震災での家屋や建物の被害が、その地下三〜四メートルの地層の状況と関係することを明らかにした。建物の被害は、縄文時代に潟湖だった場所に集中した。それほど長いタイムスパンをとらずとも、ため池や田を埋め立てた住宅地の被害は大きかった。[21]

住宅地の形成は都市発達史でもある。都市発達史への関心は、自分の家の地下への関心のみにとどまらない。神戸という都市は、その形成の時点から差別の問題を持っていたし、[22]在日韓国朝鮮人などの在日外国人も多く居住していた。[23]兵庫部落解放研究所の『記録 阪神・淡路大震災と被差別部落』が明らかにするように、三宮のビルの被害状況と生田川のつけかえ、神戸市長田区の大火災と戦後のケミカルシューズ産業の形成やインナーシティー問題を結びつけて考える視点が生まれた。[24]この大火災については、この後、第三章、第五章で詳しく述べるが、[25]阪神・淡路大震災を象徴するともいえるこの大火は、いわゆる「旧被差別部落」や在日韓国朝鮮人の人々の居住の歴史に象徴される神戸の近代における都市発達の歴史と切りはなすことができない。そのことが改めて問われた。

さらに、被害が歴史の所産であることを自治体の都市開発の問題として論じる論じ方もあった。この構図が最も顕著にあらわれたのは神戸市だった。一九九六年一月に、『神戸黒書 ―― 阪神大震災と神戸市政』と題する報告書が出版された。[26]この本の中では、震災は行政災害であり、それは開発行政としての都市経営の帰結であるとして、震災後の市政が、都市開発史を検討することによって批判された。

歴史的存在としての被害状況という認識は、それまで見えなかった歴史を浮かび上らせた。見出された過去は単に見出されただけではなく、現在を批判的にとらえるために用いられるものでもあった。

カタストロフによって、現在が揺れ動き、その現在が揺れ動いたことによって過去が動いた。そして、その動いた過去が現在を再び動かしていたのである。

3　失われゆくものとまちの記憶に抗って

過去が動くということは、しかし、人が過去に参照軸がない出来事に出会ったということを意味するだけではなかった。

人々は、地震によってまちが破壊されたことによって、風景が消え去ってゆくという過程にも立ち会っていた。通常なら、環境はゆっくりと時間をかけて変化してゆく。しかし、カタストロフと呼ばれる巨大な自然災害のような場合は、環境の変化は急激に起こる。通常のペースの環境の変化に対応した人間の心理が、その急激な変化には適応することはそれほどたやすいことではない。

それはものが失われてゆくことへの抗いとなって表れた。破壊されることと失われることは厳密にいえば別

[21]　[高橋 1995]
[22]　[安保 1989]
[23]　[金 2001]
[24]　[兵庫部落解放研究所 1996] ほか
[25]　本書第三章第2節 157ff. ページ、第五章第3節 284–286 ページ、同第4節 307ff. ページ
[26]　[市民がつくる神戸市白書委員会（編）1996]

である。また、破壊されたものを破壊された状態で保存するということもありうる。ものは破壊されても、それを修復するということは可能である。修復や復元の問題については、第十章で述べるが[27]、事実、災害遺構などのかたちで、破壊されたものが保存される事例も見られる。しかし、カタストロフのような大規模な破壊の場合、破壊されたものすべてを保存することは現実的な選択肢ではなく、社会生活が滞りなく行われるためには、破壊されたものは撤去されなくてはならない。それは、失われることである。それへの抗いがあらわれたのである。

そのような破壊されたものが失われるということは、歴史ではなく記憶という言葉で語られた。ここでは、歴史という言葉はすでに完全に過去になってしまったことであるという含意を持つ語として使用されている。一方、記憶という言葉はまだ歴史という完全な過去になる以前の存在であり、歴史が自己の外にあることであるのに対して、自己の内部にあることを含意して使用されている。言い換えれば、歴史とは、自己とは無関係の過去にあることであって、客体として存在する。一方、自己の中にあるが、完全に過去として無関係にはなっていないこと、客体化せずにまだ主体の一部であることが記憶であるといえる。通常の時間の流れにおいては、現在はゆっくりと過去になり、その中で記憶は振り返られるものとしてあらわれる。しかし、ここでの記憶は振り返られるものとしてではなく、過ぎ去ることに抗うものとして、あるいは、主体の中に留めておきたいことがらとして語られていた。

人の記憶とものの記憶

このころ被災地で語られた記憶のうち、第一に挙げられるのは、人の記憶である。震災が奪った最大のもの、それは人の命だった。亡くなった人は、もう現実には存在しない以上、記憶の中にしか存在しない。この亡くなった人は、時間の経過とともに、記憶の中だけの存在だった状態から、モニュメントが設置されたり、遺品などが展示されたりすることによって、記憶の外に出てゆくことになる。それは、右で述べた記憶と歴史という言葉の使い方を用いて述べると、歴史になってゆくことである。ただ、本章が対象としているカタストロフの直後である急性期においては、この亡くなった人の記憶は、声高には語られなかった。それが、少しずつ歴史になってゆくのは、第五章、第八章、第十章で見るように、回復期、そして寛解への緩やかな過程の中を通じてであった。[28]

第二には、ものの記憶があった。地震とは、建築物を破壊する現象であり、人々にとってはすみかである家を破壊する出来事である。家や家財道具とは、個人のアイデンティティをつくる大きな要因である。それが壊れ、目の前から消えてしまうことは、自分や家族の記憶が消えるのと同じ意味を持った。

壊れた家は再建するためには撤去しなくてはならない。家の撤去は、自己負担ではなく、公共による負担によって行うことが可能だった。いわゆる「公費解体」である。だが、その公費による壊れた家屋の解体・撤去にあたっては、所有権を放棄する必要があった。所有権が放棄された家屋の部材や家財道具は、瓦礫として一括して処分された。瓦礫という単語には無用となったくずやごみを想起させるようなネガティブな含意がある。自分のアンデンティティの一部を形づくってきたものが、そのような瓦礫として処分されてしまうことは人々に心理的な抵抗を与えた。

[27]　本書第十章第2節 669–679 ページ
[28]　本書第五章第5節 333–334 ページでは遺品について、第八章第2節 518–520 ページでは故人についての聞き取りについて、第十章第4節 689ff. ページではモニュメントについて述べる。

写真 1–3　ピアノ・エイド・ボランティアの活動を報じる新聞記事。渡辺玲子氏提供。

人々は、そのようなものを何とか残そうとした。たとえば、ひな人形やピアノなどがそうである。被災したひな人形の引きとりを行った日本玩具博物館（兵庫県姫路市）には、一年間で一六〇点余りのひな人形が、被災した人々から送られてきた[29]。また家屋の被災などにより手放さざるを得なくなったピアノを「救う」ための活動として「ピアノ・エイド・ボランティア」というボランティアが、ピアニストによって結成され、二〇〇件以上の申し出を受けて、ガレキとして処分される運命にあったピアノを新たな所蔵者へと橋渡しした[30]（写真1–3）。また壊れた家屋から、アルバムを取り出すことが、心のケアや思い出を残すことの象徴として語られた[31]。阪神・淡路大震災から約一〇年以上たって起きた新潟県中越地震（二〇〇四年）や東日本大震災（二〇一一年）では、地震により埋もれたり、津波で流失した写真を収集し、クリーニングするボランティアが、重要なボランティア活動の一種として認識されていた[32]。しかし、阪神・淡路大震災が発生したころにおいては、その重要性はまだ認識されていなかった。そのような中、日本玩具博物館やピアノ・エイド・ボランティアの取り組みは先駆的なものだったといえる。心のケアと思い出を残す記録活動の関係については、第二章で詳しく見る[33]。

これらの、ひな人形やピアノ、アルバムといったものは、単なるものであるかもしれない。しかし、持ち主にとっては、家族や自分の記憶や思い出と分かちがたく結びついたものである。これらを何とか残そうとした動きが意味するのは、カタストロフにおいて大規模にものがなくなることは、現在と過去がそっくり消え去ることだということであり、人はそれへの抗いを行っていたということである。

とりわけ瓦礫として撤去されることへのより積極的な抗いの形態としては、建築家の宮本佳明《かつひろ》の例がある。宮本は、撤去され、野焼きされる状態になった震災の瓦礫を瓦礫集積場から集め、一九九五年にイタリアのベネチアにまで何トンものそれをコンテナにつめて運び込んだ。国際的に高い評価のある芸術展であるベネチア・ビエンナーレ建築展でインスタレーションとして展示されたそれは、同展の最高賞である金獅子賞を獲得している。宮本は「記録に残らない出来事は、コトの大小にかかわらず歴史と呼ばれない」と述べ、「なんとしてもそれを「あったコト」にしていかなければならないと我々は考えた」と述べている。[34]抗いとはあったことをなかったことにしないことであった。宮本の営為については、第十章で詳しくとりあげる。

まちの記憶

家が破壊されたこと、それは、まちが破壊されたことでもあった。建物が撤去されたあとには、きれいに整地された土地が広がっていた。されいに整地された土地からはそれ以前の様子を思い出すことは難しい。もち

[29]　日本玩具博物館のひな人形救済活動については、井上重義館長へのインタビューと同館の「被災地からきた雛たち」展（一九九六年二月一一日―五月二六日）の現地調査による。
[30]　ピアノ・エイド・ボランティアの活動については、同ボランティアの渡辺玲子へのインタビューによる。
[31]　[野田 1995][坂本 1996]
[32]　[竹沢 2012]
[33]　本書第二章第3節 128–130 ページ
[34]　[宮本 1997: 237]

写真1−4　牧田清・早川三郎『街が消えた』。瓦礫の前で呆然とする老人が衝撃を物語る。[牧田・早川 1995]。装丁＝西村吉彦

ろん、まちはものではない。まちとは概念であり、消えるとは、ものが存在しなくなることであるから、ものではないまちが消えるということは厳密にいえばありえない。しかし、多くの建物が同時に撤去されたことによってまちは「消え」たように受け止められた。それは、この阪神・淡路大震災の衝撃を語った書のひとつとして『街が消えた』(写真1−4)と題されている写真集が刊行されていることからもうかがえる。[35]

「街が消え」ることは、多くの人々にとって衝撃的なことであり、まちというものの存在があらためて振り返られ、まちの記憶が語られた。ここでは、二つの試みを見てみる。「街の記憶・風景の復旧」と題するシンポジウムと、「記憶の断片——《創造に向けてのガレキ》」、「記憶の継承——ガレキからモニュメントへ」と題された一連の展示会・ワークショップである。

前者のシンポジウムは、大阪を拠点とする建築フォーラムという交流団体が主催したもので、一九九五年四月から九月にかけて行われた八回の連続シンポジウムの最終回として開催されたものである。連続シンポジウムのテーマは、「建築・崩壊するものの理由」、「都市防災の現実と可能性」、「集合住宅の再建をめぐって」、「都市復興案をめぐって」、「仮設住宅の問題をめぐって」などだったが、そのタイトルのラインナップは、建築家たちが直面したのは地震による建築物の被害という地震の直接的な破壊だけでなく、その後の都市計画や防災の問題など建築というもののあり方を根本から考え直させることがらであったことを示唆する。また、連続シンポジウムがほぼ毎月開催されていたことは、地震の建築家への衝撃を語っていよう。最終回として行われた

シンポジウム「街の記憶・風景の復旧」には、磯崎新や鈴木博之が登壇して、建築にとって記憶とは何かが論じられた。この連続シンポジウムを収録した雑誌の特集タイトルは「破壊の現象学」と題されているが[36]、連続シンポジウムの締めくくりにあたって記憶がキーワードとなっていたことは、破壊というものが広く問い直され、そこからの立ち直りに際して、まちの記憶の意味が問われていたことを示す。

一方、後者の展示会とワークショップは、神戸市灘区に存在する夢創館というギャラリーを拠点とする芸術家グループが開催したものである。その記録は『[ガレキ＝都市の記憶]――ポスト震災のアートスケープ』という書籍にまとめられている[37]。「《創造に向けてのガレキ》」展は、一九九五年四月に参加型の展示会として行われた。この展示会は、参加者に瓦礫を一つ持ってきてもらい、それを展示するというワークショップ形式で行われたが、その呼びかけ文に「ガレキは個人個人の記憶の断片であり、失った都市の忘れがたみでもあるのです」とあるように[38]、瓦礫を都市の記憶と結びつけようとする試みであった。その展示会の会場では、参加者による座談会も行われているが、そのタイトルは「記憶の断片」とされている。また、「ガレキからモニュメントへ」展は、同じグループが同年六月に大阪で行った展示会で、瓦礫一〇〇点が展示された。さらに、この瓦礫は、八月から九月にかけて京都でも展示され、そこでは、瓦礫によるパブリックアートを作る構想が披露された。これらの一連の展示会と座談会では、アートはどのように社会に介入するのか、記憶の継承をアートによってどのように行うのかが探られ、瓦礫を個人の記憶から、都市という公共の領域に開いてゆくことが

---

[35]［牧田・早川 1995］
[36]『建築思潮』4〈特集　破壊の現象学　戦後建築と阪神大震災〉
[37]［プロジェクト一〇〇（編）1996］
[38]［プロジェクト一〇〇（編）1996：10］

目指されていた。

ここで語られたのは、まちの記憶をどう残すかという問題だった。まちが消えたことによって、まちが人々の記憶と結びついていたことが再認識され、まちがなくなった状況の中で、まちの記憶をどう生かすのかがテーマとなった。

ここで、まちの記憶を語ったのは、建築家や芸術家だった。建築家や芸術家の立場から見るまちとは、まちづくりや芸術活動の対象であり、人々の視線の対象である。見られるものであり、芸術的介入の対象となる存在である。言い換えれば、客観的存在としての環境ともいえる。地震によってまちがダメージを受けたこととは、この客観的存在としてのまちが揺らいだということであった。ただ、環境とは主体と客体が相互につくり上げるものでもある。それゆえまちが揺らいだことは、それは、同時にそのまちを見る主体や介入する主体の立場にも揺らぎをもたらすものであった。建築家や芸術家が、まちの記憶を語ったことにはこの二つの意味が重層していた。まちの記憶が語られたこととは、客観的存在としての環境が破壊され、それを見る側の立場までもが揺らいだことを示すものだった。

生活と暮らしの記憶

震災が破壊したのは、その客観的存在としての環境だけではなかった。

主体と客体の相互作用によって成り立つ環境とは人々がそこで暮らし、働き、生きてきた場所としてのまち、生活世界としてのまちである。そのまちが被害を受けた。

阪神・淡路大震災において、この生活世界としてのまちという側面が、最も顕著に問われたのが、「まちづくり」の場においてだった。復興とまちづくり、あるいは都市計画に関して日本が経験してきた歴史的な経緯については、第五章で述べるが[39]、地震からの復興においては、日本で常道として行われるオプションとしての都市計画指定がある。阪神・淡路大震災においても、例に漏れず、被災した地域のいくつかの地区で、都市計画指定が行われた。都市計画指定は、いわば上からまちづくりという施策の操作の網をかけることである。そこには都市計画の論理が貫徹する。ただし、上から行われるものであるとはいえ、通常のまちづくりの過程であるならば、時間をかけて住民と為政者が対話することで、行政の論理、つまり、まちづくりという上からの操作の論理と暮らしや生活世界という下からの論理のすり合わせが行われる。しかし、阪神・淡路大震災においては、地震後、行政当局は復興を急ごうとしたため、その過程をとばそうとした。そのことによって、必然的に激しい軋轢が起こった。

　神戸市東灘区森南地区を例にとって見よう。森南地区は、阪神・淡路大震災の後、都市計画決定がなされた神戸市の六地区のうちの一つであり、土地区画整理事業が計画された。震災で、約一六〇〇世帯の九割の家屋が倒壊し、住民約三三〇〇人のうち八一人が亡くなった。そのまちの人々の被害と悲しみ、そして、そこから立ち直ろうとする姿は、地震発生直後からこのまちに入り、人々に密着した野田正彰によって、一九九五年三月から一九九六年三月まで『産経新聞』に「わが街 ── 東灘区森南町の人々」と題して連載された、実際の出来事と同時進行のような迫真のルポルタージュに描きだされている。それは、連載終了と同時に同名の書籍にまとめられている[40]（写真1-5）。

[39]　本書第五章第1節 263–264 ページ
[40]　［野田 1995–1996］［野田 1996］

写真1-5　野田正彰『わが街——東灘区森南町の人々』。瓦礫の中を通学する子供たちと見守る母親。その後ろに高層住宅。［野田 1996］。装幀＝戸田ツトム

まちの人が、この地域が都市計画の指定を受ける予定であることを知ったのは、一九九五年二月一日であった[41]。一月一七日に地震が発生してからわずか二五日後のことである。それは、住民への事前の相談もなく行われたため、人々には寝耳に水のこととしてとらえられた。住民は、自分たちの住む場所が一方的に計画区域に指定されたことに反発した。その反発は感情的なものであるとともに、論理的なものでもあった。なぜなら、この地域は、すでに、戦前に区画整理が行われており、碁盤目に整えられ十分な広さを持った道路が直交する整然とした街並みが広がっていたからである。それにもかかわらず、防災のためという理由で、さらに地震を契機に、再度、都市計画の網がかけられ、住宅地には不釣り合いとも見える一七メートルもの幅を持つ道路を含む区画整理が予定された。それは、人々の反発を強めるものだった。

その中で、森南の人々はまちへの認識を急速に高めることになる。三月九日、神戸市に対し、二万八二〇〇人分の署名とともに「わが町、森村の基本構想」（写真1-6）が提出され、さらに八月には、これを元にした「森南地区　復興まちづくり憲章」が起草された。

そこには次のように書かれている。

阪神大震災は、一瞬にして多くの命と財産を奪い、私たちを悲しみと困窮のどん底に突き落としました。

しかし、私たちはいまようやく、生活を再建しまちの復興に立ち上がりつつあります。私たちは、ほとんど廃虚と

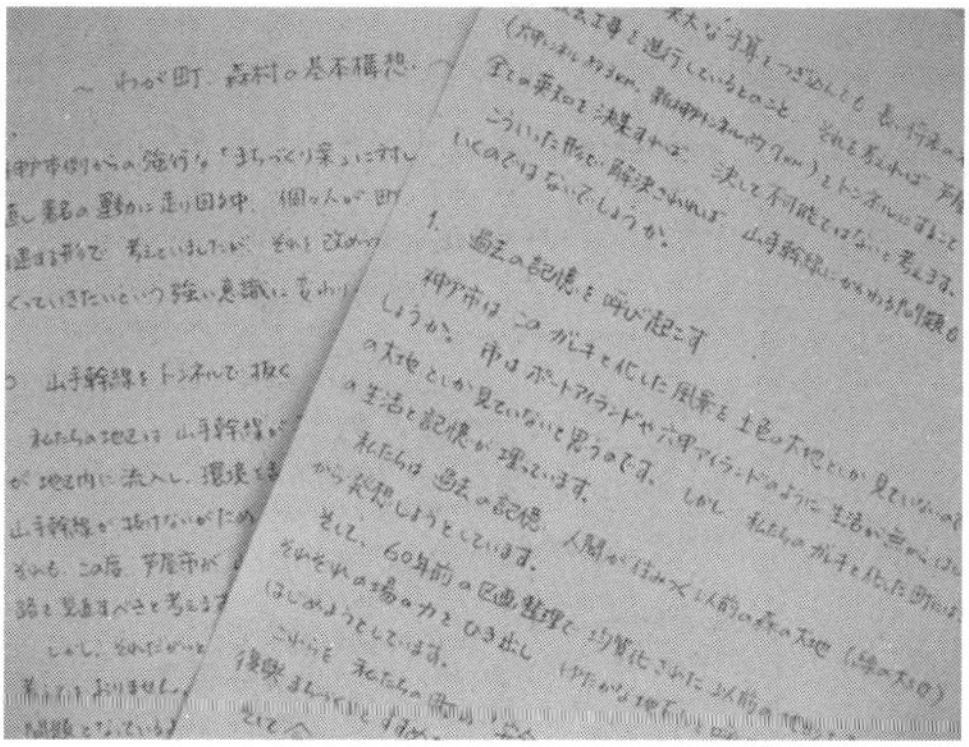

写真 1–6　1995 年 3 月に神戸市当局に向けて発表・提出された「わが町､森村の基本構想」。ワープロ入力が間にあわず手書きで清書された。伊東眞一・明子氏提供

化したまちの復興を地域住民の総意で成し遂げていくための指針として、ここに「復興まちづくり憲章」を宣言します。

（中略）

私たちのまちづくりは次のような原則ですすめます。
一、震災前のまちの記憶を大切にするまちづくり
いま、ガレキと化したまちは単なる土地ではありません。そこには私たちの生活の記憶が埋まっています。私たちは、過去を捨て去る「都市計画」ではなく、震災前の生活と亡くなった八〇余名の人々の記憶を大切にしながら、うるわしいまちの復興をめざします。[42]（後略）

神戸市の都市計画の姿勢を、批判的に検討するなかで、自分たちのまちは自分たちで考えつくってゆきたいという意識が生まれている。その際、まちづくりの基本に、震災前のまちの記憶を大切にすることが置かれている点が注目される。これは、神戸市の都市計画指定という線引きに対して住民が抱いた反発が、何よりまちの記憶が消えてしまうことから来ていたことを示している。ここには、

［41］森南地区の都市計画決定への対応については、一九九五年一二月に実施した森南町・本山中町まちづくり協議会の伊東眞一氏・明子氏へのインタビューと、［伊東 1996］による。

［42］［森南町・本山中町まちづくり協議会 1995］

地震による自然の現象としての破壊とともに、為政者により二次的に町が破壊されるという二重の破壊が行われているという含意がある。為政者は、瓦礫と化した風景を、都市計画の対象としか見ていないと森南町の人々はとらえる。都市計画は、実施されるとなると、土地の換地とそれに伴う家屋の移転や撤去などの行為を含むことになるが、為政者にとっては、瓦礫となった家屋は撤去の容易な物体としてしか認識されていないかもしれない。しかし、それは瓦礫ではなく、過去の生活の記憶が埋まっているものなのだ。ここに、都市計画の論理と生活世界の論理の齟齬が住民の反発を生んだことが鮮明に表現されている。

この憲章では、「生活の記憶」と「亡くなった人の記憶」を、まちの記憶としている。とはいうものの、まちの記憶を大切にすることは、それらを大切にすることだけにとどまらない。先に述べた住民たちが三月に独自に構想した「森村の基本構想」では、過去の記憶をよび起こすことを通じて、「六〇年前の区画整理で均質化された以前の地形」が想起されていた[43]。森村とは、この地域が、近代に住宅地として発達する以前に存在した徳川期の集落の当時の行政上の呼称である。まちの記憶を大切にすることは、同時に、記憶を超えて歴史へとつながることでもあった。

ここで語られたまちの記憶は、決して単なるノスタルジーの対象ではなかった。生と死に直面し、「悲しみと困窮のどん底」にあった市民が、自分たちでまちをつくってゆこうと考えた時、第一番目に挙げられるべきことだった。これは、人々がカタストロフという極限状態の中で、記憶や歴史が、あるべきまちづくりの中で、ひいては、住むことや生活すること、生きてゆくことにおいて、欠かすことのできない存在であることに、思い至ったことを示している。森南の人々が語ったまちの記憶とは、人間存在の根幹にかかわるものとしての過去というもののありようだったともいえる。

4　語りなおされる歴史とカタストロフの時間

以上、見てきたのは、一九九五年一月一七日に起きた阪神・淡路大震災の直後から数ヶ月の間に起きたことがらである。それは、カタストロフの「急性期」であるといえるが、その時期に、どのように、歴史と記憶が想起されたのかを見てきた。

では、これらの過去の想起を引き起こしたものは何だったのだろうか。それは、地震に遭遇したという体験であった。歴史認識の主体である個人が、危機である大地震を体験したことにより、過去へと視線が向いたのだといえる。

ここでこの過程を整理しておきたい。

図1-1は、過去と現在と未来の時間感覚がどのように生じるかを示したものである。カタストロフの瞬間にあってどのような時間が存在し、どのような時間が析出するかという問題については第三章で述べるので、本章では、踏み込まず、とりあえず過去と現在と未来がすでに存在している状況としてとらえておく。

通常の状態では、時間は未来から現在を通って過去に向かって流れると認識されている。ユニバーサルで単線的なリニアな時間であり、現在に位置する主体は、その過去と未来の均衡した状態の中にいる。均衡している状態であるから、図中の点線のように、時間は未来から過去へ滑らかに流れていると主体に認識されているといえる（図1-1のａの状態）。

［43］［加賀 1995］

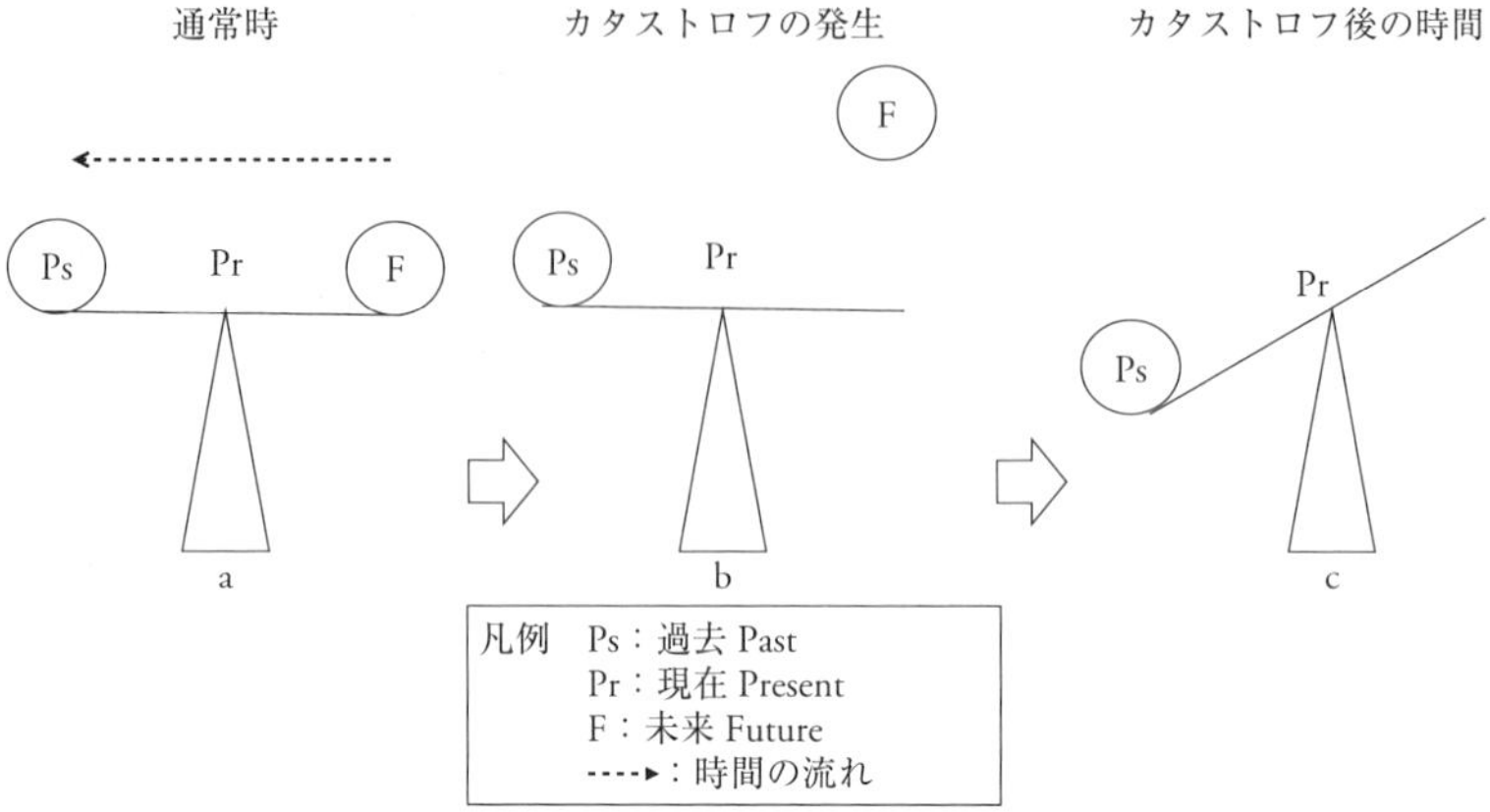

図 1-1　カタストロフにおける内的時間

しかし、カタストロフによって、そのうちの未来が取り去られる。主体にとって、未来とは、現在が存続することにより生起するものであるが、カタストロフとは現在の状態が永続しないことが明らかになるという事態であり、それは未来が取り去られるということである（図1-1のbの状態）。

未来が取り去られた時、そこに残るのは過去である。過去の比重が重くなる。再び、均衡を取り戻すためには、その過去を未来に振り替えていかなくてはならない。図1-1のcの状態は主体が過去を未来に向けて語りなおさなくてはならない負荷のあり方を示したものである。過去が負荷をかける、過去の重みが増す、という点で、これはヒストリシズム（歴史主義）発生の契機であるといえる。

阪神・淡路大震災というカタストロフの後、過去に関する語りが生じたのは、このようなメカニズムとして理解できる。ただ、カタストロフの後、過去が参照されない場合もある。たとえば、同じ日本社会をとってみても、プロローグで見た安政江戸地震の鯰絵においては、過去の参照というモチーフは希薄で、現在を「しゃれ」や「笑い」で乗り切ろうという点で、その心性は、プレゼンティズム（現在主義）であった。また、西芳実によると、二〇〇四年に起きたスマトラ島沖インド洋地震・津波の被災後のインドネシア・アチェにおいては、人々の視線は過去に向くよりも現在に向いていたという。[44] アチェにおいては、津波というカタストロフの前には、内戦というもう一つのカタストロフがあり、津波は、その内戦を乗り越えるための新しい関係をもたらす契機としてとらえられたからである。

　つまり、図1-1で示したように過去を見る見方をヒストリシズム（歴史主義）とすると、日本の中で見れば、約二〇〇年の間に、主体の構成のされ方が、現在主義から歴史主義に変化したといえる。また現在の同時代的に見ると、地球上の地域によっては、別の考え方が存在するといえる。主体の構成がヒストリシズム（歴史主義）によって構成されているか、プレゼンティズム（現在主義）によって構成されているかという問題そのものが歴史的に構築されてきたものではある。

　とはいっても、阪神・淡路大震災に関していうならば、カタストロフの後、人々の時間への態度は必ずしも、過去や歴史だけを向いていたのではなかった。図1-1cが示すように、均衡が回復されるためには、失われた未来の修復が必要であり、未来に向いた時間への態度もあった。

　では、未来に向けた語りとはどのように生じたのだろうか。次章でそれを検討したい。

［44］［西 2014: 292］

第二章　記録と記憶

第一章では、カタストロフのほぼ直後において、過去へのまなざしが生じることを明らかにした。しかし、カタストロフにおける日常的なことがらの自明性の喪失は、過去の参照によってだけ埋められるのではなく、未来に向けての時間を新たに構築してゆくことによっても埋められなくてはならない。そのような行為の一つとして、未来に体験を残すという行いがある。阪神・淡路大震災の後には、カタストロフの体験を記録し、残すことが広く取り組まれた。本章ではそのありようを検討することで、カタストロフにおける未来の意味を明らかにする。

第一章で見た、過去の歴史の参照は、過去に向かうまなざしであり、ある出来事を歴史に位置づけることである。それは、その出来事が歴史的出来事であるという意識をもたらす。とはいえ、過去の歴史と、それが歴史的事件であるという意識では、同じ歴史という言葉が用いられているが、その含意には若干の違いがある。歴史とは、歴史として語られるに値する過去のことである。だが、すべての過去が歴史になるわけではない。歴史の中で、社会的に意味があり、歴史として語ることに値すると思われる出来事だけが歴史となる。

一方、現在の出来事が歴史的出来事であるという場合、それは、未来から見て現在が過去になった時、歴史として語るのに価する出来事であるという意味がある。つまり、歴史的事件という意識には、現在を未来から見ているという視座の転換がある。もちろんこの二つにおいて、時間の流れは同じである。流れてゆく時間が流れ去った時、現在は過去になる。だが、歴史的事件と言った時、内的時間の中で、主体は未来にその足場を置いている。過去を歴史と見るとき、主体の視点は現在にあり、そこから過去を見ている。一方、現在を歴史的出来事と見るとき、主体の視点は未来にあり、そこから現在を過去として見ている。つまり、ある出来事を歴史的出来事であると考えるとき、主体は時間の流れの中を未来の方向に向けて移動しているといえるのである。これは、過去に向かう意識とは逆の方向に向かう内的時間の志向のあり方であるといえる。

この内的時間の志向を背景として震災を記録し、残そうとするさまざまな動き、もう少し積極的な言葉を使用すると運動が取り組まれた。本章ではその様態を分析してゆく。

1　体験を記録する心情

体験記の出版という現象

具体的な運動の様態は次節以下で見ていくが、その前に、阪神・淡路大震災というカタストロフの体験を残すことに対する心情について検討しておく。資料として利用するのは、本章第2節で詳しく見る神戸大学附属図書館「震災文庫」の蔵書に関するデータである。

図2-1aは、この第Ⅰ部で扱っている「急性期」にあたる地震から約二年半の一九九七年六月時点までに

「震災文庫」に収蔵された震災関連の図書（同文庫は雑誌・ビラ・チラシも収果しているがそれは除く）を、その発行時によって時系列順に並べたものである。

この震災文庫は一九九七年時点において、震災後の出版物の収集に関する最大級の規模を持っていた[1]。同文庫の蔵書は、震災後の社会の状況と意識を反映していると考えられ、それを分析することは、震災の記録を残すことに対する人々の心情を明らかにするうえで有効な手段であることは間違いない。個々のミクロな精神の過程は本章第2節、ならびに、第三章で検討するが[2]、ここではカタストロフの直後の二年半を概観する意味で、数量的に検討する。

図2-1aを一見してわかる通り、図書だけに限っても極めて多くの出版物が、地震後の短期間に出版されていた。地震発生後、半年の間に七一六タイトルが、また、一年間に一三五八タイトルの図書が発行されている。出版とは、社会に向かって何かを伝えるための手段である。震災に関して、出版というかたちをとった社会の動きが多様に存在したことがわかる。また、書籍発行には通常ある一定の準備期間を要する。最初の山は一九九五年三月に早くもあらわれているが、それは、準備期間として見ても決して長いものとは言えないだろう。つまりこの時期の震災関連の図書は、緊急に作成されたことがわかる。現実に対応した出版物を、喫緊に要請する社会状況が存在したことを裏づけている。

［1］　本書の出版時点でもそれは同様である。同文庫の所蔵する資料の数は五万六〇六〇件（三万二五四六タイトル）にのぼる。（同館のホームページによる。二〇一七年一月五日現在）。なお、同様の資料所蔵機関として、人と防災未来センターがある。同館は一九万点の一次資料と約三万九〇〇〇点の図書などの二次資料を所蔵している（同センター資料室への聞き取りによる。二〇一七年三月現在）。

［2］　本書第三章第2節 157ff. ページ

心の区切りとしての時間

次に、出版量の時系列変化を見てみる。図2−1ａが示すのは、地震発生直後の一九九五年一月と二月には、ほとんど図書の発行が見られず、同年三月以降に急増していることである。さらに、地震から一年目にあたる一九九六年一月の出版量が群を抜き、それ以降三月にいったん増加した後、減少傾向が見られる。

その原因について、図2−1ｂとｃでさらに細かく分類して検討してみよう。

まず、一九九五年三月の急激な増加について見る。その原因として、二つの理由が挙げられる。第一の理由は、地震後の緊急調査の報告がまとまるのが、おおむねこの時期であったことである。たとえば図2−1ｂ「土木・建築」の区分では、一九九五年三月に出版数が突出しているが、これらは、そのほとんどが緊急調査報告書である。

また、第二の要因として、震災体験記

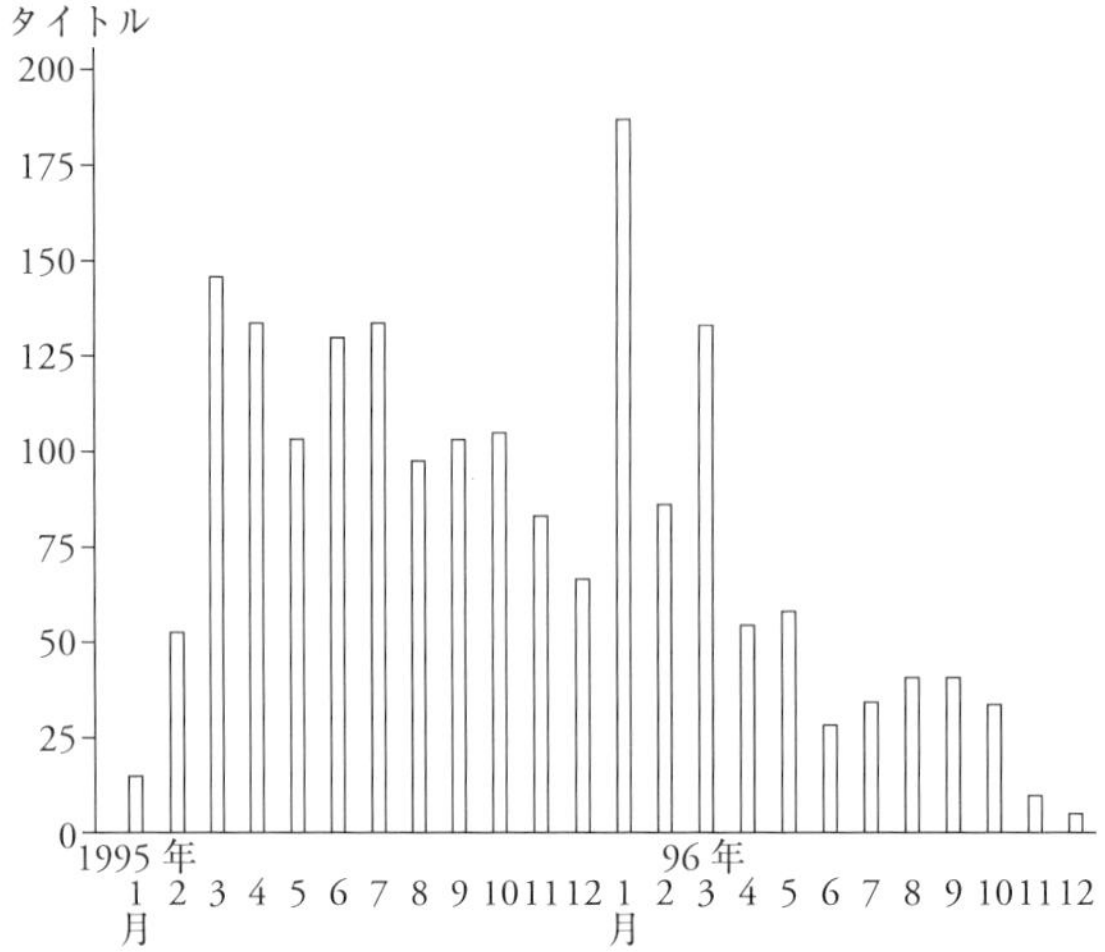

図 2−1a　神戸大学「震災文庫」所蔵図書の発行年

注：1）図 2−1a〜c は神戸大学附属図書館「震災文庫」の「収集資料一覧」（インターネット・ホームページ。URLは表2−1を参照）をもとに作成した。
2）図 2−1a〜c は 1997 年 2 月 28 日現在のデータである。図書の発行と納本・整理のタイムラグのためこの時点では 1997 年 1 月以降発行の図書が図にあらわれていない。1996 年末ごろ発行の図書も実際の出版数と整理・配架された数が異なる可能性がある。

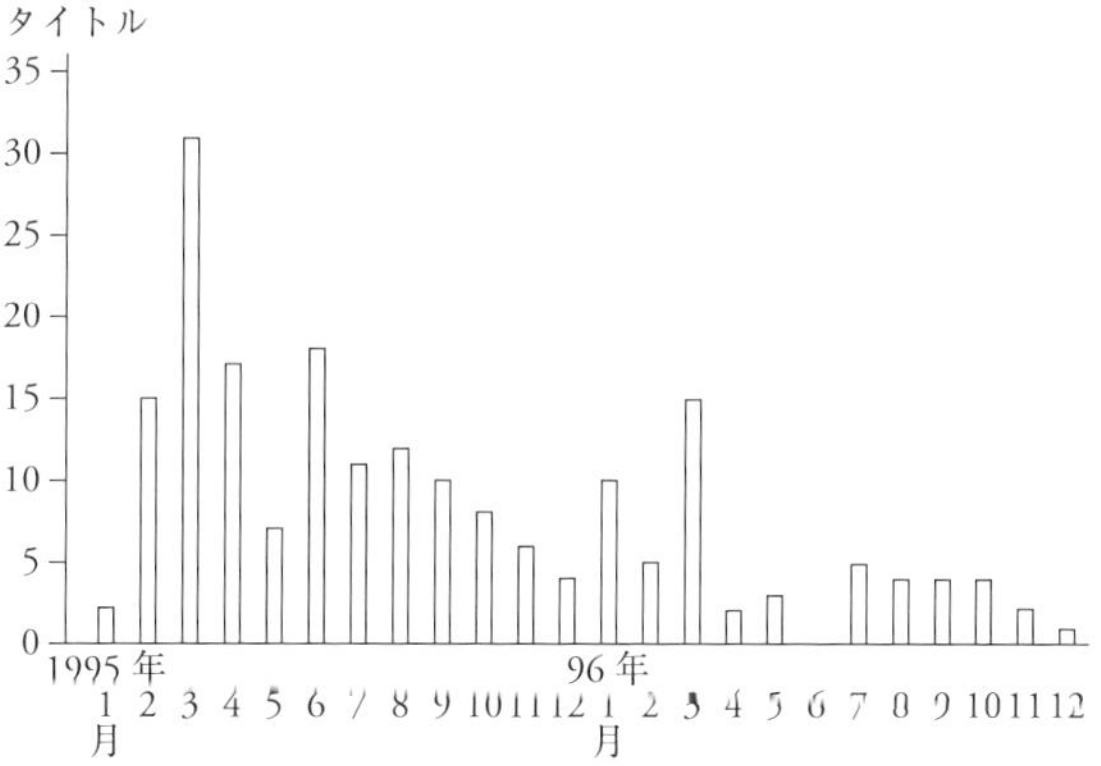

図 2-1b　神戸大学「震災文庫」所蔵図書のうち、「土木・建築」区分の図書の発行年

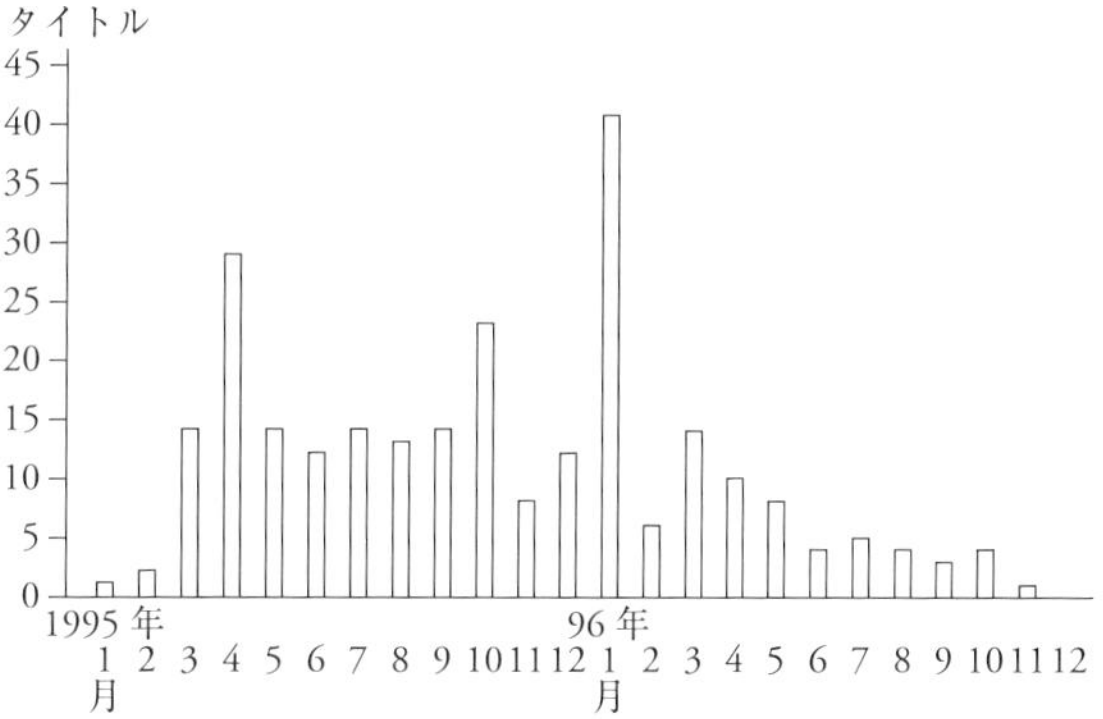

図 2-1c　神戸大学「震災文庫」所蔵図書のうち、「文芸」区分の図書の発行年

や手記などの出版物が、この時期以降にまとまりはじめたということがある。図2-1cで示した体験記が大部分を占める「文芸」の区分の出版数の推移は、地震からある程度のタイムラグを経て体験記が出版され始めたことを示している。多くの人が、体験記を書くことで過酷な体験を整理し、感情を表現することによって心

の平衡を取り戻していた。[3] 一九九五年年三月の出版数の急増は、多様な分野で実施された被害調査の存在と、突然の災厄を自分の中で位置づけようとする人々の心のありようという、二つの社会状況を背景にしていた。

では、次のピーク、一九九六年一月の出版量の激増はどのような原因なのだろうか。当然のことながら、震災から一年目の区切りとしての意味があった。マスコミがそれを特集して報じたほか、さまざまな行事が行われ、多くの図書が発行日を一月一七日とした。この出版状況からは、震災後一年が一つの節目として多くの人に意識されていたことがわかる。

それ以降、出版数はやや減少する。しかし、これは震災が、人々の意識の中で終わったとされていることを示しているのではなかった。一九九六年度を通じて五四二タイトルが持続的に出版されている。内容を見てみると、数は減少したものの、震災を体験したことと自己の関係を問い直す出版物に転化していたと言うことができる。たとえば、日本近世文芸史研究の野口武彦の『安政江戸地震 ── 災害と政治権力』や作家の村上春樹の『アンダーグラウンド』の出版に見られるように、各々の専門領域における調査研究や聞き取りなど時間のかかる作業の末に書かれた著書がまとまり始めたのがこのころである。[4] 出来事に即応的に対応する体験記の出版というフェーズから、専門領域という自己の根幹にかかわる深いところで震災を受けとめた著書たちの出版のフェーズへと移り変わってきていたといえる。

「後世」への体験の継承

ここまで、出版数の時系列的推移を見てきた。出版数の増減は震災をめぐる人々の意識を反映していたといえる。では、その出版はどのような心情に支えられていたのか。

先ほどの「土木・建築」と「文芸」の区分における心情を見てみよう。まず「文芸」について見ると、その多くが体験記であった。体験記を出版する意味は何か。体験記を書くことは、体験の恐怖や衝撃を自分の中で緩和し、そこから回復をはかる作業である。しかし、それだけではなかった。たとえば、兵庫県立芦屋高校の生徒記録集の「あとがき」にはこうある。

震災後の芦高生は、（中略）何を考え、どのように行動したのか。それを詳細に記録し後世に伝えることは、幸いに生き残れた我々の責務なのではないか。[5]

震災が生命の危機をもたらす事件であったという痛切な実感と、自らの体験を記録し、伝えることに対する強い使命感があることがわかる。すなわち、体験記の出版においては、出版することによって体験を他者、とりわけ未来の他者に継承したいという心情が見られるといえる。

一方、「土木・建築」の場合はどうだろうか。ここに含まれる図書の大部分は、調査報告書である。これらの報告書は、震災の現実を科学的・客観的に分析し、有効な対応策をとるために出版されたものであった。しかし、調査を行ったのは生身の人間だった。たとえば、神戸大学工学部の発行した報告書には次のような文言

［3］［安 1995］
［4］［野口 1997］［村上 1997］。なお『アンダーグラウンド』は、一九九五年三月に起きたオウム真理教による地下鉄サリン事件の被害者の聞き書き集であるが、村上は、地下鉄サリン事件と阪神・淡路大震災を重ね合わせて見ている。地下鉄サリン事件については、この後本書第四章第1節 184–187 ページでも述べる。『安政江戸地震』、『アンダーグラウンド』の持つ意味については［寺田 2015］で論じた。
［5］［兵庫県立芦屋高等学校第52期生と有志教諭 1996: 116］

が書かれている。

参加した学生諸君の数人からは、記録としてカメラのシャッターを押すことができないという告白の聞かれるほどあまりにも悲惨な状況であった。しかし、心のなかで合掌しつつ、後世へ残る被災直後の記録を作成するという大きな目標に向かって調査が進められた。[6]

専門家の場合は、強い責務をその専門分野における技量を通じて発揮しようとしていた。専門家は自らの専門分野において書物化し後の検証に備えることで、大震災の体験を継承しようとしたのである。

このどちらの場合にも「後世」という言葉が使われていたことは注目されるべきであろう。ここでは、自らの体験を、自分だけ、体験者だけのものにせず、次の世代・未来の人類によっても共有できるものとすることがめざされていた。後世という言葉に含まれる「世」という語は、比較的長い時間を指す。英語で世を意味する語の century は一〇〇年を指し、中国語（漢字）での世という文字は三〇年を指し、人間の一生を世と表現することもある。後世と言った場合、次の世代という含意もあるといえる。いずれにせよ、その時の視点の起点となる位置は、長い時間の経過した後の時点であり、現在とは全く異なる主体が現在を見ていることが想定されているといえる。言い換えれば、震災に遭遇した体験は後の世の人々にとって知るべき価値のある体験として認識されていたといえる。それは、日常的な体験の中では生まれにくい時間感覚である。カタストロフを体験したからこそ、そのような日常を超えた時間の意識が生まれたといえる。

地震後、短期間に多数の図書が発行された。これらの図書の発行は、その直近の時点において意味を持つことを第一義としていた。しかし、同時にそれらの出版物の多くは、カタストロフの体験を「後世」に残すことを企図していた。書くことは記録することであって、それは現在を記すという行為だが、記録することとは残すことでもある。何かを残すというとき、それが残る先は未来であり、その視線は未来に向いている。体験を記録することは、現在の確認であると同時に、未来に対する行為でもあったのである。

2　震災記録保存運動

前節では、震災の経験を後世に残さねばならないという未来に向かった意識が、人々の間で存在したこと、それを支えた心情について見てきた。この意識を背景にして、阪神・淡路大震災後の阪神地域では、さまざまな記録を保存する動きが展開した。以下、その動きを具体的に見て、その特徴について明らかにしたい。

震災を後世に継承しようとする動きは、体験記録、遺構保存、記録資料保存の三つに分類できる。

体験記録

第一に挙げられるのは、震災の体験を記録しようとする体験記録である。第1節で見たとおり、震災を体験した多くの人々はその体験を記録した。地震直後の、書くことイコール心の整理ともいえる状況を経て、書く

［6］［神戸大学工学部建築学科土木教室兵庫県南部地震学術調査団 1995: 1］

ことイコール記録することと考える市民が持続的な取り組みを開始した。

たとえば「阪神大震災を記録し続ける会」は、広く社会一般に呼びかけて震災の体験の記録を集め、それを出版する活動を続けた[7]。出版業に携わっていた高森一徳が呼びかけ人となって始まったその会は、冊子を年一冊ずつ刊行し、その刊行は、その後一〇年間続けられた。

また、被災地で、「記憶のための連作」と題して映像作品を撮り続けたグループもあった。地震発生直後の一月二七日に神戸にやってきた映画監督の青池憲司らは、神戸市長田区鷹取東地区に腰を据え、ボランティアの活動、まちづくり協議会での議論など、震災後の住民の日常を継続して撮影し、ビデオ・レターや上映会を通じて発表した。それは、『人間のまち――野田北部・鷹取の人びと』と題された全一四部で構成される映画として一九九九年まで制作され続けた[8]。

このように文章や映像など、自分のとりうる手段で、現在をも含めた震災を記録しようとする動きがあったのである。この記録することが、「体験」の記録として取り組まれることの意味については、次節で検討する。

震災遺構の保存

第二に挙げられるのは、震災の痕跡、震災遺構を保存しようという動きである。

たとえば、兵庫県と北淡町は、震源地である淡路島の野島断層を「震災記念公園」として整備した[9]。神戸市は、震災で壊れたメリケン波止場を「震災メモリアルパーク」として保存した。三四人の犠牲者が出た西宮市仁川の土砂崩れ現場にも兵庫県が「仁川百合野町地すべり資料館」を建設した[10]。

これらは県や市などの行政体による活動だったが、それに加えて、一般の市民による保存運動も展開した。

たとえば、神戸市長田区若松町三丁目は火災で全焼し、一面が焼け野原になり、一三名が亡くなったが、そこで焼け残った防火壁は「神戸の壁」と呼ばれ、海外の芸術家も加わった保存運動が行われた[11]。

市民・行政の両者が、被害を目に見える形で後世に伝える震災遺構の保存を進めたのである。とはいえ、それらの運動は、それほど大きな社会的広がりをもたず、また何を残すべきかということに関する社会的合意があったわけでもない。カタストロフの遺構保存一般についてと、阪神・淡路大震災における「震災モニュメント」の建立についでは本書第十章第4節で詳しく検討するが[12]、阪神・淡路大震災の後の震災モニュメントの建立が幅広い社会的広がりをもったこと、また、東日本大震災の後に災害の遺構保存の問題が社会的に大きな脚光をあびたことに比べると、阪神・淡路大震災の後に震災遺構の保存がそれほど大きな社会的なムーブメントとはならなかったことは対照的である。

震災に関する文書と資料の包括的な保存

第三に、文書や図書などのいわゆるドキュメントを残そうという記録資料の保存の動きがあった。前二者は、いわば震災を、個別の局面や場所において保存しようとする動きであったのに対し、ここでいう記録資料保存

［7］［阪神大震災を記録し続ける会（編）1995］［阪神大震災を記録し続ける会（編）1996］ほか。
［8］［青池 1995–1999］
［9］『神戸新聞』一九九七年二月二五日朝刊
［10］『毎日新聞』一九九七年二月一九日朝刊
［11］『神戸新聞』一九九七年二月三日朝刊
［12］本書第十章第4節 689ff. ページ

運動とは、震災の記録や資料を、包括的に保存しようという動きである。

この保存の動きがどのようなものだったのかを表2-1にまとめた。

経緯を簡単に見ると、文書と資料を包括的に保存することが課題として認識されたのは、地震の発生から約三ヶ月後の一九九五年四月ごろからだった。このころ、東京から神戸を訪れ、「阪神大震災地元NGO救援連絡会議文化情報部」というグループを結成し、その代表をつとめて資料救出などのボランティア活動を行っていた資料修復家の坂本勇の提言を受け、図書館・資料保存諸機関の有志による「震災記録を残すライブラリアン・ネットワーク」が活動を開始し[13]、五月には被災地で活動したボランティアも「やったことを記録に残すボランティア大集会」というボランティア・グループを横断する大きな集まりを開催した[14]。この月には、神戸大学附属図書館も「震災文庫」を設置することを決めた[15]。

これらの取り組みの性格を表2-1から見ると、公共機関による取り組みに加えて民間のボランティア・グループによっても取り組まれていたことがわかる。ボランティアとは、本書第四章で見るように、阪神・淡路大震災において特徴的にあらわれた社会的運動である[16]。公共機関が資料の保存を行うことは、その行政上の必要からも当たり前のことであるといえるが、ボランティアたち自身が自分たちの活動の資料の保存について意識的であったことは特筆されることである。この背景には、資料の保存を専門にする人々が資料の保存や記録活動をめぐる専門家のボランティアとして被災地を訪れていたという事情があった。阪神・淡路大震災におけるボランティア活動の領域の多様性と広がりについては、本書第四章第1節でも述べるが、これはその一例でもある[17]。

公共機関では、シンクタンク・史料館による取り組みがあったが、図書館によるそれが目立った。行政資料の保存は公文書館がそれを担うべきものであり、もし、阪神地域のすべての自治体がすべて公文書館を持っていれば、そこが震災の記録資料の保存を担っただろう。しかし、そうでなかったことは、阪神地域での公的な文書館・史料館組織が十分に機能していなかった状況を反映していたものでもあった。阪神間において公文書館を持つ自治体は神戸市と尼崎市のみであった。

どのような地域的広がりを持っていたかを見ると、震災全体を扱い被災地全域をカバーする活動とともに、地域に密着した活動も行われていた。

さらに、具体的な活動内容を見ていくと、ほとんどの機関・グループが、収集・保存に取り組むだけでなく、公開にも力を入れていた。図書や資料を、コーナーを設けて公開するだけではなかった。目録を作成し、ニュースレターを発行し、インターネットで発信する、節目の時点での展示会を開催するなど、震災の記録や資料を社会の共有のものとする努力が重ねられていた。

こうした動きには、いくつか興味深い点が指摘できる。第一は、急性期である地震後二年半の時点をとってみても、出版物の収集については、体制が整い成果が上がっていたことである。図書だけに限っても一〇〇〇点以上を所蔵する機関が三ヶ所あり、市民の閲覧に供されている。これは人々が震災の全体像を描く上で重要な意味を持った。第二に、図書館が、従来対象としてこなかったビラやチラシなどの保存に積極的に取り組んでいたことも興味深い。それらの資料の受け入れに新たな基準を設けた機関もあった。地震という通常とは異

［13］［宮本博 1995］
［14］［震災・活動記録室 1995: 100］
［15］［熊谷 1996］
［16］本書第四章 177ff. ページ
［17］本書第四章第1節 179ff. ページ

表 2–1　地震後 2 年の時点（1997 年）で震災の記録資料の保存に取り組んでいた機関・グループ

名称	収集した資料	開始時	特徴	所在地
神戸大学附属図書館「震災文庫」	図書 2270、ビラ・雑誌 6640	1995 年 5 月	コーナーを設けて一般に公開。インターネットでも目録を公開。	神戸市東灘区六甲台町
（財）21 世紀ひょうご創造協会	図書 655、雑誌 1200、写真 500、一次資料（未整理）	1995 年 10 月	兵庫県から委託。包括的資料収集を目指す。避難所・仮設住宅の資料を収集。	神戸市中央区
東京大学生産技術研究所「KOBEnet」	図書約 1600	1995 年 2 月	震災研究者のネットワーク。事務局にて公開。	東京都港区
震災・活動記録室	図書 500、ミニコミ紙 150、ボランティア団体一次資料（未整理）	1995 年 3 月	民間団体。震災ボランティアの記録のため結成。ボランティア団体とネットワーク。	神戸市長田区
震災記録情報センター	写真 8000（提供予定含む）、未整理資料	1995 年 8 月	民間団体。震災の記録と地域の記憶を保存するため写真アーカイブを構想。	神戸市灘区
兵庫県立図書館「フェニックスライブラリー」	図書 1100、ビラ 1230、雑誌など 4090	1995 年 11 月	コーナーを設けて公開。	明石市明石公園
（財）公害地域再生センター	作文・機関誌など 200、写真 200	1996 年 11 月	震災 2 周年展を開催。地域の団体と協力。歴史学関係者も参画。	大阪市西淀川区
尼崎市立地域研究史料館	図書 760、雑誌・論文 147、写真など（未整理）	1996 年 1 月	書籍類は文庫として公開。写真、ビラの収集を行う。ボランティア団体と資料保存のネットワーク。	尼崎市昭和通
芦屋市立図書館	図書 429、雑誌・パンフ	1995 年 9 月	震災 1 周年展がきっかけ。市内、市役所内に呼びかけ。	芦屋市伊勢町
神戸市立中央図書館	図書 941、ビラ・パンフ 70、ビデオなど 9	1995 年 4 月	従来の郷土資料収集の延長で開始。震災関連雑誌記事索引を作成。	神戸市中央区
長田区役所「人・街・ながた震災資料室」	図書・写真・避難所記録など段ボール 10 数箱（未整理）	1997 年 1 月	震災 2 周年展がきっかけ。役所職員のボランティア活動。	神戸市長田区
北淡町歴史民俗資料館	写真約 2000 枚、書籍など	1995 年 4 月	地震直後から町並みを撮影。館内の 2 室を使い常設展示。	津名郡北淡町

注：1997 年 5 月時点での調査に基づく

なる事態に直面して、従来の運営や機能を超えた動きが生じていたといえる。

そして第三に、これらの機関・グループの取り組み自体が、社会的に震災に関する記録資料の保存という新しい領域を生み出して、総体としてこの動きが一つの運動体として取り組まれていたことであった。これらの機関・グループの構成員は互いに顔見知りの場合も多く、機関やグループ同士が情報交換をしあい、互いが互いの活動を活性化しあうという、相乗効果が発揮されていた。また、多くの機関は、地域において、あるいはマスコミで、震災の記録資料保存の必要性を繰り返し訴え、それによって、つぎつぎと後続の取り組みがあらわれていった。先駆的なものを一九九五年三月に設立された震災・活動記録室や五月に設立された神戸大学附属図書館の震災文庫だとするなら、一九九六年から一九九七年にかけて取り組みを始めた大阪市西淀川区の公害地域再生センターや神戸市長田区役所などは、先行した活動に刺激されて取り組みを開始したといえる。その活動の社会における広がりと連続性から、これらの活動は、ある種の社会運動として存在したといえる。

とはいえ、この時点では、保存の対象は、主に出版物であって、いわゆる一次資料の保存はあまり進んでいなかった。前述したように、図書の保存は成果をおさめていたが、記録史料学でいう記録の保存に関しては、急性期には、行政・民間のそれを問わず取り組みは少なかった。行政資料を含めた記録資料の保存体制が整うのは、回復期である。その詳細は阪神・淡路大震災の記録資料保存に永年取り組んできた歴史学の佐々木和子や奥村弘が詳しく述べている[18]。

［18］［佐々木 2014］［奥村 2012］［奥村（編）2014］

3　記録と体験の意味

第1節では、震災を記録する心情について述べ、第2節ではそれを運動ととらえて具体的な様態を検討してきた。これらを踏まえて、カタストロフという体験を記録することの特徴と意味を考えるとどうなるのだろうか。

日本の近代と記録運動

体験を記録するということに関しては、日本においては、近代に入ってから、さまざまな取り組みがあった。戦前には大正期（一九一〇年代）から始まる生活綴り方運動があり、鈴木三重吉の雑誌『赤い鳥』の発行や東北地域での教育実践がなされ、尋常小学校生徒であった豊田正子が下町のブリキ職人の家族の生活をつづった『綴方教室』（一九三七年）などの印象深い作品が生み出された。[19]またアジア太平洋戦争（第二次世界大戦、十五年戦争、大東亜戦争）の敗戦直後の一九五〇年代には、この生活綴り方運動の影響を受けた生活記録運動や労働者による記録サークル運動が取り組まれた。若い女性労働者が母の記録をつづった『母の歴史』（一九五四年）[20]、山形県での教育実践の記録である『やまびこ学校』（一九五一年）[21]ほか各地で無数のサークル誌が刊行された。[22]この後、本節の記述に登場する作家の石牟礼道子も一九五〇年代に九州で作家の谷川雁が主催していた記録に関するサークル運動である「サークル村」に参加したことが作家となる契機の一つであった。

そこでは、記録を書くことによって主体性を獲得することが目指された。記録を書くことは、それを書いている自己や書かれているものやことを客観視することである。また、記録を残すことは、自分を社会的、歴史的な外部の世界に位置づけることでもある。日本において、近代以前、つまり、徳川時代においては、人々は、歴史の主体ではなかった。序章で見たとおり、人々は、政治の過程には参加することはできずに、客分として為政者の仁政を期待するという役割しか与えられていなかった。[23] しかし、近代に入って、民衆は主体として政治に参加し始めた。とはいえ、近代以前の客分であった歴史は長く、近代市民社会にふさわしい主体がすぐに形成されたわけではなかった。そのために自由民権運動や普通選挙運動など多くの運動が繰り広げられたが、記録運動もその一つであったといえよう。書くことは、可能態（デュナミス）の中から現実態（エネルゲイア）を生じさせることである。書くことによって、それまで書かれていなかった可能態は、書かれたことという現実態になる。これは、主体の出来《しゅったい》ともいえる。[24] つまりここでは、書くことで、主体が形成され、その主体が歴史の主体となってゆくという意味での歴史のエネルゲイアが機能していたといえる。

戦争体験の記録

一方、日本のいわゆる「戦後」における体験の記録に関して、戦争体験の記録運動も無視することはできな

[19]［豊田 1995］
[20]［鶴見・木下 1954］
[21]［無着 1995］
[22]［道場 2016］
[23] この点については本書プロローグ 13–14 ページで述べた。この後、本書第五章第5節 331–332 ページ、本書補章 779 ページでも述べる。
[24] この書くこととエネルゲイアの意味については、終章でも述べる。本書終章第2節 759–761 ページ。

い。一九四五年に日本が連合国に降伏することで終結したアジア太平洋戦争（第二次世界大戦、十五年戦争、大東亜戦争）は、その開始時期を一九三一年の満州事変とすると約一五年間の長期にわたる戦争であった。それは、国民国家の総力戦として遂行されたため、国民のすべてが戦争に動員された。歴史を国家の政治の動きと限定するなら、総力戦という国家の政治は国民のすべてを動員し、国民である限りは、その歴史の中に入らざるを得なかったといえる。本書補章2で見るようにドイツの哲学者カール・レーヴィット Karl Löwith は人が歴史の中に入ることを歴史のダイナミズムであるとするが[25]、その考えに従うならば、この時期の日本に生きていた人々は歴史のダイナミズムの中にいたことになる。ただし、その歴史から逃れることは不可能で、もし、そこから逃れようとするとそれは「非国民」となった。すべての構成員が国民である集団の中で「非国民」であることは生存が困難であること、もしくは生存が不可能に近いことを意味した。

戦争体験の記録は、戦争が国民を総動員するものであったため、さまざまな主体によって取り組まれた。戦場の体験をはじめとする出征の体験を書くことや、空襲、学童疎開の体験を書くことが行われた[26]。戦争とは極限状態である。それらの体験記録は、戦争という極限状態を振り返り心の整理を行うことでもあったが、それが極限状態であるがゆえに、そのような体験を後世に継承してゆくことが課題ともなった。またそれは、同時に、体験を記録することで体験の意味を問うことでもあった。

体験の意味とは、どういうことか。歴史家として現代史の記録に取り組み、旧制中学生時代に大阪大空襲を体験し、約四〇年後に著書『大阪大空襲』（写真2-1）をまとめた小山仁示が次のように述べている。

私はこの空襲のことを、いつの日か自分の手で解明したいと思っていた[27]。

写真 2–1　小山仁示『大阪大空襲』。上空から見た煙と火災のイメージは阪神・淡路大震災の大火のイメージとも重なる。［小山 1985］

小山は、一九三一年、大阪に生まれた近代史の研究者である。一九五三年に大阪大学文学部史学科を卒業し、一九六〇年に関西大学大学院文学研究科修士課程を修了、関西大学教授を長くつとめた。近代の社会運動や公害の歴史研究を専門としたが、戦争、とりわけアジア太平洋戦争（第二次世界大戦、十五年戦争、大東亜戦争）期における日本へのアメリカ軍による空襲の実態解明に力を注いだ先駆者でもある。

第一章で、神戸大空襲について述べた中で、大阪大空襲についても触れた。アメリカ軍による本土空襲は、米軍が一九四四年一一月にマリアナ諸島を占領し、航空基地を設けたことにより、本土が射程内に入ったことにより激化した。一九四五年三月には神戸のほか、東京、大阪が空襲を受け壊滅状態となった。その大阪大空襲に小山は中学生（旧制）として遭遇していたのである。

小山は、『大阪大空襲』において、一九四五年三月一三日の出来事を、米軍資料、日本側資料、体験者への聞き取りなどから包括的に描き出した。自らの体験に徹底的にこだわることは、その体験の個人的意味を問う

［25］本書補章2 768–771ページ
［26］アジア太平洋戦争（第二次世界大戦、十五年戦争、大東亜戦争）の部隊史や戦争体験記の出版に関しては［吉田 1988］［吉田 1995］など。空襲や学童疎開に関しては、［小山 1994］［拓植 1994］が詳しい。
［27］［小山 1985: 343］

ことだけにとどまらず、同じ体験を共有した人々への共感や、体験の掘りおこし・事実の確定につながり、さらにその体験を生じさせた社会のあり方や歴史を「自分の手で」検証することにつながったのである。『大阪大空襲』は自己の体験だけを書いた書ではなく、大阪大空襲という出来事を歴史の文脈の中に位置づけた書である。空襲を地上で体験した視線での記述もあるが、しかし、全体の視点は歴史を大きく俯瞰する視点として貫かれている。それは体験にこだわることがもたらした視点である。体験を記録することとは、個別の体験の意味を問うことを通して、社会や歴史全体の主体的認識につながる作業であったといえる。

体験と記憶、思い出

では、阪神・淡路大震災後における体験の記録運動の特徴とは何だろうか。それは、次のようなことがらが挙げられる。

第一には、体験と記憶をつなげようとする志向である。体験も記憶も、ともに内的な精神的過程にかかわることがらであるといえる。先に、記憶とは、まだ歴史になり切っていない過去であると述べた。それはいずれは、歴史として、完全に遠く過ぎ去ったものになることは予感されているが、記憶である段階では、出来事は、まだ現在の中にとどまっている状態であるといえる。その現在から過去へと出来事が移行する内的な過程を記録の保存を通じて認識しようとする動きがあった。

たとえば、写真の保存を通じて、体験と記憶の関係を見つめていた事例を見てみよう。

前節でも登場した資料修復家の坂本勇が代表を務めていたボランティア・グループ「震災記録情報センター」は、震災の記録としての被災状況を写した写真を収集することと、地域の記憶を復元する手段としての震災前の町並み写真の保存という活動に取り組んだ。彼らは、マスコミで広く写真を保存することの重要性を訴え、一九九六年一一月には、兵庫県立北須磨高校写真部と合同で、神戸市長田区・兵庫区・須磨区において震災前に撮影された風景の写真展を開催し、一九九七年二月にはプロとアマチュアの一九人の写真家の協力のもと、震災前と震災後の被災地の写真展を開催するなど、カタストロフの後における写真と記憶の重要性を社会に向かって積極的に発信した[28]。

坂本はこう述べる。

一月一七日の大震災に遭遇し、報道や記録だけでなく心のケアなど様々な方面に写真の役割があることに気づきました。特に最近、被災され一切の思い出の品々や写真を失った方々からの懐かしい町並み、思い出の暮らしの風景、学校生活、最後の自分の家の姿などを撮影した写真を求めておられる声を聞くようになりました[29]。

坂本と同センターが一貫して訴えてきたのは、個人の思い出にかかわるものの保存である。震災記録情報センターの前身である地元NGO救援連絡会議文化情報部は、地震直後の混乱期に個人のアルバムを瓦礫の中から救い出す活動に取り組んだ。写真の保存活動はその延長線上に生まれた活動であった。ここでは、「思い出」という言葉が二度にわたって使われているが、震災とは個人の「思い出」を奪うものだったという認識のもと、写真はその「思い出」を復元する役に立つとされている。すなわち、記録を保存することとは、現在の個人と

[28]　「震災記録情報センター」については、次のミニコミを参照した。『「文化遺産」救援ニュース』1～9、『情報センター／ネットワーク・ニュース』1～12。

[29]　[坂本 1997]

その人の過去をつなぐことであるという認識があった。

第一章でも述べたように、新潟県中越地震（二〇〇四年）や東日本大震災（二〇一一年）においては、写真は個人のアイデンティティを構成するものたちの重要な一要素であることが広く社会にゆきわたり、写真救済のボランティアは、ボランティア活動の重要な一部を占めた。[30] しかし、一九九五年の阪神・淡路大震災の直後の時点においては、このような考え方はそれほど一般的ではなかった。歴史をさかのぼるならば、戦前の生活記録運動や戦災記録保存運動においても、写真というメディアがそれほど一般的大衆的にゆきわたっていなかったこともあり、このような問題は触れられることはほとんど皆無だった。しかし、戦後になり写真というメディアが家庭にまで手軽なものとして普及しだすと、家族アルバムが一般につくられるようになり、写真と個人の記憶は密接に結びつくようになる。[31] 萌芽的ではあるが、この阪神・淡路大震災においては、「心のケア」などを通じてアルバムの重要性が説かれ、個人の記憶に徐々に関心が集まっていた段階に至っていたといえる。[32]

記憶はメディアのあり方と密接に関係している。書くことは文字というメディアを用いて記憶することだが、写真とはカメラやフィルムというメディアを用いて記憶することである。その後、東日本大震災の発生した時点においては、写真や動画をデジタルデータとして記録し、アーカイブすることが可能になっていたため、それが大量に行われることになる。[33] 阪神・淡路大震災は、そのような記録メディアの状況が変化してゆく過渡期であった。震災の記録保存運動の中で、体験と記憶に向き合った人々は、写真という複製技術が広くゆきわたってきた状況の中で、個人の記憶のあり方がメディアのあり方とともに変化していたことにも向き合っていたといえる。この写真という複製技術とカタストロフの記憶の関係については、本書の補章1でも詳しく検討し、[34] 家族アルバムという親密圏におかれていたものが、カタストロフにより暴力的に開かれ、他者の視線に曝露されることについては、第九章第3節で、ホロコーストの例を見る中で検討する。[35]

体験の意味

第二に、震災記録保存を通じて、記録と体験の関係をより広く歴史的、グローバルに問う動きがあった。

神戸市長田区の全焼した御蔵通・菅原通のすぐ南に事務所を置くボランティア・グループ「震災・活動記録室」（代表・実吉威）は、地震後に被災地でさまざまな活動を行ったボランティアの記録を残すことを目的に一九九五年三月に設立され、阪神・淡路大震災における特徴的な現象であるボランティア活動を記録するために、ボランティア団体の資料を収集する活動に取り組んだ。収集したボランティアの資料や図書は「記録室文庫」として事務所で公開し、『記録室叢書』の発行を通じて記録を残すことの意味を考えた。他方、一般の人にはわかりにくい公的な震災支援にかかわる入り組んだ行政情報を噛み砕いて提供するファックス通信の発行などに取り組んでいた[36]。

興味深いのは、この震災・活動記録室では、記録の保存に取り組むことについて葛藤があったことである。災害後の被災地では、現実の問題に対応するさまざまなボランティア団体が活動していた。その中で、直接的な人の支援に取り組むのではなくて、震災ボランティアの記録を残す活動に取り組むことは異色なことだった

［30］［竹沢 2012］
［31］［鶴見 1964=1999］
［32］［野田 1995］［安 1996: 109］など
［33］東日本大震災における記録のアーカイブ活動については、ダイアローグ2 489–493 ページで検討する。
［34］本書補章1 205ff. ページ
［35］本書第九章第4節 606–607 ページ
［36］震災・活動記録室の活動については、同記録室での実吉威氏へのインタビューのほか、次を参照した。『記録室通信』1～20号。

が、それだけに葛藤があった。つまり、実際に困っている人や苦しんでいる人がいる現場に行ってそこで人を助けるというボランティアに取り組むのではなくて、あえて記録活動という、一見、震災の救援とは何の関係もないように思われるボランティアを行うことにどういう意味があるのかという自問である。この自問は、一方で、具体的な支援活動への取り組みを強化することとなっていった。たとえば、先ほど見たファックス通信や、行政によって募集されている災害被災者用の公営住宅の状況をまとめた『災害公営住宅マップ』などが作成された。しかし、同時に記録の意味について腰を据えて考える必要が認識され、『記録室叢書』が発刊された。その巻頭にある「発刊の辞」にはこう書かれている。

この阪神大震災を、特定の地方に襲った惨事とすることなく、明確な日本の歴史的出来事に位置づけること。市民ひとりひとりが、その後の社会の負荷に立ち向かう体験を通し、私どもの小さな経験の連なりを人間の経験にまで深めることの重要性に、やっと気づきました。[37]

体験と経験は違う。体験も経験も英語にするとexperienceだが、日本語のニュアンスは微妙に違う。体験は、体という文字に示されるように、その時にそこにいたという身体的な存在が問われるニュアンスがある。一方、経験とは、「経る」という文字がそこに含まれていることが意味するように、その出来事を心的な内的な咀嚼過程を経た上での主体の変化や主体の受け止め方を問題にするというニュアンスがあるといえる。体験が内面化を経て深められたものが経験と言ってもよいだろう。震災・活動記録室が『記録室叢書』の発刊によって目指したのは、この体験を主体的に深め経験とすることだった。そして、そのことによって体験を普遍化することが構想されていた。

体験と歴史意識 —— 橋川文三の戦争体験論

この体験の普遍化という発想は近代日本の思想の歴史において独自の展開をとげていた。それは政治思想家の橋川文三の戦争体験をめぐる議論に見られる。[38]『歴史と体験』（写真2-2）という戦争体験をめぐる著書の中で、橋川は戦争体験の普遍化の困難を述べる。その理由として橋川は、体験の本質とは非合理性に、歴史の本質とは合理性にあるといい、体験の普遍化のためには、合理化が必要だが、体験とは非合理なもので定義からすると合理化が不可能であるからであるという。ここでの歴史とは、ユダヤ・キリスト教的な歴史であり、日本が近代にあたって導入しようとした普遍的な世界史という歴史意識、本書で用いてきた言葉を使用するとヒストリシズムのことである。つまり、普遍的な歴史意識に到達するには、単なる体験では不十分なのである。しかし、橋川は、日本人がその普遍的な歴史意識に日本人が到達する「唯一の」方法があるという。[39] それが、戦争体験である。

歴史とは、橋川にとって、西洋のヒストリシズムが問題にした歴史という概念であり、そのヨーロッパにおける歴史概念は神という超越者の存在を深い背景としている。彼によると、神という超越者を可能にしたのは、イエス・キリストが磔刑により死んだことへの共感によるものであり、世界史という時間の流れをイエスの死により前後に分かつという歴史意識は、磔刑の死の超越化により成立したという。なるほど、西洋の暦年システムはキリストの死を基準にした序数を、年をあらわす数値に採用している。それを日本に適用して考えると、

［37］［石牟礼・岡田・季村 1996］
［38］［橋川 1964: 290］
［39］［橋川 1959: 15］

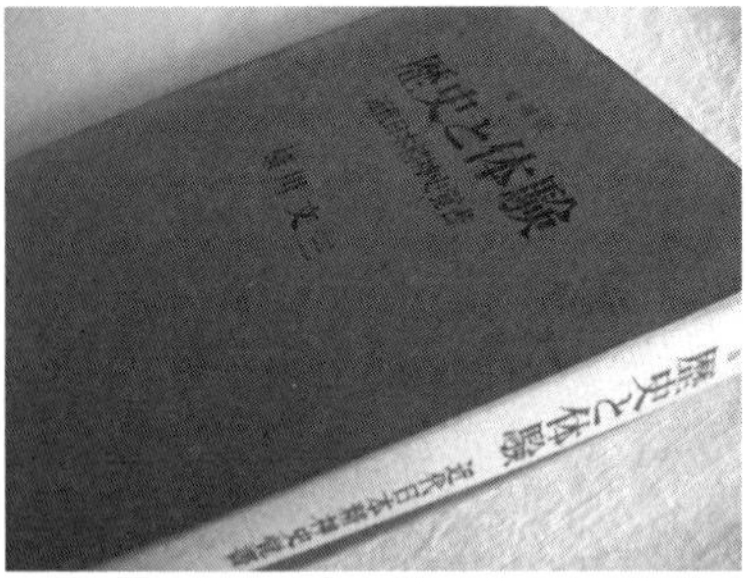

写真 2–2　橋川文三『歴史と体験』。1964年の版に続いて、1968年に増補版が発行された。［橋川 1968］

日本においても天の観念によって改元が行われたこともあり、年号がそれにともなって変わることもあったので、ある種の超越者が存在するとも考えられるが、しかし、橋川は、日本において、そのような超越者は歴史上存在しなかったため、日本において歴史意識は存在しなかったと結論づける。だが、橋川は、戦争体験はその超越者にあたるものであったという。ここで言う戦争体験とは、近代において国家に収斂し、とりわけ超国家主義のもとでは国体に凝結していった国民の精神が、敗戦により解放されたことを意味する。超国家主義のもと、すべての存在は天皇を頂点とする国体に収斂し、その国体は、あたかも自然的秩序であるかのごとく擬制された。その意味で、敗戦とは、自然秩序の崩壊であり、存在がむき出しの状態になったのと同じことであった。この日本の政治思想における自然と作為の問題は、歴史過程が「なる」の連続としてとらえられるという点を通じて歴史のエネルゲイアと深く関係する。この点については、本書終章の補章2で論じる。[40]

戦争体験、とりわけ、敗戦のそれが超越的であるのは、それが「原理存在の意識と、原理喪失の意識との間に生じる緊張以外のものではない」[41]からである。橋川は、この規範の存在と規範の流動の間のダイナミクスを「本来の歴史形成の動因」と述べている。[42]動因とは、英語でいうとダイナミズムである。歴史のダイナミズムについても、本書の補章2で歴史エネルゲイアと比較して述べるが、[43]戦争体験とは、日本においてこの歴史のダイナミズムを、唯一、人々が体験したことにおいて、歴史という普遍性に到達できるものであると、橋川はいう。西洋で発達したヒストリシズムという歴史意識を、非西洋である日本においても獲得せねばならないと考えるのは、西洋中心的ともいえるし、イエスの死という超越者を背景とする歴史ナラティブは地上にこれまで存在した多数の歴史ナラティブの一つに過ぎないのであり、それを普遍的なものであると考え、それをぜひとも持たなければならないと考えることは西洋化に対する強迫観念であるともいえるが、一方で、それは、近代化がイコール西洋化でもあった日本の近代におけるヒストリシズムの歴史的特質を示すものでもある。[44]さきほどの引用に戻ると、橋川の論文「「戦争体験論」の意味」が書かれたのは一九五九年であるが、その約半世紀後の阪神・淡路大震災においても、『記録室叢書』の「発刊の辞」が述べるように、個々の体験を「明確な日本の歴史的出来事に位置づけ」普遍化することが目指されていた。その点で、この日本近代の歴史意識のあり方は連続していたといえる。

水俣・ショアー・震災

とはいえ、橋川のいう戦争体験と、阪神・淡路大震災の震災体験とは違う。では、阪神・淡路大震災の体験においては、それを経験に深めるためにはどうすればよいのか。『記録室叢書』の第一号は、「死なんとぞ、遠い草の光に —— 水俣、ショアー、阪神大震災のことなど」と題されていた（写真2-3）。この書籍の主な内容は、

[40]　本書補章2 779–782ページ
[41]　[橋川 1959: 24]
[42]　[橋川 1959: 17]
[43]　本書補章2 768–771ページ
[44]　ヒストリシズムと西洋化については本書序章第1節 25–26ページ、複数形の歴史ナラティブについては本書終章第2節 755–759ページ、本書補章2 765–768ページ。

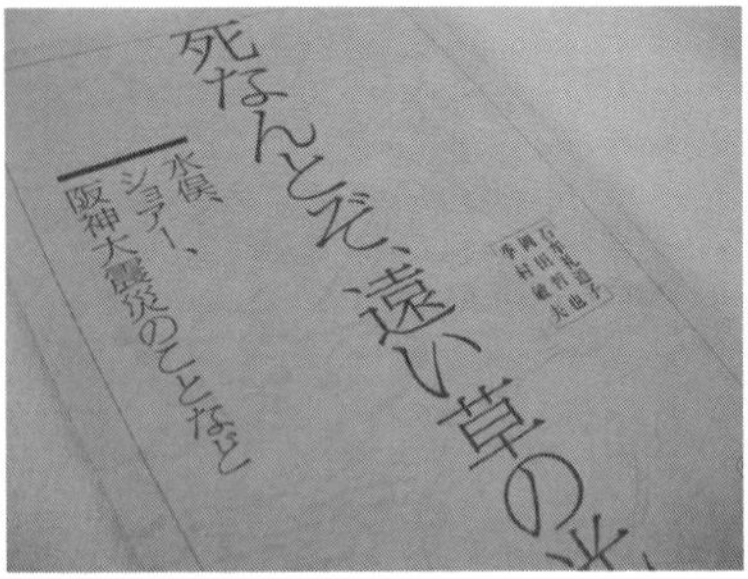

写真 2-3　記録室叢書1『死なんとぞ、遠い草の光に』。阪神・淡路大震災を水俣とショアー（ホロコースト）というカタストロフとつなげる試み。［石牟礼・岡田・季村 1996］

震災・活動記録室のメンバーである季村敏夫、範江夫妻と作家の石牟礼道子との対話の記録だった。

この書の副題にある「水俣」とは日本近代が生みだした公害による水俣病事件を指す。また同じく副題にある「ショアーShoah」とはナチス・ドイツによるユダヤ人絶滅計画のことである。この出来事は、ホロコースト the Holocaust とも言われるが、英語のホロコーストという語が犠牲という意味を持つため、それに伴う倫理的な響きを避けるため惨事を意味するヘブライ語であるショアーが採用されているものである。このショアーが叢書の第一号のトピックとして選ばれた背景には、この叢書が発刊された一九九六年当時に、フランスの映画監督のクロード・ランズマン Claude Lanzmann によるドキュメンタリー映画『ショアー』が公開され波紋を呼んでいたということがあった。

季村夫妻の対談の相手の石牟礼道子は、水俣病患者に寄り添い、患者の声を『苦海浄土』[45]などの作品とすることで、水俣病を人類的な問いにまで昇華させて考えようとしてきた作家である。水俣病事件も、ナチス・ドイツによるユダヤ人絶滅計画も、通常の体験の範疇を超越した出来事である。それらはまさにカタストロフであり、カタストロフであることにより超越性を持つものであるとも言える。橋川の世代にとってアジア太平洋戦争（第二次世界大戦、十五年戦争、大東亜戦争）の戦争体験とは唯一の超越的な出来事であったが、戦後にあらわれた水俣病やショアーの実態の解明とは、別種の超越的な出来事の発見であったともいえる。季村らは、そのような出来事をテーマに選び、それを中心的に扱ってきた作家と対談する中で、過去に人間の経験したカタストロフを想起することによって、阪神・淡路大震災を普遍の中に位置づけ、個別の体験を人類に共通する経験としてとらえる手がかりを探ろうとしていた。

また、記録という点について見れば、「水俣」、「ショアー」とは、記録することを通じて生み出された特徴的な手法の象徴でもあった。水俣病事件では、石牟礼は被害を受けた人々の内的言語を方言を用いて再構成した特異なナラティブである『苦海浄土』などの小説により被害者の声を広く人々に知らせた。また、石牟礼に刺激されるようにして、映画の土本典昭、写真の桑原史成やユージン・スミスなどが映像による記録を行い、歴史家の色川大吉や岡本達明などが事件資料の収集と資料集の発行を行った。[46]他方、先に述べたように、クロード・ランズマンによる映画『ショアー』は日本ではこの時期に公開されていたが、それは、製作に一一年を要し、上映時間が約九時間におよぶ映画で、全編がほぼインタビューだけで構成されるという特異な手法で編集された作品であった。[47]『死なんとぞ、遠い草の光に』は、これらの先行する記録における業績との対話を通して、阪神・淡路大震災を記録するとはどういう意味かを考えようとしていたのである。

同書の巻頭の「発刊の辞」は次のようにも述べている。

当初、私どもは大惨事を克服する過程を記録するボランティアの集まりでした。一年半経過した今、この活動を、もっと息の長い、いわば草の根の市民運動に質的転換しようとおもっています。[48]

---

［45］［石牟礼 1969］
［46］［土本 1971］［土本 1975］［桑原 1965］［スミス 1980］［色川（編）1983］［岡本・松崎（編）1989–1990］［水俣病研究会（編）1996］など。
［47］クロード・ランズマン監督の映画『ショアー』（1985年）［ランズマン 1985］に関しては、［鵜飼・高橋 1995］を参照した。
［48］［石牟礼・岡田・季村 1996］

ここでは、記録という行為が、長期間の取り組みを要するものであるという認識のもと、阪神・淡路大震災の記録の保存活動を通じて新たな市民運動が構想されている。震災の記録とは何より、震災を体験した人々自身が行うものであるということが、提唱されている。

以上見てきた震災記録情報センター、震災・活動記録室の震災の記録保存は、地震直後のボランティア活動から発展した取り組みである。二つのグループは、ボランティア活動という震災体験を共有していた。そして、その震災体験を咀嚼することによって、記録の保存や記録することが個人や社会にとってどういう意味があるのか考えようとするに至った。阪神・淡路大震災というカタストロフの体験とは、それを体験した者にとって、記録の意味を問う契機となるものであったのである。

カタストロフ後の時間の「修復」

これらの阪神・淡路大震災の記録運動はカタストロフの後の時間の「修復」ととらえることができる。図2-4は、第一章で見た図1-1にそれを書き加えたものである。カタストロフの後には、環境の激変により、未来が失われることにより、視線は過去に向かう。それが、カタストロフの時間であった。しかし、視線が過去だけに向いている状態、つまり、主体の内的時間に過去しか存在しない状態は正常な状態とは言えない。正常な状態に復帰することが必要である。それが、カタストロフ後の時間の「修復」である。時間の修復は、未来をいわば、「つくる」ことによって行われる。過去から未来を少しずつ取り出し、それを未来に配分してゆくのが時間の修復である。本章第1節で見た未来に向かう意識とはそのようなものであろう。また、本章第2節で見た体験の意味を位置づけることもその作業であるといえる。経験という言葉が使われていたが、経験は主体の内部においてある体験を咀嚼することであるとするならば、その体験を咀嚼する主体とは、まさに、過去、現在、未来を備えた内的時間のことであり、内的時間の中で体験を位置づけることであった。

この「修復」に関しては、本書第十章でも述べることになる。修復は、時間と切り離せない概念である。なぜなら、時間が過ぎると、エントロピーの法則によって、必ず、崩壊が生じるからである。通常の修復は目立たない。生物が生きていることはエントロピーに抗していることだが、その生を支えるさまざまな抗エントロピーの動きは、通常は意識されることはない。もちろん、その場合は、それは社会的に大きな運動体として取り組まれることもない。しかし、カタストロフは、その崩壊を一気に起こさせる。それゆえ、社会がカタストロフに遭遇した時には、修復が大規模に必要になり、社会的に取り組まれるといえる。

他方で、未来が修復されることは、カタストロフを物語として語るための一つの型を用意することでもある。カタストロフという自明性を喪失させる出来事が語られる際には、それが了解され、納得されなくてはならない。カタストロフという過去がそのまま未来に置かれたとするならば、それは、了解の対象ではなく、自明性が失われた事態が未来にまで続いていることでしかない。そうではなく、未来とともにカタストロフを位置づけることで、ある語りが可能になるのである。ここで見た未来という視点は、復興ともつながる。復興は復興した後の未来から語られる。これについては、この後、第五章で論じる。[49]また、未来とは、生と死の問題でもある。未来が時間の中で感知されるとは、時間に方向性が生じることである。時間の方向性は、人間にとっての時間の方向性を決定づけるはじまりと終わりという二つの出来事、すなわち誕生と死に関係する。これにつ

［49］　本書第五章第1節 257–263 ページ

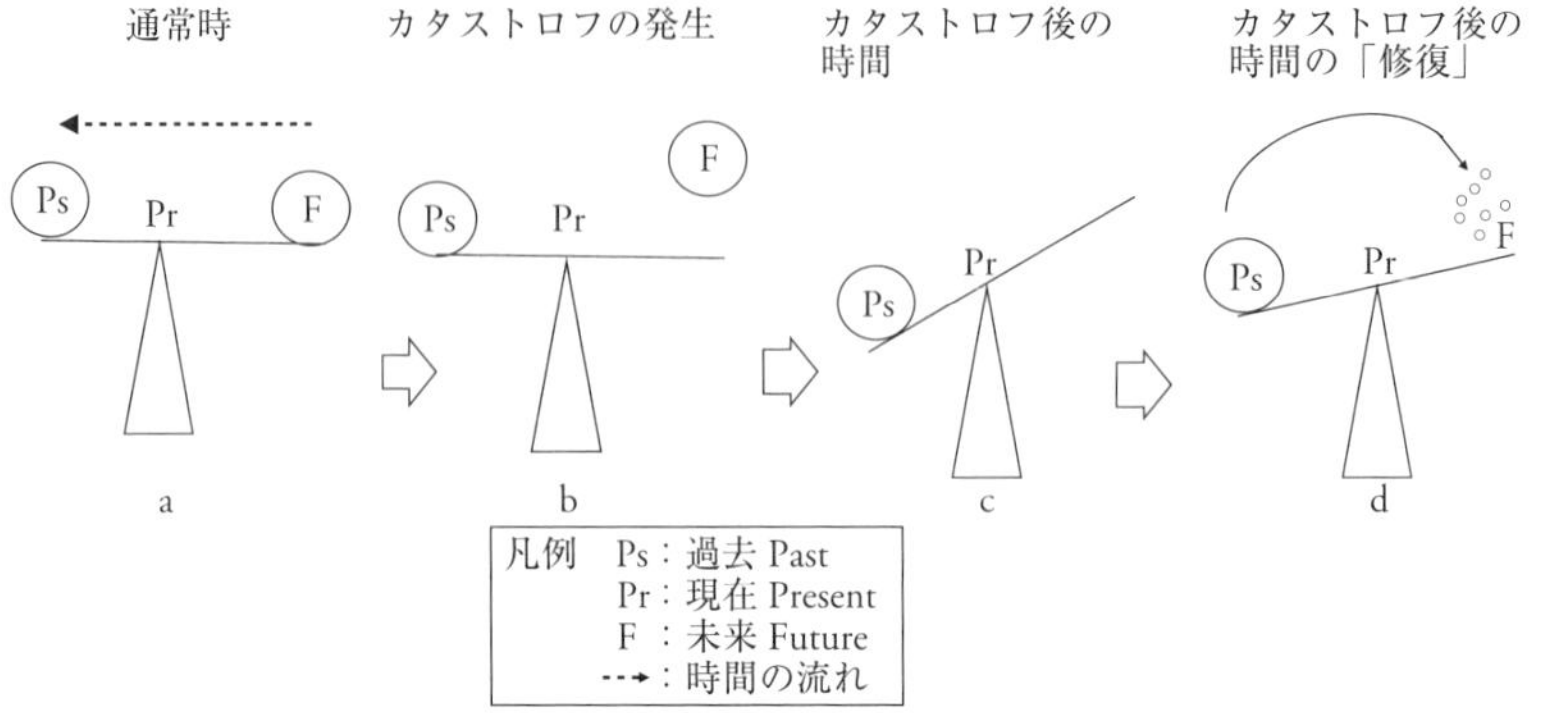

図 2-4　カタストロフ後の時間の「修復」

いては、第五章、第七章、第十章、終章で論じる。[50]

さらに、この未来が存在するという考え方は、その出来事を体験した者が歴史の主体であり、歴史のダイナミズムの中にいるという感覚から生まれるものでもあった。歴史に参加していることにより、後世という意識が生まれているが、それは未来が歴史に含まれることを前提とし、未来から見た歴史という観点を招来するものである。これは日本近代が、歴史意識というものを必要とした国民国家を目指した近代という過程と関係する。未来とは、歴史とは対極にあるものであるように思われている。しかし、それは、歴史主義（ヒストリシズム）という考え方を前提とし、直線的な時間の軸の上に過去と並んでリニアに存在するという点で、歴史の一部でもある。第五章、第六章で見るように日本という国家が建設した阪神・淡路大震災の復興のメモリアル博物館の名称は「未来センター」である。[51]この未来とは、歴史の中にある未来なのである。

カタストロフは自明性を崩壊させるが、その崩壊のありようは、ここまで第一章と第二章で見てきたように、過去と未来という時間のあり方と密接にかかわりを持っているのである。

［50］第五章第5節329–331ページ、第七章第3節470–472ページ、第八章第3節556–558ページ、終章第1節742–743ページ

［51］本書第五章第1節262–264ページ、第六章第4節406–407ページ

第三章　カタストロフの前の人——渦中と瞬間

ここまで、カタストロフと現在、過去、未来の関係について見てきた。カタストロフの後、過去が参照され、未来に視座が移動するという点で、人に通常とは異なった時間の感覚が生じるが、そのような現在、過去、未来の関係が生じるのは、カタストロフの瞬間が特異な時間だからである。

では、そのカタストロフの時間とはどのような意味において特異なのか。それは、人間という存在にとってどのような意味を持つのだろうか。本章では、カタストロフという時間そのものに焦点を当てる。

1　身体とカタストロフ

前章まで記憶や体験に注目しカタストロフの後にあらわれた時間について見てきた。カタストロフにおいては、自明性が失われ、それを補填するために過去が参照されたことを見た。だが、しかし、カタストロフ、とりわけ自然災害が時間と関係するのはそれだけが理由ではない。そもそも、カタストロフが時間と関係するのは、そこに人間の存在を超えた出来事に人間が存在として、言い換えれば身体を持ったあるものとして、直面するという問題があるからである。人が人の存在を超えたものに直面する時、人間存在というものが問い直される。その人間存在の核となるのが時間の感覚である。

世界との直面

人が自然災害というカタストロフに出会うとは、人が直接的に自然の力に対峙することである。火山の噴火であれ、巨大な地震であれ、津波であれ、洪水であれ、その場に巻き込まれた人はおのれの力をこえた何ものかのエネルギーが噴出する前に生身で立たされる。そこに見いだされるのは、ただ巨大な存在の前に単独で置かれている自分である。おのれをとりまくものとは、序章で述べたように、環境（die Umwelt）であり、世界（die Welt）である。[1] それらは、大きな力であり、出来事の中にいる人は、出来事ではなく、何か物体が自己の前にあるような感覚を持つ。ほかの何者でもなく、まさに自らがひとりで、その巨大で爆発的なパワーに直面せざるをえないとき、人間がヒトであること、つまり人間が動物の一種であり、世界という巨大な領域に比べると圧倒的に小さな、身体という領域の中に閉じ込められた生き物であるということをまざまざと感じることになる。

巨大な何か、といったが、それは自然災害というカタストロフだけに限らない。本書では戦争の例もとりあげているが、その巨大な何かとは、そのような圧倒的な大きな何かという感覚をもたらすものである。カタストロフが、カタストロフと呼ばれるのは、その圧倒的な感覚によるものともいえるかもしれない。そう考えると、カタストロフとして見る時、自然災害と戦争は、個人の力を超えた力のはたらきという点で同じであるといえる。

『俘虜記』（一九四八年）、『野火』（一九五一年）、『レイテ戦記』（一九六七―一九六九年）などを著した作家の大岡昇平は、戦争が自らの人生にとってターニングポイントになったこと、それを契機として自らが作家となっていったことを繰り返し述べている。大岡はアジア太平洋戦争（第二次大戦、十五年戦争、大東亜戦争）において徴兵され、一九四四年、三五歳の時、フィリピンのミンドロ島に送られ、そこで九死に一生を得る。大岡は『野火』において、戦場での体験について、その核心とは、戦場で自らが「権力の恣意に曝され」「すべてが偶然となる」ことを身をもって知ったというところにあるという。[2] 権力の恣意とは、ミクロなレベルでいえば上官の恣意であるが、マクロなレベルでいえばそれは国家権力であり、それは個人を超えた力のことである。戦場においては、個人の意思を通すことはできずに、権力が命じるがままに行動をせざるを得ない。その権力の意図を読み取ることが困難な場合、自己の運命は偶然に支配されているように感じられる。

偶然と必然、運命と決定論

カタストロフにおける偶然と必然の問題とは、一つには、それが自然災害の場合、自然にとっては物理的作用であり、長期的に見れば、必然的であるものが、人間にとっては偶然に感じられるということである。人間は人間の社会において、人間の論理によって組み立てられた必然性の連鎖の系を構成している。人間の側は、

［1］　本書序章第1節 26–28 ページ
［2］　［大岡 1951=1994: 127］

その人間にとっての必然性の系の中で社会を組み立てているため、自然の側の必然性の系の存在は見えにくい。二つの系が交わったところに自然災害というカタストロフは起こるが、この二つの系が互いに独立して存在しているため、自然災害はあたかも突然起こったように思われ、自然にとっては必然であるはずの自然災害が、人間にとって偶然に見えるのである。

この偶然と必然という問題は、地球環境問題における決定論の問題とも関係する。決定論とは、世界は物理学的法則によって決定されているという考え方である。その立場に立つと、過去は決定されているし、現在も決定されているし、未来も決定されているととらえられる。ある出来事が今後起こるとしても、その出来事は、どのように起こるかというすでに決定された道筋をたどるだけである。自然科学は因果性の連鎖の考え方に立つため、地球環境問題を自然科学的にとらえる際、このようなとらえ方がされる場合がある。しかし、すべてが決定されているという決定論に立つ場合、人間の意志や自由というものは存在しないことになる。先ほどの大岡の述懐もそうだが、カタストロフに直面した時に沸き上がる、人間の意志や自由というものは存在するのか、という問題は、この地球環境問題を考えるうえでの基本的な問題と通底している[3]。人間はそれを運命とも表現する。運命とはそれから逃れることができないことを指す。カタストロフにおいて、それが運命と感じられるとしたら、それは、論理的なものから来ていると同時に、またカタストロフが人間の力の及ぶ雰囲の外にある巨大なものであることからも来るといえる[4]。

他方、カタストロフは時間の流れを意識させるものでもある。自らの想定を超えた何ものかの前に引き出された時、人は世界が激変するさまをまざまざと見つめざるをえず、そのとき時が過ぎ去るメカニズムに気付くことになる。

第一章で、カタストロフが過去のカタストロフの記憶を呼び覚ますことを見た。阪神・淡路大震災の場合は、破壊された光景の既視感が過去の水害や戦災と二重写しになったからであったが、同時に、それは、自然災害と戦争が、巨大な自己を超えたものへの対面という点で共通していたからである。

物理学的時間と現象学的時間

時間とは一つではない。多様な側面を持つ。

時間は人にとって外的なことがらであると同時に、個人の内面にあらわれるものである。それらの側面についてここでは、前者を物理学的な時間、もう一つを現象学的な時間と呼ぶ。すでに序章で述べたように、時間には形而上学的時間と呼べる側面もあるが、それに関してはのちに詳しく見るので[5]、ここでは述べない。

物理学的な時間は、自然科学的に観測できる客観化された時間である。イギリスの科学者アイザック・ニュートン Isaac Newton は、『プリンキピア（自然哲学の数学的諸原理）*Philosophiae Naturalis Principia Mathematica*』（一六八七年）において、運動についての諸原理を明らかにし、その運動の背景にある存在としての、絶対時間 Absolute time と絶対空間 Absolute space を提案した。ニュートンは、それらを「絶対的で、真正で、数学的な時間とは、それ自身、その本質により、その外にあるいかなるものとも関係なしに流れるものであり、別名、「持続」と呼ばれるものである。一方、相対的で、見かけ上の、一般的な時間は、知覚されうる、外部の持続の、動きによる（厳密にであろうが、あいまいにであろうが）尺度であり、それは通常、絶対時間に代わって用いられ

[3]　この点については本書第八章第3節 550 ページで述べる。
[4]　運命については、本書第七章第2節 459–461 ページ、本書補章2 769 ページでも述べる。
[5]　本書第八章第1節 509ff. ページ

る一時間、一日、一ヶ月、一年などのものである」と定義している[6]。絶対時間とは、属性を持たない時間であり、その存在を前提として、ヨーロッパにおいては、一七世紀と一八世紀にまたがる科学革命が起こり、近代科学が打ち立てられていった[7]。ドイツの哲学者イマニュエル・カント Immanuel Kant はニュートンの絶対時間の概念を引き継ぎ、『純粋理性批判 Kritik der Reinen Vernunft』（一七八一年）において、均質で直線的な時間認識を示した[8]。近代の科学の基礎は、この時間の概念に基づいている。

一方、現象学的な時間とは、人間の精神の内部に現象する時間であり、自然科学的に観測できるものではなく、現象学という哲学的言語を用いた記述と観察方法によってのみ接近することができる時間である。現象学の提唱者であるドイツの哲学者エドムント・フッサール Edmund Husserl は『内的時間意識の現象学のために Zur Phänomenologie des inneren Zeitwebußtseins』（一九〇五年）において、現在 das Jetzt というものは点でしかないのに、それが、持続や継続として認識されることを時間の基本的な要素とし、そのメカニズムを現在が記憶されること、言い換えれば、それが複製される過程を明らかにした[9]。フッサールは、時間の流れが重なる二つの流れを統合したものであることを明らかにしている。持続とは、過去のある時点を記憶することによって生じるが、その記憶される過去の時点とは静止したものではなく時間の流れの中で刻々と動いている。これが第一の流れである。一方、その過去を認識する現在も静止したものではなく時間の流れに伴って刻々と動いている。これが、第二の流れである。その二つの動きの中から時間の持続が生まれるとした。複数の相対的な流れを想定することは、アルバート・アインシュタイン Albert Einstein の特殊相対性理論（一九〇五年）と一般相対性理論（一九〇五―一九一六年）の二つの相対性理論や、この後、第八章で見るジョン・マクタガート J. McT. E. McTaggart の時間論（一九〇五年）とも共通する問題視角である[10]。ずれや二重性という発想は、すでに、ルネ・

デカルト René Descartes の発想から存在する。デカルトは『方法序説 *Discours de la méthode*』（一六三七年）によって、思考する主体と身体を分離したものとして考えた。ゲオルグ・ヴィルヘルム・フリードリヒ・ヘーゲル Georg Wilhelm Friedrich Hegel は『精神現象学 Phänomenologie des Geistes』（一八〇七年）によって、精神現象を意識と自己意識の二重構造として構造化した。フッサールは、それらの学的成果を踏まえながら、精神内部の現象として、ずれの中で生じる時間を持続のメカニズムから明らかにしたのである。

歴史的時間と開かれ

歴史として扱われる歴史的時間とは、一般に、物理学的時間と現象学的時間が重なり合ったところにある時間である。[11] たとえば、年表には多くの出来事が書かれた年とそれほどでもない年がある。大事件であるから、年表にその事件が書き込まれることになるのだが、それが「大」事件であることは先に見た物理学的時間とは別の次元の、人間の認識の問題、現象学的な時間の問題である。歴史とは人々の集団的な信念を基盤にしてはじめてなり立つ事実である。炭素同位体などによって遺物や遺跡の年代の絶対的な年代を確定する研究分野が

［6］［Newton 1687=1995: Scholium］
［7］［Schemmel 2016］
［8］［Kant 1781=1998］
［9］［Husserl 1905=2013］
［10］本書第八章第1節 509–512 ページ。
［11］繰り返しにはなるが、このほかに、形而上学的時間があるが、形而上学的時間は、物理的時間と現象学的時間が人間によって認知されることの基礎となる概念を提供する。その点に関しては、本書第八章第1節 509ff. ページ。

あるが、それを年表に書き込むかどうかを決めるのは、ある人なり社会集団の判断による。社会的な時間とは人によって認知された時間である。

序章で、ハイデガーの歴史に関する二つの語義の解説を紹介した。ハイデガーは、ドイツ語には歴史に相当する語として die Historie と die Geschichte という二つの語があること、二つの語のうち、die Historie は歴史として語られることを意味し、die Geschichte は出来事として起こったことを意味すること、そして、歴史性 die Geschichtlichkeit が生じるためには起こったことが語られる歴史になるというプロセスが必要であることを述べていた。

ハイデガーは『存在と時間』において、その歴史性について述べた部分に続く箇所で、歴史性と時間が開かれてゆく過程について述べている[12]。時間とは、内的時間であるが、それがカレンダーや天文学によって測定された時間の中に投げ出されることにより世界時間となってゆくというのである。カレンダーや天文学によって測定された時間とは物理学的時間である。ハイデガーは、それを die Öffentliche Zeit と呼ぶ。öffentlich とは、開くという意味の動詞 öffnen から来た形容詞で、「開かれた」とも「公共の」とも訳される[13]。時間が出来《しゅったい》することは人間の個別の内部の心的メカニズムによる。その際には、個別の生と死というものに関する不安が大きな意味を持つ[14]。しかし、内的な時間だけであれば、出来事は、個人的な出来事にとどまり、歴史にはなり得ない。それが、語られたものである歴史になるためには、開かれ、公共的なものになる必要があるのである。

この開かれていることとは、歴史に関係するだけではなく、環境にも関係する。ハイデガーのいう「開かれ」とは、世界に開かれていることである。世界とは序章で述べたように環境でもある[15]。ハイデガーは『形而上学の基本概念 Der Grundbegriffe der Metaphysik』（一九二九年）において、世界への開かれの度合いによって人間を動物やその他のものと区別した[16]。それによると、石やものは世界に開かれていないため、世界が失われている

(weltlos) 状態であり、動物は世界に貧しい (weltarm) 状態である。しかし、人間は世界を形成することができる (weltbildend) 状態にある。もちろん、ここで石や動物の、世界すなわち環境とのかかわりについて、否定的な意味を持つ「失われている」や「貧しい」という形容詞を用い、人間だけが世界を形成する能力があるというのは、人間以外の生き物を石などのものの側に近く見て、生き物と人間を截然と区別し、人間に至高性を見る西洋独特の考え方である。しかし、とはいうものの、世界に貧しいとは言うが、ここでは、動物も独自の世界観を持っていることが認められてはいる。

ハイデガーはこの『形而上学の基本概念』において、ユクスキュルの環世界学の学説を参照している。現在では、人類学のフィリップ・デスコラ Phillipe Descola などの研究により、自然と人間の境界をどこにひくのか、自然をどのような相のもとでとらえるのかは文化的な差異であることが明らかにされている。[17] 終章で述べるように、カタストロフや気候変動により生じている近年の超長期の過去への注目や、それに伴うアンソロポシーンという時間区分の提唱などは、ものや動物を含む環境と人の関係を根源的に再考しようという動きでもあるが、[18] ハイデガーがそれとも通底するともいえる見方から、一九二九年の時点で、人間と動物とものを世界への開かれの度合いという統一した尺度でとらえていたことは、当時としては新しい考え方であったといえるだろ

[12] [Heidegger 1927=1972: §80, 411–420]
[13] この点については、本書第五章第2節 270–271 ページでも述べる。
[14] 生と死と時間については、本書第五章第5節 328–331、第七章第3節 471–472、第十章第4節 701–715 で詳しく述べる。
[15] 本書序章第1節 26–27 ページ
[16] [Martin Heidegger 1929=1992]
[17] [Descola 2005]。なお、デスコラの所論については本書第十章第4節 700 ページでも述べる。
[18] 本書終章第2節 746–750 ページ

う。本書のカタストロフと時間という問題は、その外側にある地球環境学というより大きな問題に内包されているが、この開かれという概念は、これらの二つの問題を貫くキーワードでもある。

歴史と集合的な時間という問題に戻ると、もちろん、社会は人の集合体である。しかし、個別の人の総和が社会というわけではなく、人が集合した時、社会という別の次元があらわれることはデュルケーム以来の社会学が明らかにしてきたところである。一方、社会を構成するのは人間という身体を持った存在でもある。時間は身体によっても感知される。これらの複数の要素がからまり合ったところに、歴史的時間はあらわれるのである。

カタストロフの後の三つの時間

先ほどカタストロフの時間を、自己を超えた巨大な力の前に立つ経験として述べたが、そのような経験が生み出す人の心性をユートピアと呼ぶ場合がある。

災害後に生まれ出る人々の連帯感や、それ以前の桎梏となった秩序が亡失した状態については、レベッカ・ソルニット Rebecca Solnit が著書で「災害ユートピア」と定義したことで人口に膾炙した。[19] この言葉は、すでに北原糸子が一九八三年に安政江戸地震を分析した書籍の中で使用していた。[20] 北原は、そのような状況がなぜ人々の間に生まれるのかを知るため、『災害と千年王国』という本も訳している。[21] この千年王国運動に関する学術書の中で、社会学のマイケル・バークン Michael Barkun は、カタストロフの後に未来永劫続く時間を希求する運動が生まれることを明らかにした。千年王国とは、ヨハネの黙示録に描かれたキリストが直接統治する一〇〇〇年間を厳正に希求する人々の運動のことである。

歴史上、千年王国運動はヨーロッパにしばしば起こっている。あるいは、千年王国と直接名づけていなくとも、末世とその救済をモチーフとした運動まで含み込むと、一九三〇年代から四〇年代にかけてのドイツにおけるナチズムや中国の清朝末期の太平天国の乱（一八五一―六四年）など、幅広い事象が千年王国運動の性格を持っているともされる。バークンは、その出現のきっかけが災害ユートピアにあるとする。災害は既存の社会秩序を破壊し、望ましい社会の到来のチャンスであるともとらえられる。災害時においては、通常時の秩序が消滅した状態、ヴィクター・ターナーViktor Turnerがコミュニタスと呼んだ状態があらわれる[22]。ソルニットや北原が災害ユートピアと呼ぶのはそのような状態である。

ただし、この災害ユートピアは長くは続かない。それは、清水展の言葉を借りると「夢まぼろし」のように消えてゆく[23]。その後に続くのは、日常として過ぎてゆく長い復興過程である。スマトラ沖インド洋地震・津波で被災したインドネシア・スマトラ島アチェの被災後九年間を追った西芳実は、九年間を三つに分け、被災直後の救援・緊急対応の時期である被災から半年ごろまで、社会インフラストラクチャーの回復や再建の時期である被災から一～四年後ごろまで、被災と復興を経て新しい社会秩序があらわれる時期の被災から五年～八年後の時期に区分している[24]。本書でも、カタストロフの直後の時期を「急性期」ととらえ、半年間くらいをその時間と考えている。純粋に被災直後や急性期と呼べる時期は、わずか半年くらいに限られるのである。

[19]［ソルニット 2010］
[20]［北原 1983=2013: 212–228］
[21]［バークン 1985］
[22]［Turner 1971=1974: 45–59］
[23]［清水・木村 2015: 14］
[24]［西 2014: 18］

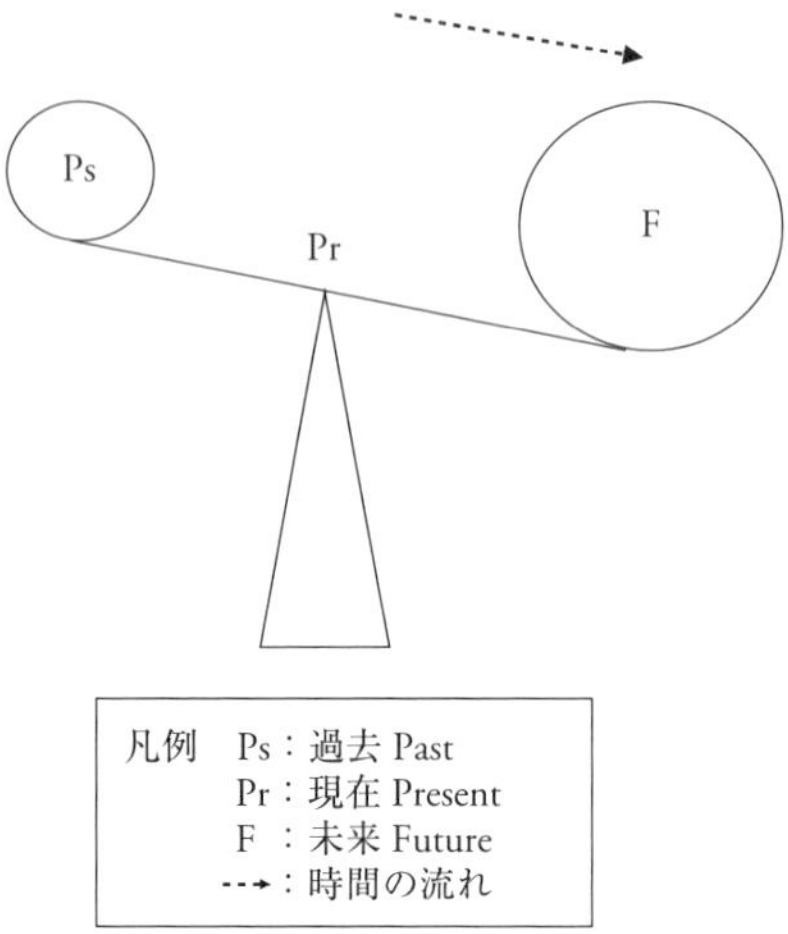

図 3–1　千年王国を希求する内的時間

このカタストロフの後に出現する千年王国を、すでに幾度かここまで使用してきた図式で考えると次のようになろう（図3–1）。

そこでは、カタストロフ後の時間の「修復」において、未来が極端に大きくなってしまった状態であるといえる。内的時間のうち、未来への期待が過剰に膨らんだのが千年王国への期待へとつながると考えられる。平常においては、過去、現在、未来は均衡が保たれているが、カタストロフを契機に、この均衡は崩れる。そして、均衡を回復する運動が始まるが、千年王国を希求する人々の心性の中では、均衡を通り越して、未来が肥大してしまう。つまり未来に主体の関心が極度に集まっている状態であるといえる。

これが千年王国という運動を起こす原動力である。ここには、未来とカタストロフの関係があらわれている。すでに、カタストロフと未来については見てきたが、カタストロフが主体の内的時間の均衡を破ることによって、新しい時間、新しい社会への希求の感覚が生じることは確認しておきたい。カタストロフとは、破壊をもたらし一般的にはネガティブでマイナスの出来事である。しかし、同時に、それは、新たな社会や新たな人間を生み出す契機でもある。[25]

カタストロフと身体

改めて、カタストロフと身体について考えてみる。カタストロフがそれに直面した主体に迫ってくるといえるのは、それが、身体的なものであるからである。カタストロフが身体的なものであることとは、カタストロフにおいて、環境と人間とのかかわりが最も鮮明に問われることを示す。

自然災害というカタストロフの瞬間を改めて考えてみよう。すでに述べたように、自然災害というカタストロフの瞬間、人間は生身の身体そのものとして世界の前に放り出される。そのとき、鮮明化するのは、現存在としての自己がなにゆえ存在するのか、という問いであり、そのように実存を見つめた時、自己にとって過去とは何かという問題が出てくる。[26]

先ほど見たように、ニュートンは物理学的な時間の中での一般的な時間と絶対時間を区別した。内部で知覚される時間も一般的な時間と絶対時間に区別することは可能であろう。これは、すでに述べたように、人間が人間のスケールを超えた何かに直面した時の感覚である。このカタストロフへの直面が身体的であるということを時間の問題として考えると、そこで感知されている時間は、記憶や歴史といった比較的表層にある一般的な時間ではなく、人間の根源に存在する絶対時間であるといえる。

それに迫ろうとしたのが現象学であった。フッサールは、生活世界という概念を提起したが、その生活世界とは、一七世紀のガリレオに始まる科学革命が、世界を数学をはじめとする科学知によって認識しようとした

[25]　この点については、本書第八章第3節 552–556 ページで詳しく展開する。
[26]　ハイデガーの『存在と時間』からもわかるように、「ここにある」という実存的な感覚と時間意識には切り離せない関係がある。

ことに対して、その基盤となる直接的なものとして人に与えられているものとして見ようとしたものである。フッサールは、それを数学というイデアにおおわれた世界としてではなく、「生活世界的・直観的な世界という出来事 die lebensweltlich-anshaulichen Weltgeschenisse」と述べているが、[27] それは、科学知によって人に与えられる以前に、直接与えられている世界であり、エポケーという *ἐποχή* という判断停止、ないし括弧入れの中で進んでゆく。[28] フッサールはこのエポケーをもとにした現象学的還元という哲学的方法によって生活世界に迫ろうとした。カタストロフとは、あらかじめ直接与えられている世界をあらわに見せる契機である。あらかじめ直接与えられている世界を見ることは通常は困難である。フッサールが現象学的還元という方法を編み出さなくてはならなかった所以である。

だが、そのような時間や瞬間を通常の言語で表現することは難しい。とりわけ、市井の人が市井の言語でそれを十全に表現することはそれほどたやすくない。この後、本書では、第五章で、阪神・淡路大震災のメモリアル博物館の必要性を起草した文章を書いた地方政府の担当者が、それを「命」や「教訓」と表現していたことを見る。[29] また、第八章では、阪神・淡路大震災から一四六日後に誕生し、親から震災にちなんだ「大地」という名前を与えられた少年の事例を検討し、[30] 第十章では、阪神・淡路大震災から数年後に被災地の各地で建立が進んだ「震災モニュメント」に、追悼や復興などと並んで「地震に出会ったこと」ともいうべきモチーフを示す「命」「絆」などの文字が刻まれたことを見る。[31] これらは、言葉や表現としては、ごく一般的な表現である。しかし、その一般的な表現には、それを用いて、カタストロフの瞬間という特異な体験を市井の人が何とかあらわそうとしていた心情があらわれているといえる。

カタストロフの瞬間においては、世界は直接与えられる。だが、それをそれとして見つめ、表現することは難しい。しかし、では、いったい、その瞬間とはどのような瞬間なのだろうか。

2　震災の劫火

「渦中」に居合わせるということ

この時間のことを、阪神・淡路大震災のさなかにあって感知していたのが詩人の季村敏夫であった。季村は、すでに第二章第3節での、「震災・活動記録室」の発行した『記録室叢書』についての記述の中で本書に登場している現代詩の詩人である。時間という見えないものを表象するためには何らかの媒介が必要だが、季村はそれを現代詩の言語表現を用いて行っている。

地震の当時、季村の経営する非鉄金属流通会社は、神戸市長田区南東部の御菅地区に隣接するブロックにあった。御菅地区とは、御蔵通りと菅原通りを総称した名称である。ケミカルシューズなどの小規模な町工場と小規模住宅の立ち並ぶ地域であり、「菅原通商店街」を核とした賑わいのある地域であった。阪神大震災において、約四ヘクタールが焼失し、一面が焼け野原になった。その火災では、一二八人が亡くなっている。

第一章でも述べたようにカタストロフにおいては、カタストロフの語りの型が生じるが、それはメディアに

---

［27］［Husserl 1936=1986: 258］
［28］［Husserl 1936=1986: 278］
［29］本書第五章第1節 267–268 ページ
［30］本書第八章第3節 537–540 ページ
［31］本書第十章第4節 703–705 ページ

よってつくられるものでもある。[32]阪神・淡路大震災においては、火災はメディアで大きくとりあげられたことによって象徴的な出来事となり、中でも大規模な火災が起こった場所としてこの地が象徴的な土地となった。[33]それは、地震から約二週間後の一月三一日に被災地を訪問した天皇と皇后がこの菅原通商店街の焼け跡を訪れ、皇后が、その日の朝、皇居で摘んだ白い水仙の花を手向けたことで、より一層強い象徴的意味を持つことになった。天皇は、近代においては行幸を通じて国土を「見る」主体であり、本書第六章で見るように、[34]関東大震災の復興記念館の展示ナラティブは天皇の視線のもとでの復興という型を描いているが、阪神・淡路大震災においても、被災地の慰問や慰霊と追悼行事への参加を通じて、天皇と皇后の存在がカタストロフのナラティブの型の形成に小さくない位置を占めていた。それらを通じて、広島と長崎に対する原子力（核）爆弾攻撃における爆心地と同様、阪神・淡路大震災において、グラウンド・ゼロともいえる象徴的な地点の一つとして人々に認知されていたのが、この神戸市長田区御菅地区という場所である。

季村はその場所に隣接するブロックで会社を営んでいた。社屋は全壊の被害を受け、その区画は火災の被害は受けなかったものの、詩で描かれるように火の粉が飛んでくるくらいの距離である。そのような場所に詩人がそのたつきの場をおいていたこと自体に、運命や必然的な巡り合わせとでもいうようなものを見ることもできるだろう。『戦艦大和ノ最期』（一九五二年）をのちに書くことになる吉田満が、少尉として戦艦大和に乗り組んでいたように、[35]また『これが人間か（邦題・アウシュヴィッツは終わらない）』（一九四七年）をのちに書きノーベル文学賞を受賞することになるプリーモ・レーヴィPrimo Leviがアウシュヴィッツ収容所に収容されていたように、[36]のちに優れた文学作品としてカタストロフを描き出す作家が、期せずしてそのカタストロフの渦中に居合わせるということは、文学の歴史上で少なからず見られる。季村が神戸市長田区御菅地区という阪神・淡路大震災を象徴する場所に、「渦中」の瞬間にいることになったのも、そのような文学史的な出来事の一つといえるだろう。

「しずけさに狂い」

季村の「しずけさに狂い」と題された詩は次のように始まっている。[37] 一九九六年に刊行された阪神・淡路大震災についての詩を集めた季村の詩集『日々の、すみか』に収録された詩である。それは、六つの連からなる散文詩である。

死はつねに他者に属するというが、場とて同じであった。それはいつも向こうに在り、私達はわずかにそれたところから眺めているだけだった。

「死は常に他者に属する」とはだれもが自分の死を体験できないというアポリア（難問）のことである。この点に関して、季村はのちに、「当事者は死者である」というテーゼを述べることになり、それについては第八

［32］本書第一章第2節 89 ページ
［33］火災がメディアにおいて集中的にとりあげられたこと、それが阪神・淡路大震災を「象徴」するイメージとなっていった経過はこの後、第五章第3節 283–286 ページで詳細に検討する。
［34］本書第六章第3節 391ff. ページ
［35］［吉田 1952］
［36］［レーヴィ 1947］。プリーモ・レーヴィについては本書コラム5で述べる。
［37］［季村 1995］

章で詳しく論じるが[38]、カタストロフの記憶に関する重要なアポリアである。それは場も同じであると言われる。場とは存在が現象してくる場所のことであるが、当事者が死者である以上、人間存在は過ぎ去った出来事に当事者としてかかわることができず、常に出来事を非当事者として眺めざるをえないことになる。これは、時間が経過すると、主体である自己も変化してゆくことを示し、過去の主体と現在の主体は同じ主体であり得るのか、という時間の問題でもある。[39]

「悲惨な」という形容詞で名づけられるとき、その場から決定的に墜落してしまう。時間を後戻りし、私達は後ろ向きになって遡る。空気や風のわずかな違いがあとでわかったとしても、「明らかに生き残ったのだから」、私達は、場からの遅れを生きることになる。

ここでも非当事者性が述べられているが、それは「遅れ」と表現されている。この部分は、まだ詩全体のイントロダクションである。時間を後戻りする、しかも後ろ向きになって、というのはドイツの思想家ヴァルター・ベンヤミン Walter Benjamin が通常「歴史哲学テーゼ」と呼ばれる『歴史の概念について Über den Begriff der Geschichte』(一九四〇年)で描いた「歴史の天使」のイメージの裏返しである。[40]時間は未来から流れてきて、現在を通って過去に向かう。その時間をさかのぼるとは、未来に向かって行くということである。ベンヤミンの描き出した歴史の天使は画家のパウル・クレー Paul Klee が描いた天使のように、未来に向かって後ろ向きになって飛び去る。だが、天使はその未来を見ることはできない。未来は、まだ起こっていないからである。一方、ここで季村は時間を後戻りするといっている。後戻りとは、過去に戻ることを含意している。とはいえ、この季村の場合も過去に向かって進むのは後ろ向きである。過去はすでに起きたことであるはずだが、過去を見ることはできない。これは、第八章で見る形而上学のプレゼンティズムにおける時間の非存在性の考え方を想起させる。[41]

震災の劫火としずけさ

渦中にいたころ、しずけさが事態を二重に包んでいることにおののいた。炎上しているであろう事務所に向かう私達は、いつになく寡黙で、ラジオの安否情報だけが狭い車のなかを飛びかっていた。ハンドルを握るN君、放心して窓の向こうを見つめるM君は、そのとき何に堪えていたのか。いきなり倒壊してきた家屋の一撃により、車は運転不能になり乗り捨てられた。[c]

時間を未来に向かうことや、過去に向かうことという形而上学的話題は、渦中における体験を導き出すためのものであった。ここでは、大火に見舞われた長田区の御菅地区、つまり震災のゼロ・ポイント地点ともいうべき場所に向かう季村たち一行の姿が描き出される。「渦中」においてしずけさがあったことがここでは述べられている。しずけさは、この後、次の連でも登場するキーワードである。このしずけさの意味については、本節の最後に検討する。

［38］　本書第八章第1節 500–502 ページ
［39］　これについても第八章第1節 550f. ページで論じる。
［40］　[Benjamin 2005]
［41］　本書第八章第1節 508–513 ページ

いまや、一行は、火災で燃えているその場所には近づいている。しかし、まだ到着しない。季村たちには、自分たちの会社の社屋が無事なのか、それとも炎につつまれているのかすら、まだわからない。ラジオの安否情報という二次的な情報を通じて事態を把握せざるをえない状況である。家屋が倒壊してきたことによって、車というシェルターに守られた状態を抜けて、徒歩という、身体を直接外部環境に曝露するかたちで現場に入らざるをえなくなったことが書かれる。

映像とか書物でしか知らなかった劫火が現前していた。炎はおそろしいほどのしずけさで舞っていた。世界はこんな幻影を隠していたのか。バールやそこらで拾った木切れを握り締める私達の胸も、かつて経験したこともないしずけさに狂っていた。「幻想が向こうから迫ってくるときは、もうにんげんの壊れるとき」故郷の詩人の、この言葉を噛み締めながら、私達も壊れていった。

一転して震災の中心地点の描写である。

燃えさかる幻影として描かれる火は、「劫火」と表現される。ここで注意しておきたいのはこれが「業火」ではないことである。二つとも仏教用語であるが、業火は悪業が身を滅ぼすことをたとえて使われる火で、人が地獄に堕ちた時に焼かれる火である。一方、劫火とは、世界が消滅し、次の世界が生まれる時に起こる火のことである。劫 Kalpa と呼ばれるのは古代インドにおける最長の時間単位で、ブラーフマ神にとっての一昼の、つまり半日の長さをいう。それは、人間の時間に換算すると四三億二〇〇〇万年（三六〇年×一二〇〇〇年×一〇〇〇年）に相当するといい[42]、世界は成劫、住劫、壊劫、空劫という四段階を円環状に繰り返すとされる。劫火は世界が終わるときにあらわれる。劫火によって終わった後の世界は空劫、つまり空無である。

空無のなかで生まれるものは何であろうか。「にんげんの壊れるとき」、「幻想」という言葉が出てくる。これは季村のルーツである盛岡の詩人宮澤賢治の詩の一節である。[43]宮澤の生前に刊行された唯一の詩集である『春と修羅』（一九二四年）に収められた「小岩井農場」と題する長編詩で、小岩井農場を歩く中で意識の中に生まれたイマージュの列挙に外部からコメントをさしはさむようにして、そこに二重カッコ記号《　》にくるんで挿入される一節である。[44]この前後の部分では、詩人は、小岩井農場において、「わたくしははつきり眼をあいてあるいてゐるのだ」ったが、その右や左を「ユリア」や「ペムペル」という「紺いろの瞳をりんと張つた、「巨きなまつ白なすあし」を持つ存在が通り過ぎてゆくことが述べられている。それらが、何であるかを宮澤は明確には述べないが、「白堊系の頁岩の古い海岸」に「昔の足あと」を残していった〝なにか達〟であることが暗示される。宮澤はそれらの出現を、「この不可思議な大きな心象宙宇」と呼んでいるが、この言葉は、イマージュの出現を暗示しているといえる。意識の原型であるイマージュは空無の中で生まれるという。[45]表題となっている「しずけさに狂う」とは日常は使われない言葉だが、これはこの意識の発生する場所を示している。

季村のこの宮澤からの引用が、この詩のクライマックスといえる場所で行われていることは、興味深い。福島出身の作家古川日出男は、二〇一一年に起きた東日本大震災の後、一ヶ月か二ヶ月文章を読むことができ

［42］『岩波仏教辞典』
［43］［季村 2006］
［44］［宮澤 1924=1976: 108］
［45］［井筒 1991］

なかったが、「わずかな本は読めた」体験があったという。そして、そのわずかな本の著者の中に宮澤賢治が含まれていたことを明らかにし、宮澤の『春と修羅』の詩を自ら朗読して吹き込んだＣＤブックを制作している。[46] 季村の宮澤の引用も、季村が宮澤と同じ盛岡をルーツとするという理由もあるだろうが、本質的には、その詩の内容から来ていると思われる。詩という言語が発生するのは、詩人の精神の内部においてであるが、それは、場所であると同時に、時間でもあるような境域であろう。季村という詩人、古川という作家がカタストロフの渦中において、ともに宮澤賢治を想起していたことは、宮澤が詩の中で暗示しているそのような境域と、カタストロフの渦中の時間に共通するものがあることを示唆していよう。

時間とは、現在が永遠に続くだけでは時間たりえず、未来と過去の間にはさまれた、始まりがあって、中間があり、終わりがあるというリニアな存在のことである。一方、季村がいう「しずけさ」とは時間の存在しない時間のようである。もちろん微視的に見れば、季村はそこで何かを行為していたわけであろうから、完全に空無の時間を過ごしていたわけではなかろう。だが、詩的言語によって昇華された時、その体験は劫という空無の時間ともとらえられる時間として感知された。

では、この空無の時間とは、時間なのであろうか。それとも、別の何かなのだろうか。

時間の析出

ここでポイントとなるのは、過去がいかにして析出してくるのかという問題である。

人間学的精神医学の木村敏は、時間とは自己の発生と同義であるという。自己とは何か。木村は自己とは、はじめから自己と呼ばれアプリオリに所有物として与えられているものではないという。

われわれはそのつどの世界との出会い、他人との出会い、あるいは自分自身との出会いに際して、瞬間瞬間にその何かを経験の中に獲得し続けているにすぎない。そうやってそのつど獲得した何かを、われわれは必要に応じて「自己意識」として意識の中に展開する。[47]（傍点は原文）

時間とは、自己が、自己の中にあらわれてくる他者であるもう一つの自己と出会うときに析出されるものであり、そのずれの中に時間が発生してくるというのだ。

ただし、

自己の発生機（これは実は「状態」ではなく、一瞬も固定することができない「動き」なのだが）がどこから、どこから発生してくるかは、どのような手段を用いても対象的に認知することはできない。[48]（傍点は原文）

自己とは「父母未生以前」や「生命一般の根拠」などと言われる境域において、自分自身や他者との出会いを通じて差異が発生し、その差異を認識したものだという。それは、自己内言を停止し、さらに思考を停止した時に、そこにあると感じられるものに近く、そのような状態の中から、自己と自己ならざるものが分離してはじめて見えるのが自己であり、これが同時に、過去でもあるという。

時間は自己と他者が未分化な状態の中から、微分的な差異によって生まれるものである。

[46]［古川 2012］
[47]［木村敏 1993=2000: 112–113］
[48]［木村敏 1993=2000: 113］

時間というものは環境と一体化した主体の現実のなかから、微分的な差異によって生まれるものであると言ってもよいだろう。季村のいう、「しずけさ」とはそのような時間のことを指していると考えられる。

二重の表出

時間は記号として、自己の外部へと投影された表現でもある。このことを述べているのが、フランスの哲学者ジャック・デリダ Jacques Derrida である。

外部への表出の結果である記号については、デリダがフッサールに即して論じている。[49] 同じ記号といっても、そこには二つの区分が存在する。フッサールは、記号 das Zeichen を指標 der Ausdruck と表現 das Anzeichen の二つに分類した。前者は、他者に体験を告知したり伝達したりする働きを持つものであり、後者は伝達や告知の働きを一切持たない意味が直接に自己に現前する純粋表現である。デリダはこの二つの区分がどのように絡み合っているのかを明らかにした。

デリダによると、表現とは二重の表出としてとらえられるという。それは、第一には自己も他者も未分離な状況の中での分離であり、そこから外部に出てゆくときに意味が生まれる。ただし、この外部という境域もまだ意識の中である。それがさらに意識の外に出てゆくことによって表現が生まれるというのである。たとえばすばらしい音楽に身を浸している時、あるいはすばらしい風景を眼前に見ている時、対象と自己は渾然一体となっており、そこではまだ表現はあらわれていない。それがある種の外部に出てゆくことによって表現が行われるのである。

これは、先に見た木村敏の過去のとらえ方と共通している。つまり、第一に、過去とは二重の表出における

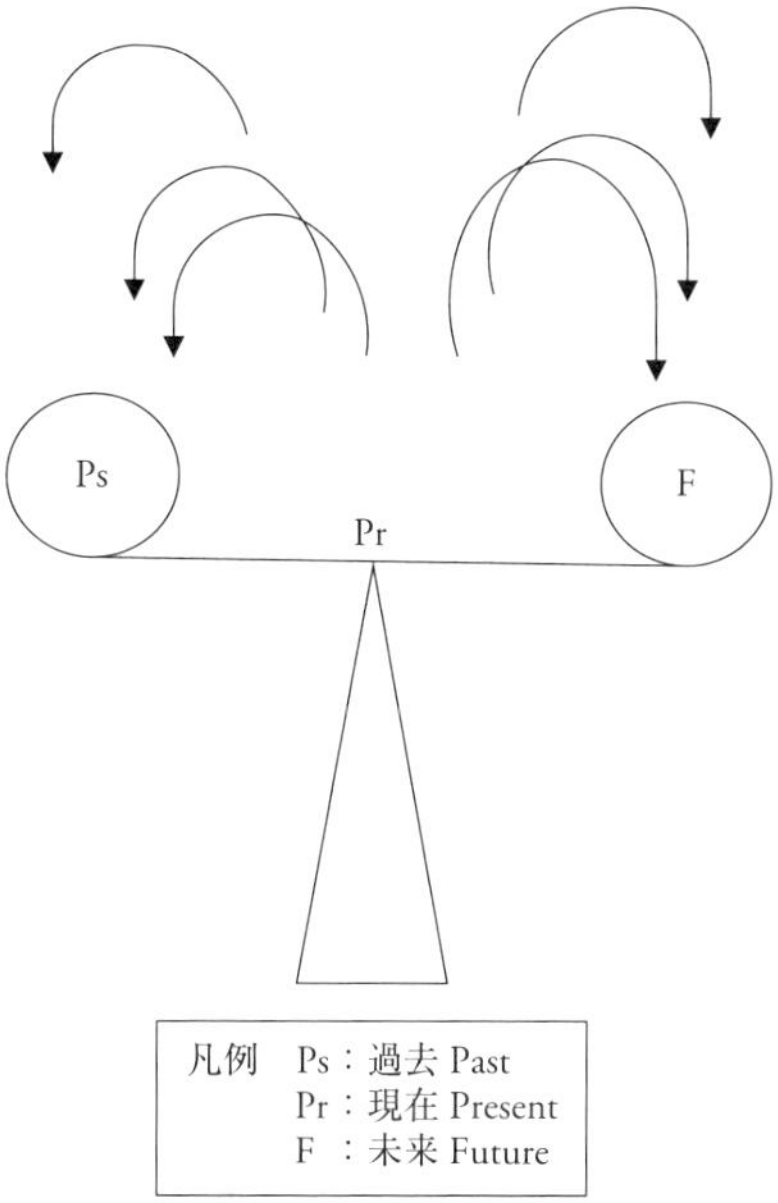

図 3–2　時間の発生機

差異のことである。木村は、自己とは微分化された過去であり、他者であるとしたが、過去もまた、自己を微分化したところであらわれてくる他者としての自己である。第二にその中で言語とは、あくまで部分的な自己表出に過ぎない。表現とは、二重の表出というメカニズムを通じてあらわれてきたものであり、それ以前には、根源的沈黙というべき体験が存在する。自己と他者は、不完全で部分的な記号を通じてコミュニケーションをすることしかできない。第八章で記憶の分有という考え方を見るが、記憶は共有ではなく、分有しかできないというのはこのことを指す[50]。

これをこれまで使用してきている図を用いて示すと図3–2のようになろう。現在において、自己が微分化されてゆく。その微分化された自己から時間が発生する。時間は、この図においては、過去と未来へと分かれてゆき、過去と未来という内的なオーダーに従って配置されてゆく。ここでいう現在は、瞬間である。ある一点である。その瞬間において時間が生み出される。

［49］［デリダ 1967=1970］
［50］本書第八章第1節 503–508ページ

カタストロフともの

カタストロフの渦中において、季村の時間は、どこから感知されたのだろうか。それは、炎によってであり、炎によってものが消失してゆくことを見ることによってである。

第一章では、カタストロフにおいては、ものが破壊されることにより、未来が取り去られ、過去へと視線が向くことを見た。そこで図式化したのは、未来から現在を通り過去に直線的に流れてゆく時間であった。しかし、時間は直線的に流れてゆく時間ばかりではない。第一章で見たように、時間について見れば現在から過去に向かう方向性も、過去から現在に向かう方向性もある。現在から未来に向かう方向性も、未来から現在に向かう方向性も存在する。その時間の流れはものによって媒介される。ものの存在と、時間を感知する主体の存在によって、時間は物理的に直線的に一方向に流れるだけでなく未来、現在、過去の間をさまざまな方向性をもって流れてゆくことになる。

このものと時間の関係について端的に述べているのが、一三世紀日本の曹洞宗の禅僧の道元である。道元は、その著書『正法眼蔵』（成立一二三一—一二五三年）において時間と存在を切り離すことのできないものとして「有時」と呼んだ。[51]

いはゆる有時《うじ》は、時《じ》すでにこれ有《う》なり、有はみな時なり。

有とは存在であり、時とは時間である。存在と時間は切り離すことができない。「有時」とは有と時が結合した〝有–時複合体〟ともいえる。言い換えれば、〝存在–時間複合体〟としてあるというのである。

なぜ時間が存在とともにあるのか。哲学者の井筒俊彦によると、道元のこの考え方は、大乗仏教の一つである唯識論の考え方をベースにしている[52]。唯識においては、存在は、刻一刻の存在であり、世界は、アラヤ識という人間の意識の最深部において、一瞬、一瞬に生まれ、そして消えてゆく。とはいえ、その一瞬一瞬は、一瞬に過ぎないが、その中に全世界が存在している。その世界の中では、すべてのものが照応しあっている。すべてのものが照応しあっているということは、世界が入れ子になっている状態である。入れ子になった世界が一瞬一瞬に生まれ消えてゆくのである。道元はそれを次のように述べる。

有時に経歴《きやうりやく》の功徳あり。いはゆる、今日より明日へ経歴す、今日より昨日へ経歴す、昨日より今日へ経歴す、今日より今日へ経歴す、明日より明日へ経歴す。経歴はそれ時の功徳なるがゆゑに[53]。

これらは、リニアで単線的な時間ではない。時間は、現在から未来へ流れるとともに、現在から過去へ、過去から現在へ、現在から現在へ、未来から未来へ流れる。言い換えれば、現在の中に未来が存在し、現在の中に過去が、過去の中に現在が、現在の中に現在が、未来の中に未来が存在するのである。先ほど見た図3-2では、時間は、過去、現在、未来というオーダーで並んでいた。ここでいう、現在の中に未来が存在し、現在の中に過去が、過去の中に現在が、現在の中に現在が、未来の中に未来が存在するとは、このオーダーを否定するも

[51]［Ohashi and Elberfeld 2006: 94］
[52]　この点に関しては、［Izutsu 2008: 90–91］。
[53]［Ohashi and Elberfeld 2006: 100］

のではない。あくまで、過去、現在、未来というオーダーは存在する。しかし、そのオーダーの中に存在する個々の瞬間を見ると、その瞬間瞬間の中に、別種の瞬間が含まれているのである。これは、先ほど第1節で見たフッサールの瞬間の議論、またこの後第八章で見るマクタガートの時間の非存在の証明の論法やハイデガーの存在と時間の議論とも共通する時間の入れ子状態に注目した考え方である。[54]

この時間を井筒俊彦は「時間野 field-concept of time」と呼んだ。時間をフィールドつまりある広がりを持つ野としてみる認識の仕方である。これは、先ほど見た物理学的な時間と空間のとらえ方、つまり、絶対時間と絶対空間が存在するという考え方とは別種の見方である。時間は野としてつまり空間としてとらえられる。あるいは、時間と空間は不可分であるという考え方である。物理学においては、絶対時間と絶対空間とは別種の時間のあり方のリアリティの存在はすでに明らかになっている。ニュートンによるこのような時間と空間のとらえ方を批判し、アインシュタインは、特殊相対性理論および、一般相対性理論においてスペース・タイム spacetime、時空という考え方を提起した。[55] ここでは、時間と空間は連続体として存在していることが明らかになっている。

季村が述べていた劫火の炎が「おそろしいほどのしずけさで舞って」いた時間とはそのような時間のことである。カタストロフにおいては、人は、通常の世界とは違ったものの世界に投げ出される。そのものの世界とは、この有時の時間、時間野の中の世界であるといえる。

渦中と瞬間

季村は「渦中」という表現を使っている。渦中とは、しかし、どのような時間なのであろうか。渦中とは瞬間なのであろうか。たしかに、その渦中は瞬間であるといえば瞬間であろう。瞬間とは、フッサールによると、今 das Jetzt という点である。それは、点であるから時間ではない。今という点が重なり合って生じるのがある長さを持ったデュレーション（持続）であり、その持続が時間である。

だが、季村のいう「渦中」においては、時間が流れていないように見える。季村は「炎はおそろしいほどのしずけさで舞っていた」と書いている。炎が舞っているということは、そこには、運動が存在しているということである。アリストテレスが可能態（デュナミス）と現実態（エネルゲイア）というペアとなる概念を第一に分析に適応したのは運動という現象であったが、一般的には運動があるということは、そこに可能態から現実態への変化があるということである。その可能態から現実態への変化が生じるためには、時間が存在しなくてはならない。なぜなら、運動は時間の関数として生じるからである。[56]つまり、炎が舞っているということは、そこに時間が存在することが示唆されている。

しかし同時に、その炎が舞っていたのは「おそろしいほどのしずけさ」と書かれている。すでに述べたが、フッサールは、『内的時間意識の現象学のために』において、今 das Jetzt が保持されて持続という時間が生じることを明らかにしたが、[57]その例として、音を挙げている。音は現象としては、ある一つの点であり、それは、点である限り、音としては認知されない。音が認知されるためには持続すなわち時間が必要である。ここで季

［54］　本書第八章第1節 509–512 ページ
［55］　[Renn et al. 2014] [Schemmel 2016]
［56］　ここでは一般的な認識を述べたが、ただし、アリストテレスはデュナミスとエネルゲイアを時間的前後関係とは、必ずしも結びつけて考えていない。この点については、後方因果性に関わって、本書補章1 214 ページ、終章第1節 737–738 ページで見る。
［57］　[Husserl 1905=2013]

村が「おそろしいほどのしずけさ」で炎が舞っていたと書いていることは、音がそこには存在しなかったことを示唆している。通常、炎が舞う際には、ものが焼ける音が聞こえるはずだが、その音が聞こえなかったというのである。音が存在しないということは時間が存在しないということである。

季村は、その状態を「おそろしいほど」ということばで修飾している。炎が舞うということは時間が存在することを示唆し、音が聞こえないことは時間が存在しないことを示唆する。あるものが存在し、あるものが存在しないことは排中律の法則からすると同時には成り立たない事態である。排中律の法則は人間がこの世界を認識する際にそれを成り立たせている論理的な法則の一つである。その法則が適応されないということは、そこが世界の外にある境域である可能性を示す。世界の外にあることは想像を超えた事態であり、それは、恐怖をもたらすともいえる。それゆえ、季村は「おそろしい」という語彙を使用しているともいえる。

このような矛盾した状態は、瞬間というものに特有の状態である。ハイデガーは、今という瞬間に着目し、その今という瞬間の存在は、本来的には時間とはかかわりがない可能性を示唆した。瞬間とは時間ではない。それは、点である。今という瞬間は、次々に交代してゆくが、その交代は今という瞬間的に行われる。今という瞬間が点であるとしたら、その点には、持続というものがないから、今が交代する次の今も、交代する前の今と同じ今という瞬間であるはずである。つまり、今という瞬間は、どこまでいっても今という瞬間であり、どこまでいっても同じものであるはずである。このどこまでいっても同じものとは、本来的には、変化という差異をふくんでいるはずの時間とは関係のないものであるはずである。同じものとは一つのものであるということである。一つのものであるということは、つまり永遠であるということであり、その連続した今とは永遠であるということである。今が永遠であるということは、切れ目がない時間がそこにあるということでもある。ハイデガーはこのように考え、矛盾した瞬間と時間の関係が生み出す切れ目のない連続が時間を生み出す契機であるとする。[58]

季村が直面していたカタストロフの「渦中」とは、時間の存在が疑わしくなる瞬間であった。だが、しかし、その時間の存在が疑わしくなる「渦中」の瞬間こそが時間を生み出す契機となるものであるともいえる。カタストロフに直面するとは、この時間の発生の根源を見つめる体験でもあるといえる。

カタストロフと存在の危機

以上、ここまで、カタストロフの極限的な時間について見てきた。しかし、あくまで、これらは、極限的な時間である。もちろん、原理的には、それらの時間を人間は深層の中に持っている。しかし、それらは、ふだんは精神の深層の中に留められている。それが、表面に出てくるとき、人間は危機に陥る。木村敏は、その時間論を分裂病（統合失調症）の症例の検討から導き出しているが[59]、ここで見たような時間が人間の意識の表面にあらわれた時には、人は、統合失調症などの危機的状況に陥るといえる。つまり、このような時間と直面することは人間の存在にとって危機である。危機とはカタストロフである。つまり、カタストロフとは、存在論的に見て、まさに、危機の時間なのである。

ただ、その危機は長く続かない。人間には、自力での回復と治癒の能力があり、社会には他者による回復と治癒への援助という機能があるからである。序章で、本書の四つの部からなる構成は、人間の病に例えると「急

[58]　[Heidegger 1927=1972: §81, 423]。なお、連続性と時間については、歴史のエネルゲイアと「なる＝ビカミング」に見られる「つぎつぎになりゆく、いきほひ」における連続性と超越性について本書補章２ 776ページでも見る。

[59]　[木村 1993=2000]

写真 3-1　神戸市長田区菅原通商店街の焼け跡、1995 年 2 月 1 日、北川幸三撮影

性期」「回復期」「寛解への緩やかな過程」に対応していることを述べた。それは、このカタストロフの時間が日常の時間へと埋没してゆくことでもあるが、同時に、それは、この用語が、病における治癒の過程を表現した言葉から来ているように、カタストロフの衝撃が治癒してゆく、あるいは治癒される過程でもあるからである。

第四章　心の揺れという体験

——震災ボランティアたちのカタストロフ

前章まで見てきたのは、地域の視点からのカタストロフの後の時間である。しかし、カタストロフの時間を体験するのはそこに住んでいた人々だけではない。カタストロフは地域を流動化させる。二〇〇四年に起き、広くインド洋沿岸地域に被害を与えたスマトラ島沖インド洋地震・津波においては、全被害地域を合わせると総計約九億ドル以上にのぼる人的・物的援助が行われ、それが地域社会を流動化させたことによりインドネシア・スマトラ島アチェでは長く続いた内戦を終結させてしまうほどの力をもった[1]。阪神・淡路大震災の際には、一〇〇万人を超えるといわれるボランティアが被災地を訪れ、さまざまな局面で被災者を助けるとともに、日本の社会に新たな民間セクターや公共性の存在をもたらす糸口を与えた。

では、彼らの体験したカタストロフの時間はどのような時間だったのか。そこから何が見えてくるのか。

［1］［西 2015］

1　阪神・淡路大震災におけるボランティアの歴史的位置づけ

カタストロフとボランティアの関係についてみるとき、カタストロフとは人間にとっての危機であることから目をそらすことはできない。カタストロフは危機であり、そのカタストロフという危機に出会った人は、だれかに助けられなくてはならない。カタストロフという状態の中から自ら出ることができる人もいるが、困難なカタストロフの状況に陥った人の中にはだれかに助けられなくては、そこから脱出することはできない場合も多い。

人を助けることができるのは人だけである。もちろん、人以外の存在が人を助けることも可能だが、ある存在の深さをもって人という実存を助けることができるのは、人が存在するということによってだけである。人を助けるということは、その意味で、人がそこにいること、人に寄り添うということでもある。ボランティアとは、ネット上などでも実施は可能だが、基本的には、身体的にそれが必要とされる場に存在し、何かを行うことであろう。ボランティアとは、そこに人がともに存在することで人の苦しみを分かち合おうとする行為のことである。

社会現象としてのボランティア

ボランティアは阪神・淡路大震災というカタストロフの大きな特徴であった。序章で見たとおり、歴史辞典や歴史教科書は、このボランティアの存在を阪神・淡路大震災というカタストロフの記述に際して特筆している[2]。兵庫県の外部団体である震災復興調査研究会がまとめた『阪神・淡路大震災復興誌』によると一月一七日から二月までの一ヶ月間のボランティアの人数はのべ六二万人、また三月までの二ヶ月間を合計すると一〇〇万人が神戸を訪れたという[3]。その後、一年間の合計人数は一三七万人に上るともいわれる。じつに、日本の総人口の約一%にあたる人々が神戸に向かい、ボランティアとして震災の救援を行ったのである。

ボランティアがこれほどまでに生まれるとはだれも予想していなかった。自然発生的に生まれたボランティアは、その後、社会にさまざまな形で影響をもたらしてゆくことになる。ボランティアを通じて、新たな公共セクターの必要性や社会運動としてのボランティアのあり方に関する議論が起こり、一九九八年度の通常国会で「特定非営利活動促進法（通称NPO法）」が成立することにも影響した。NPO組織に法人格を与えることで、市民活動を活性化させようとするこの法律の成立からもわかるように、新しい公共性を担う主体としてボランティアやNPOが注目されていたのである[4]。

この阪神・淡路大震災におけるボランティアの活動領域は避難所での炊き出しや水くみなどのライフラインにかかわるニーズに応じたものから、被災した子どもとのふれあいを行うもの、仮設住宅の高齢者を訪問して心のケアを行うものなど多岐にわたった。第二章で見たとおりボランティアの活動を記録するボランティアもあったし[5]、理容師の団体が理髪のボランティアをするなどユニークな活動も多く見られた。阪神・淡路大震災のボランティアについて総合的に研究した社会学の山下祐介と菅磨志保は、専門家によるボランティアとして、

［2］本書序章第5節 36ff. ページ
［3］［震災復興調査研究会（編）1997: 3–8］
［4］［大畑ほか（編）2004］
［5］本書第二章第2節 120–123 ページ、第3節 131–132 ページ

救出援助、救急医療、危険度判定と罹災調査、通訳、法律相談、学術データ収集などを挙げる。また、一般的なボランティア参加者のボランティアへの参加ルートには、直接被災地に向かう、所属団体を通じて活動する、行政のボランティアに登録する、ボランティア・コーディネーターによる紹介を受けるという四つの主要なパターンがあったことを明らかにしている[6]。

阪神・淡路大震災以後、度重なる自然災害において、このボランティアによる救援は定着してゆくこととなる。ただ、東日本大震災のボランティアの総数は約二五万人であり、災害ボランティアについて研究している社会学の渥美公秀が「なぜこんなことになってしまったのか」と嘆くように[7]、東日本大震災におけるボランティアは、その災害の規模の大きさにもかかわらず、阪神・淡路大震災の時のボランティアの人数とは一けた違う少ない数であった。渥美はその原因を、本来は、臨機応変さをその本質とするはずのボランティアが、阪神・淡路大震災から一〇年以上が経過する間に、秩序に取り込まれ、自由さを失っていったことによるものであるとする。本章の以下の議論で使用する用語でいうと、ボランティアにあらわれている人々のエネルギーが社会秩序の維持に方向づけられたことにより、ボランティアの生き生きとしたエネルギーが失われてしまったといえよう。もちろん、この後、本章第2節で見るように[8]、ボランティアの本質とは、数に還元できない人と人のふれあいの体験であり、阪神・淡路大震災のボランティアの数と東日本大震災のボランティアの数を比較することは意味のないことであるともいえよう。しかし、歴史現象として、阪神・淡路大震災におけるボランティアが、どのような特質を持っていたかを検討しようとする時、その数量的側面を避けて通ることができないのもたしかであろう。

写真 4–1　阪神・淡路大震災のボランティアを論じた多数の書籍。「革命」「元年」「新世紀」「世界を変えた」などの文言が見られる。左上から時計廻りに、［八木 1996］、［アサヒソノラマ（編）1995］、［栃本・渡邊・和田（編）1996］、［本間・出口 1996］、［小田・田代 1995］。

エネルギーとしてのボランティア

この阪神・淡路大震災におけるボランティアは、その参加人数の多さから社会的なエネルギーであるととらえられた。このボランティアの現象をめぐっては、「ボランティア革命」、「ボランティア新世紀」、「ボランティア元年」などの言葉が提唱されたが[9]（写真4–1）、そこで、「革命」という国家の体制変換や「元年」という天皇の代替わりに伴う改元を想像させる時間や歴史にかかわる用語が使われていることが、ボランティアたちのエネルギーが、国家という統治や社会契約にかかわる社会集団の方向づけにまでもかかわるエネルギーであるととらえられていたことを示す。本書では、歴史のエネルゲイアという概念を用いているが、[10]一〇〇万人以上のボランティアが

［6］［山下・菅 2002: 27–37］
［7］［渥美 2014: 3］
［8］本書第四章第2節 202–204 ページ
［9］［本間・出口 1996］［八木 1996］［栃本・渡邊・和田（編）1996］［アサヒソノラマ（編）1995］［小田・田代（編）1995］
［10］本書序章第3節 50ff. ページ

突如として神戸という空間にあらわれたということは、マス（大衆）としての人々の中に、可能態（デュナミス）として存在したエネルギーが、マス（大衆）的な運動として現実態（エネルゲイア）になったこととしてとらえられたといえる。『ボランティア革命』[11]を著した経済学の本間正明は、のちに、日本政府の経済財政諮問会議民間議員や税制調査会会長を務めた行政と統治機構としての中央政府の中枢に近い人物である。そのような人が、この阪神・淡路大震災におけるボランティアを「革命」という語彙で修飾していたということは、このエネルゲイアは、まさに国家にも影響を与えるエネルギーとして、国家の為政者たちにある種の畏怖とともに感知されていたことを示しているともいえる。

エネルギーとしてのボランティアの位置づけを、当時、それがどのように論じられたのかという点から見ておこう。ボランティアをめぐっては、二つの考え方があった。システムへの組み込みと、その批判である。

前者は、先ほど見た「ボランティア革命」という言葉を掲げた本間正明の議論に顕著に見える。本間は次のように述べる。震災後、ボランティアの現場で「善意のからまわり」という事態が起こったが、それは日本に個々人の熱意を効果的に吸収するシステムが整備されていなかったからである。その欠陥を補うためには、新しいシステムが必要である。

民に対する信頼の民の自己責任を核とする新しい日本型経済システムを、抜本的な制度改革によって確立することが、さまざまな次元で求められている。[12]

したがって、ボランティアの制度化を進めなくてはならない。その議論は、震災ボランティアを評価しつつ、それをどのようにシステムに組み込むかを論じる。本間は、この後、一九九〇年代後半から二〇〇〇年代初頭に広く唱えられた新自由主義に基づく自己責任という言葉を使用しつつ、それを下支えするものとして、ボランティアを位置づけようとしていた。

他方、そのような議論や方向づけに違和感を表明する立場があった。それは、ボランティア動員型市民社会論批判と呼べる。その論者の一人である社会学の中野敏男は、当時の日本を「ポスト福祉国家」から「システム危機管理国家」への移行期であるとした上で、ボランティアの論じられ方を問うた[13]。中野によれば、当時称揚されていたボランティアには、それがそう呼ばれる際にある選別が働いていた。たとえば、アフリカ乾燥地や中国での植林などの緑化運動への参加はボランティアと呼ばれるが、反原発運動やゴミ焼却場反対運動はボランティアとは呼ばれない。なぜそうなるのか。それは、推奨されている「ボランティアという生き方」がある種のバイアスを帯びていたからである。そもそも人がボランティアをしたいと思うのは、現状とは別の社会を求めているからである。しかし、この時推奨され称揚されていたボランティアとはその人を、別の社会を実現する回路に導くのではなく、現状に適合的な水路へと導こうとするものであった。そこでは、「何かを変えたい」と願う個人が、抽象的に「何かをしたい」と思うボランティア主体へと変えられる。そして、その変えられた主体に与えられる「何か」は、上から与えられるのである。中野は、ボランティアを新しい社会運動としてとらえ、個人がボランティア主体にからめとられることに注意をうながしていた。

この二つの立場は、どちらも一〇〇万人以上の人が参加した運動のエネルギーをめぐって行われていた議論

[11]　[本間・出口 1996]
[12]　[本間 1996: 3-4]
[13]　[中野 1995]

の中であらわれていたものである。そこでは、ボランティアというエネルギーを、現状の秩序維持か、現状の変革か、どちらの方向に向けるかが論じられていた。

歴史としての一九九五年 ── 阪神・淡路大震災とオウム真理教事件

もうひとつ、阪神・淡路大震災におけるボランティアを歴史的なパースペクティブのもとに置いた時の視点としては、歴史という語りの問題がある。

阪神・淡路大震災が起きた一九九五年を、戦後史を分割する分岐点とする議論が存在する。たとえば社会学の大澤真幸は『虚構の時代の果て ── オウムと世界最終戦争』において、戦後史を三つに分割し一九四五年から一九七〇年を理想の時代、一九七〇年から一九九五年を虚構の時代、一九九五年以降をその虚構の時代が崩壊し、大きな物語が無効になった時代だと位置づけた。[14] 哲学の東浩紀はその時期区分を継承しながら、一九九五年以降の時代をポスト・モダン化が最も徹底し人々は動物化し、データベース化した世界観の時代に生きることになったとした。[15] 一九九五年とは、奇しくも戦後五〇年という区切りの年でもあったが、これらの論者は、その年に思想レベルでの大きな転換があり、その変化を象徴するのが、この年の前半に起きた二つの出来事であったという。時代区分は、ある主体が時代の転換点に立っていると感じられた時に行われる。両方の論者は、その引き金を引いたのが阪神・淡路大震災とオウム真理教による地下鉄サリン事件であるとする。オウム真理教とは、一九八〇年代半ばに活動を開始し、八〇年代末から九〇年代にかけて勢力を拡大していったいわゆる新興宗教の集団である。麻原彰晃を教祖とし、仏教のうちチベット密教系の教義を信奉していたが、自己救済のためには暴力などを容認するなど、次第にカルト色を強め、テロや犯罪行為を実施するに至った。一九九五年三月二〇日には東京の複数の地下鉄列車内において、猛毒のサリン・ガスを散布し、一三人の死者と六〇〇〇人以上といわれる被害者を出した。

阪神・淡路大震災とオウム真理教事件という二つの事件が並べられているが、この二つの事件が同じ年に起きたことは興味深い。それは、オウム真理教事件において、犯罪行為の実行者となった人々の世代と震災ボランティアの世代が同じ世代だったからである。ともに、当時二〇歳代から三〇歳くらいまでの人々である。

阪神・淡路大震災でボランティアを行った人々の年代別の内訳を見ると、二〇歳代未満が二三％、二〇歳代が五〇％、三〇歳代が一〇％となっており、三〇歳代未満が七三％を占めた。職業構成を見ると学生が四五％を占め、また出身地を見ると被災地が存在する兵庫県内が三五％であるのに対して、兵庫県外からのボランティアが六三％を占めていた。[16] 現実のボランティアの現場ではさまざまな階層、年齢の人々が混在して活動していたが、その主力となったのは当時二〇歳代から三〇歳くらいまでの男女を問わない学生や青年だったといえよう。オウム真理教事件でも、事件の実行犯となったのは、ほぼ同じ世代、ないし、少し上の世代である。

オウム真理教事件と阪神・淡路大震災は、この文脈では、ボランティアと宗教と言い換えることができる。この二つは、一九八〇年代から一九九〇年代にかけて、青年期を、社会あるいは内面に向き合おうとして過ごした者にとっての二つのオプションだった。

一九六〇年代末から七〇年代初めにかけて、全共闘（全学共闘会議）の崩壊によって学生運動が終焉していった後も、一九八〇年代前半まではかろうじて存在した政治運動という選択肢は、このころになるとほとんど消

［14］［大澤 1996］
［15］［東 2001］、［東（編）2003］
［16］［震災復興調査研究会（編）1997: 318］

滅していた。当時は、バブル全盛期だったから内面的葛藤を経ずに就職までのモラトリアムを謳歌し、売り手市場の就職戦線をゲーム感覚でこなすというオプションも存在し、大多数がその道を選んだ。しかし、生き方や主体性が問われていたのも事実である。

象徴的にいうと、オウム真理教幹部で、一九九五年に刺殺された村井秀夫が学生時代と大学院生時代を過ごした理学部を持つ大学では、一九九三年に、国連カンボジア暫定統治機構（ＵＮＴＡＣ）による国内紛争後の初の選挙が行われたカンボジアにおいて、国連ボランティアに参加し、銃撃され死亡した中田厚仁が、その法学部を休学してカンボジアに渡っていた。[17] 宗教的なもの、あるいはボランティア的なものは、一九九五年以前から準備されており、それが地下鉄サリン事件、阪神・淡路大震災という二つのカタストロフを契機に一挙に顕在化したともいえる。

戦後史を論じる大澤と東の分析の主眼はオウム真理教事件にあるが、そこに阪神・淡路大震災におけるボランティアも加えると次のようなことがいえるだろう。つまり、一九七〇年代に学生運動では、一連の連合赤軍事件に象徴される過激化によってイデオロギーや理想が失われてしまったが、人間が生きてゆく際に何らかの物語が必要であり、その物語は虚構として生きていた。一九七〇年代までは、政治という物語がモデルを提供したが、それ以降は政治に代わる別のモデルが希求された。その際の形態が、一方は新宗教における唯一絶対者とされた指導者がつくり出す物語であり、一方はボランティアという世俗的であり、かつ個別的な他者とのかかわりの物語だった。

両者はともに、その根底に救済の物語への希求を秘めていた。オウム真理教事件は『宇宙戦艦ヤマト』などのような人類救済の物語を、本来はアニメの世界のなかの出来事であるにもかかわらず現実に投影してしまった事件であるともいえるが、阪神・淡路大震災のボランティアもその根底には、救済という目的があった。その意味では、震災におけるボランティアとは救済という物語がプラスの方向に作用したものであるということができ、一方、オウム真理教事件とは救済という物語がマイナスの方向に作用したものだといえる。

第二章で、震災の体験を記録することや、写真の保存が心のケアと関係するととらえられていたことを見た[18]が、阪神・淡路大震災は物理的な被害だけではなく、「心のケア」や「思い出」、「記憶」という内面の問題が問われた出来事でもあった。オウム真理教事件においても、心の救済が問われた。つまり、この二つは、人間の内面が問われていたという点で共通点を持つ。その理由の一つとして、大きな物語の不可能性が明らかになった時代に生きる人々の精神の問題があった。阪神・淡路大震災というカタストロフを歴史的に位置づける際、震災ボランティアを通じて見えて来るものは大きいことを確認しておきたい。

2　ボランティアたちの語り

では、そのボランティアたちは、阪神・淡路大震災をどう体験したのだろうか。カタストロフの後の時間をどう体験したのか。先ほど第三章で見たとおり、カタストロフの時間とは特殊な時間であり、その時間は、その時間に身を置いたものにとって強い印象を与える。[19] 精神医学の中井久夫は医療者が病の患者に出遭うのは、その極限状態においてであると言う。患者が病院に運ばれてくる時、患者はすでに病気の真っ最中にある。そ

［17］　中田厚仁に関しては、補章1 211ページでも触れる。
［18］　本書第二章第3節 128–130ページ
［19］　本書第三章第2節 157ff. ページ

れを中井は「医療は、最悪の状況、少なくとももっとも混乱したところから始まることが多い」[20]と述べ、「治療者は〝山頂〟で患者と出会う」とたとえた。[21]山頂で出会うとは、登りの過程、つまり病の発生過程を見ずに、いきなり、病の最中の患者と出会い、山からの下り、つまり治療のプロセスを供にすることになることを意味する。中井は、あるいは、それは、映画の大半を見ずに、クライマックスの瞬間に映画館に入ったような状態だともいう。ボランティアたちのカタストロフへのかかわり方も同じであろう。ボランティアたちは、被災地を訪れることで、カタストロフというクライマックスの瞬間にいきなり出会うことになる。それはその体験者の内面で、どのように持続し、どのように消えるのか。語りの中で時間はどのようにあらわされるのか。

資料として用いるのは、二〇〇三年に収録されたインタビューである。[22]二〇〇三年は、阪神・淡路大震災発生から約八年後であり、本章が属している本書第Ⅰ部で扱っている「急性期」からは、離れている。しかし、約八年という時間は、それが、完全に「過去」になったという時間ではない。その時間は、まだ個人の内部で生き生きと存在している。また、急性期をいかに記憶しているのか、という点で、第Ⅰ部と第Ⅱ部をつなぐという意味もある。

インタビューの対象者は、阪神・淡路大震災においてボランティアを行った震災当時、一〇代後半から二〇代前半の大学生だった人である。その人たちに、その人が二〇代後半から三〇代初頭になった時点で、八年前のカタストロフの渦中における体験を振り返ってもらった。

「自分の中でつながっているもの」

まず見るのは、避難所と仮設住宅での高齢者などへの支援ボランティアで活動した女性の語りである（写真

写真 4–2　足湯ボランティアに参加した女性のインタビュー映像より（2003 年撮影）

4–2）。彼女はＦＩＷＣ（Friends International Work Camp）というグループのメンバーとして神戸市の灘区で一九九五年と一九九六年の二回にわたってボランティア活動を行った。ＦＩＷＣは、ヨーロッパにおける第一次大戦後のボランティアによる戦災復興のワークキャンプの伝統を受け継ぐ団体である。日本では一九五六年、同志社大学出身者が中心となって設立されている。[23]

彼女は、母親が学生時代にＦＩＷＣに参加していたこともあって、高校の卒業と同時に、神戸に向かった。一九九五年の一度目のボランティア活動は高校卒業直後であり、このときは灘区の避難所を中心に活動した。二度目は、翌年、一九九六年の六月だったが、このころにはすでに、避難所は解消しており、被災者は郊外に建設された仮設住宅に住んでいた。独居の高齢者が多い仮設住宅では、高齢者はそれまで地域社会で培ったつながりを断ち切られていた。その孤独をいやすために、ボランティアたちが訪問して「足湯」などを行った。

[20]　[中井 1999: 109]
[21]　[中井 2014: 46]
[22]　このインタビューの全文は、[寺田 2004] に掲載されている。なお、インタビューの記録映像は編集され、『風が運んだ救援隊 2003』と題して、国立歴史民俗博物館開館二〇周年記念展示「ドキュメント災害史」展（二〇〇三年七月八日―九月二一日）で上映された。
[23]　[木村・鶴見 1997]

「ＦＩＷＣという団体に、母が大学のころ入ってたんです。だからこの団体があることを知ってはいて、大学生になったら、夏休みのワークキャンプに行ってみるといいね、と話していたのが高校生の頃です」

「センター試験が終わって、すぐに震災があって、卒業式が終わった後、興味があると言ってくれた友達三人と一緒に神戸に行ってキャンプを始めたんです」

「炊き出ししたり、そこにいる子ども達と遊んだり。「足湯」って、あのとき、まだお風呂がほとんどなかったので、お湯を洗面器に入れてマッサージしつつ、っていうものちょろっとは始めてました。「足湯」は翌年がメインなんですよ。「足湯」をしながら、肩を揉んだりマッサージしたり。あとは、お年を召した方とお喋りしたりが多かったですね」

「少しでもその時間、ちょっと楽に、何かを出せたらと。聞いている私の方も癒されているじゃないけど気持ちいいんですけど」

「いま震災を、っていうようになると、ほんとに思い出にはなっちゃうんですね」

「で、そうですね……ひっかかりっていう部分では、……こうやって集まるのは人間の集まりじゃないですか。人間、集まると、やっぱり色々ありますので（笑）。もちろん、このときも、合う合わないからはじまって、方向性とか考え方、それこそボランティアとは何ぞやとか、いろいろあったりして、色んな考えが「ごっちゃ」の中で活動して、人って色々あるんだなって。それまで高校生で、同じ年代、同じ学校のカラー、似たような人とずっと生活していたから、そんなに感じたことがなかったんです。とくに仲良しでずっと過ごすじゃないですか。それがこういうところに来て「同じことでもこんなに感じ方が違うんだ」って。そんな中でどうやって話をしていくんだろうとか、自分が何はとなしに言ったことですごく傷つけてしまったりとか。いろんな人とのかかわり合いを、すごく感じたんですね」

「今、私がやってるのは助産婦で、女性の一生にずーっとかかわっていく職業でもあるんですけど、自分がやってしまうのは簡単だけど、どこまで手を出して、どこまでかかわっていくかとか、……その辺は（ボランティアと）

似てる、っていうのは変だけど、自分の中でずっとつながっている部分にはなります。自分達が生活するのがベースということろで」

「それが、ボランティアで神戸の震災に行っていたときに作られたかどうかは、ちょっと微妙ですけど」

この女性が取り組んだ「足湯」とは、阪神・淡路大震災以降、災害ボランティアにおいて一般化した行為である。避難所や仮設住宅において、被災した人に小型の盥などに入れたお湯に足をつけてもらい、その足を清めたり、マッサージをしたりするという行為である。それは、足を清めるという行為であるが、その足湯の間に、ボランティアと被災者は身体的な触れ合いや言葉を交わすことができる。足を清めるという行為は、キリスト教の教えでは、イエスが最後の晩餐の後、弟子たちの足を自ら洗ったという故事から、互いに対する愛を意味する。先に登場したボランティア研究の渥美公秀は、足湯によるボランティアという行為を「被災者の身体に接触しながら、被災者の声（つぶやき）を聴き取る活動である」と述べる。[24] 彼女はその足湯の体験を振り返り、「聞いている私の方も癒されているじゃないけど気持ちいいんですけど」と述べている。この後見るように情報論の金子郁容は、ボランティアの体験の特徴として、どこまでが助けることで、だれが助ける側でだれが助けられる側かが「融合」してゆくような体験であることを述べているが、[25] まさに、そのようなボランティアの特徴を示すものであるといえる。

彼女は、このインタビューの当時、東京都葛飾区の産院で助産師として働いていた。だが、助産師としての

[24]　［渥美 2014: 155］
[25]　［金子 1992: 6］

仕事と、阪神・淡路大震災のボランティアとは直接的な関係はないという。インタビューの別の部分では、神戸のボランティアの後に参加したＦＩＷＣのハンセン病のワークキャンプの方が大きなものを残したかもしれないと語った。だが、助産師とは、出産という女性にとっての最も大きなライフ・イヴェントの一つにかかわる仕事である。これと震災とは一見は関係ないようには思えるが、「人間の生活がベースにある」という部分では同じである。いま、思いかえすとそのことに気づくと彼女は述べる。

「ナマの人間に出会ったとき」

次に見るのは情報提供ボランティアで活動した男性の語りである（写真4-3）。本章の冒頭で、阪神・淡路大震災においてはさまざまなユニークなボランティア活動が存在したと述べたが、この情報提供ボランティアもそのようなユニークなボランティアの一つである。彼はピースボートという団体のスタッフとして活動した。ピースボートは民間のＮＧＯの草分けとして著名な団体である。一九八三年に、当時早稲田大学の学生であった辻元清美（現衆議院議員）が設立した団体で、船をチャーターして、アジア・アフリカを周航するなどの活動を行う団体である。震災が起こった頃、この男性はそのスタッフとして活動を行っていた。

「ピースボートの活動をやっています。僕の場合は、寄港地、ピースボートのクルーズが、地球一周する現地のプログラム作るのがもともとの仕事だったんですね」
「きっかけは、実家が兵庫県の西宮なんですよね。一月の地震が起こった日の朝六時くらいに、ウチの父親から電話がかかってきたんです。僕は東京にいたんですけど、「えらいこっちゃ、ごっつい地震や」いう話で。いろいろ

写真 4–3　情報提供ボランティアに参加した男性のインタビュー映像より（2003 年撮影）

な海外に対する援助活動をしているのに、自分の足もとで何か起こったとき何もでけへんというわけにもいかんやろう。で、当面の食いもんとかテントを積んで東京から行ったんです」

「もともと新聞を出そうというのんが目的でしたから。初めは、けっこう安易に考えとって、行ったらどっかに情報があって、その伝達手段がないと思とったんです。でもそうやなくて情報がもともと無かったんです。バランバランにどっかに落ちてるのかもしれんですけど、やっぱり回って足で稼がんと。伝達手段にしようと思ってたのが、伝達手段じゃなくて情報集約せんと、どないもこないもならんなあ、ということに気付きだしたのが一週間位してからで、（発行していた情報紙は）そっからけっこう紙面的には情報紙にはなってきてるんですけど」

「で、結局、ずっと新聞を出してると、情報が集まってくる。というのは、情報を出したい側にとっても、情報を受け取りたい側にとっても、どちらも、そこに聞くことになっちゃうんですね。だから、ボランティアに行きたいっていう子とか、炊き出しをしたいとか、こんなものがある、こんなものを寄付したい、ボランティアの、まあ、「仲買」いうたら変ですけどね、（そういう位置づけ）でしたね」

「ピースボートとしても一〇〇〇人位、もうちょっと来たかな」

「最貧国と言われる国、フィリピンとかアフリカとか、その辺に行ったとき、飾り気なく生きてますから、しょうがないから、ナマの人間がいることはいるんです。それはたしかにいるんです」

「で、そのナマの人間に会ったときに、「あ！」って思うことはずっとありました。地震の前から。そのナマの人間みたいなのが神戸の地震のときにはじめて日本人の、とくに言葉が通じる自分と同じ人間だと気付いたんですね」

「ボランティア？　自己満足、自己満足、自己満足。自己満足。間違いなく自己満足。それで全然いいと思います。ネガティブにとるかもしれへんけど、ボクは全然自己満足でいいと思う。逆に、自己満足だと言わないと、おかしなことになる。愛だの、優しさだのって言ってる時点で、それはある意味ホンマやけど、ある意味ウソなんです。そういう時もあるし、そうじゃないときもある。せやけど、自己満足と言ってる限りは、自分が来たくてやってるんだから、それは一〇〇％本当なんです」

「で、もう一コ、重要なことは、自己満足がいかに役に立つか、検証せなあかん。やりながら。たとえば、寝たきりの爺さんが、風呂入れてもらって、「ありがとう」を言えへんかった。入れ方が下手で。ほんなら、「このジジイ何言ってんねん」ってなりますやん。それはその人が悪い。入れ方が悪いから。そこに愛はないじゃないですか。でも、ジコマン（自己満足）だったら、「おれは爺さんを風呂に入れたんや」と。それが役に立ってるか立ってへんかを検証すれば、何でじいさんがありがとうをいわへんかったかを検証する。検証して、爺さんが「お前の入れ方、下手なんじゃ」と言うたら、次は上手くなるかもしれない。自分に対するジコマンだという、ある意味、納得と、役に立ってるかの検証を行うことがボランティアには必要やと思います」

神戸でピースボートのスタッフが行ったのは『ディリーニーズ』という情報誌の発行である。[26] 地震直後の被災地において最も求められ、そして最も得ることが難しかったのは細かな生活情報であった。たとえば、どの銭湯が開いているか、炊き出しはどこで行われているかなどの新聞やテレビのようなマスメディアは伝えない情報が必要とされた。ピースボートのスタッフは東京からトラックで神戸市長田区の御菅地区の大火の焼け跡に、ボランティア拠点として地元の有志が提供した土地に建てられた簡易プレハブ建物に簡易印刷機を持ち込み、日刊でその情報を伝える新聞を発行した。また、それだけでなく全国からやって来たボランティアたちを適当なところに配置するコーディネートの作業も行っていた。

ここでの経験は彼にとって「ナマの人間にふれる」ものであった。アフリカやアジアなどでのボランティアの経験を持つ彼は、そのようなギリギリの条件で暮らさざるを得ない場所で、人間性の原形があらわれることを身をもって体験してきた。そのような人間像が神戸でも目撃されたという。また、ボランティアとは何かという問題について、彼はあくまで自己満足だ、と述べる。ただ、それが完全な自己満足であってはいけない。自己検証をたえず行った上での自己満足であることが必要だ、と彼は言う。

「その経験があったから今の自分がある」

続いて紹介するのは、避難所と仮設住宅のボランティアで活動した男性のインタビューである（写真4-4）。彼も初めに紹介した女性と同じようにＦＩＷＣを通じて神戸に入った。先ほど述べたように山下と菅は、ボランティアへの参加ルートとして所属団体を通じて活動したケースを主要なパターンのひとつに挙げていたが、これもその一例である。活動は、まずは避難所での環境整備であり、避難所が解消した後は、仮設住宅に移って、仮設住宅の人々のレクリエーションなどのケアに努めた。

「はじめて神戸に入ったのが、一月一七日から二週間位経った二月三日か四日だったと思います」

「きっかけは、その数ヶ月前にフィリピンでハンセン病関係のワークキャンプに参加して、その参加した団体ＦＩＷＣが神戸の地震で支援活動していると誘いがあって参加させてもらった、と」

「どんなボランティア活動かというと、当時、（神戸市）長田（区）はベトナム系の人がいっぱいいいて、公園で暮ら

［26］『ディリーニーズ縮刷版』

写真 4-4　仮設住宅でのボランティアに参加した男性のインタビュー映像より（2003 年撮影）

してたんですけど、テント暮らしだったんです。もうすぐ梅雨が来るのにテントではまずいだろうというので、廃材を利用して家を作ってたんです。その手伝いを週末みんなで」

「まあ、良い風に言うと、国籍なり何なりを考えずに、そばにいる人の助け合いをするような関係ができてたんじゃないかな、と」

「それがおわったあと、また夏休みに仮設住宅に関わる事をやり始めたんです。そこだと日本人の方ばかりだったですけど、仮設住宅の中ではいろんな人間関係が……、よく騒ぐ方もいれば、静かに暮らしたい人もいるという、人間関係は難しそうだなあという印象は受けました」

「自治会長が仮設住宅の方から言われて、夏暑いですし、毎週かき氷会でもやりますか、みたいにボランティアの人が行って、かき氷でもてなすみたいな活動をしていました」

「切実で大変な状況だったんで緊張感があったのと、リーダーをやってた方のリーダーシップがかなりあって、そのリーダーに惚れて、ずっと活動を今でも続けているというところですね」

「神戸とワークキャンプで影響を受けた人が二人いるんです。一人はＦＩＷＣのリーダーで、もう一人は仮設住宅に住んでいた「おっさん」。最初はボランティアする人とされる人みたいな関係だったんですけど、段々奇妙になって、「おっちゃん」の原チャ（原動機付バイク）の後ろに乗せてもらって、スナックに行ったりとか、大学二年生の僕としては楽しい部分でしたね」

「はたち前後、一〇代後半からはたち過ぎるくらい、一番人からの影響を受けやすい時期。その時、どんな人と出会って、どんなことを感じるかで、人生決定することが多いと思うんです」

「神戸のボランティアに行ってなかったら、無論こんな人生選んでなかった気がします。本人としてはあれに参加して良かったと思ってる。ほんとに自分が必要だと思うこと、ほんとに自分がやらなきゃいけないことに全力を注げる。こんな仕事やってどうなるんかという悩み、今はないですから。そういう人生送れたのは、神戸の地震に行って、そこで色々考えて人生を選んだおかげだと思います」

インタビューでは、この男性は活動の中で、二人の人物との出会いが決定的だったことを述べている。一人はボランティア団体のリーダーで、もう一人は避難所の「おっちゃん」である。はじめは「おっちゃん」とは「ボランティアをされる人」と「ボランティアをする人」というよそよそしい関係であったというが、その後、交流を重ねる中でスナックに一緒に行くような親密な関係になっていった。当時大学生だったこの男性にとってそのような人と人とのかかわり合いは新鮮で、それがあったからボランティアを続けたという。

ボランティアを振り返ってみて、彼はそれが自分にとって決定的な体験であったと述べる。一〇代後半から二〇代のはじめという感受性の豊かな時期に、さまざまな出会いを重ねることができたのは幸運だったという。そして、その経験があったから、現在の自分がある、現在の自分に、この道がよかったのかあるいは、自分はこれをやっていてよいのかという迷いはない、と言い切る。この男性は、このインタビューの時点では、東京の有力私立大学に設置されたボランティア関係のセンターで教員として教鞭をとっていた。まさに、ボランティアの体験がその後の人生に直結していたといえる。

「大人って、かっこいい」

最後に紹介するのはＳＶＡ（曹洞宗ボランティア）というボランティア団体の一員として神戸で活動した男性

写真 4–5　お寺でのボランティアに参加した男性のインタビュー映像より（2003 年撮影）

の語りである（写真4–5）。

「大学の先生が、地震があった時、学校としてゆくゆくは、神戸に入るから、その先遣隊として行ってくれというところがスタートです」

「僕らが、大学生が、一番最初に入ったんですよ。っていうのはいわゆるプロみたいな人が立ち上げた後、はじめて大学生を受け入れる第一陣が僕らだったんです」

「最初のお寺は（神戸市）兵庫区の八王寺」

「「神戸にボランティアに行きました」っていうと、華々しいところがあるじゃないですか。おじいちゃんを助けて、おばあちゃんを助けて泣いて喜ばれました、みたいな。そういうシーン、テレビでやってましたけど、僕の仕事は全然違って、事務所で黙々と物資の片付け、ボランティアの食事作り、看板作り、そういう仕事が主でした。最初は」

「SVAは曹洞宗のお坊さんたちが始めたボランティア団体です。檀家さんから送っていただく物とか多かったんですよ。大根もいっぱいありました。大根なんて何万トン来たかわからない。大根と白菜。白菜も……夢見るくらい来ましたよ。さばききれない。沢庵とか浅漬け作ったりね。いろいろプロジェクトを起こして、「沢庵プロジェクト」とか、「白菜プロジェクト」とかって、一生懸命やりましたよ」

「六月頃かな、浴衣がばーっと来るわけ。かろうじて洗ってはあるんですけど、ただ帯がない。それで、頭に来て、団体の会長さんに、走って行って文句を言いました」

「そしたら、「これはいい物が来た」って。何言ってんだよと思ったら、「神戸で活動しているのはあなた達かもしれないけど、それ以外にも神戸で活動したいと思っている人達がいる、その人達に送ってあげて、これでぞうきん作ってもらったら、帰った人も仕事できるじゃないか、何でそんなことでカリカリするんだよ」ってね」

「いやー、世の中っていうか、その人って格好いいなあと思ってね」

「三月になってからそろそろ外に出て、体を動かすイベントをやろうって言って。こども動物園、ピエロ、けん玉、夢中だったですよ。イベントだって、夢中でしたね。どうやったら喜んでもらえるのだろう、とかさ」

「侃侃諤諤やりましたよ。僕らが大学生の時って、苦労しないでしょ。苦労しないで育ってるから、あんな状況みせつけられたら必死になりますよね」

「なんかこう、冷めてるの格好いい、みたいな時代じゃないですか。青春ブルースじゃないけど、あんなに熱く語れたのもなかった。友達と議論するなんてないじゃないですか。しかも、しらふで。あれ以降は、友達とそんなことで話できるようになりましたね。そういう友達が得られたからだと思ってるんですけど」

「地震がなかったら、こんなふうな人生を歩んでないなというのは少なからずありますけど。彼女が神戸に住んでても、結婚するとは思わなかったしね。変な話、地震があって、よりつながりあうものが……ありますね」


ボランティアというと、すぐに老人と接したり子どもと遊んだりという現場を予想するが、そうではなく、全国から寄せられた物資の仕分けがその仕事の中心であった。その仕事の中でも印象的な出会いがあった。ボランティアのリーダーの男性が、帯なしで送られてきた大量の浴衣の利用法について、彼に的確に指示を与えた時である。リーダーは雑巾にすることで、より効果的に使用できることを彼に伝えた。彼は、その発想に驚き、大人の世間知に尊敬の念を抱いたという。その時、ボランティアという場で人と出会うことの大切さが認識されている。

この男性はこのボランティアの経験を振り返って、人生にとって大きな意味があるものであったと位置づけている。それまでの人生においては、友人といろいろなことについてまじめに熱く議論を交わすことがなかったという。しかし、神戸でのボランティア体験を契機として、友人とまじめに議論を交わすことが恥ずかしくないことだということを認識したという。実は、このインタビューは、この男性が、結納のため神戸を訪れる際、その往路の新幹線の車中で収録された。神戸に住んでいた交際相手と結婚にまで至る交際をするようになったのも、震災ボランティアとして神戸に通ったからだという。その意味で、ボランティア体験はつねに自己の人生の意味を変えたものとして現在に回帰してきていた。

その後の生の中に残る体験

さて、以上、インタビュービデオで語られた内容について見てきた。ここで、ボランティアの体験がその後の人生においてどのように残っているのかを考えてみたい。

それは、語り手のボランティア後の経験と語りにおける四つのパターンとの対応関係である。図4-1に示したとおり、時系列的に分析してみた場合、震災ボランティア以前と以後において、ボランティアとのかかわりがどのように変化したのかを分類すると、四つの象限を描くことができる。震災以前に関して見ると、震災以前からボランティアをしていたか、していなかったか、また震災以後の現在に関してみると震災以後もボランティアを続けているか、続けていないかである。それに従ってみると、震災以前にボランティアをしていたのは、二番目のピースボートの男性と三番目のＦＩＷＣの男性、逆にしていなかったのが、第一番目のＦＩＷＣの女性と第四番目の曹洞宗ボランティアの男性である。また震災以後現在もボランティアを続けているのも二番目のピースボートの男性と三番目のＦＩＷＣの男性であり、第一番目のＦＩＷＣの女性と第四番目の曹洞宗ボランティアの男性は現在はボランティアを続けてはいない。これを四象限に当てはめると、第一番目のＦＩＷＣの女性はＤ、第二番目のピースボートの男性はＡ、第三番目のＦＩＷＣの男性はＡ、第四番目の曹洞宗ボランティアの男性はＤということになる。

　だがしかし、この四象限が体験の残り方とそのまま相関しているわけではない。たとえば、思い入れという点で見ると、自分の人生に影響を与えたと語っている三番目のＦＩＷＣの男性（Ａ）と四番目の曹洞宗ボランティアの男性（Ｄ）に対して、一番目ＦＩＷＣの女性（Ｄ）と二番目のピースボートの男性（Ａ）は直接的には自分の人生と結びつけた形でボランティアのことを話してはいない。これはどういうことであろうか。

　まず考えられるのは、一番目のＦＩＷＣの女性、二番目のピースボートの男性のいずれもが、職業として人を助けるという立場にあるからであるという原因が考えられよう。二番目の男性はピースボートの事務局専従

震災以前 ＼ 震災以後	ボランティアを行っていた	ボランティアを行っていなかった
ボランティアを続けている	A	B
ボランティアを続けていない	C	D

図 4-1　阪神・淡路大震災以前と以後ボランティアの経験の象限

スタッフとして忙しく働き、取材の際もその数日後に打合せのためにアフリカに行くとのことで、その合間を縫ってのインタビューであった。また一番目のＦＩＷＣの女性も助産師として、日常の業務で「生命」にふれる機会がある。それゆえ、むしろ職業として人を助ける現在を生きることに意味が大きく、過去において人を助けた経験は、語りの中では、比較的後景に退いている。

　一方、三番目のＦＩＷＣの男性と四番目の曹洞宗ボランティア男性の場合は、それぞれボランティアという現場とは若干離れた仕事に就いている。とはいえ、三番目のＦＩＷＣの男性の場合は、間接的であれ、ボランティアについて大学で教えるという点で現在もボランティアにかかわる立場である。一方、四番目の曹洞宗ボランティアの男性の場合は、仕事上ではボランティアにはかかわっていな

い。それゆえ、直接的には過去とのかかわりが希薄である。

とはいうものの、これはボランティアに対する一面的なイメージにとらわれすぎているかもしれない。ボランティアとは、一身にボランティアを行い、その後も、それを自分の人生の指針としている人というわけではない。できる人ができる時にできることを行う。それに大きくコミットする人もいれば、そうでない人もいる。むしろ、ボランティアをとらえる時、その多様性において彼らを見ることが必要であろう。

その点では、共通点が示唆的である。どのインタビューでも共通しているのが、どの人も八年前の震災ボランティアを生き生きと再現していることである。どこで、どのように、ということから始まって、どんなことを感じたのか、どんなエピソードがあったのかが、実にあざやかに語られている。インタビューで最も重要なのはこの点ではないかと思われる。カタストロフの時間の体験はその後、記憶の中に残り続ける。そしてそれはあるきっかけを与えられると鮮明に現在の中によみがえる。時間は、語りの中で決して過去にはなっていない、すなわち、個々人の内面においては、それはその時点の現在に生きるものとしてよみがえるべく残っているのである。

心の揺れという体験

すでに簡単にふれたが、情報論の金子郁容は『ボランティア――もうひとつの情報社会』の中で、この内面における体験を重視している。金子は、ボランティアとは一般に考えられているような、慈善や献身、奉仕のことではない、ボランティアとは、関係発見のプロセスであるという。金子によると、ボランティアとは「「助ける」ことと「助けられる」ことが融合し、誰が与え誰が受け取っているのか区別することが重要ではないと思えるような、「不思議な魅力にあふれた関係発見のプロセス」である。[27] つまり、ボランティアの本質は、個人のかかわりとつながりのつけ方であるのである。

そしてその上で、ボランティア体験の意味について、ボランティアで大切なことは続けることではない、とも金子は述べる。

心の揺れを体験することも大事なことであると思う。[28]

それは、なぜか。

（ボランティアの体験は・引用者）一人ひとりのなかに痕跡をとどめ、これからもさまざまな波紋を投げかけることになるであろう。[29]

（体験は・同）彼らの中に存在し続け、いつか、機会が訪れたときに、思いだされ、次の行動にむすびつくことであろう。[30]

ここではボランティアを個々人の内面に即して考える視点が提唱されている。つまり、ボランティアを考える

[27]　［金子 1992: 6］
[28]　［金子 1992: 72］
[29]　［金子 1992: 61］
[30]　［金子 1992: 72］

際､体験が個々人の心の中に何を残したのか考えることがまず必要になるといえる。その意味で､インタビューで、阪神・淡路大震災のボランティアの体験が生き生きとあざやかに述べられていたことは、ボランティアという行為の本質に彼らが触れていたことを示している。

そのことと、阪神・淡路大震災がカタストロフであることとはどう関係するのか。インタビューの中でＦＩＷＣで活動した男性は「緊張感」という言葉を用い、ピースボートの男性は「ナマの人間」、曹洞宗ボランティアの男性は「必死になる状況」という言葉を用いた。いずれも、そのボランティアの活動が、通常とは違う時間の中で行われていたことを示唆する。その時間とは､まさにカタストロフの時間である。ボランティアとは、まずは、個々人の内面において、さまざまな関係を再考する機会であり、それゆえ、その個々人の内部に強く残り続ける。そして、そのボランティアの特性に加えて、災害ボランティアは、それがカタストロフという特異な時間の中で行われることでその内面の印象をより強くその人の中に残すことになる。その二重の回路のもと、阪神・淡路大震災というカタストロフのボランティアの体験は個々人の内部に残っていったといえる。

補章1　ボランティアたちの顔が語る

第四章では、ボランティアの八年後の語りを通じてボランティアの体験がどのように残り続けたのかを見た。この補章1では、そのボランティアの体験そのものはどのような体験だったといえるのか、ボランティアの人々は、カタストロフの渦中という時間をどのように体験していたのかを、ボランティアたちをその渦中の姿で撮影した写真作品から考えてみたい。

実は、第四章でインタビューを紹介したボランティアには共通点があった。それは、ある一つの写真集に登場した人々だということである。その写真集とは、写真家北川幸三による『風が運んだ救援隊』と題された、阪神・淡路大震災のボランティアたちの写真集である。[1]

写真によるボランティアの記録の意味は何だろうか。すでに述べたように、阪神・淡路大震災におけるボランティアに関しては、多くの言及があり、また研究成果もある。[2] しかし、ボランティアを行っている真っ只中

［1］［北川 1996］
［2］［山下・菅 2002］ほか。

に彼らが何を考えていたのかということを明らかにしたものは少ない。なぜなら、研究とは、分析的な行為であり、分析のための行為を行うためには時間的なギャップが生じざるを得ないからである。

しかし、写真は、事後的な研究とは違う。写真家は、出来事の渦中に入り込み、その瞬間をとらえる。写真には、その出来事の瞬間が写し取られている。写真とは、写真家による時間の限定であるといえる。

写されたカタストロフ

阪神・淡路大震災のボランティアを主題として撮影した写真は意外と少ない。ボランティアの数は一〇〇万人以上であったが、その出来事が起きているさなかにあっては、それは明確なかたちをとったものではなかった。それを俯瞰して見ることができた人にとっては、それは大きな社会現象であったことがわかっただろう。しかし、渦中にいて、そのことの意味に気づくことはそれほど容易ではない。しかも、ボランティアの大多数は一九九五年一月から三月という限られた短時間に被災地を訪れている。この期間は、ボランティアという支援する者たちのあり方ではなく、地震の被害そのものをどうするかが問われた時期である。言い換えると、ボランティアという支援者に注目するよりも、被災した者に注目が払われた時期である。だから、それを記録する重要性に気づいていた人も多くなかったといえる。もちろん、第四章第1節で見たようなボランティアをめぐる議論につながる論調は、この時期からあったので、マスメディアの報道は多かった。それゆえ、報道写真の中に写り込んでいるボランティアや、ボランティア活動の中で撮られた私的なスナップ写真は多数あるだろう。しかし、写真集として、阪神・淡路大震災のボランティアを撮影したのは、北川のそれが唯一である。

だが、ボランティアの写真集は北川のものが唯一というものの、一方では、阪神・淡路大震災は「写され

写真4–6　奥野安彦『瓦礫の風貌』。瓦礫となったまちの光景とそこに立つ人が静かに写される。［奥野・土方 1995］。装幀＝伊勢功治

たカタストロフ」だった。その被災の状況が被災地の内外から、ジャーナリストによって、プロの写真家によって、学者によって、そして被災者自身によってつぶさに写真によって記録された災害だった。第五章で述べるように、このカタストロフは写されることで、国民的なカタストロフになっていった。[3] また、表現としての写真のあり方も問われた。

ここで、阪神・淡路大震災を撮影対象とした代表的な作品を見てみると次のような写真集があった。[4] 宮本隆司は、『KOBE 1995 After the Earthquake』において、建築の崩壊という現象を、感情を排して客観的に写し込んだ。奥野安彦の『瓦礫の風貌』（写真4–6）は避難所を訪ね歩き被害を受けた人々のいわばナマの、しかし決して悲惨ではなくそこにあふれる人間的なつよさを写し取った。米田定蔵の『都市の記憶――神戸・あの震災』では、旧居留地に代表される開港以来の神戸の近代建築の倒壊が、それ以前の姿とオーバーラップさせながら哀悼の感覚を込めて撮影されている。熊谷武二は、震災で壊れた町に定期的に通い『神戸・消滅と再生』（写真4–7）でその変貌を大判のカラーで明るく写した。本書序章でも紹介した『毎日ムック 詳細阪神大震災』を編集した西井一夫の命により被災地をルポしたことを契機にして関美比古は、その変化を七年間にわたって定点撮影し、『神戸市街地定点撮

［3］　本書第五章第3節 285–286ページ
［4］　［宮本隆司 1995］［奥野 1995］［米田 2001］［熊谷武二 1997］［毎日新聞社（編）1996］［関 2002］［牧田 1996］『SANPO下町通信』

写真 4–7　熊谷武二『神戸・消滅と再生』。地震後 1000 日の人々の再生に向けた表情が切り取られる。[熊谷・妹尾 1997]。ブックデザイン＝鈴木成一デザイン室

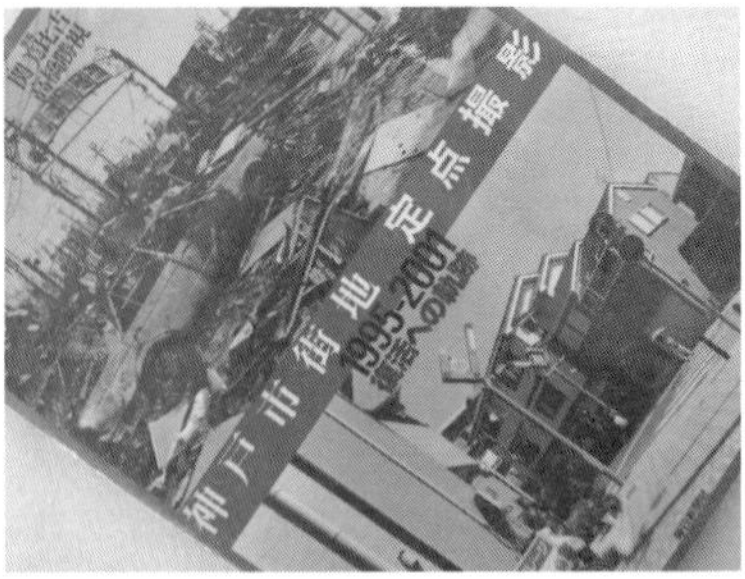

写真 4–8　関美比古『神戸市街地定点撮影』。5 年間の都市の再生が定点から観察される。[関・高橋 2002]。造本＝鈴木一誌

写真 4–9　牧田清『この街に生きる』。神戸市長田の街で力強く生きる人々が描かれる。[牧田 1996]。装丁＝森本良成

写真 4–10　永田収『SANPO 下町通信』。市井の震災後の暮らしがそっと差し出される。

影――一九九五―二〇〇一復活への軌跡』（写真4-8）としてまとめた。牧田清は、『この街に生きる――阪神大震災 神戸・長田区から』（写真4-9）で、ケミカル・シューズ産業に携る人々や、在日韓国・朝鮮人、在日ベトナム人たちの立ち直りの姿を共感を持ってうたい上げた。永田収は、震災で大打撃を被った戦前以来の神戸の市場の変貌、あるいは終焉を見届けようとするかのように『SANPO下町通信』（写真4-10）と題するミニコミ形式のグラビアを刊行し、定期的に写真を世に問うた。北川幸三のボランティアを撮影した写真も、阪神・淡路大震災を扱ったこれらの写真家たちの営為の中に数えることができる。

「顔」の写真

この後の口絵でそのいくつかを紹介するが、北川の写真で一番印象に残るのはボランティアたちの顔の表情である。『風が運んだ救援隊』にはボランティアたちをドキュメンタリータッチで撮影した写真も含まれているが、大きく扱われ、また、印象に残るのは、被写体となったボランティアたちの正面にカメラを構えて撮影された二人称の写真である。ここで選ばれている方法は、ボランティアを客観的かつ第三者的にとらえる三人称の写真でもないし、あるいは撮影者の思い入れを独白として噴出させるような一人称のモノローグでもない。ボランティアを撮影する北川は、二人称、つまり私とあなたの関係に立った上で、中判カメラをボランティアたちの正面にすえている。そのスタンスが、被写体となったボランティアたちの表情の中にある、やわらかく、優しい何かを引き出している。もちろん、その何かを引き出しているのは、単に構図の問題だけではなく、ボランティアの中に入り込み、そして、撮影のための取材や単なる同行の域を超えて、自らも同じ場に身を置くという北川の姿勢でもあったことは言うまでもない。

哲学研究の鷲田清一は、ボランティアが「〈顔〉の経験であった」という[5]。現象学の立場から顔とは何かを探求する鷲田は、地震直後、被災地を訪れた際の印象を「被災地に〈顔〉が見られた」という印象的な言葉で表現した。震災の翌日、やっと通じた阪急電車に乗った鷲田は、リュックやビニール袋をいくつも持ち神戸に向かう人の顔が圧倒的な存在感で迫ってくる気がした。

〔その存在感は・引用者〕あるいは、だれかがわたしを呼んでいるような感じ、とでも言ったらいいだろうか。（中略）それぞれの人がそれぞれにかけがえのない「あのひと」に思いをはせる、そういう思いつめた気配を、道行く人の顔や背筋や指先にふと感じた。[6]

それを鷲田は、「〈顔〉の経験」と呼ぶ。

だれかがわたしを気づかい、わたしを遠目に見守っている、そういう感触、それが〈顔〉の経験ではないか。[7]

ボランティアというのも、まさにだれかの前に〈顔〉を差しだすという行為としてあったのだろうと思う。[8]顔とは私とあなたの間主観性として生じる出来事のインターフェースにあるものであり、私とあなたはその顔を通じてコミュニケーションする。被災地で人々が痛感したのは、まさにその顔がコミュニケーションにおいてどれだけ大きな意味を持つのかということだった。鷲田のいう「〈顔〉の経験」とは、たとえば幼児が見守ってくれる母のまなざしや視線を確認しながら一歩一歩その行動範囲を広げてゆくように、純粋に自分を見守ってくれる顔があることから来る安心感や、そのような存在を感じるときのたしかな感覚のことである。阪神・淡路大震災のボランティアとはまさにそのように、私はあなたの傍らにいるということを顔をもって示した行為であったと鷲田は位置づける。

顔とは、人の精神の内面を外にあらわすものである。精神の内面がそのまま外部に出るとしたら、それは、傷つきやすいものである。とくに、その顔が素のままに近い顔であればあるほど、それはその人の内面をあらわしている。

顔については、この時期さまざまに議論が起こっていた。政治学の栗原彬は素顔の声を聞くという経験について述べている。[9] 一九九三年四月、カンボジアで、国内紛争後の初の選挙が行われた際、国連ボランティア選挙監視員の中田厚仁（二五歳）と通訳のレイ・ソク・ピープ（一九歳）が殺された時に書かれた「ヴァルネラビリテの思想」という論文で、栗原は、作家の大江健三郎の「信仰を持たない者の祈り」[10]や、フランスの哲学者エマニュエル・レヴィナス Emmanuel Lévinas の思想[11]にふれながら、ヴァルネラビリテ la vulnérabilité という言葉を提起する。ヴァルネラビリテとはフランス語で傷つきやすさを意味する。ヴァルネラビリテとは人がその人生を生きたことをだれもが否定できないことである。そして、それは、死を前にした人間の「私を死にゆく

[5]　[鷲田 1995]、のち［鷲田 1998］に収録。
[6]　[鷲田 1998: 7]
[7]　[鷲田 1998: 7]
[8]　[鷲田 1998: 5]
[9]　[栗原 1993]
[10]　[大江 1992]
[11]　[Levinas 1971]

ままにするな」という素顔、フランス語でいうヴィザージュ le visage の訴えを感受する感性である。当時、事件は自衛隊のPKO派遣ともかかわりさまざまに論じられた。その状況の中、栗原は「私たちは、コンポントム州で死んだ二人の若者のヴィザージュをまっすぐ受けとめたのだろうか」、「二人の若者の生は、未だまるごと受けとめられていないのだ」と述べる。

本書の序章で、カタストロフに関する近年の研究動向を述べる中で、イタリアの哲学者ジョルジョ・アガンベンの人間性に関する議論を紹介した。[12]アガンベンは、カタストロフの中で死にゆくものが見守られないことが非人間的であるとしたが、ここでも、同じことが述べられている。カタストロフにおける顔の重要性をこれは示唆する。

ボランティアに関しては、中井久夫の「ボランティアとは何かをしてくれることではなくて、そこにいてくれることだ」という発言がある。[13]先ほど第四章でも引用した『ボランティア——もうひとつの情報社会』の中で、金子郁容はボランティアを、たんに人を助けることではない。助けることと助けられることが渾然一体となった不思議な過程であると定義していた。[14]

震災ボランティアとは、人々が心の中にいだく気遣いや心遣いが行動としてあらわれたものである。北川の写真が、ボランティアたちの顔に注目する構図を選び取らなければならなかった理由、つまり北川の写真が顔の写真であることの理由の一つは、このボランティアの特性による。

瞬間の写真

一方、北川の写真は「瞬間」の写真でもある。

それは北川の移ろいゆくものへの感覚のことである。北川の写真は「風が運んだ救援隊」というタイトルを冠されている。風が運んだとは、他者によって運ばれてきたという含意であり、それを読めば、ボランティアは、風によって運ばれるという受け身のかたちで被災地に来たとも受け取れる。しかし、被災地に来たボランティアは、風が運んだのでもなければ、風に運ばれてきたのでもない。ボランティアたちは、自らの足と意志で、能動的に、神戸にやってきたはずである。だが、それは「風が運んだ」とたとえられている。「風が」には、自然である風、つまり偶然がボランティアをこの地にもたらしたという含意がある。

ボランティアは、だれが運んだかわからない、どこに運ばれるかわからない者たちのことである。しかし風に運ばれたものはまさにそこに運ばれるべくして運ばれてきたのであり、風はそれをそこに運ぶべく吹いていた。北川のカメラは、その一瞬が風とともに過ぎ去ってしまう一瞬であることを意識しながら、しかし同時にその一瞬とは、偶然が必然に転化してゆく歴史の瞬間であることをもとらえている。

地震とは自然現象であり、自然現象は、偶然の現象であるともいえる。一九九五年一月一七日午前五時四六分に、北緯三〇度東経一三五度付近の活断層が動いたのは、人間社会における因果性の有無という点から見れば偶然でしかない。しかし、人はその偶然の出来事を、必然の出来事であるかのように感じ、歴史的出来事であると意識してゆく。

---

［12］　本書序章第2節41ページ。なお、この死と見守ること、見られることという論点については、本書第五章第5節327–331ページ、同第6節341–342ページ、本書第十章第2節643–644ページでも述べる。

［13］　［中井 1995］

［14］　［金子 1992: 6］

前章では、カタストロフが偶然ととらえられる機制を、自然と人間の二つの系の交わりとして考えた[15]。一方、偶然が必然として認識されるメカニズムは、人間の内的時間のあり方の一種でもある。偶然が必然として認識されることとは、それが存在に強い光が投げかけられる瞬間であり、めぐりあいや出会いの瞬間、さらにいえば強い忘我体験とも通じるものだと指摘されている[16]。

ここで重要なのは、それが瞬間であることである。強い光は瞬間的にしか生じない。先ほど第三章で、カタストロフの時間が瞬間でもあることを見たが、時間の発生はその原点を瞬間の中に持つ。偶然が必然と感じられるとは、その瞬間から見て、過去から現在に至る時間の流れはそうでしかありえなかったと感じられることである。それが必然と感じられるとは、その因果性がそうでしかありえなかったと感じられることだが、因果性と時間のオーダーは、本来は無関係である。形而上学においては、後方因果性 backward causation のように結果が原因に影響する可能性が指摘されている[17]。また、終章で見るように、可能態（デュナミス）と現実態（エネルゲイア）という組み合わせも、一般には時間的前後関係だと思われているが、それは時間的前後関係というよりもむしろ論理的関係である[18]。

偶然とは、本来は、因果性が存在しないことである。そこに因果性が感じられること、過去から現在に至る時間の流れがそうでしかありえなかったと感じることとは、その瞬間から、過去を新たにそのように語ることである。それまで流れていた時間を、その瞬間からさかのぼって新たな語りが生じるのである[19]。そのような語りが生じるには、ある強い契機が必要である。その強い契機とは、まさに、カタストロフの衝撃である。地震という強烈な揺れが引き起こす瞬間とは、時間の発生だけではなく、偶然を必然と感じさせる意識の組み替えを人に強いる一瞬である。

そのような強い光の瞬間によって自己の存在が問い直されていたのが、地震というカタストロフの時間であった。とするなら、ボランティアとは、その光源によって照らし出された自己の影を被災地に身体を運ぶことによって確認した行為であったともいえる。

顔の写真と開かれた時間

写真においては「決定的瞬間」が存在する。これは、フランスの写真家アンリ・カルティエ‐ブレッソンHenri Cartier-Bresson の写真集『Image à la sauvette イマージュ・ア・ラ・ソヴェット』（一九五二年）の英語版『*The Decisive Moment*』（一九五二年）のタイトルとして採用されたことで著名になった概念である。もともとのフランス語のタイトルは、イマージュという英語でいうイメージと同義である名詞と、ア・ラ・ソヴェットという「もぐりの、こっそりと」を意味する副詞からなる。副詞は、本来は動詞を修飾する語であるため、イマージュという名詞を修飾することはできないが、ここでは意図的に変則的にその二つが組み合わされ、異化作用がもたらされている。近年、文化史、写真史の分野でこのタイトルの多義性のあり方に関心が寄せられ、日本語訳や英語訳のさまざまな案が出され、「逃げ去るイメージ」や「かすめ取られたイメージ」などが提案されているが、まだ定訳はない。[20]

［15］第三章第1節 145–146 ページ
［16］［木田 2001］［古東 2002］［松浦 2001］
［17］［Laux and Zimmerman 2003: 419］, Stanford Encyclopedia of philosophy.
［18］本書終章第1節 737–738 ページ
［19］この点については、本書第七章第3節 486 ページでも述べる。
［20］［佐々木（悠）2016］

「決定的瞬間」を「イマージュ・ア・ラ・ソヴェット」の英語訳としたのはブレッソン自身ではなかったため、ブレッソンはこの概念を定義したわけではないが、通常は、写真のフレームの中に、ある写真として望ましい構図が生じる瞬間が決定的瞬間と呼ばれている。そして、時々刻々過ぎ去る時間の中に存在する、その瞬間しかない瞬間の連続の中に、そのような瞬間を見出すことが写真家にとっての望ましい撮影行為だと考えられている。北川が撮影において立ち会ったのは、その瞬間でなくては撮影できない一回性の時間である。カタストロフの直後には、通常の時間とは異なった時間が流れる。そのような時間は、その時に、その場にいなくては写真として撮影することはできない。

その写真が、顔の写真であったことの意味はどこにあるのか。先ほど、現象学的な顔の意味を見たが、ここでは、写真論の文脈から顔の写真であることを考えてみる。顔の写真とは、二人称の写真である。二人称の写真とは、あなたと私の関係ということだが、顔の写真の場合のあなたと私とは、だれのことなのであろうか。まずは、撮影者と被写体との関係である。写真が撮られるとき、カメラをまっすぐに見つめた被写体の視線の先には、ファインダーがあり、ファインダーの向こうには、撮影者がいる。撮影者と被写体は正対し、その視線は、一本の線となって結ばれている。しかし、撮影の瞬間、カメラの内部では、反射板が開き、ファインダーは閉ざされ、光線は、フィルムに向かう。被写体の視線は、フィルムの上に向かい、フィルムに定着される。次には、フィルムは現像され、現像されたフィルムを用いて画像が写真として焼き付けられる。写真となった画像においては、被写体の視線は、写真の画面を通じて、その写真を見る者の方向に向かう。写真を見る者が、写真に正対した時、その写真の視線と見る者の視線は一本になる。つまり、二人称の写真は、撮影者と被写体のつくる私とあなたの関係から、写真を見る者と被写体のつくる私とあなたの関係になるのである。

この関係は、見る者と見られる者という関係を開いてゆくものであり、時間に開かれた関係であるといえる。

撮影者と被写体との二人称の関係は、その写真が撮影された時点での閉じられた関係でしかない。しかし、被写体とその写真を見る者との関係は、写真が撮られた時以降も写真が見られるたびに起きる。それは、しかも、見る者がだれであれ発生する関係である。その意味で、顔の写真とは、被写体と撮影者の、その時、その二人の、二者の関係に見えるが、実は、その時も、その二人をも超えたかかわりを可能にする写真である。

写真論においては、写真が時間を静止させるものであるという伝統的な議論がある。ヴァルター・ベンヤミンやロラン・バルト Roland Barthes などはこの立場に立つ。[21] しかし、近年の写真論においては、写真が、写真として複製されることにより、時間を「渡ってゆく」ものである側面に着目が集まっている。[22] 写真とは、ある瞬間を切り取るという点において、撮る者と撮られる者の相互行為である。しかし、写真というものを子細に見るとそれだけでは写真は成り立たない。写真には、焼き付けを行うプリンターという職業や、仮にそれが写真集として出版されるようになるとしたら、それを写真集としてまとめる出版者など、さまざまな人々が介在する。つまり、写真を撮ることには、写真を撮ること以外にも、写真を現像し、焼き付けること、写真を出版したり、展示したりすることなどが含まれる。時間を「渡ってゆく」とは、これらの介在する人や行為を通じて、切り取られた瞬間が、次々と別の時間の中に移ってゆくことを意味している。先ほどの文脈でいえば、関係を開かれたものにすることである。その点について見れば、北川のボランティアの写真が、『風が運んだ救援隊』という書籍として出版されていることで、関係がより開かれたものになっているといえる。

開かれた関係とは、時間において、歴史性を生み出す根源的な要素である。第三章で見たように、ハイデガー

[21]「ベンヤミン 1998」［Barthes 1980］
[22]［佐々木（悠）2016: 300］

は『存在と時間』の中で、時間には内的時間と客観的時間の二種類があることを明らかにした[23]。客観的時間とは、カレンダーとして社会に共有可能な時間である。そうして、そのような客観的時間の存在が、歴史性の基礎となることを見出した。ハイデガーはこの時間について öffentlich という単語を使用している。この単語は、通常公共的と訳されるが、そのもととなった öffnen という動詞には開くという意味がある[24]。公共的であることとは、すなわち、開かれている関係であるという含意である。歴史とは語られる歴史であると同時に、ある出来事である。ある出来事が出来事であるためには、それが、人々に共有される必要があり、その共有という基盤があってはじめて歴史は歴史たりえるのである。

本書第三章では、カタストロフの瞬間が、人間存在にとって根源的な時間であることを見た[25]。根源的であるとは、時間が生み出される機制の根底に、カタストロフの瞬間が触れているということを意味する。時間が生み出される機制の基盤にあるもののひとつに、時間が共有されるもの、開かれているものであることがある。

ボランティアたちはカタストロフの渦中に身を置くことで、時間の根源に触れていた。時間の根源は、歴史になるとき開かれた他者を要する。北川幸三が撮影したカタストロフのボランティアの写真が二人称の顔の写真であるということは、その時間と歴史の関係を語っているといえる。

［23］［Heidegger: 418–421］

［24］公共と開かれていることについては、本書第五章第２節 270–271 ページでも検討する。

［25］本書第三章第２節 157ff. ページ

北川幸三写真集

『風が運んだ救援隊』より

神戸市長田区旭若松公会堂前で。
1995年3月

口絵として、第四章と補章１で言及した北川幸三の写真集『風が運んだ救援隊』（長征社、1996年）からの写真を掲載する。1995年から1996年にかけて、被災地を訪れたボランティアたちを撮影した写真である。ボランティアたちの顔、そして当時、神戸に吹いていた風と光を感じていただければと思う。なお、この口絵に続く「ダイアローグ１」では、北川とこの写真集を中心にして対話を行っている。

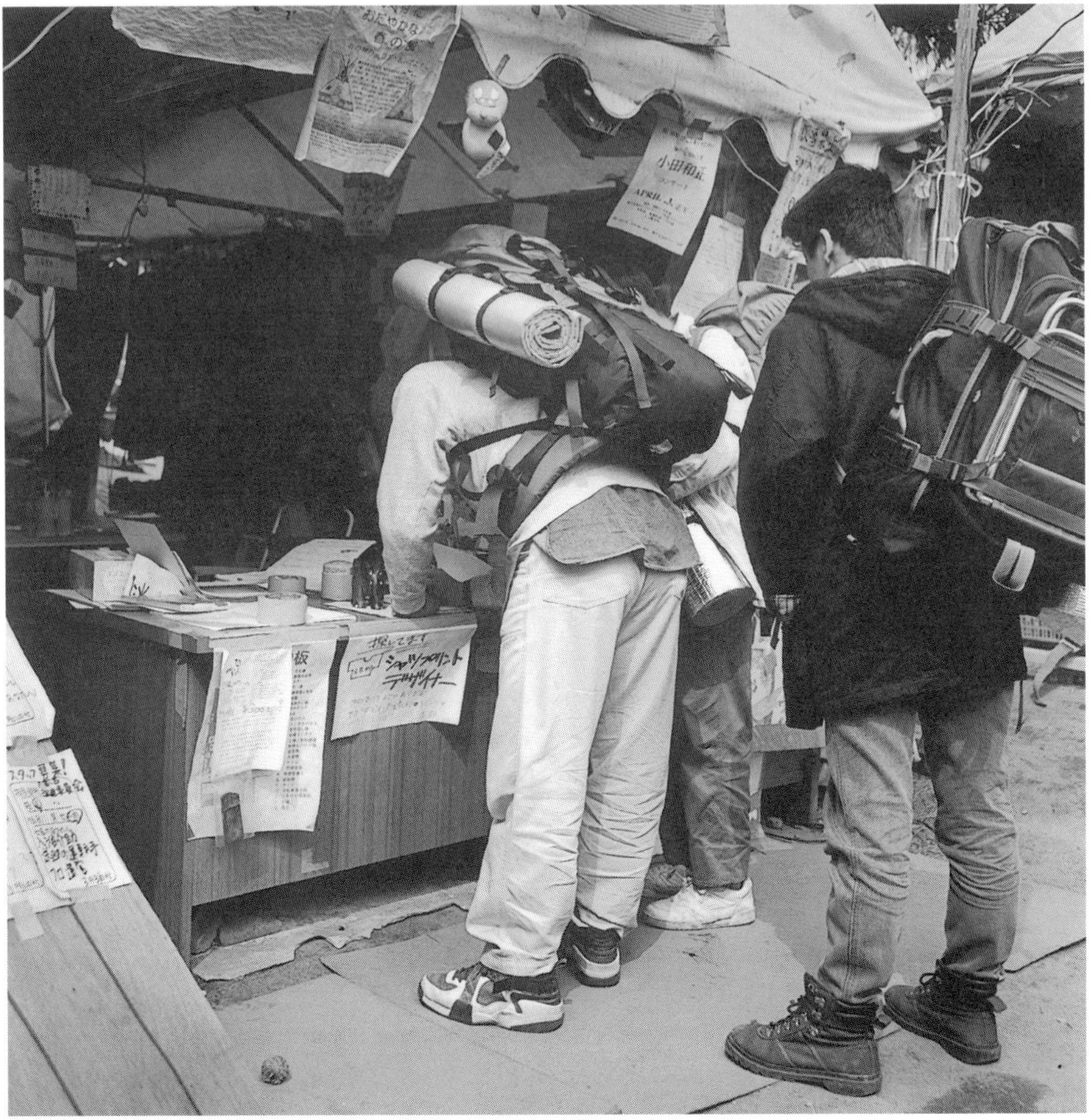

ボランティア受け付け。
神戸市灘区で　1995 年 3 月

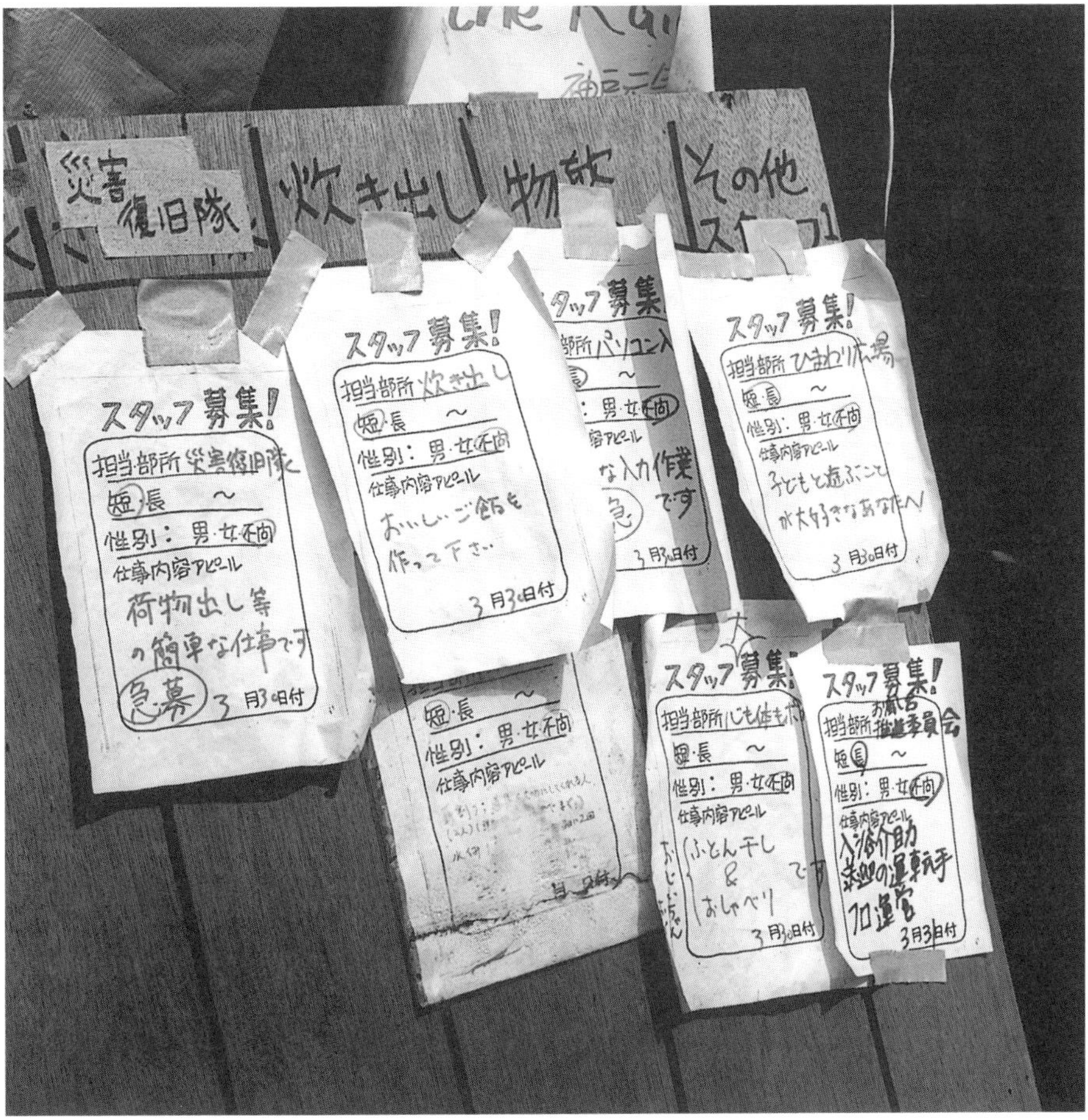

ボランティア基地の掲示板。
神戸市灘区で　1995 年 4 月

シートを張る。
神戸市灘区で　1995 年 4 月

雨の降り続く一日、テント内でミーティングが続く。
神戸市兵庫区須佐野公園で　1995 年 3 月

避難所のある公園の一角に「こどものあそびば」はつくられた。
神戸市長田区南駒栄公園で　1995 年 6 月

神戸市長田区で　1995 年 3 月

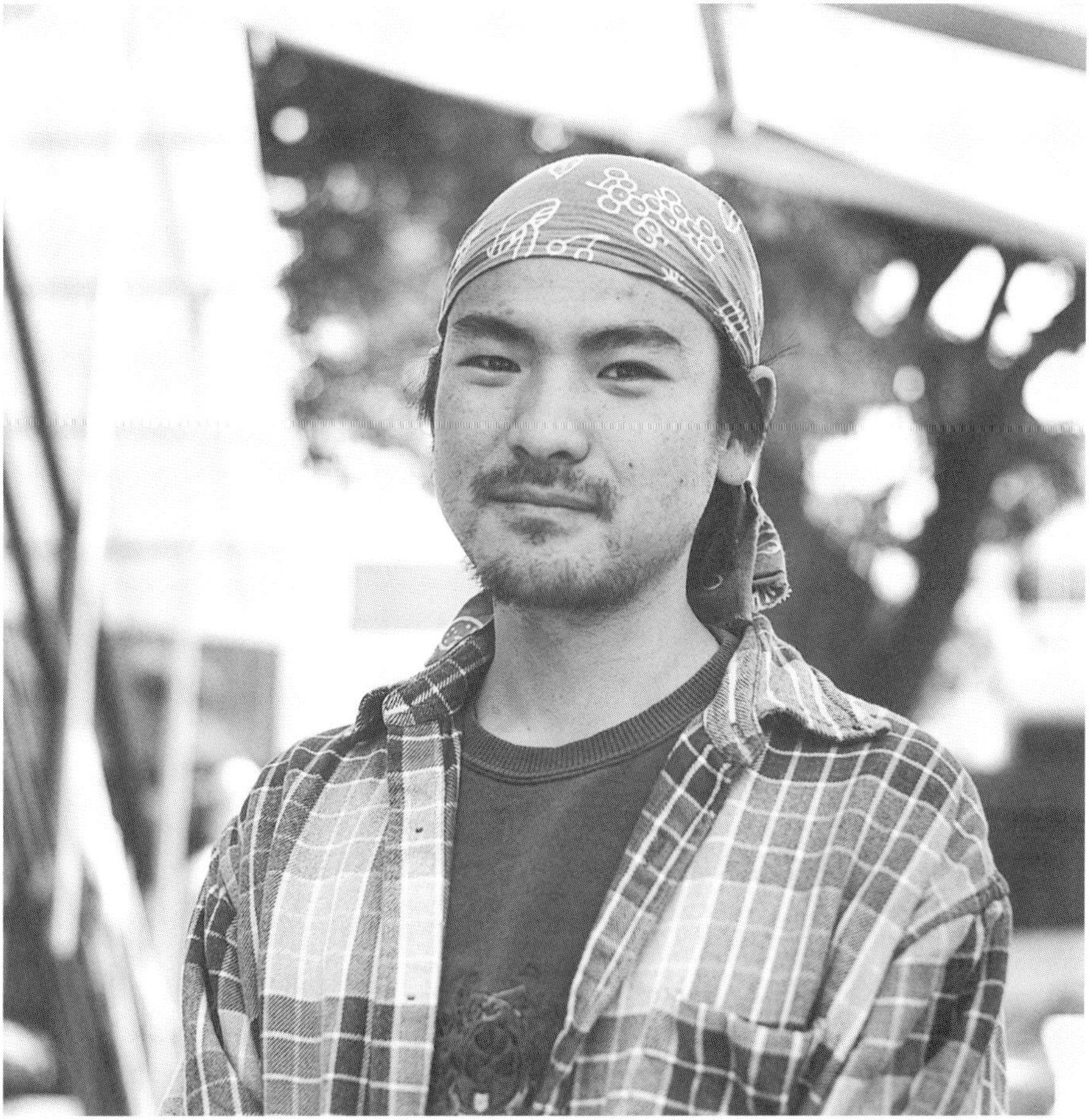

神戸市兵庫区で　1995 年 3 月

ボランティアによって行われている足湯マッサージ。
神戸市灘区で　1996 年 3 月

Dialogue ダイアローグ 1

風を撮る、光を撮る——写真家・北川幸三との対話

カタストロフをさまざまな表現の場から見つめてきた方をゲストとして招き、その声を聞くこの「ダイアローグ」コーナー、その一番目には、本書第四章と補章1の中で言及し、口絵でも写真を掲載した写真集『風が運んだ救援隊』の写真家・北川幸三を迎える。地震から一年後に発刊されたこの写真集には、震災のボランティアたちの顔と、被災地に吹いていた風と光がとらえられているが、その写真たちは何を語るのか。その背後にあった写真家の思いとは。晩秋の午後、北川の仕事場を訪ね、語り合った。

寺田　本書の口絵では、北川さんの写真集『風が運んだ救援隊』[1]から写真を収録させていただいています。そこで、この写真集をめぐって、一九九五年の阪神・淡路大震災の際に起きたボランティアというムーブメントについて、写しとられた顔について、そして風や光についてなどをめぐってお話しできればと思っています。

北川　私は、震災から二〇年以上の時間がたって、こ

[1]　[北川 1996]

北川幸三（きたがわこうぞう）

写真家。写真集に『風が運んだ救援隊』（長征社、一九九六年）ほか。ライフワークとして、能登・若狭の民俗、奈良の山中の中世の石仏、キエフの国立バレエ学校などの撮影を行う。大阪府茨木市在住。

の写真について、撮影者の名前も、写っている方達の名前もいらないと思っているんです。もう時間の中に埋もれて、眠らせてやりたい。今回、寺田さんから連絡をいただくまで、そのようなことを思っていました。

今はボランティアの時代と思えるほど、人のために無償で自分の時間を提供すること、動くことができる、そのようなことが社会的な認知を受けている。そんな時代になっているかな、と。神戸でボランティアの方達と一緒の時間を過ごすまでは、私に気持ちがなかったためか（それに気づきませんでしたが）、今、本を見返すと、ボランティアの皆さん、ごく普通のことをやっていたのかなと（思っています）。

寺田　写っている方々は、それぞれ名前のある個々人の方ですが、時間の経過の中で、その名前も、そして撮影者の名前も消えてもよいように思われたのですね。本書の中でも、「無名」ということが話題になっていますので、考えさせられます。

確かに、時間が経っていって、ある種の歴史になっていくと、名前がなくともよくなってくるような気もします。とはいえ、大切なことは、写真には、顔が写っていることだと思います。名前がわからなくなっても、写真の場合は、顔がある。写真には顔が写っている。顔はその人の存在を訴えかけてくる。本書第五章の中で「無名の死者」ということを議論していますが、それは文字通り名前もなく、また顔もない存在です。けれども、北川さんの写真に写っている人には顔がある。顔はその人の存在そのものです。その顔を通じて、その人という存在が語りかけてくる。そのことがとても大きいと思っています。

また歴史をやっている者からすると、北川さんのボランティアの写真は、大変貴重な歴史的資料でもある

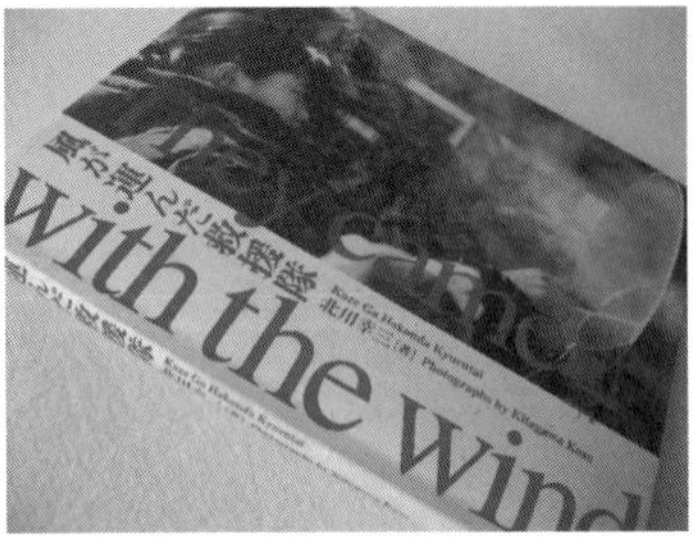

北川幸三『風が運んだ救援隊』。［北川 1996］。装幀＝濱崎実幸

ので、北川さんの写真、そして、北川さんの証言を残しておくことは、歴史的に必要なんじゃないかという思いもあります。

北川　当時、神戸で出会った若者が言っていたんですが、「自分達の世代は将来、何世代と呼ばれるんだろうか」、と。私より数歳上は全共闘の世代です。「自分達はボランティア世代、そういう呼ばれ方をするんだろうな」、そんな話をしていたことがありました。

（また、）大きな災害は自分が生きている間にはもう起きない（ように思っていました）。自分の思い込みだけで、たくさんのボランティアが一つの地域に集まるようなことはもう起きないと、思っていましたので、今を記録しておくことを考えました。

寺田　一九九五年の阪神・淡路大震災が起きた当時、一九六〇年代末から七〇年代はじめの学生運動で活動した人々の世代、いわゆる「全共闘世代」の人々が四十歳代から五十歳代くらいでしょうか。その上には、戦後復興期や高度成長期を青年期・壮年期として過ごした世代の人々も現役だった。ボランティアの人から、世代についての疑問を投げかけられたことは、そんな中、世代としてのアイデンティティが求められていたことを思わせます。二〇一七年の今になってみるとどうでしょう。歴史や時間の感覚は当時とはずいぶん違っているようにもみえるけれども、一方で、ソーシャル・メディアなどを介して同世代という意識は強い気もする。世代という感覚は、時代という意識を通じて、歴史とつながっている。本書の中では、ヒストリシズム（歴史主義）ということばを使っていますが、社会が歴史を意識する限り、世代というこの感覚はずっとついて回るのかもしれないですね。

ボランティアとの出会い

寺田　そのボランティアですが、どんなふうにしてボランティアの人々との出会いがあったのですか。

北川　知り合いの人形作家の方が西宮に一人で住んでおられて、阪急電車が西宮北口まで復旧した日（地震から三日目の、一月一八日）に訪ねました。[2]（駅を出て後は歩くのですが、同じ方向にリュックと寝袋を背負って歩く人達を何人も見かけました。その時は（彼

［2］　北川に日本人形を撮影した写真集がある［北川 1978］。

らがボランティアだとは）分かりませんでした。

暗くなった帰り道でも、同じ姿でリュックを背負って歩いて来る人達と、すれ違いました。その時は、（彼らが）何をする人達か分かりませんでした。（けれども、）私は長く写真をやってきた者として、その日に目にしたこと、経験したことなど、自分の胸に留めて被災した街を歩きたいと考え始めていました。

寺田　その人たちがどういうことをするためにいるのかわからなかったが、何かが起きているという感じがあったことだと思います。なんだかわからなかったけれども、記録したい、胸にとどめたいと思われたんですね。よくわからないけれども、大きな何かが確実に起きているという感じでしょうか。あまりに大きな出来事だと、それを自分の中に飲み込み、理解するために、とにかく歩くことや記録しておきたくなる。そういう衝動が起きる。それは、人間としての深いところから出てくる気持ちではないかと思います。

北川　それから、しばらくして旧知だった神戸で出版社をやっている市山隆次さん（のちに『風が運んだ救援隊』を出版することになる長征社の社長）と会ってみたいと思い連絡を取りました。三宮の喫茶店でしばらく話をしたと思います。当時、私が新聞に投稿している写真の話などして[3]──市山さんを頼るという気持ちではありませんでしたが──、神戸で活動しているボランティアの人達を写真に撮りたいと話をしました。

その後、市山さんから連絡があり、市山さんの知人で水俣支援活動の経験を持つ人が、兵庫区にある須佐野《すさの》公園を基地に活動するボランティア組織にいるが訪ねてみないか、とお話しをいただき、須佐野公園を訪ねました。（その）ボランティア事務所には、橋本さんというしっかりした、お母さんがいて、あたたかく迎えてくれました。

寺田　阪神・淡路大震災では、学校などの避難所では数が間に合わず、公園に避難してきた人々が、自主的にテント村をつくったり、ボランティア団体が、公園にテントを張ってそこをボランティア基地にしていることも多かったですね。須佐野公園は神戸市兵庫区南部の運河の近くにある公園ですが、ほかにも、灘区の石屋川公園や、長田区南部にあった南駒栄公園など、テント村やボランティア基地がつくられた公園が数多くありました。

北川　（須佐野公園にはじめて行った日、）JR最寄駅を降りて同じ方角に歩く女性がいたのですが、各局、須佐野公園まで一緒で、ボランティアの基地はすぐわかりました。

女性は、ボランティア事務所になっているプレハブ入口で、そこにいた女性（橋本さん）に声をかけて「私にできることありませんか」と話しはじめました。

——ああ、ちょうどいいわ。今、引越しの連絡があって、だれか、その間、おじいちゃん見ててくれる人さがしててん。

——行きます。添い寝でも、なんでもしてあげる。

いきなり、そんな会話で、女性は、ここに何度も出入りしている人と思ったのですが、後に分かったことで、彼女も私と同じ、今日初めて訪れた静岡県から来た方で、介護施設で働く方と記憶しています。

寺田　大きな災害の際には、人々の間の敷居が随分と低くなることがあります。災害に出会ったことによるある種の共同体のようなものができる。そんな共同体の輪があちこちでできていたのですね。

そんな中、印象に残った光景があるそうですが……。

北川　（神戸市長田区御菅地区の震災の大火の焼け跡に建てられた）「ピースボート神戸」のプレハブ二階建ての建物——後に地元団体が引き継ぐボランティア基地——があったんですが、建物の後ろに祭壇が設けられていて、夕方、訪ねた時に、一日の活動を終えたボランティアでしょうか、若者が長く手を合わせていました。私はその姿に動けず、一緒に心の中で手を合わせていました。この場所にさまざまな土地から集まっている若者達の心の中が理解できた、そんな気持になれました。

寺田　ピースボートのプレハブが建てられていたあたりは、ことのほか火災が激しかった場所で、一面の焼け野原になっていて、焼け焦げたものが残っていたり、焼けた黒い土が生々しく露出していました。そこを踏んで歩くこともためらわれるような感じがする場所で

---

[3]　北川の写真は、このころ一九九二年から一九九四年にかけて、『朝日新聞』家庭面の毎週木曜日の連載「こども」というコラムに定期的に掲載されていた。（「こども'92」「こども'93」「こども'94」とタイトルを替えて一九九二年から一九九四年まで継続）

した。そこでボランティアの若者が手を合わせていた。

北川さんの写真には、どこか祈りのような感覚があるように思います。祈りとは、何かに向かって手を合わせることであり、自分の中のとても無垢な感情を何かに向かって寄せてゆくことだと思うのですが、ボランティアの若者たちも、大火の後の光景の中で、自然とそんな気持ちになったのかもしれません。

いつも片手を開けておく

寺田　具体的には、どのように撮影をされていたのでしょうか。被災地に通っていたという感じだったのでしょうか。

北川　たくさん写真を撮ることは目的ではありませんでした。逆に規制して写真は少なくてよいと考えていました。リュックの中は半分あけておく。自分の片手もあけておく。目もそうです。いつも無理をしないことを考えていました。

写真を撮りに来ている者がどうして写真を撮らないのか。そのように思われたことも、あったかと思います。余裕の無い取材で周りに不快な思いをかけたくない。撮影枚数や（撮影）時間を少なくすることを考えていました。（また、）街を歩く時、機材はリュックにしまっていました。

一日に、二本か三本のフィルムを持って行き、帰って、フィルム現像と密着プリント作る。（その）後に、プリントを（持って）行って、結果を確認して、また行かせてもらう。そのような日を一年繰り返していました。

寺田　手探り、試行錯誤のような感覚で撮影をされていたのですね。はじめから、こうしようというのがあったのではなく、その場の状況に合わせて、その場の状況が要請するものに気持ちを、そして息を寄せるようにして撮影をされていたことだと思います。少しずつの積み重ねで、あるかたちが見えてくる。状況を記録すること、出来事をある表現としてとどめておくという場合においては、状況や出来事自体が、動き、生成しているので、その動きや生成に、こちらの側も合わせてゆくことが求められる。そんなふうな動きの中でかたちになっていった写真たちなのですね。

一本のフィルムで何枚の写真が撮影できるのですか？

北川　一二枚です。一本一二枚です。職業的な目でみれば、(一日に撮影した)写真は少ないと思います。できるだけ大切にていねいにやりたい。そう思っていました。最小限度の記録だけやらせてほしい。そのように祈るような気持ちでした。

寺田　それだけ大事だったんですね。

北川　めいわくをかけないように思っていました。(『風が運んだ救援隊』には、震災の風景だけを写した写真はあまりありませんが、)震災の街の風景をいつも意識しながらボランティアの人達を撮っていて、あまり写真には写っていません。わかる人にはわかると思って、わかる人に見てもらえばいいな、と思っていました。(ことさら瓦礫や、被災の風景を撮って、)私の写真で説明する必要はないと思っていました。

寺田　そう言われてみれば、瓦礫や焼跡といったいわゆる典型的な被災の風景は『風が運んだ救援隊』には直接的に、大きくは登場しないことに気づきます。被災した方たちの姿もほとんど登場しないですね。

北川さんは、以前、「写真を撮られると、気持ちの負担を感じる人は、そう感じることがあります」と言っておられました。それは、カメラだけでなく、見ること一般についてそうかもしれません。見られることはある意味で、視線というものにさらされることです。もちろん、見ることは、「見守られる」という場合もあって、それは、人にとって安心感を与えてくれるものですが、一方で、単に見られることというのは、ある種の負担にもなる。カタストロフの場というのは、人々が苦難の経験をしている場でもあるので、そのあたりの人間の機微というのは本当に難しいです。

『風が運んだ救援隊』の中にあるのは、それを気づかう雰囲気かもしれません。被災の風景は直接的には出てこないが、そのことで、かえってあの時の光景というものがあらわれている。光景というか、まさに、「光」というか、あの時にあった、光や空気や、その場にあったものたちや、それをとりまく何かが写りこんでいるように思えます。

北川　(インターネットなどで)思いがけず、(『風が運んだ救援隊』の写真について書かれた)ありがたいことばに出会うと、お礼の気持ちで、ただ心の中で手をあわせるばかりです。

ボランティアたちの葛藤

寺田　阪神・淡路大震災の時、ボランティアとしては、百万人以上の人々が来たといわれています。百万人以上が来るということは、そこには、エネルギーの塊があって、熱い運動みたいなものだったという気もしますが、さっきおっしゃった「その人たちがどうしてそこにいるのかが分からなかった」というのは、それとはちょっと違った感じかもしれないな、と思っていました。よくわからない何かが起きていたというか、じわじわと、その何かが起こりはじめていたというか。それはどういう感じだったのでしょうか。

北川　最初は、（それがボランティアという大きな動きだとは）わからなかったです。でも、そうなんだろうと思います。実際には、ぼくが、そういうことに関心がなかったというだけで。

知り合った（ボランティアの）若者に話を聞くと、（一九九一年の）雲仙岳（雲仙普賢岳）の噴火の時に、向こうのボランティアセンター――そのような名前は当時なかったかもしれませんが――で、（救援ボランティア活動で）顔合わせていた人たちがいて、（阪神・淡路大震災が起きて、神戸市）長田の区役所でも、再会したようです。そうして、「何してるの？」、「おう、お前こそ何してるんだ」と、そこから（神戸のボランティア活動が）始まるんですね。

ほんとうに、何年も、長い時間をボランティアで過ごしてきた人たちもいるんです。雲仙普賢岳の頃から。（一九九五年に）神戸の震災があって、仮設（住宅）で写真を撮ったのは次の年（一九九六年）です。（その時、ある一人のボランティアの若者の写真を撮りましたが、）その次の年（一九九七年）も、その彼はいたんです。

最後は、神戸で、（その若者が参加するボランティア・グループが）ずっと通っていた場所があったんですけど、その（被災者の）人たちに、「君の結婚式は必ず知らせてくれ。もう来なくていい」、「自分達を気にかけてくれるなら、君が一人前の社会人になった姿を見せてくれ」と言われて、肩も、背中も、神戸の町から押されて災害ボランティアを終えていく。彼は、学生時代から韓国にあるハンセン病元患者が暮らす村でボランティア活動を行う団体に所属していて、今は年一度、国内の元患者が暮らす施設の夏祭りに行って、賑やかしの気持でチンドン屋をやっているそうです。

寺田　ボランティアは学生や大学を卒業したての若者が住み込みで行っていたことも多かったですから、彼らにも葛藤があったんですね。若いがゆえのアイデンティティを求めた自分探しというような。そういえば、この自分探しというのも、一九九〇年代頃のキーワードだったかもしれません。北川さんの写真に写し取られたボランティアの顔を見ていると、そんな彼らの若さというようなものも写しこまれているようにも思えます。

東の風、西の風

寺田　写真集は『風が運んだ救援隊』と題されていますが、そのタイトルはどこから来たのでしょうか。絶妙なタイトルだと思います。ボランティアは、自分の足で歩いてきたんですが、でも一方で、風が運んだとしか思えないともいえます。

北川　タイトルは（何がふさわしいのか、はじめは）分かりませんでした。「災害」も「震災」も「ボランティア」（ということば）も、そのことばは、（地震の後いつも目にしているので使いたくなかった。

震災の年（一九九五年）の六月にボランティアの方達をテーマに大阪府の施設で写真の展示を行いました。その時に「風が運んだ救援隊」と（はじめて）タイトルしました。施設の担当の方は私の写真の先輩にもあたる方で、ご理解をいただき、被災地の方はじめ、多くの方に見ていただく機会をいただきました。被災地の方からもご意見をいただき、この取材を続けようという思いを持つことができました。

その後、写真は各地でボランティアの方達の活動報告に使われたりして展示の回数はかなりだと思います。（ただ）私が（主催して）行った展示は（一九九五年）六月の一回のみです。

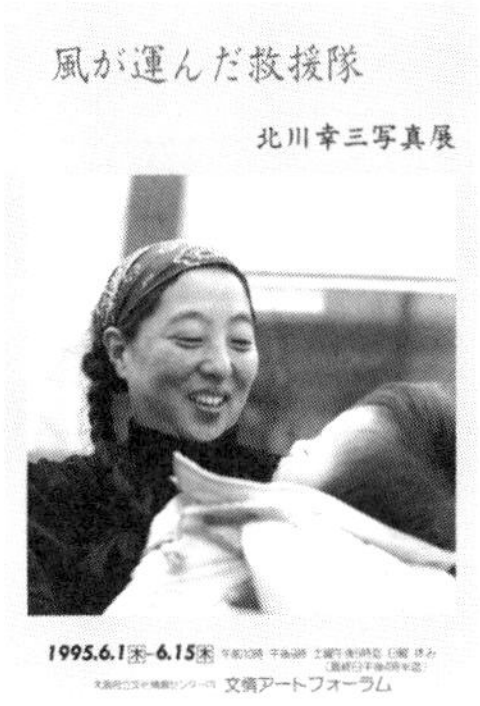

写真展「風が運んだ救援隊」（1995 年）

寺田　北川さんが大きくプリントして額装した写真を、ボランティアの方たちが借り出して、各地で展示会が行われました。写真展は、海を渡って、ボランティアの方たちの手によって、アメリカでも行われたそうですね。

たしかに、一九九五年ごろには、「ボランティア元年」、「ボランティア革命」、「ボランティア新世紀」などの言葉がメディアにはあふれていました。それは、ボランティアの価値を認めていたのですが、あまりにその価値をほめたたえていたがために、逆に少し強迫的な感じもあったかと思います。そんな中に、『風が運んだ救援隊』というタイトルを置いてみると、一陣の風が吹き込んできたような感じで、とても新鮮に響きます。

北川　「風」ということばを用いたタイトルの展覧会は、それまでにも行っていました。ぼくは、田舎は石川県ですが、能登半島を中心とした人たちのポートレートを撮っていました。「風のポートレート」というタイトルの展覧会をやったこともあります。

「あゆの風」という展覧会もやりました。「あゆ」は、「東の風」という意味ですが、「こちの風」だろうと、さんざん言われました。でも、福井の民俗学者の金田久璋さんが著書『あどうがたり』の中で、「あゆ」で間違いないんだと書いてくれた。[4] うちら（石川県）では「「あい」の風」ですけれども、愛知県の「アイ」も、その方言の「アイ」だという説もあります。

寺田　金田さんの『あどうがたり』の表紙には、北川さんが撮影された福井県小浜市和久里の壬生狂言の「狐釣り」の印象的な写真が使われていますね。

その本の中の「あいの風」という章の中で金田さんは、「あい」の古い形が「あゆ」だということを『万葉集』を引用しながら説明しています。

……我が背の君を　朝去らず　逢ひて言問ひ　夕されば　手携《てたずさ》はりて　射水川《いみずがわ》　清き河内に　出で立ちて
我が立ち見れば　あゆの風　いたくし吹けば　湊には
白波高み　妻呼ぶと　渚鳥《すどり》は騒く　葦刈ると　海人《あま》の
小舟は　入江漕ぐ　梶の音高し　そこをしも　あやに
ともしみ　しのひつつ　遊ぶ盛りを……[5]

大伴家持が富山の射水川（小矢部川）を詠んだ長歌の中にこのように出てきます。家持は、七四六（天平一八）年、二九歳の時、越中国の国司に任じられ、そこで八年間を過ごしますが、富山の光景や風にはこと

金田久璋『あどうがたり』。
［金田 2007］。写真＝北川幸三

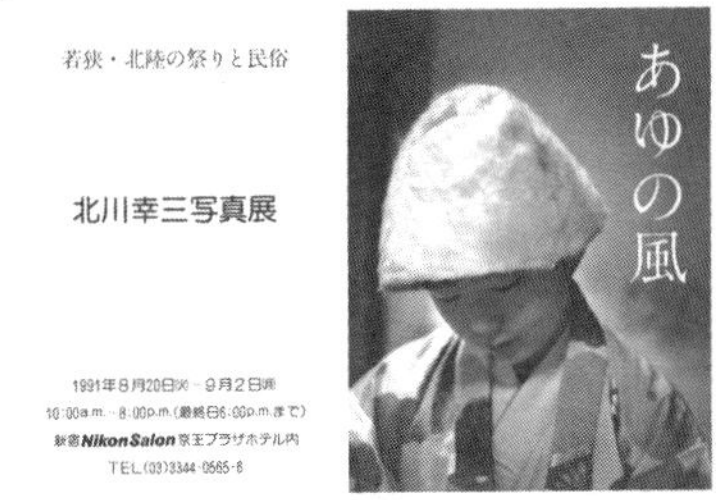

写真展「あゆの風」(1991 年)

のほか愛着があったようです。

英遠《あを》の浦に　寄する白波　いや増しに　立ちしき寄せ
来《く》　あゆを疾《いた》みかも［6］

この歌でも、家持はあゆを詠んでいる。氷見市阿尾の海岸に寄せる白波が多くなってきたのを見て、東からの風が強くなってきたからかもしれない、と想像しています。どちらも万葉仮名で「安由能加是《あゆのかせ》」、「安《あ》由《ゆ》」とはっきりとあゆと書かれています。

アユ、アイどちらも語源には、「アユル」「アエル」があり、それは饗という漢字の訓読みが「あえ」であるように、饗宴や食物の供与を意味するようです。能登半島の民俗行事には「アエノコト」という行事もありますね。日本海の各地では、あゆの風は、東からの風で、東から様々な文物を吹き寄せてくる風でした。「西風

北川　「西風浄土」という展覧会もやりました。「西風

［4］［金田 2007：210–211］
［5］「万葉集」巻一七、四〇〇六（［小島・木下・東野（校注・訳）1996：209］）
［6］「万葉集」巻一八、四〇九四（［小島・木下・東野（校注・訳）1996：257］）

写真展「西風浄土」（1993年）

浄土」の展覧会（の案内はがきに使用した写真）は、若狭のお盆の送りの浜辺の光景ですね。浜辺で送るのに線香を立てて船の形を作るんです。それでその中に、簡単なお供えを入れて、そういうことをやって、渚に向かって送るという行事なんです。

寺田　「あゆの風」が東で、「西風浄土」が西なんですね。

北川　そうですね、そこで言っている「西風」は、西方浄土の西ですね。

寺田　風が好きだったんですか？

北川　ええ、風が好きだったんです。そういうことがあるので、（『風が運んだ救援隊』に）「風」という言葉を使うことは、自然でしたね。

撮れると信じてシャッターを押す

寺田　風って不思議な存在ですよね。風は物質ではないんだけれども、物質のようでもあり、生きてはいないけれども、生きているようでもある。何かを運ぶものであり、また同時に、それ自身も何かによって運ばれるものでもあるという。本書のテーマとして、エネルゲイアや「なる」という考え方がありますが、それともつながるような気がします。

アリストテレスに『プシュケーについてΠερὶ ψυχῆς』、『プネウマについてΠερὶ πνεύματος』という作品があります。[7]「プシュケー」は「魂」で、「プネウマ」は「呼吸」という意味ですが、どちらも、プシュやプという風が口から出てくる破裂音を含んでいる。アリストテレスは、風は動きを作るものであることに注目しています。つまり、風は動きの原因である。[8] 動きとは、何かが生成することで、何かがその何かになること、何かが出来《しゅったい》することです。これはつまり、可能態（デュナミス）が現実態（エネルゲイア）に変わることですが、それを可能にするのが、魂であり、息であり、その背後には、風というものがある。風を息と見、生命を吹き込むものであると見ている見方だといえると思います。

そういえば、ルネサンス期フィレンツェの画家ボッティチェリ Sandro Botticelli が描いた絵画「ヴィーナスの誕生 La Nascita di Venere」（一四八三年頃）でも、誕生したばかりの古代ローマ神話の美の女神ヴィーナス（ギリシア神話のアフロディーテー Ἀφροδίτη）が西風の神ゼピュロス Ζέφυρος に吹かれて岸辺に向かって吹き寄せられている光景が描かれています。美の生成と人間界への到来が風によってもたらされている。先ほどの家持の短歌と言い、風というものは、洋の東西を問わず、古来から人間にとってとても大切なものとしてとらえられていたのではないかと思います。

それにしても、「風」は絶妙な言葉です。

北川　あまり言い過ぎないですしね。受け取り手にも、素直に伝わる言葉だと思います。

寺田　風も光も波動という作用だと言えば、どちらもある意味で波動だと思うのですが、でも、面白いことに、光は写真に撮れるけれども、風は写真には撮れないですよね。

北川　風は、撮れることを信じてシャッターを押さないと（いけないです）。ぼくの知り合いで、大学の先生をやっている方——金沢の大学で教育倫理学を教えていた先生がいて、その方に写真を教えたことがあるんです。その方が写真をやりたいというので、一緒に写真を撮りに近くの海岸に行きました。そして、その海岸で「この風の雰囲気が撮れるといいです」と言うと、「えっ、風、写りますかっ⁉」って。ははは（笑）。「ほら～、いい風吹いてるでしょ」って言っても、それがわからないんです。わからないんですよ。

寺田　で、風は最終的には写せたんですか？

北川　風が写せたかどうかはね……。でも、風が写ることを自分が信じなかったら写真はやれないな、と

---

[7]　[Aristotle 1936a] [Aristotle 1936b]

[8]　[Aristotle 1936 : 487]

思っています。でも、難しいです。雪の冷たさを、感じられるような写真を撮れるか、とか。なかなか冷たくは写りません。雪が冷たいのかと思っていたら、茨木の山の中での寒天造りの写真を、雑誌の仕事で撮ったことがありますが、そこの職人さんたちは「雪が降る日はあったかい」と言っていました。「ほんとうに寒いときは、雪は降らない、しみるんです」って。そこでは、雪の降る日は寒天造りには向かないようです。だから「雪はあったかい」(笑)。そんなこともありました。温度というか、手で触った時の感覚――モノクロの話ですけれども――それをつくるのは難しいです。

ていねいに撮りたい

寺田　写真集『風が運んだ救援隊』のキャプションには、写っているボランティアの方たちの名前が全て記載されていましたが、撮影されるときには、コミュニケーションを大事にされていたんですか。

北川　以前から（民俗行事などの際に）写真を撮らせていただいた方に写真を、お送りすることを、やっていました。「写真一枚、送らせてもらおうかな」、それくらいの気持ちでした。それで住所と名前が残っているんです。（写真を撮っている段階では、）本を作ることはまだ考えていませんでした。

寺田　それと、写真はアップの写真が多いんですが、アップで撮られたのはどうしてでしょう。

北川　やはり気持です。アップというか、「ロクロク（6×6）」（判の写真は）こういう感じです。

寺田　「ロクロク」判というのは幅が六センチメートルある中判フィルムのことですね。このフィルムの場合、一コマが五六ミリメートル四方の正方形です。通常の三五ミリフィルムは、フィルムの幅が三五ミリメートルで、一コマが、縦が二四ミリメートル、横が三六ミリメートルという横長ですが、「ロクロク」判よりも小さい。「ロクロク」判は、カメラも三五ミリ用とは違った大きめのカメラです。

その「ロクロク」判で撮影しようと思われたのはどうしてでしょうか。

北川　ていねいにやりたいという気持ちがありました。とにかくていねいにやりたいな、と。いま倉庫にねむっている写真は、セレンという調色ですが、少しでも写真を永く保たそうと思っていました。ボランティアの方たちが（各地での展示のために）何度も持ち出したので、どうなっているか……。もう、一五、六年見てないですからわからないですけどね、結構残ってるんじゃないかと思います。残したいと思って、調色をやったんです。それくらいの気持ちはありましたね。

寺田　さきほどもお聞きしましたが、苦難に出会った人々の地に向かう時に、ていねいな気持ちでいたい、というのは本当に尊いことだと思います。

以前、北川さんが、ボランティアの方たちの写真を撮っておられるときに、「間違いを起こさないように心掛けました」とおっしゃっておられたのを覚えています。「間違わないようにする」、それは、どこかで聖性ともつながるような気がします。沖縄の宮古島の神歌の研究をしている民俗学の内田順子さんによると神に仕える女性たちはとにかく「間違えないこと」を心がけているそうです。[9] 間違えないことによって至高性とつながる。

アンドレイ・タルコフスキーАндрей Арсеньевич Тарковский の映画『ノスタルジア Nostalghia』（一九八三年）にも、ろうそくの小さな炎を消さずに沼地を渡りきるシーンがあり、それは単なる沼を渡るという行為を超えてとてつもなく神聖なものを描いているような感じを与えますが、[10] それも、やはり、この「間違えない」こととつながるような気がします。また、北川さんがずっと撮影されてきた若狭の民俗行事に、「王の舞」という中世から続く儀礼があります。予祝にかかわる儀礼だともいわれていて、その年の舞いの善し悪しが、豊作を左右すると考えられている。だから、舞い手は懸命によい舞いをしようと努力する。それに対して、見る側は、よい舞いであれば「大豊作」という声をかけるのだそうですね。[11] なぜ、よい舞いをすると大豊作になるのか。そこには、間違えないことが天に通じる道であるというような考え方があるような気がします。人間は不完全な存在で、間違えることもあるが、天は完全なものであり、間違えることはない。コスモス（κόσμος）とは調和という意味で、カオ

［9］［内田 2000］
［10］この点に関しては［岡田 2017：240–245］を参照した。
［11］［橋本 2017］

写真展「ウクライナより――キエフ国立バレエ学校」(1999年)

写真展「春待ち若狭・王の舞」(2003年)

スと対になる語ですが、それは間違いのない境域ともいえます。「間違えない」ということとは、その天やコスモスの領域に人間が近づいてゆくことである、という類似性の考え方があるのかもしれません。[12]

それに、写真とは、一瞬を永遠にとどめることでもあるでしょうから、そこにおいて、「間違えない」ことは、どこか永遠や超越的なことへの思いとつながるのかもしれません。そういう心の震えみたいな感性でもって北川さんが神戸の地に向かわれていたことも、『風が運んだ救援隊』の写真の中には入っているような気がします。

しまいこまれていた顔

寺田　写っているみなさんは、それにしてもいい顔をされていますね。ありのままの自分が出ているという感じがします。

北川　ほんとうに、素というか、気持ちの中に、しまいこまれていた顔が出るんだろうなと思います。確かに、神戸でボランティアをやって、少しでも、自分がここにいる存在の意味が自覚できるということがある

「石仏の旅」(1979年)

「人形の寺」(1975年)

と、非常に気持ちが明るくなるのかもしれないです。「家にいてはできない」、あるボランティアの方の写真を見た方が、「うちのおじいちゃんのこんな顔見たことない」とおっしゃっていました。

寺田　ひらかれていくんでしょうね。気持ちが外に出ていくというか。北川さんの写真は、その気持ちみたいな部分を画面に定着させている感じがします。

先ほど民俗行事の写真についてお聞きしましたが、北川さんは、子どもの写真も撮ってこられました。その時の子どもたちのたたずまいが、実に自然です。それは、カメラが子どもたちと同じ目線にあるからのような気がします。

子どもというのは、大人と違った時間を生きていきます。子どもというのは、まさに生成し、「なる」途上にある存在で、その子どもの生きている時間の中では、時間が濃密にある。そんな子どもの時間というか、その存在が北川さんの写真の中には写しこまれているよ

[12]　類似性による超越的存在への近接については、レヴィ＝ストロースの説を援用して本書十章第4節701ページで検討する。

うな気がします。それは、北川さんの、そういった存在へのまなざし、そこに気を寄せていくような姿勢と関係するのではないかな、と思っています。

と同時に、北川さんは、日本人形や大和の石仏なども撮影しておられますが、そこに写し取られた人形や石仏への視線も、それらを物体として撮りつつ、その周りにある光や風、植物の緑といった動くものとの相互関係の中でとらえることで、生成し、動いているものとのへだてがなくなっているように思います。生命がないはずの人形は、刻一刻と角度を変え、強さを変える光の中に置かれることで生命を得、一方で、誰かの手によって彫られ草深い山中にひっそりと置かれた石仏は、植物とともに風化し、時間とともにふたたび一塊の石くれに還ってゆく。ものが、時間に、あるいは世界に開かれてゆくというか――もちろん、ものは生きているのではないのですが、それが我々が生きている時間という現象の中、同じ地平の上にともにある存在物であることを知らせてくれる。

そうなったとき、ものは、ものなんだけれども、ものではなくなっている。あるいは、時間という過ぎてゆくものの中にある限り、その点において、人も、ものも同じである。写真がフィルムに定着させるのは、その存在物が存在する時間の中にある二度と帰ってこない一瞬ですが、そういう一瞬のいとおしさというか、一瞬の大切さ、一瞬を惜しむ気持ちみたいなものは、ある意味でこの世に存在物があるということの恩寵のようなものを強く感じさせるように思います。北川さんの人、子ども、ものへの等価といってもよいまなざしは、そういった存在の恩寵への遠い憧憬のようなものを感じさせます[13]。

もしかしたら、北川さん自身が風だったといえるのかもしれません。ボランティアたちも風であったが、そのボランティアを撮影していた北川さんご自身も、その風の中に入っていた。あるいは、出来事の中に身を置き、出来事そのものになっていた。そういった感覚、存在への感覚が、ボランティアの人たちの隠れていた顔やありのままの自分を写しとった写真の底には流れているように思えます。

気持ちを込めるということ

寺田　『風が運んだ救援隊』を出版した長征社では、

市山さんが『大震災・市民篇　一九九五』という本を出されていますね。[14] 長征社は、神戸をベースにした人文社会関係が中心の出版社ですが、この本は、合計すると八七〇ページ、約五センチメートルほどの厚さがある大部な本で、六歳から八七歳まで二一三人の人々のインタビューが収録されています。阪神・淡路大震災に関して、これだけの人数のインタビューを一冊にまとめた本というのは、他にないのではないかと思います。もちろん、阪神・淡路大震災の全部を記録することはできませんが、能う限り、この出来事を記録したい、市井の人の声を残したい、という記録への強い気持ちが伝わってくるような本です。同じような強い気持ちが伝わってくる本に、西井一夫さんが編集された『詳細阪神大震災』がありますが、[15] メディアによる記録ということの意味を問いかけている本のように思います。一方、東日本大震災では、阪神・淡路大震災とはまた違ったかたちでのメディアによる記録が展開しました。そのことは、「ダイアローグ2」でせんだいメディアテーク学芸員の清水チナツさんにお聞きしていますが、[16] 記録ということが大きく注目されたのは、阪神・淡路大震災の特徴の一つではないかと思います。

長征社（編）『大震災・市民篇 1995』。［長征社（編）1996］。装幀＝倉本修

北川　あの本、市山さんは、大きな仕事を残されたな

［13］ 人、生き物、ものと時間や世界とのかかわりについてハイデガーの所論を参照して本書第三章第1節 150–152 ページで検討し、ドナ・ハラウェイ、辰巳芳子の所論を参照して本書終章第1節 732–733 で検討した。

［14］ ［長征社（編）1996］

［15］ ［毎日新聞社 1996］

［16］ 本書ダイアローグ2 477ff. ページ。

と思います。本を作る人の思い入れ、ですね。私は自分が気持ちを込めた写真を、市山さんが本に作ってくださったことに今は感謝しかありません。

寺田　記録といえば、『風が運んだ救援隊』には、地震直後の光景とともに、それから少し経った時期、仮設住宅の光景も記録されていますね。この時期というのは、震災のいわゆる「急性期」が終わり、社会の注目も少しずつ薄らいできていた時期でもあります。

北川　震災の年の五月には仮設住宅ができ始めていてボランティアの団体も仮設への入居が終われば自分達の活動も終息するかと思った時期もあったかと思います。そうではないことはすぐにわかってきて、活動の場を公共施設や公園の避難場所から仮設住宅へ移すことになります。

西区ではボランティアの人達が仮設住宅敷地に「ふれあいテント」を立ち上げました。先が見通せない活動だったと思います。もちろん行政からの情報提供などは無く、一戸一戸、訪ねて聞き取りを重ねて活動記録を積み重ねて、次に来るボランティアへ引き継いでいきます。見守りの訪問活動は復興住宅となった今も地域の活動としてつづけられています。

寺田　仮設住宅で撮影された写真の中では、とりわけ足湯ボランティアの写真が印象的ですが……。

北川　あの写真を撮らせてもらえたことで、「これでこの取材は終えてもいいかな」という気持ちに——ちょうど一年ですね——なりました。あと、もうこれ以上のことはできない——、写真では、自分で写真を撮っても、これ以上のことは、という気持ちはありましたね。

（二〇一七年一〇月二三日）

第Ⅱ部　カタストロフ・国家・近代

第Ⅱ部では、カタストロフと時間における国家と近代という問題を扱う。自然災害というカタストロフは、人間にその内的時間の構成を変更する営為を迫る。だが、人間は、自然によって変更を余儀なくされた時間をさまざまな方途で再び人間の側の秩序に取り込んでゆく。第Ⅰ部で見たのはその様態であった。

人間の社会においては人間は個として存在するのではなく、さまざまな制度の中にある。時間も制度の一つである。時間の問題を考える時、国家と近代の持つ意味は大きい。もちろん、古来から、国家は時間を支配してきた。暦を作成し、その暦を自然として存在する現象である時間の上にかぶせてきたのが国家であった。日本においても文明化の第一の契機ともいえる大化の改新（六四五年）の際に、当時先進国であった中国から律令制とともに暦法が導入され初の元号「大化」が制定されるなど、国家の統治と時間の支配とは密接にかかわっていた。また、時間は前近代においては宗教や王の権威と結びついていた。一方、近代という時代は、時間に対してそれまでとは異なった態度をとる。時間は均質性で抽象性なものとして扱われる。

この第Ⅱ部では、これらのことが、カタストロフにおいてどのようにあらわれているのかを明らかにする。その際、とりわけ博物館という施設に注目する。博物館とは、近代が時間を可視化する場としてつくり上げた装置である。そのような場を通じて、時間がどう可視化されているか、そして、カタストロフの時間がどのように国家と近代によって編成されていくのかを見る。

第五章　「復興」と無名の死者の捏造

本章の中心的なトピックは、「復興」と捏造された無名の死者である。先取り的に結論を述べておくと、どちらもが、国家が時間を編成してゆく際に用いられる存在であり、シンボルであり、どちらもが、時間と密接な関係を持っている。

「復興」とは、過去の状態を取り戻すことである。カタストロフによって損なわれた現在の状態を立て直す際に、過去の状態に戻ることが含意される。そのプロセスは、そもそもは未来に向かう道筋だが、それは過去へ向かう道筋として指示される。これは、復古や、ルネサンス、死と再生ともかかわり、人間にとっての時間の重層的な意味を含んだ言葉である。それが、カタストロフの際にも用いられる。

無名の死者とは、カタストロフでの死者を象徴した存在である。カタストロフは、そのカタストロフ性において、人の生命を奪うことが多い。その生を奪われた死者をあたかも代表するように存在する死者である。死とは誕生と対になる出来事であり、人の生という時間を、始まりと終わりの一方として区切る出来事である。また、死者とは、人の生という時間とは異なった時間に属する。ただし、無名の死者は通常の死者ではない。それは、名前がある個別の死者ではなく、あたかも存在するかのように捏造された、ありそうだが、ありえない存在である。

これらを通じて、国家と近代は、カタストロフの後の時間を再編成することになる。

1　「復興」とはなにか——阪神・淡路大震災のメモリアル博物館設立の経緯と公の論理

その具体的な様相を阪神・淡路大震災をメモリアルする博物館を事例にみてゆく。

とりあげるのは「阪神・淡路大震災記念 人と防災未来センター」である（写真5-1）。兵庫県の県庁所在地であり、阪神・淡路大震災の被災域のほぼ中央に位置する神戸市中央区脇浜海岸通に存在するこの施設では、[1]阪神・淡路大震災に関する展示が行われ、毎年、約五〇万人の人々が訪れている。この入館者数を、日本の代表的な博物館と比較すると、東京国立博物館の年間の入館者が二四一万人（国内一位）、国立科学博物館が一七七万人（国内三位）、広島平和記念資料館が一四〇万人（国内六位）、京都国立博物館が五三万人、奈良国立博物館が四七万人、国立歴史民俗博物館が一六万人である。[2]東京の著名な伝統ある博物館などには及ばないが、日本国内の国立の代表的な博物館と比べても遜色のない入館者数であるといえる。現在はその名前からは直接的にこの施設が博物館であることを想像するのは難しいが、[3]当初は「阪神・淡路大震災メモリアルセンター」としてメモリアルの機能が前面に出て構想されていた。

「復興のシンボル」として

写真5-1　阪神・淡路大震災のメモリアル博物館「阪神・淡路大震災記念 人と防災未来センター」(兵庫県神戸市)

この博物館の存在と存在に至る経緯は、復興というキータームと密接に関係する。それを、建設の経緯を見る中で明らかにしたい(表5-1)。

そもそも、この施設の淵源をたどると、それは、「阪神・淡路復興委員会」が一九九五年五月二二日に復興対策本部に出した「提言」の中にある「復興のシンボルに相応しい施策・事業」を特定復興事業とするという文言に求められる。[4]「阪神・淡路復興委員会」とは、総理府に直属した機関であり、内閣総理大臣を本部長とする阪神・淡路復興対策本部に対して提言を行うことを目的として「阪神・淡路大震災復興の基本方針及び組織に関する法律」に基づいて設置された組織である。そのメンバーは、表5-2に示したとおりである。戦災復興院、建設省、経済企画庁総合開発長、国土庁事務次官、総合研究開発機構理事長を歴任した下河辺淳(当時七二歳)を委員長とし、堺屋太一、後藤田正晴などの中央省庁に〝にらみ〟の利

[1]　この施設の立地場所の意味については次章で詳細に検討する。本書第六章第2節 377ff. ページ。
[2]　各博物館のホームページ上で公開されている要覧より。
[3]　実際、このセンターには十数人の研究スタッフが常勤し防災研究を行っている研究所の側面を持っているし、この建物には博物館以外にも国際防災人道支援協議会事務局などが入居している。
[4]　[総理府阪神・淡路大震災復興対策本部事務局 2000]

表 5-1　阪神・淡路大震災のメモリアル博物館建設の経緯

西暦	和暦	年月	地震発生からの経過	事項
1995	平成 7 年	1 月 17 日		兵庫県南部地震発生
1995	平成 7 年	2 月 15 日	約 1 ケ月目	「阪神・淡路復興委員会」設置
1995	平成 7 年	2 月 24 日	約 1 ケ月目	「阪神・淡路大震災復興の基本方針および組織に関する法律」により「阪神・淡路大震災復興対策本部」と「阪神・淡路大震災復興委員会」が設置される。設置期限は 5 年
1995	平成 7 年	5 月 22 日	約 4ヶ月目	阪神・淡路大震災復興委員会第 7 回会合（於・総理府特別会議室）が「提言 8 復興 10 カ年計画の基本的考え方」を提言。この中に、「復興特定事業」を行うことが提言されている。（注 1）
1995	平成 7 年	10 月 30 日	約 9ヶ月目	報告書を提出して、阪神・淡路復興委員会は任期前に解散（注 2）
1996	平成 8 年	2 月	1 年目	阪神・淡路復興委員会解散を受けて国、兵庫県、神戸市の協議会（総理府は「地元との協議会」と呼称）を設置。出席者は政府幹部、兵庫県知事、神戸市長
1996	平成 8 年		1 年目	この間、復興委員会の「提言 8」を受けて、国、兵庫県、神戸市、民間団体からなる検討委員会が具体的な「阪神・淡路大震災記念プロジェクト」の事業内容を検討
1997	平成 9 年	1 月	2 年目	阪神・淡路大震災復興対策本部会議が、「復興特定事業」の内の「阪神・淡路大震災記念プロジェクト」として七つの事業を認定（注 3）
1997	平成 9 年	12 月 26 日	約 3 年目	財団法人阪神・淡路大震災記念協会設立。兵庫県、神戸市、被災 9 市 10 町の出資による。理事長石原信雄（元内閣官房副長官）、副理事長井戸敏三（兵庫県副知事）、基本財産 2 億円
1999	平成 11 年	2 月	4 年目	阪神・淡路大震災記念協会内に「阪神・淡路大震災メモリアルセンター基本構想検討委員会」を設置。第 1 回委員会
1999	平成 11 年	5 月 26 日	約 4 年 4ヶ月目	阪神・淡路大震災記念協会が「阪神・淡路大震災メモリアルセンター（仮称）基本構想（基本的考え方）」をまとめ公表
1999	平成 11 年	6 月	約 4 年 5 ケ月目	阪神・淡路大震災メモリアルセンター構想推進協議会、兵庫県、神戸市、兵庫県商工会議所連合会が『阪神・淡路大震災メモリアルセンター整備構想』を発表
1999	平成 11 年	6 月 10 日	約 5 年 5 ケ月目	「地元との協議会」第 9 回でメモリアルセンター構想が話しあわれる

1999	平成11年	12月	約5年目	平成11年度政府第2次補正予算に「特定地震防災対策施設（阪神・淡路大震災メモリアルセンター（仮称）」の整備が盛り込まれる。国土庁に対して30億円
2000	平成12年	2月22日	約5年1ヶ月目	「阪神・淡路大震災復興対策本部」第11回本部会議（最終回）　新産業プロジェクトと阪神・淡路大震災記念プロジェクト関連の特定事業の選定。「阪神・淡路大震災メモリアルセンター（仮称）構想」と「神戸震災復興記念公園」を新たに復興特定事業に位置付ける
2000	平成12年	2月23日	約5年目1ヶ月	「阪神・淡路大震災復興対策本部」解散
2000	平成12年	5月8日	約5年4ヶ月目	第1回阪神・淡路大震災メモリアルセンター（仮称）展示・交流検討委員会開催
2000	平成12年	5月10日	約5年4ヶ月目	兵庫県が「メモリアルセンター（仮称）」に関して記者発表
2000	平成12年	7月	約5年6ヶ月目	「阪神・淡路大震災メモリアルセンター（仮称）展示に関するアイディアの募集」（市民からの意見公募）
2000	平成12年	10月14日	約5年9ヶ月目	「阪神・淡路大震災メモリアルセンター（仮称）フォーラム」（主催・兵庫県）開催
2001	平成13年	1月	6年目	着工
2001	平成13年	秋	約6年6ヶ月目	名称の公募
2001	平成13年	12月8日	約7年目	名称を「人と防災未来館」にいったん決定
2002	平成14年	1月7日	7年目	異論が出たため、再検討の末、名称を「阪神・淡路大震災記念 人と防災未来センター」に決定
2002	平成14年	4月21日	約7年3ヶ月目	人と防災未来センター開館記念式典

出典：[総理府阪神・淡路大震災復興対策本部事務局 2000]、『神戸新聞』

注：1)「提言8　復興10カ年計画の策定に当たり、長期的視点から10カ年を通じて、復興のためにとくに重要と認められる戦略的プロジェクトあるいは復興のシンボルとして相応しい施策・事業を復興計画として選択し、その事業を確定すること」

2) 任期は当初1996（平成8）年2月14日までだった。

3) 七つの事業の内訳は1) 三木震災記念公園、2) 北淡町震災記念公園、3) マルチメディア関連連携大学院（神戸大学）の設置等高度情報化社会の発展を支える人材の育成、4) JICA国際センターの設置および国際交流施設の整備、5) 兵庫留学生会館の設置、6) スーパーコンベンションセンターの整備、7) 阪神・淡路大震災記念協会設立後の連携、支援

表 5-2　阪神・淡路復興委員会のメンバー

委員会での役職	名前	肩書き	生年	年齢	出身	最終学歴	経歴等
委員長	下河辺淳	東京海上研究所理事長	1923	72	東京	東京大学工学部	戦災復興院、建設省、経済企画庁総合開発長、国土庁事務次官、総合研究開発機構理事長を歴任
委員	一番ヶ瀬康子	東海大学教授、日本女子大学名誉教授	1927	68	東京	法政大学大学院社会科学研究科	社会福祉学研究、著書に『社会福祉』、『社会福祉とはなにか』
委員	伊藤滋	慶應義塾大学教授、東京大学名誉教授	1931	64	東京	東京大学大学院工学研究科	都市計画家、千里ニュータウン計画、国土総合開発計画に関与
委員	貝原俊民	兵庫県知事	1933	62	佐賀	東京大学法学部	自治省を経て、兵庫県副知事、兵庫県知事を歴任
委員	川上哲郎	社団法人関西経済連合会会長	1928	67	東京	東京商科大学	住友電工入社、同相談役
委員	堺屋太一	作家	1935	60	大阪	東京大学経済学部	通産省入省、大阪万博の企画、実施をへて作家、プロデューサー
委員	笹山幸俊	神戸市長	1924	71	鹿児島	神戸工業専門学校土木科	神戸市入庁、都市計画部長・局長を経て神戸市長
特別顧問	後藤田正晴	衆議院議員	1914	81	徳島	東京帝国大学法学部	内務省入庁、警察庁を経て、警察庁長官、衆議院議員、内閣官房長官
特別顧問	平岩外四	社団法人経済団体連合会名誉会長	1914	81	愛知	東京大学法学部	東京電灯入社、東京電力社長、会長、相談役を歴任

出典：［総理府阪神・淡路大震災復興対策本部事務局 2000：40］
注：年齢は 1995 年当時。生年以下の情報は各種公表資料より収集。

く重鎮や、兵庫県知事貝原俊民、神戸市長笹山幸俊という被災自治体の長をそろえたメンバーからなる。平均年齢は、六九・六歳で、この世代の人々は、日本におけるアジア太平洋戦争（第二次世界大戦、十五年戦争、大東亜戦争）後の復興と高度成長を担った世代でもあった。

その委員会が、地震から四ヶ月後に出した提言の中に、「復興のシンボル」という文言があった。もちろん、阪神・淡路復興対策本部は「復興」への対策を業務とするわけだが、単に復興を行うだけでなく、その「シンボル」が求められたのである。

なぜシンボルが必要だったのだろうか。復興は目指されていたものの、この時点では、その方法と最終的な像は明らかではなかった。しかし、政治においては、復興を決意として示す必要があった。復興とは未来に向けて主体的に行為を行ってゆくという投企である。投企であるからには、現在において未来の視点を先取りすることが求められる。第二章で、カタストロフ後の時間の修復において、未来がつくり上げられてゆくことを見た[5]。復興とは、その未来をつくり上げる行為を指して用いられた言葉である。

もちろん、言語と行為は異なる。言語はシンボルである。人類学のヴィクター・ターナーは、社会が常態から非常態に移行した際、それを復元するために人々が動員されるためにはシンボル symbol が必要であることを述べている[6]。委員会が述べた「シンボル」とは、まさに人々を動員するための公定的 official な象徴である。人々は、復興したのちの姿を想像し、それに「相応し」くふるまうことを求められた。ここにおいては、復興とは、象徴、記号として存在するものであったといえる。

[5] 本書第二章第3節 138-140ページ
[6] [Turner 1971=1974]

とはいえ、規範がないところにおいて、その存在しない規範に沿うようにそれに「相応し」くふるまうことは難しい。兵庫県や神戸市など地元自治体は、それに「相応しい」事業を模索することになった。表5-1の年表の備考欄には、「復興事業」として実施された七つの事業を挙げておいた。それを見ると、この過程が文字通り模索であったことがわかる。地震から二年目にあたる一九九七年には三木市と淡路島北淡町の震災記念公園やＪＩＣＡ（国際協力機構）国際センター、スーパーコンベンションセンターなどの設置が提言され、二つの震災記念公園は、一九九八年に完成した。三木市は震災の直接の被災地ではなく、そこに震災記念公園を建設することにどのような意義があるのかはそれほど明確ではないが、防災施設があるためそれとの関連で、震災を記念し、震災に関係していることは理解される。だが、ＪＩＣＡの施設やスーパーコンベンションセンターは震災との関係がそれほど明確ではなく、復興のシンボルに「相応し」いかどうかの判断が難しいところであろう。同時にこのころ「阪神・淡路大震災記念協会」という、震災を記念することを前面に打ち出した県の外郭団体が設立された。

五年目に入るとこの記念協会が「メモリアルセンター」の検討を開始し、復興のシンボルとしてのメモリアルセンターの建設が動き出した。それに合わせるように、県・市・商工会議所・地元協議会も構想を発表した。そして、政府の「阪神・淡路大震災復興対策本部」の解散期限（五年目）の直前の一九九九（平成一一）年度の国家予算（補正予算）にメモリアルセンターの建設費三〇億円が計上される。直接的には、これによって阪神・淡路大震災のメモリアル博物館の建設が進むことになった。

この過程をまとめると次のようにいえるだろう。地震直後に中央政府において発想された「復興のシンボルに相応しい」何かを地方政府は模索し、いくつかの「ハコもの」を作った、そして、「復興本部」の解散前に駆け込みのようにセンター予算が計上された。これは、中央政府の定めた「復興」方針とスケジュールに規定された経緯であり、復興の中に、復興を未来の視点から語る公定的 official なシンボルをつくることまでもが含まれていたという象徴をめぐるポリティクスでもあった。

復興のセマンティックス

復興を語ることは未来の視点から現在を語ることである。復興と時間について、メモリアル博物館が「復興のシンボル」とされたことの意味を確認しよう。その前に、復興とは何かについて、その語義から考えておく。日本における「復興」の歴史については、次項で述べる。

まずは比較のために他言語を見てみよう。英語において、復興に相当する語としては、次のような三つの系列の単語がある。[7] 第一は、再興を意味する単語である。これらは、revival, resuscitation, resurgence, restoration, rehabilitation, comeback である。また、再興と近い語意で「再建」を意味する reconstruction もここに入るだろう。第二は、復旧というニュアンスの語である。rehabilitation, recovery, restoration, restitution などがある。さらに、復活や再生・蘇生を意味する語が第三番目に挙げられる。rising again, revival, rebirth, resuscitation, regeneration, resurrection, revivification, resurgence, recrudescence などである。

次に英語と共通の語彙も多いドイツ語を見てみよう。[8] ドイツ語で復興を意味するのは、Wiederaufbau である。文字通り、再びという wieder という前綴りと Aufbau 建てることという名詞を結合した語である。こ

［7］ *Kenkyusha's New Japanese English Dictionary.*
［8］『現代和独辞典』

の単語のニュアンスは、Wiederherstellung 再建という意味が一番強いが、一方 Erneuerung 新しくすること、Ausbesserung よりよくすること、Erbauung 建設というニュアンスもある。フランス語も英語と共通した語源を持つ語が多い。フランス語で復興を意味する単語は、reconstruction, renaissance, restauration, restitution, reconstruire, rebatier, relever である。[9]

では、東ヨーロッパの言語はどうだろうか。ロシア語を見てみよう。[10] ロシア語で復興を意味するのは、восстановление, возрождение である。前者は「国民経済復興計画」という言葉などに、後者は、経済の復興にも使用されるが、ルネサンスという意味でも用いられる。また、復興するという動詞は、быть восстановленным, восстанавливаться, возрождаться である。これらの接頭辞の仲間にはキリストの復活を意味する語がある。

次に、日本語と関係の深い言語である中国語を見てみよう。[11] 中国語には、復興そのものの単語がある。复兴 fùxīng である。

一方、日本語において、復興がどのようなニュアンスを持っているかを見ると『大辞林』は、「一度衰えたものが再び盛んになること。また盛んにすること」とする。用例としては、「戦災都市を復興する」、「文芸復興」などがあげられている。[12] 漢和辞典である『新字源』によると、復興とは「もとのようにさかんになる。また、盛んにする」である。同義語としては「再興」があげられる。[13]

これらの用例が示すように、日本語では、復興という語には、個人の営為を指すというよりも、共同体の立ち直りのニュアンスが強いが、英語やフランス語、ロシア語のニュアンスにおいては、キリストの十字架の死の後の復活と関連した意味があることが特筆される。聖書においては、キリストの復活を直接に描写した記述はないが、四世紀ごろから使用されている信仰告白の定式文である「使徒信条」においては、イエス・キリストの死から三日後の復活を信じることが唱えられるし、教会暦において、春分後の最初の満月の次の日曜日に開催される復活祭は最も重要な日である。[14]

つまり、復興という言葉には、個人の回復や立ち直りというニュアンスがあまりなく、何らかのグループ、共同体、活動に使用される単語であるが、同時にそれは、個人の死と再生を意識した言葉でもあるといえる。死と再生とは、人類社会に古い根を持つ観念である。[15]そして、キリスト教の例からもわかるように、信仰共同体を支える象徴的な出来事でもある。カタストロフとは、個人の生命の危機であると同時に、共同体の生命の危機でもある。そのような場合には、人類史的な過去から使用されている概念が用いられるといえる。

ちなみに、『岩波古語辞典』を見ても、そこには、「復興」という語のエントリーはない。[16]『岩波古語辞典』の収録対象は、日本の「古典語」であり、明治時代以前の単語が収められている。仏教の経典では、たとえば『華厳経』に「復興」という用語が使用されるなど[17]、漢語や古典語として使用されていたことは想定されるが、『岩波古語辞典』にエントリーがないことは、日本の徳川時代以前には復興という単語は、経典などで使用される特殊な用語であり、日常的には使用されていなかった可能性を示唆している。

---

［9］『プチ・ロワイヤル和仏辞典』、*Le Nouveau Petit Robert*.
［10］『研究社露和辞典』
［11］『ポケットプログレッシブ中日・日中辞典』
［12］『大辞林』
［13］『角川新字源』
［14］『岩波キリスト教辞典』
［15］［Eliade 1969］。この点に関しては本章第6節 337–338 ページで詳しく述べる。
［16］『岩波古語辞典』
［17］「大広仏華厳経」（『大正新修大蔵経』9）

以上をもとにして、復興と時間について、メモリアル博物館が「復興のシンボル」とされたことの意味を確認する。メモリアル博物館の建設において、それが未来の目標とされたということは、復興とは前方にあるとされることを意味する。未来は通常は時間的には先にあるものだと考えられており、時間的な先は、空間的には前方として表象されることが多いからである。復興のシンボルとするということは、前方に、そのすでにある復興を置くということである。では、なぜ、それが、復興という、過去の回帰なのであろうか。

その理由の一つは、文化的、歴史的経緯、もう一つは、時間的制約であると思われる。文化的、歴史的経緯についてはこの後、次の項で、日本の近代の復興の歴史を見る中で検討する。時間的制約とは、カタストロフが突然起きることに起因する。カタストロフからの未来を、復興というかたちでではなく構想するというシナリオもあり得たと思われる。すでに何度か形而上学におけるプレゼンティズムについてはふれてきたが、その立場によると、過去も未来も、存在論的にはどちらも無であり、実在はしない[18]。しかし、無であるところに一からシナリオを描いてゆくには、カタストロフの直後の時間は限られすぎていた。それゆえ、すでにあると通常考えられている過去の像を未来に投影する「復興」というあり方が選ばれたというわけである。

と同時に、先ほど述べたように、英語やフランス語やロシア語の復興に復活、再生、蘇生を示す多数の語意があることが示すように、復興とは死と再生を意味する語でもある。カタストロフは、突然の多くの人々の死をもたらすものでもある。突然の多くの人々の死という衝撃を、復活や再生という語彙を用いることで和らげようとしているともいえる。

とはいえ、実は、「復興」のシンボルとして建てられたはずの阪神・淡路大震災のメモリアル博物館は、最終的に命名される際にその名称に「復興」という語を含まないこととなる。決定したその名称は「人と防災未来センター」であり、「復興」という、過去を円環的に参照する意味をもつ語の代わりに、よりニュートラルに直線的時間を表現する「未来」という語が選ばれることとなる。このことの意味については、本章の中でこれから検討するとともに、次章で関東大震災のメモリアル博物館である「復興記念館」と比較する中でも考えてゆく。[19]

日本における復興の歴史的経験と中央と地方の齟齬

復興委員会のメンバーの平均年齢を見てもわかるように、この復興の発想を担ったのは、日本における戦災復興・戦後復興の経験を持つ人々だった。社会学の大矢根淳は、日本の「復興」とは、関東大震災以降、戦災復興期を通して、社会的に都市計画による公共事業とイコールのようにとらえられ、事実、そのような施策がとられてきたことを指摘している。そこにおいては、上からの理想とする復興が常に唱えられたが、それは「既定復興」ともいうべきものであり、「総論は国家レベルで既定のことで、これが被災地の地域的・歴史的・文化的諸特性を反映させて被災者の総意として発信される構造にはなっていない」と大矢根はいう。[20]本書第一章で、阪神・淡路大震災の発生直後に復興のための都市計画決定が行われ、それが地域住民の強い反発を招いたことを見た。[21]そこに見られるように、近代から現代にいたる日本の「復興」とは、社会を立て直そうとするものでありながらも、社会の実態とずれてしまうという矛盾を構造的に生み出すものでもあった。

---

［18］ この点については、本書第八章第1節 508–513 ページで詳細に述べる。
［19］ 本書第六章第3節 406–407 ページ
［20］ ［大矢根 2007a: 20］。
［21］ 本書第一章第3節 101–104 ページ

もっとも、最近では、その「復興」の持つ矛盾は徐々に認識されてきている。阪神・淡路大震災の「復興」において、兵庫県知事であった貝原俊民が唱えた「創造的復興」はそのような相克を乗り越えようとしたものであったという証言もある。[22] また、先述の大矢根は、「物語復興」、「事前復興」など、上からの復興ではない復興のあり方を紹介し、さらに「復興」のオルタナティブとしての「新生」の必要性を論じている。[23]「新生」とは、清水展が一九九一年フィリピン・ルソン島のピナトゥボ火山噴火後のアエタの人々の苦難の乗り越えの過程から見出した、民族としての覚醒や新たな自己や社会の構築の姿に、[24] 大矢根が示唆を得て使用した用語である。本書の歴史エネルゲイアの考え方でいうと、復興といった場合は、それが過去のあり方を参照する点において、何らかの型がすでに存在することが想定されているが、しかし、この「新生」の場合には、そのような型はなく、未来は可能性に開かれているといえる。この後、第八章で見るが、可能態から現実態が出来《しゅったい》することに開かれた態度であるといえる。[25]

先ほど見たように、阪神・淡路大震災のメモリアル博物館は、結局は、「復興」という名を冠した博物館としてはオープンしないことになる。その代わり選ばれたのは「未来」という、復興とは異なった意味を持つ言葉であった。「未来」とは、旧に復する、という復興とは異なる言葉であり、そこには、大矢根の言う「新生」に近い含意があると言ってもよいだろう。その名称は、公募により選ばれている。つまり、復興の概念の見直しの姿勢は、社会の中に、仮に明示的ではなかったにせよ、共有されていたともいえる。復興という日本の近代において長く用いられてきた手法におけるさまざまなずれや齟齬が、顕在化し、次なるステップを求めていたのがこの阪神・淡路大震災の段階であったともいえる。

システムとしての復興／命や教訓としての復興

さて、メモリアル博物館の建設の過程に戻ると、そのずれは、メモリアル博物館の必要性の論理の違いにもあらわれていた。この施設が予算化される際の根拠を述べた「阪神・淡路大震災メモリアルセンター（仮称）の整備（平成一二年二月選定）」というテキストにおいて、中央政府の書き手は次のように述べている。

この大震災からの復興は、単に住居、ライフライン、都市施設、産業等をもとの常態に復することのみならず、高齢化・情報化の進展の中で、大都市の社会システムそのものを復興し、如何に災害に対応できる社会構造を構築するかという壮大な取り組みでもあったということと、今後の復旧復興対策に一石を投じることとなった。

また、この復旧復興を通じて明らかになったことは、行政学、都市工学、経済学、地震学等の専門家はいても、それらを総合的・実践的に組み合わせ、復旧復興過程において社会システムの再構築を図るノウハウを有する専門家はおらず、大震災からの復興を社会システム論として捉え、阪神・淡路大震災をはじめ世界各地の大震災の教訓をふまえた復旧復興に関する社会科学的研究開発を実施することで、このことに応える人材を早期に育成するとともに、そのような人材をネットワーク化し、将来の大震災の復旧復興過程における専門家集団として活用することが目下の急務である。更に、これらの情報・教訓は広く一般市民に可能な限り公開しつつ、一種の体験学習として継続的に発信され続けなければならないものである。（原文のママ、傍線は引用者、以下本章の引用については同

［22］『神戸新聞』二〇一五年一月一日、『神戸新聞』二〇一五年一月三日、『神戸新聞』二〇一五年一月四日
［23］［大矢根 2007b］
［24］［清水 2003］
［25］本書第八章第3節 552–556 ページ

じ〔26〕

ここでは、震災の問題は、システムの問題としてとらえられ、そこからの復興は、システム論的に社会を構築することであるとされる。また、その復興は、「情報・教訓」として、無機的にとらえられている。ここでは、復興とシステム論が同時に語られているが、システム論と復興という概念は、本来であれば両立しないと思われる。なぜなら、システムとはそれ自体が自立した系であって、システム論とはその自立した系の運動の論理を構築することであるからである。システム論的観点では、その運動には方向性は見出されたとしても、その運動が「復興」、すなわち過去の状態を再現するということに意味を見出す価値観のもとでとらえられることはないと思われる。システム論においては、系の変化の時間の関数としてのリニアな前進があるだけであり、それが仮に過去と同じ状況をとったとしても、それは回帰ではあるかもしれないが復興と表現される事象ではないと思われる。その意味で、復興という社会の見方と社会システム論とは両立しないと思われるが、それにもかかわらず、ここでは復興を社会システムととらえることが目指されている。

社会を社会システムととらえることは、歴史の主体である人間をそこから排除することでもある。この文章から浮かび上がるのは、復興とは言いつつ、カタストロフの後に浮かび上がるのは、システムとして透明に存在する社会関係であって、そこに存在する人の主体性ではない。ここで注意しておきたいのが、システムという言葉には、この文章中で、桎梏やくびきというような人を縛るニュアンスが与えられていないことである。システムとは、非人間的な構成物であるため、場合によっては、それは人を縛る桎梏になりうる。しかし、ここではシステムが人に対して持つその負の側面は述べられていない。むしろ、人間もシステムの一部にすでになっており、そのシステムの一部になった人間には、それを桎梏や拘束と感じる内面や主体性は存在しないかの如くである。言い換えれば、ここで述べられているシステムとは、人の主体性のない抽象化された構成体である。それを可視化しようとすると、それは透明で均質な物体や場となる。先取り的になるが、事実、出来上がったメモリアル博物館の建築は写真5-1に見られるように全体がガラスで覆われ透明性と均質性を体現していた。この建築に見る透明性と均質性の意味については、次章で論じる[27]。

他方、地方政府の論理はどうだったのか。地方政府が、地域の産業界とともに起草した構想『阪神・淡路大震災メモリアルセンター整備構想』では書き手は以下のように述べる。

> 私たちは、この大震災で多くの尊い命と営々と築いてきた財産を失ったが、自然の持つ力の大きさと生命の尊さを再認識するとともに、自然と共存した安全な都市づくりや防災体制整備の必要性などを貴重な教訓として学んだ。これらのことを決して風化させることなく、大震災の経験やこれから得た貴重な教訓を絶えず被災地から内外に発信し、次世代へ継承していくことは、私たちの責務であり、内外からいただいた多大な支援に報いる道でもある[28]。

この書き手も、中央政府の書き手のように、経験と教訓という言葉を使用している。しかし、中央政府の側が、震災とその後の過程を徹底して「システム」の問題としてとらえようとしていたのに対して、地方政府の

---

[26]　[総理府阪神・淡路大震災復興対策本部事務局 2000: 123–124]
[27]　本書第六章第2節 383–391ページ
[28]　[阪神・淡路大震災メモリアルセンター構想推進協議会、兵庫県、神戸市、兵庫県商工会議所連合会 1996]

側は「経験」や「命」などという言葉を使用している。経験とは、第二章で見たように、人間を歴史の主体として見る際の用語である。[29] 一方、命とは生命という物理的・生理的な現象のことであるが、ここでは、人間の生や死という意味で使われている。生と死とは、人間を時間の主体にする最も基礎的なことがらである。[30] これらは、あいまいで情緒的な言葉であるともいえようが、しかし、人という主体から見た時には、カタストロフに出会うこととは、そうとしか言えない側面でもある。本書第十章で述べるように、そのようなことがらは、一般的には、哲学的語彙をもって表現するのにふさわしいものであり、[31] 一般的な語彙をもってそれを表現しようとすると、ありきたりなものとしかなりようがない。つまり、哲学者でもない一般の市井の人が、自らの経験を表現しようとするときには、自らの手持ちの表現を用いるしかないが、それは、だれが行っても、ある種の常套的な表現にしかなりようがないのである。ここで、用いられている「経験」や「命」という言葉も、手持ちの語彙を用いてカタストロフという出来事の意味を表現しようとした言葉であるといえる。

メモリアル博物館がどのような論理に依拠して設置されるかは、そこで展示される内容のあり方に直結する。システム論を基盤として表象された展示内容と、「経験」や「命」を核となるアイディアとして構想された展示内容は大きく異なる筈である。その意味では、中央政府の論理が、人というあいまいな主体をあくまで排除しようとしていたのに対して、地方政府の側は、あえてあいまいな言葉を用いることで、社会の現実に近づこうとしていたともいえる。

すでに見たようにメモリアルセンターは公定的 official なシンボルとして構想された。しかし、ここで見たように、同じ「公」であっても、中央政府 central government と地方政府 municipal government ではとらえ方が異なっていた。それは、どのような公的記憶をつくるかについて、公の内部においても、綱引きが行われていたことを意味している。

2　「メモリアルセンター論争」——公的記憶はだれによって、どのように語られるべきか

個的記憶、集合的記憶、公的記憶

すでに、公定officialという言葉を本章の中で用いてきたが、ここで改めて公定や公共など、公をめぐる語について整理しておきたい。それとともに、以下、本章のキーワードとなってゆく記憶についてもここで確認しておきたい。メモリアル博物館で展示されていることがらは、記憶である。公的、公定的、公共的という語をキーワードにしつつ、個的記憶、集合的記憶、公定的記憶、公共的記憶について考えておく。

まず記憶とは、個々人の脳内の現象である。脳を他者と共有することは不可能であるため、厳密にいうなら、寸分たがわぬ全く同じ記憶を複写のようにして複数の人が持つことは不可能である。しかし、人間は、言語をはじめとしたさまざまな媒介を利用し、それを近似的に分かち持とうしてきた。記憶で問題となるのは、その様態である。個的記憶とは文字通り個々人の脳内の記憶である。一方、集合的記憶とはある社会集団の中にお

［29］　本書第二章第3節 132–135 ページ
［30］　本書第五章第5節 329–331 ページ
［31］　カタストロフに出会ったことを市井の人が自らの言語で表現することの意味については、せんだいメディアテークにおける「考えるテーブル・てつがくカフェ」を事例に本書第十章4節 705–706 ページで検討する。メディアテークによる実践については、本書ダイアローグ2 477ff. ページで紹介する。

ける記憶である。デュルケーム社会学においては、社会という集合は個人という部分によって成り立っているが、その集合は部分の単なる総和ではなく、その総和以上であり、それ自体がすでに独立した存在である。集合的記憶も、決して個的記憶の総和ではない。個的記憶をもとにしつつ、そこから独立して機能し、さらに個的記憶にも翻って影響を与える[32]。

一方、公的記憶とは、集合的記憶の中で、公共性を代表するものとして、よりオーセンティシティを持つ記憶を指す。その際、何が「公」であるかは、歴史によって異なり、社会によって、また言語によってニュアンスが異なる。

日本においては、公は古代においては「おほやけ（大宅）」、すなわち朝廷を指し、徳川期においては「公儀」は「おかみ（お上）」とも言い換えられ、徳川幕府すなわち中央政府を指した[33]。徳川期においては、民衆は政治の主体ではなく、客分であり為政者に仁政を求めるという形でのみ政治にかかわり得たことをすでに何度か述べてきたが[34]、その仁政を民衆に施すのが「おかみ（お上）」である。

一方、西洋について見ると、思想家のハンナ・アーレント Hannah Arendt は『人間の条件 *Human Condition, Vita Activa*』で、古典ギリシア以来の西洋で、公共と私がどのように分離してきたかを明らかにしたが[35]、それは、英語でいうと private と public の、ドイツ語でいうと privat と öffentlich の分離であった。ドイツの社会思想家ユルゲン・ハーバーマス Jürgen Habermas は、『公共性の構造転換 Structure Wandelung der Öffentlichkeit』で近代のヨーロッパにおいて公共がメディアの展開と結びつき、市民的公論によって形成されてきたことを示した[36]。アーレント、ハーバーマスがいう「公共」とは、die Öffentlichkeit という名詞が「開く öffnen」という動詞から来ているように開かれていることを意味する[37]。

とはいえ、公共にはそれ以外の意味もある。英語では、公共に対応する語として、辞書は public, common,

communal を示すが[38]、それ以外にも state, official, formal, governmental などもそれにあたるといえよう。フランス語では、公共は public, commun と officiell だが、それらは区別される[39]。

つまり、日本語においてと同様に英語やドイツ語、フランス語においても、「公」という言葉には、オフィシャル official やガバメンタル governmental という上からのニュアンスを持つ意味と、パブリック public や、コミュナル communal や、オッフェントリッヒ öffentlich という公衆に開かれたことを含意する二つの意味があるのである。

記憶についていうと、どちらも公的記憶だが、前者に相当するものは公定的記憶、後者は公共的記憶と言い換えられよう。だれが、何を公定 official, governmental とするのかは、公的記憶をめぐる大きな問題であるが、本章で扱う阪神・淡路大震災のメモリアル博物館の場合、それが先述したように国家的事業として取り組まれたため、公的というものの中に占める公定的、なかでも、国家的なものの比重が高い。

公定的記憶と公共的記憶は一致する場合もあるが、しばしば齟齬をきたす。阪神・淡路大震災のメモリアル博物館の建設過程においては、公的記憶が公定的記憶であるべきか、公共的記憶であるべきかが問われた。

[32] この点については［廣松 1972=1996: 255ff.］を参照した。なお、集合的記憶については［アルヴァックス 1989］を参照した。
[33] ［鈴木ほか（編）1992］［鈴木（編）1998］
[34] 本書プロローグ 13–14 ページ、本章第二章第３節 125 ページ
[35] ［Arendt 1967=2002］［Arendt 1958=1998］
[36] ［Habermas 1962=1990］
[37] 時間の開かれていることと歴史の関係については、ハイデガーの所論に関係して本書第三章第１節 150–152 ページ、本書補章１ 217–218 ページですでに述べている。
[38] 『ジーニアス和英辞典』『Kenkyusha's New Japanese English Dictionary』
[39] 『プチ・ロワイヤル和仏辞典』

写真 5–2　せんだいメディアテーク（宮城県仙台市）

開かれた記憶と公論

阪神・淡路大震災のメモリアル博物館における公定的記憶と公共的記憶の齟齬は、論争となってあらわれた。その論争とは、二〇〇〇年七月ごろから起こったものである。前述したように、阪神・淡路大震災のメモリアル博物館が建設されることは、一九九九年一二月の政府の補正予算で決定された。その後、その事業を中心に実施することになる兵庫県は、早速、準備に着手。設計者の選定や、展示の構想委員会の結成が行われた。

問題は、その過程が社会に対して開かれていなかったことであった。論争は、それに異を唱える人々によって問題提起が行われることで始まった。たとえば、建築史研究の笠原一人は、設計者の選定が公開で行われなかったことを批判して論陣を張った。[40] 笠原は設計者が「設計競技（コンペティション）」ではなく、「プロポーザル」方式で選ばれたことを批判している。プロポーザル制度の場合、設計者はあらかじめ選ばれており、密室性を招きやすく、選定者の恣意性が入りやすい。一方、設計競技の場合は、あらかじめ設計の条件が公開され、審査が行われることで透明性が高められる。公共の建物、とりわけ、公的記憶を担うべきメモリアル博物館においては、密室性や恣意性が避けられるべきであるのに、それが行われなかったことを批判したのである。

これは、この時期から各地で積極的に行われるようになった市民参加による施設の形成などを念頭に置いた批判であった。たとえば、同時期にそのような方法で建設が進められていた施設として、宮城県仙台市のせんだいメディアテーク（写真5-2）や、群馬県の邑楽町新庁舎などがある。それらの建設過程では、設計者の選定段階からのプロセスが市民に公開され、プログラムそのものの形成過程に人々が関与できる方法がとられていた。[41]たとえば、せんだいメディアテークは、一九八九年頃から市民が文化施設を要望し、それに市が呼応して建設が決まった施設だが、一九九四年には、建築設計者競技が開かれ、建築家の選定の過程がすべて市民に公開されただけでなく、施設内でのプログラムのあり方の決定も広く公開して行われた。

先ほど見たように公共性 die Öffentlichkeit とは、その語が öffnen という「開く」という動詞からきているように、開かれていることであり、公衆に開かれた公論によって担保される。ここで問われていたのは、笠原の論考が掲載されたミニコミ誌『瓦版なまず』の特集タイトルが「メモリアルセンターと「公論」」だったことが示すように、「公論」のあり方だった。環境保全やまちづくりの分野では、一九九〇年代から「順応的ガバナンス adoptive governance」や「協働的ガバナンス collaborative governance」という方法が存在する。その方法においては、試行錯誤のもと、失敗してもかまわないという前提で、社会からの人々の参加のもと、フィードバック機能を組み込んだガバナンスが行われる。[42]せんだいメディアテークや邑楽町新庁舎の建築のあり方もその例の一つである。

しかし、阪神・淡路大震災のメモリアル博物館の構想にあたっては、そのような社会に向かって開かれた仕

［40］［笠原 2000］
［41］せんだいメディアテークについては、［せんだいメディアテークプロジェクトチーム 2005］、邑楽町新庁舎については［椎名 2003］を参照した。
［42］［宮内（編）2014］。それらに潜む問題点については、［菅 2013］。

組みは取り入れられていなかった。もちろん、メモリアル博物館の建設にあたっては、兵庫県は、まったく人々の関与を遮断していたわけではなかった。人々が、メモリアル博物館にかかわる回路としては、表5-1の年表に記したが、以下のようないくつかの回路があった。第一は、資料の提供であり、第二はインターネットと郵送による意見の募集に応じること、第三は、「市民フォーラム」に参加して意見を述べること、そして、第四は、メモリアル博物館の名称の公募に応じることであった。とはいえ、インターネットによる意見の募集は、二〇〇〇年の七月の短期間に行われただけだったし、この後の項で、「市民フォーラム」についてとりあげ、そこでの議論を検討するが、それは複数回にわたって継続して行われたわけではなく、二〇〇〇年九月に一度行われただけだった。『せんだいメディアテークコンセプトブック』で詳細に紹介されているような公衆に開かれた建設過程と比較すると[43]、継続して人々がかかわることや、企画そのものに参画することは、阪神・淡路大震災のメモリアル博物館の建設のプログラムには組み入れられてはいなかったといえる。

ここで問われていたのは、公的記憶とは、開かれている、つまりパブリック public であり、オッフェントリッヒ öffentlich なものであるべきであり、それは、中央政府、地方政府だけが担うオフィシャル official であり、ガバメンタル governmental なものつまり、公定的記憶であるべきではないということであった。

公定的記憶を作成したアクター ── 展示委員会と展示ディスプレー会社

阪神・淡路大震災のメモリアル博物館は、公定的記憶を展示する施設として実現されようとしていたが、公定的記憶といっても、その公定的記憶は、中央政府と地方政府だけによって実現したものではなかった。博物館における展示としての記憶というときには、別種のアクターもそこに介在する。

具体的にだれがどのように、メモリアル博物館の構想と実現に関与したのかを知ることでこの論争が問うたことを検証してみたい。展示にかかわったアクターは二つある。

第一のアクターは「展示・交流委員会」である。表5-3のようなメンバーによって構成された。その特徴としては以下のようなことがあげられる。第一は、一九人中、男性が一六人で女性が三人と男性が多いことである。第二は、大学教授（助教授）が七人、中央政府や地方政府に属する者が四人、マスコミ関係者が五人、NPO関係者が三人、経営者が二人で、知識階級に属する人が大半を占め、いわゆる市井の「被災者」や「遺族」は入っていないことである。第三は、エスニシティの点では、マジョリティである国民国家である日本を形成する国民とされる「日本人」のみによって構成され、神戸に多数存在する華僑、印僑、在日ベトナム人、在日韓国・朝鮮人のバックグラウンドを有する人はいないことである。批評理論のガヤトリ・スピヴァク Gayatri Chakravorty Spivak は抑圧された存在である「サバルタン」の特徴の一つとして公共圏へ声をアクセスさせることの困難を挙げたが[44]、マイノリティやサバルタンの声がメモリアル博物館の展示の内容に反映されることは、構造的に困難だったと思われる。実際に実現された展示では、在日韓国・朝鮮人、在日ベトナム人、いわゆる「旧被差別部落」に関する言及や展示物は存在しない。第十章で見るように、公定的記憶として作られたのではない市井の人々が建立した「震災モニュメント」においては、出稼ぎのため来日しており地震のために亡くなったブラジル人工場労働者を悼んだ石碑も存在する[45]。それと対比すると、メモリアル博物館の公定的記憶が何を排除しているのかが浮かび上がってくる。

---

[43]　［せんだいメディアテークプロジェクトチーム 2005］
[44]　［Spivak 2007］
[45]　本書第十章第4節 693-695 ページ

表 5–3 「阪神・淡路大震災メモリアルセンター（仮称）」展示委員会のメンバー

名前	肩書き	専門ほか
伊藤和明	文教大学国際学部教授	ＮＨＫ災害担当解説委員
伊藤正視	株式会社伊藤ハム専務理取締役	
上羽慶一	神戸新聞社論説委員	地元マスコミ
大村皓一	宝塚造形芸術大学映像造形学科教授	コンピュータグラフィックス
大森一樹	映画監督	平成「ゴジラ」監督、被災地在住
河田恵昭	京都大学防災研究所巨大災害研究センター長	津波学
清原桂子	兵庫県阪神・淡路大震災復興本部総括部長	県（復興）
小泉美喜子	月刊神戸っ子代表取締役・主筆	地元ミニコミ
小出治	東京大学工学部教授	都市計画
齋藤富雄	兵庫県防災監	県（防災）
島田和明	国土庁防災局復興対策課長	国（国土庁）
島田誠	アートエイド神戸実行委員長、海文堂書店社長	芸術支援
中村順子	コミュニティ・サポートセンター神戸理事長	ボランティア
橋爪紳也	大阪市立大学文学部助教授	建築学
端信行	国立民族学博物館教授	文化人類学
堀内正美	がんばろう‼神戸代表、俳優	モニュメントマップ委員会
向田正博	消防庁震災対策指導室長	国（消防庁）
室崎益輝	神戸大学都市安全研究センター教授	火災学
山中茂樹	朝日新聞社編集委員	全国マスコミ

出典：http://web.pref.hyogo.jp/hukkou/memoriaru/iinnkaimeibo.htm（アクセス日 2000 年 7 月 11 日）

展示に関する第二のアクターは、展示ディスプレー会社である。それは、トータルメディア開発研究所という会社であった。[46] 展示ディスプレー会社とは、博物館などで展示を実際に請け負う会社のことで、展示のプロであり、日本国内のどこにおいても、どんなテーマでも博物館展示をつくり上げる力を持っている集団である。展示が産業となっているという点で、ドイツの社会学者のマックス・ホルクハイマー Max Horkheimer とテオドア・アドルノ Theodor Adorno の言う文化産業 die Kulturindustrie に属している。[47]

これらのアクターはどのように機能したのだろうか。展示委員会の「議事録」を閲覧すると、展示の具体的な内容に関しては、委員会が積極的、能動的に、発意、企画、構成したというより、展示ディスプレー会社と事務局が提案する設計図やプランを、委員会が検討し、承認するという受動的な関与の仕方であった。展示委員会も兵庫県も、カタストロフを展示したメモリアル博物館をつくるというのは経験のない事業であった。そこで、実態としては、文化産業に蓄積された技術とノウハウに頼っていたといえる。公的記憶であるとしたら、それは、公共の意見を広く集約したうえで、公衆の共働参画を得てつくり上げてゆくことが望まれていただろう。しかし、実際のところは、文化産業の論理によって動かされていた部分が少なくない。

公的記憶はどのように語られるべきか

二〇〇〇年九月に行われた兵庫県主催の「阪神・淡路大震災メモリアルセンター（仮称）フォーラム」では、それが問われた。それを報じる『神戸新聞』は、「大震災の揺れ再現　是か非か」として、その議論の状況を伝えている。[48] それによれば、メモリアル博物館において、震災というカタストロフを記録し、残すことについては、賛成する声があった一方、展示委員会やその背後に存在する文化産業が構想している揺れを再現するような展示については反対の声があった。

ここで問われていた「揺れ」とは二つのことを意味している。一つは、揺れという身体に働きかけ、強い情動を呼び起こすものを公的記憶とすることに関する是非が問われたということである。これは、地震が起きて

［46］トータルメディア開発研究所は本社が東京都千代田区紀尾井町に存在する、資本金五億円、設立一九七〇年、従業員一〇〇名の会社である。展示の計画・設計・施工・施設の運営等を専門とし、国立民族学博物館、国立歴史民俗博物館、昭和館、九州国立博物館、江戸東京博物館、広島平和記念資料館、国立広島原爆死没者追悼平和祈念館ほか全国の国立、県立、市立、私立の博物館・資料館の展示を設計、実施したほか、自然科学系博物館、国際博覧会、企業のＰＲ施設を行っている。同社のウェブサイトより。

［47］［Horkheimer und Adorno 1988］

［48］『神戸新聞』二〇〇〇年一〇月一五日

から五年後であっても、人々の中にはまだ揺れの記憶が生々しかったから抵抗感があったということを示しているといえる。もう一つは、公的記憶を文化産業の手にゆだねることへの抵抗である。フォーラムでは展示ディスプレー会社が作成したイメージ・イラストが人々に披露された。それは、テーマパークで見られるような、「揺れ」を売り物にしたアトラクションを人々に想起させるものだった。そこで疑問視されたのは「揺れ」を「再現」するとしても、震災の公的記憶は、テーマパークのアトラクションのように表現されるべきなのかということであった。フォーラムの場では明らかにはされなかったが、揺れを「再現」するコーナーを制作することになるのは、怪獣映画シリーズ「ゴジラ」の特撮（特殊撮影）監督で著名な川北紘一であった。また、これもこの時点では明らかにはされていなかったが、その後の来場者数の推移を見ると、年間の来場者としては、五〇万人規模が想定されていたと思われる。年間五〇万人の来館者を集めるためには、テーマパークや大衆映画の表現方法を取り入れることも必要かもしれないが、それが、カタストロフの公的記憶としてふさわしいかどうかが問われていたといえる。

今日、カタストロフとツーリズムは、密接な関係を持つ。たとえば、「ダーク・ツーリズム」という言葉が生み出され、戦争や自然災害などのカタストロフが起きた場所を観光対象とすることが話題に上がるようになってきた。東浩紀らは、一九八六年にロシア（現・ウクライナ）で起きたチェルノブイリ原子力（核）発電所事故の跡地の観光地化の状況を、二〇一一年に日本で起きた東日本大震災における福島の原子力（核）発電所爆発事故の放射能汚染地域の観光地化の可能性と重ね合わせて論じる。[49] 観光人類学の市野澤潤平はスマトラ島沖インド洋地震・津波の後のタイ沿岸の観光地において、災害について語らないことも含めた災害の記憶の残し方の技法が発展したことを明らかにしている。[50] たしかに、マス・ツーリズムのツーリストを呼び込むためには、それに応じた災害の語り方が必要ではあろう。一方、人類学の山下晋司はマス・ツーリズムに回収されない、ボランティアや「学び」をめぐる新たな形のツーリズムが災害をめぐって生まれていることを述べている。[51]となると、そもそも、年間五〇万人を集めるマス・ツーリズムのための施設として災害の公的記憶のためのメモリアル博物館を構想することはどんな意味を持つのかが問われることになろう。本書序章でも見たように、カタストロフと見ることとは密接な関係を持つ。[52]「揺れ」の「再現」への反対意見表明は、「揺れ」の表現への抵抗とともに、ツーリズムと自然災害というカタストロフの記憶をどのように表現するかについての問いも投げかけていた。

先ほど見た公論をめぐる議論は、だれが公的記憶を語るべきかという問題を扱っていた。ここで、「揺れ」の「再現」が議論の焦点になったことは、それが、どのように語られるべきかという問題であった。[53]語りにおいては、だれが、何を語るかという問題だけでなく、それをどのように語るか、という問題が問われる。カタストロフとは、第三章で見たように、身体によって極限状態を経験することである。そのような状態を公的に記憶しようとするメモリアル博物館においては、それがどのように語られるかは厳しく問われる問題であった。

［49］［東他（編）2013］
［50］［市野澤 2015］
［51］［山下 2015］
［52］本書序章第2節41ページ。また、この後本章第5節327–328ページ、本書第十章第2節638ff. ページでも述べる。
［53］なお、この項では「再現」という語にカッコ（「」）を付けて表現してきたが、再現の意味については、この後本章第3節297–299ページで検討し、また本書第八章第1節500ff. ページでも述べる。

3　展示という語り

実際に阪神・淡路大震災のメモリアル博物館で提示されている公的記憶はどのようなものなのか。阪神・淡路大震災のメモリアル博物館である「阪神・淡路大震災記念 人と防災未来センター」で提示されている公的記憶はあるナラティブとして提示されている。ナラティブとは、出来事がある因果性のもとである時間のオーダーに沿って並べられたもののことである。[54] アリストテレスは、悲劇の定義を「完結した一つの全体として一定のまとまりをもった行為を再現したもの」とした。[55] 彼によると全体とは、「始めと中間と終わりを持つところのもの」である。出来事を構成する要素のうち、何を始めととらえ、何を中間と、何を終わりととらえるかが、因果性の語りを生み出す。博物館における展示は、映画や小説などとは違って、そこにナラティブがあることは読み取りにくい。しかし、展示物があるオーダーに沿って並べられ、観覧者の観覧順に始まりと中間と終わりが想定されているとしたら、そこにはナラティブが存在することになる。事実、このメモリアル博物館の展示には、確固とした語りがある。以下、その様態を具体的に見てゆこう。[56]

エスカレーター式の展示 ── 全体の構成

展示は建物の二階、三階、四階で行われている。観覧者はいったんエレベーターで四階まで上がる。四階から三階、二階へはエスカレーターで移動する（写真5-3）。エスカレーターは上から下への一方通行で、逆戻りすることは不可能であり、その旨が注意喚起されている。エスカレーターの使用は年間五〇万人という大人

写真 5–3　各階をつなぐエスカレーター

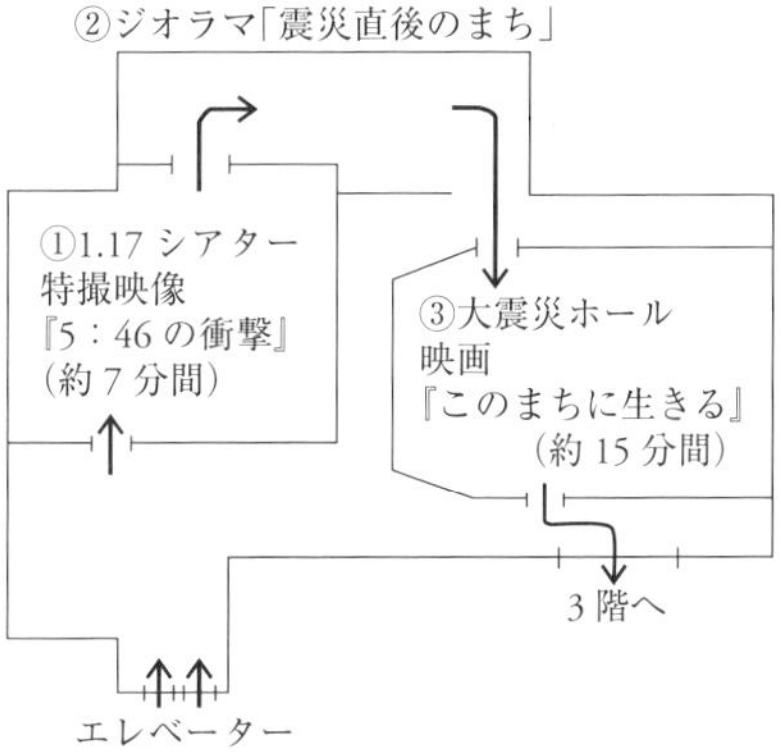

図 5–1　4 階の展示の配置（矢印は導線）

数の入館者を効率的にさばくためには便利な反面、批判もある。歴史学研究の大門正克はこれを「文字通りエスカレーター式の展示方式」と呼び、一方通行式の導線は行きつ戻りつして展示を見ることができず「ここには震災について考える時間や空間が保障されていない」と批判している[57]。

四階は「震災追体験フロア」と題され、三階は「震災の記憶フロア」、二階は「防災・減災体験フロア」と題されている。四階には「一・一七シアター」、「震災直後のまち」、「大震災ホール」が存在する。四階の導線

［54］ *The Oxford Companion to Philosophy.*
［55］ ［アリストテレス 1972: 34］。アリストテレスのこの定義については、コラム 1 で詳しく見る。
［56］ 以下の記述は、二〇一二年五月から六月に実施した現地調査に基づく。
［57］ ［大門 2002］

は「強制導線」であり、観覧者は、展示をどのような順番で、何を見るかを選択することは不可能である（図5-1）。三階の導線は自由である。三階に展示されている資料の数は多い。後述するように壁面だけでも約七〇〇点の資料が展示されているため、仮にすべてを見るとすると一点につき一分注視するとしても、約七〇〇分、つまり一〇時間以上を要することになる。そのため、時間を節約したい観覧者のために、一五分コースや三〇分コース、一時間コースの設定がある。二階も導線は自由である。体験型の展示が多いため、特に時間によるコースの設定は行われていない。

「ゴジラ」特撮監督による特撮映像「一・一七シアター」——四階「震災追体験フロア」①

まず四階で観覧者が見るのが「一・一七シアター」における『5：46の衝撃』と題された特撮映像である。これは、七分間の映像で、制作、監督、脚本、音楽は株式会社トータルメディア開発研究所と株式会社東宝映像美術で、特撮監督は川北紘一、特撮技術には株式会社鹿島と鹿島技術研究所が協力している。映像が投影されるのは五面のマルチ・スクリーンで、それに、劇場の前方、天井、後方に仕込まれた白色のフラッシュライトと、赤と青の色に加工されたスポットライト、床の中に仕込まれた震動装置などの動きが連動する。ただし、スクリーンは五面あるが、五面すべてに別々の映像が映されるのではなく、中央のスクリーンの映像が両脇のスクリーンに時間差で映っている場合が多い。

特撮監督の川北紘一は日本の代表的な特撮監督である。[58] 一九四二年に日本で生まれ、六二年に東宝に入社し、円谷英二の下で仕事を始め、のちに、この円谷や本多猪四郎とならぶ特撮監督となった。特撮監督作品に『さよならジュピター』（一九八四年）、『東京大地震』（一九八〇年）、平成ゴジラシリーズ（『ゴジラvsビオランテ』（一九八九年）、『ゴジラvsモスラ』（一九九二年）、『ゴジラvsメカゴジラ』（一九九三年）、『ゴジラvsデストロイア』（一九九五年）ほか）があり、一九九一年には日本アカデミー賞特殊技術賞を受賞している。博覧会などの映像の経験も豊富で、一九七〇年の大阪国際万国博覧会では三菱未来館パビリオンの映像を、一九八一年の神戸ポートピア博覧会では三菱未来館の映像を、一九八八年のさいたま博覧会ではテーマ館の映像を、一九九〇年の国際花と緑の博覧会ではＪＴ館の３Ｄ映像を作成している。映画雑誌などでは、川北についてしばしば特集が組まれ、自伝が複数発行されているほか、その特撮風景を集めた写真集も刊行されている。[59]

株式会社東宝映像美術は東京都千代田区有楽町に本社がある映画美術の制作を専門とする会社である。[60]東宝スタジオの美術部門と特撮部門が独立して一九七〇年に設立された。資本金は五〇〇〇万円。最近の映画美術としては、『ゴジラファイナルウォーズ』、『世界の中心で愛を叫ぶ』、『ALWAYS三丁目の夕日』、『海猿』、『踊る大捜査線』などがある。また映画以外の商業施設・イベントの美術も手掛けており、大和ミュージアム、新横浜ラーメン博物館、北島三郎記念館、大江戸温泉物語、日光江戸村、キッザニア東京、サンリオ・ピューロランド、志摩スペイン村パルケエスパーニャほかの美術を制作している。

映像は、阪神・淡路大震災の「代表的な」被災建物が一六件選ばれ、その建物の模型が崩壊する画像を直列に並べた映画である（表5-4）。「代表的な」と書いたが、場所の選定について見ると多くが災害後三ヶ月以内に刊行された朝日新聞、毎日新聞、神戸新聞のグラフ誌に掲載されている場所である。むしろ、それらのグラフ誌を参考にして作られたとも考えられる。グラフ誌を見ると、興味深いことに、各社がほぼ共通した被災建

［58］　以下、川北に関する記述は［冠木 1994］［川北 2010］による。
［59］　［冠木 1994］［川北 2010］［川北 2015］
［60］　以下、株式会社東宝映像美術については、同社のホームページによる。

表 5-4 「1.17 シアター」で上映されている映画に登場する場所、建築物、事象の新聞社が発行するグラフ誌への掲載の状況

シーン番号	モデルとなった場所・建築物・事象	『アサヒグラフ』	『毎日ムック』	神戸新聞のグラフ誌
1	淡路島・北淡町の野島断層が地上に出ている部分（田圃）	○	○	（野島断層は掲載されているが田圃ではない）
2	淡路島北淡町富島地区の路地と日本家屋	北淡町の和風家屋の倒壊の写真は多数掲載	北淡町の和風家屋の倒壊の写真は多数掲載	○
3	とくにモデルはないと思われる（壊れる洋風家屋）	洋風家屋の掲載の写真は多数掲載	洋風家屋の掲載の写真は多数掲載	—
4	神戸市中央区三ノ宮駅北側日生ビルと但馬銀行ビル、完全に道路をふさいだビル	—	—	○
5	倒壊して完全に道路に横倒しになったビル	—	○	○
6	神戸市長田区神戸市立西市民病院、5 階部分が崩壊	○	○	○
7	モデルの特定できず（神戸市兵庫区の近代建築のビル）	○	—	—
8	神戸市中央区旧居留地第 1 勧業銀行ビル、大正 5 年（1916）建築の近代建築の柱と躯体が崩壊	—	—	○
9	神戸市中央区センター街のアーケードの屋根の崩落	—	—	—
10	神戸市灘区大石駅付近の阪神電車の線路の倒壊	○	○	○
11	伊丹市の阪急伊丹駅の座屈、警官一人が死去	○	○	○
12	明石市の明石市立天文台	—	—	○
13	神戸市中央区のポートアイランドの荷役用大型クレーンの傾斜	○	○	○
14	西宮市の阪神高速道路での落橋の手前で止まるスキーバス	○	○	○
15	神戸市東灘区の阪神高速道路の横倒し	○	○	○
16	とくにモデルはないと思われる（火災）	火災の写真は多数掲載	火災の写真は多数掲載	火災の写真は多数掲載
	掲載数の合計	10	11	12

出典：『アサヒグラフ』1995 年 2 月 1 日、［毎日新聞社 1995］、［神戸新聞社 1995b］。

物を共通したニュースバリューで報道している。東日本大震災後の一年間に日本で刊行された雑誌を収集しカタログ化した山本博之は、東日本大震災が「国民的災害」になった際に、雑誌メディアの果たした役割が大きかったとするが[61]、阪神・淡路大震災でも雑誌メディアによってつくり上げられた災害像が博物館の展示にも影響を与えていたのである[62]。

ここで特筆されるのが、第一に、火災が強く印象付けられる映像となっていることである。グラフ誌を見ても、多くのグラフ誌が火災の写真を表紙にしている（写真5-4a～c）。美術史、文化史研究のジェニファー・ワイゼンフェルドは、日本における関東大震災とアジア太平洋戦争（第二次世界大戦、十五年戦争、大東亜戦争）の写真表現を比較する中で、火災が地震の象徴となっていったこと、それが空襲の焼け野原の写真表現を通じて戦争の描写にも引き継がれたことを明らかにしている[63]。ワイゼンフェルドは、その背景に一二世紀以来の日本における戦争と自然災害の表現が火災を通じて一体化してきたことを挙げているが、それは、この阪神・淡路大震災においても引き継がれていたともいえるだろう。

第二に、カタストロフの表象としてのゴジラという怪獣がここでも用いられていることである。プロローグで見たように、戦争を象徴するものとして、戦後の日本映画においてゴジラという架空の怪獣は創出された[64]。阪神・淡路大震災のメモリアル博物館で上映されているこのゴジラの特撮監督川北紘一が作成した映像には、

［61］［山本（監修）2012］
［62］ただし、グラフ誌などの写真が選ばれる基準は写真としての価値による。それはインパクトや構図であるが、同時にカメラのレンズを通して写真としては写されにくいものや、インパクトのある構図になりにくいものはとりあげられにくい弊害も持っている。
［63］［ワイゼンフェルド 2014］
［64］本書プロローグ 7-9 ページ

写真 5–4a　『アサヒグラフ』1995 年 2 月 1 日号

写真 5–4b　『毎日ムック ドキュメント 阪神大震災全記録』。[毎日新聞 1995]。1995 年 4 月刊行。

写真 5–4c　『「阪神大震災」全記録』。[神戸新聞社 1995b]。1995 年 3 月刊行。

直接的には、ゴジラは登場しないが、映画の中でところどころに、ゴジラの鳴き声として使用される低音弦楽器の一打の特徴的な効果音が挿入され、最終シーンでゴジラを想起させるシルエットの巨大な影がスクリーンを覆う。この映画の特撮監督がゴジラの映画で有名な川北であることを観覧者にウィットにとんだ形で知らせているといえるが、カタストロフの表現の型として鯰とゴジラに連続性を見るとするならば、その連続性はこの時点まで継続していたともいえる。

映像そのものの特徴としては、「映画の文法」に忠実な映像である。[65] マスターショット（ロングショット）↓ミディアム・クローズアップ↓クローズアップの画面構成上の階層秩序が守られ、静↓動、緊迫↓弛緩などの緩急をつけた構成も行われている。典型的にはハリウッド映画の「文法」である「アクション↓リアクション」の法則も守られ、たとえば、揺れる時計のショットの後には、落ちる時計のショットがあり、揺れはじめるビルのショットの後には、傾くビルのショットがあり、崩壊しはじめるビルのショットの後には、崩壊のショットがある。動きのモチーフとしては、この映画の中には、落下、水平への傾き、斜め方向の落下、高度差のある落下、突然の停止、回転などの動きが登場するが、前半は少ないモチーフ、後半になるほど複合的なモチーフになりダイナミックな動きになる（図5-2）。コンピュータ・グラフィックス映像は冒頭の一五秒間と最後の三二秒間以外使用されず、あとは全て実写による模型の破壊の映像のみである。川北の特撮映像の特徴といわれる「火花」が多用され、シアター内でのフラッシュ・ライトと連動する。ただし、この火花によって、地震による破壊を表現しているはずの模型の破壊が、地震ではなく、火薬によって内部から建物が爆破されているさまを撮影した映像に見えるという弊害ももたらしている。

以上のように、映像は多様な手法が存在し、一見すると混沌としているが、詳細に見ると「映画の文法」に忠実で、豊富な専門的テクニックによる効果が計算され尽くされ、しっかりと統御されているプロフェッショナルな娯楽映画の構成をとっている。いわゆる「実験的」「前衛的」で観覧者に認識上の混乱を起こすようなものでは決してない。

［65］「映画の文法」については、［アリホン 1980］を参照した。

図 5–2 「1.17 シアター」で上映されている映像のスケッチ

表 5–4 のシーン 6 の地震を「再現」して神戸市兵庫区の西洋洋式建築のビルの模型が破壊（爆破）されるシーン。上から、1）石造りという見立てのビルの模型の外観のロングショット、暗闇の画面に切れてたわんだ電線が入って来る、2）屋上の石造りという見立て部分の模型のクローズアップ、3）模型が内部から爆破されたように粉々に砕け、暗闇に白い粉末が浮かび上がる、4）落下する物体のクローズアップ、スローモーションで、爆破されたように全体が崩れて粉が落下するビルの様子のロングショット。

つくり込まれた巨大ジオラマ模型「震災直後のまち」――四階「震災追体験フロア」②

次に観覧者が見るのがジオラマ模型である。模型の制作・監修は株式会社トータルメディア開発研究所と兵庫県、監督は先ほどの映画と同じ川北紘一、作成は東宝映像美術が行った。導線に沿って述べると、はじめに壊れた病院の模型があり、次に壊れたマンションと壊れた平屋建ての和風家屋の模型、そして、焼け落ちた商店街のアーケードの模型、崩れ落ちた鉄道の高架線の模型が展示されている（図5–3）。

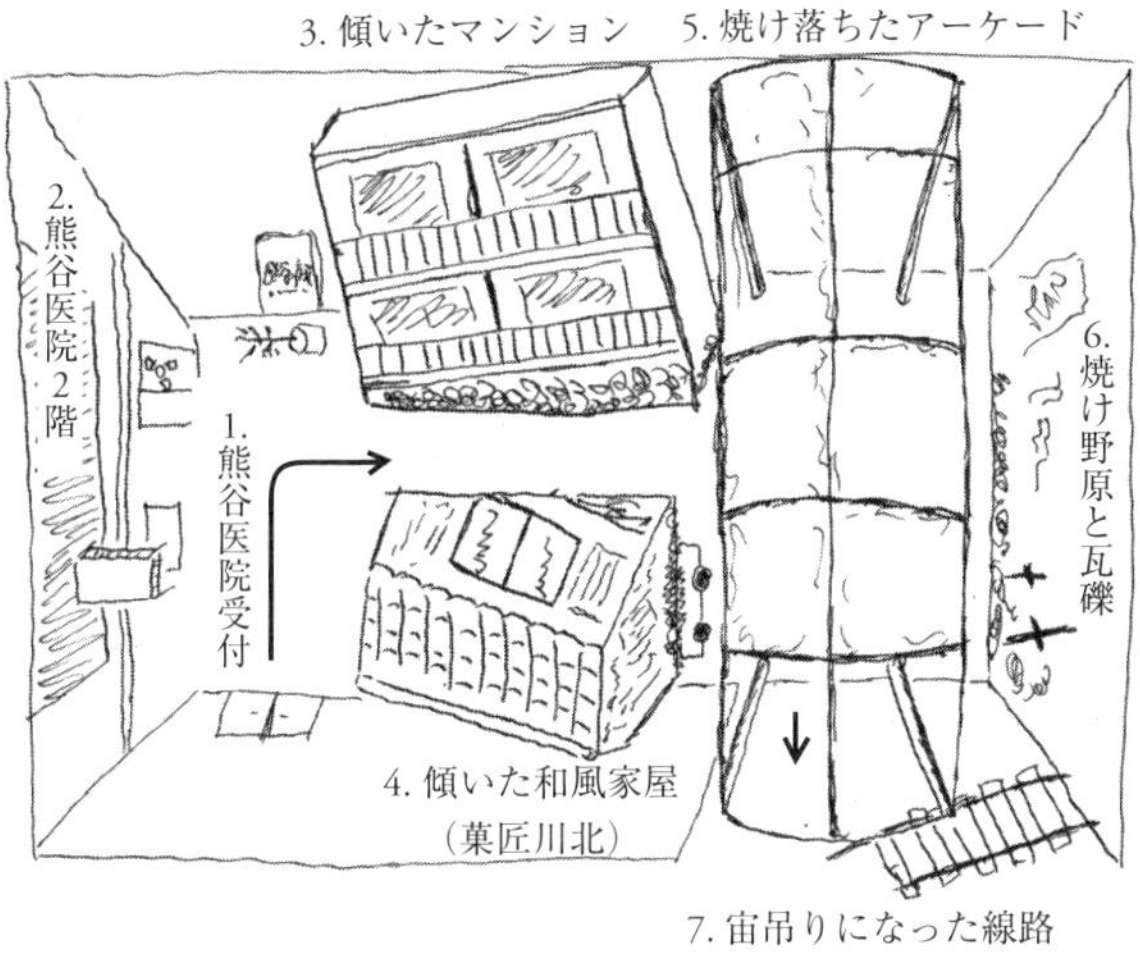

図5–3　「震災直後のまち」（ジオラマ模型）の見取り図と導線（矢印）

　これらの模型の特徴は以下である。第一に細部までつくりこまれていることである。人の模型はないが人の気配や生活歴の痕跡までつくりこまれている。第二に実物大に近い大きさであることである。実物大に近い建築物（模型）を博物館の館内に建てる例は、一九九〇年代以降、博物館やレジャー施設の大型化に伴い増加している。博物館では江戸東京博物館、大阪市立住まいのミュージアムの例があり、レジャー施設ではディズニーランドや新横浜ラーメン博物館などがある。それらとの共通性がある。第三に、1／1、1／2、1／6などの縮尺が混在し、模型自体が全体に俯瞰がかかった形で建てられ一種のゆがみを持っていることである。これによって遠近感を狂わせる演出が行われているといえる。第四に、ある種の「遊び心」が見られることも指摘しておきたい。壊れた和風家屋は和菓子屋という設定だが、そこに架けられている看板に書かれたその屋号は「菓匠川北」という名称であり、監督の川北紘一を連想させる。映画監督のアルフレッド・ヒッチコック Alfred Hitchcock は自らの映画作品に、それとはわからない形で映り込んだが、そのような遊び心のある行為を彷彿させる。また、通路の床にはいくつかのものが地震によってぺしゃんこになったという演出で埋め込まれているが、その中にミッキーマウスのブリキ人形もある。ミッキーマウスをシンボルとして用いているディズニーランドは、文化産業における巨頭であり、年間約三〇〇〇万人の入場者を持つ。ジオラマの展示場は照明が落とされており、観覧者は足元まではっきりと見ることはできないと思われるが、年間約五〇万人の観覧者に、暗闇の中とはいえ踏み絵のようにしてミッキーマウスを踏みつけさせることは、同じく文化産業の中に位置するトータルメディア開発研究所のディズニーランドへの思いをウィットにとんだ形で暗示しているとも深読みできる。

若い女性が語る復興の物語映画『このまちに生きる』――四階「震災追体験フロア」③

四階で最後に観客が見るのが『このまちに生きる』と題された映画である。上映時間は一三分、監督は株式会社東宝映像美術に属する佐々木正人、脚本は株式会社トータルメディア開発研究所と兵庫県、作曲者や音楽家のクレジットは特にないがクラシック音楽を思わせるオーケストラを使用した音楽が使用され、制作は株式会社トータルメディア開発研究所・株式会社東宝映像美術・株式会社神戸新聞事業社・株式会社サンテレビジョン・兵庫県である。

この映像は「体験談に基づくフィクション」である。冒頭に当時のニュース映像をもとに作成された「物語」である旨のテロップが流れる。詳細については次節で検討するが、地震による火災で姉を失った若い女性がナレーターになって、神戸の街の復興の様子と自身の立ち直りを語るという設定のストーリーである。

ストーリーの詳細は、後の分析にゆずり、ここであらかじめ映像作品としての特徴を述べておく。特徴としては、以下の点があげられる。第一に、断片的でばらばらなニュース映像などの集積をナレーションによってまとめていることである。第二に、一人称による語りが効果的に用いられていることである。語りのイントネーションは関西方言風だが、基本的には書き言葉を元にした標準語である。これは完全な関西方言（神戸方言）の話し言葉ではない。使用言語を、完全に関西方言にした場合、その方言を理解できない観覧者が多く存在すると思われる。聞き手として想定されている共同体は、関西方言母語話者ではなく、関西方言風の発話を聞きたいと思っている非関西方言母語話者であると思われる。

第三に、人の情動に働きかける「感動的」な内容であることである。そして、そのためにそれを「感動的」な映像にする演出が行われている。たとえば、スローモーションが効果的に用いられている。「映画の文法」では、スローモーションは、画面に荘重さを与え、しばしば死の演出に用いられるとされる。代表的なスローモーションによる死の演出の例として、黒沢明の『七人の侍』が知られている。[66] このドラマのシーン5では、地震の数時間後に瓦礫の下から救助され、毛布でくるまれて車に乗せられる人を撮影したニュース映像をモノクロ・スローモーション加工した映像がスクリーンに映し出されるが、その付随音楽として、一八世紀ドイツの教会音楽家ヨハン・セバスチャン・バッハ Johann Sebastian Bach が作曲し、後にバイオリン独奏曲に編曲さ

---

［66］［アリホン 1980］

れ「G線上のアリア」として著名となった管弦楽組曲第3番第2曲を連想させる荘重なシンフォニーを用いる演出が行われている。

第四に、アクションの後には、必ずリアクションがある、という広義の「アクション→リアクション」というハリウッド映画の要素からなるストーリーであることである。「映画の文法」においては、最も単純なアクションとリアクションは、拳銃が発射されるというアクションと人が倒れるというリアクションであるが、その連鎖が映画のダイナミズムとなる。それを映画『このまちに生きる』で考えると、最も大きな意味でのアクションとしては被災が、リアクションとしては復興がそれにあたるといえる。映画監督には、アクションとリアクションというハリウッド映画の文法を採用しない監督もいる。ギリシアの監督テオ・アンゲロプロスTheo Angelopoulosやイランの監督アッバス・キアロスタミAbbas Kiarostamiなどはそれに当てはまる。キアロスタミは一九九〇年にイランの北部で発生し、五万人以上が亡くなった地震についての映画を監督しているが、その映画『そして人生はつづく』(一九九二年)では、地震の被災と復興という明確なアクションとリアクションは描かれない[67]。映画のラストシーンで描かれるのは、何度もずり落ちそうになりながら、砂山のような斜面を登ってゆく車である。その何度もずり落ちそうになりながら斜面を登る車の姿は、アクションとリアクションの連鎖というナラティブとは異なった映画のナラティブへの意志を示す。仮に、アンゲロプロスやキアロスタミのような映画監督が、ここで上映される映画を作成したとしたら、『このまちに生きる』のような映画とは別の内容になったと思われる。

ミニチュア人形による模型「震災ガイダンス」——三階「震災の記憶フロア」①

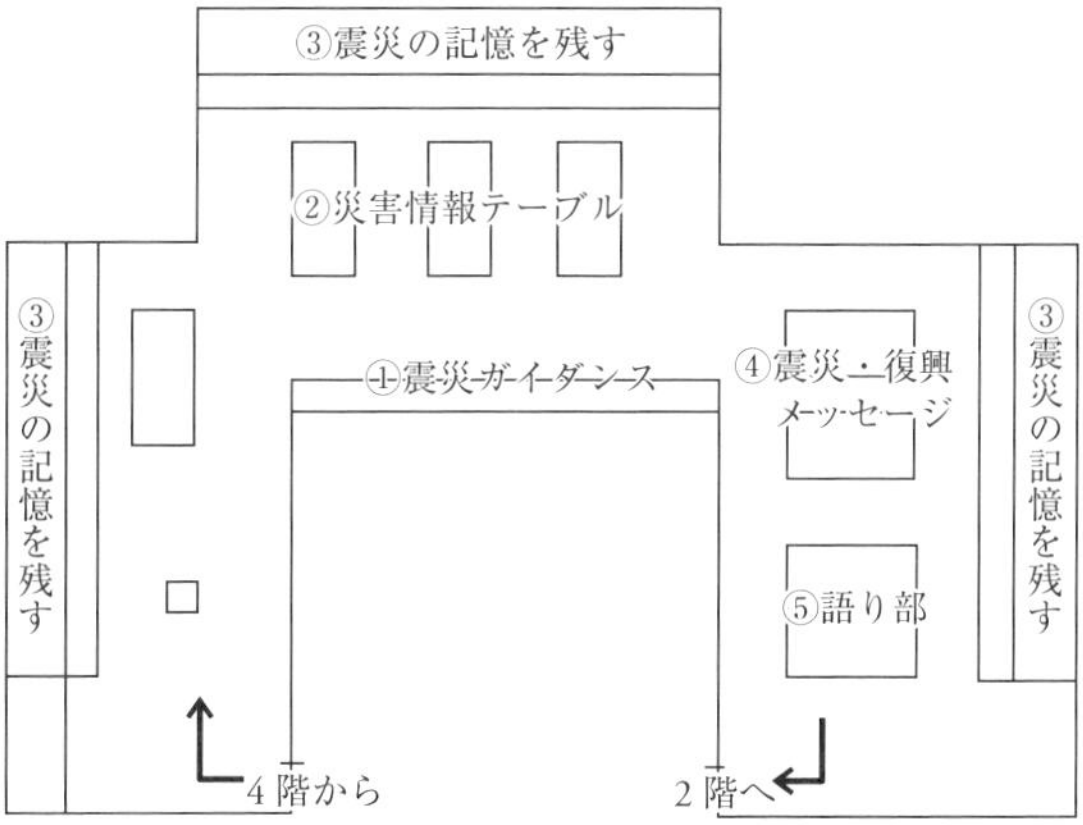

図5-4　3階の展示の配置（矢印は導線）

四階での展示は以上で終わり、次に観覧者がエスカレーターで導かれる先は三階である。三階は「震災の記憶」と題された展示が行われている。「震災ガイダンス」という、ミニチュア模型とビデオによる展示、「災害情報テーブル」というパネルやジオラマ、ビデオが一体となった展示、壁面を利用した展示の三つである（図5-4、写真5-5）。まず、震災ガイダンスについてみると、展示されているのは、インタビュービデオとミニチュアの模型で、そのトピックは地震直後の様子、避難所、再建、復興、現在の五つからなる。この震災ガイダンスの特徴として模型の表現の仕方があげられる（写真5-6）。四階のジオラマ模型は精巧で、リアルだったが、それに比べてデフォルメされたジオラマである。観光地のみやげ物店で売られている民芸品などに見られる、少しとぼけた雰囲気のほのぼのとした味わいの模型である。このような模型は、後で見る「コラム4」で述べるインドネシアの津波博物館や独立記念塔などでも見られる（コラム4写真3）。その表現によって多くの人々、大衆に親しみの感情を抱かせる効果を持つと思われる。

［67］　［キアロスタミ 1992］。この映画については、［寺田（編）2016］で短く紹介した。

写真 5-5　3 階の展示の様子。左が震災ガイダンス、右が震災情報テーブル

写真 5-6　震災ガイダンスで展示されているほのぼのとした模型

パネル冊子による情報提供「災害情報テーブル」――三階「震災の記憶フロア」②

つぎに災害情報テーブルについて見る。震災ガイダンスとほぼ同じ内容のストーリーに沿って、五つのテーブルが存在し、そこに、パネル冊子、模型、ビデオなどが配置されている。その特徴としては、第一に情報量が膨大である。パネル冊子をすべて合計すると六二冊存在し、ビデオの上映時間をすべて合計すると計六七分である。パネル冊子には、一〇～二〇葉のパネルが納められており、仮に一冊のパネル冊子を読むのに一〇分を要したとして、六二〇分、つまり約一〇時間を要することになる。活字、写真、図などの多量の情報が存在するのである。第二に、震災直後の内容の分厚さに比べ、「復興」の内容が薄い。震災直後に関しては、さまざまな社会における動きをとらえているのに対して、「復興」として展示されているのは行政体としての兵庫県が施策した「復興事業」にほぼ限定されている。

資料の膨大性を強調する壁面展示 「震災の記憶を残す」——三階「震災の記憶フロア」③

一方、壁面では「震災の記憶を残す」と題された、地元を中心とした人びとから提供された写真やものと、それらを入れた資料保存箱が展示されている。資料保存箱は壁面のメッシュ状になった壁の奥に七二七箱が展示されている。

特徴としては、第一に先ほどと同じように量の多さが指摘される。展示されているのは、写真が三七一枚、ものが八一点、文書が九三点、解説文が一四八（携帯端末）であり、合計すると六九三点である。[68] 仮に、一点を一〇秒間注視するとして、一一五分つまり約二時間を要し、仮に二〇秒間注視するとして、二三〇分つまり約四時間を、仮に一分間注視するとして、六九三分つまり約一一時間を要することになる。

第二に、これらは、時間をかけて見ると分節化可能だが、一見するだけだとほとんど分節化が不可能であることである（写真5-7）。ものはいくつかにグループ分けされているが、壁面はものによって埋め尽くされ、それらのグループの区分は必ずしもわかりやすくない。もの、資料の膨大さが強調される演出であるといえる。

［68］ ただし、文書資料やもの資料については、何を一点とカウントするか判断に迷うものも多い。

写真 5-7　壁面の展示「震災の記憶を残す」

第三に遺族、遺品に関する特別な扱いがないことである。全六九三点のものの中には遺品も存在するが、特別な扱いはなく、他のものと等価値に扱われ、いわば埋没して展示されている。言われないと気づかない可能性もある。後ほど本章第5節で詳しく見るが、広島平和記念資料館などでは、遺品に特別の価値を見出した展示を行っているが、それとは対照的な展示方法である。このすぐ後で詳述するように、四階の展示では一人の「無名の死者」が鮮明に浮かび上がってくる「演出」が行われている。それに対して、三階では遺品や遺族に特別なスポットライトを当てないことで、実在した多数の個別の死者を浮かび上がらせず、四階における一人の「無名の死者」がより一層鮮明に受かびあがるようにする「演出」が行われているといえる。

震災・復興メッセージと語り部のビデオ――三階「震災の記憶フロア」④

三階にはインタビューの映像も展示されている。それは「震災・復興メッセージ」と題され、壁面の写真・ものに関する聞き取りのビデオとその要約文である。インタビューは一八のテーマごとに分類され、一六八人分の聞き取りである。平均字数は五四四字であるので、合計すると約九万字のデータが展示されている。また、「語り部」の一人語りの映像も展示されている。これは、五二人分のビデオがエンドレスで放映されている。一人四〜五分間で、無地の背景の前に座った一人の人が災害当時のことなどを一人語りで振り返るという内容である。震災時、幼児だった兵庫県立舞子高校環境防災科の生徒のビデオが多い。

過去と現在を接続させる回路

四階と三階で行われている展示について記述してきた。これらの特徴としては、以下の点があげられる。

第一に、過去と現在を接続させる多様な手法が用いられていることである。具体的には、再現 representation と、提示 presentation と、捏造 fabrication[69] の三つである。過去は、現在とは異なる時空間、あるいは現象であ

［69］　捏造というと負の語感があるが、本章では負の意味をこめて使用しているわけではない。fabrication の訳語として使用している。創出などの訳語も考えられるが、日本語の語感として一から創り上げるという感じがあり不適切であると思われるため、捏ね上げてつくるという意味を持つ捏造という用語を採用している。

るため[70]、過去を現在に現出させようとする際には、さまざまな技術を用いなければならない。再現は、過去を現在に改めてよみがえらせる方法であり、提示は現在残されたものを提示するだけで過去そのものを再現しようとはしないが、現前するものを通じて見る者に過去を想像させることである[71]。一方、捏造とは過去には存在しなかったが存在しそうなことを現在につくり出すことである。

四階では、主に再現と捏造が行われている。ジオラマは、すべて実際に起こった事例のように見えながら、実際に過去に存在したものを再現したものではなく、ありそうなものをつくり上げたという捏造である。映画は、過去に存在した映像を再びスクリーンに投影することによって過去を再び現在という時空によみがえらせる再現の方法である。

一方、三階では主に、提示が行われている。過去に存在し、現在も存在するものが膨大に提示され、観覧者は自己の内部で過去を想像することになる。

観覧者のかかわり方から見ると、四階では身体的、全身的、主観的なかかわり方が、三階では視覚的、客観的なかかわり方が演出によって導かれるといえる。四階では、巨大なジオラマ、映画という方法が用いられるが、巨大なジオラマの中を歩くことや、映画シアターの暗闇の中に身を置くことを通じて、再現、捏造された過去が観覧者の身体を包み込み、観覧者は展示の内部に入り込み「体験」するようなかかわり方をすることになる。一方、三階では、ものやデータは多数存在するが、それらはパネルや壁面に固定された形式で展示され、観覧者の直接的な身体的かかわりは限定され、主に視覚によるものとなる。外部から文字、数値、ものなどを「眺める」という受け身の立場によるかかわりであるといえる。

ナラティブの観点から見ると、四階における強力なストーリーの存在と、三階におけるストーリーの不在、ないしは忌避が特徴である。次項で詳しく見るように、四階の展示では強いストーリーが存在するが、三階の展示では、むしろストーリーを避ける断片化した展示が行われている。多数の資料は読まれるためというより、その膨大性を示すためにおかれているともいえる。言い換えると、四階でストーリーが上部構造として語られ、それを三階の事実が下部構造として支える演出になっているといえる。

未婚の若い女子の死と再生をめぐる物語 ―― 中心的な展示のストーリーの抽出

では中心的なストーリーとはいかなるものか。それは、被災→復興という大きなストーリーの中に組み込まれた、二人の未婚の若い女子[72]の死と再生をめぐる物語である。

観覧者の立場になってみよう。まずこのメモリアル博物館に入館した観覧者は、四階の「一・一七シアター」でさまざまな建物が崩壊する映像を見続けることになる。ここには人の姿は一切あらわれない。映像の最後には火災を象徴すると思われる炎のシーンが登場する。しかし、最後と言っても、音楽はフィナーレを意味する調和音では終わらず、不安定感をつのらせる高音の金管楽器の甲高い音と高音の揺れるような弦楽器による不

[70]　過去がどのような点において現在と異なるのかについては、形而上学の視点から本書第八章第1節508–513ページで詳しく検討する。

[71]　本書の第十章では、「提示」に似た行為として「持去」という行為を挙げている。提示も過去のものを保持するという点では「持去」の一種であるが、「持去」においては、それを修復し、それ以上古くならないようにするという人為的介入が行われる。このメモリアル博物館においては、そのような介入は行われていないためここでは、それを「持去」とは呼ばずに、「提示」と呼ぶ。

[72]　ここでいう未婚の若い女子をどのような日本語で表現するかは問題である。ドイツ語の eine Jungfrau や、英語の a maiden や、日本語の「処女」、「乙女」、「生娘」という言い方が最もふさわしいと思われる。ただ、「乙女」は古めかしい言葉であるという難点がある。一方、後述するようにフォークロアとも共通する若い女性の犠牲による浄化というモチーフを含意した表現としては「処女」、「生娘」という日本語がふさわしいと思われるが、それらは、今日では、過度にセクシュアリティを強調する含意があるため学術用語としてはふさわしくないと考えられる。そのため本書ではそれを「未婚の若い女子」と表現する。

協和音がフェードアウトし、宙吊り感を残す。

その宙吊り感のまま、観覧者は「震災直後のまち」のジオラマの中に導かれる。観覧者の身体を取り囲むのは崩れ、平衡を失った建物の実物大に近い模型である。ここにも人の存在を想像させる音はするが、人がマネキン模型などで示されることはない。ジオラマの見えない部分に仕込まれた音源からは、「誰かいませんか」という救急隊ないしは消防隊の呼びかけという設定の声が聞こえてくる。この「誰かいませんか」という問いは観覧者の思いにも乗りうつり、「人はどこか」と観覧者は思うだろう。導線の最後には、また火災をあらわす展示物がある。しかし、さらにその先に宙づりになった線路が配置され、また復旧を意味するジオラマもないため、依然として観覧者には宙吊り感が残る。この映像とジオラマの二つで時間的・空間的に火災が最後に置かれることによって、観覧者の印象に「火災」が強く残ることになる。必然的に、展示ナラティブのストーリーは「火災」に向かって収斂してゆく。

収斂する先は、映画『このまちに生きる』である。ここでやっと「人」が出てくる。この映画は地震後に発生した火災で、未婚の若い女子である姉が生きたまま焼かれ死に、その姉の最期の姿を目撃し、その最期のことばを聞くという壮絶な体験をした妹であるこれも未婚の若い女子が一人語りをするという設定である。

4　戦争の表象／災害の表象

戦争画との比較

さて、ここで、このストーリーを戦争画と比較してみたい。カタストロフという点で、自然災害と戦争が共通した視座で扱われることはすでに序章で述べた通りであり、美術史・文化史においても、その共通性は指摘されている。[73] 人間学的側面からみて戦争と自然災害はカタストロフという共通性を持つだけでなく、出来事の表現という点においても、カタストロフとして共通した性格を見せるのである。

戦争画とは物語画、宗教画とならんで、ヨーロッパ絵画の歴史を通じて重要な一分野の一つである。レオナルド・ダ・ヴィンチ Leonardo da Vinci（一四五二―一五一九年）、ピーテル・ルーベンス Peter Paul Rubens（一五七七―一六四〇年）、フランシスコ・デ・ゴヤ Francisco José de Goya（一七四六―一八二八年）、ユージェーヌ・ドラクロワ Eugène Delacroix（一七九八―一八六三年）、パブロ・ピカソ Pablo Picasso（一八八一―一九七三年）などの著名な画家が著名な戦争画を描いている。日本でもアジア太平洋戦争（第二次世界大戦、大東亜戦争、十五年戦争）期に多くの「戦争画」が描かれた。この日本の戦争画については、多くの作品が戦後アメリカ政府に接収され現在も「無期限貸与」の状態が続いていることや、画家本人や遺族の意向によって積極的に公開が進んでいなかったことなどの複雑な経緯が存在し、研究が進んでいなかったが、一九九〇年代から学術的な研究の対象になり研究が進んでいる。[74]

戦争と自然災害をカタストロフのナラティブという点から見ると、これらはドラマとして語られるという共通性を持つ。本書第七章では、自然災害の記憶が、悲劇というドラマの形式に依拠して語られることを検討するが、[75] 戦争もドラマとして語られる出来事の一つである。美術史研究者の高階秀爾は、戦争はドラマの一種で

[73]　本書序章第2節41ページ、［ワイゼンフェルド 2014］。
[74]　［椹木他（編）2008］ほか
[75]　本書第七章437ff.ページ

写真 5-8　ドラクロワ「キオス島の虐殺」(作成 1823–824 年)(出典:[セリュラ 1973])

あるというこの点を戦争画における重要な要素と位置づけ、直接の戦闘は重要な画題だが、戦闘の準備や休息、戦闘後の様子も画題となること、どの場面を選んでどのように表現するかが作画における大きな課題となることを指摘している。[76]これは、何をどう語るのか、というナラティブの問題であり、言い換えれば展示における演出の問題ともいえる。

代表的な戦争画としては、ヨーロッパのものとして、ドラクロワの「キオス島の虐殺」（作成一八二三―一八二四年、写真5-8）が、日本のものとしては、藤田嗣治の「サイパン島同胞臣節を全うす」（作成一九四五年、写真5-9）があげられる。「キオス島の虐殺」は一八二〇年のオスマントルコ帝国の支配に対するギリシアの独立戦争のエピソードを絵画化し、一八二四年ルーブル宮殿で行われたサロン（官展）に出品された四一九×三五四センチメートルの大作である。現在は、ルーブル美術館の所蔵となっている。「サイパン島同胞臣節を全うす」は一九四四年七月上旬に起こったアメリカ軍によるサイパン島の攻撃により日本側が陸軍二万九〇〇〇人、海軍一万五〇〇〇人、民間人一万人以上、アメリカ側は三四〇〇人の死者を出した激戦を絵画化した作品で、ドラクロワには及ばないものの一八一×三六二センチメートルの大作である。[77]一九四五年四月からの「戦争美術展 昭和一九年度陸軍作戦記録画」に出品され、その後、日本国内を巡回した。現在は戦後接収されたアメリカから無期限貸与を受け、東京国立近代美術館が所蔵している。

これらの絵画の中に何が描かれているのかは、この後詳細に分析するが、その前に、ここでは、両方の画面を前景、中景、後景として区分して大まかにとらえてみよう。「キオス島の虐殺」では前景に犠牲となった人々

［76］［高階 1996: 271］
［77］このほかにも藤田は「アッツ島玉砕」「血戦ガダルカナル」などの戦争画の大作を描いている。

写真 5-9　藤田嗣治「サイパン島同胞臣節を全うす」(作成 1945 年)(出典：[尾崎・清水(編) 2003])

写真 5–10　阪神・淡路大震災のメモリアル博物館（右）と後ろに見える六甲山

写真 5–11　阪神・淡路大震災のメモリアル博物館の前に広がる神戸港と海

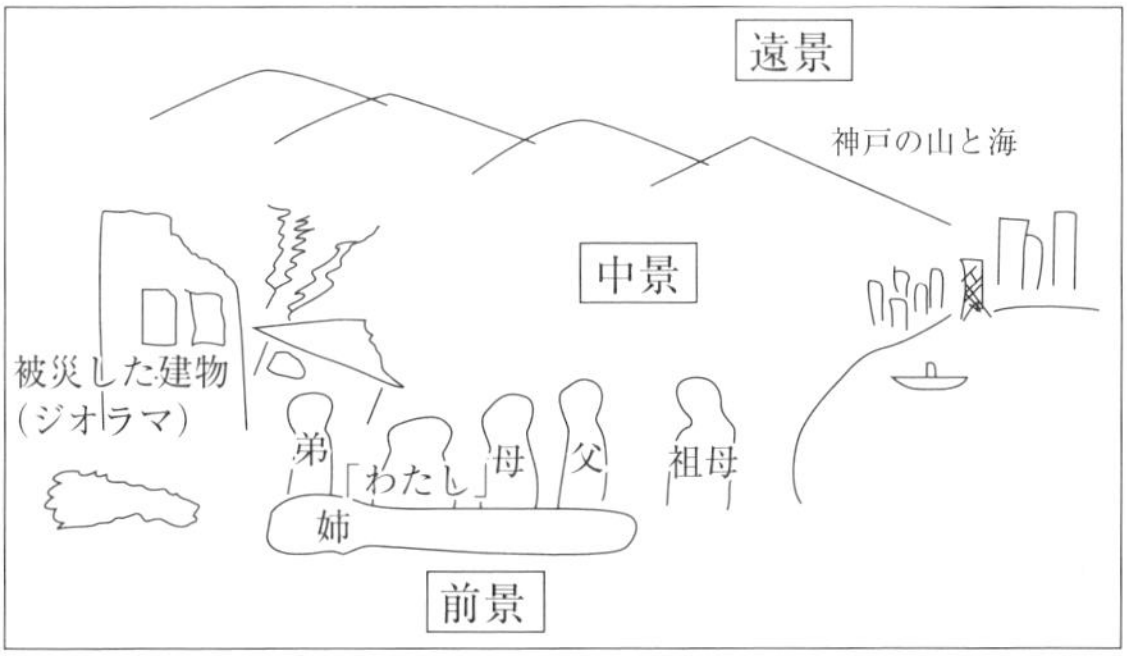

図 5–5　メモリアル博物館で展示されているストーリーを前景・中景・後景に区分した概念図

の群像、中景に戦闘の様子、後景に煙を上げる町と海や山が描かれ、「サイパン島同胞臣節を全うす」では前景に犠牲となった人々の群像、中景に野山をさまよう避難民、後景に煙を上げる家屋と山と海が描かれている。

　以上を、前節で見た阪神・淡路大震災のメモリアル博物館で展示されている中心的なストーリーと比較した場合、そのストーリーは、前景、中景、後景をもつタブローとしてとらえることができる。前景としては、戦争画では人物の群像が来る。同様に、ドラマでは、少女が一人称の「わたし」の視点から語ることによって犠牲となった人々が観覧者の意識の中では前面に来る。群像としては、少女の家族が少女の周りを取り囲む。中景は被災した建物や被災地の風景である。四階のジオラマや「一・一七シアター」で描かれる人が不在の建物、三階の無数の資料がそれにあたるといえる。後景は戦争画では山や海だが、次の第六章で立地について詳しく見るように、このメモリアル博物館は埋め立て地という立地にあり、そこからはさえぎるものがほとんどないため、神戸の街を縁取る六甲山と神戸港が一望される[78]（写真5-10、写真5-11）。それらの山と海が後景であるといえる。これを図にしたのが、図5-5である。ここからわかるように、このメモリアル博物館の展示内容は、博物館が海辺の地に建設されていることも含めて、一幅の絵画となるようなナラティブで構成されている。そして、そのナラティブの中心にあるのが、被災したある家族であり、その家族の中心にあるのが、語り手の「わたし」とその姉という二人の未婚の若い女子である。

被災家族――群像の演出

では、前景にあたる人物の群像はどのようなものなのだろうか。

改めてドラマ『このまちに生きる』の主人公一家の家族構成を見てみる。それは以下のようになっている。父は工場を経営していたが、工場は地震で被害を受けた。しかし、物語の時点では再建した。母は市場でパートで働いていた。姉は震災により起きた火災で死去した。「私」は当時中学生か高校生で、映画の中で過去を語る時点では看護師になっている。弟は、地震発生時はまだ小さかったが映画の中の「今」では「防災の道に進もうとしている」。これは、このセリフが語られる時、画面には兵庫県立舞子高校の環境防災科の生徒たちの高校生活が映し出されることにより、同校への進学が映像によって暗示されている。「おばあちゃん」はいるが、別居している。この「おばあちゃん」は、物語の「今」の直近の過去において、仮設住宅から復興住宅に移った。

ここで、注目されるのはこの家族構成の中で「死者」として選ばれているのが姉であり、その死の原因が火災によるものであることである。なぜそれが注目に値するかというと、その死因と死亡時の年齢について見ると、実際の死者の統計においては、若い女性の死者は年齢別で見た最も多い死者ではなく、また焼死も最も多い死因ではないからである。

神戸市での震災の死亡者の死因を見ると、窒息死五三・八%、圧死一二・四%、焼死・火傷一二・一%、全身打撲八・〇%、頭部損傷三・四%、その他七・一%となっており、[79]ドラマで描かれたような焼死は多くない。[80]ただし、火災は報道で大きな位置を占めていたことは前節で見た通りである(写真5-4a~c)。

また神戸市での死亡者の年齢を一〇歳刻みで見ると、一〇歳未満三・八%、一〇歳代四・九%、二〇歳代八・一%、三〇歳代四・二%、四〇歳代八・八%、五〇歳代一五・九%、六〇歳代一九・二%、七〇歳代一九・〇%、八〇歳代一二・八%、九〇歳代一・八%、不明一・四%となっており、六〇歳代以上が過半数を占める。年齢と地域にも相関があり、インナーシティ(長田区・兵庫区)では高齢者が死亡した数が多かったのに対し、神戸

[78] この博物館の立地については本書第六章 377–382 ページで分析する。
[79] [朝日新聞大阪本社「阪神・淡路大震災誌」編集委員会(編)1996: 129]
[80] これは阪神・淡路大震災の特徴の一つであり、関東大震災の死因の八七・一%が火災によるものだった[清水 2012: 163]。関東大震災における火災に関しては、次章でくわしく検討する。本書第六章第3節 394–396 ページ。

市東部（東灘区、灘区）では、学生の下宿の倒壊による二〇歳代の死者が多かった。[81] ドラマがその舞台として想定していると思われる神戸市長田区や兵庫区では、ドラマとは相違して、実際は犠牲者の多数は高齢者であり、その死亡原因は、多くは焼死ではなく圧死だったのである。

以上から、ドラマの設定を決定する際には、平均や多数などの数量による基準ではなく、人々の印象に残った場面を強調する演出が行われているといえる。あるいは、ここに、日本におけるカタストロフの語りの型における火災の持つ大きな位置の影響を指摘できるともいえよう。

「いいから、行って」

ドラマの中で最も印象に残るのは、姉が生きながら火に焼かれ、それを妹が目撃するというショッキングな設定である。妹は姉を助け出そうとしたが、それは不可能だった。そこで姉は「いいから、行って」と言ったとドラマの語り手の未婚の若い女子は語る。地震の後に発生した火災で亡くなった人が、助け出そうとした人に対して、「いいから、行って」という内容の言葉を発したという事実は、阪神・淡路大震災において実際に存在した。そしてそれは人口に膾炙していた。二つの話がある。

一つはA山B子さん（当時六九歳）が「もうええから行って……、もうええから」と言ったという例である。[82] B子さんは、淡路島出身、神戸市長田区の鷹取商店街で夫婦で衣料品店を営んでいた。結婚して四九年。自宅兼店舗の四軒長屋で被災。早く起きて一階部分の店舗にいたB子さんが生き埋めになった。夫のC男さん（被災時七四才）が助けようとしたが火災が迫り、不可能だった。その際に夫に言った言葉である。

もう一つは、D田E男さん（当時二二歳）が語ったという「もうええから逃げてくれ」という言葉である。[83] E

男さんは兵庫県北部にある兵庫県立八鹿高校出身で、当時、神戸大学工学部三回生だった。神戸市灘区六甲町のアパートで被災した。生き埋めになり、友人が助けようとしたが火災が迫り不可能だった。その際に、友人に言った言葉である。

この二つは、新聞や書籍に複数回とりあげられている。つまり、映画の設定は、人々によく知られていたといえる実話をもとにしているのである。ただし、年齢や家族構成、居住地域などの設定が変更され、実際には存在しなかった死者が捏造されている。

その捏造の意図としては以下のことが考えられる。仮に、A山B子さんを主人公にした時のドラマを作成するとすれば、夫C男さん（二〇一二年現在九一才）の震災後をたどるドキュメンタリー形式が予想される。たとえば、C男さんは毎日、阪神・淡路大震災の地震発生の時刻である午前五時四六分と午後五時四六分に仏壇に向かって合掌し、「熱かったやろう、ようがんばったな、いつでもいいから迎えにこいよ」、「ここまで復興できたんはおまえのおかげや、ありがとう」と語っているというが[84]、それを収録することになる。

また仮にD田E男さんを主人公にした時のドラマとしては、主人公は兵庫県北部に位置する八鹿の両親が遺族となる。両親は、以下のように語っている。「火の回りが速くて助けようとしてもだめやった、ということは全然知らんかった。E男は「もうええから逃げてくれ」と友達に言うたというんですけど……。あんなん知っ

［81］［朝日新聞大阪本社「阪神・淡路大震災誌」編集委員会（編）1996: 126］

［82］［震災モニュメントマップ作成委員会・毎日新聞震災取材班編（著）2001: 112］。同書には実名が記載されているが、本稿では仮名とした。また『神戸新聞』二〇一二年一月一七日では、C男さんが新湊川公園の慰霊碑の除幕式でも遺族代表としてこのエピソードを語っていることも報道されている。

［83］『朝日新聞』一九九五年三月一七日、［住田 1996: 24］。新聞、書籍では実名が記載されているが、本章では仮名とした。

［84］『神戸新聞』二〇一二年一月十七日

たらしんどくてねえ」[85]。それに対して、上演されているドラマの語り手である妹が地震からしばらく経過したころに、姉を回想して語るセリフは「お姉ちゃんのほほえみが見えた」である。ドラマは、遺族である未婚の若い女子の悲しみと立ち直りをモチーフとしている。捏造が行われなかった場合、未婚の若い女子の悲しみと立ち直りというストーリーは成立しない。

悲哀と年齢に関しては、精神医学では、年齢が若いほど喪の過程も正常で立ち直る力も強いことが指摘されている[86]。未婚の若い女子の遺族を主人公とする演出によって、正常な喪の過程をたどり、力強く再生するというドラマが可能になる。また、C田D男さんを主人公にした時には、遺族は兵庫県北部の八鹿に住んでいるため、被災地の復興を、被災した被災地の人自身が見届けるという映画になりにくいことも考えられる。

犠牲になる未婚の若い女子 ―― ジェンダーとセクシュアリティの視点の導入

さらに、死者が姉であり、主人公が妹であること、両者ともが未婚の若い女子であることの意味についての検討を続けたい。ジェンダーとセクシュアリティの視点を導入するとどうなるのか。先ほど戦争画について検討したが、ドラクロワの「キオス島の虐殺」においても、藤田嗣治の「サイパン島同胞臣節を全うす」でも女性、とりわけ未婚と思われる若い女子の犠牲が印象的に描かれている。

たとえば、ドラクロワ「キオス島の虐殺」においては、男性七人（うちトルコ兵が一人）、女性八人、赤ん坊一人が描かれているが、男性が感情をあらわにしない形で描かれているのに対して、女性は、感情をあらわにした表情で描かれ、全裸に近い姿や半裸に近いセクシュアリティを強調した姿で描かれているケースもある（図5-6、表5-5）。

一方、藤田の「サイパン島同胞臣節を全うす」でも女性の描かれ方に顕著な特徴が見られる（図5-7、表5-6）。

描かれているうち、男性は一六人であるのに対して女性は二三人、赤ん坊は三人と女性の方が多く、また圧倒的に目立つ場所や目立つポーズで描かれている。全裸や半裸で描かれた女性はいないが、女性は多くが体のラインを強調するすきとおった薄絹のような素材で作られたように描かれているワンピースを身にまとって描かれている。また、死体は、男性の死体一に対して、女性の死体が三である。

ポーズを詳しく検討すると、男性の描かれ方が型どおりであるのに対し、女性はさまざまなポーズをとって描かれている。たとえば、祈り（図5-7と表5-6の番号一一、三八、三九）や支えあい（同一二と一三、一六と一七の二組）のような、このようなシチュエーションで存在することが容易に想定されるポーズのほか、髪をすいたり（同二六、二七）、肌を露わにして身もだえする（同二五）など、ある意味でこのような状況とは直接結びつきがたいようななまめかしいポーズも描かれている。これらはセクシュアリティの感覚を喚起するものである。たとえば、髪をすくポーズにおいて強調されている毛髪とは、セクシュアリティの暗示でもある。イスラム教においては、成人女性はヘジャブという頭部を覆う布により頭髪を隠すが、それは一般的には女子が初潮を迎えた時期を境目とする。画中二六のうなじを見せ髪をすく女性の髪はとりわけ長く波打つように表現されているが、うねうねとうねる髪はセクシュアルな魅力を持つ。そのセクシュアリティの象徴である髪をすくという行為が、死を前にした場面で行われているという、死とセクシュアリティの結びつきが観覧者の印象に

［85］［住田 1996: 24］
［86］［野田 1992］

図 5-6　ドラクロワ「キオス島の虐殺」に描かれた人々の輪郭

図 5-7　藤田嗣治「サイパン島同胞臣節を全うす」に描かれた人々の輪郭

表 5-5 ドラクロワ「キオス島の虐殺」に描かれた人物の行動と感情

番号	人物の属性	性別	人物の行動	組み合わせ	その人物が画面の中で持っていると思われる感情
1	裸の少女	女	2と抱き合う	A	悲しみ
2	青白い顔の女	女	1と抱き合う	A	悲しみ
3	若い女	女	あえぐように4に助けを求めるように手をのばす	B	絶望
4	血走った目をした中年の男	男		B	絶望
5	胸をはだけた若い女	女	放心したように6の方に手をかける	C	放心
6	脇腹から血を流した裸の若い男	男	横たわっている（死んでいる？）	C	放心
7	銃を持った男	男	目をとじて何かにもたれかかっている	D	放心
8	銃を持った男	男	表情はわからないが力無く立っている	D	放心
9	上半身裸の血走った目の男	男	うつむいて10を抱く	E	悲しみ
10	上半身裸と思われる中年の女	女	9に抱かれる	E	悲しみ
11	胸元をはだけた老婆	女	視線を上に向けている		怒り
12	胸をはだけた若い女	女	横たわっている（死んでいる）	F	－
13	裸の乳児		12の乳房をすっている	F	－
14	馬に乗った男（トルコ兵）	男	刀に手をかけている	G	欲望
15	男	男	14に追いすがっている	G	恐怖、混乱
16	ほぼ全身裸の若い女	女	手首をくくられ馬の背に乗せられている	G	恐怖、混乱

表 5–6　藤田嗣治「サイパン島同胞臣節を全うす」に描かれた人物の行動と感情

番号	人物の属性	性別	死体	人物の行動	服装	その人物が画面の中で持っていると思われる感情
1	上半身裸の男（兵士）	男		短刀を地面に突き立てる	軍装	絶望
2	男（兵士）	男		4の髪をつかんで日本刀を地面に突き立てる	軍装	驚愕
3	黒色で書かれた若い女（死体）	女	○	手を前につきだして海老反りになって硬直している	もんぺ	恐怖
4	黒色で書かれた若い女	女		地面にうつぶせに横たわっている	半袖のワンピース、首にストールを巻く	苦悶
5	黒色で書かれた若い女（死体）	女	○	地面にあおむけに横たわっている	体は闇の中に溶けているため服装は不明	–
6	上半身裸の男（兵士）	男		画面正面からは顔を背けて地面に手をついている	軍装	絶望
7	立っている男（兵士）	男		遠くに向かって銃を構えている	軍装	闘志
8	10才くらいの男の子	男		精悍な表情できっと前をにらんでいる	半袖シャツ	闘志
9	上半身裸の初老の男（民間人？）	男		銃を持ってあぐらをかいている	麦藁帽、服はぼろぼろのため軍装かどうかは不明	諦観
10	男（兵士）	男		斜面にうつぶせになっている	軍装	疲労
11	若い女	女		画面中央の群像に向かって合掌している	スカートと半袖Tシャツ	慈悲
12	若い女	女		13に慈悲深い眼差しを注ぎ手をそえている	半袖Tシャツ	慈悲
13	若い女	女		目をとじて右手に短刀を持ち、それを14に突き立てている	スカートと半袖Tシャツ	救済
14	若い女（死体）	女	○	横たわっている、13に腰のあたりを刺されている	スカートと半袖Tシャツ	無感情
15	少女	女		人形を抱いて、決意をしたまなざしをしている	下着（シュミーズ）？	決意
16	若い女	女		竹槍を支えにして17に肩を貸しながら立って、遠景を振り返っている	薄衣でできたワンピース	決意
17	若い女	女		16に肩を借りて歩いている	薄衣でできたワンピース	安心
18	若い女	女		髪を梳っている	薄衣でできたワンピース	無心
19	少年	男		何かにおびえたような表情をしている	（顔のみ）	恐怖

20	若い女	女		何かを見つめている	胸元の大きくあいたシャツ（ワンピース？）	決意
21	中年の女	女		胸をはだけ22に授乳しようとしている	ボタン付前開きの半袖シャツ	母性愛
22	赤ん坊			21の乳房に吸い付いている	裸	安心
23	若い女	女		30の手をにぎっている	スカートと丸首シャツ	母性愛
24	若い女（死体）	女	○	あおむけに横たわって眠ったように目をとじている	不明（布がかけられている）	平安
25	若い女	女		座って豊かな髪を梳っている	肩が出る夜会服のようなワンピース	忘我
26	若い女	女		前屈みになって豊かな髪を梳っている	薄衣でできたワンピース	忘我
27	若い女	女		前屈みになって豊かな髪を梳っている	薄衣でできたワンピース	忘我
28	赤ん坊			泣いている	裸	恐怖
29	黒色で描かれた兵士（死体）	男	○	地面に横向けに眠ったように横たわっている	軍装	平安
30	兵士（死体）	男		地面にうつぶせに横たわっている	軍装	–
31	少年	男		何かにおびえたような表情をしている	（顔のみ）	うらみ
32	少年	男		何かにおびえたような表情をしている	（顔のみ）	恐怖
33	兵士	男		右手を三角巾で釣って日本刀を地面に突き刺して正面に仁王立ちしている	軍装	決意
34	兵士	男		何かを見つめている	上半身裸の軍装	決意
35	兵士	男		日本刀を口にくわえている	軍装	決意
36	兵士	男		銃を口にくわえ足で引き金を引いて自殺しようとしている	軍装	決意
37	若い女	女		口を大きくあけて何かを叫び両手を天に向かってつきだしている（バンザイのしぐさ）	薄衣でできたワンピース	恐怖
38	若い女	女		両手をあわせて天に向かって何かを祈り、崖に向かって足を踏み出している	薄衣でできたワンピース	救済
39	若い女	女		ひざをついて両手をあわせて祈っている	薄衣でできたワンピース	救済
40	若い女	女		頭を抱えている	薄衣でできたワンピース	恐怖・混乱
41	赤ん坊			40の女に背負われて眠っている	（顔のみ）	安心
42	若い女	女		崖を真っ逆様に落ちていく	薄衣でできたワンピース	–

強く残る。それらを通じて、女性の姿が見るものに強く訴えかける演出が加えられている。

ジェンダーと戦争に関しては、戦争における支配的価値観では、暴力と競争が男らしさを示すものとして高位に置かれる一方、思いやり・愛・平和は女らしさを示すものとして下位に置かれること、そして、征服者は男性として、被征服者あるいは征服された植民地は、女性として表象されがちであるという指摘がある。[87] また、戦争を描いた映画『黒い雨』（一九八九年、主演・田中好子）とテレビ・ドラマ『夢千代日記』（一九八五年、主演・吉永小百合）をジェンダーの視点から分析したモリオカ・トデスキーニは、原爆の白血病のヒロイン描写とジェンダーの関係について、実際には白血病は女性に多かったわけではないにもかかわらず、白血病の若い女性をヒロインにすることで原爆と放射線の恐怖の痛ましい象徴とする演出が行われていたことを指摘する。[88] 女性の美・若さと夭折（はかなさ）によって犠牲がロマンティック化され、苦しみを甘受するという日本的伝統が体現されるという。

これらのことを考えると、阪神・淡路大震災のメモリアル博物館で上映されるドラマのシナリオ作成の際に中心的人物（死者・姉）と語り手（妹）の選定にあたって、被災を効果的に描くために未婚の若い女子が選ばれるという演出が行われているといえる。

「見てきたようなウソ」と「不謹慎」——捏造を支える心情と論理

ではその捏造はどのような心情と論理によって行われていたのだろうか。「一・一七シアター」とジオラマの特撮監督をつとめた川北紘一は次のように回想している。

全部で七分ぐらいの作品なんだけど、地震発生の瞬間の映像ってほとんど残っていないでしょ？　テレビ局とかコンビニの防犯カメラぐらいなもので。だから、その瞬間を映像で再現しようという試み。

散々、怪獣映画とかパニック映画を撮ってきて、散々、街を破壊してきた俺が、そんな作品（注：「一・一七シアター」のこと）を撮るのは、なんか不謹慎じゃないかな？　という気持ちもあったんだけどね。

実際に阪神・淡路大震災が起きたとき、現地から連絡があって「なにかと参考になりそうだから来れば？　街の壊れた感じが残っているうちがいいよ。ヘルメットを被れば大丈夫だから」って言われたんだけど、さすがに足を運ぶ気にはならなかった。

ただ、東宝最後の作品にこういった話が回ってくるのも、なにかの巡り合わせかなと思ってね。特撮で培ってきた技術で防災のお役に立てるならと、引き受けることにしたんだ。

真っ暗で誰も見ていないものを再現するんだから、ある意味、見てきたようなウソをつかなきゃいけないんだけど、もちろんオーバーに煽るようなことはしない。体験した人の話や、写真、倒壊したビルなんかを参考にしながら、建物が実際にどう崩れたのか？　鹿島建設の研究所に行って、シミュレーションも見せてもらった。地震のことについて検証しながら、いままでゴジラでやってきたビルの壊し方をさらにリアルにやって再現した。これは東宝の得意とするところだね。[89]（注は引用者による）

ここで川北は、瞬間を映像で再現していると言っているが、しかし、その再現は「見てきたようなウソ」であると述べる。本書の用語でいうとこれは「捏造」にあたる。川北は、その再現を行う際、これまでのゴジラ

［87］［若桑 1995］
［88］［モリオカ・トデスキーニ 1999: 199–222］
［89］［川北 2010: 265–266］

映画のビルの壊し方を「さらにリアルにやって再現」したと述べる。ただし、それを行うにあたっては、「不謹慎」ではないかという葛藤があったことも述べられる。だが、その葛藤は、防災の「お役に立てる」ことにより解消されたという。ここで、川北が述べているのは、演出に関する特徴的な二つの葛藤である。一つは、「悼む姿勢」と「演出」は両立するかという葛藤であり、もう一つは「事実」を描くことと「ありえそうなこと」を描くこと、つまり捏造の葛藤である。

　ここで、再び戦争画との比較を行うと、藤田嗣治もこの二つの葛藤に直面していた。第一の点に関しては、美術史研究の河田明久は死が聖なる死として描かれる限り、聖性を高めこそすれ、貶めることはないため、悼む姿勢と演出は両立していたと評価している[90]。河田によると事実、藤田は知人にあてて「昔の巨匠のチントレットやドラクロアでもルーベンスでも　皆んな　本当の戦争を写生した訳でもないに異いない。（中略・原引用者）私なんぞはそのおえらい巨匠の足許にも及ばないが　これは一つ　私の想像力と兼ねてからかいた腕だめしと言ふ処をやって見ようと　今年は一番難しいチャンバラを描いて見ました」という戦争を「チャンバラ」と表現するなど不謹慎ともとれる手紙を送っているというが[91]、これも戦争の聖性を高めるためという名目のもとに正当化されていたといえる。

　また、第二の事実と捏造に関する葛藤については、河田は、戦争遂行という、事実の探求の上を行く基準の存在によって正当化されたという。河田によると、藤田は一九四二年の「陸軍派遣画家　南方戦線座談会」で山口蓬春が「（事実にもとる逸話の主題も（原引用者））画としてはあつていいのじやないか」と発言した際に、同調して、「その通りだ。（中略・原引用者）有り得ることなら、実際に無くても差支えないと思ふ」と語っているというが、それを支えたのは戦争遂行のための画には実際にはないものを描いてもよいという論理だった[92]。これらは、上記の川北の発言と軌を一にしている。

藤田嗣治と川北紘一の二人が、ともに同じ葛藤に直面していたことは興味深い。それは、捏造のアポリアの普遍性を示しているといえる。

アリストテレスは『詩学』の第九章の中で、歴史家と詩人の行うことの違いを、二つに分けている。[93]それによれば、ヘロドトスのような歴史家は、「すでに生起した事実」を語るのに対して、ホメーロスのような詩人がつくる叙事詩などの詩的作品が語ることとは、「生起するかもしれない出来事」、「いかにも納得できそうな蓋然性によってなり、またはどうしてもそうなる筈の必然性によってなりして生起しうる可能的現象」を語ることであるという。つまり、歴史家と詩人の行うことは全く異なるというのである。

アリストテレスは同時に同書の第二五章では、詩的作品に対して常に「真相をありのままに再現したものではない」という批判が向けられることも述べている。それに対して、彼は、「しかし、ともかくも、あるべきことが、すなわち、理想的なものが描かれているではないか」と応じて、誤解を解かなくてはならないと述べる。

詩学の原語であるギリシア語 *ποιητική* は、*ποίησις* という語から派生しているが、この語には制作という意味と詩という意味の二つの語義がある。[94]つまり、元来、詩とは制作でもあることは単語そのものの中に含まれており、詩と歴史とは異なる営為であるのは自明なのである。しかし、人々はそれを混同してしまう。

本書では、捏造という用語を使用している。これは、アリストテレスの用語でいえば、詩にあたる。だが、

---

［90］［槇木他（編）2008: 160］
［91］［槇木他（編）2008: 159–160］
［92］［槇木他（編）2008: 159］
［93］［アリストテレス 1972: 38–41,100］
［94］*Greek-English Lexicon.*

一方、メモリアル博物館は全体としては起きたことを事実として展示する施設として存在しているので、一般にはそこでは「歴史」が展示されていると考えられているだろうし、戦争画の場合も「詩」にあたる制作されたこととしてよりも、「歴史」にあたる事実として受け止められていた側面の方が大きいだろう。だが、戦争画の場合も、阪神・淡路大震災のメモリアル博物館の場合も、その境界は意図的にあいまいにされているといえる。藤田や川北が直面したアポリアは、そのあいまいさからきている。

それらが、あいまいなものである限り、それが受け入れられるかどうかは、社会の判断にかかっている。戦争画における捏造も、博物館展示における捏造も、社会に対して行われたものである。藤田の姿勢は、戦争中は人々から賞賛され、彼は「戦争画の第一人者」とも称された。しかし、戦後は大きな社会的批判を受け、一九四九年に渡米、一九五〇年からはフランスに住み、国籍もフランス国籍に変更し、終生、日本に帰国することができなかった。近年になってやっと再評価がされるようになったが、それ以前は、日本では展覧会もほとんど行われていなかった[95]。一方、ドラクロワの「キオス島の虐殺」は現在もルーブル美術館で展示され多くの人々によって鑑賞されている。つまり、同じ捏造でも歴史的・社会的文脈によって社会的評価が変わるといえる。

すでに述べているように、阪神大震災のメモリアル博物館の入館者数はほぼ年間五〇万人を維持し、開館一〇年にあたる二〇一二年三月末時点で累計四八五万人を記録している[96]。多くの入館者がある中、この展示が展示され続けていることは、この展示における捏造が社会的に受け入れられていることを示している。

5 無名の死者の捏造／未婚の若い女子の人身犠牲

以上見てきたように、阪神・淡路大震災のメモリアル博物館の展示のナラティブでは捏造が行われていたが、その中心にあったのは未婚の若い女子の死者であった。では、その未婚の若い女子の死者はなぜ捏造されなくてはならなかったのだろうか。それは、死者がどのように語られるかという問題である。ここでは、カタストロフの死者がどう表象されるのかという点からこの未婚の若い女子の死者の捏造の問題を引き続き考えてみたい。

震災モニュメント —— 社会における死者

阪神・淡路大震災の死者を巡っては、地震後三年目（一九九八年）ごろから目立つようになってきた現象として「震災モニュメント」の建立がある。詳細については、本書第十章で詳しく見るが[97]、さまざまな形態のモニュメントが建立された。

当初はこの現象には特に名称はなかったが、次第に「震災モニュメント」として定着し、一九九九年頃からはモニュメントを巡礼のようにして歩く「モニュメント・ウォーク」が開始され、マップが作成されるように

［95］［近藤 2002］［林 2008］
［96］『神戸新聞』二〇一二年四月二八日
［97］本書第十章第4節 689ff. ページ

写真 5-12　阪神・淡路大震災 5 周年犠牲者追悼式、2000 年 1 月 17 日、兵庫県公館（出典：『ニューひょうご』2000 年 2 月号）

写真 5-13　東日本大震災 1 周年追悼式、主催：日本国政府、2012 年 3 月 11 日、新国立劇場（写真提供：朝日新聞社）

なった。一九九九年一月には一二〇のモニュメントが掲載された「震災モニュメントマップ」初版が刊行され、二〇〇一年一月の第二版では、その数は一五八に増加した。またガイドブックも刊行された。[98] 二〇〇四年にはその数は二三六となり、二〇一七年には、三〇九となっている。[99]

建立主体は市、自治会、財産区、家族などである。また形態としては具体的な個々の死者の名前を石に刻んだり、植樹をするなど、永続性のある物質をモニュメントとする例が多い。死を公共的な場で悼むこと、名前を永続性のあるものに刻むことで中断された生を永続性のあるものに転換する営みであるといえる。

犠牲者追悼式 ―― 公定儀式における死者

また死者をめぐっては毎年、地震が起きた一月一七日には「犠牲者追悼式」が行われていた。その最大のものは兵庫県が実施している。多くが「犠牲者之霊」と書かれた木の柱に対して参列者が向かい合い、献辞を読み、献花を行う形式をとっている（写真5-12）。

この「犠牲者之霊」とは何だろうか。それは個別の死者の霊が集合したものであろうか。それとも、個別の死者の霊とは別に存在する霊なのだろうか。また、霊はどこに存在するのだろうか。柱の中だろうか。柱の表面の文字上なのだろうか。

この点に関して、兵庫県にインタビューを試みたが「資料がもうないので不明」ということであった。その代替として、現在の災害である東日本大震災においても、追悼式で「犠牲者之霊」という文言が使用されている（写真5-13）ことを受け、担当部局にインタビューを行った。[100] それによると、追悼式においては、名前を記載した名簿をつくっているわけではなく、霊を標柱に見立てているという。それは八月一五日の戦没者追悼式と同じ考え方であるが、霊を柱の中に入れたり出したりする儀式を行ったわけではない。また柱の大きさは会場の大きさとのバランスを考えて展示ディスプレー会社のＫＫムラヤマという会社が決めているということであった。[101]

ここで、「犠牲者之霊」と犠牲者の関係は、シンボルではなく、シニフィエとシニフィアンのような恣意的

［98］［震災モニュメントマップ作成委員会・毎日新聞震災取材班（編著）2000］［震災モニュメントマップ作成委員会・毎日新聞震災取材班（編著）2001］
［99］［ＮＰＯ法人1.17希望の灯り・毎日新聞震災取材班（編著）2004］『毎日新聞』（大阪本社版）二〇一七年一月一七日朝刊。
［100］内閣府東日本大震災一周年追悼式準備室元室員へのインタビュー（ただし準備室は現在は解散している）。
［101］この会社はＦＩＦＡワールドカップ日本大会演出等を担当し、新潟県立博物館の展示も実施している。

で自由な関係という見解であるといえる。[102] この犠牲者の霊が個別的か集合的かはあいまいであるが、「犠牲者之霊」と記載された一本の柱が建てられることによって、個別性よりも集合性が強調されている。「柱」とは神、霊を数える数詞であるので、[103] 一本の柱が建てられていることで、犠牲者の霊は一つであることが示唆されている。

この考え方は、アジア太平洋戦争（第二次世界大戦、十五年戦争、大東亜戦争）の戦死者に対する考え方と似ている。哲学の高橋哲哉によると、一九八六年に靖国神社A級戦犯の合祀が社会的に問題になり、その取り下げが話題になった時、当時の後藤田正晴官房長官の依頼を受けた同神社奉賛会会長が靖国神社の宮司に合祀を取り下げることができるかどうか尋ねた時、宮司は二五〇万柱の霊が一つの同じ「座布団」に座っているため、それを引き離すことはできないと答えたという。[104] つまり、靖国神社ではその霊を二五〇万柱の個々の霊が集合して一体（一座）となったものととらえているといえる。座布団という表現と柱という表現の違いはあるが、複数の存在が一つの存在として表現されている点はこれらの例において共通している。

震災モニュメント、追悼式、メモリアル博物館の死者の比較

ここまで、震災モニュメントと「犠牲者之霊」という二つの死者を見てきた。それに加えてメモリアル博物館で捏造された死者を比較するとどうなるのだろうか。まず震災モニュメントがあらわしている死者について見ると、それはかつて実際に存在した人で死んでしまった（今は存在しない）人の個別的な「存在」である（A）。一方、「犠牲者之霊」とはかつて実際に存在した人で死んでしまった（今は存在しない）人の集合的な「存在」（B）、あるいは、かつて実際に存在した人で死んでしまった（今は存在しない）人の集合によってできたかつて

実際には存在しなかった存在であるともいえる（B'）。これに対して、震災のメモリアル博物館で捏造されていたのは、かつて実際には存在しなかった人で、かつ死んでしまった（今は存在しない）人という「存在」であるといえる（C）。

「無名の死者」／未婚の若い女子の人身犠牲

このメモリアル博物館で捏造されたCの死者を「無名の死者」と呼びたい。アメリカの政治学者ベネディクト・アンダーソン Benedict Anderson はその著書『創造の共同体 *Imagined Communities*』の中で、宗教、王国など永続性を担保するものが存在しなくなり、国民国家がそれを担保する必要が出てきた時、同時に「無名戦士の墓 tombs of Unknown Soldiers」が作成され、そこが国家的儀礼によってまつられるようになることを明らかにした。[105] 無名戦士とは、名前もなく、存在もない「存在」である。これは、図5-8の生者と死者をめぐる存在論的分類の四象限によると、生者が位置する第Ⅰ象限の対偶である第Ⅲ象限に位置する。生者の位置を論理学における「正」とし、最もあいまいさの少ない位置だとしたら、その対偶とは最もあいまいさの強い位置だといえる。アンダーソンによると、国家が国民統合を要請する際には、そのような、生者の対偶に位置する存在がつくり出されなければならないのである。

［102］［Saussure 1916=1967］
［103］『大辞林』
［104］［高橋 2005: 73］
［105］［Anderson 2006: 9］

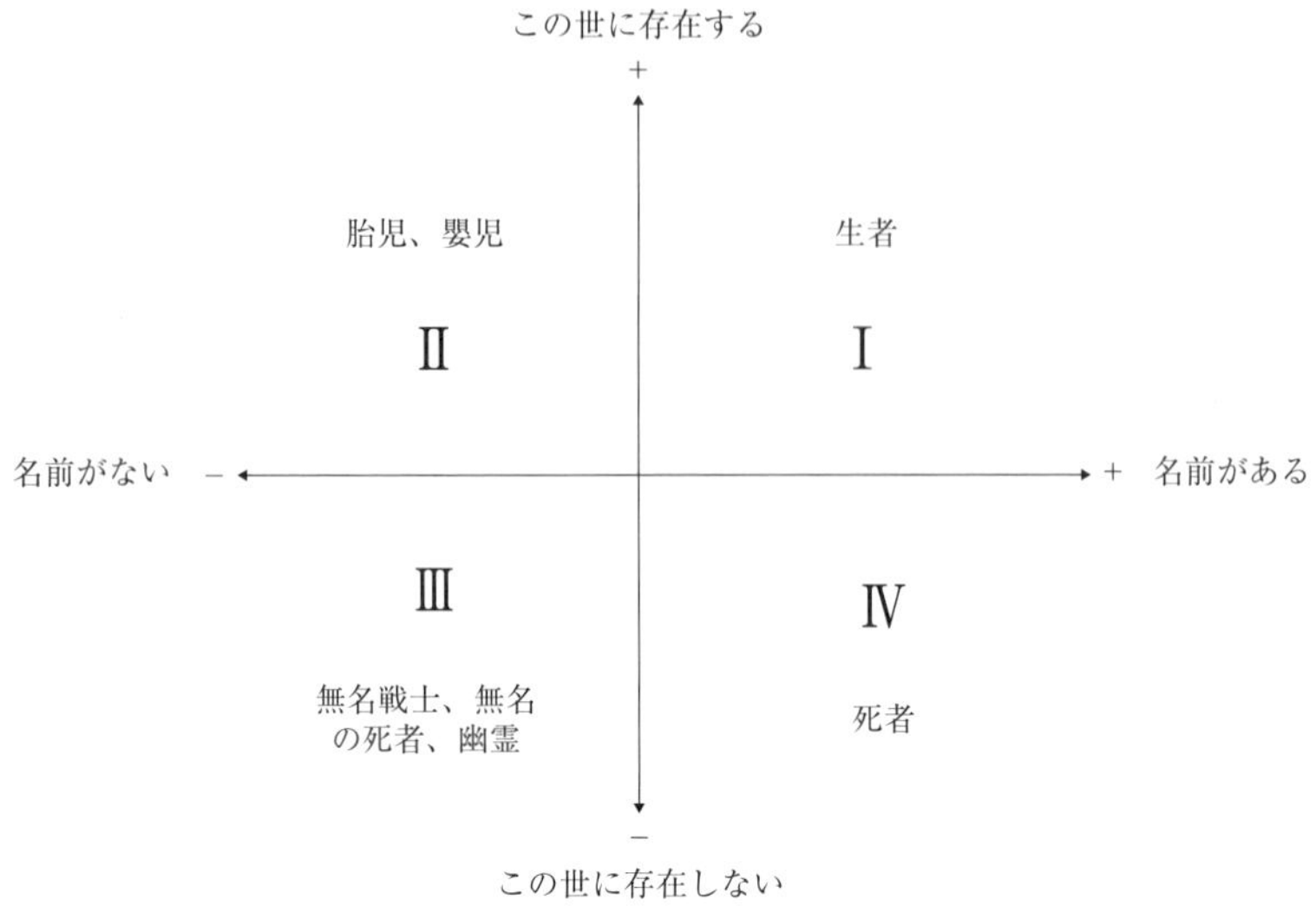

図5-8　生者と死者をめぐる存在論的分類の四つの象限

阪神・淡路大震災のメモリアル博物館の無名の死者も存在論的には、その無名戦士と同じ象限に位置する。本章第1節で見たように、このメモリアル博物館は、中央政府が国家予算を用いて作成し、地方政府もそれが国家的事業として建設されることを望んだ。それゆえ、メモリアル博物館でつくり出されなければならなかったのは、国民国家を支える無名戦士と同じ存在的位置づけにある無名の死者であったといえる。

その無名の死者が、若い未婚の女子であるのはなぜか。それは、もう一つの「復興のシンボル」という条件と関係する。これも本章第1節で見たように、このメモリアル博物館は「特定復興事業」として国家予算化された。特定復興事業とは、「復興のシンボルに相応しい」ものでなくてはならないと「阪神・淡路復興委員会」によって定められていた。つまり、このメモリアル博物館で展示されるものは公定的 official 記憶であること、その公定的記憶は「復興」のコンテクストによって語られることが、すでに決められていたのである。となると、あとは、それをどう効果的に語るかという問題だけである。

すでにみたように、未婚の若い女子とはジェンダー的にみると、忍従を示す[106]。これは、展示の制作者たちにとって、大地震というカタストロフに受け身に対応するしかない人間の立場を示すのにふさわしいと考えられたと思われる。

また、民俗譚においては、未婚の若い女子が人身犠牲となるモチーフは少なくない[107]。国文学の藤井貞和は、人身犠牲の意味について考察している[108]。それによると、人身犠牲と動物犠牲は初期の農耕習俗ではそれほど変わりがなく、日本においては、古代における大陸からの仏教の受容とともに形式上は廃止されたが、実質的には、死刑と戦争への動員に形を変えて今日まで残っているという。死刑とは国家が「生命ことぎれるまで（つまり生きたままで）犠牲者の身体を損壊する」ことであり、戦争への動員も「国家の名によって兵を徴し、人身犠牲させる」という点で共通しているというのである。つまり、国家という共同体の成立の根底には、人身犠牲という発想が脈々と存在している。そこから考えると、このメモリアル博物館が国家的事業として構想されたことにより、共同体の犠牲となる存在が求められたともいえる。

犠牲と聖性、見ること

民俗学の六車由実は、犠牲が殺されることに、人は神聖性を感じる可能性を示唆している。通常の狩猟行為

［106］［モリオカ・トデスキーニ 1999: 199–222］
［107］［六車 2003］［Girard 1972］［Frazor 1980］ほか。
［108］［藤井 2016: 435–460］

では、獲物はすぐに殺されるのに、犠牲獣が殺害される場合は、死が引き伸ばされ、苦しむさまが長引くような殺し方が行われることも少なくないからである。[109] 人は、その苦しむ生贄である犠牲獣の姿に神聖さを感じると六車は言う。阪神・淡路大震災のメモリアル博物館の映像における、無名の死者である「姉」の死は、地震による被害で多かった圧死ではなかった。それは、炎に焼かれるという長く苦しむ死である。その死の姿は、ナレーションでしか語られないが、それが仮に映像でスクリーン上にあらわれていたとしたら、そこには紅蓮の炎に包まれて長々と悶え苦しんで死にゆく若い未婚の女子の姿が延々と映し出されることになるだろう。あるいは、映像としてスクリーン上には映写されないが、そのさまを語る「妹」のナレーションを聞いた観覧者は、自己の精神の内部に存在するスクリーン上で、そのような映像を想像しているともいえる。

本書の序章で、ジョルジョ・アガンベンの、カタストロフの中で死にゆく人は見られないことによって非人間的な死に方をしているという議論を紹介した。[110] また、補章2の顔をめぐる議論の中で、顔が提示しているのは、見守るという態度であり、その姿勢は「私を死にゆくままにするな」という素顔の発する声を聞くことであるという栗原彬の議論を紹介した。[111] 阪神・淡路大震災のメモリアル博物館において、無名の死者である未婚の若い女子の人身犠牲は、観覧者によって死にゆく姿を見られている。しかし、その見られ方は、見守られるという見られ方とは違う。見守ることとは、「わたし」と「あなた」の二人称の関係である。しかし、ここでは、年間五〇万人以上が、そして、これまでの累計で五〇〇万人近くという膨大な数の不特定多数の人が、それを椅子に座ってじっと見ているのである。そのような不特定多数の人に死んでゆくさまを見られることは、死にゆくさまが見守られないことと同じように非人間的なことであるといえる。[112]

生と死、神秘

苦しむ姿は、死の瞬間で終わることになる。死の瞬間とはどのような瞬間だろうか。ハイデガーは『存在と時間』の中で、現存在というものがあることを可能態（デュナミス）から存在へと投げ出されたことに求めた。図5-9に示したように、存在が存在するようになるのは、可能態（デュナミス）から存在になるのだが、それは、投げ出されることである。その投げ出されは、自らの意志によるものではない。また、その投げ出されの方向が時間の方向を決める。投げ出される方向に向かって未来が生じるのである。[113]これは、存在が生まれるということであるが、これを逆に言うと、死とは存在が存在しなくなることであり、存在から可能態へと隠れてゆくことである。

ハイデガーは誕生と死は、現存在の二つの「エンデ das Ende」であると述べる。[114]ドイツ語で、エンデとは、

[109]［六車 2003: 227］
[110]本書序章第2節 41 ページ
[111]本書補章2 211–212 ページ
[112]とはいえ、無名の死者にはそもそも顔が存在しないため、顔の発する「私を死にゆくままにするな」という声は発されていない可能性があるともいえる。実際、この阪神・淡路大震災のメモリアル博物館の展示における無名の死者は、ナレーションで語られるだけで、その姿も顔もスクリーン上には実際には映し出されない。顔がなく、それゆえ「私を死にゆくままにするな」という声を発しない死者だからこそ、観覧者は、その無名の死者が死にゆく姿がナレーションによって描写されているスクリーンの前にじっと座っていることができるともいえる。
[113]［Heidegger 1927=1972: §69 c, 364–366］
[114]［Heidegger 1927=1972: 374］

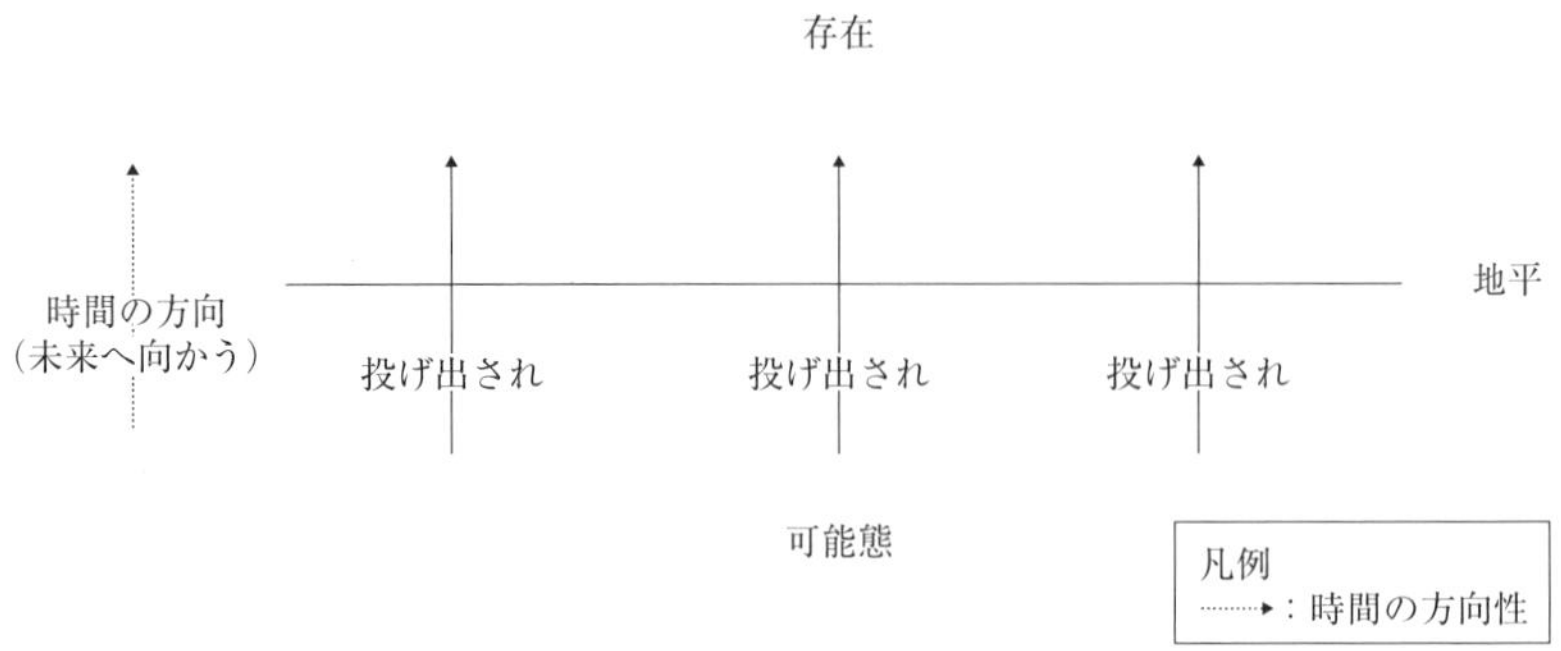

図 5-9　存在と投げ出され

図 5-10　誕生と死を始まりと終わり（a）ととらえるか、両端（b）ととらえるか

終わりや端を意味する。一般的に、死は終わりであると考えられているので、この場合は、エンデを終わりと訳した方がよいかもしれない。しかし、このエンデ das Ende を端と訳すと、そこには始まりと終わりというニュアンスは生じず、二つの端の価値は等価である。その意味で、エンデを終わりと訳す時、現存在は、誕生から始まり死で終わる二つの出来事の間にあるものとしてとらえられることになる（図5-10a）。始まりと終わりとは時間の方向性である。だが、仮にエンデを端と訳すと、実は、エンデは、あるものの区切りにしか過ぎないのであり、誕生も死も存在の両端に過ぎな

いことになる（図5‐10b）。誕生と死とは、存在における可能態と現実態の位置の逆転という現象にしかすぎないのであって、それは、始まりと終わりではないとも言える。しかし、それを始まりと終わりととらえることで、時間が生じる。存在が存在することとは、可能態から存在が現実態として存在することであり、それは時間の出来《しゅったい》と関係している。時間の出来とは人間による操作が不可能な出来事であり、神秘的な出来事、あるいは、存在の神秘であるといえよう。と同時に、これは、死についても言える。存在が存在しなくなることは、存在が可能態の中に戻ってゆくことである。そのような死の瞬間を見ることは、神秘的なものに立ち会っているという感情を人に与える。スクリーン上で犠牲になった未婚の若い女子が死ぬことを見せることは、六車のいうように神聖であるが、同時に神秘的なものを見せることでもあろう。

その無名の死者である未婚の若い女子は「震災のメモリアル博物館で上映され年間五〇万人に見られる映画の中で、生きながら焼かれる姿を見られている」という点で、人身犠牲の役割を与えられ、復興という国家的事業の遂行のために、国家という共同体が必要とする人身犠牲の役割を担っている。映画の中で、現実の阪神・淡路大震災においても最も多かった死である圧死や窒息死ではない、生きたまま火に焼かれるという悲惨な死のあり方が選ばれているのは、それが、人身犠牲であるからである。先ほど、死にゆくさまを不特定多数の人に見られることは非人間的だと述べたが、国家とは人間ではない。国家が要請している博物館の展示において、非人間的な死が描かれているのは、国家が非人間的であり、そのことが展示においても貫徹されているからであるともいえる。

感情の収斂と大衆のエネルギー

アンダーソンは、近代国民国家が無名戦士という死者を必要とすることを明らかにした。しかし、人身犠牲として近代国家が要求するのは、兵士だけではない。鯰絵のプレゼンティズムが示すように、前近代の人々は政治的な「客分」として「国民」とはいいがたかった[115]。しかし、近代に入り、国民国家体制が確立されると、人々は客分から国民へと変貌する。国民となった人々は、国民国家が実施する総力戦体制においては、年齢、性別を問わずすべて動員され、人身犠牲になる可能性がある。実際に、国民国家の総力戦であったアジア太平洋戦争（第二次世界大戦、十五年戦争、大東亜戦争）においては、兵士である青年や壮年の男子だけが戦場で人身犠牲になっただけでなく、非戦闘員である幼い子どもや乳児や女性までもが、空襲やその他の原因により人身犠牲になった。一見、国家や人身犠牲とはかかわりなさそうな未婚の若い女子が犠牲になる阪神・淡路大震災のメモリアル博物館の展示は、その可能性を国民に教示しているといえる。

その人身犠牲となる無名の死者の最期を語る語り手も未婚の若い女性である。若い女性とは、一方でか弱く、また一方で若い人ほど正常な立ち直りを行う生命力を秘めているという両義的な存在である。それを語り手としたストーリーは、一方でそのか弱さによって強く情動を揺さぶり[116]、一方でその若さによって強い立ち直りへの希望を示す。つまり「復興」を効果的に描くためには、未婚の若い女性が人身犠牲となる無名の死者であり、同時にその人身犠牲となる無名の死者の最期を語る近親者の語り手も未婚の若い女性であるナラティブが必要だったといえる。

メモリアル博物館の展示で観覧者の情動を揺さぶることは、マス（大衆）のエネルギーを方向づけしようとすることでもある。マス（大衆）のエネルギーを方向づけすることについては、第四章において阪神・淡路大震災における一〇〇万人以上のボランティアというマス（大衆）のエネルギーをめぐって、それをどちらの方向に水脈づけるかという構想が論じられていたことを見た。[117] カタストロフとは、その大規模性において、社会現象としてのマス（大衆）ともかかわる。その際、マス（大衆）のエネルギーを動員するためには、論理や知的回路によるよりも、より主体の内面に直接的に訴えかける情動が用いられ、操作される。この情動が用いられ、操作される点については、本書第九章で詳しく見る。[118] また、感情というエネルギーが国家に収斂してゆくことについては、第十章で検討し、さらにそれを歴史のダイナミズムとしてとらえた時、それが超国家主義とのかかわりにおいて利用された過去があることを補章2で論じる。[119]

公定的記憶と個的記憶の相克

とはいえ、ここまで見てきたように、公定的記憶を、未婚の若い女子の無名の死者としての人身犠牲に収斂させることは、相克をはらむものでもある。無名の死者への公定的記憶の収斂は、同時に、現実の死者の記憶を人々の意識の前景から遠ざけることを意味する。すでに見たように、この阪神・淡路大震災のメモリアル博物館の三階の展示「震災の記憶」では、遺品や遺族の証言が展示されているが、それらは、必ずしも目立つよ

[115]　本書プロローグ 13–14 ページ、［牧原 1998］。
[116]　このメモリアル博物館のオープン前の試写会でこの映像を見た、自らも被災体験を持つ若い女性スタッフが感極まって号泣したのを見て、同センターの最高幹部着任予定者（男性）は「よしっ、行ける」とその「成功」を確信したという。
[117]　本書第四章第1節 181–184 ページ
[118]　本書第九章 563ff. ページ
[119]　本書第十章第4節 712–717 ページ、本書補章2 779–787 ページ

うにはなっていない。遺品をそれとして特別に示した展示ケースはなく、それ以外のもの資料と等価値に扱われている。展示されているもの資料が膨大なため、いわば大量のもの資料の中に埋没して展示されているといえる。たとえば、写真5-14において、遺品は左手前下のケースの中に存在するが、それは、壁面を埋め尽くす大量の資料とともに展示されていることで、観覧者にはほとんど気付かれないようになっている。これは、亡くなった人の個別性を際立たせない方法であるといえる。

亡くなった人の個別性を際立たせ、現代の人と亡くなった人の対話を促進するような展示は、近年広く見られる。たとえば、遺品や亡くなった人に特別の価値を見出した例としては、広島の平和記念資料館の展示がある。[120] そこでは、遺品の一つ一つが特別の大きな独立したガラス製のケースに入れられて展示されている。写真5-15は原子力（核）爆弾の空爆攻撃を受けて死去した少女の下着だが、丁寧に広げられ、独立した大きなケー

写真5-14　阪神・淡路大震災のメモリアル博物館における遺品の展示。遺品は左手前のケースの中に存在する

写真5-15　広島平和記念資料館の遺品の展示。大下定雄氏寄贈資料

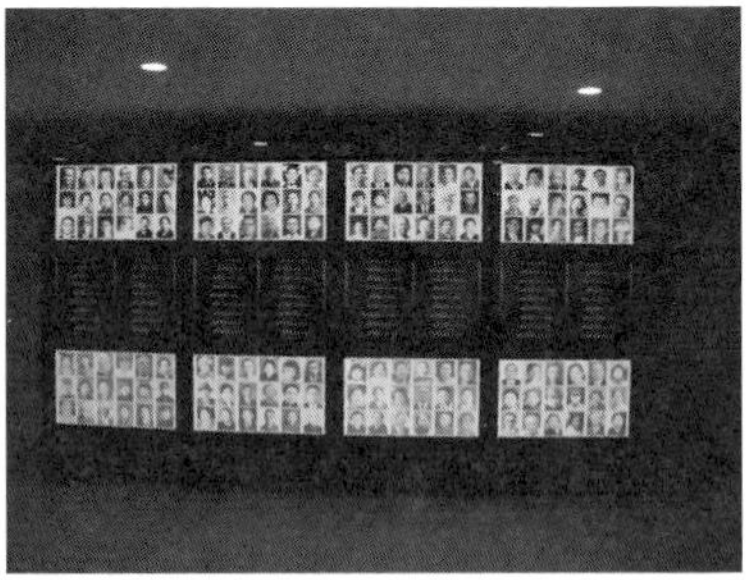

写真5-16　国立広島原爆死没者追悼平和祈念館の展示

スに入れられて展示室の中央近くに展示されている。同館の近傍には、二〇〇二年に、国立広島原爆死没者追悼平和祈念館がオープンした。[121] ここでは、亡くなった個々人の情報が収集され、名前と写真が網羅的に展示されている（写真5-16）。

また、アジア太平洋戦争末期のアメリカ軍の上陸作戦で激戦地となり多数の民間人が巻き込まれて死去した沖縄では、大きな犠牲の出た県南部の摩文仁の丘に「平和の礎」という碑が造られ、沖縄での戦いで亡くなったすべての人約二四万人の名前が刻まれている[122]（写真5-17）。本書第九章で見るドイツ・ベルリンのホロコースト・メモリアル（ヨーロッパで殺害されたユダヤの人々のための碑 Denkmal für die ermordeten Juden Europas、写真5-18）の地下にある展示館では、ホロコースト（ショアー）の犠牲になった約六〇〇万人の名前が、六年七ヶ月二七日かけて延々と読み上げられ続け、その名前がスクリーンに投影される部屋が存在する。[123] これら沖縄戦、広島の原子力（核）爆弾攻撃、ホロコースト（ショアー）の犠牲者の数は膨大で、個々の人々の個別的存在にまで向き合うことは一般的に困難である。しかし、それらの展示は、その困難を超えて、個別の犠牲者に向き合うことが、死者の尊厳を取り戻すためには必要であることを訴える。

一方、阪神・淡路大震災のメモリアル博物館の展示は、そのような展示ではない。たしかに、膨大な資料は提示されているが、上記の施設のような一人一人の死者に向き合うことができる仕掛けはない。本章第3節で紹介したようにこのメモリアル博物館の展示を「ここには震災について考える時間や空間が保障されていな

［120］［寺田 2005b］
［121］［寺田 2005c］
［122］［寺田 2005a］
［123］この施設については本書第九章第4節 597ff. ページで詳しく述べる。

い」と批判している大門正克は、大量の資料が情報端末装置に入力されていることを指して、「バーコードに閉じ込められた展示」と呼び、それが、情報空間に限定された存在となっており、観覧者との開かれた関係構築に至っていないことを指摘している。[124]

ここには、二つの矛盾するベクトルが存在する。実際の死者は個別の名前を持っている。遺品を強調することは、その個別の死者への注意を向けさせることになり、見る人の意識の前面にそれが来ることになる。公定的記憶の中で、無名の死者を浮かび上がらせるためには、個別の現実の死者への注意はなるべくなくす方がよ

写真 5–17　沖縄の摩文仁の丘の「平和の礎」

写真 5–18　ベルリン・ホロコースト・メモリアル

い。ここでの「記憶」とは個別の記憶である。かといって、民主主義国家である日本では公的記憶は、個別の記憶の集合でもあるという側面もあるため、個別の死者の記憶を排除することはできない。遺品を大量のもの資料の中に埋没させ、見え隠れしたようなある意味であいまいな状態で展示していることは、カタストロフの公的記憶にともなうこの相克を示している。

6 「復興」と無名の死者の捏造 ── 小括

以上、阪神・淡路大震災のメモリアル博物館の展示のあり方を見てきた。最後に、これらをカタストロフと時間の観点から整理しておきたい。本章の冒頭で、本章のキーワードとして「復興」と「無名の死者」を挙げた。その二つの観点からまとめておく。

「復興」という国家による時間の方向づけ

第一に、「復興」の観点から見ると、阪神・淡路大震災において見られたのは、国家による時間の方向づけであった。そこにおいては、投企としての未来が指し示されたが、その未来は、過去のように回復させるという意味での、復興という言葉を使用していた。この復興という言葉が用いられたのは、日本においては、関東

[124]［大門 2002］

大震災以来の歴史があり、アジア太平洋戦争（第二次世界大戦、十五年戦争、大東亜戦争）後の社会の再建も「復興」という語のもと、国民的な課題として取り組まれてきた。

このカタストロフの後の再建過程が「復興」と呼ばれることは、カタストロフが死とかかわる出来事であることと関係している。復興とは、英語で表現すると、再生や蘇生や復活でもあり、それは死からの再生を意味する。民俗的に見ると、人類にとって死と再生とは大きな意味を持った。死と再生をめぐって多くの儀礼が行われ、死と再生をめぐって多くの建造物が歴史上建設されてきた。仏教においては、死と再生の円環は輪廻 संसार, saṃsāra ととらえられ、その輪廻から脱出して涅槃 निर्वाण, nirvāṇa に入ることが究極の目的であるとされるなど死と再生とは円環する時間であるといえる。そのような円環する時間は、古来より人間にとっての基本となる時間のあり方の一つであり、宗教学のミルチャ・エリアーデ Mircea Eliade はアルカイックなものであるとした[125]。それを参照するならば、阪神・淡路大震災の後の時間が、国家によって「復興」と位置付けられたのも、人間性の深層にもとづいた行為であるともいえる。

とはいえ、それは、近代の前提とする直線的な時間との相克をはらむものである。阪神・淡路大震災のメモリアル博物館は、完成後、その名称にこの円環する時間を含意する「復興」という言葉を含むことはなかった。その代わりに、付けられた名称が「未来センター」である。ここには、過去から未来へ進んでゆく一方通行の直線的な時間が表現されている。阪神・淡路大震災からの復興にあたっては、それをシステム論的なものと考える考え方があった。それに基づけば、復興とは、あるシステムの問題としてとらえられ、人間性の深層や民俗的心性からは脱却したものとしてとらえられる。このことの意味は、次章で関東大震災のメモリアル博物館と阪神・淡路大震災のメモリアル博物館の建築と立地を検討する中で詳しく述べるが、ここでは、復興の過程をどう表現するかという問題を通じて、時間への異なった立場が交錯していたことを確認しておきたい。

ありそうな過去という虚偽

第二のキーワードである無名の死者とは、メモリアル博物館で、ありそうな過去として捏造されたある一つの存在であった。その捏造の背景には、近代国民国家が無名戦士を必要とするのと同じメカニズムが働いていた。近代国民国家は、その国民国家を構成するすべての人々を国民として動員する。すべての人を動員することは、ある想像力を必要とする。すべての国民を動員することは、すべての生者を動員することであるが、それは難しい。それゆえ、それを統合するものとして、存在論的に生者の対偶にある無名の死者が必要とされた。近代国民国家は、一つの無名の死者という存在を動員することで、すべての生者を動員することができるという擬制のもとに成り立っているのである。

ここには、別種の位相にあるものを位相の関係性の強さによってすり替える機制がある。[126] 無名の死者が捏造された背景にあるのは、「ありそうな過去」を捏造することに関するすり替えの機制である。ありそうな過去とは、決して、あった過去ではない。しかし、「ありそう」というのは、真正度が高いことを示す。ここではまず第一に、真正な過去が前提とされる。そして、その真正な過去とそのありそうな過去がどの程度近似しているかによって、それを真正とみなしてもよいか悪いかが判断されることになる。ありそうな過去という場合、そこで想定されているのは、理想化された過去である。実際の過去とは、ありそうな過去として一つにまとめられるものではない。過去とは、一つではなく、出来事も一つではない。出来事とは、それを叙述し、語る語

［125］［Eliade 1969］
［126］この変換の機制については、人類学のクロード・レヴィ゠ストロース Clande Lévi-Strauss の儀礼論に基づいて、第十章第4節 701–703 ページで別の角度から論じる。

り方によって多くの様態として存在する。[127]

「ありそうな過去」を捏造する際に、その行為の正統性を担保するのは、それが実際にあった真正な過去に近ければゆるされるという論理であろう。[128] しかし、過去と近いということは測定できるものではない。ありそう、すなわち、真正な過去と近いということを測定することは不可能である。出来事とは、無数の要素において成り立っているのであって、その無数の要素を数えることはできない。それは、個別の存在に還元できる量的要素もあれば、先ほど述べたように、叙述や語りという個別の存在に還元できない質的要素もある。そのようなものを比較することは不可能であるから、本来は、同じでなければ、ちがっているという二つのカテゴリーしかないといえる。形而上学の議論においては、それは反事実世界 counterfactual の問題としてとらえられる。[129] 事実と反事実の関係は、違いの程度として測定できるものではない。「ありそうな過去」とは、あった過去とは別種の可能世界 possible world に属するものである。現実は可能態（デュナミス）から現実態（エネルゲイア）が生じているのだが、「ありそうな過去」とは、その現実態（デュナミス）から別種に生じたと仮定された可能世界の現実態（エネルゲイア）に属しているのであって位相が違う。つまり、近いから真正ということにはなり得ないのである。「ありそうなこと」とは、ありそうだがなかったこと、すなわち、虚であり、あったことではなかったこと、すなわち、真実ではないこと、言い換えれば、偽である。メモリアル博物館の映像やジオラマの展示制作を監督した特撮監督の川北紘一は、それをいみじくも「見てきたようなウソ」と述べていたが、つまり、「ありそうなこと」は、「ありそうなこと」ではあるが、それは明確に「虚偽」であり、「ウソ」である。

阪神・淡路大震災のメモリアル博物館である「人と防災未来センター」では、「虚偽」「ウソ」が展示されている。「虚偽」「ウソ」が博物館で展示されることは、社会的文脈によって認められたり認められなかったりする。阪神・淡路大震災の場合は、開館後十数年間それが展示され続けてきたこと、すでに五〇〇万人近くがそれを観覧し大きな社会的反対意見もないことから、社会的には認められているといえる。

とはいえ、それが正統性を持つかについては、そうとは言えない。展示が結果的に社会的に認められているとはいえ、事前に「虚偽」「ウソ」がメモリアル博物館の展示に必要かということが十分に議論されていたというわけではなかった。建設にあたっては、公共の議論を展示内容に組み入れる仕組みも十分に整備されていたとはいいがたかった。数少ない公共の議論を取り入れる場においても、「虚偽」「ウソ」が展示されることは伏せられていた。一般的には、ある出来事を伝えるための博物館においては、事実を伝えることが前提とされているだろう。そのような中で、「虚偽」「ウソ」を展示するとはどういう意味があるのかは議論されてしかるべきだったといえる。もちろん「虚偽」「ウソ」を展示することが必要な場合もあるだろうし、実際、メモリアル博物館の展示の場では映画の上映にあたっては、それが「体験談に基づくフィクション」であり「物語」である旨の告知はなされてはいる。しかし、メモリアル博物館がオープンする前の準備段階では、そのような展示になることは社会には知らされておらず、社会的合意を得るための回路も設けられなかった。それが欠けた状態でに展示が開始されたことは、公共性のもとでの合意を欠いているともいえ、公的記憶の正統性を欠いているともいえる。

［127］［Davidson 2001］。この点については本書第八章第1節で述べる。
［128］「真正な過去」という考え方の特徴とその問題点については、本書第八章第1節 498ff. ページで詳細に論じる。
［129］［Lewis 1973］

未婚の若い女子の人身犠牲の展示をめぐる倫理的問題

さらに、この無名の死者が、未婚の若い女子の人身犠牲として描かれていることは倫理的な問題をはらんでいる。見ることはカタストロフにおいて重要な意味を持ち、死にゆくものを見守ることは人間にとって意味のある人間的行為であるが、死にゆくものが不特定多数の人に見られること、つまり不特定多数の視線に曝露されることは非人間的な行為であるといえるからである。

無名の死者である未婚の若い女子の人身犠牲は、実際の死者のエピソードをもとにして捏造されていた。それは捏造であり、事実とは異なるとはいえ、実際のエピソードは人口に膾炙していたし、さまざまな情報により、実際の死者を割り出すことは容易である。それは「虚偽」であり「ウソ」ではあるが、実質的には、実在のエピソードの死者がそこで展示されているのと変わらない効果を持つといえる。悲惨な死に方をした死者の死にゆくさまを不特定多数の人々の視線に暴露することは倫理に反する可能性がある。阪神・淡路大震災のメモリアル博物館の展示においては、この倫理的問題は検討されてはいなかった。その意味で、阪神・淡路大震災のメモリアル博物館において捏造された無名の死者が未婚の若い女子の人身犠牲として描かれていることについては未解決の倫理的な問題が残っている。

コラム1　博物館という空間と時間

博物館という〈場〉

本書の序章でも述べたが、過去を歴史という言葉によって現在われわれが認識しているような概念としてとらえるとらえ方は、必ずしも人類に通時的、共時的に見られるものではない。また、第三章で見たように、時間と空間を分離させて見るような考え方も、人類に一般的というよりも、文化的な一つの見方である。時間と空間を分離するという形で関連させてとらえるとらえ方は、一七世紀の科学革命を経て誕生したヨーロッパを起源として生じた近代という現象において特有のものである。

そのような近代の中で発生した制度の一つとして博物館が存在している。ヨーロッパでは一八世紀末に、フランス・パリのルーブル美術館において、美術作品をそれが製作された年代や、それが属すると考えられている流派によって分類し並べるという方法が考案されていた。人々はそれらが並べられた部屋を巡って歩くことによって、時間の流れの中を歩くかのような感覚を持つようになった。このルーブル美術館における展示方法の発明が、今日まで続く美術館などのそれの源流であると評価されている[1]。それはまた美術館の源流であると同時に、歴史を博物館の中で展示するという考え方の源流でもあるともいえる。なぜなら、博物館と美術館とは、それが源流を持つヨーロッパにおいては同じく「驚異の部屋 Wunderkammer」などのコレクションを起源とし、そこから漸進的に枝分かれしていったものであるからである。と同時に、本書が主に対象としている過去という概念や歴史という概念もヨーロッパの近代に起源をもつものである。そうすると、博物館と時間や歴史という考え方は、実は、コインの裏

［1］［吉田 1999: 25–27］

表のような関係であるともいえる。

このコラムでは、歴史を表現している博物館の中で歴史がどう展示されているか、言いかえれば、時間が空間の中においてどのような様態で表現されているかを見てみたい。本書第Ⅱ部や第Ⅲ部では、カタストロフが博物館でどのように展示されているかという問題を扱っているが、その比較対照として、歴史一般が博物館でどのように展示されているのかを見てゆくことにする。

博物館の中における歴史展示は、空間の中での時間の表現である。それらの中においては、展示を「見る」ことによって、過去がその人に理解されたり、場合によっては想起されると想定されている。ただし、実際には人は展示を「見る」こと、つまり視覚によってとらえているだけではなく、展示場を「歩く」という行為によって知覚しているともいえるし、あるいは、その場所の中に身体をもって「いる」「存在する」ということそのものが、博物館で展示を「見る」という内容には含まれるともいえる。

これらは、芸術品を見学するための特別な空間である美術館の場合には比較的認識されていると思われる。美術館の場合は、白くニュートラルに塗られた立方体の箱の内部のような空間、いわゆるホワイトキューブに代表される特別な空間が用意され、人はその作品と直接対峙できるようなしつらえの中にいることを否が応でも意識する。しかし、歴史博物館の展示の場合、それに注意が払われることはあまりない。なぜならそれらの場所で重要なのは展示の意味内容であると思われているからであり、それがどのような場所で、どのように展示されているかは、関心の外におかれることが多いからである。しかし、場所の条件は見ることに影響を与え、それはその場所に存在するその人の個体の中に生じる時間や過去や歴史などの概念の発生に影響を与えている。博物館が場であり、環境であることはもっと認識されてもよいことがらである。

広さと大きさが意味すること

それを日本の国立歴史民俗博物館を題材に見ていこう。これは日本国内における歴史博物館で最大級のものである。おそらく全球規模で見ても最大級のものと想像される。一九八〇年に千葉県に開館した。設計は建築家芦原義信の主宰する芦原建築設計研究所である。

空間と時間の関係について、まずは、広さと大きさをめぐって見てみよう。それは、過去の時間の長さが空間の中においてどのように表現されているかという問題と言い換えうるものである。

この博物館の敷地の総面積は一三万㎡で、博物館の建物の延べ床面積三万五五四八㎡である。日本に存在する博物館で広いものの例として九州国立博物館があるが、その敷地面積は一六万㎡で、延べ床面積は三万〇〇八五㎡である。参考のために比較すると、東京ドームの広さは四万六七五五㎡で、東京ディズニーランドの広さは五一万㎡である。一般的に人々が生活している住居などの広さである数十㎡に比較するとこれらの広さは、どれもが様相の異なった広さを持っている。それは、日常的な尺度との隔たりや隔離などによって非日常的な状況を表現している。すなわち、国立歴史民俗博物館においてはその広さによって、日常的な時間への感覚とは異なったと想定されるような時間が表現されているということができる。

しかし、興味深いのは、そのような非日常的な大きさは外観からはうかがうことは出来ないということである。それは、建物の外観を見ることによって見いだされる。外側の壁には白い釉薬が塗装されたタイルが一面に貼りつけられている（写真１）。壁には基本的には開口部がなく、その外観は量塊としてだけとらえられるが、タイルが中立的な色である白色であることと質感のあり方が手仕事をうかがわせるものでもあることから、穏やかさや人間味が感じられるようになっている。また全体は、外部からは見えにくいものとなってもいる。全体が見えないことは、日常を超越した巨大さの感覚を緩和することにつながると思われる。

写真１　国立歴史民俗博物館の外観

写真２　国立歴史民俗博物館の建物の俯瞰。芦原建築設計研究所。（SS 東京撮影、出典：Yoshinobu Ashihara Digital Forum）

この博物館で展示されている時間、すなわち歴史の長さは、日本列島において文字で記録が行われるようになってからの約一〇〇〇年と人々が文字を持たないそれ以前の時代の一万数千年である。人間が最大で生存しうる時間である一〇〇年前後と比較すると長く、通常の時間感覚ではとらえることが困難な時間の長さであるといえる。この博物館の敷地面積が一三万㎡の広さを持つことの理由の一つは、そのような時間の長さを表現するために、日常的な尺度とは異なった広さが求められたものであるといえる。

一方そのことにもかかわらず建築物自体が、そのような広さを意識させるものになっていないことは興味深い対立事項である。これはむしろ、そのような感覚が人々によって抱かれることを緩和させる効果を持つものであるといえる。この背後には見る側の視点に立った時、人が圧倒されるような感覚を持つような建物はふさわしくないという意図が存在することが想像される。

これらのことから、この博物館においては時間を空間の中において表現することについての二つの課題が存在することがうかがわれる。一つは、通常の人間個体の生存時間を超えた長さの時間幅を持つ時間であるところの歴史が表現されることであり、もう一つは、それがあくまでそれを見る側の人間にとって受容しうる状態で表現されることである。前者の側面をのみ強調して表現する方法もあり得るといえる。たとえば独裁国家の歴史博物館においては歴史がそのようなものとして表現されることが可能でふさわしいと想像することはできよう。個人による独裁国家ではないが、一党による独裁国家である中国の国立歴史博物館は、次のコラム２で見るように、建物の巨大さが強調される建築である。しかし、日本の国立の歴史博物館においては前者と後者の志向が同時に存在している。それは、市民社会においては、そのように歴史が表現されることがふさわしいと考えられたからだと想像される。ここには時間の長さを空間的に表現することの日本という社会に固有の課題の存在が示唆されている。

導線と時間の連続性

第二は、建物の配置の問題である。これは、空間がどのように連続しているかという問題で、それは時間の連続性の表現の問題と換言しうる。

俯瞰写真を見ると（写真２）、この博物館の建物は複雑な形態をしているように見える。大きさの異なるいくつかの独立したパーツ群が高さを変えて複雑に組み合わされているように見えるからである。しかし、実際はそれらはある原則に基づいた、比較的単純な構成である。すべての部分は三メートルを基準としたグリッドの方眼を基準

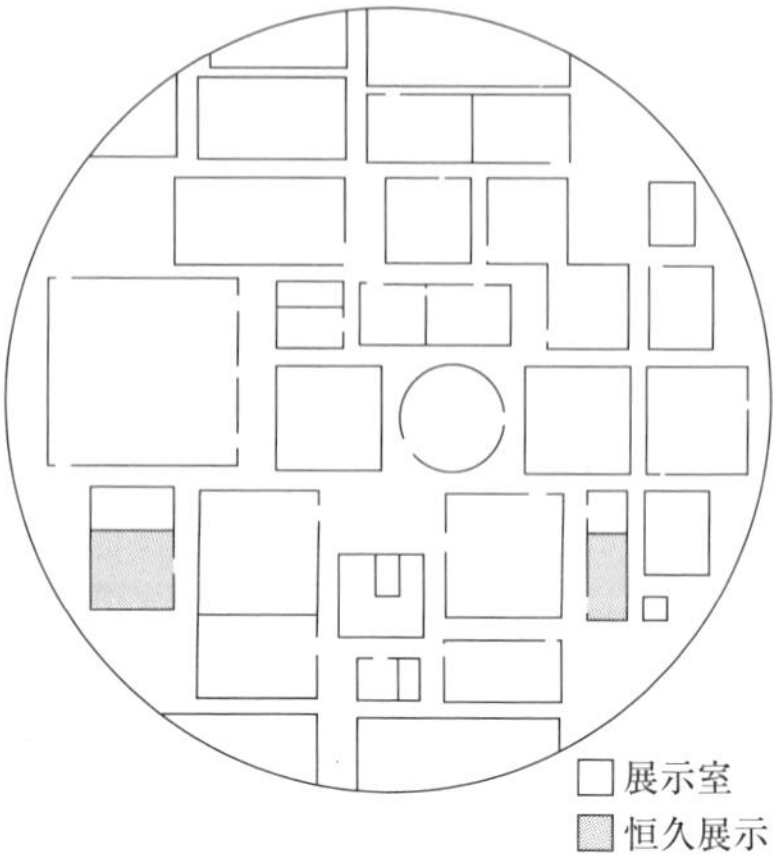

図1　金沢21世紀美術館の展示室の配置
（［建築資料研究所 2005］の図を加工）

にして構成されている。パーツの各部分の幅や高さはそれらの倍数によって成り立っている。複雑に見えて、統一感が感じられるのはそのためでもある。[2]

　全体は三つの部分からなっている。中央に見える高い塔のパーツが第一の部分でこれは収蔵庫である。全体はその中央の塔をはさんで、二つに分かれる。塔の手前に見える低いパーツが講堂であり、その右側に管理と研究を行うパーツが雁行して存在する。一方、その奥に見えるのが展示部分である。展示部分も、いくつかのパーツが組み合わさっている。それらは集合して中庭を中心にした「ロ」の字型を形成している。各パーツは、同じ高さに置かれているのではなく、収蔵庫塔側のパーツを最も高い位置に置き、その対辺のパーツを最も低い位置とする構成になっている。収蔵庫塔は北側にあるため、全体として「ロ」の字は南東に向かって緩やかに傾斜している。

　展示場の部分のパーツの組み合わせられ方が「ロ」の字型であることは、展示場の空間が連続させられていることを示している。その連続の仕方は、展示経路が一筆書きとなっているような様態を取っている。パーツ群を組み合わせるという考え方の場合、その組み合わせ方は自由度が高い。たとえば、今日では、一筆書きではないような展示経路のあり方をもつ金沢21世紀美術館などの美術館が話題を集めている（図1）。そのような近年の新しい事例を参照すると、この「ロ」の字はオーソドックスという印象を与える。

　「ロ」の字型が選ばれた理由の一つとして、歴史を展示するという機能を可視化し、強調するためであることが想定できる。歴史は、過去を現在から選択的に語ったものであり、広い意味での物語である。物語の定義についてはアリストテレスは『詩学』の中で、次のように述べている（この場合は「悲劇」の定義）。本書第五章第3節でも簡単に触れたが[3]、ここではより詳しく見ておこう。

我々が定義したところでは、悲劇とは、完結したひとつの全体として一定の大きさをもった行為を再現したものである。（中略）全体とは、始めと中間と終わりを持つところのものである。そして、始めとは、それ自身、必然的に他のものの後に甫めて存在するというのではないところのものであり、寧ろそれの後には自然に他のものが存在したり生成したりするように定められているところのものである。終りとは、それと逆で、それ自身は、必然的な帰結としてであれ、蓋然的な規則としてであれ、他のものの後に存在するのが本来であるが、しかし、その後には何も他のものは存在しないところのものである。また、中間とは、それ自身が他のものの後に存在するとともに、それの後にも別のものが存在するところのもののことである。従って、筋はみな見事に組み立てようとするならば、任意の所から勝手に始めてもならないし、任意の所で勝手に終えてもならず、今述べられた概念に則って行かなければならない[4]。

アリストテレスは、悲劇とはあるひとまとまりの語りであることが必要であると述べ、そのひとまとまりであることとは、始まりと、中間と、終わりを持つものであると言う。「ロ」の字型の入り口、つまり始まりを一点に決めればそこから一周した箇所が出口つまり終わりに決まり、その間は中間になるという形態は、このような物語の特性に合致するものである。ただし、実際は、人間の歩行は連続しているため、建物がどのような形態であれ、

［2］〔国立歴史民俗博物館 1993〕
［3］本書第五章第3節 280 ページ
［4］〔アリストテレス 1972: 35〕

結果的にはどれもが一筆書きになりうる。しかし、それが効果的に表現されるためには「ロ」の字型がやはり適当であろう。

また、「ロ」の字型にはそれだけでない理由があると思われる。先ほどの引用箇所に続けてアリストテレスは次のように述べている。

このようにして、物体や生物の場合に、見て美しいものであるためには、それらが一定の大きさを持たなければならず、而もその大きさは一遍でよく見渡せるものであらねばならないのと同じく、悲劇の筋の場合もまた、それは或る長さをもたなければならず、而もその長さは全体が一遍でよく記憶される程のものであらねばならない[5]。

「ロ」の字型は中央が中空になっていているが、そこに人が立てば、周囲に全体を見ることができる。それは、ここにおいて歴史が一続きのものとして表現されていると人に認識せしめる効果を持つ。

この博物館においては、歴史が、始まりがあり、中間があり、終わりがある一続きの時間の流れであることを空間的に目に見えるように表現することが課題の一つであることがうかがえる。さきほど見た金沢21世紀美術館のようなランダムに配置されたように見える展示室の配置の事例では、そのような連続性を表現することは難しいだろう。

展示というナラティブと歴史

ただし、この連続性の表現をめぐっては、先ほどと同様にそれとは逆向きの指向も存在し、それとの拮抗関係も存在している。

国立歴史民俗博物館の展示室には大小二つのタイプがある。展示室の配置の見取り図（図2）からわかるように、一つはやや大きめのタイプで、「総合展示室」と呼ばれM1からM7の7つがある。もう一つはそれに比べて一回り小さな展示室のタイプで「展示室」と呼ばれS1からS12の12個がある。それらが二重の同心円を描くように配置され、内側の同心円上には「総合展示室」が、そして外側の同心円上には「展示室」が置かれている。

内側の同心円上に存在するM1からM7は一つながりである一方、外側の同心円上に存在するS1からS12に関しては、それら同士をつなぐ経路は存在せず、内側の同心円から支線のように延び、もう一度そこに戻るようになっている。このあり方は、展示室の役割を反映している。この博物館では、その時間を区分するに際して、「古代、中世、近世、近代、現代」という区分が成されている。近代のヨーロッパを起源とする歴史学において普及しているとされている時間区分のあり方を反映したものである。M1以下の「総合展示室」は、一室が一時代に対応するようになっている。内回りの一つながりの経路は、先ほど確認した始まりがあり、中間があり、終わりがある一続きの歴史の存在を暗示する機能を持つ。

一方、外側の同心円上のS1以下のサブの「展示室」は、それらの「総合展示室」の内容を補佐する内容として扱われる。各時代におけるトピックス的な内容の展示が行われる。

当初の計画では、このS1以下のサブの「展示室」だけをつなぐ経路も検討されていた。そうすると、トピックだけを選択的に見学することが可能となる。例として、各時代の女性のあり方や経済のあり方がS1以下の補助的なサブの「展示室」で展示されているとして、その補助的なサブの「展示室」だけを選択的に見学すれば、女性史や経済史というように歴史を見ることが可能となることが想定されていた。ただ、実際には、そのようなサブの「展示室」を繋ぐ導線は設けられず、主要な経路のみが現実の展示として存在している。

［5］［アリストテレス 1972: 35］

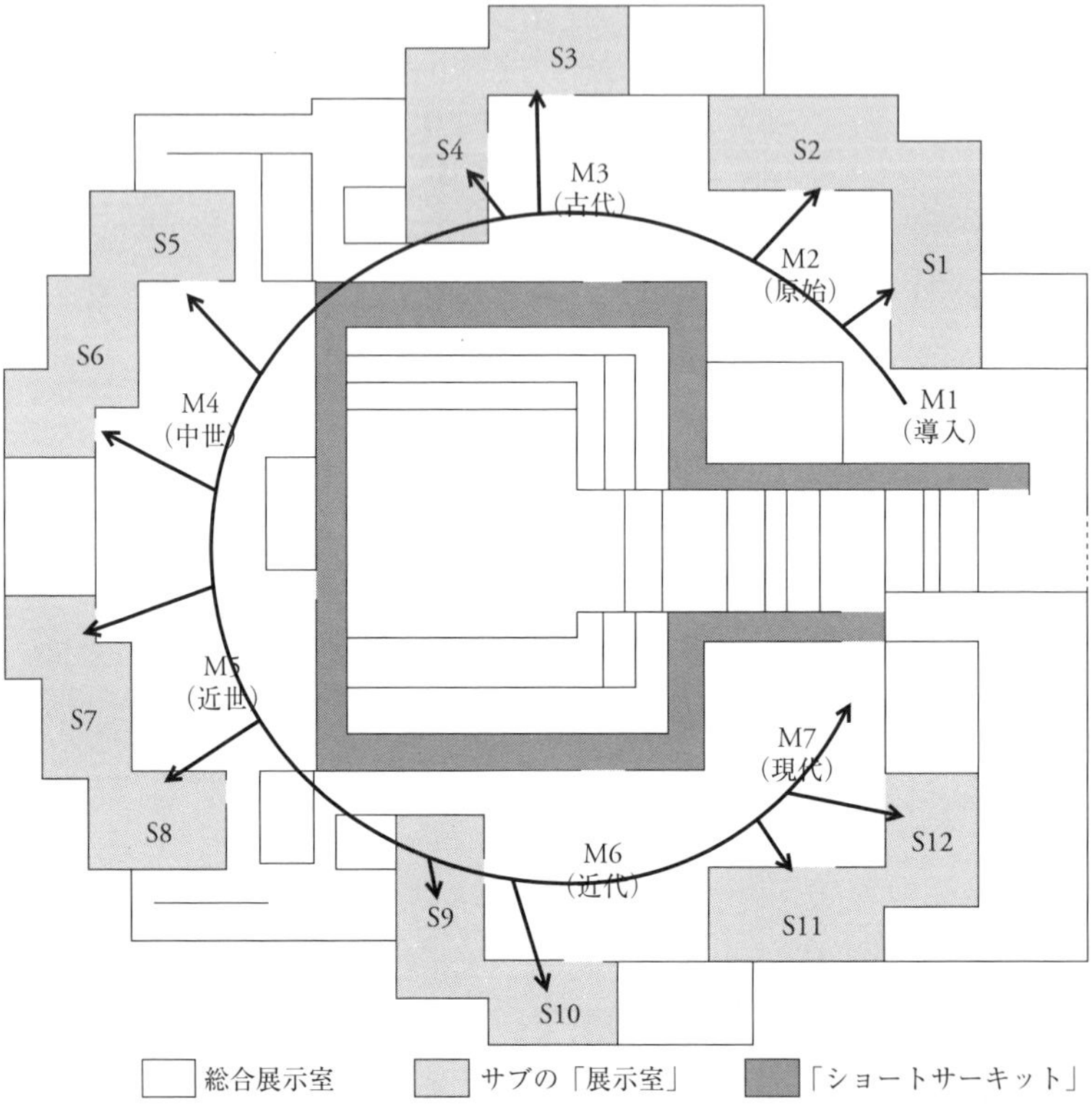

図２　国立歴史民俗博物館の竣工事（1982 年）の展示室の配置と導線（[国立歴史民俗博物館 1990：40] を加工）

この経路をすべて繋ぐと約4キロメートルになる。それだけの距離を展示物を見たり説明文を読んだりしながら歩くことは、観覧者に疲労を感じせしめる。その点に関して設計者の建築家芦原義信は次のように述べている。

これだけの大規模の展示室となると、順序よく見落としなく見るための一本の基本動線を設定すると同時に、要点だけをかいつまんでみるための順路や、前後を飛ばして見たい室だけに行くためのショートサーキットが必要である。その上、観客が長い観覧経路の途中で迷路に入ってしまうような不安感を抱かせないために、常に自分のいる位置を確認できる仕組みを作ることも大切である。

そこで、展示室は、中庭を中心にして周囲を巡る形に配置した。中庭に面した回廊が、観客にとって位置を知る指標となり、一部の室だけを見る人にとって短絡路となる。長い観覧動線の途中の節目で中庭を見、外気と接することによって、気持ちのうえでも一休みすることができる。[6]

図２に最も濃い網点で塗られているのが、芦原の言うショートサーキットである。これが存在することによって長い経路の歩行によって疲労した人々は展示場から一旦中庭に出て、休憩したり、また自分の位置を確かめたり、また展示を飛ばして見ることができる。

この説明は合理的であると考えられるが、実際にこの博物館を訪れてみると、そのようなショートカットは積極的に採用されていない。むしろ導線としては、M１から始まりM７に至るひと続きの導線が推奨されている。

芦原のプランは、一つながりのストーリーにみえる歴史という時間が空間の中で表現されるとき、その中を人々が歩く経路を変えることによって、その連続性は容易に変更されうることを示唆している。しかし、その経路は採用されていないのである。

［６］［芦原建築設計研究所 1983］

それは、博物館において歴史が展示として語られるとき、時間の連続を重視する考え方の方が強いことを示唆している。アリストテレスは歴史が物語として語られることが効果的であることを述べていた。展示として、歴史が語られる際も、そのような連続性が好まれることをこの博物館のあり方は示している。

コラム2　中国の博物館に見る「復興」

本書第五章第1節で、中国語での复兴 fuxīng という単語を見た[1]。それは、日本語の復興にあたる言葉であったが、社会的文脈としては、とりわけ、歴史における「復興」という含意が注目される。中国語で復興というと、前近代（中国語で古代と表現する）における華夷秩序の崩壊とそこからの「立ち直り」の過程を指す。

それを中国国家博物館の展示を通じて見ておこう。

中国国家博物館は、中華人民共和国の首都である北京にある。北京の中でもまさに権力の中心地である天安門広場に存在する。前身は一九二六年に開館した国立歴史博物館である。これが、一九五九年に「中国歴史博物館」と改名し、新しい建物に移った。この中国歴

[1]　本書第五章第1節 260 ページ

写真1　巨大さが強調されるファサードを持つ中国国家博物館の外観。下部に写っている人間の大きさと比べると、その大きさがきわだつ。

史博物館は、一九六〇年に中国革命博物館と統合し、さらに二〇〇三年に、中国国家博物館に統合された。現在存在するのは、その統合を経た姿である（写真1）。

この博物館は、二〇〇七年から二〇一〇年に大規模な改修を行った。展示場の面積は、二〇万㎡であり、世界最大の博物館である。世界で最大級の博物館（美術館）として、フランスのパリのルーブル美術館と、ロシアのサンクト・ペテルブルグのエルミタージュ美術館があるが、それらの約三倍の面積を持つ。日本の中で最大級の博物館として、国立歴史民俗博物館や九州国立博物館などがあるが、それらの展示場の床面積はコラム1でも見たように三万五〇〇〇㎡、三万㎡であるので、それの約七倍の広さを持つ。

博物館の展示は二つに分かれている。「古代中国」と「復興之路」である。古代とは、中国においては、近代以前を指す。文明の開始、青銅器文明から各王朝を経て清朝に至るまでが、「古代」である。この「古代」の最終段階においては、欧米列強と日本により、中国は半植民地状態の苦境に陥る。近代における、その状態からの立ち直りが復興である。

「復興之路」の展示の「前書」を見ておこう。

中華民族は勤勉で勇敢で平和を愛好する偉大な民族であり、人類文明の進歩に欠くことのできない大きな貢献をしてきた。民族の興隆と国家の強盛は中国の人びとが求めてやまないものである。

〈復興之路〉の基本展示は一八四〇年のアヘン戦争以来、半植民地・半封建社会の深い淵に投げ込まれた中国の各階層の人民が屈辱と苦難の中で抗争に奮い立ち、民族の復興を実現するため、種々の模索を行ったこと、とりわけ中国共産党が全国の各民族の人民を領導し、民族の独立と人民の解放を争い取ったことを示し、国家の富強と人民の幸福の輝ける歴史を振り返り、人民がマルクス主義を応用選択し、中国共産党を選択し、社会主義、改革開放を選択した歴史を詳しく展示し、その間、中国の特色ある社会主義の偉大な旗を高く掲げ堅持し少しも動揺せず、

写真2　ジオラマ

写真3　毛沢東の肖像画

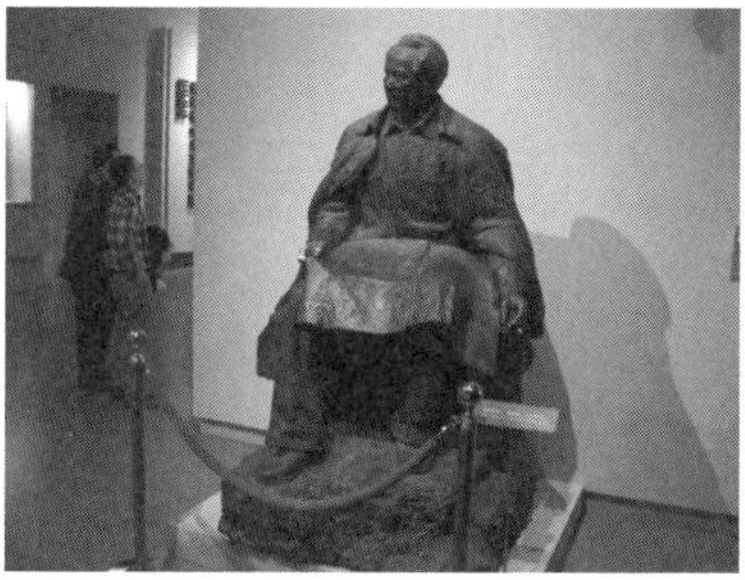

写真4　毛沢東の銅像

写真5　毛沢東の肖像写真

中国の特色ある社会主義の道を堅持し少しも動揺せず、中国の特色ある社会主義の理論体系を堅持し少しも動揺しなかったことを展示する。

今日、中華民族はすでに世界の東方に燦然と屹立し、偉大な復興の光輝はすでに我々の前に広がっている。中国の人びとの夢と追求は必ず実現できるのだ！

この「復興之路」展示は、五つの部に分かれている。第一部分は一九世紀後半に列強の進出により、中国が半植民地・半封建社会に陥ることを描く。続く、第二部分は、救国を探る道である。そして、第三部分では、日本との戦争の中で中国共産党が民族独立と人民解放の重責を肩に負う過程が描き出され、第四部分で、一九四九年の中華人民共和国の樹立による社会主義新中国の建設が示される。そして、最後の第五部分で、中国の特色ある社会主義の道を行く現在の

写真６　宇宙船「神舟」

状況が描き出される。

その展示の技法は、ジオラマ（写真２）や写真、歴史画が多用された展示である。資料を展示解説するというよりも、歴史の流れをわかりやすく「絵解きする」ということに主な力がそそがれた展示であるといえる。その展示のナラティブは、「復興」に収斂してゆく単線的なナラティブである。そして、その中心にいるのは、毛沢東であり、毛沢東の姿は、肖像画（写真３）、彫刻（写真４）、写真（写真５）、筆跡の提示などさまざまな方法によって描き出されている。

ここで展示されているのは、輝ける歴史に向かう過程としての「復興」である。先ほど見た「前書」で述べるように、復興は、「燦然と屹立」する「光輝」としてもうすでに、実現している。そのストーリーを示すことがここにおける復興である。それは、単純なもとの状態への復帰ではない。もとの状態とは、中国を中心とした東アジアにおける中華的秩序による編成であるが、それが目指されているわけではない。展示の最後は、中国初の有人宇宙飛行に成功した宇宙船「神舟」の展示で終わる（写真６）。目指されているのは、復興の「光輝」が、宇宙空間にまで及ぶことであることが暗示されているのである。

中国歴史博物館では輝ける歴史としての「復興」が展示されている。博物館という制度は、建築の建設や展示物の作成、維持管理などを必要とする大規模な制度であり、個人で設立することは一般的に困難で、国家や行政体によって建設されることが多く、それゆえ、そこ展示される展示内容も国家や行政体からみたナラティブになる。

現在、中国共産党は党規約に「小康社会」の完成や、社会主義現代国家の確立と並んで、「中華民族の偉大な復興」を掲げている。それは、習近平が、二〇一二年に、総書記に選出された直後に、この博物館の展示を見学し、そこから示唆を得たものであると言われている。党規約とは、党のこれからの未来を定めたものであるが、中国においては、それは国家の未来を定めていることでもある。

ここでは、博物館の歴史展示は、単なる展示ではない。それは、まさに、歴史を語ることで、人々の未来のあり方を規定するものなのである。

第六章　透明な空間、浮遊する時間
——慰霊と復興の近代とポスト・モダン

前章では、国家とカタストロフという時間の関係について検討したが、本章でも引き続き検討を続ける。ここでは、そのパースペクティブを歴史の領域に広げ、近代とポスト・モダンという時間の中に位置づけたい。分析の対象は前章に引き続き阪神・淡路大震災のメモリアル博物館だが、それに加えて、本章では関東大震災のメモリアル博物館も対象とする。一九九五年に起きた阪神・淡路大震災は、ポスト・モダンのカタストロフであり、一九二三年に起きた関東大震災は、近代のカタストロフである。両者を比較することで、近代からポスト・モダンへと移り変わる歴史的時間の中で、日本において自然災害というカタストロフがどのようにとらえられてきたのかをさぐる。

その際、本章のキーワードとして、前章の「復興」に加えて、「慰霊」を用いる。前章で死が時間と関係することを述べた[1]。死者は生者と異なる存在論的立場にあるが、その生者と異なる存在論的立場にある死者を生者が追悼し、なぐさめる行為が慰霊である。死者の位置する存在論的境域には、時間というものはない。一方、

［1］　本書第五章第5節 328–331ページ

生者の位置する存在論的境域には時間が存在する。生者は時間の中で、無時間ないし非時間の中にいる死者を悼む。この二つの時間に関する位相のずれとギャップが慰霊という行為の本質にある。「復興」においては、死と再生のモチーフを通じて円環する時間が想定されていた。しかし、それに対して慰霊においては、時間は円環しない。カタストロフの後に社会的行為としてあらわれる復興と慰霊には異なる時間のあり方が関与している。

ここで、近代とポスト・モダンの関係について述べておきたい。近代については、これまで注釈なしにこの語を用いてきたが、本書では、ニュートンに代表される科学の合理性とデカルトに代表される個の主体性を基礎としたおおむね一八世紀以降の、当初は西洋だけに限定され、一九世紀以降は植民地化とグローバリゼーションにより全球を覆うようになったある特定の文明が覆う時間のことを想定している。この過程自体が近代化と呼ばれる。日本においては、それは、おおむね一九世紀後半以降の開国と明治維新により開始されたと考える。一方、ポスト・モダンについては、その近代の諸価値が、反省的に振り返られるようになった時期を想定している。近代の諸価値とは科学の合理性であり、個の主体性であるが、そのほかにも、学知のあり方や、歴史意識のあり方,国民国家システムなど多岐にわたる。それらが、反省的に検討されるようになった時期をポスト・モダンと考える。近代とポスト・モダンは截然と分けられるわけではない。それは、重なりながら存在しているが、近代化した諸地域においては、おおむね一九七〇年以降がその境界にあたる。なお、この時期は現代と呼ばれることもあるし、後期近代と呼ばれることもある。後期近代といった時、その時期は近代の中にあることになるが、現代やポスト・モダンといった時、その時期は近代の外にある。これは、近代性をどうとらえるかという問題であるが、本書ではこの時期には、ある時間の上に、近代的要素と近代を超えた要素がオーバーラップしていると考えた上で、ポスト・モダンという語を採用している。

本章の分析の対象は、引き続き博物館である。前章では分析の主な対象は博物館の中で展示されている内容だった。しかし、内容以外にも博物館という建物がそこに実際に存在することを通じて伝えられることは大きい[2]。建築自体が表現物として、それが存在する空間のあり方を変化させているともいえる。本章では、博物館について分析する上で、前章とは視点を変えて、建築そのものと、建築が置かれた場所の意味を見てゆく。

1　慰霊に従属する復興 ―― 関東大震災のメモリアル博物館と慰霊施設

まず、関東大震災のメモリアル博物館について見てゆこう。それは、「関東大震災復興記念館」である（写真6-1）。すでに前章から述べてきているが、興味深いことに、阪神・淡路大震災のメモリアル博物館が「復興」のシンボルとして構想されたのにもかかわらず、最終的にはその名称に「復興」という単語を含まずに「未来センター」と命名され、「未来」という単語を含むことになったのに対して、この博物館は、その名称にまさに「復興」という語を含んでいる。ここには、二つの施設を通じて見える、時期によって異なる国家ないし社会による時間のとらえ方があらわれており、本章で論じる中心的な問題と直結するが、それは後述する。

この関東大震災のメモリアル博物館は、慰霊施設である「東京都慰霊堂」と隣接して存在する（写真6-2）。というよりも、慰霊堂が先に構想され、このメモリアル博物館はその付属施設のような形で構想された。前章では述べなかったが、阪神・淡路大震災のメモリアル博物館にも慰霊という要素がある。この慰霊と復興のか

［2］　この点についてはコラム1 343ff. で述べた。

写真 6-1　関東大震災復興記念館の正面

写真 6-2　東京都慰霊堂

かわりにおいても、近代とポスト・モダンにおける時間に関する異なった考え方があらわれている。この点も本章の記述の中で明らかにしてゆく。

関東大震災

まずは、関東大震災の被害の概況を見ておこう。関東大震災は一九二三（大正一二）年に、日本の東京付近で起きた災害である。

一九二三年九月一日午前一一時五八分、今日マグニチュード七・九と推定される地震が、フィリピン海プレートの上面にある神奈川県西部から相模湾、千葉県房総半島の先端部にかけての広範囲な地下で起こった[3]。それによって、その震源を中心とした東京、横浜、神奈川、千葉などの土地が振動し、家屋の倒壊や地盤崩壊、および大規模な火災によって死者・行方不明者合わせて約一〇万人が亡くなったと推定されている。

相模湾から東京湾、房総半島にいたる地域は、過去にも何度も大地震が起こっている場所である。関東大震災以前にも、記録に残っている限りで、一六四九（慶安二）年、一七〇三（元禄一六）年、一八五五（安政二）年に大規模な地震が起きている。最後の地震が、本書のプロローグでとりあげた安政江戸地震である。この地域の地下は、ユーラシア・プレートと太平洋プレートとフィリピン海プレートという三つのプレートが潜り込んでいる地点であり、その潜り込みのたわみのエネルギーが放出されるのが地震の原因である。慶安地震と元禄地震の間には約五〇年、元禄地震と安政江戸地震の間には約一五〇年、安政江戸地震と関東大震災の間には約

［3］［武村 2003: 24］

七〇年の間隔があり、その間隔は一定しているわけではないが、プレートの潜り込みが起きている地点であるため、この地域で地震が繰り返し起こることは科学的に確実だといわれている。

大正の関東大震災の特徴として、以下の点がある。震災後に復興のためとして都市計画が行われたこと、デマにもとづく大衆的な異民族排外主義 xenophobia による集団的ヒステリーが出現し、少数民族（朝鮮人）の大規模な虐殺が行われたこと、木造家屋が多かったため火災による被害が大きく、なかでも隅田川東岸の下町エリアが大きな被害を受けたことなどである。この時期、日本は、日清、日露戦争を終え、近代化の過程の後半の段階に入っていた。昭和期になると日本はファシズム期に入るが、その前段階であった。伝統的な社会から近代的な社会への転換が終盤に差し掛かった頃である。また、忘れてはならないのが、前章で、復興とは、日本においては歴史的に上からの都市計画を意味するものであったことを見たが、その発端となったのが、この関東大震災だったことである。徳川期以来の名残をとどめた都市が、名実ともに帝都東京として生まれ変わることになったのがこの関東大震災後の復興都市計画によってであった。阪神・淡路大震災が、ポスト・モダンという日本の近代の終焉と重なる時期に起きたカタストロフであったとするならば、関東大震災は日本における近代の始まりにおいて起きたカタストロフであったといえる。

人々の熱意がつくった博物館

さて、ここからは、関東大震災のメモリアル博物館と慰霊施設の建設の経緯について見よう[4]。

まず先に建設が計画されたのは慰霊のための施設である慰霊堂である。慰霊堂の建設の計画は、災害から約九ヶ月後の一九二四（大正一三）年六月に始まった。ただし、この時点では、慰霊堂は慰霊のための施設としてだけではなく展示機能を持つものとして構想されていた。すなわち、慰霊堂はもともとは、震災を記念し、犠牲者の遺骨を収納し、震災に関する絵画などを展示する「記念館」として東京市によって建設が決定されたのである。災害からちょうど一年後にあたる一九二四年九月一日にはその事業を推進する「東京震災記念事業協会」が発足している。当初の段階では慰霊と展示を行うことが計画されていて、現在見られるようなメモリアル博物館（復興記念館）が、慰霊堂に加えて、もう一つ別につくられる計画ではなかったのである。

では、なぜ、わざわざメモリアル博物館が、慰霊施設とは別に建設されることになったのだろうか。そのきっかけは、災害から六年後の一九二九（昭和四）年一〇月に行われた「帝都復興展覧会」である。この展覧会は、日比谷公会堂で行われたが、展示品の提供を諸団体に呼びかけたところ、八五の団体から約七万点の資料が提供された。展覧会は約三週間行われたが、約九万人の人々が訪問した。この展覧会の成功をきっかけとして、その時に提供された数多くの資料を収蔵する施設として記念館が計画された。人々の熱意により慰霊施設だけでなく、展示施設も建設されることになったのである。この過程を、社会学の山本唯人は、展覧会の開催によって人々の中に個別に抱かれていた「震災の記憶」が公論として組織化され、記念館として結実したと評価している。[5]

慰霊堂は、災害から七年後の一九三〇（昭和五）年に完成した。設計者は、建築史の研究家としても著名で、東京帝国大学の建築学科の教授も務めた建築家の伊東忠太（一八六七―一九五四年）だった。続いて、翌年の一九三一（昭和六）年八月一八日に記念館が開館した。設計者の詳細はよくわかっていないが、伊東忠太の監修

［4］　慰霊堂と復興記念館の建設の経緯については山本唯人の研究［山本 2008］によった。

［5］　［山本 2008］

のもと東京帝国大学建築学科を一九二〇（大正九）年に卒業した萩原孝一という人物が設計したと考えられている[6]。

「川向う」と祝祭空間

このメモリアル博物館と慰霊施設はどのような場にあるのだろうか。記念館と慰霊堂が建設されている場所の意味について検討しよう。

慰霊堂と記念館が建設された場所は、東京市本所区横網町公園（現在の東京都墨田区横網町公園）である。この場所は、震災の前年に東京市が旧陸軍の衣服工場である「被服廠」の跡地を将来の公園用地として買収した土地であった。関東大震災の際には、この土地に多数の人々が逃げ込んだ。しかし、周囲すべてで火災が発生し、人々はこの公園の中に閉じ込められ、逃げ場を失って焼死した。その数は約三万八〇〇〇人といわれている。当時、約三万八〇〇〇もの遺骨を一度に納めることのできる場所は存在しなかった。そのため、遺骨は横網町公園に仮に埋められた。慰霊堂と記念館は、まさに約三万八〇〇〇人が焼死し、その骨が眠っている場所に建設されることになったわけである。

関東大震災全体での死者は約一〇万人といわれている。横網町公園の死者の数は膨大ではあるが、それが関東大震災のすべての死者というわけではない。しかし、三万人以上が一度に死去するということは、通常では考えられない事件である。その事件の特異性と大規模性からこの場所が選ばれているといえる。

ただし、この場所の意味は、そこで三万八〇〇〇人以上が死去したという特異性だけではない。文化史的に見ると以下のような特徴がある。

[6]［日本建築学会 1997］
[7]［陣内 1992: 138］

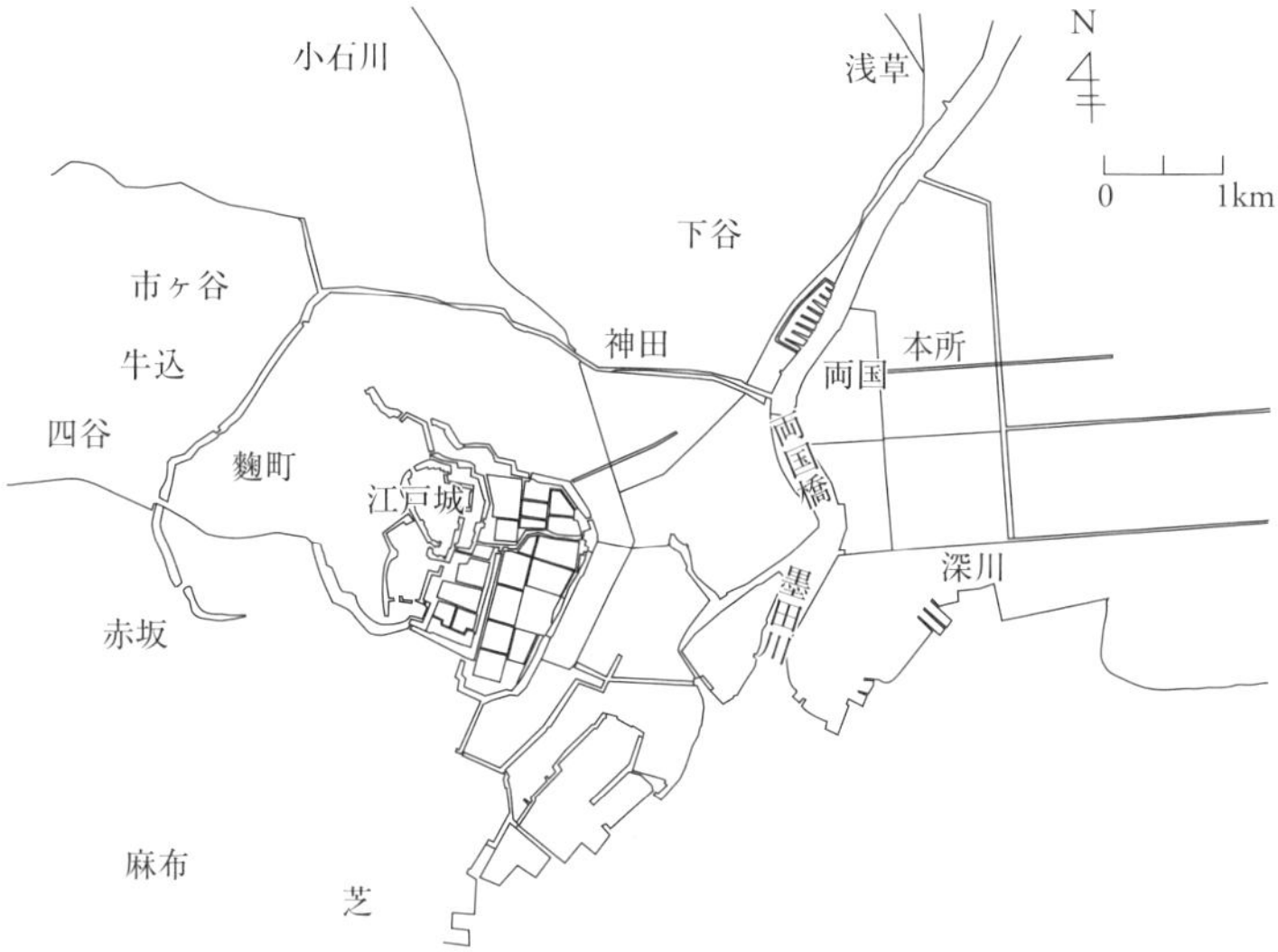

図 6-1　17 世紀ごろの江戸市中の見取り図（［高橋・吉田（編）1989: 181］の地図を元にした）

第一に、この地は、東京の中心から見た時、隅田川の「川向こう」にあたる（図 6-1）。この地は、徳川期以来、現在に至るまで両国と呼ばれる。両国とは、日本の律令制の旧国である下総国と武蔵国の二つの国の国境という意味で付けられた地名である。その国境となっていたのが、隅田川であったが、一六五九（万治二）年に架けられた大橋の通称を両国橋と呼んだことから、この地が両国と呼ばれるようになった。川の西側は将軍のおひざ元、川の東側は都市の境界外と認識された[7]。

日本の伝統的な生死観では、死者は、死後には「三途の川」をわたって「あの世」に行くとされる。この観念は、仏教と民俗信仰の混ざり合いから生まれた民衆の生死観であり、川とは生死の間を分ける境界として古来、大衆に認識されてきたといえるが、隅田川とは世界を隔てる川として認識されてもい

写真 6-3　歌川広重「東都名所両国橋夕涼全図」（1840 年（天保年間）ごろ）、国立国会図書館蔵

た。

能には「隅田川」という演目がある。それは、人買いにさらわれた子どもを探してさまよう母親の話である。さらわれた子どもを探して、その子どもがいるといううわさを聞きつけて、京都からはるばる当時東の果てであった隅田川まで来てみると、すでにもう、その子どもは死んでいたという内容である。母親は、もの狂いに取りつかれた狂女である。「隅田川」のラストシーンでは、子どもの追悼のため、狂女である母が念仏を唱えると、一瞬子どもが姿を見せるように見えるが、それは、幻覚で、そこにあったのは枯草であった。「隅田川」は室町時代に作られた演目だが、徳川時代には人々によく知られたスタンダードな能の演目の一つとなっていた。この能が象徴するように、隅田川とは、死者と生者の交流という境界性を帯びた場所であり、慰霊や追悼を行うのにふさわしい場所であると認識されていたと考えられる。

第二に、この場所は、徳川時代から続く祝祭空間であった。両国は、徳川時代には多くの見世物小屋や芝居小屋、料亭などが集まる場所であった。写真6-3の初代歌川広重（一七九七—一八五八年）の「東都名所両国橋夕涼全図」を見ると、奥側に蔵屋敷などの立派な瓦葺きの建物が立ち並ぶ浅草や日本橋の河岸が見え、手前には筵や板で作られた仮設の小屋が立ち並び、人々でにぎわう広小路が見えるという対照的な景観が見える。この地は、徳川時代には江戸城から見て南東の方角にあることから「辰巳」と呼ばれ、吉原とならぶ二大遊郭地帯を形成していた。娯楽や享楽を求めて、人々が大衆的に集まることが常態化していた空間であった。近代になってからは相撲のための施設もできている。[8] 祝祭空間は異界である。異界は、この世とあの世をつなぐのにふさわしいと考えられたといえよう。

そもそも、この両国が徳川期に祝祭空間となった経緯は、死と結びついていた。両国が見世物小屋の多数存在する場所となった原因の一つに回向院という寺院の開帳に伴う見世物の存在があるが、回向院は、死者一〇万人以上を出したといわれる明暦の大火（一六五七年）の死者を回向するために立てられた寺院である。ここには多くの無縁仏や刑死人も葬られた。

仮に、ある場所で多くの人が死去したとしても、その場所に記念館と慰霊堂が建設される必然性はない。歴史上、数多くの戦乱が起きてきたが、必ずしもその場所に慰霊施設やメモリアル博物館が建設されているわけではない。関東大震災は、東京だけではなく関東全体に被害をもたらしたから、関東大震災の記念館や慰霊堂を被服廠跡ではなく別の場所に建設するという可能性も存在したと思われる。実際、当時、東京にはすでに、いくつかの公園的な機能を持つ場所が建設されていた。日比谷公園（一九〇三（明治三六）年開園）や、明治神

［8］［吉見 1987: 153–157］

宮外苑（一九二六〔昭和元〕年完成）や上野動物園（一八八二〔明治一五〕年開園）などである。靖国神社も一八六九（明治二）年に建設されている。では、そこに復興記念館と慰霊堂が建設されなかったのはなぜか。日比谷公園は庭園であり、明治神宮外苑は明治天皇の威光を伝えるための場所であり、上野動物園は動物園であり、靖国神社は国家のために忠誠を尽くして死んだ兵士をまつるための場所であり、どれも、関東大震災の記念のための場所としてはふさわしくなかったからだと思われる。

そのような中で、両国という場所にある被服廠跡が慰霊堂と記念館の建設のための場所として選ばれたことは、多くの死者が生じたという象徴的な場であるとともに、歴史を通じて、生と死が結び付けられた場所、生と死が祝祭空間を通じて結びつけられた民衆的な異界というこの土地の文化史的な文脈も一因だと考えられる。

と同時に、庶民のエリアである川向うと権力の中枢が離れていることにも注意したい。関東大震災の犠牲者の多くは一般国民、とりわけ、記念館と慰霊堂の建立された被服敵跡で亡くなったのは、下町の庶民であった。これは、国家のために死んだ兵士をまつる靖国神社が皇居の直近に位置していることや第九章で見るドイツ・ベルリンのホロコースト・メモリアルが国会議事堂の直近の近傍に建設されていることと比較すると、関東大震災の時期における民衆あるいは国民と国家との距離を示しているものであるともいえる。

普遍性への志向と日本化の志向

建築の特徴を見てみよう。

まず、復興記念館について検討する。復興記念館は、慰霊堂とは対照的に、特定の文化や、宗教的な特性を排除した建築表現となっている。その形態は、ほぼ直方体のひとかたまりの躯体である。側面には、茶色のスクラッチタイルが張り付けられている。正面の上部にある動物をかたどった彫刻と側面の窓の覆いに掘られた渦巻のような幾何学模様のほかは、装飾はほとんどない（写真6-4）。また、窓もほとんどない。建築様式において、博物館の典型的なビルディング・タイプというのが存在するわけではないが、近代において博物館の多くは古典様式で建てられていたことを勘案すると、この記念館の建築は、博物館らしくなく、一見して、これが博物館であることを示すものはないともいえる（写真6-5）。

この復興記念館の平面プランと立面プランは、ともに左右対称となっている。左右対称性とは、理性や知性をあらわす。これらの点に関して、日本建築学会がその保存を訴えた際の評価書は、「過去の建築様式を用いるのではなく、より簡単な手法で立面に秩序と威厳をもたらそうとしており、当時の典型的な立面構成法の一つといえます」と述べている[9]。この後すぐ見るように、慰霊堂は、さまざまな建築語彙によって多くを語りかけ、多くを主張する建築である。それとは逆に、博物館は、建築語彙を禁欲することによって多くを主張しようとしない建物であるといえる。

次に、慰霊堂の建築のあり方について見ると、慰霊堂は、鉄筋コンクリートで建てられた建物で、前方に、慰霊のために多くの人が集合できる大きな空間を備えた講堂のある建物が配置され、その後ろに、納骨のための棚が納められた塔状の建物が配置されている。一見してわかる通り、前方の講堂の上部には唐破風を備えた瓦屋根を持ち、後方の塔も三重の瓦屋根を持つ。唐破風を備えた巨大な瓦屋根は、日本の寺院建築や城郭建築に特徴的な建築表現であり、複数の瓦屋根を持つ塔状の建物もまた日本の寺院建築に特徴的な建築表現である。

［9］［日本建築学会 1997］

写真 6-4　関東大震災復興記念館の正面の上部にある装飾

写真 6-5　関東大震災復興記念館の側面

この慰霊堂においては、仏教に基づく慰霊行為が行われることが想定されているわけではない。しかし、当時、慰霊を担うのは、宗教の領域であると一般に認識されていたと考えられる。宗教的要素として、日本化した仏教の要素が外観に採用されているといえる。

とはいえ、完全に日本化した仏教的要素だけで成り立っているわけではない。その平面プランを見ると、十字のような形になっている（図 6-2）。こうした平面プランはヨーロッパにおける教会建築で見られる。十字の形は、イエス・キリストの十字架上での受難を象徴するからである。教会は宗教的施設である。この慰霊堂は、特定の宗派による慰霊施設ではないが、慰霊を強調するために複数の種類の宗教的建築物からの建築的語彙が引用されている。記念館が、それほど多くの建築的語彙を用いていないことと比べると、慰霊堂は多様な建築的語彙を用いた饒舌な建築であるといえる。

伝統と近代の交差する文脈の中での慰霊と復興

ここまで見てきた関東大震災の記念館と慰霊堂の建築のあり方から、関東大震災の慰霊と復興がどのような文脈の中で行われ、それらはどのようなメッセージを発していたのかをまとめておこう。

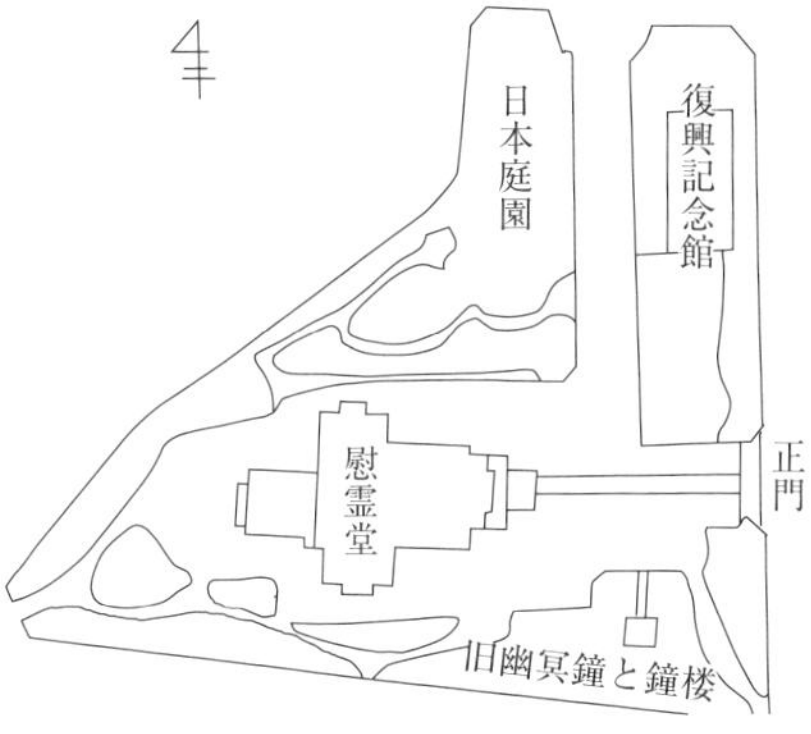

図6-2　東京都横網町公園の中の慰霊堂と復興記念館ほかの施設の配置（「東京都横網町公園」（同公園発行のパンフレット）より作成）

第一に、これらの二つにおいては、慰霊堂が中心となる施設であり、博物館はそれに付随する、あるいは、それを引き立てる役割を持った位置づけである。建築様式について、慰霊堂が、何かを主張しようとする建築であるのに対して、博物館はそれほど何かを主張しようとする建築ではない。建築の様式だけでなく、公園内での配置もそれを語る。すなわち図6-2の公園内での配置図からもわかるように、公園の正門の正面にあるのは慰霊堂であり、博物館はその前方に脇に控えるように位置していることからもそれはうかがえる。それはまた、設計者のネームバリューにも表れている。慰霊堂の設計者は、当時すでに、東京帝国大学教授であり、建築学界の中心人物の一人であった伊東忠太であるのに対して、博物館は無名の若手建築家である。そもそも、復興記念館は後から構想に付け加えられたものであった。このことから、慰霊が中心的な目的であって、復興を記念することは二次的な目的とされていることがわかる。これと阪神・淡路大震災のメモリアル博物館における慰霊と復興のあり方はちょうど逆の関係になるが、それについては、のちほど本章第4節で検討する。

　では、全体としてみた時、これらの建築はどのようなメッセージを発しているのであろうか。その立地も含めて考えてみると、それは以下のようなものとなろう。それは、ここで行われる行為が、慰霊が中心となるものであり、それを徳川期以来の都市の文脈の中に埋め込むようにすることである。しかし、一方で、その伝統は、徳川期のものをそっくりそのまま引き継いでいるのではなく、慰霊堂がコンクリート造りで教会とも共通するプランを持つように、新たな技術や西洋の要素を持つものとして、また復興記念館が装飾を配した様式を持つように、普遍的でインターナショナルなものとして取り組まれる。伝統社会の文脈と近代の文脈が入り混じった状況であるが、伝統的な要素は慰霊という民衆の心意により近い側に用いられ、普遍的でインターナショナルなものは復興という国家的な行為の側に用いられていることから、人々あるいは民衆の側の伝統的な要素を保持しつつも、復興を通じて近代化・普遍化を図ってゆこうとする姿勢を示しているといえる。

　この時期は、すでに述べたように、帝都復興計画事業が取り組まれていた時期であった。この事業では、隅田公園、浜町公園、錦糸公園が「震災復興公園」の三大公園として整備されたほか、五二の小公園が整備されたが、慰霊堂と復興記念館が建つ横網町公園も復興事業によって整備された公園のうちの一つである[10]。またこの事業では、隅田川や神田川ほかの中小の河川にかけられた橋も木造から耐火構造の橋にかけ替えられた。両国橋は震災で被害を受けたわけではなかったが、これも、震災を契機にかけ替えられている。帝都復興計画事業とは、震災復興を契機として、道路や上下水道などを整備する計画であり、それをてことして近代国家の首都である帝都東京を整備しようとする構想であった。慰霊堂と復興記念館が、その中に組み込まれることで、カタストロフという時間を国家の構想する復興という時間の中に組み込むことが目指されていたといえる。その中で、慰霊堂、復興記念館が伝統的な要素に加えて近代的な価値を打ち出していたことは、この時の復興が目指すところが、近代的価値の具現化であったことをあらわしているといえよう。

2　透明な空間——阪神・淡路大震災のメモリアル博物館

一方、阪神・淡路大震災のメモリアル博物館である「人と防災未来センター」の立地と建物のあり方は何を語っているのだろうか。前章では、この阪神・淡路大震災のメモリアル博物館に関しては、おもに展示の内容について注目したため、立地と建物については検討していなかった。ここでは、関東大震災のメモリアル博物館と慰霊堂と同じように、それが立地する空間の文脈と建築そのものが表現することの二つの面から見てゆくことにしたい。

歴史から切り離された空間

まずは立地から見てゆこう。阪神・淡路大震災のメモリアル博物館が建設されているのは、兵庫県神戸市灘

［10］［越沢 2011: 265–280］

区脇浜《わきはま》である。この地の来歴を見てみよう。

この場所は、近代に成立した埋め立て地である。それ以前は海岸で、古代から、「みるめの浜」として景勝地であった。「みるめ」とは海草の一種類で、この場所が海草採集の好適地であったことを示していよう。この地には奈良時代ごろには港が存在し、広義の瀬戸内航路の重要な土地であったというが、[11] 中世以降、港は西に移動し、大和田泊や兵庫津にとって代わられ、徳川期までのここは脇浜村という村が存在した海村であった。

この地は、近代化の中で、工業用地に姿を変えていった。[12] この地を主に利用していたのは川崎製鉄と神戸製鋼所である。川崎製鉄はその起源を川崎造船所の製鋼部に持つが、当初、神戸の西方にある兵庫工場で製鉄を行っていた。この脇浜の地では、一九〇〇（明治四〇）年代から埋め立ては始まっていたが、第一次大戦の影響による鋼材自給の必要などが高まり、一九一五（大正四）年には川崎造船所が、製鉄所の用地として、また神戸製鋼所が同じく工場用地として埋め立てを行い、以後、大規模な工場地帯として、鉄や車両が生産されていた。日本の近代化を支えた産業の一つである製鉄が近代を通じて営まれた場所だったのである。

しかし、これらの工場は、阪神・淡路大震災で被害を受け、川崎製鉄、神戸製鋼所とも工場は操業を停止し、それぞれ、西宮や加古川の工場での生産に拠点を移した。[13] もちろん、その背景には、当時、日本の産業構造が、製鉄や造船などの重工業からソフト産業などへと構造変化していったことにより、日本国内での鉄の生産が縮小していたことがあったが、このことは、阪神・淡路大震災が、日本の産業構造が、近代の重厚長大な産業を中心としたものから、ポスト・モダンの別種の産業を中心としたものへと移り変わる時期に起きたことを示すものでもある。

撤退後の跡地に関しての計画は白紙だったが、震災からの復興のためという名目で、この埋立地を、文化と復興のシンボルとして整備する計画が立てられた。美術館が誘致され、被災者が入居する高層住宅をくみこんだＨＡＴ神戸という都市計画構想が発表された。

写真6-6は、一九八五年の、写真6-7は、二〇〇四年のこの場所を示している。一九八五年の時点の写真では、敷地にびっしりと工場が立ち並んでいる。工場の屋根はすべて赤錆色に変化し、この地が製鉄所であることを示す。一方、二〇〇四年の写真では、その工場は存在しない。まだ建物はそれほど立ち並んでいないが、ゆったりと余裕を持った街区構成の街並みが見て取れる。

この経緯を踏まえて、阪神・淡路大震災のメモリアル博物館が立地する場所の意味を考えてみると次のようなことがいえる。

第一に、海の近くであることである。神戸は、徳川時代の海禁政策を解いた明治政府によってはじめて海外に向けて開かれた五つの港（横浜、函館、長崎、神戸、新潟）のうちの一つである。その結果、神戸は近代化とともに成長を遂げることになり、海とのつながりは、神戸のアイデンティティをなしていた。そのような場所に阪神・淡路大震災のメモリアル博物館が存在することは、神戸の歴史とのつながりを示唆する。

第二に、この土地が、川崎製鉄と神戸製鋼所の製鉄所跡地であることである。これは、鉄に象徴される近代の産業化を支えた重工業から産業のソフト化への過渡期に起こった阪神・淡路大震災の歴史的性格を象徴している。関東大震災の復興記念館と慰霊堂は、被服廠という軍関係の施設の跡地に建設されていた。当時、日本は軍事力による対外進出が大きな国家的営為の一つであった。それに対して、阪神・淡路大震災のメモリアル博物館は、鉄という日本の近代の成長を支えたものをつくり出していた工場跡地に建てられている。

---

［11］［藤井 1987: 421］
［12］［新修神戸市史編集委員会編集 2000: 103］
［13］［新修神戸市史編集委員会編集 2000: 810］

写真 6–6　1985 年の脇浜地区。工場がたちならんでいる（白線で囲んだ部分）。（出典：神戸市役所ホームページ http://www.city.kobe.lg.jp/information/project/urban/hatkobe/keii.html。白線を加えた）

写真 6–7　2004 年の脇浜地区。工場はすべて撤去され、新たなまちづくりが行われている（白線で囲んだ部分）。（出典：神戸市役所ホームページ http://www.city.kobe.lg.jp/information/project/urban/hatkobe/keii.html。白線を加えた）

第三に、この場所が埋め立て地であることである。埋め立て地とは、無であるところからあらたに土地をつくり上げた場所である。第一、第二の歴史とのつながりを暗示するという特徴とは矛盾するが、埋め立て地とは、それ以前にはその土地はなかったことであり、歴史から切り離されていることを示すといえる。たしかに、このメモリアル博物館が存在する場所には、それ以前に製鉄工場が存在したが、その撤退後に新たに開かれた街区においては、それを示唆するものがなく、全く新たに白紙の状態から新たな街づくりが行われたという印象を与える。それゆえ、この地は歴史からだけでなく、地域社会からも切り離されたニュートラルな場所であるといえる。海辺や工場は、歴史とはかかわりを持つとはいえ、それは日常的に人々の目に触れるものではなく、あくまで抽象的な歴史の中に位置づけられるものである。その意味では、地域社会や生活世界の中の歴史から切り離されたものとして、阪神・淡路大震災を記念することが含意されているといえる。

第四に、この場に存在するほかの施設との関連である。新しくまちづくりが行われたこの地に存在するのは、復興住宅、小学校、美術館、ＪＩＣＡ神戸センタービル、ＷＨＯ（世界保健機関 World Health Organization）の神戸センタービルなどである（写真6-8）。集合住宅や小学校は存在するものの、ここ以外の神戸の在来の街角のように小規模な商業施設や企業の入居するビルや町工場がにぎやかに立ち並んでいる街並みというわけではない。ハイ・カルチャーに属する文化的、国際的な施設が、テレビ・ドラマに登場するように整然と並んでいる。阪神・淡路大震災のメモリアル博物館が、そのような建築が立ち並ぶ街並みの中に置かれることによって、阪神・淡路大震災からの復興という国家的事業が、文化的、国際的、また福祉の面とのつながりを持って実行されていることを暗示するといえる。

この阪神・淡路大震災のメモリアル博物館の立地の特徴は、歴史や近代とのつながりを暗示はするが、実態としては、地域社会や生活世界からは切り離されたニュートラルな場所を志向している。そのニュートラルな

写真6–8　立ち並ぶビル。手前からWHO神戸センタービル、JICA神戸センタービル、阪神・淡路大震災のメモリアル博物館（人と防災未来センター）。

場所とは、非歴史的な空間である。

ヴァルター・ベンヤミンは『歴史の概念について』において、「歴史とは、均質で空虚な時間ではなく、今現在という時間によって満たされることでかたちづくられる場の構築行為の対象である」ととらえた。[14] これを逆に言えば、非歴史的な時間とは、均質で空虚な時間である。本書第三章で見たように、時間を絶対時間としてとらえたのは、一七世紀のニュートンだった。[15] それまでの時間と空間は神の意図によって満たされたものであったが、ニュートンがそこに絶対的な時間を持ち込んだことで、神の意図から独立した絶対的でユニバーサルな時間と空間があらわれた。これが科学革命の発端になり、近代が展開した。このメモリアル博物館の立地が志向するニュートラルな場所とは、近代科学が目指した均質で空虚な時間と重なるものであるといえるが、それは非歴史的な場であるともいえる。

透明性、理性、やすらぎ
——阪神・淡路大震災のメモリアル博物館の建築が訴えるもの

次に、阪神・淡路大震災のメモリアル博物館の建築の特徴を見よう。ここでは、阪神・淡路大震災のメモリアル博物館（写真6–9）の建築の特徴を世界の他の博物館や類似の建築と比較することで、明らかにしたい。

第一に、巨大であることである。この建物の設計は昭和設計によって行われたが、地上七階、地下一階、延べ床面積一万八〇〇〇㎡の建物である。日本を代表する博物館である東京国立博物館本館の延べ床面積は二万二〇〇〇㎡、国立科学博物館が二万㎡である。日本に存在する博物館で広いものの例として九州国立博物館があるが、その床面積は三万㎡である。日本を代表する博物館と遜色のない規模であるといえる。本書第五章でこの博物館が国家的な事業として建設されたことを見たが、これは、阪神・淡路大震災という災害の大きさを示すとともに、それを記念する博物館として大きな施設をつくりうる日本の国家の力を示すと思われる。

第二にガラスでおおわれた建築であることである。ガラスというのは透明な物質である。透明性は、軽さや冷たさ、また社会における透明性も含意する。似た透明性を持つ施建築として、アメリカのコンピュータ・メーカーのアップル社の販売店の例がある（写真6-10）。このアップル社の販売店の場合、透明なガラスだけで構成された外壁からなっている。アップル製品の洗練されたシャープなデザインのイメージを引き立てる建築である。対照的に非透明な建築も存在する。たとえば、ホロコーストを展示した博物館であるベルリン・ユダヤ博物館（ダニエル・リベスキント Daniel Liebeskind 設計）は、外壁が金属板でおおわれていて、窓も極端に少ない（写真6-11）。これは、ホロコーストという事件の重苦しさをあらわしている。[16]

第三に、直方体の建築だということである。直方体とは、最も単純な形態であると同時に、最も均整の取れた形態である。これは、知識や科学や理性、人知の素晴らしさを示すものである。直方体と似た形態として、ピラミッドの形態がある。これは、正三角形が三つに、正方形が一つから構成される。たとえば、ルーブル美

［14］［Benjamin 2010: Ⅻ］
［15］本書第三章第1節 147–148 ページ、［Newton 1687=1995］。
［16］この博物館の建築については本書第九章第1節 570–572 ページでやや詳しく見る。

術館の中庭にはガラスのピラミッドが設置されている（I・M・ペイI.M.Pei設計、写真6－12）。それは、芸術という人間文化の理性の至高性を示す価値あるものを収めた場所である美術館を象徴するものである。

また立方体は個性を排除した形態でもある。自由な曲線によって作られた建築ならば、それは建築家の個性や創造性を示すものであるが、直方体の場合は、そのような個性や創造性をうかがわせるものは排除されている。対照的な例として、スペインのビルバオに存在するフランク・ゲーリーFrank Geryが設計したグッゲンハイム美術館ビルバオの例がある（写真6－13）。この建築の外観は、ぐにゃぐにゃした自由な曲面からなっていて、一見したところ、直方体はほとんど見当たらない。建築家の個性の発露であると同時に、芸術家の個性の発露である芸術作品を収める美術館という場を象徴している。それと対比して、直方体の阪神・淡路大震災のメモリアル博物館は、個性を排除した理知的な施設であることを語っているといえる。

写真6–9　阪神・淡路大震災のメモリアル博物館（人と防災未来センター）

写真6–10　アップル社の販売店（ニューヨーク、アメリカ）

写真6–11　ベルリン・ユダヤ博物館（ベルリン、ドイツ）

また、直方体は、塔のような形状とも異なる。記念碑の多くは塔のような形態をとる。たとえば、エッフェル塔（写真6－14）や、インドネシアの独立記念塔などがその例である（写真6－15）。それらは、記念性を高めるために、空に向かって屹立する形態をとる。しかし、直方体とは、どちらに向かってそびえたっているのかわからない、ニュートラルな形態である。これは、カタストロフが記念すべき出来事ではないことを認識したうえで、しかしそれをメモリアル博物館として記念することの両義性の認識をしていることの配慮が示されている。

とはいえ、この直方体は純粋な直方体ではない。第四に、壁面にくぼみがあることがあげられる（写真6－16）。対照的な事例としては、先ほども見た、アップルの店舗の建築がある。これは、ガラスを接着して構成された壁面であり、可能な限りガラスによる直方体を作ろうとしている。一方、阪神・淡路大震災のメモリアル博物

写真 6–12　ルーブル美術館中庭のガラスのピラミッド（パリ、フランス）

写真 6–13　グッゲンハイム美術館ビルバオ（ビルバオ、スペイン）

写真 6–14　エッフェル塔（パリ、フランス）

写真 6–15　独立記念塔（ジャカルタ、インドネシア）

館の方は、必ずしも直方体であることを突き詰めているわけではなく、大まかに見れば直方体だが、細かく見れば、壁面に、波紋のようなくぼみがある。ここから、ガラスの透明性や物質性ではなく、水面の波紋を想像させるような建築であるといえる。

第五に、これと関係するが、浅い水盤で囲まれた建築である（写真6–17）。水とは、庭園などでも使用され、人を安らかな気持ちにさせたり、その水面に浮かぶさざ波によって人を瞑想に誘ったりする（写真6–18）。メモリアルにおいても水が使用される例は多くある。アメリカのニューヨークにある九・一一同時多発テロの国立メモリアル施設はその一例である（写真6–19）。これは、崩壊したＷＴＯ（World Trade Center）ビルディングと一辺の長さが同じ六三・四メートル四方の巨大なくぼみが地面に掘られたメモリアルだが、その深いくぼみの中に、四周の水盤から水が流れ落ちてゆく。そのくぼみの中央には、底の見通せない穴が開いている。巨大な真っ黒い穴に水が吸い込まれてゆくさまは恐れや恐怖や畏怖の感情を呼び起こす。一方、浅い水は、安らぎや安逸を示す。また、本章第1節では、すでに三途の川について述べたが、日本の信仰では、あの世にわたるためには水を越えてゆくと考えられているため、この世ではないものをも暗示しているといえる。

第六に、非装飾的な建築である。先ほど、建築の側面に浅いくぼみがあることを述べた。とはいえ、それは、それほど目立つものではなく、全体としては非装飾的な建築であるといえる。非装飾的であることは、伝統との断絶を示す。たとえば、インドネシアにある、二〇〇四年のスマトラ島沖地震インド洋津波を記念したアチェ津波博物館（写真6-20）や、フランスのパリにあるアラブ世界センター（ジャン・ヌーベル Jean Naubelle 設計、写真6-21）などは、その壁面がいっぱいに装飾でおおわれている。装飾は、正方形や正三角形を用いたものである。先ほど、直方体や正三角形は理性や知性を示すと述べたが、一方で、伝統的な模様の中にも、正方形や正三角

写真6-16　人と防災未来センターの壁面のくぼみ

写真6-17　人と防災未来センターを取り囲む浅い水盤

写真6-18　人と防災未来センターを取り囲む浅い水盤の表面のさざ波

写真 6–19　911テロメモリアル（ニューヨーク、アメリカ）。一辺が63.4mの巨大なくぼみと、その中央の黒い穴に吸い込まれてゆく水。くぼみの縁の遠景に写っている小さな点々は人影。人影と比べるとくぼみの巨大さがきわだつ。

形だけで構成されたものも多くある。正方形や正三角形のモチーフを用いても、伝統を表現することはできるが、この阪神・淡路大震災のメモリアル博物館ではそれは行われていない。

とはいえ、装飾が全くないというわけではない。第七に、数字が装飾のように扱われている（写真6-22）。壁面には、大きく、「5:46」「1」「17」「1995」などという文字が刻まれている。これは、震災の起きた日時である一九九五年一月一七日午前五時四六分を示している。壁面に文字を書くことは、一般には建築では行われない。しかし、記念性を高めるために文字が書かれることがある。たとえば、フランスのパリに存在するプリミティブ・アートなどを人類学の視点から展示する博物館であるケ・ブランリー美術館（ジャン・ヌーベル設計）では、建築を構成するガラスのスクリーンに装飾として大きな文字が用いられている。ここで注意したいのは阪神・淡路大震災のメモリアル博物館の壁面には、博物館の名称ではなく、数字が書かれていることである。数字という抽象的なものが書かれることにより、無機質な印象を与える一方、それが震災の起きた日付であることから象徴性も高められている。

第八に、非歴史的な建築である。歴史的な建築の表現としては、歴史的な建築様式を受け継いだ建築や、また歴史的建造物を利用した建築であることが考えられる。たとえば、アメリカのワシントンD.C.にある全米

写真 6–20　アチェ津波博物館（アチェ、インドネシア）

写真 6–21　アラブ世界センター（パリ、フランス）

写真6-22　人と防災未来センターの壁面の数字

ホロコースト博物館は一九九三年にオープンした現代の建築であるが、古典様式を想起させるファサードなどの建築的特徴を持っていることで、近代においてしばしば博物館建築の様式として用いられた古典様式との関係性を暗示している（写真6-23）。またドイツのベルリンにあるハンブルグ駅現代美術館は一九一六年に完成した歴史的建造物を利用しているが、歴史的建造物を利用することで、過去の時間を現代美術と対比する意図を明確化している（写真6-24）。それに対して、阪神・淡路大震災のメモリアル博物館は歴史的な文脈との関連を欠いたもの、あるいは、欠こうとしたものであるといえる。

以上から阪神・淡路大震災のメモリアル博物館の建築が示唆するものをまとめると次のようになろう。それは、この博物館が、阪神・淡路大震災を理知的に、科学的に扱っていることを示そうとしていることである。それは、同時に透明性と抽象性のもとで行われるものでもあると建築は訴える。さらに、カタストロフは、悲惨さを強調する態度ではなく、安らぎや平穏性を基調とした態度で扱われることもこの建物は語りかける。

本書第五章第1節で見たように[17]、国家の中央政府は、阪神・淡路大震災からの復興を「システム論」ととらえようとした。システム論においては、全体がシステムとして動き、個々の人間の主体性や歴史性といったものは問われない。ここには、そのような考えが反映されているといえる。

写真 6–23　全米ホロコースト博物館（ワシントン D.C.、アメリカ）

写真 6–24　ハンブルク駅現代美術館（ベルリン、ドイツ）

3　復興の時間を統べる天皇

以上、関東大震災と阪神・淡路大震災のメモリアル博物館の建物とその立地を見てきた。それをもとにして両者の比較と、そこから導き出される近代とポスト・モダンの国家のカタストロフと時間への態度の特徴の抽出を行いたい。だが、その前に、関東大震災のメモリアル博物館の展示の内容について見ておく。そこでは、

［17］　本書第五章第1節 265–267 ページ

写真 6–25　関東大震災復興記念館に展示されているジオラマ「焼失した都心部」

阪神・淡路大震災のメモリアル博物館と同じようにあるナラティブが存在し、そのナラティブによって時間が編成されている。少し遠回りにはなるが、いったんここで、視点を展示の中身に転じ、関東大震災のメモリアル博物館で、何が展示されているのかを確認した上で、比較の作業に移ることにしたい。

歴史画によるナラティブ

関東大震災の復興記念館のナラティブは、歴史画によるナラティブである[18]。

復興記念館には災害の遺物などのもの資料も展示されているが、最も興味深いのは絵画による表現である。今日ならば、過去を再現することは、映像やジオラマ、コンピュータ・グラフィックスなどさまざまな手段によって容易に遂行することが可能だが、一九二〇年代から三〇年代の日本においては、その手段は限られていた。もちろん、当時すでにジオラマという手段があり、「消失した都心部」を大縮尺で再現した模型がその大きさと精密さで見学者の印象に強く残ったことは想像に難くはない（写真6-25）。しかし、このジオラマは、地形的正確さを表現することが主な目的となっており、見学者の情動に直接訴えかけるものではない。見学者の情動に働きかけることは、この復興記念館では、主に絵画によって担われている。

復興記念館における絵画の描き方は、本書第五章第4節で見た戦争画と共通する技法である。[19] 戦争画では、戦争という過去の歴史的出来事をダイナミックに表現するため、ありそうだが実際にはあり得ない構図を画面の中でつくり出す捏造や、同時には起こらなかったことを一つの画面に描く捏造が行われる。また、それらはしばしば迫力を持たせるため巨大なキャンバスに描かれる。本書第五章第4節では、ドラクロワや藤田嗣治の例を見たが、日本には、藤田以外にも戦争画を書いた画家は多数いる。戦争画はアジア太平洋戦争期（第二次世界大戦、十五年戦争、大東亜戦争）になって突然あらわれたのではなかった。歴史画、戦争画は近代絵画の歴史において画家にとっての大きなモチーフの一つであり、日本においてもヨーロッパより絵画の技法が輸入されて以来、一分野を為していた。復興記念館に展示されている絵画の大半を描いた画家の徳永柳洲も、一九一一（明治四四）年にパリに留学した経験を持っている。[20] 当時のパリは絵画における先進地であり、そこで学んだ技法が生かされているといえる。第五章で見たドラクロワの「キオス島の虐殺」は一八二四年ルーブル宮殿

［18］本節の分析は二〇一〇年に行った現地調査による。なお、慰霊堂の展示を分析したジェニファー・ワイゼンフェルドは、展示品の入れ替えや再編はあったことが推定されるものの、現在の展示品は開設の当時からのものであることを写真や記録から確認している。［ワイゼンフェルド 2014: 334］。

［19］本書第五章第4節 300–316ページ

［20］［岡山県立美術館（編）2013］

写真 6–26　関東大震災慰霊堂に展示されている徳永柳洲の絵画「旋風」

写真 6–27　関東大震災慰霊堂に展示されている徳永柳洲の絵画「被服廠跡」

で行われたサロン（官展）に出品され、ルーブル美術館の所蔵となっていたので、パリ留学中の徳永がルーブル美術館で見たという可能性もある。

絵画表現による語りの効果

徳永柳洲の絵画は、すべてが約二メートル四方の巨大なキャンバスで、その力強い描写、構図の取り方は現在でも見学者に強い感情を喚起せしめる力を持っている。これらは、同じ規格のもとで作成された一連の作品シリーズで、現在は復興記念館と慰霊堂に分散して展示されている。

絵画の展示は、博物館に隣接する追悼施設である慰霊堂の講堂から始まる。慰霊堂の講堂では、北側の長押部分に掲示されている。それは、「小田原」、「鎌倉の津波」、「日本橋付近」、「避難者の混沌」、「旋風」、「浅草北部」、「十二階崩壊」、「被服廠跡」と題された一連のシークエンスである。

入り口から最も近いところにある「小田原」と「鎌倉の津波」の二つの作品は関東大震災においてあまり知られてはいないものの大きな被害をもたらした小田原と鎌倉における土砂災害や津波などの被害を描き、関東大震災の被害の地理的広がりを示唆する。続く「日本橋付近」は東京の最も象徴的である地域の被害を掲げることによって、東京の被害の大きさを提喩的にあらわす。そして「避難者の混沌」における群衆の描写をはさみ、「旋風」、「浅草北部」、「十二階崩壊」において関東大震災で最も大きな被害の出た台東区の下町の状況に焦点を当てる。

「旋風」では地震後被服廠に避難してきた人々が火災によって発生した旋風によって巻き上げられている様子が描かれる（写真6-26）。この絵画が展示されている慰霊堂が、約三万八〇〇〇人の犠牲者を出したまさにその被服廠跡地に建てられていることをまざまざと想起させる。

最後の「被服廠跡」もまさに、その被服廠の跡地での法要の状況を描く（写真6-27）。髑髏が山状に積まれ、その前で僧侶が読経しているという構図だが、この地は遺骨が仮埋葬された土地でもあるので、実際にそのような光景が展開していたと考えられる。堆積した髑髏の量が三万八〇〇〇という通常では考えられない死者の数を暗示し、同時に、その絵画が描いている場所が、今その絵画を見ている見学者の立っているその場所であることで、出来事が属する過去と、それを見ている見学者の現在との間隔をあたかも縮めるかのような効果が

写真 6–28　関東大震災復興記念館の絵画室

もたらされている。歴史画や戦争画に見られる出来事を現前するものとして語る訴求力のある技法が駆使されている。

記念館の「絵画室」

復興記念館の館内では、一階の展示室と階段室、二階の絵画室にこれらのシークエンスは続く。階段室には一階部分に「東海道の崩壊」が、踊り場に「ニコライ堂を望む」、「翌日の悲嘆」、「軍隊の傷病者救護」、「赤十字の活動」が展示されている。絵画室は、この記念館の中核部分となる室であり、トップライトから外光が導き入れられた大空間が演出される（写真6–28）。ここに展示されている徳永の作品をはじめとする絵画は、この絵画室の大空間に見合う大きさを備えたスペクタクルなものである。

入り口から向かって右壁には手前から、柴田政重「薬」（ブロンズ・レリーフ）、田代二見の小品絵画二四枚、有島生馬の「大震記念」が掲示されている。左手の壁には、徳永柳洲の作品である「横浜の全滅」、「軍隊の炊事出作業」、「宮城前避難バラック」、「上野公園より見たる灰燼の帝都」「当夜の永代橋」、「本郷元町より見た御茶ノ水」が掲示されている。奥の壁には向かって右から左に徳永の筆による「上野池之端臨時病院の皇后陛下」、「麹町五番町御巡視摂政宮殿下」と、詔書の筆写文（一九二三（大正一二）年九月一二日）、石井柏亭による九月一三日に巡視する摂政のスケッチが掲げられている。

カタストロフの空間と時間を一望する

最も目立つのが左右の壁面の中央に向き合って展示された徳永の「上野公園より見たる灰燼の帝都」（写真6-29）と有島の「大震記念」（写真6-30）の二つの巨大なキャンバスである。前者は縦約一・五m、横約四mの大きさであり、後者は縦約二m、横約三・五mの大きさである。

これらは第一に明るい画面である。関東大震災は一〇万人あまりの死者が発生した決して明るいとは言えない出来事であるが、いずれも画面の上方を水色とも萌黄色ともいえるあざやかな空のブルーが占め、明るい印象を見る人に与える。その明るさが、ある意味で、奇異な印象を与えるが、復興を記念する展示においては、そのような明るさが要求されたと想像することができる。

第二に、それらは、カタストロフの全体像を俯瞰する視点を与える。「灰燼の帝都」は上野公園から南東方向を見た構図であるが、実際に上野公園から見たものより俯角の大きい構図が取られている。また「大震記念」は一つの画面の中に、焼け野原、焼け跡で裸体で行水する娘、折れ曲がった鉄塔、復興を支援する軍人、自動車などを同時に描いていることで複数の時間を一望する効果をもたらしている。この二つにおいて、時間と空

写真 6–29　徳永柳州「上野公園より見たる灰燼の帝都」

写真 6–30　有島生馬「大震記念」

間の全体像を一望する視点が提供されているといえる。出来事はその渦中にいる者にとっては、いわば虫の目でしか見られず、全体像をつかむことは難しい[21]。これらの二つの絵画の視点は、まずは、それを俯瞰的に見ることを可能にする。その俯瞰は、同時に、復興を記念するために、震災を過去の一つながりの出来事、言い換えれば、始まりがあり、中間があり、終わりがある語りとして回顧する視点を、見るものに与えるためであるともいえる。

馬上の天皇の視線

ではそれを一望する主体は何か。

その主体として暗示されているのが、天皇（当時は摂政）である。入り口から見ると正面の壁面には、中央には詔書が掲げられ、その真下には、「麹町五番町御巡視摂政宮殿下」（写真6－31）が、その右手下には「上野池之端臨時病院の皇后殿下」が展示されている。「御巡視摂政宮殿下」の図像は、騎馬する摂政が同じく騎馬する文官と武官を引き連れて、焼け跡の中で敬礼する軍人と、バラックの前の地面で土下座する両親と幼子（ないしは母と息子とその孫）を俯瞰しながら通過する画像である。バックには、先ほどと同様のあざやかな青い空が描かれている。ここには、上から俯瞰的に見る存在である摂政と、下から摂政を仰ぎ見る存在である臣民との関係が表現されている。この画像が掲げられた壁面の位置は、絵画室の入り口の正面であり、展示の中心である。震災復興記念館に展示された絵画は、この画像に向かって収斂するヒエラルキーのもとにあるといえる。

この展示施設は、復興記念館であるから、その目的は、復興を記念することである。しかし、その背後に、天皇（摂政）の視線を人々に感じさせるという意図が存在する。復興においては、国家の役割も大きかったといえようが、被災した人々自身によるものも大きかったはずであり、絵画室には、ここで紹介した以外に人々の苦難をリアルに描いた絵画が展示されている。しかし、同時に、徳永の描いた一連の絵画のシリーズ全体を

［21］　この点については、本書第八章第2節516–518ページで、阪神・淡路大震災の記憶に関する展示インスタレーション「その時、私たちが見なかったこと」を紹介する中で詳細に論じる。

写真 6-31　徳永柳洲「麹町五番町御巡視摂政宮殿下」

通してみた時、被災地を巡視する「見る」存在としての天皇（摂政）の存在が浮かび上がってくる。関東大震災の震災復興記念館の展示は、単に復興を記念しているのでなく、天皇（摂政）の視線のもとでの復興を記念している。復興とは、未来を先取りすることである。復興を展示するメモリアル博物館で、天皇がその過程を一覧するナラティブが存在することは、その未来を先取りする主体が天皇であることを示している。

ここで、阪神・淡路大震災のメモリアル博物館との比較に戻ると、阪神・淡路大震災では、ナラティブの中心は、無名の死者であった。それは、無名であり、存在としては無である。一方、この関東大震災のメモリアル博物館においては、天皇がナラティブの中心として存在している。国家は、国民という多数の存在を統合するために一つの存在を必要とする。戦前の、つまり大日本帝国憲法下の出来事である関東大震災の復興記念館においては、それは天皇であり、それが展示によって可視化される。一方、日本国憲法下で起きた阪神・淡路大震災のメモリアル博物館においては、それと置き換えられるようにしてひとりの無名の死者が捏造され展示される。二つの震災のメモリアル博物館の展示は、復興のナラティブにおける主体が異なることを示しているのである。

4　復興と慰霊と時間

最後に、関東大震災と阪神・淡路大震災のメモリアル博物館を通じて、慰霊と復興と時間がどのような関係であるのかを検討しよう。それは、慰霊と復興を通じて、国家がカタストロフの時間をどう扱ってきたのか、近代とポスト・モダンにおける時間とは何かを露わにする。

関東大震災のメモリアル施設では、復興よりも慰霊が重視された。では、阪神・淡路大震災のメモリアル博物館ではどうだったのだろうか。実は、阪神・淡路大震災のメモリアル博物館においても、慰霊という要素は存在しないわけではない。

本章第2節で既に述べたように、阪神・淡路大震災のメモリアル博物館の周囲には浅い水盤が取り巻いているが、エントランス横の水の中に慰霊碑が存在する（写真6-32）。とはいえ、その慰霊碑の大きさは博物館の巨大さに比べるとたいへん小さいもので一般の観覧者にはほとんど気づかれないとも思われる大きさである。博物館の最高高さが四四・三〇メートルであるのに対して、慰霊碑の高さは約一メートルである。高さにして

写真 6-32　阪神・淡路大震災のメモリアル博物館に存在する慰霊碑

約〇・〇二倍である。注目したいのは、この慰霊碑が博物館と極めてよく似た形態をしていることである。その形は、ほぼ立方体であり、また、博物館と同じように浅い水盤の上に載っている。その素材は博物館と同じ水色のガラスでできている。あたかも、博物館のミニチュアであるか、あるいは、博物館が慰霊碑を拡大したかのようにも見える。

その慰霊碑の前では、毎年、震災が起こった一月一七日に催しが行われ、人々は、その碑に向かって手を合わせる。このメモリアル博物館と慰霊碑が相似的な形態と素材であることによって、直接的に明示されているわけではないが、博物館が慰霊の機能を持つものであることが示唆されている。

関東大震災の復興記念館と慰霊堂においては、慰霊堂の大きさが復興記念館を圧倒しており、また配置から見ても慰霊が主であり、復興を展示することは従であった。一方、この阪神・淡路大震災のメモリアル博物館の場合は、慰霊碑はほとんど目立たず、復興を展示することが主で、慰霊が従であるといえる。

復興と慰霊の結びつき

復興と慰霊という観点から二つのカタストロフのメモリアル博物館について整理すると以下のようになる。

第一に、復興に関する展示と慰霊がセットになっていることが共通点である。これは、自明のことのように思われるが、実際はそうではない。日本や世界のカタストロフに関する博物館においては、復興と慰霊がセットになっている博物館もあれば、復興と慰霊がセットになっていない事例も存在する。たとえば、長崎県島原半島にある雲仙岳災害記念館は、一九九〇年の雲仙普賢岳の噴火による被害に関する展示を行っている博物館だが、そこには、慰霊というモチーフは存在しない。他方、本章の前節で紹介し、この後のコラム4で詳しく見る、インドネシアのアチェにある二〇〇四年のスマトラ島沖インド洋地震・津波のメモリアル博物館では、復興と慰霊がセットになっている。展示の中に、「昇天の間」と呼ばれる空間があり、そこで、津波で亡くなった人が神アッラーのもとに召されたことが暗示される。[22] また、戦争に関しては、復興と慰霊というセットではなく、戦争というカタストロフの惨禍をひろく人々に知らしめることと慰霊がセットになっている場合が見られる。広島と長崎に存在する原爆資料館、記念館などがその例にあたる。[23] その点から見ると、関東大震災と阪神・淡路大震災の二つのカタストロフのメモリアル施設において、復興と慰霊がセットになっていることは自然災害というカタストロフを日本の国家が記念しようとした時の特徴的な様式であるといえる。

第二は、慰霊は特定の宗教に基づいているわけではないことである。むしろ、特定の宗教に基づかずにどのように慰霊を行うかという課題に取り組んだものであるといえる。関東大震災の場合、その建築様式は、仏教の寺院を思い起こさせるものだが、必ずしも、仏教の形式によるものでもない。阪神・淡路大震災の場合は、宗教色を排除したニュートラルなものになっている。これは、慰霊のあり方が社会の中で脱宗教化してゆく過

［22］［西 2016］
［23］［「記憶と表現」研究会 2005］

程を示しているといえる。

第三に、その場所が巡礼の対象地のようになっていることである。関東大震災の場合は、毎年、関東大震災が起こった九月一日に法要が行われているし、阪神・淡路大震災の場合は、毎年一月一七日に記念行事が行われている。阪神・淡路大震災のメモリアル博物館の場合は、博物館が開館したのは震災発生から約七年後の二〇〇二年三月であるが、それ以来、ほぼ毎年年間五〇万人が入館し、全国や世界各地から人々が訪れる場になっている。そのことによって、土地の文脈を変化させ、新たな場がつくり出されているといえる。

第四に、両者は、復興と慰霊の比重のあり方において異なる。関東大震災の復興記念館と慰霊堂においては、慰霊のモチーフが主であり、復興が従である。経緯から見て、まず慰霊が存在し、後から復興を記念することが付け加えられた。一方、阪神・淡路大震災のメモリアル博物館についてみると、復興が主であり、慰霊が従であるといえる。経緯では「復興のシンボル」として、災害直後から博物館が建てられることが政府によって計画されていた。建築物のあり方から見ても、復興を展示する博物館の巨大さに比べて、慰霊を担う施設の小ささは際立っている。慰霊というモチーフが存在しないわけではないが、それは、極めて小さいといえる。

死と再生のシンボルとしての博物館

復興と慰霊がセットになっている点を、近代とポスト・モダンの日本における自然災害というカタストロフを展示した博物館が国家の時間への関与のあり方の特徴を示すものとしてとらえてみたい。

慰霊は、死者と関係する。死者は、死というものが人間の存在の終わりであるとも考えられることから、人間の時間の根底を規定する。[24] 本章の冒頭で述べたように、生者と死者とは別個の存在論的位置にある。死者がなぐさめなければならない対象であることは、死が時間のない状態であることからくる。それは、無であり、無に入ることは人間という存在にとって望ましい状態ではない。通常、個々の死は国家とは別個に慰霊される。しかし、カタストロフはその大規模性において、国家とかかわる。関東大震災は東京という首都で起きた災害であり、阪神・淡路大震災は第二次世界大戦後にはじめて起きた大規模な地震災害という点で、二つとも日本の国家にとって大きな意味を持った。そのようなカタストロフにおいて生じた死者を慰霊することは国家にとって意味のある課題であり、その課題を行わない限り、国家は人々からの信頼をかち得ない。それを象徴するものとして、慰霊のための施設が必要であったといえる。

それが、復興の施設と結びついていることは、社会の死と再生というアナロジーを国家が用いているといえる。生物にとって、死からの再生は物理的にはありえないが、すでに第五章第5節で見たように[25]、死と再生は、人間の文明の存在と時間を同じくして存在する長いモチーフである。古代文明のピラミッドや古墳のように巨大なモニュメントとしての建造物を作っている事例は歴史上多く存在するが、それらは少なからぬ要素において、死と再生の観念と結びついていたといわれる。時間は逆戻りしないが、慰霊に伴う儀式や復興に伴うさまざまな再建の行為を経て、死からの再生が行われるといえる。復興という言葉の中に込められていたのも、このような人間の生命への希求であったと考えられる。

［24］　本書第五章第5節 328–331ページ
［25］　本書第五章第6節 337–338ページ

日本の近代とポスト・モダンの時間感覚

それでは、これを日本という文脈に引き付けて考えてみると、どうなるのだろうか。上記の点は、本書第五章第5節で見たベネディクト・アンダーソンの言うように、[26]ナショナリズムに普遍的なものであって、日本の近代とポスト・モダンに特有のものであるとはいえないかもしれない。しかし、先にも述べたように、慰霊と復興の二つをセットにして行うことは日本の自然災害というカタストロフのメモリアル博物館に特有の特徴の一つである。

また、関東大震災の慰霊堂に見られた、伝統的様式を取り入れた公的記憶のあり方は日本の近代に特有のものであるといえる。では、阪神・淡路大震災のメモリアル博物館に見られたニュートラルで透明性を目指す公的記憶のあり方は、何を示しているのだろうか。

すでに何度か述べてきたが、そのカギは、阪神・淡路大震災のメモリアル博物館の名称に「復興」という語が含まれていないことにあると思われる。関東大震災のメモリアル博物館が「復興記念館」という名称を持っていたのに対し、阪神・淡路大震災のそれは「未来センター」である。ここには、復興という名の過去への回帰をうたうことからの離脱の含意が見て取れる。第五章第1節で見たとおり、[27]メモリアル博物館を構想した国家の中央政府にとって、復興の過程は、システム論としてとらえられた。システム論として見た時、その過程は、死と再生を彷彿とさせる生命現象のメタファーとしても使用される復興としてではなく、よりニュートラルな直線的な時間の意味を持つ未来という語がふさわしいと考えられたと思われる。とはいえ、この「未来センター」という名称は、国家の中央政府によって与えられたのではない。「人と防災未来センター」という名称は、公募に応募した七六〇〇件の名称案から選ばれたが、それを提案したのは兵庫県神崎郡福崎町に在住する六五歳の男性であった。[28] つまり、中央政府と同じ時間への感覚は広く社会的に共有されていたのである。

この感覚は、ポスト・モダンの時間の感覚であるといってよいだろう。ポスト・モダンにおいては、実質的な存在ではなく、浮遊する記号の感覚が優越的なものとなる。[29] 本書の補章2で、歴史のエネルゲイアの観点から政治思想史の丸山眞男の日本における歴史意識の分析を検討し、その中で彼の一九七〇年代の歴史意識に関する言及を見るが、[30] そこで丸山は、「「いま」はあらゆる理念への錨づけからとき放たれて、うつろい行く瞬間の享受としてだけ、宣命のいう「中今」への賛歌がひびき続けているかに見える」と述べている。[31]「いま」だけが存在するというのは、過去も未来もないことを意味し、歴史に拘束されている感覚や歴史意識が存在せず、時間が浮遊している感覚があることを示していよう。それは、近代がヒストリシズムに立脚していたのとは対極的な時間感覚である。浮遊する感覚は、支えを失った感覚であり、それは、視覚的には透明なものともいえる。阪神・淡路大震災のメモリアル博物館の透明性を強調したあり方は、そのようなポスト・モダンの時間感覚とひびきあう表現である。

[26]　本書第五章第5節 325 ページ
[27]　本書第五章第1節 265–267 ページ
[28]　『神戸新聞』二〇〇二年一月八日夕刊
[29]　[ベルク 2016: 369–371]
[30]　本書補章 2 772ff. ページ
[31]　[丸山 1972: 41]

透明で均質な空間と浮遊する時間

近代とはあるシステムである。博物館とは、近代というシステムをささえる一つの制度である。関東大震災と阪神・淡路大震災のメモリアル博物館は、その近代というシステムを支える制度の一つとしてヨーロッパで発達した博物館が世界的に普及してゆく過程の中で、日本という国家が、博物館を自己のものとし、それを自己の文化的文脈に適合的に改変し、展開していったという歴史的経緯を示すものであるとも指摘できる。

先ほど、阪神・淡路大震災のメモリアル博物館の建築に見られる透明性への志向を、ポスト・モダンにおける浮遊する時間の感覚と共通性があると述べたが、それは、近代の目標とした絶対時間を経た上で実現するものである。フランスの社会学者ブルノ・ラトゥール Bruno Latour は『虚構の近代（原題・われわれはかつて近代的であったことはなかった *Nous n'avons jamais été modernes*）』において、通常近代とされている時間が、真の意味では近代的ではなかったという逆説を示した[32]。ラトゥールは、近代とは、自然からの人間の分離であるはずなのだが、それは、実際の近代においては、実現されていない、つまり、近代という時代とは、近代とは言われていたものの、実際には、言葉の意味における近代を体現している時代ではなかったという。それを援用するならば、阪神・淡路大震災のメモリアル博物館が、絶対的な空間と時間である透明性への希求を持っているのは、ポスト・モダン的な時間のありようとともに、この近代という時代の希求をも示しているともいえる。

近代性は、ヒストリシズムの源泉でもある。プロローグにおいて、徳川時代の末期、すなわち日本が近代に突入する直前に起きた地震に際して発行された鯰絵に見られる時間の感覚を見た[33]。そこでは、歴史や未来という時間は登場していなかった。それは、日本においては、近代以前には、民衆が歴史の主体ではなかったからである。一方、関東大震災のメモリアル博物館においては、カタストロフからの時間を復興と慰霊に位置づけるという形で国家が時間を編成しようとしていた。その復興の主体は、それを見る天皇に収斂していった。近代に入り民衆は主体性を獲得しつつあったが、しかし、それを上回る存在として国家が存在したからである。戦前期には、天皇の国家における位置は大きかった。大日本帝国憲法下においては、天皇は統治権を「総攬」する立場であったが、同時に、天皇は見ることによっても国家を統べる者であった[34]。それゆえ、関東大震災においては、復興は天皇によって上から見られるものとして絵画的に表現されていた。

一方、阪神・淡路大震災のメモリアル博物館の建築のあり方は、透明性と歴史からの切り離しを暗示するものであり、名称からは復興という語が消え、建物においても慰霊の要素は限りなく小さくなっている。それは、一つには、人々の主体性が、システムの中に解消されていたからだともいえるし、またポスト・モダンの浮遊する時間を反映していたともいえる。あるいは、また第十章で見るような人々の過去の時間への異なった態度を示すものでもあるとも言えよう。阪神・淡路大震災のメモリアル博物館の展示を通じては、国民国家が要請する無名の死者／未婚の若い女性の人身犠牲に収斂してゆく強いナラティブが見られたが、建築を通じて訴えかけられているのは、それとは位相を異にした、時間や空間への揺らぎの感覚である。ここには、近代とポスト・モダンの併存が見られる。

関東大震災と阪神・淡路大震災の二つのメモリアル博物館は、国家が、近代とポスト・モダンにおいて自然災害というカタストロフの時間をどう扱ったのかをあらわしている。東日本大震災の後の日本においても、メモリアル博物館が造られることが予想される。政府が設置した東日本大震災復興構想会議は二〇一一年六月二

[32]　[Latour 2005]
[33]　本書プロローグ 9–14 ページ
[34]　[フジタニ 1994]

五日付の『復興への提言～悲惨の中の希望』の中で、記録と教訓を収集する施設が必要であると述べる。[35]本書が出版される二〇一八年の時点では、東北の各地にメモリアル公園や各行政体が設定した施設があるようだが、阪神・淡路大震災のメモリアル博物館のように国家が大規模な資金を投入して東日本大震災を一元的にメモリアルする博物館が設立されるかどうかは定かではないようである。とはいえ、検討は行われているようでもあるので、いつかは博物館が建設されるのかもしれない。もし、そうなった時、そこでは、その展示や建築や立地のあり方はどのようになってゆくのであろうか。それには、ここに見た事例のように、その時点での日本の国家がカタストロフという時間をどう扱うのかがあらわれるであろう。もちろん、時間を扱うのは国家だけではないし、国家にだけそれが許されているわけでもない。社会も、個人もそれぞれの方法で時間を編成する。その相克もあらわれるだろう。その相克については、この後本書第Ⅲ部、第Ⅳ部のテーマともなるが、ここでは、とりあえず、東日本大震災における国家によるカタストロフと時間をめぐる諸問題が今後存在しうるだろうことを指摘して第Ⅱ部を閉じることにする。

［35］［東日本大震災復興構想会議 2011］

コラム3　村上春樹「神戸まで歩く」を歩く

村上春樹に「神戸まで歩く」というエッセイがある。地震の2年後の訪問記である［村上 1998］。当時、千葉に住んでいた寺田は、帰省を兼ね、地震から7年目（2002年）の冬、彼の歩いたのとほぼ同じところを歩いてみた。これはその写真による記録である。（文章の記録としてこの“歩き”について書いたものは［寺田 2002］）

1

始まりは、阪神西宮駅。かつては酒蔵と「えべっさん」でにぎわった商店街もがらんとしていた。それは、地震によるものか、あるいはそうでないのか。

2

国道に出る。そこここで続く工事。遠くに六甲山が見える。それをひたすら西に歩く。神戸までは、約15キロ。

3

夙川。特に地震の影響はないようだ。村上春樹は中学生くらいまでこの近くに住んでいたそうだ。村上自身によると、この橋は彼の短編「ランゲルハンス島の午後」に出てくる橋なのだそうだ。

4

香露園浜。六甲の山並みを見晴るかす。右端に写っているのは、回生病院。『火垂るの墓』に出てくる。清太と妹節子が水浴びしたのはこの浜。曇天、うす曇り。

さらに西に。新しい家並みと広い道。この道は昔からあった道なのだろうか。それとも、地震の後に作られた道なのだろうか。

芦屋市まで来た。中央地区から芦屋川方面を見る。中央地区は大きな被害を受けたところ。正面にカトリック芦屋教会。

芦屋川堤から歩いてきた道を見る。新しい道と新しい家たち。ここは、都市計画による復興区画整理が行われたところ。その街づくりもほぼ終わっているように見える。

国道にまた戻る。国道を行きかう車。2002年ごろは、こんなモデルの車が走っていたのか。少し晴れてきた。

パン屋でパンを買う。ビゴという名のフランス人の若者が1960年代に来日して始めた店。フランスパン（バゲット）は当時珍しかった。

10

芦屋川に出た。川の下を鉄道が走る珍しい天井川。正面に六甲山。いい天気になった。

11

河原で、さっき買ったバゲットやフランス風の固いパンを食べる。

12

良く晴れた冬の日。ぽかぽかしている。ちょうど7年前のこんな日、地震は起きたのだった。

13

昼ご飯を終えて、また歩き始める。芦屋市西部地区（津知《つじ》町と川西町）。ここも、被害がひどかったところ。戦前からの和風の家がほぼ軒並みぺしゃんこになった。多くの人がなくなった。

14

工事が続いている。復興まちづくりで、住民と行政がなかなか合意に至らなかった。それが響いているのかもしれない。

15

区画整理はかなり広い範囲にわたって行われた。中に入り込むと、ここがどこなのかもうわからない。埋め立て地にでも入ってしまったかのようだ。

16

工事の様子。人のにおい、生活のにおいはもちろん一切しない。ほこりっぽい、即物的な空間。

17

このあたりが、区画整理の対象地区とその外側との境界。新しい家も見える。

18

少し高いビルに上ってみた。芦屋市西部地区は、画面の真ん中あたりに見える。どの家も、新しく吹き替えられたつるんとした屋根。昔ながらの瓦屋根は、地震で街から消えた。

19

同じく高いビルからの眺め。見事に瓦屋根はない。本書第一章第２節、第十章第４節に登場する神戸市東灘区森南町の一部がこの写真の手前部分に写っている。

JR 岡本駅前まで来た。駅前の繁華街。友人のお父さんがやっていた「サボテン」という店がみえている。阪神タイガースの選手も来て繁盛していた。

そこから西に歩く。山沿いの旧道を歩く。徳川時代からの村をたどって続く道。国道沿いに比べて被害は少ない。地盤が関係しているのかもしれない。

ハッピー食堂。郵便受けに「大仁」とあるが、「大仁」さんというのはこの辺りの古くからある姓の一つ。サッカーで有名な大仁さんという方もおられるようだが、その方も、この辺り出身だとか。

こわれたままの和風家屋があった。地震から７年、残っていることは、逆に珍しい。

曇り空。工事用のクレーンが屹立していた。

25

石屋川に出た。ここはもう、神戸市灘区。

26

石屋川の堤防を下る。ここから見えるあたりのアパートで「生きた証」（本書第十章第4節）の若い夫婦がなくなった。

27

みかんがたわわに実をつけていた。あざやかな黄金色。

28

阪急六甲まで来た。

29

阪急六甲駅の北の喫茶店に入って休憩する。窓の外に「災害時避難所　六甲・高羽小学校」という看板が見えている。

30

イギリスの古城を模したという兵庫県立神戸高等学校の校舎。村上さんが卒業した学校。その何十年か後に、ぼくもそこを出た。

31

神戸高校のテニス・コート越しに海を見る。冬の晴れた日は低い太陽が海面にキラキラ反射して、授業に飽きた時は、窓からその光景を見ていた。

32

神戸高校の前の坂を下りる。地獄坂といわれて、運動部の練習はここをダッシュするのがお決まりだった。

33

さらに西に歩く。神戸は坂の街。坂を見下ろす。

34

川も坂を下る。曇ってきた。

35　新幹線の新神戸駅に着く。正面に高くそびえるのは新しくできた「新神戸オリエンタルホテル」の建物。

36　三宮。神戸の中心街。とりあえず、ここがゴール。村上さんは、映画館で時間をつぶしたが、ぼくも、時間をつぶす。

37　夜、新長田駅前に行った。地震から7周年のこの日、人々があつまり、ろうそくをともしていた。見ず知らずの人同士が同じ火を見つめる日。

38　ろうそくをともす人影。

39　次の朝、ヴィーナスブリッジに行った。神戸が一望に見えることで有名な場所。これは、その途中に見た車窓風景。写真19に線路が写っているが、この写真はそのあたりの風景。

車窓から見えるのも、真新しい家が多い。

がらんとした朝の電車の中。

元町駅で降りて、諏訪山を登るとヴィーナスブリッジがある。そこから東の方を見る。昨日歩いたところがかすかに見えている。

眼下に神戸の街の風景。どこかの校庭で、運動する中学生たちの声。雲の切れ間から差し込んだ光が遠くの海面を静かに照らしていた。

コラム4　アチェで感じたこと――津波から七年

序章でも述べたが、自然災害というカタストロフへの対応は時代により、文化により違う。二〇一一年に、スマトラ島沖インド洋地震・津波（二〇〇四年）の最大の被災地であるインドネシア共和国のスマトラ島アチェ州バンダアチェをはじめて訪問した。京都大学地域研究情報統合センター（現・京都大学東南アジア地域研究研究所）の西芳実と山本博之が尽力して実施された日本・アチェの国際ワークショップ「災害遺産と創造的復興――地域情報学の知見を活用して」に参加してのことである。[1] 津波から七年目のことであった。その状況は、本書の中心的な対象としている阪神・淡路大震災と似ている部分もあったが、異なる部分もあった。自然災害への文化による対応の違いは地球環境学の重要な課題の一つである。その訪問のすぐ後に、アチェでカタストロフの時間や記憶の残り方について感じたことを書いた文章がある。[2] そこで、ここではそれを再録し、比較のための材料とすることにしたい。なお、この文の中には、本書の他の部分の記述と重複する個所があるが、それを削除すると、訪問時の印象を薄める恐れがあるため、あえて原文のままにしている。

復興への力強い歩み

アチェを訪れて感じたのは、悲しみにおおわれた死の町ではなくて、未来へのあゆみを力強く続けているエネル

［1］　国際シンポジウム・ワークショップ「災害遺産と創造的復興――地域情報学の知見を活用して」二〇一一年一二月二一日―一二月二六日、インドネシア共和国アチェ州バンダアチェ市。［山本・西（編）2012］。

［2］　［寺田 2012］

ギーにあふれた町という印象だった。[3] アチェ訪問の二ヶ月ほど前の二〇一一年一〇月に、東日本大震災の津波の被災地である仙台、石巻、女川などを訪ねる機会があったが、それらの町は、まだ印象としては、静まり返っていて、喪の作業の途上にあり、今後へのあり方をとまどいながら模索している段階に思われた。それと対比すると、アチェには、もちろん、悲しみや喪の感情は存在すると思われるが、そこから脱して、未来への段階を力強く歩んでいる状況であるように思われた。

エクスカーションでは、津波がそこまで到来したと言われているエリアをまわった。津波が二階まできた市場は活気を取り戻しているように見えたし、中心部の村々は、各国の援助も含めて、家の再建が一通りは完了し、一段落しているように見えた。もちろん、海岸部に行くと、建物が根こそぎ無くなってしまった荒涼とした時間の止まったような風景が七年後の現在でも広がっていて、津波被害の大きさをまざまざと感じさせたが、商業や流通、政治の中心エリアに関する限りは、再建への力強い歩みが、とどまることなく着実に続いていることを感じさせた。

この印象は、インフラストラクチャーにかかわることだけではなく、人々の表情からも感じた。ワークショップには連日多くの人々が参加して活発な発言をしていた。最終日には、シアクアラ大学津波防災研究センター（TDMRC、Tsunami and Disaster Mitigation Research Center）が主催する地域の小学校などが参加した防災フェスティバルの様子をみたが、そこでは、生徒たちや先生たちが津波防災に関する展示を行っていた。その子どもたちの明るい表情からはアチェの人々の明日に向かっての歩みを強く感じさせられた。また、同じく最終日のワークショップのムナスリ Munasri の防災に関する講義には多くの小学校の女性の先生が参加していたが、その小学校の先生たちがムナスリといっしょに、津波防災に関する歌を歌う力強い歌声からは、津波の経験を次の世代に伝えることに関するアチェの人々の思いが感じられた。歌声には大きな災害にもかかわらず、未来の明るさを信じるアチェの人々の願いが込められているようだった。

言語と相互理解

シンポジウムとワークショップでの議論は、予想を超える活気と熱気をもっていた。とくに、発表に対する討論が徹底的に行われたのが印象的で、日本でシンポジウムやワークショップが行われる際には、発表に対する討論は時間の制約などによって、ともすると消化不良の感が残ることを考えると、今回のシンポジウムとワークショップでの「アチェ流」ともいえる、話したい人が途切れるまで討論を行うという討論の進め方は新鮮だった。

シンポジウムもワークショップも、日本側とアチェ側の信頼関係と相互理解のもとに組織されていたと思う。シンポジウムとワークショップは、日本語とインドネシア語を使用することを基本として英語の使用は行われなかった。これは、主催者が意図的に行ったことだったが、その方法は成功したと思われる。インドネシア側、日本側のどちらの発表者に対しても、インドネシア語での発表には日本語への翻訳が、日本語での発表にはインドネシア語への翻訳が、ほぼ逐次訳のようにしてその場で行われた。これは、時間がかかるし、はじめは迂遠なようにも思われた。しかし、全日程を終えてみた時、インドネシア側の参加者の発表に関する理解が増した気がした。ワークショップを通じて知り合ったインドネシア側の参加者の反応を見ても、インドネシア側の人々にとってもそれは同じだったと思われる。このことは、徹底的な討論とならんで、地域研究がどのようなスタンスで地域社会や地域の人々と向き合うのか、どのようにして地域と相互理解に向かって歩むことができるのかということに対する道の一つであろう。もちろん、それが可能になったのは、西、亀山恵理子、服部美奈、浜元聡子らのインドネシア研究の専門家がシンポジウムに参加し、自分の研究を発表するだけでなく、通訳を担当したからである。細かいニュ

［3］　西芳実は、被災後のアチェを訪れただれもが、その人びとの明るい表情に驚くことを指摘したうえで、その原因を、この地で長く続いた独立派とインドネシア政府との内戦の歴史から説き起こしている［西 2015］。また、山本博之は流動性の高さをその原因の一つとして示唆する［山本 2015］。本書の立場でいうと、プレゼンティズムとヒストリシズムの問題としてとらえることも可能であろう。

アンスまで伝えるインドネシア語と日本語の技能を目の当たりにし、地域研究と言語の関係について多くを学んだ。

津波博物館 ―― グローバルとローカル

さて以下では、博物館と災害遺産について述べたい[4]。津波博物館については事前に、これまでアチェを訪れたことのある何人かの人（日本人）から、展示物はほとんどないという情報を得ていたし、現地で知りあったインドネシアの人が同じことを口にするのも聞いたが、実際に訪問してみると、それに反して、博物館として完成した展示が行われていた。この博物館のオープンは二〇〇九年であるが、想像するに、この間、徐々に展示物が充実して完成に近づいてきていたものと思われる。事前の情報は、その人がこの博物館が開館した後、いつ、アチェを訪れたかによって異なっていたと思われる。

津波博物館に関しては三点興味深いことが

写真1　アチェ津波博物館。中央に見えるのが、「神の光」のさし込む井戸のような空間。

あった。一つは、その建築の規模の大きさである。津波博物館は、二五〇〇㎡のフロアが四層重なった施設である[5]。複雑な形態をしているため一層を単純に四倍すれば延べ床面積になるわけではないが、仮に単純計算すると延べ床面積が一万㎡近い規模の建築物である。今日のグローバルに展開する戦争や災害に関する博物館の状況では、大規模化が特徴の一つである。たとえば、ベルリン・ユダヤ博物館（二〇〇一年開館）は一万五〇〇〇㎡、人と防災未来センター（二〇〇二年開館）は一万八七〇〇㎡、ワシントンD.C.の全米ホロコースト博物館（一九九三年開館）は二万四〇〇〇㎡など、いずれも延べ床面積は一万㎡を超えている。アチェ津波博物館はこれらと匹敵する規模を持つ施設であるといえる。また、インドネシア国内の他の博物館と比較すると、大規模な博物館としてはジャカルタに国立博物館がある。二〇〇七年にオープンした同館新館の面積のデータを入手することはできなかったが、目視により三〇〇〇㎡ほどの平面が四層ほどあるように思われた。アチェの津波博物館はインドネシア国立博物館とも肩を並べる規模であるといえる。大規模化はグローバルな観覧者を意識した結果であると考えられる。アチェを襲った津波は世界各国からの多大な支援や関心を呼び起こした世界的な事件だったが、博物館建築もそれにふさわしくそのことを意識したものとなっていることが興味深かった。

二つ目は、カタストロフという出来事に関する建築表現についてである。津波博物館ではメインの展示室に至るまでにいくつかの部分を通過するようになっている。観覧者は地下の滝の流れる狭い通路を通り、「神の光」のさし込む井戸の底のような空間を経て地上に至り、「希望の橋」を通ってメインの展示室に到達する（写真1）。展示物だけではなく、建築そのものの空間を通過することによって、観覧者が身体を通じてカタストロフという出来事

［4］　本書では「災害遺産」という語は用いず、それに当たるものは「遺構」、「博物館」、「モニュメント」、「メモリアル」などと分節化した用語で呼んでいるが、このコラムでは、シンポジウムの用例に従って、それらを統合して「災害遺産」と呼んでいる。

［5］　「Tsunami Museum Aceh」Wikipedia 英語版。

写真2　津波博物館で展示されているジオラマ。津波から逃げる人々。

写真3　ジャカルタのインドネシア独立記念塔で展示されているジオラマ。バリ島での民俗行事。

に思いをはせるようになる仕掛けは、戦争などのカタストロフに関する博物館建築で近年積極的に用いられている。たとえば、ベルリン・ユダヤ博物館では地下からのアプローチや斜めになった床、ホロコーストタワーと呼ばれる上部からしか光が射し込まない閉塞した空間などを通じて、観覧者がホロコーストというカタストロフに身体を通じてアプローチする仕掛けがある。[6]　津波博物館も、単に、展示物によってだけではなく、博物館の建築そのものを通じて観覧者がカタストロフに向き合うというグローバルな博物館の展開の中にあることが興味深い。

三つ目は展示の内容についてである。全体の展示ナラティブは、一〇分ほどの津波当時の実写が中心のドキュメンタリー・ビデオから始まり、アチェの歴史、津波被害の状況のジオラマ、復興の様子、津波のメカニズムと防災に関する展示という大まかなストーリーにそって組み立てられていた。特徴的なのは、ジオラマが多用されていることである（写真2）。これは、観覧者の大半であるインドネシアの人々には親しみのある方法であろうと思われる。たとえば、ジャカルタの独立記念塔（MONAS）の展示でもほぼ同じ仕様のジオラマが展示されていて、人々に親しまれている（写真3）。先ほど、津波博物館はグローバルに展開する博物館の動向の中にあることを意識していると述べたが、一方でコンピュータ・グラフィックスやその他の先端的技術を追求することなく、伝統的ともいえる方法を用いていることも興味深かった。

災害遺産とツーリズム

今回のワークショップのテーマの一つは「災害遺産とツーリズム」であった。エクスカーションでは災害遺産にかかわる場所をいくつか訪問した。ただし、災害遺産といっても、どこまでが災害遺産でどこからが災害遺産ではないかの線引きは難しい。なぜなら、遺産は、遺産と認定する人がいて遺産になるものだからである。[7] その意味で、津波によって内陸に運ばれ、その巨大さゆえ撤去することもままならず、そのままそこに残された電力船の例は興味深かった。山本がワークショップにおいて、電力船のまわりに、自然発生的に展示場ができたり、市場ができたりという変化が起こっていたことを紹介していたので、電力船がある程度、災害遺産として認知されていることは想像されたが、実際に電力船を見に行ってみると、実際は予想を上回る出来事が待っていた。それは、電力船のまわりに塀がつくられ、展望台が建設されていたことである（写真4）。これは、アチェ州による措置とのことであったが、災害遺産が災害遺産としてオーソライズされてゆく過程が目前で進行しているのを見ることとなった。

写真4　塀で囲まれた電力船

［6］　この博物館については、本書第六章第2節 383 ページで述べた。また、本書第九章第1節 570–572 でも述べる。

［7］　この点については、「遺構」を例にとって本書第十章第1節 634–635 ページで詳しく述べる。

写真５　中国－印尼友誼村の「展望台」から見たアチェの風景

また、津波によって運ばれたものなどの直接の災害遺産ではないが、中国からの支援でつくられた復興団地（Kampung Persahabatan Indonesia-Tiongkok 中国─印尼友誼村）も災害遺産とツーリズムを考える上で興味深い。ここは、アチェ市外から車で東に三〇分ほどのところの高台にあり、そこからは、アチェの平野やインド洋を一望に眺めることができる（写真５）。団地のいちばん上の眺めがよいところには、眺望用のイスが並べられ、あずま屋やキオスクが作られていて自然発生的な観光スポットとなっていた。訪問時にも幾人かの中国系の観光客が訪れていた。これは、直接的な津波の被害を示すという意味での災害遺産に関するツーリズムではないが、広い意味での津波という出来事から派生したツーリズムとしてとらえることができる。ツーリズムは地域を活性化する側面がある。この村では、ツーリズムを商機ととらえ、積極的にそれを利用することによって、ある種の活性化がもたらされているように思われた。

遺体の写真をめぐって

それを災害遺産といってよいのかどうか、どのようにとらえたらよいのか困惑をおぼえたものもあった。それは、遺体の写真である。今回のアチェ訪問では、遺体の写真が直接的に展示されたり、提示されたりするのを二回ほど目にした。一回目は、電力船の横にある公園にあるあずま屋のような建物で展示されていた写真である（写真6）。見た人によると、そこには遺体の写真が多く展示されていて、そこで案内役のようになっている地元の人が、「胎児が見えている」と言って、腐敗した妊婦の遺体の腹部から胎児がむき出しになった写真を説明してくれたという。そこでは、それらの写真をおさめたＤＶＤも販売されていた。二回目は、ワークショップで知り合った学生によってである。学生が「ツナミの写真を見たいか」と尋ねたので、一瞬とまどいつつもとりあえず「Yes」と答えてみると、学生が持っているパソコンのフォルダを開いて見せてくれたが、そこに収められていたのは、ほとんどが津波被害にあった遺体の写真であった。津波の写真というと、波の写真であると思ったのだが、まさか遺体の写真とは思っていなかったので、虚を突かれ、驚いた。

写真6　遺体の写真の展示されていた建物

この二つ以外には、津波による遺体の写真は目にしなかったが、このことが強く印象に残り、また困惑させられた。第一に、このことに困惑させられたと言う場合、文化的な問題があると思われる。日本の現代の文化においては、遺体の直接的な映像表現は強く規制されていて日常的には遺体の写真を見ることはほとんどない。東日本大震災の津波被害に関しても、新聞やテレビや週刊誌などで遺体の写真が掲載されることはほぼ皆無だった。つまり、アチェにおける遺体の写真の展示に関する困惑は、そのような文化的な文脈にある者が、遺体の写真が公共的に展示されたり、とくに抵抗無しに見せられる文化と接触したことによって困惑しただけのことだといえるだろう。

しかし、これは、カタストロフという出来事を考える上で、避けて通れない問題でもある。カタストロフにおいては多くの場合、多くの死者が発生する。今日では、遺体が隠され、死者が発生したということは婉曲的に見えなくなっているが、カタストロフへの態度とは、死者や死に対してどのような態度をとるかという文化的な問題だからである。

遺体の写真の表現は、文化により、時代により変容がある。たとえば、日本では、一九二三年の関東大震災後には、多数の遺体の写真が絵はがきとして売られていた。現在、ドイツ国内の強制収容所跡地の施設で大量の遺体の写真を目にすることはあまりないが、ポーランドのアウシュヴィッツ博物館では大量の遺体の写真は隠すことなく展示されている。遺体そのものはもちろんだが、遺体の写真をどのように扱うかも、死をどのように扱うかということであり、文化的、社会的、歴史的な文脈に依存している。アチェ社会で死はどのように人々に考えられているのか、今回は、そこまでつっこんだ議論をアチェの人々とはすることはできなかったが、カタストロフへの対応は文化によって、地域によって違う。そのことを改めて認識する出来事だった[8]。

悲しみのゆくえと地域研究

津波に遭遇した人々は、どのような悲しみや苦しみを持っていたのだろうか、あるいは今も持っているのだろうか、このことも知りたいことの一つだった。もちろん、人々のほんとうの悲しみや苦しみがわずかな期間訪れた者にわかるはずはない。けれども、多くの人々が悲惨な目にあった場所を訪れるとしたら、その場所でどんな悲しみや苦しみがあったのかを知ることは必要なことではないかという思いがあった。

悲しみにふれたような気がした場所があった。それはひっそりと、だれもいない部屋の中だった。それは、国際赤十字社のプレハブがならんだ中の一棟の中の一室で、そこは過去には日本赤十字社も使った建物だったというが、いまは、会議棟のようになっていて、現在の災害対応の状況をしめすパネルなどがおかれていた。その会議棟の一室に犠牲者から集められたＩＤカード、水に浸かった紙幣やその他の遺品、エクセルに入力された一万人以上の行方不明者のリストなどが並べられていた。それは、インドネシア赤十字社が津波直後に遺体の収容を行った時に遺体から回収したものやデータとのことだった。その部屋は、積極的に「展示する」というよりも、赤十字社が持つことになってしまったそれらのものを、とにかく空き部屋だった一室のその部屋の壁に貼りださずにはいられなかった、というような感じに見えた。それには博物館の展示物のようなキャプションや陳列番号のようなものはなかった。しかし、それは強く見るものに訴えかけた。

一つにはそれが、ＩＤカードだったということがあると思われる。ＩＤカードには写真が貼られていた。壁に貼られた何十のＩＤカードの中からは、死者となってしまった元の持ち主の視線が、こちらをまっすぐに見ていた。そのすべての持ち主が津波によって生命を奪われたのだということが心を揺さぶったのだと思う。[9] また、その部屋の中に充満していた臭いも関係していたかもしれない。その部屋はそれほど大きな部屋ではなかったし、そのものたちは壁のケースの中に貼られているとはいえ、ケースは木枠のケースだったから、部屋の中には水に浸かって腐敗したものの特有の臭いがあった。その部屋の中にいて、人々が身につけていたものを見て、人々が飲み込ま

［8］　なお、遺体の写真の問題は、死と見ることにも関係する。この点に関しては、以下の章で扱っている。本書補章1 211–212ページ、本書第五章第5節 327–328ページ、本書第十章第2節 638ff. ページ。

［9］　写真と見ること、まなざしの問題については、本書補章1 216–218ページ、第九章第4節 606–607ページで述べる。

写真７　おじいちゃんの自宅で原稿を手にする西芳実。西の右はジュリアン・ブルドン、左は山本博之（奥）と林行夫（手前）。

れてしまった水の臭いに体をつつまれた時、津波に出会った人々の苦しみや、その人々を失った人々の悲しみが迫ってくるような気がした。

とはいえ、それはあくまで、想像であって、主観的な感情だった。そこで、津波の被害にあった人々の声を聞いたわけではないし、苦しみについての語りをきいたわけではない。

では、いったい、アチェの人々はどんな悲しみや苦しみを持っていたのだろうか。いまも持っているのだろうか。正直なところ、今回、その答えを見つけるには至らなかったように思う。その答えを見つけるためには、短い期間だったし、こちらにもその準備がなかった。

しかし、今回、アチェに行ってみて、地域研究者がそれに肉薄しつつあることがわかった。たとえば、西がすすめている「タイプライター・プロジェクト」で被災体験を元にした自伝をつづっているおじいちゃんの自宅を訪問する機会があった[10]。おじいちゃんは、すでに数十枚の手記を書いていた。訪問した時、おじいちゃんは津波の被害体験について、とくに悲しみについての話を聞かせてくれたわけではなかったし、どちらかというと世間話に終始したように思う。しかし、人が心の中をうち明けるためには、長い時間をかけて聞き手との信頼関係が築かれることが必要である。西とおじいちゃんの間には、その信頼関係が築かれているように思われた（写真７）。

このような長期にわたる関係は、人文学の方法による地域研究が、カタストロフという長期的な影響を社会に与える出来事に関与する際のメリットだと思われる。アチェはこれからどうなってゆくのだろうか。アチェの人々、そしてアチェの人々を見守る地域研究者を、これから見守っていきたいと思った。

〔10〕　タイプライター・プロジェクトについては、〔西 2011〕。

第Ⅲ部　カタストロフと記憶

第Ⅲ部では、個人の内面のカタストロフの時間、とりわけ、その記憶のされ方に焦点を当てる。第Ⅱ部では、国家が博物館という装置を通じて、カタストロフの時間を編成してゆくマクロな様態を見たが、ここでは、それとは異なるミクロな記憶の過程を見る。

記憶は、時間の中で行われる。人間の外部に流れる時間と内部の精神の中に流れる時間は異なっている。人間の記憶とは、外部に流れる時間とかかわりつつ、同時に内面にその独自の領域を形成する。

この第Ⅲ部は、人間の存在を始まりと終わりとして、あるいは二つの端として区切る誕生と死の問題も扱うものでもある。死とは終わりであるが、しかし、死者は語り継がれることで、記憶の中で存在し続ける。また、誕生前の時間は存在しないように思われているが、幼児の語りを聞くことによって、誕生前の時間は、本人の記憶の中では、存在する時間として認識されていることがわかる。これらの死と誕生、記憶と時間をめぐる諸問題についても検討する。

第七章　悲劇と語り――死者と想起

本章ではカタストロフを語るという行為について考えてみたい。過去は語られることによって、他者と共有される。その語るという行為は、過去を現在にする行為である。だが、過去はすべて現在になるわけでもなく、それが語られる時、選択が働き、どう語るかという問題が問われる。語られないことがらは、カタストロフの場合、語り手にとってのトラウマである場合もある。

この章の対象とするカタストロフは、日本の三陸地方に起きた昭和三陸津波（一九三三年）である。三陸地方は過去、複数回にわたって津波に襲われてきた地域である。本章ではその地で、約七〇年前のカタストロフはどのように記憶され語られていたのか[1]について見る。

カタストロフと語りについて考える際、本章では、カタストロフが悲劇として語られるのはなぜか、という問題を立てる。序章で述べたように、災害がカタストロフとして認識されることは、カタストロフが劇の一種

[1]　本章の記述は二〇〇一年六月と二〇〇四年四月に岩手県三陸沿岸で行われた昭和三陸津波に関するインタビューにもとづく。その約一〇年後に東日本大震災が起こり次の大津波が起きたが、インタビューは、それより以前に行われたため、これらのインタビューでは、東日本大震災による津波のことは登場していない。

である悲劇として認識されることと表裏一体である。そこでは、犠牲者、苦痛など、悲劇と共通する言葉が使われることも多い。

しかし、なぜカタストロフは、悲劇として語られなくてはならないのだろうか。カタストロフをカタストロフというラベルを外してみた時、それは一つの出来事である。しかし、それは、カタストロフとして語られる時、単なる出来事としてではなく、悲劇として語られる。それはなぜなのだろうか。

この章では、自然災害がカタストロフとして、言い換えれば、悲劇として語られる構造を明らかにする。その上で、悲劇と自然災害というカタストロフの語りの差異を浮かび上がらせる。そのことによって、カタストロフの語りとはいかなる特性を持つのかを明らかにする。

1　語りの後ろに隠されている語りえないこと

アリストテレスによる悲劇の定義

まずは、悲劇について定義しておきたい。

悲劇については、アリストテレスの定義が今日においても通用している。アリストテレスは、『詩学 Περὶ Ποιητικῆς』において、悲劇を「一定の大きさをそなえて完結した高貴な行為の模倣再現《ミメーシス》」であるとし、それが人の心を動かす最大の要素を、反転、認知、苦難であるとした。[2] 反転とは、行為が反対の方向に転じることで、たとえば、ソフォクレスの悲劇作品の『オイディプス王』に見られるように、ある男がオイディプスを喜ばせ、母親イオカステに対する恐怖から解放しようとしたが、そのことによってかえってオイディプスを絶望のどん底に突きやってしまったようなことである。認知とは無知から知への転換である。この認知の実例についてアリストテレスは、『オイディプス王』の中にエピソードがあるとしか述べていないが、哲学者のドナルド・デヴィッドソン Donald Davidson が行為と出来事の論理形式の問題から『オイディプス王』の中の実例を挙げて分析しているので、後ほど本章第2節でそれを援用して詳しく見る。[3] 認知が逆転をともなうとき、悲劇を見る者に哀れみか畏れのどちらかが引き起こされる、とアリストテレスは述べている。また、悲劇と喜劇の対比から、悲劇とは、優れた人の行いであり、喜劇は一般的な人の行いでもあるという。優れた人の行いであるから、劇として演じられる価値があるということであろう。

本章では、二つの事例を紹介する。それぞれを仮に、民話的な語りと人生訓的な語りと呼んでおく。一方は、カタストロフの語りが民話的な語りの技術の中で完結している。もう一方は、カタストロフがその後の人生と絡まり合い、教訓化されている。それらの語りを通じて、悲劇とカタストロフの語りの齟齬やずれ、あるいは、悲劇からははみ出てしまい、悲劇の枠に収まりきらないものを見る。また、カタストロフの記憶においては、語られることに着目することと同時に、語られないことに着目することが必要である。本章は、語られないものについても意識的になって論を進める。

［2］［アリストテレス 1972: 29–34, 43–44］
［3］本章第3節 466 ページ

写真 7-1　岩手県三陸沿岸の S 集落。高台から S 湾を望む

S集落

本章でとりあげる二つのインタビューは、岩手県南部の太平洋岸に位置するS集落で行われたものである。三陸地方は、二〇一一年に起きた東日本大震災の津波以前にも、近代に入って二度にわたって津波の甚大な被害を受けてきた。すなわち、三陸地方全体では、一八九六（明治二九）年の明治三陸津波で約二万二〇〇〇人が、一九三三（昭和八）年の昭和三陸津波で約三〇〇〇人が死亡し、S集落でも、前者では死者一七五人、流失家屋三二戸、後者では死者四八人、行方不明者四八人、流失家屋三三戸の被害を出している[4]。だが、東日本大震災においては、被害はほとんどなかった。高台に、ほとんどすべての家が移転していたおかげで流失した家屋はゼロ戸、人的被害もゼロだった[5]。

三陸では集落は、リアス式の小さな湾にそれぞれが独立した小宇宙のようにして存在しているが、S集落もその一つである（写真7-1）。深く入り込んだ湾の奥まった地点に存在するこの集落は、約一〇〇メートルほどの砂浜の海岸線を持ち、そこからなだらかに傾斜した山裾を家々が登る。小規模な漁港には漁船がならび、平地には水田と畑が作られている。国道が通っている海抜三〇メートル以下には人家がなく、水田と漁具の倉庫などがあるだけだが、明治期の地形図を見ると家々は海岸沿いにあった。高台への移転は、低地に居住して津波被害を受けた二度の津波の教訓によるものである。現在家々は海抜三〇メートルの地点から約一〇〇メー

［4］［三陸町史編集委員会 1989］
［5］とはいえ、そのことは、声高に喧伝されていたわけではない。東日本大震災の後、このS集落を訪問したが（二〇一三年七月）、S集落で人的被害も家屋の被害もゼロであったという話題は避けられているように思われた。隣接する集落では被害が出ていたため、被害がゼロであることを得意げに語ることをはばかる雰囲気があるように思われた。

トルの地点までに比較的密集して建てられている。

このS集落は、行政区分としては、岩手県でも上位の人口規模であるP市に属している。外界とつながっているのは、そのP市から海岸沿いを北上する国道だけである。国道を走ると、小さな湾に抱かれた村があらわれたと思うとトンネルに入り、そしてまた湾に向かってひらけた村に出る。そのようにして、山をいくつか越えたところに、S集落があり、小高い峠からは村の全貌が見渡せる。人口二八三人、世帯数六六世帯、村のなかほどに旅館が一軒とたばこ屋と雑貨屋をかねた商店が一軒あるだけで、あとは民家だけの静かな村である。

まずはじめに紹介する聞き取りは、M氏のものである。M氏は一九一一（明治四四）年生まれの男性である。聞き取りの当時（二〇〇一年六月）は九〇歳であった（二〇〇三年一二月に逝去）。M氏は昭和三陸津波で、父親と弟を失っている。当時、漁業を営む二二歳の青年だったM氏は妻と両親、一人の弟と四人の妹とともに、海岸にある自宅に住んでいた。

まずは、M氏の語るところに耳を傾けよう。録音されたカセットテープから語り口をそのまま残して採録する。語りの場はS集落の峠近くにあるM家である。新築された家の広々とした縁側からは、集落の前に広がる湾が一望できた。

昭和八年の津波語り

昭和八年のネ、三月三日、まンず、午前二時か三時頃だと思いますが、そン時は小雪が、まンず、ちらついていたんですがネ。

そんときはまずね、急に大きな地震がやってきたンです。で、私らは驚いてしまって、そしてはだしで、コノ、外に出て、そして、屋根を眺めてたんです。しばらく、しばらく、まず、長い地震でごわしたからネ。それから、やっと、地震がおさまったもンですから、また家《うち》の中に入って、寝床にまた入ったんです。

ところがまもなく、また、揺り返しが来て、そうしているうちに、ずーッと向こうの方で叫び声がしたんです。そんで、私らも急いで、まず、この坂を逃げたんでごわす。この上の方にネ。

ところが、その、いち早く波の方は、この川沿いをこう伝わって上ってネ、そのー、途中に一軒、家《うち》があったんですが、その屋根をがっぽり、真っ黒くなってかぶって、そして私は、この膝くらい下の方まで波をかぶったンだす。そして、どーやら、こーやら、逃げうせたんでごわす。ところが、まあー、ここの下でごわすがね、今、畑になってるが、まず、ソノ、被害者は集まって焚き火をしたりして待ったりしていたんでごわす。

私の家はまず、うーっと、二親《ふたおや》も来ないし、……弟も来ない、妹も見えないんだす。それで、しばらくたってから、私は心配でわかんないから、また、下の方サ下がったンです。尋ねサ。

ところが、うちの母親は、頭から血みどろになって、裸になって、泣きながら上がってきたンです。そんで、私は袷と浴衣を着て、それから麻裏の草履を履いていたんでごわすから、袷を脱いで裸（に）着せ、草履を脱いではかせて、上にあがって、居つつ火にあてて、それから、親類の家《うち》が一軒残ってござしたったから、そこに連れていって、夜を明かしたんです。

ところが、その母の実家から母の弟が向かえに来てサ、それから、うーと、実家に帰って、すぐさま女の子を、その、出産したんです。

まず、その、惨たるものや、ひどい状況でごわした。あの、その、住んでいる家の庭にね、けが人がうなっていたり。まンず、ほんとに目もあてられないような光景でごわしたよ。……それから……、まンず、そう、相当亡くなりましたかねえ……。ここで何人くらい、何人だったかね、ここで亡くなったの（と傍らに尋ねる）。まず全滅なった家もありますがねえ……。

以上が一つながりの語りである。

かなりゆっくりした口調である。

この語りの中身を検討する。まず、この語りはどのような構造をもっているのか。津波による喪失という被害は明確に述べられるが、その脱却というモチーフはない。短い語りであることからも、構造化された語りというよりも、この語りは、出来事をほぼそれがあった時間軸に沿って直線的に述べているだけものだといった方がよいだろう。

語りは、まずは津波が起きた時間をよびもどし、語りの場に現前させることから始まる。三月三日のまだ小雪がちらついていた日の出来事、それが遠い記憶の中から召還される。雪がちらつくという天候の描写から語りが始まることで、ゆったりとした炉辺の語りとでもいうような雰囲気の中に聴き手は誘い込まれてゆく。地震の発生、そしてもう一度家に入って寝入ったところに津波が襲ってきたことが語られる。このとき、湾の入り口近くに住んでいた男性が、「津波だ」と大声で叫んだのだという。当時のM家は、浜に建っていた家屋に住んでいたが、その声で、はっと一家が気づき、急いで家の裏の坂道を高台に逃げようとした。だが、それは遅かったのである。津波工学の知識によると、津波は背後の海からだけではなく、川などがあるときは、その川を伝わって先回りして前からも襲い、サンドイッチ状になるというが、まさにこれは川を伝って先回りした津波が被災者の前方から襲った例である。

M氏は波を膝までかぶってしまったが、なんとか逃げることができた。M氏の旧宅の裏には台地状になった小高い場所がある。そこに、被災者が集まって火をたいていた。しかし、である。M氏の両親と妹、弟は来ないのである。「二親も来ないし、……弟も来ないし、妹も見えないんだす」というこの箇所では具体的な個人が次々と列挙され、語りの効果が高まる。母親はなんとか上がってきた。だが、語りはその時点で中断と言ってもよい形でぷっつりと切れる。まるでそのことについてそれ以上ふれることを拒否するかのように母親以外のことは語られない。

視点は、突然、「今、ここ」に変わる。「ここで何人くらい」、「相当亡くなりましたかねえ……」という語り口は、津波から何年も経ち、死者の数すら忘却されてしまった語りの時点から過去を想起する、やや突き放した語り方だろう。もはやここで何人が死亡したかも定かではないが、しかし、あの津波はなんと大きな津波であったことか、という述懐である。丁寧に磨き上げられた木の香も新しい大きな縁側からは、まさにそのM青年が駆け上がってきた坂道と、いまはおだやかな海が見える。あのことなどまるでなかったかのように見事に「復興」した現在の村である。あの出来事を振り返るM氏の感慨が伝わってくる、そんな終わり方である。

内容は上記のようなものだが、悲劇としての語りの分析の前に、一般的な特徴を見ておこう。

語りと定型化

第一に、この津波の語りが、完成された語り口をもっていることである。ここではあえて、語り口を残して採録してみたが、そのように、方言のニュアンスや、間のとり方などをも文字として定着させたい、と思わせる豊かでしっかりとした語りの方法である。それは民話的な定型化がなされた語りであるといえるだろう。もちろん、ここには民話的な世界観あるいは土着的な心性といったものは表出されてはいない。しかし、あえてこれを民話的というのは、その語り口の完成され方にある。語り手の構えというか、息づかい、そこにこれから語りを語るという雰囲気づくりと、これは民話的な語りの世界であるという場面設定がなされている。

もちろん、この語りが、どのように定型化され反復されたのかについてはいくつかの点から検討する必要がある。第一に、この地域で語りが語られる際にはどのように語られるのかという問題があり、そして、第二にこの語り手はこの語りをどのように反復するのか、という問題がある。前者については今後の調査の中で明らかにすることは可能だが、後者については、語り手が死去しているため、どの程度これが反復可能なものなのかは明らかではない。ただし、定型がすなわち反復をもたらすかどうかについては議論の余地があるだろう。たとえば、現代詩は定型をつくることを目標としているが、それは、必ずしも反復されるわけではない。現代詩の詩人の藤井貞和は、「現代詩の一編の作品は、詩の鋳型を密かにつくり出すことによって書かれ、それから、おそらく、別の、新しい作品を生みだすためには、惜しげもなく、以前に使用した鋳型を、こわさなければならない[6]」と述べているが、定型化して見えるものでも、それが反復とは異なる可能性もある。

第二に指摘したいのは、緊密な構成である。この語りは約六分だが、取るべき情報が取られ、捨てるべき情報が捨てられている。無駄な言葉はなく、言いまちがいや言いよどみもない。最後の部分では言葉が濁されているが、これは、この話を終わりにするための効果として効いている。これは、始まりがあり、中間があり、終わりがあるという意味での物語である。ひとまとまりの体験として語るにしても、ある種の整理がされていなければこれほどまとまった話を組み立てることはできないだろうし、これほど端的に自らの災害体験について語ることができる人も少ないだろう。この話を採録したのは、この村のS氏にともなわれてM氏宅を訪れ対面して、わずか二、三言を交わしてからだったが、しかし、それでもほぼ間髪を入れず、この語りに入っていった。聞いているときに感じたのは、完成された語りを、ほぼ無意識に、口に乗せているのだ、という印象であった。

このシークエンスの終わりは特徴的である。M氏が、私たちと同行してくれた地元の住民であるS氏（男性、一九一四（大正三）年生まれ。ただし、この村には津波の後、結婚してやってきたため津波の当時のことは知らない）に話しかけ、M氏とS氏の会話の展開が続くことで、M氏の話が終わったことが、その場のだれからも判然とし、話の主導権は、M氏からS氏へと移っていった。

（M＝M氏、S＝S氏、T＝著者、｛｝はオーバーラップする発話）

M　ここで何人くらい、何人くらいだったかね、ここで亡くなったの（S氏への問いかけ）
S　何人だかね、おら家《ち》は九人だ。
M　はあ。
S　家《うち》で、三人。
M　は？
S　家で、三人。
M　はあはあ。
　　まず全滅なった家もありますがねえ……。
S　おらが全滅だ。
M　は？
S　おらンが。
M　ほだほだ。
S　Q山（屋号）も。
M　｛Q山も｝、ほれ、
S　ああ、ああ、全滅に近けえんだな。
M　｛全滅なんだ。｝

［6］［藤井 1992: 9］

S　Q山も八人か、八人。
M　はい、はい。そうでごわす。
S　ほんで、なんだ（著者たちへの問いかけ）、おめえ様方が聞きたいのは、何メーターくらいの高さで来たかってのが聞きたいんだね。
T　ええ。
S　何メーターくらいの高さで（M氏への問いかけ）。
M　はあー。
S　ほれ、あのK館（村の中央にある旅館）、
M　おおー、ほれ、いま、あそこのK館が建ってるところまで上がったんだから、何メータだかねえ。
S　あのK館の下からほれ、計ってみればわかるんでないか。

M氏がS氏に向かって、「ここで何人くらい、何人くらいだったかね、ここで亡くなったの」という問いかけを発しているが、これは、M氏の一つながりの話が終わりであるということを示すS氏へのサインであろう。S氏は、それに応えて、積極的に話の主導権を握り、一方メインの話し手だったM氏は相づちしか打っていない。しばらくそのやりとりがあったあと、おもむろにS氏は、著者らの方に向かって、「ほんで、おめえ様方が聞きたいのは、何メーターくらいの高さで来たかってのが聞きたいんだね」と切り出したのである。M氏の語りの終わり方は、S氏がそこにいることによって影響を被っているだろうが、しかしいずれにせよ、語りの技術として、他者を呼び込み、他者の語りにゆだねながら語りを終わらせるという方法である。

語られなかった亡くなった家族

悲劇としてのカタストロフの語りの特徴は、この語りからどのように浮かび上がるのであろうか。その際、注目したいのが、辛くも津波から逃れることのできた母親については明示的に語られてはいるが、結局津波から逃げることができなかった父親と弟のことは語られていないことである。すでに述べたが、M氏は当時、妻と両親、一人の弟と四人の妹とともに暮らしていた[7]。そのうちの父親と弟は、津波で死去している。しかし、この語りにおいてはその津波でなくなった二人のことは、明示的には語られることはない。他の情報源なしに、この語りだけを聞いていたら、母親が津波から生還したことはわかるが、しかし、その他の家族がどうなったかはわからないのである。

先ほども述べたように、この語りが、明確な構造のある語りではないことは重要である。この語りでは、カタストロフの語りとして容易に予想できる津波による不幸の発生、その脱却という語り口はない。ここには、アリストテレスの悲劇の定義でいう逆転も認知もない。苦難と不条理はあるが、それは、事実としての津波での母親の変わり果てた姿として表現され、父と弟の死という苦難と不条理は語られない。母親は、ここでは、いったん語り手から見えなくなっている。本人の視野からは隠されている。隠された場所とは、死が支配するトポスであろう。母親はそこを脱出して、語り手のもとに帰ってきた。母親に関しては、生還というモチーフが指摘できる。だがしかし、父親と弟はその場所から帰還することが叶わなかった。

母親という登場人物に即して言うと、この語りにあるのは、冥界との往還というモチーフだといえる。死は、

[7]　[三陸町史編集委員会 1989]

ここでは肉体的物理的な死ではなく、坂道から上がってくるか来ないかという移動の問題であり、明確な因果性のもとでとらえられているわけではない。そして、そのトポスの内部についてはふれられることはない。それは、まだこの災厄が、トラウマとして生々しく記憶の中に存在することを示しているといえる。語りとは、ある出来事を受け入れ、ある視点によって再構成する行為であるが、それは同時に、発話することである。父親と弟のことは語りという行為に組み込むことができないし、発話することもできない。彼らは、語りえないものとして、逆説的に示されているだけである。この二つの死が、発話されないことで、この語りは悲劇として語られることを拒んでいるともいえる。

語りとして、このM氏の語りの完成度は高い。しかし、その完結した語りの背後には、語られざる出来事がある。語りの定型化とは、その語りえないことを語らないことで語るという選択肢でもあるだろう。そして、語らないことは、その体験を悲劇という型によって語ることへの抗いであるともいえるだろう。

2　悲劇として語られること

人生の語りに繰り入れられたカタストロフ

次にとりあげるのは、人生の語りの中に繰り入れられたカタストロフと呼ぶべき語りである。

語り手のK氏は一九一六（大正五）年生まれ。聞き取りを行った時点（二〇〇四年）では八八歳だった。昭和三陸津波の当時、K氏は一七歳で、漁業を営む両親の手伝いをしながら、上級学校への進学のための勉強を続けていた。津波では、両親を亡くしている。ビデオテープに採録した語りは全部で約八〇分だが、すべてをそのまま起こすことは紙幅の関係上無理なので、まずは、あらすじを記す。

K氏が津波に遭遇したのは一七歳のときであった。当時、K氏は、旧制の小学校を卒業して通信制の教育を受けていた。僻地であったこの地には、中学校がなかったからである。小学校の教師として赴任した知人に勉強を見てもらっていた。津波の前日も、深夜一二時までその家で友人と勉強を行い帰ってきた。母親が火鉢で餅を焼いてくれた。津波来襲は午前三時三〇分頃だが、その前に地震が起こった。K青年は「地震があったときには、扉を開けろ」という言い伝えにしたがって家の扉を開けたが、父親に「地震で傾くような家は造っていない」と怒られてしまった。そうこうするうちに、津波の音が聞こえた。

当時、K青年は年老いた両親（七〇代）と同居していた。両親は、その四〇年前の明治三陸津波の体験者でもある。しかし、津波が押し寄せるとどうしようもなかった。両親は「今、どこに行かれるか」と言った。老年で、体の自由も利かない自分たちが、もう津波が襲来しているのに、今更、どこへ避難できようか、と言うのである。両親を途中まで両脇にかかえて避難したK青年ではあったが、さすがに青年期で体力があるといっても、ふたりをかかえて自分も逃げるというのは、無理である。途中で両親を離して一人で逃げた。それが両親との別れとなった。

逃げたというもののK青年も津波にのみこまれてしまった。倒壊した家の建材が体の上にのしかかり、波がそれを揺り動かすたびに、体が建材と地面との間に挟まれてガリガリと音を立てた。

K青年は辛くも救出され、近くにあるお寺の本堂に収容されることとなった。ここは仮の病院になっており、多くの被災者が収容されていた。しばらくはここにとどまり、その後は、通いで治療を受けることになった。

彼のケガはとても重いもので、五十数ヶ所に傷を負った。とくに重篤だったのは頭の傷で、頭皮の下で内出血が「コンニャクのように」固まってしまい、頭が巨大に膨れ上がってしまった。当時、被災地にはきちんとした手術設備はなかった。そこで、医師は頭皮をメスで切開し強引にめくり、その中にガーゼをつっこんで血や膿をしみこませ、ずるずる引き出すという荒療治を行った。あまりの激痛に耐えかねて彼は何度も悲鳴を上げたが、それはまわりに響き渡り人びとをおそれおののかせるに十分なものだった。

その後、傷の癒えたK青年は、東京に出ていくことになった。元々上昇志向の強かったのであろう。めきめきと頭角をあらわすことになる。砲兵学校、海員学校を一番で出て、戦地にも行き、その後、陸軍の経理学校で長く教えた。生徒は全員、大学出であった。その後、上海の東亜同文書院などを経て、終戦にいたる。終戦後は、郷里に引きあげてきて、町会議員をつとめた。その時、現在も集落にある防潮堤を建設したのが自慢である。

以上がK氏の語りの内容である。

まずはこの語りについて、内容を確認しておく。ここでは、災害がある個人の人生の中に織り込まれて語られている。

K氏は、上昇心が強い人である。村の外にどのようにしてか出て行って成功することを人生の目標とし、それを成し遂げている。家族の話によると、K氏はしばしば戦時中の体験談を家族に対して話しているようである。上記の梗概では省略しているが、後半部分の話は、戦争に関するアルバムを見ながらのもので、もっと詳細であった。聞き取り時に同席してくれた娘さんは、話が戦争の方向に流れてゆくと、「長いですよ。いつもこれだから。話、好きだから」と苦笑気味に口にしていた。K氏の場合、もともと話好きでもあるのだろう。自らの戦争に関する話は、家族に対してこれまでも行ってきていたのではないかと思われる。（一方、津波についてはそうでもないようである。）

さて、このK氏の語りについて特徴を見ると、第一に、K氏の語りの場合、語りの全体像は、自らの人生の軌跡の中で災害を語るという構図になっている。K氏の場合、人生としては成功した人生といってもよいだろう。郷里を出たあと、軍隊でも順調に出世し、最終的には町会議員になり、防潮堤という集落のインフラストラクチャの整備という大きな事業を成し遂げている。そういう点もふくめて考えると、自己を肯定的にとらえ、また常に物事を前向きにとらえてきたのがK氏の人生に対する対処の仕方であったように思われる。行く手にある困難を乗り越えることが人生の目標でもあったであろう。津波も災いであったがそれを乗り越えた、だからやっていける、という感覚である。それゆえ、その人生の語りの中の一つの要素として津波というカタストロフは語られている。

第二に、そこから敷衍されるのは、語りとしては明示的には示されないが、本人自身の心理の中では、軍隊経験が中心になっているより大きな語りが存在することである。先ほども述べたように津波に遭遇したことは、あくまで青年前期の出来事としてとらえられ、それ以降の青年後期、壮年期は軍隊における体験の語りが中心であった。それゆえ、津波の語りはここでは、悲劇としてでもなく、あるいは、カタストロフの語りとしてでもなく、人生行程の一階梯として語られているといえるだろう。

ただし第三に指摘できるのは、そのリニアな語りの中に位置づけられないエピソードが存在することである。それは、津波で亡くなった友達のことである。このインタビューの方式は、基本的にはK氏が語るにまかせて行い、著者は質問を差し挟むことはしなかった。だが、インタビューが終わりに近づいた時、K氏が、「あんたが聞きたいことを聞け」と言うので、いくつかの質問を行った。その時のシークエンスで登場したのが亡くなった小学校時代の勉強友達のことである。

「おれ、さみしいんだよ」――亡くなった勉強友達の最後の言葉

（K＝K氏、S＝同席したS氏〈前出〉、T＝著者）

T　友達が亡くなられて心の傷になりましたか？

K　え？（加齢で耳が遠いための聞き返し）

S　津波で友達が死んで、心の傷になったかだとよ。（大声で、同席したS氏が補助的に聞いてくれた）

K　え？（まだ聞こえない。同様に聞き返し）

T　ちょっと聞きにくいですね。（デリケートな問題である「心の傷」について大声で何度も質問するのがためらわれて、同席のS氏、娘さんに対して当惑気味に語りかけている）……友達は亡くなられましたか。（質問を変える）

K　うん、友達も、亡くなられた。その勉強友達もね、一二時にここの家を立って、先生んとこからね、Y田（屋号）のシン公と同級生だから（S氏に対しての語りかけ）、帰って、下がっていったの。そして、そん時の別れが、別れの言葉がいまでも頭にある。

「なんだか、おい、おれ、さみしいんだよ」。

おれに送れっつうの。浜の前って、一番海の奥だったからね、猫沢っていう沢があるの。あのK館（旅館、前節のM氏の語りで既出）の下にね。そこにあの、キツネがおるの。で、「猫沢はおっかねえ」って。で、「なんのおっかねえことが」と、「ほんじゃ、さよなら」と、往来のところで別れたの。この人が私より頭よかったね。ただ、わたしは、ガリ勉なの。二年だから。

そんで、その彼は、津波だからと、波打ち際だからね。そんとき、津波だっていって、みんな逃げたんでしょ。（その友達の）母親は、妊娠しておって、母親は体が重くってみんな走ってくるのに、走れねえわけだ。（その友達は）母親を押して上がったわけだ。そんとき、後ろから波がかぶさったわけだ。その母は、杉の植えたてっ

てね、そうね、若いね、二メーターくらいの、その杉にすがって母親は助かって、その後ろを押しておった、私と同級生のその勉強のできる男は、引っぱられて死んでしまった。
だから。その婆さんはもう死ぬまでね、私の顔を見ると、その同級生のことを思い出すって、今ごろ生きておったら、所帯もってね、子どももおって何かの仕事をやっておっただろうにって。あの入り口にぱたんきょ（巴旦杏）ってある、そのぱたんきょをもってくる。オレんとこにはこれしかないから、って。よっく友達だったからね。今度、先生んとこにきて、一緒に勉強したから。

実は、ここで語られている「友達」というのは、先ほど紹介したM氏の弟のことである。M氏の語りでは語られることができなかった津波で亡くなった弟が、その友達のK氏の語りの中に顔を出しているのである。このとき、はじめに著者は、心の傷が、出来事の後約七〇年後にどのようになっているかを聞こうとしたのであるが、M氏が若干耳が遠いため、その質問は通じなかった。二度のやりとりの後、最終的にはちがう質問に切り替えたが、その場に流れた、デリケートな問題にふれている微妙な空気はK氏にも感じられたのだろう。「友達も亡くなられたのですか」という三度目の質問にほぼ重ねるようにして、思わず「友達も亡くなった」という敬語の使用法としてはぎこちないともいえる表現で語りだしている。

前日まで一緒に勉強していた友人は津波の際、身重だった母親を助けて坂道を上がった。母親は運良く目の前にあった杉の若木につかまることができて助かったが、本人は津波に飲まれてしまった。その友人の言葉が、ありありとよみがえってきているのである。このシーンは映像的である。その夜、月が出ていたのかどうかは定かではないが、特別勉強を終えて、別れるふたりの少年。一方は生き残り、もう一方はこの世を去ってしまった。

その時の言葉が「なんだか、おい、おれ、さみしいんだよ」だった。文字通りにとれば、津波の前日、友人がなぜか人恋しい思いにとらわれたということであるが、ここでは、死んでしまった青年が、自分の運命をどこかで予感していたことも暗示されている。前兆現象として認識されているともいえるだろう。さらにいうなら、「さみしい」のはその時の青年だけではないこともこの語りの中では示唆される。ひとりぼっちでこの世を去ってしまったあの世の青年が、自分が「さみしい」と、現在のK氏に対してあの世から語りかけているという含意もあるともいえる。津波後、K氏は勉強友達の母親に会うたびに、彼のことを聞かされたという。だとしたら、K氏は、あの世の勉強友達からずっと「さみしい」と言われ続けてきたとも考えられる。勉強友達の母親は、K氏に与えるものとしては巴旦杏の実くらいしか用意できなかった。これは友人の死は、十分に供養されてはいないことを示唆している。つまり、ここには、現時点から見た当時への意味づけが幾重にも折り重なっており、また、過去は友人の言葉とともに語りの中で現在としてあるともいえるのである。

同様の意味づけは、両親の死についても見出すことができる。この部分の語りを少し詳しく見てみよう。

「今どこへ行かれるか」——亡くなった両親の最後の言葉

で、津波が、地震が揺ったならば常識としてね、戸を開けろ、と。これはゆがんでしまって開かなくなったら、どこサも出られないから、この辺では戸を開けろと、これは昔から言い伝えられておったんもんなんですよ。われわれは子どもでも、一七歳だったけど、で、起きて、若い者はわたしひとりだったから、戸を開けたの。

親父がね、あれですよ、七五（歳）だったかね、あらら、怒ってね、「何だお前、そんな、あわてて、戸なんか開けるんだ、俺はここの家がみんなつぶれてもつぶれるような家は建てていない」。過信なの、過信。ということはどういうことかというと、別に何もそれだけじゃないけども、山の、その昔は天然林だね、いまのような人工造林でなく、栗の木とかケヤキとかは、たくさんあったの。それでその家を建ててあったもんだから――明治二九年の津波で流れてね――こんな太い一本の木からね、柱を四本くらい取るの。それで建てた家だったからね。

その当時は屋根がね、いまのように瓦ってことはないから、コバで葺いたの。この栗の木をパンパンパンパン裂いてね。わけてね。ほらKのおじが、トメさんって人だったけど、ほら、割る人だったの（同席したS氏への語りかけ）、そのタバコ運びで、兄貴とおれ、たばことあれ、家からお茶もっていったの、あの人の姉が、おらの親父の兄貴の後妻に来た人だったの、R（集落名）に。それでそのケヤキやね、こんな栗の木で、大黒柱なんて言ったら、四〇センチもある角のをやっておったから、親父はそれに自信を持っておったから、「何でそんなに、その、こんなことにびっくりしてあわてることはない、俺はそんなつぶれるような家を建ててない。黙って寝てろ」、怒られて、「はあー」つうて、開けて開けていったものが、反対に怒られているの。そで怒られて床についても寝られないところへ津波が来たの。

ところが、歳でしょ。もう、お袋も親父も歳だからね、びっくりしてしまったの。第一回、明治二九年に流れて、体験があるの。だから、昭和八年の津波で、これ津波だ、という声でみんな起きたんだがね。もうこの歳で、とても、駆けていかれねえ、と。

ほんで、最後に残した言葉は、何かっていうと「今どこへ行かれっか」っていうの。歳だからね。ここいらの言葉でね。「今どこへ行かれる」と。歳だから急げねえ、足が運ばねえ。自分の心は焦るけど、身体は動かねえんだから。どっちも。母も、親父も。

両方にかかえて、そうして歩いて、あたりが家が密集しておったからね、その人方《ひとがた》に母は大声で呼びかけてね。「津波だから逃げろ逃げろ」ってね。で、他の人はどんどん追い越していくんだけれど、いかんせん歳だから、身体は動かねえ。

「今どこへ行かれるか」。それが最後の言葉だったね。

だから、私はどんなことがあったって離すもんかと親父とお袋をこう両方にかかえてね。そうして、逃げたんだけれども、とっても、そんな一七歳の者が、おとなを、年寄りをかかえて走ってごらんなさい、走られるもんでない、上り坂だからね。ほんで、（浪がかぶさるジェスチャー）……浪をかぶってしまったんだ。

地震の襲来から、しばらく時間がたって津波が襲ってきたこと、そして両親とともに避難したことの一部始終が克明に語られている。明治三陸津波を体験している両親が、地震にもかかわらず避難していないことは、防災や災害の教訓化という立場からは注目されるだろうが、ここで見ておかなければならないのは、ここでも直接話法で語られた両親の言葉が語りのキーとなっていることである。

「今どこへ行かれるか」とは反語的なレトリックである。これは、K青年に「自分たちには構わず逃げてくれ」というのとも違うし、「逃げたい」というのとも違う。とはいえ、「もうあきらめた」というのとも違う。評論家の林達夫によると反語的表現とは、一種の自己表現である。反語とは、「自己を伝達することなしに、自己を伝達する。隠れながらあらわれる。あらわれながら隠れる。（中略）それはまた無限の「ふり」である」[8]。反語とは、自らの意思を直接的にではなく、屈折的に示す表現である。それは自己の運命を見つめながら、しかし、その運命を甘受しなくてはならない状況にあると人が認識した時にとる表現である。

本書第五章では、阪神・淡路大震災において火災に飲み込まれて亡くなった高齢の女性がその夫に対して「もうええから行って……、もうええから」と言い、男子大学生が友人に対して「もうええから逃げてくれ」という言葉を言ったということを紹介した[9]。「もうええから」という関西方言は「もういいから」という意味だが、それは十分である、という含意をもちつつも、そこには、何がもう十分なのかが述べられないことで手の施しようのない状況に対する諦観や悲しみがあらわれている。

本書の補章１で栗原彬がエマニュエル・レヴィナスの顔をめぐる議論から導いた「私を死にゆくままにするな」という素顔の発する問いについて述べた[10]。それを考え合わせると、この「今どこへ行かれるか」という反語表現にせよ、「もうええから」にせよ、それは、「死にゆくままにするな」ということとは違う。彼らは、Ｋ氏や、夫や、友人らが、彼らを死にゆくままにしていないことはわかっている。だが、しかし、それでもどうしようもない事態に至っていることを認識している苦渋の表現であるといえる。ここでのＫ氏の両親の反語表現からは、その巡り合わせに遭遇してしまった自らの運命を直視し、それにあらがってでもなく、しかし、従容としてでもなく、まさにじっとそれを見つめている人間の姿がそこに浮かび上がってくる。

運命と必然性

運命とは「避けられない固定された未来」である[11]。決定論においては、未来は決定されていると考えるが、同時に、現在の行動は未来に影響を与えることはあるし、その未来をもたらすこともあるとする[12]。だが、避けられない固定された未来に入り込んだ人は、その未来を甘受するしかない。避けられない固定された未来であるから、それを避けることはできない。それを避けることができないということは、どのような行動を行って

［８］［林 1976: 223］
［９］本書第五章第４節 308–310 ページ
［10］本書補章１ 211–212 ページ
［11］*The Oxford Companion to Philosophy*。運命と歴史の関係については本書補章２の 769 ページでも述べる。
［12］［van Inwagen2014］

も、そこからは抜け出ることができないということである。その時、できることは、それを見ることだけであろう。避けられない未来とは「エンデ das Ende（終わり）」である。エンデとは、ハイデガーの言うように、存在が存在してくる際の契機となるものであった[13]。

『平家物語』は、壇ノ浦での源平合戦を描き、そこで敗れた平知盛が「見るべき程の事をば見つ。今はただ自害せん」といって入水したことを描き出す[14]。歌舞伎や浄瑠璃でしばしば描かれている著名なシーンである。政治思想史の丸山眞男は、この『平家物語』をもとにして書かれた木下順二の戯曲『子午線の祀り』について述べた講演の中で、運命と見ることとの関係について述べている[15]。仮に運命の中にとらわれた人は、それが報われることはなかろうとも、その運命の中で行動するしかない。知盛は平家が滅ぶという運命を感知しながらも、さまざまな政治工作を行い、最後には壇ノ浦の合戦において、命運が尽きる。取りうる手段を最大限模索したところに、知盛が運命を積極的に生きようとした点があり、その行動が知盛を英雄的な存在としていると丸山は言う。

丸山は同じ講演の中で、運命と必然についても述べている。運命と必然性は同じことのように思われている。彼は、しばしば運命は、必然対偶然という組み合わせのもとで考えられるが、しかし、問題になるのは、因果連鎖対人間の選択可能性であるという。必然であれば結果は変えようがない。しかし、選択可能性という考え方に立てば、選択の可能性は、最後まで残されている。この考え方は、先に見た決定論における未来への行動の影響の議論と類似しているし、第八章で述べる決定論における自由意志を認める考え方とも共通するが[16]、運命を歴史的世界にまで広げた際の視点である。とはいえ、選択可能性を最後まで追求しても、最後の段階に来た時、そこでとりうる行動はもう選択肢にはなく、運命を「見る」ことしかできない。見ることとは知覚に関わる行為であり、知覚とは、能動か受動かという分け方をするなら受動的行為である[17]。それは、想像（イマジネーション）が能動的な行為であるのに対して、夢を見ることが受動的な行為であるのと同じ関係である。運命は見ることでしか感知されないが、それは、受動的な状態により感知されるものなのである。三陸津波の語りに戻ると、K氏の語りの中で、亡くなった両親が、「今どこに行かれるか」と言った言葉とは、選択の可能性が尽きた時点での未来を見つめていたという点で、運命の前にある人間の不可避の状態を語った言葉だったといえる。

アリストテレスは、悲劇の条件として、「或る一定の性格の人間がしかじかの事柄を語ったり行ったりするのは、必然不可避のことであるか、或いは少くもいかにも尤もであるという気がする蓋然的なことかでなければならない」[18]とする。K氏の語るこのエピソードは事実ではあるが、同時に本書第五章で見た、アリストテレスによる詩と歴史との対比でいうと、それは詩であるともいえよう。[19] これはまさにその例である。ここでのエピソードは、この「今どこに行かれるか」という一言によって、突然襲った津波というカタストロフの不条理な運命を正面から見ていた両親の姿をあらわしている。

リニアなK氏個人の個人史的に見れば、津波とは乗り越えられるべき障害であり、現にK氏はその障害を乗り越えて、人生を成功させてきた。しかし、いったんそれに、両親や死んでいった友人の視点も加えると、そ

［13］本書第五章第5節 329–330 ページ
［14］『平家物語』巻一一「内侍所都入の事」（［佐藤（校註）1959: 206］）
［15］［丸山 1989=1996］
［16］本書第8章第3節 550 ページ
［17］［McGinn2006］［McGinn2009］
［18］［アリストテレス 1972: 55］
［19］本書第5章第4節 319–320 ページ

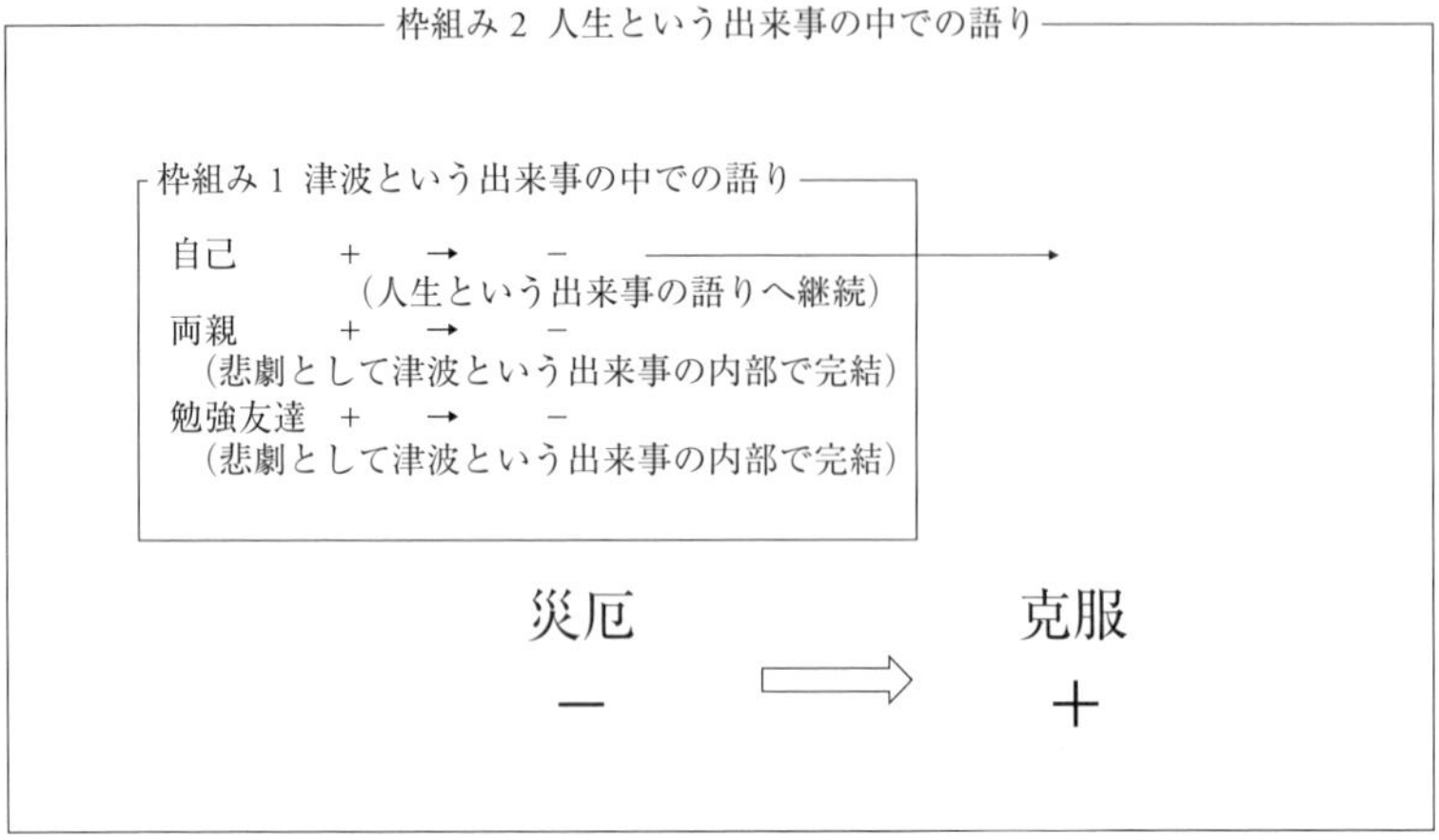

図7-1　K氏の語りに見られる二つの枠組み

こにはそのようなリニアな構造にはおさまりきらないものがあらわれてくる。それを象徴するのが、友達の「おい、おれ、さみしいんだよ」という言葉であり、両親の「今どこへ行かれるか」という言葉である。それらは、直接話法で語られている。これらはインタビューの現場においては、声の調子やトーンも地の語りとは異なり、あたかも、そこに、友人や両親がいるかの如くの語り方であった。それは、K氏が語っているのだが、しかし、同時にまさにその友人や両親がそこに現前し、そこで自ら語っているとも言えた。友達や両親がそこで語っているのだとしたら、そこにいる友人や両親という主体は、K氏ではありえないだろう。それが意味することは、K氏の語りという空間の中には、死者が死後も存在し続けているということである。この死者が語りの中で存在し続けることの意味については、次章で検討する。[20]

悲劇を自己の物語に組み入れること

以上をふまえて、カタストロフと悲劇の語りという本章のテーマについて改めて考えてみる。これは、悲劇なのだろうか。たしかに、運命が逆転するという点をとらえるなら、アリストテレスのいう悲劇であるということはできる。だが、先ほど見たように全体の構造は、悲劇ではない。K氏の語りを図示した図7-1には枠組み1と枠組み2という二つの枠組みを書き込んでいるが、個々のエピソードである枠組み1を包摂する大きな語りである枠組み2が存在し、その大きな語りの枠組み2は、個々の悲劇性を希釈するように働いている。むしろ、K氏の語りの全体は、悲劇ではなく、ひとつひとつのエピソードが悲劇であるかどうかが問われるであろう。

では、両親、そして勉強友達のエピソードは悲劇なのだろうか。図7-1には、+記号と−記号を書き込んでいるが、実は、K氏にとってそれぞれ三つの出来事がマイナスであるということは理解できるとしても、それ以前がプラスであるかどうかは難しいところである。ただここでは、全体としてのマイナスという側面が重要であって、個別の出来事については、それが、+から−への逆転であるという判断は語りの中では回避されているともいえる。悲哀の対象となるべきものとして語られておらず、感情表現は避けられている。前節で見たM氏の語りもそうだが、語りとしては明示的な悲劇として語られることが拒絶されているともいえる。

K氏の災害の語りは人生の語りの中に包摂されている。ただ、子細に見ると、それは一様にそのようなものとして存在しているのではなく、さまざまな部分において、物語の中に入らない部分を含んでいる。カタストロフという−からその克服という+へという人生訓としての語りは、それらを自己の物語に組み入れ、聴き手に対して理解可能なものとする機能を持っているといえる。

[20]　第八章第3節 556–558 ページ

3　悲劇の機能とその認識を成立させるもの

ここまでの二つの節で、昭和三陸津波の二つの語りを見てきた。それを踏まえて、カタストロフが語りという行為の中で悲劇として語られる問題を一般化したい。

自然災害というカタストロフは、ある意味で、地球が偶然に動いたという物理的現象に過ぎない。しかし、それを人は人間にとっての出来事であるカタストロフや災厄ととらえる。なぜ人は、その出来事を、カタストロフや災厄ととらえるのだろうか。前の二つの節では、カタストロフが悲劇として語られつつも、一方で、そのような悲劇としての型が忌避されている面もあることを見た。そのような、悲劇としての語りの型とは、どのような意味を持つのだろうか。

出来事を悲劇として認知する

精神医学の長井真理が、人がある出来事を悲劇として受け入れる心理的機制について詳細に明らかにしている。

むろん、アリストテレスのいう悲劇の定義は当然ながら当時のギリシャ悲劇を念頭においてなされたものであることを度外視することはできないが、それでも上述の物語（注：境界例患者の生活史の語りのこと）ならびに主人公の運命転換の構成形式という悲劇の根幹に関しては、われわれの患者の生活史がアリストテレス的な意味での「悲劇」の条件を満たしていることはすでに明らかであろう。つまり、境界例患者の生活史を聞いて受ける「了解過剰性」の一因は、それが治療者との間で「悲劇」として成立する点に求められるように思われる。しかしここで、悲劇の構成条件としてアリストテレスが繰り返し、「もっともな成り行き」とか「事の必然不可避の帰結」とか「本来的に決まっている」などと述べているものが何であるかという疑問は依然として残る。というのも、そこには単なる論理的因果性以外にも、たとえば、肉親の死や愛する人との別離といった「出来事」は文句なしに不幸な体験だといった「自明性」や「常識」、あるいは親殺しや近親相姦の罪といった「神話」がすでに前提となっているように思われるからである。そしてこうした「常識的」な出来事連関を患者も治療者も前提とした上で初めて、アリストテレス的な意味での「悲劇」が成立し、「了解過剰性」が生じると思われる。さらに、精神病の「状況因」やライフ・イヴェント研究もこのような出来事連関の「自明性」をある程度前提とした上でなければ成り立たないであろう。[21]

引用箇所とは別のところで長井は、悲劇が悲劇として成立する理由を、知られるもの／知るものの関係が必然的にはらんでしまう不平等性が二者間に生じることとしてとらえているが、本章の問題に即していうなら、ここでは、悲劇がなぜ悲劇であると認識されるかに関して、根源的な疑問が呈されている。人は、肉親や愛する人との別離を悲劇としてとらえる。だがしかし、それはなぜ悲劇なのか、それは単なる「出来事」とどう違うのか。

これは言い換えれば、悲劇を悲劇として成り立たせるメカニズム、長井の言葉を借りれば「自明性」、「常識」とはいかなるものなのかという問題である。

［21］［長井 1988=1991: 170–171］

出来事と行為の間にある行為者（エージェンシー agency）の問題は、分析哲学において議論が進んでいる。ドナルド・デヴィッドソンは、ある行為が、ある出来事として受け止められる際には、主体の意図の解釈や記述の問題が介在することを述べる。ある行為があるとして、それをある出来事として言述する際にはいくつもの言述の仕方があるのである。たとえば、部屋のスイッチを入れるのは、一つの行為であるが、それを「明かりをつける」と言述するか、「部屋に潜んでいる可能性のある泥棒に帰宅を警告する」と言述するかで、それは全く違ってとらえられる。行為とは行動である。しかし、それが、言述された時、出来事になる。つまり、行為と、行為を言述すること、すなわち言述された出来事とは別なのである。

デヴィッドソンは行為を言述した文章の論理形式に関する論文の中で、このギャップが悲劇とかかわることを述べている。[22] ソフォクレスの悲劇『オイディプス王』において、オイディプス王は、父王ライウス殺しの下手人を探そうとする。それは、オイディプス本人にとっては、ライウスを殺しただれかを探すことであった。しかし、実は、オイディプスは、それ以前にそれと知らず、自分の父であるライウスを殺害し、その妻であり、オイディプスにとっては母であるイオカステを娶っていたのであった。ライウス殺しの下手人を探していたとは、つまり、オイディプスは自分自身を探していたのである。それを知った時、オイディプスは絶望し、自らの目をえぐり、テーバイの都市を追放される。行為としては、オイディプスは父王殺しの犯人を探していた。しかし、それが言述されるとき、その行為とは、オイディプスが、自分自身を探していたことであったことが明らかになる。先ほど、アリストテレスの悲劇の定義で「認知」が、悲劇の一要素であることを述べたが、それは、この出来事と行為の間にあるずれに起因していたのである。

この点を儀礼に引き付けて論じているのが人類学の認識論研究である。浜本満は儀礼に関する研究で、「儀礼の原理的無根拠性」という概念を提唱している。人類学者はさまざまな儀礼を研究してきた。だがしかし、儀礼がなぜ儀礼として認識されるのかは詳細に検討すれば、根拠のないことだというのである。浜本は、死を投げ捨てる方法としてアフリカ・ドゥルマの人たちが死者が出たあと、藪の中で性的な行為を行う事例を検討している。[23] 彼らにとって、それはまさに死を棄て去る方法であるが、しかし、第三者的な見方をすると、死と性的行為の間には関係はない。これは「あ」という音声言語と「a」という文字記号に必然的つながりがないのと同様である。恣意性だけがあり、根拠はない。[24]

自然災害というカタストロフと悲劇という語りの関係について見ると、津波や地震などという自然界に属する偶然性の出来事による死が、悲劇という人間の語りと結びつく根拠はない。しかし、人間は出来事を解釈する。ドイツの社会学者ニクラス・ルーマン Niklas Luhmann やユルゲン・ハーバーマスによるとコミュニケーションにおいては、二重の偶有性（die doppelte Kontingenz）がコミュニケーションを成り立たせている。[25] それは、話し手の側の意図を聞き手が受け取っていること、それと同時に、その聞き手の意図を話し手が受け取っていること、という二重性を前提とする。その二重性は、おたがいに偶然の反応でしかないが、その偶然の反応を受け容れることがコミュニケーションの根源には存在するというのである。自然災害というカタストロフにおいて、仮に自然と人間の間にコミュニケーションが存在すると考える時、自然の側には、自然の法則という意味で「意図」にあたるものがあるとしても、それを人間が感知することは難しい。自然の系は自然系の法則に

[22]［Davidson 1967=2001］
[23]［浜本 1989］
[24] なお、無関係の存在が、儀礼を含む複数の回路を経て関係を持つに至る過程とメカニズムについては、本書第十章第4節●ページで述べる。
[25]［ルーマン 1993・1995］

したがって進行し、人間の系は人間の系の論理にしたがって進行する。それら二つの系が交差したところで大きな出来事が起きた時、それがカタストロフであり、悲劇としてとらえられるのであろう。

アリストテレスの「認知」とは、隠されていた出来事の意味が知られることだが、それは、ある系と別の系が並行的に存在して、ある系にいる主体が、別の系で進行していることがらを、二つの系が交わるまで知り得なかったが、ある時点で、それを知ることであるといえるだろう。たとえば、地中では、津波をもたらすプレートの潜り込みが進行していたが、それをプレートの系とは別の系にいる人間は気付くことができなかったということである。あるいは、ある人の体内では病気が進行していたが、その病気とは別の系にあるその人の意識や知覚には、その病気のことは気付かれなかったということである。自然災害や大きな病いが、カタストロフであり悲劇であるというのは、その進行していた二つの系がある一つの点で交差し、そこで、一方の系で進行していたことが、もう一方の系にいた人に告知され、認知されるからであろう。その時、無知から知への転換が起こる。

新たに与えられた知識は、それまでの出来事を違った形で語りなおすことを求める。それまでの出来事を違った形で語りなおすとは、その知識が与えられた時点から、時間を過去へとこれまでとは別のかたちでさかのぼることである。アリストテレスは『詩学』で悲劇の要素として、逆転という言葉を使用しているが、この認知の後の時間のさかのぼりにおいては、それまで流れていた語りが、新しく別の形で逆転して流れることになる。過去から現在にいったんは流れていた語りの中の時間が、新しく与えられた知識によって一度さかのぼられ、そしてもう一度新たに語りなおされることになる。つまり、悲劇とは、語りの問題であると同時に、時間の問題でもあるといえる。

物語、時間、死

精神分析家のジャック・ラカン Jacques Lacan によると、我々の認識は、想像的なもの（想像界 l'imaginaire）、象徴的なもの（象徴界 le symbolique）、現実的なもの（現実界 le réel）という三つからなる。[26] 想像的なものとは、ヒトの幼児期に母親によって想像的に与えられる自己の統一したイメージである。それまではバラバラであった自己というものが、鏡像的なものとの阻害と同一化を繰り返す中で形成されるものである。象徴的なものとは、その想像的なものを自己自身として位置づけてくれる超越的な他者である。それは父母という具体的な場合もあれば、言語や法秩序の場合もある。現実的なものとは、それらすべてをはぎ取った時に見える、リアルな現実のあり方である。先ほど見た浜本の表現を借りると無根拠な現実である。自然災害をカタストロフとして、あるいは、自然災害を悲劇として認識することは、現実的なものを象徴的なものの中でとらえる人間の認識作用である。

そこで問題となるのは、現実とは何か、現実を象徴として見る機能とは何かである。それは、人間の認知作用である。一方、それを、人間以外にも拡大してゆくグレゴリー・ベイトソン Gregory Bateson のような論者もいる。

[26]　［十川 2003］

物語で考える（いまの私の物語の中でのこの言葉の厳密な意味はともかくとして）ということは、なにも人間だけの特性ではない、人間をヒトデやイソギンチャクやヤシの木やサクラソウから切り離すものではないということ

である。（中略）

いわゆる「行動」（行為やしぐさとなって外界に放たれる物語）は、文脈 *context* と関連 *relevance* というふたつの特徴を必ず備えているが、その点は、内的な物語にしても同じはずである。一個のイソギンチャクの発生という、めくるめく展開される内的なプロセスも、なんらかの形で、物語をつくる素材から成っているはずである。そしてその背後にある進化のプロセス——そのイソギンチャクを、そしてあなたと私を生み出すに至った幾百万世代に及ぶプロセス——これもまた物語の素材でできあがっているはずだ。系統発生の各段階の内部にも、各段階同士の間にも、無数の〝関連〟が存在するに違いない。[27]

ベイトソンは、人間が物語で思考する原因について、それが行為であるからであると述べている。一連の行為であるから、そこには一連の出来事が発生し、それゆえ、それをそれとしてひとまとまりのものとする認識が発生するというのである。

出来事をある物語の連なりとして認識するとは、すなわち生きるものが、生きることそのものにはらまれる問題であるといえる。逆に物語で考えないことは、生きることにはらまれる問題を考えないことになる。生において最大の問題は、死である。死は人間にとって大きな恐怖の対象である。悲劇が悲劇である根拠も死にかかわるものである。とはいえ、本章の二つの語りにおいて、それが悲劇として語られることをはばんでいるのは死という要素であった。この死をおそれるということは物語で考えるということと関係している。もし、物語で考えなければ死を恐れることはなくなるであろう。

物語とはアリストテレスの『詩学』の定義によれば、始まりがあり、中間があり、終わりがあるということである。生を始まりがあり、中間があり、終わりがあるもの、つまり物語として考えれば、誕生に始まり、死で終わるある一続きの生という物語が語られることになる。しかし、物語という始まりがあり、中間があり、終わりがあるという枠をもって考えなければ、死は終わりではない。本書第五章第5節でハイデガーの考え方について見た[28]。ハイデガーは、死はエンデ das Ende であるが、誕生もエンデ das Ende であるとした。エンデ das Ende とは終わりとも訳することができるが、端とも訳することができる。エンデを端と考えれば、誕生と死は、単に生の二つの両端でしかない。一般的に、死の恐怖は無の恐怖であるといわれる[29]。しかし、誕生と死が生の両端であるとするならば、死の向こうにある無は、実はすでに誕生の向こう側にも存在した。つまり、ある人が存在するとしたら、その人はすでに一度は無の中にあったということであり、無を経験しているのである。すでに経験したことは恐怖の対象とはならないともいえる。その意味で、物語という始まりがあり、中間があり、終わりがある語りの型で考えることがなければ、死は悲劇ではありえないものであるともいえよう。

劇とは、演じられたものであり現実ではない。現実の出来事とは、決して演じられたものでも再現されたものでもない。ある自然災害というカタストロフが起きるということは、偶然にすぎないし、そのとき起こった出来事も、「現実」を見る目で見れば、何ら必然性のない、たまたまその時起こった出来事でしかない。しかし、それが語られるときには、決してそのようなものとして語られることはなく、ある枠組みをもった物語として語られる。出来事の不条理さ、あるいは存在の無根拠性は、そのものとして受けとめられるのではなく、なんらかの一貫したストーリーのもとで受けとめられることになる。だが、そのことが、人間に、苦しみや恐

［27］［ベイトソン 1979=2001: 17］
［28］本書第五章第5節 329–331 ページ
［29］Alan Lacey, "Death", in *The Oxford Companion of Philosophy*, pp. 190–191.

怖というものをもたらしているともいえる。物語で考えなければ、そのような苦しみや恐怖は存在しない。物語で考えるとは、時間の方向性を持つことである。そう考えると、悲劇とは、人間が時間というものを方向性のあるものとして認知するようになったことで持つことになった桎梏であるともいえる。本章の二つのインタビューにおいては、死が悲劇という型のもとで語られることが忌避されていることを見たが、それは、この桎梏から逃れることを意味しているともいえよう。

主体の情動

本章でとりあげた二つのインタビューは、ある部分では悲劇であり、ある部分では悲劇ではなかった。悲劇ではない要素についてみるなら、それが「劇」ではないことは重要である。「劇」であるからには、作者がいて観客がいる。そして作者は効果的に観客に悲劇の筋を印象づけるためにさまざまな工夫を凝らす。だが、カタストロフの語りとは、決してそのような「劇」ではない。仮に悲劇として語られているとしても、そこには劇の作者ではなく、生身の語り手という主体が存在している。

K氏の語りで印象的なのは、強い情動であった。

T　軍隊の間に津波のことは思い出しましたか。

K　え？　どこで？

T　軍隊の間で。

K　（ぐっとにらみつけるようにして）あのね！　（一呼吸おいて）親が死んでえかったなー、と思うの、戦場で。女房があったり、子どもがあったり、老人の親があって死ぬのはつらいよ。あんたがたには経験がないんでしょう。ねえ。女房もない、子どももない、親もない、オレは一人ごろっといけばいい。一番働いて働いて、そして、（一呼吸おいて）金鵄勲章もありますよ！

これは、K氏へのインタビューの一部だが、著者のとりようによっては不躾で幼稚な問いに対してK氏は、怒りをあらわにしている。まるで、「お前はつらい体験をしたことがないのか、そのような体験は忘れようとしても忘れられるものではないぞ」とたしなめているようである。文字に起こすと、そのニュアンスが失われるが、現場で感じたのは、「しまった」という感覚だった。「何という質問をしてしまったのか。忘れられないのは当たり前のことではないか。いったい相手のことをなんと考えているのだろう。何でも答えるテープレコーダーだとでも考えているのか」という思いが瞬時に著者の頭をめぐり、血の気が引く思いがした。幸い、K氏が平静に話を続けてくれたので聞き取りを続行することができたが、そのときの薄氷を踏むぞっとした感覚はまだ残っている。

中井久夫によるとトラウマなど外部から強い精神的侵襲を受けたことによる外傷性記憶は決して古びることはないし、言語的なものとして表現できないものであるという。それは、幼児型の古い記憶であり、嗅覚、味覚、運動感覚、振動感覚などと同じように、鮮明性を特徴とするものであり、感覚の「質」においては卓越しているが、その一方、それを言葉で表現しようとすると非常に困難なものである。[30]　さらに、中井は、外傷性神経症

[30]　［中井 2004: 63］

の症状は、精神病や神経症の症状が消えるようには消えないこと、外傷以前にもどることが治療の目的ではないこと、症状の感覚が間遠になり、その衝撃力が減ってくるなら成功であることを述べ、その治療においては、今後の人生をいかに生きるかが快復のためには重要であることを念頭に置くべきであるという[31]。これを参考にするなら、カタストロフの語りとは、そのような言語的に表現できないものを含み込んだ語りであり、それを悲劇であると単純にとらえることができないのは当然である。

カタストロフの語りが言語的に表現できないとは、物語としては語られないことである。時間の観点から見ると、物語として語られないとは、時間の方向づけが存在しないということである。時間の方向づけが存在しなければ、そこには、始まりと中間と終わりが存在しないのと同時に、過去と現在と未来も存在しない。そこにあるのは、そのようなものを分節化する以前のものであり、それは、主体がそこにいる情動としてとらえられるだけだろう[32]。K氏が、著者に見せた情動はまさにそのような主体がそこに現前することを示す強い感覚を与えた。

それは、自己が発生する以前の境域であるといえる。カタストロフの語りは、そのような自己発生以前の境域を含んでおり、語られていることは、その一部が悲劇として表現されているだけであろう。語りを通じてアクセスできるカタストロフとは、そのような限定のもとにある過去であることを認識する必要がある。

［31］トラウマ的記憶をいかに扱うかは、精神医学だけでなく現代の人文社会科学全般における問題である。なお、中井の治療者の立場に立った提言とは異なるアプローチとして、哲学者高橋哲哉がトラウマ的記憶を「徹底操作」（フロイト）することの重要性を提起している［高橋 2000=2004］。この点に関しては［寺田 2015］。

［32］なお、トラウマと出来事が過去になっていないこと、すなわち物語化されていないことの関係については、本書第十章第2節 676-678 ページにおいて「持去」をめぐるアポリアとして改めて検討する。

Dialogue ダイアローグ 2

民話の森とカタストロフの語り
――せんだいメディアテーク学芸員・清水チナツとの対話

カタストロフをさまざまな表現の場から見つめてきた方をゲストとして招き、その声を聞くこの「ダイアローグ」コーナー、その二番目として、せんだいメディアテークの学芸員である清水チナツを迎える。せんだいメディアテークは、東日本大震災のあと、「3がつ11にちをわすれないためにセンター」を開設し、多様な手段によってその記憶を後世に伝えようとしてきた。それは、どのような営為で、その背後にはどのような出会いがあったのだろうか。本書のテーマの一つでもある語りや物語をめぐり、カタストロフにおけるその様態と可能性を語り合った。

寺田　せんだいメディアテークは東日本大震災の後、いちはやく「3がつ11にちをわすれないためにセンター」を立ち上げ、あの大災害の記録を市民から募り、そのアーカイブ活動を続けるとともに、「考えるテーブル・てつがくカフェ」や展示、一年に一冊出す機関誌『ミルフイユ』での特集などさまざまなかたちで、災害の意味を考えてきています。二〇一六年には「物語りのかたち――現在《いま》に映し出す、あったること」という企画展を開催しました[1]。これ

清水チナツ（しみずちなつ）
せんだいメディアテーク学芸員。これまでに「3がつ11にちをわすれないためにセンター」、企画展「記憶と想起　イメージの家を歩く」（二〇一四―二〇一五年）、「物語りのかたち――現在《いま》に映し出す、あったること」（二〇一六年）、「まっぷたつの風景　畠山直哉写真展」（二〇一六―二〇一七年）などを協働で担当。

は、カタストロフをどう語るのか、どう語り継ぐのかについて、文字通り、さまざまなかたち――メディアや語りのかたち――を展示として追求したものでした。そこでは、「みやぎ民話の会」(顧問・小野和子)が聞き訪ねた民話も展示されましたが、メディアテークの震災後の活動に、民話と「みやぎ民話の会」は大きな影響を与えてきました。メディアテークは、最先端のメディアを扱う施設であり、民話はそれとは一見すると対極的な存在に見えます。しかし、この二つが手を取って、災害を伝えることや語ることについての取り組みを行ってきたことは、カタストロフの語りを考えるうえで大きな意味を持つように思います。民話は、自然環境と深い関係があるものでもあります。そのような自然と人間をつなぐ語りを含めて人と災害の関係にアプローチしているメディアテークの姿勢は、他にあまり類を見ないように思います。それにしても、なぜ民話なのでしょうか。

何十年、何百年先に民話になってゆくもの

清水　実は、メディアテークはもともと民話のプロジェクトをやっていたわけではなくて、震災が起きた時に、以前から宮城の民話を聞き訪ねる活動をなさっていた「みやぎ民話の会」がメディアテークに来てくださったのです。メディアテークが、震災の記録を市民協働で残していく「3がつ11にちをわすれないためにセンター」を開設した直後に来られ――彼女たちの感性には驚くしかないのですが――、「ここが、震災の記録を集めて公開してゆくセンターであるとすれば、自分たちの活動もまさしくそうだと思う」という読み解きをしてくださったのです。最初は、正直なところ、民話と聞いても、それがどう災害と結びついてくるのか、頭の中には大きな「?」が浮かんでいました。けれど、よくよくお話を聞いてみるとだんだん納得できてきた。三陸地方は三、四〇年に一度大きな津波に襲われている津波の常襲地でもあり、実際に災害のことを語った話は民話の中にもいくつかあるのです。わたしたちは民話と聞くとすでに大昔からあって、それは語り継がれて〈過去からやって来るもの〉と捉えているところがあるかと思いますが、「みやぎ民話の会」は、過去に起こったことを、その当時、語り継ごうとしていた人がいて、いろんな人が口から耳へ、

耳から口へと語り継ぐ中で、今こうやって過去の災害にかかわる民話が伝わってきているという実感があったのです。だとしたら、今回の災害で、今まさに東日本大震災の経験を語り継ごうとしている人たちがいたら、それは、今後何十年、何百年先に、民話になっていく——、民話は「民の話」と書きますが、民衆が語った話として残っていくに違いない、民話は単に過去に属しているのではなく、語り継ぐということで今まさに現在進行形で編んでいけるものでもあるんだ、ということを、彼女らから教えてもらったわけです。

民話で語られていることは、災害の酷さだけではなくて、そこからどのように人々が立ち上がってきたか、どう自然環境と交渉してきたのかという自然を前にした「人々のこと」が語られていたりもします。そういうことを聞くと、なるほど、と気づかされた気持ちになりました。そして、「みやぎ民話の会」がこれまでに聞き訪ねた資料を整理公開するだけではなく、震災を語ろうという方をカメラで捉えていけば、民話の「種」を記録することになる。何十年、何百年先に民話になっていくかもしれないその「種」を記録しましょう、というところから活動が始まりました。

寺田　「みやぎ民話の会」からメディアテークにアプローチされたということですね。逆かと思っていましたが、「みやぎ民話の会」は活動の中で培ってこられた「語り」や語り伝えという立場から「3がつ11にちをわすれないためにセンター」がやろうとしていることを見て、何か感じるところがあったんですね。「これは、民話になっていくに違いない」と言ってこられたということは、「これが民話だ」という予断や当てはめではなく、「これから民話になっていくもの」というまだかたちのないものへの予感や、これからかたちになるものへの開かれた態度だと思います。ふつう民話というと、ある定型を連想するように思うのですが、そこでは、そのようなすでに決まった型を求めているのではない。逆に、型は、何かを伝えるために、その伝えるべき内容に即してつくられるべきものであるというような開かれた態度があるように思えます。それは、未来に対して開かれているともいえるし、可

[1]　「物語りのかたち —— 現在《いま》に映し出す、あったること」二〇一五年一〇月三一日—二〇一六年一月一〇日、せんだいメディアテーク。

能性 ―― 本書で使用していることばでいえば、可能態（デュナミス）から現実態（エネルゲイア）への移行 ―― に対して開かれているともいえるしなやかな姿勢です。

清水　「みやぎ民話の会」は、震災前からずっと活動していたサークルです。一九七〇年代から宮城県で民話の採訪活動を現顧問の小野和子さんがはじめて、次第にメンバーも増え、もう四五年以上も活動しています。いわゆる学者の集まりではなく、女性が多いサークルで、何の確約もないまま、「今回はこの土地を回ってみましょう」ということだけ決めて、それぞれ、一軒一軒「トントントン」と戸を叩いてお話を聞いてきました。これまで、聞いた内容をもとに叢書を作っています。

民話にはカチカチ山とか猿蟹合戦のようにみなさんもよくご存知のお話があります。しかし、実際に採訪の途次で話される時には、そのお話の前後で暮らしの苦労や生活のことが語られる。その延長で、この民話を語りたいというかたちで民話は語られる。今、メディアテークでは、カセット一〇〇〇本以上を預かってデジタル化し、公開の準備を進めています。[2]「みやぎ民話の会」の特徴は、普通なら「動物譚」とか「怪奇譚」とかの内容の分類でまとめるところを、語り手ごとにまとめていることで、その方たちの人生や生活を話す間々《あいだあいだ》で、それにまつわる民話が披露されている。つまり、生活の記録やご本人の人生そのものの聞き取りをなさっていたのです。民話をお話単体として扱いその方たちの歩んできた人生と切り離したら、民話の何か大きな部分を失ってしまう。それを語る切実さが、生活という背景に色濃くあって、それを支えるかのよ

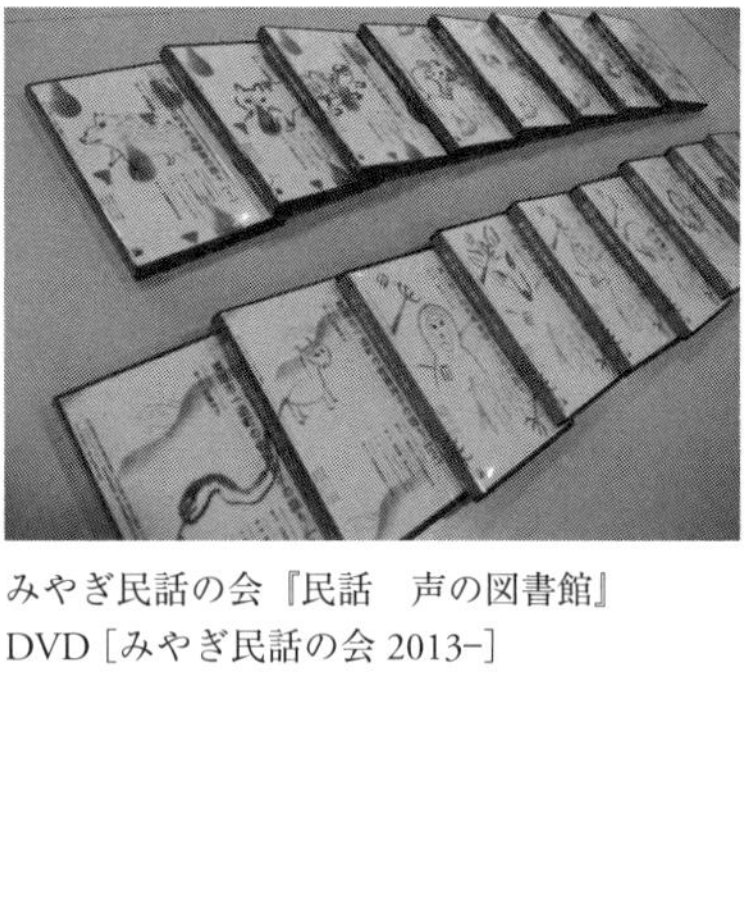

みやぎ民話の会『民話　声の図書館』DVD［みやぎ民話の会 2013–］

うに民話はある。だから、その人たちの人生と民話を切り離すと、それを損なってしまうんです。だから、彼女たち「みやぎ民話の会」は、本としてまとめる時に、分類でまとめるんじゃなくて、語り手の方のお名前を冠して、一冊一冊、叢書にして紹介していく[3]。民話の前後で話された暮らしの語りをもとに民話を紹介していくことを意識的になさってきた方たちです。生活の背景があったから民話が成立した、ということを、四五年歩き続けた中で、実感として持っていらしたんですね。

　だから、災害の語り自体がこれから民話になっていくだろう、という嗅覚もあって、今は災害の経験の語りかもしれないけれども、それがどんどん語り継がれる中で、生活と切り離すことのできない、切実さから生まれた民話になっていくだろうっていう、確信めいたものが、これまでの活動から見えていらした。そう言われて、驚いたけれど、納得させられるというか、なるほどと思うところがあって。その経験を聞かせてもらう中で、これだったら民話になっていくかもしれないって、わたしたちも信じられるような感じで、その後、プロジェクトが起こっていったという感じですね。

寺田　民話という言葉の中には、民話を語る人、語る行為、語り継がれてきた時間、そういったものが含まれている。結果として、それが総称されて民話と呼ばれているが、その民話が出て来るまでには、広い海というか、深い森というか、一つの民話を支えるさまざまなものやことがある。それは、民話の場ともいえる。そう考えた時、「みやぎ民話の会」には、メディアテークがめざそうとしていたところはまさに、あたらしいかたちでの民話の森のような場として見えていたのではないかとも思えます。

[2]　せんだいメディアテークでは「みやぎ民話の会」と協働で「民話　声の図書館」プロジェクトを立ち上げ、『登米市迫町の伊藤正子の語り』全三巻、『黒川郡大和町の曾根つき子の語り』全四巻ほかのＤＶＤをすでに一八本刊行している。[みやぎ民話の会 2013–]

[3]　みやぎ民話の会編集・発行『みやぎ民話の会叢書』として、一九九一年から刊行が始まり「むがす　むがす　ずっとむがす　語り・佐藤玲子」[佐藤・小野 1998] ほかのタイトルが、現在まで一四集刊行されている。

聞くこと、語ること、撮ること

清水　「みやぎ民話の会」がメディアテークを訪ねていらしたのが二〇一一年五月あたりですね。そのころ、映画監督の濱口竜介さんがお一人でメディアテークに来られていた。彼は東京で震災を経験して、「ぼくたちは映像によって被災した」とおっしゃっていた。東京にいて、自分たちが現地には行けない状況で、ひたすらただ毎日毎日あの震災の報道を見ていた時に、あまりに毎日見るので、しんどくなってきて、ずっと距離の届かないところから映像だけを見続けるよりも、いちど足を運んでみようとなった。濱口さんは、東京藝術大学の卒業生で、その当時、藝大から被災地での記録活動への支援があったので、濱口さんはそれにも後押しされながら、ひとまず「3がつ11にちをわすれないためにセンター」にやってこられた。ただ、濱口さんは東北の方ではないし、震災の体験をした方の語りを記録したいと思ってやってきたけれども、なかなか、そういう方たちに出会えないという相談を受けていました。

折しも、そのころ「みやぎ民話の会」からも相談を受けていました。それは、「みやぎ民話の学校」の映像記録でした。「みやぎ民話の会」は、これまで隔年でこの学校を開いてきて、その第七回目の学校が震災の年の開催予定になっていたのですが、周囲ではさまざまなイベントが自粛される中、彼女らは延期せずに八月に南三陸で開催することを決めていました。普段は民話を語り手の方に語ってもらうのを泊まりがけで行う「学校」なんですが、今回は、震災が起きたこともあって、民話の語り手であった方で、津波や震災の被害を大きく経験された方たちに「自分たちの震災の体験を語ってもらう学校にしよう」と計画していた。そこにも、これから先に民話になっていくかもしれない「種」を記録するための場という意識はもちろん働いていたと思います。それを八月に実施する。危ないのはわかっているけれど、できる限り海の近くで行いたいということで、南三陸町のホテル観洋という、津波の被害もあった、海にせり出したようなところにある会場に決まりました。水道もまだ復旧していなくて、ペットボトルを持ち寄って、とにかく亡くなっていった友人や死者に対して弔いの意味も含めて「海の人たちへ向けて語りたい」と言って計画なさったんです。

ただ、一〇〇名以上の方々が全国から集まる学校なので、運営していくだけでも大変なんです。まして津波の襲来地で、水なども手に入らない時期です。でも、これは貴重な語りの機会で身振り手振りで話されるだろうから、どうにか、映像で記録したいと思っているが、技術も機材もない。なんとか、手を貸してくれませんかとメディアテークを頼って来てくださった。

要するに、「みやぎ民話の会」は、記録したい語り手はいるけれども、機材や技術がないと困っている。先ほどの濱口さんは、機材はメディアテークで借りれるし、撮る技術はあるが語り手に出会えない。お互い欲しているものが合致していたので、メディアテークがプラットフォームとして、その双方をひきあわせる機会を設けて話をしてもらったら、一緒に撮影しましょうとなりました。濱口さんは自分一人では無理かもしれないと、酒井耕さんを東京から呼び寄せて、濱口さんと酒井さんが「みやぎ民話の学校」に記録活動として入っていってくれた。それがはじめの協働作業ですね。

寺田　語りをめぐって出会いがあった。もちろん、その始まりは、「みやぎ民話の学校」を記録するという具体的な目標があったからですが、その背景には、カタストロフの語りというものに何かがあるということを「みやぎ民話の会」も濱口さん、酒井さんも感じていたからでしょう。その語りは、民話でもないし、インタビューでもないものになる。カタストロフを語ることっていうのはいったい何なんだ、ということでしょうね。カタストロフにあった人は、そのカタストロフを語る。語らざるを得ない。でも、人は、どうしてカタストロフを語るのか。語る必要があるのか。もっと言えば、語るとは何か、ということかもしれません。カタストロフという生死に関することに出会った時、それを語りとして語ることは人間の普遍的なことなんですが、そのことがカタストロフという極限状態ではよりはっきりと見えてくる。

清水　濱口さんと酒井さんがその場で感じられたのは、語りというのは、一方的に、「では、語ってください」と言って出て来るものではなく、聞き手がいてはじめて語りが出てくるということでした。自分たちは、いつも、カメラの後ろにいてスイッチさえ押せば撮れると思っていたが、本当は、「みやぎ民話の会」がなさっている、「聞くこと」と自分たちがやってい

東北記録映画三部作第三部『うたうひと』［酒井・濱口 2013b］

る「撮ること」は同義で、だから聞くことに意識的にならないと撮ることが実際は生まれない。それに気づいて、彼らは自分たちが、カメラの後ろにいながらもどういうふうに語ってくださる方の語りを引き出すことができるだろうかという関心を持ち続けて、東北記録映画三部作『なみのおと』、『なみのこえ』、『うたうひと』を作っていきました。[4]カメラを回せば聞けるというわけではなく、カメラを持ちながら聞くことに身を投じ、参加し、介入していくことが、語りを生み出す場になることを発見した。だから、東北記録映画三部作は、聞き手の側にもカメラを向けているんですね。語っていらっしゃる方だけにカメラを向けてるんじゃなくて、聞き手の側にもカメラを向ける。そういうカメラポジションもそこから触発されてうまれたといえます。

寺田　酒井・濱口監督の東北記録映画三部作は、メディアテークが行ってきた活動、「3がつ11にちをわすれないためにセンター」の本質的な部分を象徴する作品でもあったと思いますが、その底に「みやぎ民話の会」との協働があった。濱口さん酒井さんの映像は、どちらかというと実験的ドキュメンタリー映像であって、民話とは一見関係なさそうに思えるけれども、これまでの経緯を聞いていると、それこそが、民話のかたちの一種でもあるのかもしれないという風に思えてくる。そこには、はじめに出てきた、「みやぎ民話の会」の方たちが考えていた民話に対する柔軟な姿勢がこだましているように思えます。

現代における物語のかたちとは

寺田　とはいうものの、その間、メディアテークの機関誌『ミルフイユ』でも継続的に「みやぎ民話の会」のことは紹介されていましたが[5]、それが持つ意味というのは、外から見ているとちょっと分かりにくいところがありました。その意味をはっきりとしたかたちで打ち出したのが二〇一六年度の企画展「物語りのかたち」だったと思います。ここでは、漫画や現代アートのインスタレーションなどが展示されていた中に「みやぎ民話の会」が採訪された映像も展示されていた。展示のすべてが、今、現在における新しい民話の姿を示しているようでもあった。展示で問いかけられていたのは、「民話」というものは何であって、それをどう定義していくかという問題でもあったように思います。

清水　民話って、実際に口承で語り継がれていく話なので、それが、今の時代にどれだけ可能で、どれだけ有効かということは一度考えないといけないよね、という話がメディアテークで企画展をずっと担当してきている学芸員の清水建人から出されました。その延長で「物語りのかたち」の展覧会ができていったのですが、現代にどこまで民話という口承で伝わっていく物語が可能なのか、もしくは、その不可能性も含めて検証しないと、民話は今後も必ず残るというだけでは進められないんじゃないかという批評的な視点も清水建人から持ち込まれ作られた展覧会です。

この展覧会で、たとえば、漫画家のいがらしみきおさんは展示「こうずんさん」をつくり、庚申信仰をもとにしたお話を漫画で書き下ろしをしてくださった[6]。会場は田舎の少し寂れた私設の郷土資料館の設定で、全部で六部屋あり、一部屋ごとに年代が数年ずつ経過していく。その資料館に、いがらしさんが、地域にまつわる話を漫画で描くという依頼を受けたという想定で「こうずんさん」の漫画が展示されました。当初のプランでは年代が経過するごとにページが破かれた

[4]　［酒井・濱口 2011］［酒井・濱口 2013a］［酒井・濱口 2013b］
[5]　［小野 2012］［小野 2013］
[6]　［いがらし 2016］［いがらし・クマガイ 2016］

り、黴たり浸食されて、最後にはもう見えなくなって忘却されるというものだった。語りや物語は、主体的に語る聞くことがなされない限り忘却の淵に消えてしまうというストーリーをいがらしさんは考えておられたんです。

　でも、一方でこれだけ民話が口承で伝わって来ているというのも消し難い事実としてあって、実際、「みやぎ民話の会」が聞き取っている民話の資料を見てもらった時に、同じ話でも、語り手によって細部が異なっていたりする。それはその土地に合わせて語りが変容して、出てくる木の名前が少し変わっていたりとか、少しずつ細部が書き換えられることの方が、リアリティがあるということになって、単に忘却を嘆くよりも、人は細部を書き換えながら、自分たちの時代に合うようにしていくことがあるんじゃないか、と。それがほんとうに忘却の淵に沈みそうになった時に、漫画の中の「こうずんさん」が目の前にあらわれるという展示にしようということになり、プランが更新されました。

　山本高之さんの「窯神のいわれ」[7]は、民話を現代の話に読み替えた彫刻です。民話で語られているものぐさな男の子、全然仕事をせず、あんまりかわいくない子ども――東北の言葉で「めんくせえこ」っていうんですけど――で、どうしたものかとおじいさんおばあさんが困っていた時に、おへそを火箸でつつくと金の粒が一日一粒飛び出ることがわかって、どんどん欲が出てきたおばあさんが、もっと出せもっと出せと

山本高之「窯神のいわれ」。2015 年せんだいメディアテーク企画展「物語りのかたち」より（撮影：小岩勉）

火箸でつつくと、その男の子が死んでしまった。東北には「かまがみさま」という火のそばに祀られるかまどの神様の面があるんですけど、それは、嘆いたおじいさんがその子を弔うためにその子をモチーフにしてつくった面が「かまがみさま」の始まりだという民話をもとにした作品です。「かまがみさま」を指す「竈《かまど》」を、原発をも連想させる「窯」という字に書き換えている。スマホを持った男の人の彫刻で、これは山本さん自身をかたどっていて、おへそから毎日金の粒が一粒ずつ飛び出す仕掛けがしてあります。現代的な生活で何も苦労もせずにもっと電気がほしいと寝て暮らし、もっともっとと欲をかいていった先に原発事故が起きたことも連想させるような作品になっています。

田村友一郎「ソテロの骨折」。2015年せんだいメディアテーク企画展「物語りのかたち」より（撮影：小岩勉）

田村友一郎さんの「ソテロの骨折」[8]は、民話って、その土地にずっと暮らしてる中で、基本的には、家族関係、血筋の中で、祖父母から子どもへ、子どもから孫へっていう風に語り継がれているものだとしたら、いま核家族化が進んできて、自分の家族と一緒に暮らしていなくて、口承で語り継ぐのはあまり現実的には起こらない環境になってきている。途切れちゃう可能性もあるとなった時、民話を語り継ぐ現場から一番遠い人たちの話を聞いてみようという発想で、仙台に住む外国人の人たちにインタビューをし、それをもとに田村さんがシナリオのようなものを書き、再度、それ

[7]　[山本 2016]
[8]　[田村 2016]

を本人に朗読してもらう作品です。

仙台にずっと住んでいる人もいますが、留学生で一時的に来てる人もいる。とくに、東北のことが語られてるわけでもない。その人達の話が、日本語を母国語に持たないからこそ、丁寧に発話される。それが、民話を聞くのに一番遠そうな場所で語られる。国道沿いのような風景を田村さんは連想されて、ガードレールや道路標識から、民話から一番遠い人たちの声が聞こえて来るというモチーフを考えられた。このインスタレーションでは、骨伝導のスピーカーで、ガードレール自体がふるえているので、口から伝えられたものを耳で聞くというより、骨にそのまま当てて、脳にそのまま響かせながら聞くという、民話の伝承から最も遠い現場をつくり出し、それでも語り-聞くということを手放さずにいる方法が試みられています。

その中で、「みやぎ民話の会」の展示も行ったのですが[9]、いま家族の中で口承による受け継ぎの場がないんだとしたら、寄り集まってみんなで一つの話を聞いたり、一つの何かを集中してみるようなモチーフって何だろうと考えた時に、スナックやカラオケがあるかもしれないというアイデアが出されました。スナックのような設えの空間でカラオケのモニターを眺める感じで民話を展示しました。カラオケで歌の歌詞がモニターに表示されるかのように、モニターには民話の標準語訳が字幕で表示されました。

寺田　この展覧会のタイトルの「物語のかたち」というタイトルが示唆しているのは、物語って何、かたちって何ということだと思います。そのかたちは、決して固定されているのではありません。予想もしなかったようなかたちが生まれている。というより、あえて、予想もしなかったかたちが誘発され、予想の範囲からは最も遠い姿が生み出されている。ある実在する民話があったとしても、そこから、「ソテロの骨折」や「窯神のいわれ」のようなものが生まれるというのは、それぞれの作者（アーティスト）でなければ絶対に考えつかないことだと思います。そういう意味では、物語は、かたちを変えていくものであるし、かたちと言った時にイメージされるフォームや型というものは、もう一度考え直されなくてはいけないのかもしれないです。また、予想の範囲をどう崩すか、未来は予想可能なわけではなくて、むしろ、予想不可能なのが未来だともいえますが、その予想不可能な未来を、現在にどうやって予想するかという方法のトレーニングの必要性も示唆されているように思います。

清水　たとえば、民話のイベントを館内で行った時、関心のある層はわりと集まるんです。民話を語るサークルの人たち、昔話や郷土史に興味がある人たちは集まるんですが、それ以外の人、関心が遠い層は、なかなか集まらない。メディアテークでは展覧会を関心の遠い層の人たちによびかける装置としても位置付けています。関心の近い層の人たちには、「考えるテーブル」というひざを突き合わせた中で民話の語り手やその記録映像を囲んで対話するイベントをやっていますが、それ以外に、関心が遠い層を巻き込む装置として展覧会がある。また現代的・批評的な視点をそこに持ち込んで、現代との接続をはかるという役割も展覧会にはあります。他に、語りを記録したDVDを二階の映像ライブラリーに配架していて[10]、もっと時間的に遠い、未来の人にも渡していけるような回路も用意しています。回路は複数持っておかないといけないといろいろ試行錯誤しているところです。

寺田　「3がつ11にちをわすれないためにセンター」では、さまざまなメディアを集めています。しかし、それは必ずしも物語ではないようなものもあるように

「考えるテーブル」での民話ゆうわ座の「笠地蔵」の語り。2015年12月27日（撮影：長崎由幹）

［9］［小岩（撮影）2016］

［10］せんだいメディアテークでは『民話　声の図書館』として刊行した民話のDVDを同館の「映像音響ライブラリー／視聴覚教材ライブラリー」で貸出・視聴を行っている。

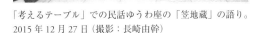

思います。断片的なものだったり、語りになっていないものだったり。ここでは、それらを収集するのと同時に、その中で物語という、始まりがあって、中間があって、終わりがあるものとして出来事が伝えられていくことの意味や問題が問われていると思います。「考えるテーブル」でも断片ではなくて、ある一つの語りを語ることやその語りを交換することが行われていいます。それが三月一一日以降に同時並行で行われていることに重要な意味がある。他方、メディアテークという場は、そもそもメディアを集める場でもありました。本や映像のアーカイブ機能も柱の一つだった。もちろん、メディアの中には物語はあるが、しかし、場やプラットフォームから一つ進んで物語を作っていくことそのもの、というか、そういう機能に踏み込んでいるようにも思えます。

清水　「3がつ11にちをわすれないためにセンター」を運営しはじめた時は、断片のような記録物が集まってきていました。それを続けている時に、一方で、たぶん一年もたたないうち、半年くらいで、外からの取材の数などがどんどん減って、関心が遠のいてきている現実がありました。毎年「3・11」という節目の時期には報道の数もぐっと増えますが、それ以外は関心も減っていくのは、ある意味では自然なことだとは思うんですけれども、この大きな出来事を捉えるにはまだまだ時間がかかるし、この大きな出来事に向き合おうとしている人々の居場所をつくる必要があるとスタッフみんな感じていました。そうした時に、素材そのものや断片的なものは、それを保管して公開したとしても、受け取る人たちはアーカイブにアクセスすること自体なかなか積極的にできないんじゃないか、それを受け渡ししていく時にかたちや表現が介入してこないと伝わっていかないかもしれないという焦りが、センター設立の半年後くらいからあって、方法を考えようということになっていったんですね。

だから、単体の断片的な記録に関しても、一枚の写真にそれを撮影した背景のテキストを書いてもらったり、映像を紹介する時も、単に映像を流すだけじゃなく前後に話をしてもらうとか、対話の場に映像自体を持ち込むとか、受け渡ししていくためのかたちを模索し始めました。プラットフォームとしてメディアテークがあって、そこにスタッフいるんだとしたら、どういう風に受け渡していったらいいか、たとえば、対話イベントにしてみたらどうか、これは展覧会というかたちにしてみようとか、スタッフが間にはいって、相談や対話を重ねながら、やっていくっていう風に変化していったんです。

寺田　面白いのが、かたちが決まっていく。決まっているんじゃなくて決まっていく。先にかたちがあって、こうでなきゃいけないっていうんじゃなくて、その時に必要なかたちをつくり上げる。それが開かれた態度といえるのかもしれないですが。

アクションとしてのアーカイブ

清水　『物語りのかたち』に収録した拙文「影が照らす」にも引用させて頂いたのですが、[11]野家啓一さんという『物語の哲学』[12]という本を書かれた哲学者の方が、「物語の行為自体は、精神のリレーとも言える作業だ」とおっしゃっているんですね。わたしも、「みやぎ民話の会」の活動に同行して感じるのは、全身で聞くという姿勢をみんなで獲得していった時、語り手であった人がゆくゆくは他の人の語りに耳を傾ける聞き手になるし、またそうやって聞いた話を別の場で語ることにもなる。つまり、「聞く／語る」がずっと関係性の中で反転しながら続いていくんですね。

アーカイブで、記録を集めて長期的に保管しますといった時、ものを残したら半永久的に残るという幻想を持ってしまいがちですが、実は、アーカイブが死んじゃう時って、ものとして残っても、だれもアクセスしない、ずっと死蔵されたままになっていたら、それはもう、その時点で死んでしまっているのと同じだと思うんです。記録媒体のメディア変換も時代に応じて必要になって来るけれど、そのメディア変換をするという気概を持った人がいないと、結局、それもなされない。

だとしたら、きっとわたしたちがやらなきゃいけないことって、アーカイブを耕し続ける気概を持った人たちをいかにまわりに生み出せるかだと思うんです。そのためには場作りを積極的に行い人のネットワークをつくり、アーカイブされたものへの関心をいかに結び続けるかということが、本当の意味でアーカイブを

[11]［清水 2016a］
[12]［野家 2005］

殺さずに、生きたものとして活用されていくことにつながる。そんな精神のリレーのようにつながれて、利活用され続けていくアーカイブを目指し続けたいなあと思っています。

寺田　そういう活動を、メディアテークでは、アーカイブでありつつ明確な表現行為としてやっている。従来はそれは分離していました。通常思われているのは、アーカイブはアーカイブ、そしてまた別のところには表現者アーティストがいて美術館がある。だけれども、そういう境界を取っ払うことが、結果として、資料や語りを後世に伝えることに有効に働く。

清水　メディアテークはよくも悪くもアーカイブの専門施設ではないですし、美術館でもなく、生涯学習施設なんです。ですから、アーキビストや専門家がいるわけでもないし、スタッフは市民協働や展覧会制作、取材、執筆などいろんな動きを求められる。それぞれに専門性を持っているわけではなくて、わたしも民話のプロジェクトを担当しているけれども、とくに口承文芸や民俗学の専門家であるわけでもない。役割としてはメディエーター、媒介者になって関心のある人同士をつないでいったり、専門的な見地ではなく、一般的にこれじゃあ伝わらないんじゃないかとか、こういうところをもっと聞きたいとか、いろんなかたちで話し合いの場を設けながら協働でプロジェクトを進めていきます。アーカイブの専門機関でないので、災害の一次資料を集めている機関ではないし、博物館のように被災物そのものを展示する施設でもないのです。だからこそ、「記録物」というよりは「記録者」つまり「人」を募り、プラットフォームとして個々に集まった人と人をつなげ、関心がある層と別の層を結んでいったりすることが主な役割です。

寺田　一次資料という言葉が出てきましたが、語りは何次資料かと考えました。歴史学でいう直接的資料としての一次資料、間接的資料としての二次資料という区分でいうと、一次資料のような気もしますが、一次元、二次元、三次元という意味でいうと、ものとしてのかたちはないので、ゼロ次資料ともいえる。語りは、ものではなく、声やテキストというメディアの中にしかないものです。これまで、博物館で語りを集めることは、基本的に無かったと思います。そもそも、博物館はものを集めるところという定義からすると語りは集められない。博物館という近代西洋にできた施設が過去を記録するためにものを集めていたとしたら、ものではない語りというものを集めることがいまの多様なメディア環境の中で問われている。そういう意味では、アーカイブも変わっていく必要があるのかもしれません。

清水　アーカイブはアクションだと思います。その記録自体を撮影したり編集したりもそうですけど、その現場に、いろんな分野の人たちがかかわって、それぞれの関心を持ち寄って一つの記録を自分たちなりのアウトプットで利活用していくことが起きることが大事だと思います。民話のプロジェクトも単に語りを伝えようとしていたというより、そこにかかわる人たちの精神がリレーされていく場だった。メディアテークがプラットフォームとしてあって、そこにそれぞれの関心ごとを持った人が寄り集まってそれぞれに精神のリレーが生み出されていくアクションとしてやっていくっていうのはありますね。

実際、民話の活動に参加してくれた二〇代、三〇代の若い人たちが、記録活動に留まらず、編集会議を自主的に行ってくれるようになってきていて、それはすごく面白いことだと思います。彼女らは、いま生きている現在の視点から民話を触ろうとする。そういう動きが生まれてきたら、それこそが次の世代へつなげていくための新たな表現を生んでいくし、そういう風に、いかに開かれたかたちでやっていけるかがすごく大事だと思います。

すべての場をメディアテークがあらかじめ設定できるわけではないので、開かれたかたちにしておいて、そこに関心を持ってくれた人たちと、どんどん話して、その人たちに受け渡していく。たとえば、ある民話の撮影の場で、戦争について語られた話を耳にした瀬尾夏美さん・小森はるかさんの二人のアーティストのユニットが戦争にまつわる話の聞き取りを各地ではじめています。単に記録の利活用だけじゃなく、「語り／聞く」精神性みたいなことや態度みたいなことが受け渡されていった時に、また新たに次の動きができていく。それこそが大事だなあと思います。メディアテーク単体ではもちろんできなかったことで、外からの参画があることで、ここまで広がってきているのだと思います。

聞くという身体

寺田　お聞きしていて、阪神・淡路大震災の後の神戸にはこういうかたちの語りはなかったなということを思いました。いろんな語りはあって、都市型の語りはあっても民話の土壌がなくて、民話というような語りはなかったように思う。もともとこの地域には、空襲の語りだとか、戦争の語りだとかはあって、そこから野坂昭如の『火垂るの墓』のようなこの土地特有の語りをベースにした小説作品は生み出されてきていたけれど[13]、民話という自然の中で生まれてきたような、太古というか、近代以前とつながる語りはなかった気がしています。そういうものがあるのが東北で起きた東日本大震災の特徴かもしれない。そして、それは、メディアテークでいろいろなものとつながることで新しい何かになろうとしているのかもしれない。

清水　「みやぎ民話の会」の小野さんがよくおっしゃるのは、「民話がない地域はない」と。地域の中で有る無しのばらつきがあるようにみえるが、それは「聞き手がいなかっただけだ」とおっしゃるんです。聞き手がいたら、その語りは、たとえば家族の中の口承が難しくなったとしても、きっと残ってきたはずだ、と。もしかしたら神戸でそういう語りが少なかったのは聞き手自体が少なかったといえるかもしれないですね。

民話関係のグループって、語り手のグループはすごく多いんです。勉強して民話の語りを披露したい方たちは多いのですが、実は、聞き手のグループはほとんどいない。わたしたちメディアテークが、震災以後のプロジェクトで「みやぎ民話の会」と協働できたのは、彼女たちが聞き手のグループだったからではないかと思います。彼女らが自分の身体をメディアとして採訪し続けてきたことがメディア・プラクティスのコアを考える上でもすごく重要だし、濱口さん酒井さんが、撮ることと聞くことが同義だと気づかされたのも、彼女らがいかに聞く身体を持っていたかがすごく大きく影響しています。聞き手がいるところで、ようやく語りが生まれてくる。

そして、少し話はそれますが、はからずも大きな災害を経験したわたしたちは、震災直後、身体の感覚が過敏になったり、心の振れ幅も大きかったし、他者の気持ちを想像しようとすることを自然にしていたと思うのです。しかし日が経つにつれて、それが無くなっていく。もちろんそれ以前から、環境自体が都市型になって核家族化が進んでいったら、そういう伝承自体が難しいし、「テレビがきてから民話はぶん投げた」と口にするおばあさんもいて、さまざまな演出や編集に彩られたテレビ番組が日夜放送されているのを見ていると、素朴な語りを聞く身体になっていかない。声色や表情の細かい肌理を受け取ることはできないし、語る側も心が折れて語れない。しかし、ある意味で震災の経験が揺り戻しをかけたのだとも思います。その経験を経たからこそ、他者の痛みを想像したり、なくしてしまった人や風景に思いを馳せる時、素朴な語りの肌理に耳を傾けたり、端的な結論をすぐにも求めるのではなく長い時間をかけて見続けること、それでもわかり得ないことがあるということに気づくことなど、いろんなアプローチと気づきがあると思いますね。

寺田　うーん、「聞き手がいなかった」、それはそうかもしれないですね。こちらが気づいていなかっただけ、聞く身体がなかっただけで。そういわれて思い返せば、民話というかたちではなくとも、阪神・淡路大震災が起こった土地には、さまざまな語りがあったのかもしれないな、と思いあたります。京阪神には、近代以前には、中世の猿楽や能楽までさかのぼらずとも、徳川期から人形浄瑠璃や上方落語といった民衆の語りの伝統があり、近代に入ってからも漫才などの語りの芸が大衆的に広がった。笑いの中で出来事を語るという語りの型が広がっていた地域だとも言えます。けれども、そういった語りは、文字には残らず、その場その場で消えていく。それに、その場に仮にいたとしても、それに気づかなければ、そうやって笑いにまぶして大切なことが語られていることにも気付けない。

清水　ですが、それは実際には簡単なことではないとも思うんです。わたしたちは、「みやぎ民話の会」に出会えたから「全身で聞くことの重要性」に気づかされたけれど、そういった問いかけもなく、わたしたちが彼女たちの姿勢に学ぶことができなかったら、表現を介して伝わってゆくことや、笑いと表裏一体のようにしてある過酷な現実には、ほとんど気づけなかったとも思います。笑いやユーモアってすごく大切ですよね。「笑いにまぶす」ということ自体が、過酷な現実を乗り切る力にもなるし、聞き手に耳を傾けてもらえ

---

［13］［野坂 1968］

るきっかけにもなりますし。でも、その影になにが隠れているのかというのを想像することも同時に必要だなと思います。

彼女らが自身の学びとして歩き、感性を鍛え続けてきたことの先に、今があります。その四十数年の活動の流れの中に、わたしたちがたまたま合流させて頂いた。小野さんをはじめとする「みやぎ民話の会」のこれまでの蓄積から教えてもらっていることが非常に大きいです。だからこそ、わたしたちの代でできることを受け渡していかないといけないなと思いますし、メディアテークという生涯学習施設が社会との接点としてどのようなかたちで協働できるのかを摸索し続けなければいけないと思います。だから、今日このように話をしていることも一つの受け渡しのかたちじゃないかとも思うのです。

（二〇一七年八月九日）

第八章　だれの記憶、だれのための記憶
——カタストロフの記憶を残すという営為

前章では、カタストロフとそれが悲劇として語られることの関係を見た。死という人間にとっての最大ともいえる恐怖の対象とかかわってカタストロフの語りの中において悲劇として語られることが忌避される要素があることを明らかにした。

一方、それにもかかわらずカタストロフは語られる。それは、他者に伝えられるためである。語ることは、個々人の脳内にある記憶を他者に伝えることである。人間は社会という集団の中で生きている。集団の中で経験を伝達し、情報を共有することで居住域を広げ、生存の可能性を広げてきた。カタストロフの経験も、特異な経験であり、語り得ない体験である側面もあるが、同時に生命活動におけるリスクを減らすためには、他者に伝えられるべき経験でもある。前章では、記憶といっても、カタストロフに巻き込まれてしまった人の記憶について見た。本章で扱うのは、記憶をより積極的に記憶していこうという立場、記憶を伝えてゆこうとする立場であり、その望ましいあり方である。

本書第五章で見たとおり、阪神・淡路大震災の公定的記憶においては、メモリアル博物館の展示ナラティブの中で、ある一つのストーリーが作られ、その中で無名の死者である未婚の若い女子の人身犠牲が捏造されて

いた。その原因は、国民国家がそのような捏造を求めるからであった。今日の国際関係の秩序は、国民国家体制にもとづいて出来上がっている。国民国家体制のもとでは、公定的記憶は、無名の死者を必要とする。それと同じメカニズムで、国民国家体制のもとで作られたカタストロフのメモリアル博物館においては、無名の死者が捏造された。

しかし、記憶の継承におけるアクターは、国民国家だけというわけでもない。国家という制度によらず、人々が個人として記憶するというあり方もある。この領域に目を向けることは、国民国家がつくり出された近代という歴史の枠を超えて、より普遍的な、時間と過去という問題につながるであろう。本章では、本書のテーマである、時間とカタストロフを考えるため、その問題により深く踏み込む。無名の死者の捏造という方法の後ろにある、過去についての考え方とその問題点を明らかにし、それとは異なった方法でのオルタナティブな記憶の継承を考える。

1　過去の実在とその真正性という問題

真正な過去とその特権化

本書第五章第2節で、阪神・淡路大震災のメモリアル博物館の建設過程において、それを開かれたものにする論争があったことを述べた[1]。それは、展示を開かれたことにすることを問題としたものであったが、同時に、過去を展示することの意味を問うてもいた。言い換えると、それは、メモリアル博物館の展示の問題であったが、カタストロフの記憶のあり方や、カタストロフと時間の問題に関するものでもあったのである。著者は、第五章に登場した笠原一人らとともに、この論争で問われたことをより深めるため、その論争の後も、カタストロフの望ましい記憶のあり方について議論を重ねていた。そこでの中心的な議論は、博物館における展示や歴史の語りの問題から、過去の実在性や過去への関与の仕方をめぐる問題へと展開していった。それは、数年にわたって議論され、その議論の過程では、その議論の内容を世に問うために展覧会も行った。また最終的には、著者が、笠原とともに編者となって阪神・淡路大震災という出来事を中心にして記憶とその表現の問題を扱った『記憶表現論』という本が出版された[2]。

阪神・淡路大震災のメモリアル博物館の展示については、すでに第五章で正統性と倫理性の視点から、そこに問題点がある可能性を指摘した。他方、その展示には、過去に対する姿勢においても問題が指摘できる。それは、「捏造」という行為とかかわる問題である。捏造は、ある一つのありそうな過去をつくり出すことであった。捏造という行為は、あった過去ではないが、あった過去に近似ないしは類似しているため、あった過去と同様に扱ってもよいという姿勢のもとに行われる。

このことの問題点は何であろうか。まず第一に、本書第五章第6節でも述べたが[3]、ありそうな過去が、ありそうな過去であっても、あった過去ではないという問題がある。ありそうな過去を、あった過去と混在して展示することで、ありそうな過去があった過去であると錯覚されたり、あった過去がありそうな過去と錯覚されたりすることは、事実を展示する博物館としては問題であろう。

[1]　本書第五章第2節 272–274ページ
[2]　[笠原・寺田 2009]
[3]　本書第五章第6節 383–341ページ

また、第二に、そこでは、過去が序列化されている。ある過去との距離が問題になり、その距離によって序列が形成される。ある特定の過去との距離による序列化が起きると生じる問題については、『記憶表現論』に結果してゆく議論の過程でも論じられた。それを同書の「序論」で、笠原一人がまとめているので以下、その論によりながら検討してゆこう[4]。

過去の距離との序列化の問題を、笠原一人は、「過去の出来事の真正性の特権化」という。その考え方のもとでは、ある真正な過去があると想定される。そして、展示においては、その過去を再現することが求められることになる。真正性は、過去との距離、出来事との距離により決まる。その出来事を体験した者は、真正さを保持する度合いがより高い。その出来事を当事者として体験した者は、さらに真正さを保持する度合いが高い。真正な過去の声には耳が傾けられなくてはならないが、その真正な過去という考え方からは、聞き手が単に聞き役として固定された立場に留められることも特に問題にはならない。なぜなら、その過去は、その過去として、存在したという点だけで真正さがすでに保証されているからである。そうなると、聞き手は、単に聞くだけでよいことになる。これを、笠原は過去の出来事が特権化され、そこでは、過去の出来事の当事者が特権化されることであると呼ぶ。特権化とは、それ以外の声に耳が傾けられなくなることである。笠原は、阪神・淡路大震災のメモリアル博物館の展示に見られる現在と過去との関係は、このような考え方に基づいているとする。

「当事者は死者である」

しかし、実際には出来事には真正な過去もないし、そのかかわり方にも、厳密には、当事者はいない。笠原は、それを「当事者は死者である」という詩人の季村敏夫の言葉を借りて説明する。この言葉は、本書第四章でも登場した季村が阪神・淡路大震災の記憶を伝えようとするとき、死者とのかかわりの意味について考える中で発した言葉である。[5]

「当事者は死者である」とはどういうことか。これは、カタストロフという出来事の当事者とは犠牲になってしまった死者であるとも読めるが、そうではない。出来事の当事者はこの世には存在しないという意味である。死者とは、この世に存在しないもののことである。出来事は、過ぎてしまえば、この世にはもう存在しない。それと同じように、当事者もこの世には存在しない。仮に、だれかが自分のことを当事者だと思っていても、その人は出来事の当事者であり続けることはできない。時間が常に流れ去ることによって出来事は常に過去になってゆくので、その出来事に、渦中の当事者としてかかわり続けることはできないからである。つまり、語の字義通りの意味では、当事者というのはこの世には存在しないのだ。その意味で、当事者とは、この世にはもう存在しない死者と同じなのである。「当事者は死者である」とはそのような意味である。

出来事が生じた瞬間から、人はその出来事の瞬間から隔てられてゆく。これを、ジャック・デリダは「差延 différance」と言ったが、[6]右で述べられている考え方は、それと似た考え方である。本書第三章で見たように、東洋の思想においても、瞬間、瞬間は別個に生起し消滅してゆくと考えられていることを参照すると、[7]出来事の当事者性とは連続するものではないといえる。

［4］［笠原 2009］
［5］［季村 2004］
［6］［Derrida 2016］
［7］　本書第三章第2節 168–170ページ

東日本大震災においても、このことは気づかれていた。津波の被災地に出かけてドキュメンタリー映画を作成していた映画監督の酒井耕と濱口竜介は「どこへ行っても〈被災〉の当事者に会えない。被災の中心は物言わぬ〈死者〉なのかもしれない」ことに気づいて、[8]語りとその当事者性に注目したドキュメンタリー映画である『なみのおと』、『なみのこえ』、『うたうひと』という東日本大震災の津波に関する三部作を制作しているが、[9]これも季村のいう「当事者は死者である」という考え方と響きあっているといえる。

現実においては、もはやだれも、本人さえも当事者ではなくなり、すべての人が、非当事者であり他者である。しかし、真正の過去が存在するという考え方においては、真正の過去が存在し、その真正の過去にかかわる当事者が存在するという擬制が行われる。笠原の論に戻ると、彼は、そこで語られている過去を指して、「一方的」で「独り言のように「思い出」として語っているのと変わらない」と言うが、そのような語りというのは、真正の過去が存在するという擬制の上に成り立つものである。しかし、それは、時間が流れ、出来事が過ぎ去ってゆくという、真の現実には対応しえない。結果として、過去も記憶も正しく伝えられていないことになると笠原は言う。

阪神・淡路大震災のメモリアル博物館では、無名の死者が捏造されていた。まさに、震災という出来事を体験した真正の当事者である死者を捏造することであるといえる。たしかに、当事者は死者であるという点を見れば、それは、正しいようにも見える。まさにその死者を捏造しているのであるから、当事者を捏造しているといえるからである。この、無名の死者を捏造することの後ろにあるのは、真正な過去そのものが最も価値があるという考え方であり、その過去が再現できるという考え方である。

記憶の分有と記憶のアクチュアリティ

真正な過去は実際には存在せず、当事者も存在しない。笠原は、それを記憶の現実と呼ぶ。その上で、記憶の現実に対応した記憶の伝え方が必要だという。では、そのような記憶の現実に対応した記憶の伝え方とはどのようなものなのだろうか。引き続き、笠原の言うところに耳を傾けよう。

記憶の現実を踏まえた概念として笠原が提案するのが、「分有」という考え方である。分有とは、所有不可能なものを分かち持つあり方のことを言う。一般に所有するとは、何かを特権的に持つことである。所有においては、所有権を認められた者が、所有物を占有することが認められる。しかし、分有とはそれと異なる考えである。そもそも、所有不可能なものを分かち持つことであるから、それを占有することはできない。所有不可能なものとは何か。時間は所有不可能なものである。時間は、たしかにだれもが持つことはできる。しかし、それをだれかが占有することはできない。これを過去の出来事の記憶にも応用しようというのが笠原の提案である。過去の出来事には、当事者はいない。真正な過去の出来事をだれかが占有することはできない。しかし、過去の出来事の記憶を、当事者としてではなく、非当事者として分かち持つことはできる。このような過去へのかかわり方を、笠原は、記憶の分有と呼び、記憶の現実に基づいた記憶の伝え方だとする。

それと同時に、笠原は、この分有を通じて記憶にアクチュアルにかかわることを提起する。記憶へのアクチュ

［8］［清水 2016b: 259］
［9］［酒井・濱口 2011］［酒井・濱口 2013］［酒井・濱口 2013］。この映画についてはダイアローグ2 482ff. ページで清水チナツが詳しく述べている。

アルなかかわり方への対極にあるのが、記憶のリアリティへのかかわり方であると笠原は言う。過去の特権化と実体化に基づくのがリアリティであるのに対して、現在の立場から過去に主体的にかかわることがアクチュアリティである。そのようなかかわり方が必要だと笠原は言い、それを「記憶のアクチュアリティ」と呼ぶ。

ここで、アクチュアリティとリアリティという考え方が出てきたが、笠原の論から離れて、それを別の文脈から見ておきたい。アクチュアリティとリアリティについて、笠原の考え方と共通した考え方をしているのが、精神医学の木村敏である。[10] 木村は現象学的な立場から人間の時間へのかかわり方について研究しているが、人間の現実への関与の仕方には二つあるという。それは、それをリアリティととらえるか、アクチュアリティととらえるかという立場である。

「リアリティ」と「アクチュアリティ」という二つの用語は、(中略)辞書の上では両方とも「現実性」や「実在性」の訳語が当てられていて、実際にもかなり漫然と類語として理解されているようである。しかしそのラテン語の語源をたどると、リアリティのほうは「もの、物事」を意味するresから来ているし、アクチュアリティのほうは「行為、行動」を意味するactioに由来している(actioは「行う、行動する」を意味するagoの過去分詞から作られた)。つまり同じように「現実」といっても、リアリティが現実を構成する事物の存在に関して、これを認識し確認する立場から言われるのに対して、アクチュアリティは現実に向かってはたらきかける行為のはたらきそのものに関して言われることになる。(ドイツ語にはアクチュアリティに相当する語としてWirklichkeitがある。)[11]

リアリティとは木村によるとものの実在性を示す語である。ものは存在する。まさに「リアル」である。ものは所有することはできる。リアリティとは、この所有することを前提とした現実性であるが、その所有者は限られた当事者に限られる。これを出来事にあてはめるとすると、出来事の当事者のみが出来事を所有している状態だといえよう。そのような状況では、非当事者は、それを傍観するだけである。出来事の当事者の語りを一方的に聞く、あるいは、出来事の展示を一方的に見るというかかわりしかできない。さきほどの記憶のリアリティの議論に戻ると、この記憶のリアリティは、社会的に一定の意味を持つ。しかし、分有しかできない記憶の現実に対応しているものではない。

一方、それに対して、木村によれば、アクチュアリティとは、現実に向かって働きかける立場である。リアリティが認識の立場であれば、アクチュアリティは行動の立場である。人間の主体性の立場と言ってもよい。分有することとは、記憶に主体的にかかわることである。当事者の話を一方的に聞くだけでなく、非当事者として、出来事に対して事後的にかかわろうとする立場である。そこにおいては、すべての人は非当事者であるといえる。すべての人が非当事者であるならば、その出来事へのかかわり方には特権的立場があることが認められるものではなく、すべての人が同じ非当事者として、過去に主体的にかかわるかかわり方が可能となる。

かかわりによる開かれた出来《しゅったい》

これら、木村のいうアクチュアリティ、笠原のいう記憶のアクチュアリティを著者の言葉で言い換えると、それは、かかわりによる開かれた出来《しゅったい》である。

[10]　木村のアクチュアリティとリアリティの議論については［寺田 2004］。
[11]　［木村 1993=2000: 13］

本書では、エネルゲイアという概念に着目している。序章で述べたように、エネルゲイアの英語訳はまさにアクチュアリティである。[12] エネルゲイアという言葉は、古代ギリシアにおいても一般的ではなく、アリストテレスが『自然学』と『形而上学』において、運動や存在について考えるために造語した言葉であるといわれている。[13] 語源は存在を意味する einai の与格形あるいは対格形からきている。einai には、行為やはたらきという意味はなかったが、アリストテレスは、そこから、行為 die Tätigkeit やはたらき die Wirkung という意味を持つ言葉を作ったのである。可能態（デュナミス）という、ある現実以前の状態の中から、存在が現実態（エネルゲイア）としてあらわれることとは、出来《しゅったい》という出来事であり、その意味では、この語はものの静態的なあり方を指した語ではなく、ある現実がつくられてゆくことを指した語である。

アリストテレスは、このエネルゲイアという考え方をプラトン Πλάτων のイデア論に対するオルタナティブとして提示した。先ほどから、分有という考え方を見てきている。笠原は、分有の概念をみちびき出す際、フランスの哲学者ジャン・リュック・ナンシー Jean Luc Nancy の議論に依拠した。[14] ナンシーは、ジョルジュ・バタイユ Georges Bataille やハイデガーを手がかりに分有を論じているが、分有という考え方は、プラトンにも見られる。プラトンのイデア論はその分有という考え方を用いて、イデア（ἰδέα）の分有（μέθεξις メテクシス）という原理を提唱している。[15] この分有という考え方は、アリストテレスのエネルゲイアの考え方にもかかわる。本書は、エネルゲイアをキーワードとしているため、ここでは、少し、このプラトンの分有の考え方を詳しく見ておこう。

プラトンは、『パイドン Φαίδων』、『パルメニデス Παρμενίδης』、『国家 Πολιτεία』において、分有という考え方を展開したが、[16] そこにおいて、彼は、あるものが美しかったり善であったりするのは、美や善という絶対的なもの、すなわちイデアを分有しているからであると考えた。現実に存在する美しいものや良いものは、イデアではなく、その形（エイドス εἶδος）である。では、イデアは、どこに存在するのか。それは、存在が存在という形をとる以前に存在する。美や善を人間が知ることができるのは、それを人間が生まれる前から知っているからであり、それが生まれる前から存在するということは、永遠の領域にあるからである。この点で、プラトンのイデア論は、魂の不滅と永遠を前提としている。

　アリストテレスは、『形而上学』において、このプラトンのイデア論の考え方を批判している。[17] その批判のポイントは、このイデアとエイドスの組み合わせでは原因や運動を説明できないという点にある。アリストテレスにとって自然学の最も基本的な問題は、運動をどう説明するかである。彼にとって運動とは、あるものが動くということもそうであるが、同時に、性質が変わることや、あることが出来《しゅったい》するということが含まれる。しかし、イデアとエイドスの二つの組み合わせは静態的な分有は説明できても、それが、どうして分有としてあらわれるかという運動を説明することはできないのである。イデアの世界は、永遠の世界であり、すべては、その永遠の世界において決定されることになる。エイドスとは、すでに永遠の世界で決定されているイデアが、形になっただけである。しかし、現実の世界では、さまざまなものやことが生み出されている。アリストテレスはそのことに注目して、可能態（デュナミス）と現実態（エネルゲイア）という二つの要素の組み合わせで現実

[12]　本書序章第3節 51ページ
[13]　[Rapp und Klaus (Hrsg.) 2011: 178]
[14]　[ナンシー　1999=2001]
[15]　Enzyklöpädie Philosophie und Wissenschaftstheorie の「Methexis」の項を参照した。
[16]　『パイドン』74A–77A, 100C–103B（[Plato1914]）、『パルメニデス』133B–134E（[Plato1939]）、『国家』479A–480A（[Platon1956]）。
[17]　アリストテレス『形而上学』A, IX（[Aristotle1933: 63–81]）。この点については [Whitehead 1978: 208–210] も参照した。なおアルフレッド・ノース・ホワイトヘッド Alfred North Whitehead のプロセスの哲学については、本書補章2 785ページで触れる。

が生まれてゆくと考えた。これは、知識についても言える。知識は、ある知られている知識をもとに、別の知識を作ってゆく。それは、すでに決まっている何かを知ることではない。知ることとは、自由な創造である。

本書でいう、かかわりによる開かれた出来《しゅったい》とはそのような過程として、過去にかかわることである。過去は、固定されたものとしてあるのではない。かかわりの過程において、そのつどそのつどあらわれるものである。ある固定された静態的な状態をなぞり、繰り返すことではなく、可能性の中から生まれる現実に目を凝らし、その現実がつくられることに参加することである。そのようなひらかれた出来《しゅったい》が創造的な過去への関与をもたらす。

プレゼンティズムと時間の実在

かかわりによるひらかれた出来《しゅったい》という過去へのアプローチは、時間の実在性、すなわち未来、現在、過去の実在性の問題と関係する。かかわりとは、何かあるものやことに対して、働きかけたり、それと関係づけられたりすることだが、あるものに働きかけたり、関係づけられたりするためには、その対象となるものやことがどのようなものやことであるかが意味を持つからである。ここで考えているかかわりと開かれた出来におけるかかわりの対象は時間である。そこで、この議論を時間の観点から改めて整理しておきたい。これまで本書では物理学的時間や現象学的時間については比較的詳しく見てきたが[18]、形而上学的時間については、触れるところが少なかった。そこで、ここでは、形而上学の立場からのプレゼンティズムという時間の考え方を詳しく見ておきたい。

これまで本書では、プレゼンティズムを主に、ヒストリシズムに対照させて使用してきた。歴史的なパースペクティブを持たずに、現在を重視する立場という意味で使用してきた。しかし、ここでは、より狭義の形而上学で使用されている意味で、この言葉を使用する。そこでのプレゼンティズムとは、現在を重視するという意味ではなく、現在だけが存在するという立場である。これをより厳密にいうと、「現在のものの実在だけを認めて、過去や未来のものの実在を認めない立場」である。この考え方を手掛かりに、形而上学的時間の観点からこれまで述べてきた議論を整理しておきたい。

このプレゼンティズムの考え方の根底にあるのは、時間の存在をどう考えるかという問題である。一般的に、現在と過去は存在しているもの、あるいはかつて存在したものであると考えられているが、一方、未来は存在しないと考えられることが多い。しかし、プレゼンティズムという考え方においては、現在以外のものの存在は否定される。未来におけるものの存在も、過去におけるものの存在もが否定される。プレゼンティズムにおいては、現在存在するものだけがリアルであって、それ以外はリアルではないとする。その背後には、時間が存在しないという考え方がある。

形而上学的に見て時間が存在しないという考え方は、イギリスの哲学者J・M・E・マクタガートの考え方による。マクタガートは、一九二七年の論文において、時間が実在しないことを論理的に明らかにした[19]。少し詳しくその議論を見ておこう。

マクタガートは時間の進み方に二つの系列を仮定する。A系列とB系列である。A系列は、出来事が、過去、現在、未来という順序で並ぶ系列であり、B系列とは、その上において、二つが、以前か、以後かという時間

[18]　本書第三章第1節 147–149 ページ
[19]　[McTaggart 1927=2008]

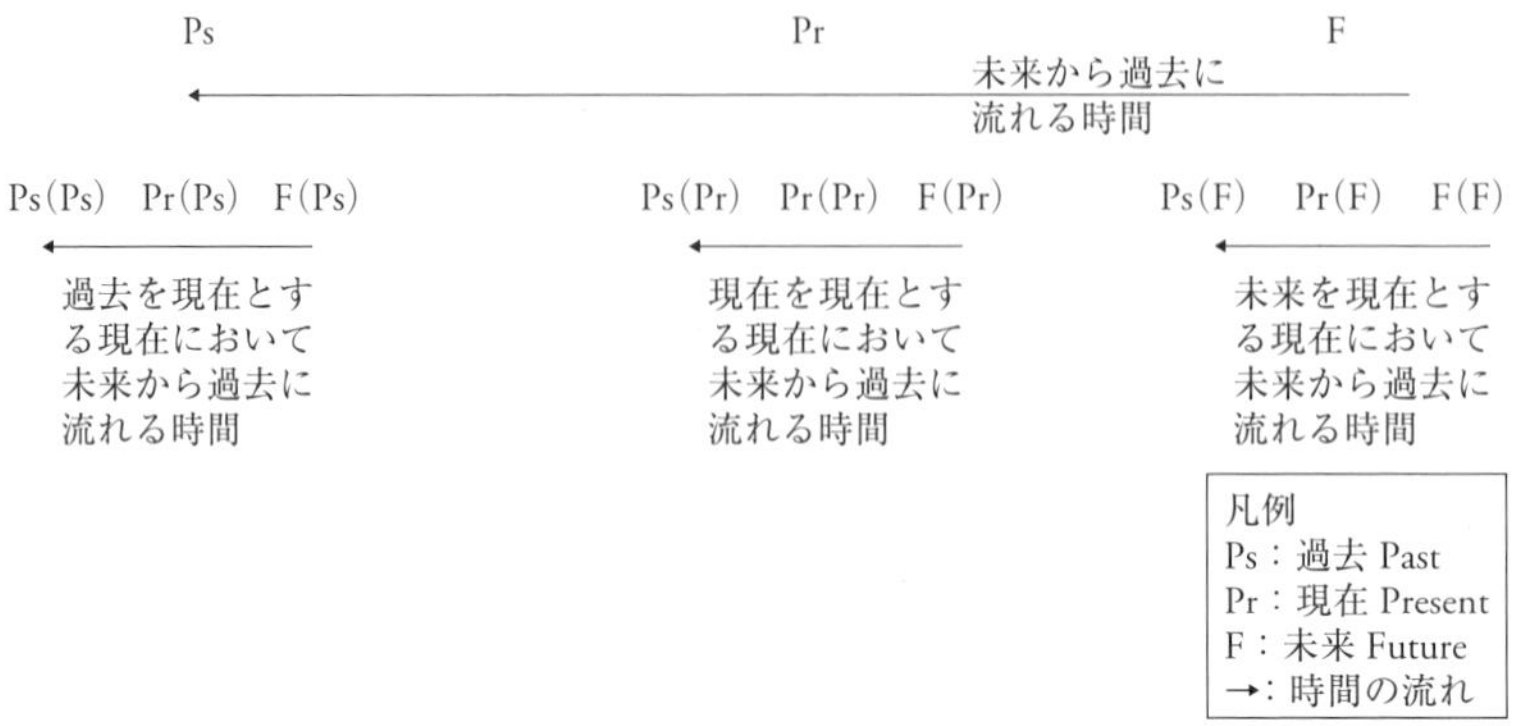

図 8-1　未来・現在・過去の系列における各時点の未来・現在・過去の前後関係の問題

の前後関係で並ぶ系列である。

マクタガートは論証の第一段階として、現在も過去も未来もないと仮定する。つまり、B系列の〝以前－以後〟関係だけが時を構成するとする。そうするとした時、それは、変化を扱うことができるだろうか。それは不可能である。出来事には、ある出来事が未来にあり、現在にあり、過去にあるという性質がある。出来事には、未来にあったものが、今ここにあり、過去になってゆくという性格がある。それは、二つの出来事の〝以前－以後〟という関係だけでは導き出すことのできない性質である。B系列は、時間の経過つまり、変化をもとにしている。しかし、その変化はA系列がなければ、生じ得ない。つまり、B系列だけでは存在しえない。つまり、未来、現在、過去というA系列が時間にとっては本質的である。これが論証の第一段階である。

論証の第二段階では、しかし、A系列が時間の本質でもないことが論証される。ある出来事というのは、一つであり、二つであることはできない。しかし、ある出来事は、過去にあるときは、それはかつて現在と未来だったものであり、それが未来にあるときは、それが現在と過去にあることになるだろうものであり、それが現在にある時はそれが未来にあったものであり、これから過去になるだろうというものである。つまり、同じ出来事であるはずなのに、三つの違った状態を持つ。しかし、ここで言われている未来、現在、過去というのは、指し示すことができない。なぜなら、現在から見た未来と、未来から見た現在は異なるし、未来から見た過去は現在と同じであるかどうかはわからないからである。図8-1では、それを示した。この図では、未来、現在、過去をF、Pr、Psと書き、たとえば、現在から見た未来をF（Pr）と表記している。図では、全てのものの位置関係が定まっているように描かれているが、実際はそうではない。すなわち、たとえばF（Ps）とPs（Pr）が前後関係にあるのか同一なのか、F（Pr）とPs（F）が前後関係にあるのか同一なのかは、このA系列だけで構成された関係からは決定できないのである。

「出来事Mが未来にあり、それは現在になるだろうし、過去になるだろう」というとき、それが含意するのは「出来事Mが現在から見て未来にある。そして未来時間とは異なった現在と過去がある」ということである。この考え方は、第三章で見た道元の時間の考え方と同じである。[20]井筒俊彦は、そのような世界を「時間野」と呼んだ。まさに、それは、複雑に入れ子になった広がりの中でとらえられるべきことを示したものである。また、ハイデガーは、『存在と時間』の中で、〝以前－以後〟という関係と、〝未来－現在－過去〟という関係の、A系列とB系列に相当する二つの関係について言及している。ただし、ハイデガーは、いわばC系列とも呼べる日付や時刻のあるクロノロジー的な時間、カレンダー的時間について言及する。そうして、そのカレンダー的時間の存在が、世界内存在としての現存在を開かれたものにして、公共的時間を成立させるという。[21]このクロノロジー的時間とは、ニュートンやアインシュタインが前提とする物理的時間である。ハイデガーにとって

〔20〕　本書第三章第2節 168–169ページ

〔21〕　本書第三章第1節 150–151ページ、［Heidegger1927=1972: 408–418］。

は、時間は社会的なものでもある。しかし、一方、ここでのマクタガートは、純粋に形而上学的問題として時間をとらえているため、彼の議論は、その方向には進まない。マクタガートの議論は、この後、これを一歩進めて、時間の存在の有無という問題につなげる。

引き続きマクタガートの議論を見ると、現在、過去、未来がその前後関係を決定できないという問題を避けるためには、時間を、B系列の〝以前－以後〟という意味として解釈するしかない。しかし、そうしたとしても、同じ問題が生じる。それは、相互の関係を決定できないのである。そこで、議論はまたA系列の〝未来－現在－過去〟に戻る。しかしそれはもはや〝未来－現在－過去〟という時間ではなく、ある関係であることが明らかになっている。すなわち、A系列は却下される。時間と変化がA系列を必要としたわけだから、時間と変化も却下される。そして、B系列も却下される。なぜならB系列は時間を必要とするわけだからである。となると、何も変化は起こらないということになる。つまり、時間は存在しないのである。結論として、マクタガートは、時間とは存在しないものであり、我々は、時間があると考えることで、存在しないもの以上のことを感受しているという。

この考え方に基づいているのがプレゼンティズムの考え方である。[22] 時間が存在しないとすると、過去や未来の存在に疑義が呈され、とりわけ、存在物の存在に関しての疑問が生じる。ものは過去にも、現在にも、未来にも存在するように見えるからである。プレゼンティズムは、過去に存在したもの、未来に存在するものが現在に存在することはないとする。なぜなら、存在する時間は現在だけだからである。もちろん、過去の現在に存在したものは、その過去の現在に存在するし、未来の現在に存在するものはその未来の現在に存在する。しかし、それらは、現在の現在には存在しない。それと同じように、過去は存在するが、その過去は現在から見た過去というその過去の現在だけに存在するのであって、現在には存在しないし、未来は存在はするが、その未来が存在するのは、その未来の現在だけであって、現在から見た未来が存在するわけではない。

そのような文脈において見た時、本章でこれまで見てきた、記憶と時間のとらえ方は、時間の形而上学的な現実に基づいたあり方であるといえる。本書では、歴史的時間を、物理学的、現象学的、形而上学的時間の重なりあったものととらえている。第三章で物理学的時間と現象学的時間を見たが[23]、それに以上見てきた形而上学的時間を加えた時、歴史と人間のかかわりが記憶を通じて整理されることとなる。記憶を伝える際には、真正な過去を前提としていては、それは十分には伝わらない。時間には、真正な過去が存在するように思われているが、しかし、実は形而上学的に見れば、過去は存在せず、現在のみが存在すると考えられる。それを時間の現実だと考えるなら、真正な過去が存在するという擬制のもとで、十分には伝わらないリアルな過去を追求するよりも、この時間の現実に基づいて、かかわりによって開かれた出来《しゅったい》を目指すことが、多様で創造的な現在のあり方をもたらすことになる。[24]

[22]　プレゼンティズムについては本書プロローグ注13で言及した文献のほか以下も参照した。[Mozersky2011][Van Inwagen and Zimmerman (eds.) 2008: 113–224]。

[23]　本書第三章第1節 147–148ページ

[24]　なお、形而上学には、プレゼンティズムに同意せず、時間が存在し、ものは、時間とともに存在する次元を持つと考える四次元論 Four dimensionalism の考え方もある。[Sider2001] ほか。

2　カタストロフの記憶はどのように継承されるべきか──その実践

プレゼンティズムという時間の形而上学的現実と、それをもとにしたかかわりによる開かれた出来。これらを踏まえて、カタストロフの記憶はどのように継承されるべきなのであろうか。真正な過去の存在を前提とすることが、結果的に捏造を生み出し、一部の当事者と大多数の非当事者という区分を生み出してしまう。そして、出来事のすべてを伝えているようで、実はその一部しか伝えていないとしたら、より望ましい過去の伝え方はどのようなものなのだろうか。かかわりによる開かれた出来を目指して過去の出来事にアプローチするといっても、現実にどうすればよいのか。本章第1節で見た記憶と時間の考え方は、原理であって、現実にはそれをかたちにし、目に見えるものとする実践が必要である。どのような実践が可能なのであろうか。

かかわりによる開かれた出来《しゅったい》を可視化する装置

ここでは、著者が代表者をつとめた「記憶・歴史・表現」フォーラムというグループが、トヨタ財団ほかの助成を得て開催したある展示会での実践から考えてみたい。

前節で著者と笠原一人が編者となった『記憶表現論』について、数年にわたる共同研究の成果を収録した書籍であったことを紹介したが、その共同研究は、展覧会も生み出していた。それがここでとりあげる「いつかの、だれかに someday, for somebody」と題され、二〇〇五年に神戸で開催された展覧会である。

この展覧会は、「阪神大震災・記憶の〈分有〉のためのミュージアム構想―展」という副題を持つ展示会で、阪神・淡路大震災から一〇年の節目の年に、地震の起きた一月一七日をはさんで、神戸にある「C.A.P HOUSE」というアート・スペースで開催された[25]。副題には〈分有〉とあるが、これは、当時、著者らが分有とアクチュアリティという言葉を手掛かりにこの問題にアプローチしようとしていたことを示している。本書で使用している言葉でいうと、プレゼンティズムという形而上学的時間にもとづいた、かかわりによる開かれた出来《しゅったい》である。展示は、恒久的な展示ではなく、期間を区切った仮設的な展示として行われた。約一〇日間の展示で、多数の人が訪れたほか、地元新聞である『神戸新聞』が関連する特集を連載し、全国紙や芸術の専門誌でもとりあげられるなど大きな反響を呼んだ[26]。

ここで展示されたのは、いくつかの「装置」である。通常、記憶を展示するという場合は、記憶の内容が展示されることが想定されるだろう。ある出来事の年表や資料、それにまつわる証言やものなどであり、その展示されたものが語る内容が問題となる。しかし、この展示会で展示されたのは、ある出来事の内容ではない。もちろん、阪神・淡路大震災をテーマにしていたから、その震災のことを扱った資料は展示された。しかし、目指されたのは、阪神・淡路大震災の被害のありようを説明したり、復興のメカニズムを解説したりすること、つまり、阪神・淡路大震災という出来事の内容を展示することではなかった。そうではなく、その震災の記憶を伝えるための望ましい方法を展示することであった。そして、その方法に合致した記憶のための装置を展示することが目指された。それゆえ、展示は、阪神・淡路大震災のメモリアル博物館やその他の歴史博物館で行

[25]　主催：［記憶・歴史・表現］フォーラム、共催：C.A.P.［芸術と計画会議］、震災・まちのアーカイブ、助成：トヨタ財団、震災一〇年神戸からの発信／阪神・淡路大震災一〇周年記念事業、二〇〇五年一月一四日―二三日。

[26]　『神戸新聞』二〇〇五年一月一七日―二〇日、二二日、二月一七日朝刊、『読売新聞』二〇〇五年一月一七日、『朝日新聞』二〇〇五年一月一五日夕刊、『産経新聞』二〇〇四年一二月二〇日夕刊、［木下 2005］ほか。

われているいわゆる歴史展示に似たものではなく、美術館やアートの展覧会で行われるインスタレーションに近いものになった。第十章で詳しく見るが、アートとは、ある現実の中に別種の現実態（エネルゲイア）への可能性を見出す営為だからである。[27]また、展示とは、ある場所に展示されることで、人がそこを訪れ、それを体験することができるものである。そのような体験の場とし、記憶の装置を社会化しようとしたものである。

以下、いくつか実際の展示物を見る中で、その記憶を伝える望ましい方法を考えてみよう。

一望することが不可能なカタストロフ

写真8-1は「その時、私たちが見なかったこと」と題された展示である。作者は、河崎晃一。現代美術の作家であり、美術館のキュレーターである（当時）。これは、床の上に、テレビのモニター画面が外向けに五つ並べられたインスタレーションである。モニターには一九九五年の阪神・淡路大震災の地震発生直後のニュース報道の動画がエンドレスで流れている。これは、大地震というカタストロフにおける内と外の状況をあらわしたものである。カタストロフにおいては、その状況の渦中、つまり「内」にいる人はそれがどのようなものであるかをはっきりと知ることはできない。目で見ることができることは限られているし、メディアからの情報も限られている。知ることができる情報は、断片的であり、全体像を見ることは難しい。一方、外にいる人はその状況を知ることができる。カタストロフの状況を、その状況が進行している時に客観的に知ることができるのは外の立場だけである。

たとえば、テレビというメディアについてみると、阪神・淡路大震災の時がそうであったように、自然災害に見舞われた場所では、電気が不通となり、テレビを見ることはできない。災害の状況を映し出したニュース

写真 8–1　「その時、私たちが見なかったこと」（河崎晃一作）

を見ることができるのは、災害の当事者ではなく、外部にいる非当事者である。実際、作者の河崎は、阪神・淡路大震災に芦屋市の自宅で遭遇している。河崎の体験談によると、震災の発生から一時間ほどで電気が通じたのでテレビのスイッチを入れることができた。だが、その直後の時点では、「大地震があったらしいという程度で、情報は映し出されない」[28]。かなりの大地震だったことはわかっても、それがどのようなものだったかはすぐにはわからなかったのである。そして、だんだんと状況が明らかになって来ても、テレビ・カメラが伝える内容と被災地の状況は全く違った。

　とはいっても、外部にいる人であっても、災害の全貌を知ることができるわけではない。テレビを見たとしても、テレビが切り取るのは、災害のごく一部である。それは、人がどのような立場に置かれていてであれ、そうである。つまり、カタストロフにおいては、そもそも、カタストロフの全貌を知ることができる人はいないのである。

　このインスタレーションにおいて、観覧者が、モニターのつくるサークルの外に立つとき、その人は、カタ

［27］　本書第十章第3節 684–686ページ

［28］　［河崎 2005: 44］

ストロフの外側にいて、外から客観的な報道を見ることができる立場に立っているといえる。しかし、その人も、一歩、サークルの中に入ると、先ほどの位置からは見えていた画面を見ることはできない。カタストロフの当事者と非当事者の差異というのは、ごくわずかの差異であることも、この装置は示す。

とはいえ、外部に立っていても、すべてのモニターを見ることはできない。モニターは外に向かって円形に並べられているからであるが、それは、全体を見渡す視点に立つことがもともと不可能であることを示している。本書第六章で見たように、近代のカタストロフからの復興を展示した関東大震災復興記念館では、全体を一望する視線によって全体の展示が貫かれていた。[29] それに対して、ここでは、そのような視点は不可能であることが示されている。

これは、カタストロフという体験がどのような体験であるかを示すものであると同時に、そのカタストロフの記憶のあり方も示す。カタストロフという出来事を一望できる者はだれもいない。と同時に、カタストロフの記憶を一望して語ることができる者もいない。カタストロフに出会うこと、カタストロフの記憶を語ること、その際の現実をこの装置は表現する。

言葉を尽くしてもたどり着けない死者

写真8-2は、「慶ちゃんのこと」（蘇理剛志作、協力：笠原一人＋季村敏夫＋季村範江＋寺田匡宏）と題された展示である。これは、亡くなったある少年をめぐる語りと、ものの収集行為をインスタレーションとして展示したものである。「慶ちゃん」と呼ばれた男の子は阪神・淡路大震災で被災し、小学校六年生、一二歳で亡くなった。作者の蘇理は、数歳はなれたその三人兄弟の長兄である。この展示は、蘇理が、その少年の痕跡を訪ね、

写真 8–2　「慶ちゃんのこと」（蘇理剛志作）

ゆかりのものの写真を撮影し、少年をめぐる語りを収集し、それをテキスト化したものである。

　文字は、約二万字に及んだが、それらは、四面の壁面を覆う細長いパネルいっぱいにレイアウトされ、四方の壁に貼り付けられている。壁面の長さは四面すべてを合計すると約一五メートルある。文字はそのパネルに段組み無しで配置されているので、テキストの一行は、約一五メートルある。通常の展示では、可読性を高めるため、そのようなテキスト配置は行われないが、ここでは、あえて、そのようなテキストの配置を行っている。二万字という量の多さを示すためである。見る人は、それを読もうとすると、部屋をぐるぐると回りながら読まなくてはならない。その姿は、お遍路や巡礼のようにも見える。見る者も、展示の一部に組み込まれることになるといえる。

　また、二万字の長さのテキストを歩きながら読むことはそれほどたやすいことではない。それは、この聞き取りを行った少年の兄の「喪の作業」の困難を推測させることになる。とはいえ、二万字という膨大な量の情報を集めたとしても、亡くなった少年はそこによみがえるわけではない。どれだけ、情報や痕跡を集めても死者という存在しないものは、再び存在することはないことが示される。

［29］　本書第六章第3節397–401ページ

収集された少年をめぐるものは、博物館での展示のように現物を持ち込んでケースに入れて展示することも可能であったし、少年に関するインタビューもインタビューのビデオや録音を放映・放送することも可能であった。しかし、いずれも、写真と文字という媒体にいったん変換している。現物もインタビューの語りも、少年そのものではなく、媒介であるが、現物を持ち込んだり、インタビューのビデオを放映したりすると、そのことが認識されづらくなるからである。

また、少年の写真は、ここには登場しない。もちろん「慶ちゃん」本人が本人の声で語った語りも登場しない。少年のことを語る人々の語りは、それぞれの人が見た少年の姿であるが、決して少年その人自身ではありえない。当事者である死者にアクセスするとしても、その当事者に直接アクセスすることはできず、間接的な方法しかとりえないのである。

死者とは過去とも言い換えられる。過去に対しては、死者に対するのと同じように、だれもが、間接的にしかアクセスすることしかできない。この展示は、過去と現在の位相の違いをも可視化するものでもある。

朗読の可能性と記憶の重ね書き

「声と文字のあいだ」と題する展示も行われた（笠原一人作、写真8-3）。

これは、譜面台にマイクが取り付けられた装置である。譜面台の下部にはスピーカーと記憶装置が内蔵されている。譜面台の上に乗っているのは、阪神・淡路大震災を題材にした、市村光治良「だいちがゆれる」、季村敏夫「夏の衣」、安水稔和「これは」という三つの詩の作品のテキストである。[30] 観覧者は譜面台の前に立ち、マイクに向かってその詩を朗読することがインストラクションされている。観覧者が朗読すると、その声に、

写真 8-3 「声と文字のあいだ」(笠原一人作)

あらかじめ録音されていた他の朗読者の声が重なる。

朗読とは、文字に声を重ねることである。先ほど見た「慶ちゃんのこと」のように、過去にアクセスするためには、何らかの媒体によることが必要となるが、文字とはその媒体の一つである。この展示は、「声と文字のあいだ」と題されているが、笠原によると、そこでいう「声」が指し示すのは、語り、とりわけ、当事者の語りである。過去の記憶にアクセスする際、声による語りが用いられることが多い。しかし、声は、瞬間的に消えてしまうものであり、その内容の信憑性を知るものは、その声を発した主体だけである。その結果、語りだけによって過去にアクセスすることは、その主体の信憑性を信じる者だけの共同体となる傾向を持つ。それは、結果として、記憶があまねく人々に伝えられることを阻害することになる。その弊害を避けるために、ここで用いられているのが朗読という方法である。朗読は、「他者によって書かれた記憶の痕跡を、声によって表現するもの」[31]である。朗読することによって、人は、他者の記憶を声にする。しかし、朗読するその声は、その記憶の持ち主である本人の声ではない。それを発するのはそれを、そこで朗読している人の声である。その時、どのような声で、どのような間合いで朗読

[30]　季村敏夫「夏の衣」は［季村 1996］所収、安水稔和「これは」は［安水 1999］所収。市村光治良「だいちがゆれる」は未公刊。一九九四年生まれの少年が二〇〇〇年ごろ、約六歳の時に書いた作品。

[31]　［笠原 2005a: 50］

するかという点で人は創造性を働かせることができる。つまり、声による語りの場合、聞く人は一方的に受け身として、語りを聞くしかないが、文字による記憶を朗読する場合には、さまざまな回路を通じて、人はその記憶に能動的にかかわることができるのである。

さらに、この装置においては、詩を朗読した声は、あらかじめ録音されていた他の朗読の声とも重ねあわされる。そのことによって、さまざまな主体的なかかわりの結果としてあらわれた集合的な記憶に参加することもできる。さらに、聞き手と語り手の関係についていうと、語りを聞く場合には、語り手と聞き手は固定されているが、朗読の場合は、聞き手と語り手、つまり演者が入れ替わることが可能である。同じ記憶にも、異なった立場でかかわることができるのである。興味深いことに、聞き手と語り手が入れかわることは、民話の語りにおいても見られる。民話も、当時者の語りではなく、ある種の朗読とも言えるからである。この民話における聞き手と語り手が入れかわることの意味については、本書のダイアローグ2において検討される[32]。

この「声と文字のあいだ」で用いられている装置とは、記憶を固定した関係と真正性のもとで限定されたものとして扱うのではなく、さまざまな創造的なかかわりの対象として考えるための装置である。

いつかの、だれかに向けた郵便としての記憶

写真8-4は「棚へ」（震災・まちのアーカイブ＋笠原一人作）と題された展示である。この展示は、展示会場のうちもっとも広い一室を丸ごと使用して行われた。展示は、床面におかれたクリア・ボックスや封筒、壁面の棚、机などから構成された。

写真8-4の手前のクリア・ボックスに入っているのは、「震災・まちのアーカイブ」という阪神・淡路大震

災の記録資料の保存を行うボランティア・グループが収集した資料のコピーである。「震災・まちのアーカイブ」は、第二章で見た阪神・淡路大震災のボランティア活動に関する記録を収集していたグループ「震災・活動記録室」[33]が一九九八年に活動を休止した後、記録室が収集したそれらのボランティア・グループに関する資料を引き継いだグループである。その資料を整理し、震災の記憶を後世に伝えることを目標として、ボランティア・グループ約二五〇の資料約七五〇点を所蔵している。ここで展示されたのは、一九九五年の初めごろの阪神・淡路大震災発生の直後に活動したボランティア・グループの資料のうち、活動日誌、チラシ、ミニコミなどである。阪神・淡路大震災の際に一〇〇万人以上が全国から訪れたというボランティアの様子を伝える一次資料である。

その一次資料のうちいくつかが複製され、それが一枚ずつ封筒に入れられて透明なアクリル・ボックスの中にスタックされている。観覧者には、インストラクションとして、このボックスから封筒を一つ取り、封筒に入っている資料を併設されている机に座って読むこと、読んだうえで、そこに書かれたことで気になった部分に自由に色鉛筆で書き込みをすること、あるいは、スタンプを押すこと、そして、書き込んだ資料を再び封筒に入れ、今度は、奥に並んでいる棚の中の任意の場所に「投函」することが指示される。

奥に並んでいる棚は白く塗られた木材で作成された棚で、横幅に比べて棚板同士の縦の幅が狭くなるように作られている。これは、郵便局にある郵便物の仕分け棚をイメージして作成されている。封筒や棚、スタンプというものたちは、郵便を想像させるが、この展示自体は、未来に対して、記憶を届けるという行為を郵

[32]　本書ダイアローグ2 491ff. ページ
[33]　本書第二章第3節 131ff. ページ

写真 8-4　「棚へ」（震災・まちのアーカイブ＋笠原一人作）

便となぞらえるメタファーである。郵便とは、手紙やはがきといった媒介を通じてコミュニケーションすることであるが、それは東浩紀がジャック・デリダの哲学の読解に「郵便」という単語を用いたように不確実な伝達のあり方を示している。[34] デリダは、現実が記号によって媒介されることで、それがあらわされるものとあらわすものの間にずれを含んだ状況が出現することを郵便的原則として定義している。[35] 記憶も、さまざまな媒介を通じて、他者に送られるが、その際にさまざまなずれが生じざるを得ない。この「棚へ」が郵便を思わせる棚を使用するのは、そのことをメタファーとして暗示するためである。

ここでは、資料に自由に書き込みをすることが許されている。通常は博物館展示では、資料に自由に書き込みをしたり、スタンプを押したりすることは許されていない。それは、博物館で展示されている資料が、真正なものだからであり、その資料の真正性を守るために必要だからである。仮に、真正な資料に書き込みがされてしまったならば、その資料の真正性は損なわれる。しかし、それは、真正性を守る一方で、資料への自由なかかわり方を制限する。そのことを解決する手段として、近年は、ハンズオンや参加型博物館が出現している。つまり、博物館では「一方的」に資料が展示されることに対するオルタナティブが求められているが、この展示で、展示資料を加工することを許可していることは、そのような博物館における一方通行のコミュニケーションとは別のかかわりの方法の可能性を示唆する。

棚には、宛名がない。宛名がないことは、どこに配達されるかわからないこと、あるいは誤配の可能性もあることを示唆する。また、棚に置かれた書き込みがなされた資料は、だれかによって開かれて読まれることがあるかもしれない。記憶とは、その継承の途中で、さまざまな媒介によって行われるし、そこにおいて変形が起こる場合もある。郵便は、事故などによって届かない場合もあるが、記憶も場合によっては想定された宛先に届かない場合もある。しかし、現実の記憶とはそのようなものである。

棚板は、白く塗られ、封筒も白く、ボックスは透明のアクリルである。窓から光が差し込むとアクリル・ボックスを通した光が床面に張られた神戸の地図の上にプリズム光のような光を落とす。それはどこか明るさを感じさせる展示である。記憶の伝達は確かに不確実性のもとにはある。しかし、伝達することは棚という、未来のまだ知らぬだれかに記憶を届けるということでもある。そのことの希望も感じさせる展示である。

---

［34］［東 1988］
［35］［Derrida1980］［Hobson1998: 169–174］

かかわりが出来《しゅったい》させる現実

この展示会で目指されたことは、過去に創造的にかかわり、現在に過去を創造的に出来《しゅったい》させることであった。そのようなカタストロフの記憶における過去への関与と現在への主体的な投企の必要と方法は、この展示会が開催された二〇〇五年当時にはまだそれほど社会的な広がりを持っていなかった。逆に言えば、この展示会が開催されたのは、阪神・淡路大震災の後、カタストロフの記憶の継承の仕方について、過去に創造的にかかわり、未来を出来《しゅったい》させるような実践がそれほど見られなかったからであった。もちろん、そのような試みがなかったわけではない。とりわけ、阪神間の美術館においては、先駆的な試みが行われ、積極的に展示会が行われていた。[36] しかし、社会全体として見ると、それは少数にとどまったし、第五章で見たメモリアル博物館に見られるように、そのような試みが公的記憶として取り入れられる傾向はほとんどなかった。それゆえ、それへの批判的介入という意味があったのである。

一方、それとは対照的に、二〇一一年に起きた東日本大震災の後には、仙台市にある市の公共的機関であるせんだいメディアテークが「3がつ11にちをわすれないためにセンター」を開設し、本節で見てきたようなアプローチに近い方法で、カタストロフの記憶を継承することを行っている。本書のダイアローグ2で見る通り、そこでは、なにかあらかじめ想定された決まった型を求めるのではなく、ある型ができてゆくこと、ある型を作ってゆくことに、公共的機関が積極的に関与している。[37] それは未来に開かれた態度である。しかし、阪神・淡路大震災の後では、まだ公共的機関がそのようなアプローチをする段階には至っていなかった。

本章第1節の時間の形而上学におけるプレゼンティズムの議論でも見たとおり、時間は存在するものではない。そのことは、日常的には意識されることはないし、それを突き詰めて考えることは行われない。また、一般的に言って、それを前提としていては社会生活が成り立たないことも事実である。しかし、一方、カタストロフという極限状態においては、そのことに意識的にならざるを得ない面も生じる。その時に、記憶の継承の重要性が明らかになる。

「いつかの、だれかに」展で目指されたのは、その方法論を、展示物という装置を通じて可視化することであった。見てきたとおり、装置はそれほど凝ったものではない。むしろ、単純でシンプルなものである。しかし、それは、時間の現実に基づき、かかわりによる創造的な開かれた出来《しゅったい》を実現するには十分なものである。出来に開かれていることとは、出来というまだ起きていない出来事に対し、手を添えてその実現を助けることである。それは、少しの工夫をすることによって、実現可能なものである。

カタストロフの記憶は、カタストロフが大規模なものであるため、その記憶を伝えるためには、巨額の費用が必要だと思われている。そして、実際に、阪神・淡路大震災のメモリアル博物館のように数十億円という大きな費用を費やした大規模な施設がつくられることになる。しかし、記憶とは、そのような方法で伝えられなくとも伝達は可能である。出来《しゅったい》に開かれたかかわりを行うこととは、決して困難なことではない。必要なのは、そのメカニズムを認識して、目に見えるかたちとすることである。「いつかの、だれかに」展が社会に投げかけようとしたメッセージの中には、個々人が自分の手の届く範囲で開かれたかかわりを実践してゆくことで導かれる可能性の提示が含まれていた。カタストロフという大規模な出来事と、個々人の手の届く範囲でのかか

［36］「震災と表現」展（芦屋市立美術博物館、一九九九年一二月一一日～二〇〇〇年二月一三日）や「震災と美術」（兵庫県立近代美術館、二〇〇〇年一月一五日～三月二〇日）など。
［37］本書ダイアローグ2 477ff. ページ

わりによる開かれた出来《しゅったい》の実践の意味については、この後、第十章でも検討する。[38]

3　だれのものでもない記憶、だれのものでもない未来

さて、「いつかの、だれかに」という展示会を題材に、記憶の継承の方法と装置について見た。次に、そのことの意味について考えてみたい。特に、そのような記憶の継承が未来に対して持つ意味である。記憶の継承とは、未来に、現在からかかわり、未来における過去としての現在の出来《しゅったい》に積極的にコミットすることである。本書のこれまでの記述は、記憶の中でも、過去の記憶をどう記憶するか、という問題に焦点を当てていた。しかしここでは、記憶の中で、未来はどのように記憶されるのか、あるいは、記憶にとって未来とはどういう意味を持つのかを考えてゆく。

その意味を考えるため本節では、思考実験に近い試みをする。未来という時、未来の世代が問題になる。その未来の世代に記憶がどう伝わるのかを考えるのだが、その際に、ある条件を付けるのである。具体的には、胎児や嬰児の記憶をインタビューで探るという実験である。

ここでとりあげるのは、阪神・淡路大震災に関する胎児と嬰児の記憶である。胎児や嬰児として体験した阪神・淡路大震災を、その胎児や嬰児の状態からしばらく経過した子どもに聞いたインタビューである。震災から一〇年目にあたる二〇〇五年に、一〇歳前後の子どもに対してインタビューを行った。そのインタビューでは、一九九五年一月一七日の時点で、母親により妊娠されていたか（妊娠の時期はとりあえずは問わなかったがおおむね胎児が胎動を開始して以降である）、あるいは生後一年未満であった子どもを選んで、阪神・淡路大震災

のことをたずねた。

彼らは、すでに胎児、嬰児としてこの世に存在していたのであるから、身体的には地震による揺れを経験している。だが、そのことを地震の記憶として持っているかと言われると、事態はそう単純ではなくなる。本書第二章で体験と経験の差を述べた[39]。それを参照するなら、体験とは身体的に母親の胎内で、ないしは出生後の養育環境の中で阪神・淡路大震災の揺れの中に存在することであり、経験とはその体験を主体的に深めることであるといえる。だが、胎児や幼児においては、体験を経験に深めるための主体のあり方が、成人のあり方とは違っている。

胎児や嬰児の記憶のような段階は、一般的な記憶の伝達や継承が問題にされるときに前提とされるあり方とはギャップがある。しかし、人間の社会は、成人だけで成り立っているわけではない。胎児も、嬰児も、子どもも、成人も、老人もが構成している。一般的に記憶の主体と考えられている成人とのギャップがある段階をとりあげることによって、記憶の伝達の特徴が逆にはっきりと見えてくることを期待した。

境界的存在としての嬰児と胎児

胎児や嬰児についてまずその存在論的位置を確認しておきたい。胎児と嬰児とは、生者とは異なる位相にいる存在である。本章第1節で、記憶の現実において、当事者は死者であり、すべての人が出来事の非当事者で

［38］　本書第十章第4節 713 ページ
［39］　本書第二章第3節 132 ページ

あることを見た。本書第五章の生者と死者をめぐる存在論的分類の四つの象限の図5–8で見ると、死者はこの世に存在せずに、名前がある存在だが、胎児・嬰児とは、この世に存在するが、名前はない存在である。生者と無名の死者は対偶の関係であったが、胎児、嬰児と死者も対偶の関係にある。

胎児と嬰児は、すでに出生しているかいないかという違いがあるが、その違いは、相対的なものであるともいえる。嬰児には、文化によっては、名前が与えられなかったり、与えられても幼名として成人とは異なる名前である場合がある。つまり、それは、生者とは位相が異なる存在であることを示す。この状態は、子どもにおいても引き続いている。子どもに幼名が与えられることがあるのはそれを示している。胎児から嬰児、幼児となり、一般的な生者となるのは不可逆的な過程である。子どもはもはやその胎児の状態には帰ることできない。これは、時間の過程である。この胎児、嬰児が未来とどう関係するかは、本節の最後に改めて検討する。

子どもにとっての過去

一方、本節で見てゆくインタビューは、直接、胎児や嬰児にインタビューしたものではない。言語を用いない胎児や嬰児にインタビューを行うことはそもそも不可能であるからである。このインタビューは、胎児や嬰児の時代を子どもに語ってもらったインタビューである。そこで問題になるのは、子どもにとっての過去や記憶とは何かという問題である。

胎児が胎内において記憶を行っているかどうかについては、はっきりとしたことがわかっていない。これはそもそも記憶とは何か、意識とは何かという問題である。一般的に胎児の聴覚が完成するのは着床から二四〇日（妊娠八ヶ月）の時点だといわれている。胎児は、その時点で聞いた音を認識しているといわれる。誕生後泣いている乳児に母親が語りかけたり、波の音を聞かせたりすると落ち着くことなどから、これは聞き慣れた母親の声や血流の音に落ち着くからであり、嬰児が胎児時代の音を記憶している証拠だとする考え方もある。胎児や出生直後の嬰児は、そのそれぞれの段階に応じた感情を持ち、外界を認知していることは科学的に実証されている。[40] 前章で外傷性記憶について述べる中で、記憶には非言語的な記憶もあることを述べたが、[41] 胎児や嬰児が、言語を持たないからといって記憶を持っていないとは言い切れない。胎児期の記憶を幼児が持っているとする書籍も存在する。[42] とはいえ、これが、科学的に検証できるかについては、きちんとした説はない。それを、エピソード記憶として記憶しているかどうかについても、まだきちんとした科学的研究は行われていない。

他方、幼児の記憶について、哲学者のモーリス・メルロ-ポンティ Maurice Merleau-Ponty は次のように述べている。

彼（注：幼児）においては、誕生以前の生活の痕跡がまだすべて消えてしまってはいないし、また神経接続がすべて成熟の域に達しているわけでもなく、彼がおのれを取り巻く物理的環境に適応するにはまだ程遠い状態です。こうした条件のもとで、彼が、鏡の現象にそれほど生き生きとした、変わらない、一様な興味を示すというのは、驚くべきことではないでしょうか。[43]

幼児にあっては、成人の場合にシンボル意識と呼ばれているものが存在しないとか、〈記号〉と〈それによって指示

［40］［Rochat2011: 62］
［41］本書第七章第3節 473-474 ページ
［42］［池川 2008］
［43］［メルロ＝ポンティ 2001: 76］

されているもの〉が融合しあったり、また物における時間的諸契機や空間的諸契機が融合しあっているということなどは、いずれも同じ事態を証言するものに他なりません。[44]

ここで、メルロ-ポンティは、幼児においては、その人格の状態が、他人の人格との関係への依存度が高いことを述べている。つまり、幼児においては、幼児の人格は他人の人格でもあり、他人の中に私が、私の中に他人が存在するような状態だと言うのである。幼児期というのは、誕生以前の痕跡を引きずっていると同時に、言語というシンボルを操りうるだけの主体が形成されてゆく時期である。そのような時期において、記憶とは、言語がそうであるように、まずは他者からの記憶としてもたらされる。前章でラカンの鏡像段階に関する位置づけを見たが、[45]ここでもメルロ-ポンティは鏡への幼児の関心について注意を払っている。鏡とは他者であるといえる。鏡に写った自己は、もはや自己ではなく、他者である。他者からもたらされる記憶とは、たとえば親からの口伝えとしてであったり、あるいはまた兄弟から教えられたことであったりする。

人の過去との対峙の仕方は、このメカニズムと切り離すことはできない。すでに述べてきているように、過去だけではなく現在の出来事も、それが過去になるにしたがって、その人からは離れてゆく。

二度と帰らぬ幼年時代

さて、この子ども時代、つまり「幼年時代」にこだわった思想家がいる。もうすでに本書の中で何度か登場しているドイツの思想家ヴァルター・ベンヤミンである。

私は、過ぎ去ったものの偶然的、伝記的な回復不可能性にではなく、その必然的、社会的な回復不可能性にまなざしを向けることによって、この憧憬の感情を抑制しようとつとめた。[46]

ベンヤミンは、『ベルリンの幼年時代 Berliner Kindheit um neunzehnhundert』の前書きでこう書いた。『ベルリンの幼年時代』はベルリンで生まれ育った彼の幼年時代の記憶を綴ったエッセイ集である。この本は、一九三八年、彼がフランスのパリに住んでいた時に書かれたが、そのフランス在住時には、すでに、彼の故郷であるドイツではアドルフ・ヒトラーを首班とする国家社会主義労働者党（ナチス）が政権をとり、国家全体でユダヤ人に対する迫害を行っていた。ベンヤミンはユダヤ人であったため、もう、ドイツには帰ることができないことを予感していた。そのような暗い予想のもとで、彼は幼年時代の記憶を書き綴りはじめたのである。

右で引用した文の中で、彼は、過去は偶然的あるいは伝記的に過ぎ去るのではないと言う。偶然的とは、時はたまたま過ぎ去ったのであるという立場であり、伝記的とは安楽椅子に腰掛けて安心して過去を満ち足りた目で回想しているという含意である。だが、彼はそうではなく、過去はまさに過ぎ去ってしまったのであるし、通り過ぎたあの時代は、もう二度と社会的に復元できないという考え方をしている。ここには、時間が過ぎることが一方通行であり、過去の復元とは本来はできないことが示唆されている。過去は存在しないという点で、形而上学におけるプレゼンティズムと通底する考え方であるともいえる。通常、過去が存在しないということ

［44］［メルロ＝ポンティ 2001: 102］
［45］本書第七章第3節 469 ページ
［46］［ベンヤミン 1938=1997: 469］

は認識されることはないだろう。過去が存在することを前提として内的時間は組み立てられているからである。しかし、突然のカタストロフは、その内的時間を壊す。[47] ベンヤミンの場合、故郷のドイツにおけるナチスによる権力掌握というカタストロフが、そのような苦渋に満ちた認識を導いていたことは想像に難くない。

過去の真のイメージはさっと掠め過ぎてゆく。過去は、それが認識可能になる刹那に一瞬ひらめきもう二度と立ち現われはしない、そうしたイメージとしてしか確保することができない。[48]（傍点は原文）

ベンヤミンは『歴史の概念について』のテーゼのVで、こうも言っている。人にとって幼年時代とは過去である。その過去は人に記憶されていることで、回帰されるように錯覚されている。しかし、実際は、過去は決して帰ってこないし、真の過去をかいま見ようとしても、それは一瞬ちらっと脳裏をかすめるだけである。人はみな子ども時代を持っている。だが、その子ども時代が何であるのかについては、子ども時代には子どもも自身はことばが熟さず表現できないし、ことばが熟した大人にとっては、すでにその子ども時代はもう過ぎ去っている。はたして、子ども時代とは、だれがどこに持っているものなのであろうか。これは、子どもを問うこととは、人が、人にとっての過去を問うことそのものでもあることを示す。

一〇年後の胎児・嬰児へのインタビュー

以下、具体的にインタビューを見てゆく。すでにもう述べたが、対象となったのは、阪神・淡路大震災を体験したはずなのにそれを言葉では語ることのできない子どもたち、つまり生まれてはいるが嬰児であった、あるいは生命活動は開始しているが、まだ母親の胎内にいたなど、震災を体験してはいるのだが、その時には、まだ意識も確立しておらず、また言語も習得しておらず、震災のことを語ることのできない子どもたちである。その子どもたちに、あえて震災のことを聞いてみた。「震災なんか知らん」、「赤ちゃんやったからわからへん」、そんな答えが返ってくることが予想された。それは、通常の「聞き取り」の意味では、インタビューの失敗であろう。聞き取りとは、ある真正な出来事の記憶を、それを体験した当事者から聞き取るという記憶に直接アクセスする方法で聞き出すことであると考えられているからである。しかし、ここでは、知らないことや、わからないことも、聞き取りの失敗とは考えない。なぜなら、それもありのままの記憶であると考えるからである。そして、そこに、記憶の伝達について考えるカギが含まれていると考えるからである。

なお、一〇歳の子どもの語りは、本書第四章で見た青年期のボランティアや第七章で見た老人という、成人の語りとは異なり、断片的である。そのため、子どもの語りだけを書き起こしても脈絡がつきにくい場合があるため、基本的には聞き手の質問も記載している。

地震の日に生後一九八日の嬰児だった子ども

一九九四年七月、神戸市西区生まれの少年。

［47］　本書第一章第4節 105–107 ページ
［48］　［ベンヤミン 1940=1995: 648］

「全然覚えてない。寝てたらしいし」

——どうやって寝てたとかは？

「いやー、お昼寝みたいな感じ、いや、お昼寝じゃなくて、普通に寝る部屋で寝てて。そんで、地震が起こった時に、お父さんが天井が落ちてきたらあかんから、上、抱いてくれた。覆い被さって」

「自分が覚えてるのは、あまり、ないけど」

——教えられたのはある？

「うん」

「うーんと、家は何か、そんなに、食器とか割れたりしたけど、そんな、崩れたりはしなくって、ガスとかも、ついたし、ただ、そのマンションだけ水道が出えへんかって、そんでほかのマンションの風呂に入れさせてもらったたっていうことを聞いたことがある」

——それは何ヶ月後くらい？

「地震のあとで、お母さんが買い物に行って、買い出しに行って、コープに、そん時に前の人とおしゃべりしてて、それで、それやったらうちの家にあるお風呂に来たら、って。自分が体験したのは覚えてないけど、うーん、写真とかで見たのは知ってる」

——どんな写真を見た？

「何か家がぐしゃって崩れて二階が一階になってる写真とか、高速道路が割れてトラックが端がこうなってる（引っかかっている身ぶり）写真」

「阪神淡路大震災、寝てた。そんで、揺れても寝てたらしい。関係なく。ぐあーっと。気づかんと。覚えてない」

この少年は、一九九五年の阪神・淡路大震災の時、生後約六ヶ月であった。両親と神戸市西区にあるマンションに住んでいた。神戸市西区は一九八〇年代に丘陵地を切り開いて開発されたニュータウンで、マンションなどの集合住宅が多かったことと、活断層から離れていたことで、阪神・淡路大震災では、それほど大きな被害は出なかった。

地震は、早朝であったため、当時六ヶ月の嬰児であった彼は、両親とともに寝ていた。天井が落ちて来るように思われたため、父親が覆いかぶさったと述べている。そのほかの記憶については、明確に、親から聞いたことが間接話法で語られているが、この地震の瞬間の記憶については、直接話法で語られ、それは、あたかも、その当時の嬰児だったこの少年自身の記憶によるもののようである。

写真 8-5　神戸市東灘区本山生まれの少年のインタビュー映像より

地震の日に出生前一四六日の胎児だった子ども

一九九五年七月、神戸市東灘区本山生まれの少年（写真8-5）。

――地震のことは覚えてますか？

「全く覚えてませーん」

――それはどうしてですか？

「地震の時は、お腹のところにおったから全く覚えてません」

――お腹のところにおったということは、お母さんのお腹の中にいたということ？

「（うなずく）」

――えーと、何ヶ月ぐらいなのかな？

「わかんない。そんな話は聞いてない」

――生まれたのは何月?

「七月一一日。」

――えーと、そのあと、地震のことで覚えていることはありますか?

「うーん、ほとんど、すごい災害だったとは覚えています。地震の時、うーんと、すごく、ぼくのお腹の時は重かったから意外と大変やったって言ってました」

――え? お腹の中にいたときに重かったって? 揺れた時じゃなくて、買い物に行ったりするときに重かったって?

「いやいや、違う、地震の時、逃げるとき。一番屋上まで逃げたって言ってた。たぶんつらかっただろうな、と思います」

「生まれは大阪。生まれたのは大阪の病院で生まれました。うーんと、その前は、たしか、電車が、電気が流れてこなかったので、歩いて大阪まで行ったって教えられましたね。大阪まで。それくらいです」

――歩いて、大阪まで行って、そこで生まれたんだ。

「七月一一日にね」

――そん時のことは何か教えられてる?

「うーん……待望の赤ちゃん? みたいな。希望の赤ちゃん、ですね」

――名前が、地震に関係あるとか。

「うん。関係してます」

――どんなこと?

「大地って言うのは地震の時、大地って名づけられましたね」

――それはどう思う?

「自分で納得してます」

――納得してんの？

「納得してます」

――どんな風に？

「うーん、べつにこんな名前でもいいなって、納得してます」


この少年は、神戸市東灘区本山で生まれた少年である。東灘区は、神戸市の中でも大きな被害を受けた地域である。大規模な火災も部分的に発生した。少年は、当時、母親の胎内にいた。当時家族は集合住宅に住んでいたため、母親は、大きなおなかを抱えて、屋上まで避難したという。また、その後、徒歩で大阪まで移動し、そこで出産したという。地震当日に屋上まで避難したことや、徒歩で大阪まで移動したというのは、克明な情報であろう。それを親から聞かされているのである。

少年は地震から約半年後の七月に生まれている。にもかかわらず、少年には、大地という地震と関係した名前が与えられた。これは、親のカタストロフの体験の強さからくるものであろう。ただ、それは、必ずしも否定的なものではないことは、少年が「納得してます」と語っていることからもうかがえる。親が子どもに地震を彷彿とさせる「大地」という名前を与えた意図については、ここでは少年は語っていないので、わからない。もしかしたら、それは、親自身にも、子どもにも明確には言語化できないことかもしれない。本書第三章において、カタストロフの瞬間を言語的にとらえることの困難について検討し[49]、第五章において、カタストロフにおいては、明確に言語化できないが、「命」や「経験」としか表現できないことを人は感じていたことを示し

［49］　本書第三章第2節 165–167 ページ

た。[50]またこの後、第十章においても、ことばにできないけれども、地震というカタストロフに出遭ったことそのものをモニュメントとして残そうとする心情が存在することも見る。[51]記憶とは、何かの具体的なことがらの記憶であると同時に、漠然とした思いや感情も記憶であろう。

少年に名前として与えられた「大地」という言葉は、地震によって揺れた土地のことを示すが、それは「土地」や「地球」などではなく、「大地」と表現されている。そこには「大」という漢字が含まれていることによって、カタストロフの大きさや超越性が暗示されているといえる。「大地」とは日常ではあまり使用されない語彙である。使用される際には、天と地の対比や、大いなる土地と、その上に立つ一人の人間との対比などのイメージとともに使用されることが多いと思われる。地震を彷彿とさせるが、そこに人間の存在を感じさせる語彙であるといってもよいだろう。この少年に大地という名前が与えられたのは、カタストロフが人間性を再考する契機になったことを、親が子に伝えたかったからであるとも想像される。そして、子どもがそれを納得していると述べているということは、そのことが子どもに伝えられているともいえる。

地震の日に生後六一日の嬰児だった子ども

一九九四年一一月、芦屋市生まれの少年（写真8-6）。

「えっーと、ぼくは、一九九五年の一一月一六日生まれで、芦屋生まれで、地震の時、タンスがぶっ倒れて、本棚の中の本がぶっ飛んで、服とか入れてる棚が飛んでって、中身がこぼれて、台所は食器とか、ぐちゃぐちゃで、で、えーっと、クローゼットも倒れて、その時の傷がまだ残ってる。板が割れてる」

写真 8–6　芦屋市生まれの少年のインタビュー映像より

「ぼくの畳の部屋には、ふとんが二枚敷ける大きさやってんけど、ぼくが寝てたところの真上に電球があって、それも笠付きの蛍光灯で、地震が起きたときに、お父さんとお母さんがぼくをかばってくれて、お母さんがタンスの下敷きになって、そのタンスが倒れてくれたおかげで蛍光灯が当らんで済んでん。で、父さんが支えてる間に母さんとぼくが最初に出て、そのあと、母さんが支えてお父さんが出てん。そういうので、えっと、学校とかが全部避難所になってて、水もぜんぜん出えへんかったから、給水車とか、それとか、親戚の井戸水とか水道水とか川の水とかそういうのをいっぱい使っててん。風呂がわかせへんから、親戚の人とか近所の人に入れてもらったり銭湯に行ったりして。そういうのがあって」

「その時（地震が起きた時刻）がちょうどミルクの時間で、お母さんが起きた時に、何か、地震が起きておいらをかばってくれて、父さんと、で助かった」

——何か覚えていることはある？

「食器が割れる音が聞こえた」

——どんな音やった？

「えーとねー、食器棚はきっちり閉っててんけど、それが外れて、割れて、その後、食器が全部飛び出して割れてん」

——え？？　ほんまに聞こえたん？

「うん」

［50］　本書第五章第1節 267–268 ページ
［51］　本書第十章第4節 703–705 ページ

――それ、だれが？　お母さん？

「ううん、おらも聞いた。起きてたから」

――え？　二ヶ月ちゃうん？　二ヶ月で？

「うん」

――まだ、頭の中に残ってんの？　どんな音やった？

「むちゃ高い。連続して聞こえてん」

――何で連続して聞こえたん？

「上の方から引き出しとかもあるし（上から順に落ちる手振り）、下の方には棚もある。その中に一升瓶とかいっぱい入ってるし」

――え？　どうやって割れていくわけ？

「上から順番に、扉が外れて、上から順番に落ちていって、そこに引き出しが三っつあんねん、そこから全部飛び出して、その一番下にも棚があって、そこにもあって」

――それが全部割れる音がしたん？

「うん。かなり高い音やった」


この少年は、芦屋市の西部で被災した。芦屋市は、先ほど述べた神戸市東灘区と隣接し、東灘区同様大きな被害を受けた地域である。住宅地であるが、古くからの木造住宅が立ち並ぶ地域の住宅が軒並み倒壊した地域もある。少年は、家屋の下敷きにはならなかったようだが、部屋の中でタンスの下敷きになった。母親が授乳しようとしていて起きていたため、タンスは母親が支え、その母親を父親が助けて、部屋から脱出することができた。

少年の記憶は克明である。当時生後二ヶ月だった少年が寝ていた部屋の構造や、そこで、だれが、何をしたのかを、時系列的にしっかりと述べる。構造や出来事だけでなく、音も記憶しているという。食器棚の中から食器が飛び出して、割れていった音をまだ音として記憶しているという。その食器が食器棚から飛び出すさまも、食器棚のつくりと地震動の関係により構造的に把握されている。

地震の日に胎児だった子ども1

「お腹ん中で動いた。あと、なんか、道路が、つぶれて、がたがたなってた。どういう時かって、わからんけど、ときどき、ニュースで地震が震度1とか起きたときに話してくれた」

地震の日に胎児だった子ども2

「知ってますけど。おらがお腹にいる状態で、お母さんのうえにタンスが乗っかってきたのは知ってる。それでお父さんがタンスを上に上げたとか。ほとんどの家が、つぶれたっていうくらいは知ってる。ニュースで見たけど、新潟県中越地震くらい大きな地震だったっていうのははじめて知った。だから、すごいんだなー、って思った」

これらの少年は、断片的な記憶しか持っていない。一人は、地震の際に、胎内で動いたことを述べる。子どもがある程度大きくなって、地震が起きた時に、親が、過去の阪神・淡路大震災を回想して子どもにときおりそれを話すことがうかがえる記憶のあり方である。阪神・淡路大震災そのものについては、漠然とした知識しか持っていないようである。もう一人の子どもも、それほど具体的な記憶があるわけではない。これも、別の地震が起きた時に、阪神・淡路大震災の記憶が呼び起こされ、親が子どもにその記憶を語っていることが想定される。カタストロフは、日常的な出来事ではないため、カタストロフのことが想起されるのは、別のカタストロフによってであることがうかがえる。

地震の日に生後七〇日の嬰児だった子ども

一九九四年一一月、神戸長田区生まれの少年、母親も同席しての聞き取り（写真8-7）。

母親「避難所に子どもさん（が）いたんね、赤ちゃんいたんは、この子と、全く同じように生まれたベトナム人のお子さん、二人だけやったんです。最後までいたのはこの子だけやった。だから、この子は避難所で首がすわって、避難所で寝返りがうてるようになって、だから、ハイハイまでの行程は避難所なんです。歩いたのは違いますけど」

母親「七月のちょうど二五日、上の子の誕生日までずっと避難所でした」

母親「わからんから。仮設に引っ越したのもわからへんし、一歳の誕生日はもう、引っ越したから。なんにもわからへん。ただ、まわりで阪神大震災がどうのこうの、といわれたらふーんとかいう感じやから。で、たまに意味不明に怖かったな、とか。何も覚えてないのに、怖かったな、とか。」

――どんなときにそう言うんですか？

母親「みんながそんな話をしたときに、家に帰って来たときに、あれってこわかったな、とか。全然知らんやんって。まったく、ほんとわからないですからね。二ヶ月やったから。だから皆さん避難所で（世話などを）してくれたおばちゃんが「大きなったね、大きなったね」って声かけてくれるんですけどね。ぜんぜんわからへん。毎日のようにね、順番に、だっこして子守のようにしてくれてたんですけど、全くわからない。覚えてない。ただ、アルバムがね、赤ちゃんの時のアルバムがあって、それ見てなんでこんなところにおるん、みたいな。そんな感じですね。どこや、ここ、みたいな」

――アルバム見たらどう思うの?

母親「アルバム見たらびっくりやな、学校におるねんもんや」

「全然わからへん」

母親「ぜんぜんわからんな。まったく、何とも思ってないから、つい最近の余震、あの、地震の時、それでも寝てましたからね。前も地震、いや、夕方の時は一緒に逃げてんな。うわーっていうくらいで。つい最近のことくらいで。それまでは。その点、私らはよかったと思ってるんだけど」

――地震のことで教えてもらったことはある?

写真 8-7　神戸市長田区鷹取生まれの少年のインタビュー映像より

「ない」

母親「あるやろ。地震の時、コウちゃん（少年の呼び名）は大変やって、病気して、って。何があってもあんたは死なへんなー、ってな」

この少年は神戸市長田区鷹取で被災した。神戸市長田区は、神戸市内でも最も被害の激しかった地域の一つである。すでに何度も述べてきたように、大規模な火災が発生し、「焼け野原」となった個所が数ヶ所あった。また、長田区は、在日韓国朝鮮人、在日ベトナム人などの多国籍の出身を持つ人々が住む地域でもある。少年の家族が身を寄せた避難所にも、在日ベトナム人の家族がおり、嬰児だった少年と同じくらいのベトナム人の嬰児がいたことが語られる。

ここでは、母親と少年のインタビューを掲載した。この少年は、それほど饒舌ではないため、母親と同席してインタビューをしたところ、結果として、母親がほとんどを語ってしまったためである。少年はサッカーなども得意で、どちらかというと活発で「やんちゃ」なタイプに見受けられるが、インタビューというような堅苦しい行儀のよい場はあまり得意としないように思われた。地震のことで教えてもらったことはあるか、という質問に間髪入れず「ない」と即答しているが、それは、子ども特有の〝てれ〟によるものであるように思われた。だが、母親の饒舌な語りを通じて子どもに、その記憶は伝えられているであろう。そのことを示す例として、不規則にはなるが、ここにこの事例を入れた。

重なり合う記憶と時間の伝達

さて、これらのインタビューから記憶について何が言えるのだろうか。

第一は、知らないことを知らないということについてである。このインタビューでは、阪神・淡路大震災の記憶について「全然覚えてない」や「全く覚えてません」というように複数の子どもたちが、覚えていないと答えた。インタビューのねらいは、地震がどのように記憶されているかということであったが、そのどのようにという問いへの答えであるとするならば、「覚えていない」という形で記憶されているといえる。インタビューを紹介する前に述べたように、地震を体験していることと、経験していることとは区別される。体で体験していても、それを主体的に経験していると言えない場合もある。阪神・淡路大震災について体で経験しているといっても、それを本人自身が「覚えていない」と言うことは、それを示している。

とはいえ、覚えていないことを覚えていないと言うことは記憶の伝達においては重要なことである。インタビューにおいては、通常、何かを知っていることや知識が前提とされる。しかし、記憶の伝達においては、知らないことも重要な意味を持つ。知らないというかたちで知っているともいえるからである。知らないというかたちで知っているという時、そのことを主体的に知ろうという動機が生まれる。それは、当事者ではなく、非当事者として出来事に関与しようとするときに重要な態度である。

第二に、覚えていないはずのことを克明に語る子どもがいることである。どの例の子どもも、覚えていないと言いつつ、阪神・淡路大震災の直後のことを比較的具体的に語る。なかでも、三番目のインタビューで地震の揺れにより食器棚から飛び出た食器や瓶が割れた音を語る少年は、その音と様子を克明に述べている。このインタビューは二〇〇四年一二月に行われたが、地震の時、生後二ヶ月であった少年は一〇歳になっている。一〇歳の少年にとって、生後二ヶ月の嬰児期の震災の記憶とはどのようなものであろうか。生後二ヶ月の嬰児は、当然耳は聞こえるし、目も見える。だから彼が「食器が割れる音が聞こえた」と言う時、その音をたしかに聞いていたはずである。それゆえ、この光景を彼は完成した視覚と聴覚でもって体験していたということはできる。だがしかし、彼は、それをどの程度分節化して認識し得たのであろうか。それを考えると、彼の述べることは、後からの知識であり、父親や母親から聞かされた記憶も混じっていると考えてもよさそうではある。

しかし、「聞こえたのか」という著者の問いただしに対して、少年ははっきりと「聞こえた」と言っている。かなり「高い音だった」と明確に答え、しかも、それを食器棚の引き出しの構造とあわせて回答しているのである。このことを解釈するためには、発想の転換が必要である。少年が当時のことを、後から親に聞かされた知識によって再構成したものも含めて記憶として考えるべきであるということである。

とはいえ、詳細に検討すると、これは、少年が単純に親から聞いたことを繰り返しているわけでもない。少年は自分なりにその後、棚のメカニズムを検証し、その棚に入っているものを調べ、合理的に当時の状況を構築している。少なくとも揺れと構造を自分なりに再構成しなくては証言できない内容である。

完全な私的言語は存在しえないという命題がある。[52]オーストリアの分析哲学者ルートヴィヒ・ヴィトゲンシュタイン Ludwig Wittgenstein が晩年に展開した議論で、後期ヴィトゲンシュタインの言語ゲーム論と呼ばれる論の中の命題である。一般に自分の感情は自分だけが理解しうると考えられているが、それは正しくない。たとえば、その感情を自分にしか理解できないやり方で表現することを考えてみればよい。「うれしい」、「かなしい」というのはすでに自分だけの感情表現ではない。というのは、公共的な言語というシステムによって、すでにその表現は媒介されているからである。もし仮に、何らかの手段で自分にしか理解できない感情表現に成功したとする。しかし、そのことがその感情であることを担保するのはどのようにしてなのか。それがその感情であることを保証するためには、言語というシステムが必要である。しかし、言語というシステムを導入した時点で、すでに他者の存在が前提されている。つまり、完全な私的言語は存在しないのである。

これを援用するなら、第二の記憶していないことを克明に語る例からは、記憶が決して私的なものではないことが導かれる。記憶というと、それを体験した人が、自分の体験を語るということが通常想定される。「語り部」という用語が使われることもあるが、それも、この当事者が語るということが前提になっている場合が多い。しかし、ここで見たとおり、自分が自分の記憶として語ることのできない体験でも他者のことばを通じて記憶として記憶される。これは、記憶の現実であるといえる。記憶の現実においては、当事者は死者であって、現在において過去の出来事の当事者は存在しない。すべての現在の者は過去の出来事に関しては非当事者であるが、非当事者は非当事者として、出来事にかかわることができる。そこでは、本章でこれまで使ってきたことばでいうとかかわりによる開かれた出来《しゅったい》が実現しているといえる。

このような過去へのかかわりは、このインタビューで答えている子どものように、実は、すべての人が行っていることである。通常それに気づくことがないだけのことである。かかわりも出来《しゅったい》も行為であるので、そのことに気づくこと自体がかかわりによる開かれた出来であるといってもよいであろう。人間の社会生活とはこの過去へのかかわりと、現在における開かれた出来に支えられている。人はすべてのことを体験することはできない以上、だれかの体験を聞くことによって得られる情報によって生きることが必要である。人が社会生活をするということは、そのようにして得られた他者の体験を自己のものにして、経験を増やしてゆくということである。

記憶と未来、自由・自由意志と目的

体験していない記憶を自分のものとして語るということは、記憶が自分に固有でないことに自覚的になることである。記憶は自分に固有ではないということは、気づかれにくい。しかし、完全に私的な言語というものは存在しえない以上、完全に私的な記憶も存在しないといえる。つまり、記憶には、だれかの記憶という側面と、だれのものでもない記憶という側面があるのである。

記憶はだれのものでもないということは、未来はだれのものでもないということである。未来とは不確実なものだと一般的には考えられている。しかし、不確実性は、過去に関しても存在し、現在に関しても存在する。

---

［52］［ヴィトゲンシュタイン 1997］

不確実であることは、偶然と言い換えられる[53]。現在も、過去も、未来も偶然によって成り立っていると考えてみよう。偶然という概念の逆は、すべてが決定されているという決定論の考え方である。決定論と可能性については、運命とのかかわりですでに見た[54]。運命によって将来の出来事がすでに決定されていると考えることは人にとって苦痛をもたらすものである。なぜなら、そこには選択の自由がないように見えるからである。だが他方で、同時に、すべてが偶然であると考えることも、同じように人にとって苦痛をもたらすものである。なぜなら、すべてが偶然であれば、生きることには意味が見いだせないともいえるからである。形而上学のピーター・ヴァン・インワーゲン Peter van Inwagen は、それを自由意志 free will の問題として考えている[55]。すべてが偶然であるということは、人生には目的が存在しないということである。一方、人生に目的が存在するとしたら、その目的はだれかに与えられたものであることを意味する。なぜなら、人が生まれることを自らが選ぶことはできないからである。自ら選ぶことができないことがらが合目的的に生じているとしたら、その目的とは自らの目的ではなく、だれかの目的であるということになる。だれかに目的を与えられた人生とは、自由なものではない。それに対して、すべてが偶然であるということは、その生も偶然であり、だれかに与えられた生ではない。だれかに与えられた生ではない限り、それは、その人が自由にすることができる。それは、人に主体性を与え、未来を自ら切り開いてゆく可能性を与えるだろう。仮にすべてが偶然であったとしても、それは苦痛なことではないのである。この考え方を援用すれば、記憶はだれのものでもなく、未来はだれのものでもないことは、人間が自由に、生き生きと生きる上で、最も重要なことである人間の主体性とかかわっていると思われる。

　だれの記憶でもないということは、未来のだれに届くかわからないということでもある。本章第2節で見た展示会で展示された装置は、未来への記憶を、届くか届かないか不確実なものとしていたが、記憶が伝えられるとは、そのようなことである。

この未来の不確実性に基づいた記憶の伝達は、倫理的に見ても望ましいものである。哲学のジョン・ロールズ John Rawls は『正義論 *A Theory of Justice*』において、社会において望ましい富の分配が行われる条件とは、社会の成員のだれもが、その人がどのような社会的、生物的状態にあるかどうかわからない初期条件のもとにあることを想定して行動することであるとした[56]。そのような仮定のもとであれば、だれしもが最悪の状態に陥らないような社会をつくることが最も望ましいことになる。そのようにして出来上がる社会が正義にかなった社会であるというのである。

このことは、記憶の継承についても当てはまるであろう。記憶は、だれか特定の人の特定の目的のために存在するのではない。だれに届くかわからない状態を想定する時、その記憶の継承は、普遍的な声を獲得する。それは、記憶の継承の望ましいあり方の一つであるといえる。

未来への語り、新しい人、誕生

時間の観点から見ると、胎児、嬰児とは未来である。

［53］　不確実は確実性という確率の問題であり、偶然は必然と対になり、確実性や確率とは別種のカテゴリーに分類されるともいえるが、ここでは、偶然を確実性の問題としてとらえる。
［54］　本書第七章第3節 459–461 ページ
［55］　[van Inwagen2014: 267–286]
［56］　[Rawls1971=1999]

写真 8–8　『Die Kindheit in Kobe 神戸の幼年時代』の展示風景

国民国家が無名の死者を捏造することを本書第五章で見た[57]。たしかに、国民が統合されるときに、無名戦士などの無名の死者というものが存在し、それが有効であることはこれまで幾多の国民国家がそのような存在を捏造してきたことからしてうなずけることであるかもしれない。しかし、無名の死者は、一方で、人身犠牲でもあった。人身犠牲とは、自己の生命をささげる行為であり、それは、それが意に反して行われる場合は倫理的に問題があるといえる。他方、国民国家は、無名の死者は捏造するが、〝無名のこれから生まれてくるもの〟を捏造することはないようである。それはなぜなのだろうか。死者ではなく、これから生まれてくる者という価値も大切ではないだろうか。

実は、ここで紹介したインタビューは二四分間のカラーＤＶＤ映像として編集されたのち、『Die Kindheit in Kobe 神戸の幼年時代』というタイトルで本章第２節で紹介した「いつかの、だれかに」展で上映された[58]（写真8-8）。この展示会で、この胎児と嬰児の記憶を展示した意義は、第一に記憶の継承のメカニズムを示すことであったが、同時に、もう一つ、嬰児、胎児という存在にあらわれている未来を展示することにもあった。

カタストロフの記憶というと、死者の記憶が想起される。本書でも、ここまで扱ったほとんどの事例が、死者の記憶である。もちろん、それは大変重要なことである。カタストロフに遭遇して亡くなった死者は悼まれ、記憶されなくてはならない。

しかし、一方、カタストロフには、それだけではない側面がある。創造の側面である。清水展は、フィリピン・ルソン島ピナトゥボ火山の噴火後の先住民アエタの災害からの立ち直りの過程をつぶさに追い、実は、それが、アエタに新たな民族としての覚醒をもたらす創造の契機でもあったことを明らかにした[59]。その上で、自然災害を契機に、人間や社会が変わってゆくポジティブな側面に注目し、「新しい人間」と「新しい社会」が「想像＝創造される」きっかけとしてカタストロフをとらえることを提唱した。それは、カタストロフが持つプラスの契機としての面を見ることである。清水は明示的には述べていないが、創造へ向かう存在としての「新しい人間」という語には、大江健三郎の小説『新しい人よ眼ざめよ』がこだましていると考えてもよいだろう[60]。大江の小説は、ある父と知的ハンディキャップを持った息子をめぐる語りである。小説の中では、父と知的ハンディキャップを持った息子がある困難な状況に陥る。それをその知的ハンディキャップを持った息子の弟妹が助ける。大江が小説で描いた「新しい人」とは、次の世代であり、未来の世代である。この小説の登場人物は

［57］　本書第五章5節 321ff. ページ
［58］　［寺田 2005f］［寺田 2006］。この映像について言及した文献に［木下 2005］がある。
［59］　［清水・木村 2015］
［60］　［大江 1983］

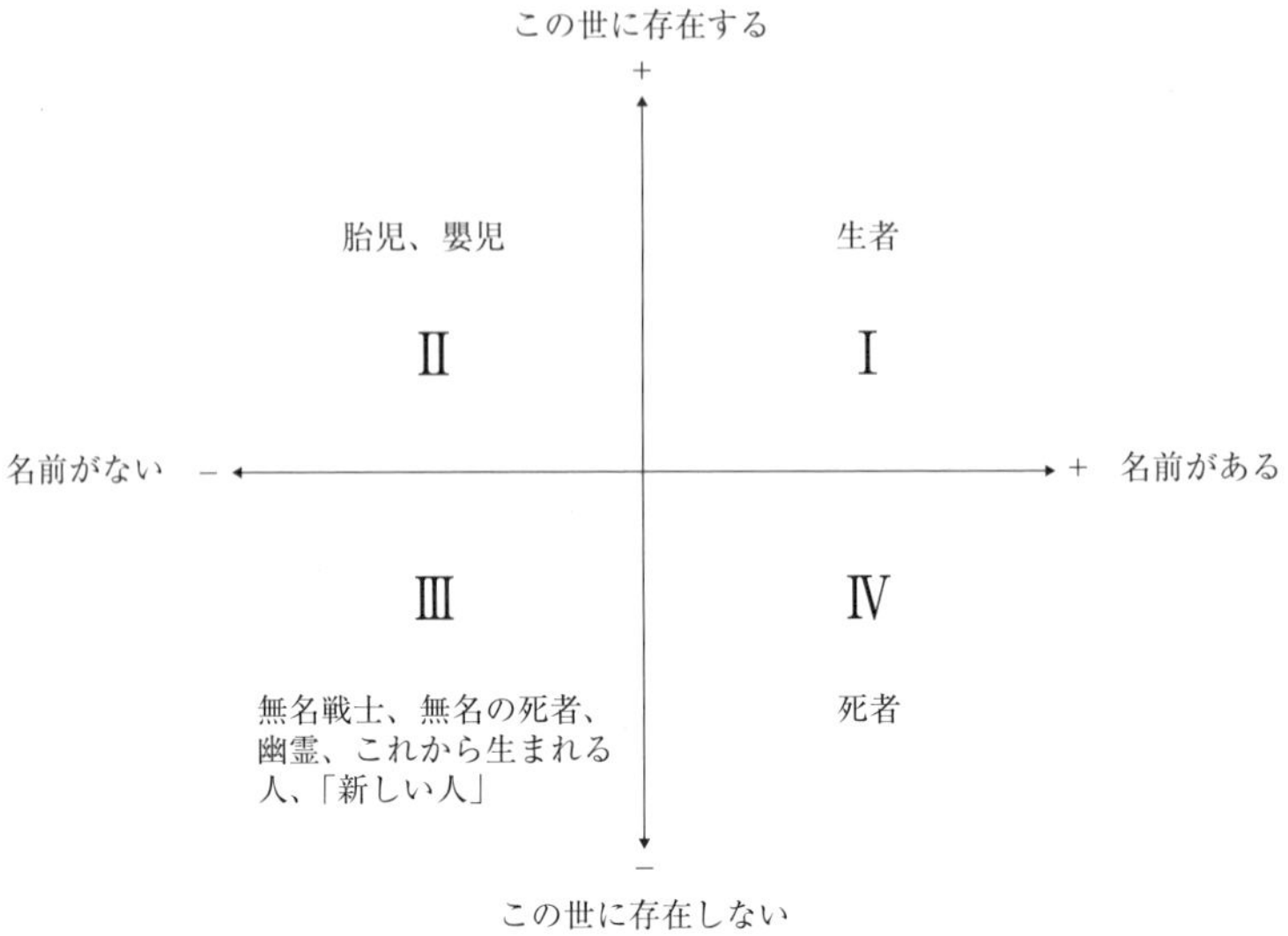

図 8-2　生者と死者をめぐる存在論的分類の四つの象限（Ⅱ）

作者である大江の実生活と二重写しになっている。知的ハンディキャップを持った子どもを持つことは、苦難であるが、しかし、その中においてもオプティミスティックに未来を見ようとすることは多くの人の共感を得て、大江は一九九四年にノーベル文学賞も受賞している。

カタストロフは、国民国家が無名の死者を必要とし人身犠牲を必要とすることをあぶりだす。国民国家は、人間が生きてゆくうえでの基盤となる社会関係であり、必要であるが、それが無名の死者や人身犠牲を必要とするのは、ある意味で桎梏でもある。藤井貞和は人身犠牲の一つの形態は国家間における戦争であると述べたが、国家間における戦争は人間性に普遍的に備わった行為ではない可能性が高いことは、考古学や人類学の成果によって明らかにされている。考古学の佐原真は、人類が戦争を組織的に行うようになったのは、農耕が始まって以来の二〇〇〇年近くであり、それは、三十数万年の人類の歴史から見ると短期間であることを明らかにした[61]。日本国憲法は、日本国民が、「国権の発動たる戦争と、武力による威嚇又は武力の行使は、国際紛争を解決する手段としては、永久にこれを放棄する」と戦争を放棄することを謳っているが、それは世界にとって最も必要なものである平和を実現する手段の一つとして高く評価されている。人の生命を国家のために犠牲とする人身犠牲を要求するものとしての戦争という桎梏は無くされなくてはならないし、諸事情によりすぐに完全に無くすことは困難であろうとも、そこから解放される未来を探ることは人類に必要な行いであろう。

嬰児、胎児とは、可能態（デュナミス）と現実態（エネルゲイア）のはざまにある存在である。本書では、歴史のエネルゲイアという考え方を用いている。序章と本章第1節でそのもととなったアリストテレスの考えを紹介したが[62]、それによれば可能態（デュナミス）とは、まだその存在が存在せず可能性の状態にとどまっていることである。一方、現実態（エネルゲイア）とは、それが、現実に存在するようになった状態である。第五章の図5-8「生者と死者をめぐる存在論的分類の四つの象限」では、「名前がなく、この世に存在しない」第Ⅲ象限にある者を「無名戦士、無名の死者、幽霊」と書いたが、実は、その第Ⅲ象限に書き込まれるべきなのは、そのような死にまつわる者だけではない。同時に、そこに書き込まれるべき者は図8-2のように、「これから生まれる人」「新しい人」もそうである。「これから生まれる人」「新しい人」は、第Ⅲ象限にある時、まだ、可能態の中にいる。その「これから生まれる人」「新しい人」が、受精し、胚胎した時、胎児となり、そして、産み落とされた時、嬰児となり、第Ⅱ象限に移るが、その時、現実態となる。

ハイデガーが『存在と時間』において行った人間存在を死に向かう存在であるという定義では、死に向かう

[61]〔佐原 2005: 8-10, 102-135〕
[62]　本書序章第3節 50-51 ページ、本書第八章第1節 506-508 ページ

存在とは、死という無に向かう存在であり、その死は不安の対象である。[63]しかし、同時に、存在することとは、その死に向かう存在として、存在を手に入れたことによって可能になることである。逆に言えば、死に向かう存在として存在しなければ、人は可能態のままとどまり、現実態にはなり得ないのである。現実態になることとは、未来が実現することである。ここには、死と誕生のアンビバレンツがある。人間が、この世に存在することは、そもそもアンビバレンツを持つことである。カタストロフとは、人間の極限状態である。その時、死が意識される。しかし、人間存在のアンビバレンツには、実は、誕生もすでにあらかじめ組み込まれている。カタストロフにおいては、死だけではなく、誕生も見られなくてはならないのは、人間という存在の根源からしても改めて認識されるべきことであろう。

カタストロフに際して、死だけが脚光を浴びてはならない。カタストロフにおいて、誕生も、そして未来もがしっかりと見据えられなくてはならない。胎児・嬰児の記憶を語るインタビューを編集したビデオがカタストロフの記憶を扱う展示会で展示されたということは、そのような現実に目を凝らすことも含意していた。なお、未来をどのように「見る」のかについては、終章でより詳細に検討する。[64]

未生以前と寂滅以後

第Ⅲ部では、前章である第七章が死者の記憶を扱い、本章である第八章が胎児・嬰児の記憶を扱うという点で対照的な記憶を扱っていた。最後にこのことと、記憶、時間のかかわりについて検討しておきたい。ハイデガーが、誕生と死を現存在の二つのエンデ（das Ende）であると定義したことについては、すでに見た。[65]それは、存在と非存在を截然と分かつものであった。たしかに、人間という現存在は、その二つの出来事の間に存在する。だが、前章と本章の記述を通じては、死と誕生が現存在と非存在をそのようにはっきりと分かつとはいえない側面もあった。

前章で見たように、死者は、語りの中で、死後も語りかける。それは、死者が、死後も語りの中に存在しているることであるともいえる。また、本章で見たように、幼児は、胎児・嬰児として生きていた時期の記憶を他者から教えられ、その記憶を自己のものとする。本書第三章第2節において、精神医学の木村敏の自己に関する所説を紹介したが[66]、そこでは、父母未生以前が自己という現象の発生機となるものであることが示唆されていた。ただし、この父母未生以前は自己の発生機ではあるが、それは自己によっては決して認知できない。しかし、それは、他者とのかかわりの中で認知されうる可能性があることが、幼児の胎児・嬰児の記憶のあり方から示唆されている。他方、死後という寂滅以後においても、死というものは自己によって認知することはできない。しかし、その寂滅以後は他者によって、死者が語られ、死者が記憶されることにより認知されうる可能性があるともいえる。

図8-3は、本書第五章で見た存在の両端をどうとらえるかという図5-10にこの未生以前、寂滅以後を書き加えたものである。図8-3cにおいて、誕生と死とは現存在の二つの端ではある。しかし、それは、記憶と語りを通じて、未生以前と寂滅以後に接続している。その場合、現存在の端はその接続した未生以前、寂滅以後の語りの端であるとも考えられる。しかし、その場合、この記憶や語りが存在することには明確な端という

[63]　本書第十章第3節685ページも参照。[Heidegger 1927=1972: §53, 260–267]。
[64]　本書終章第2節750ff.ページ
[65]　本書五章第5節329–331ページ、第七章第3節471–472ページ
[66]　本書第三章第2節164–167ページ

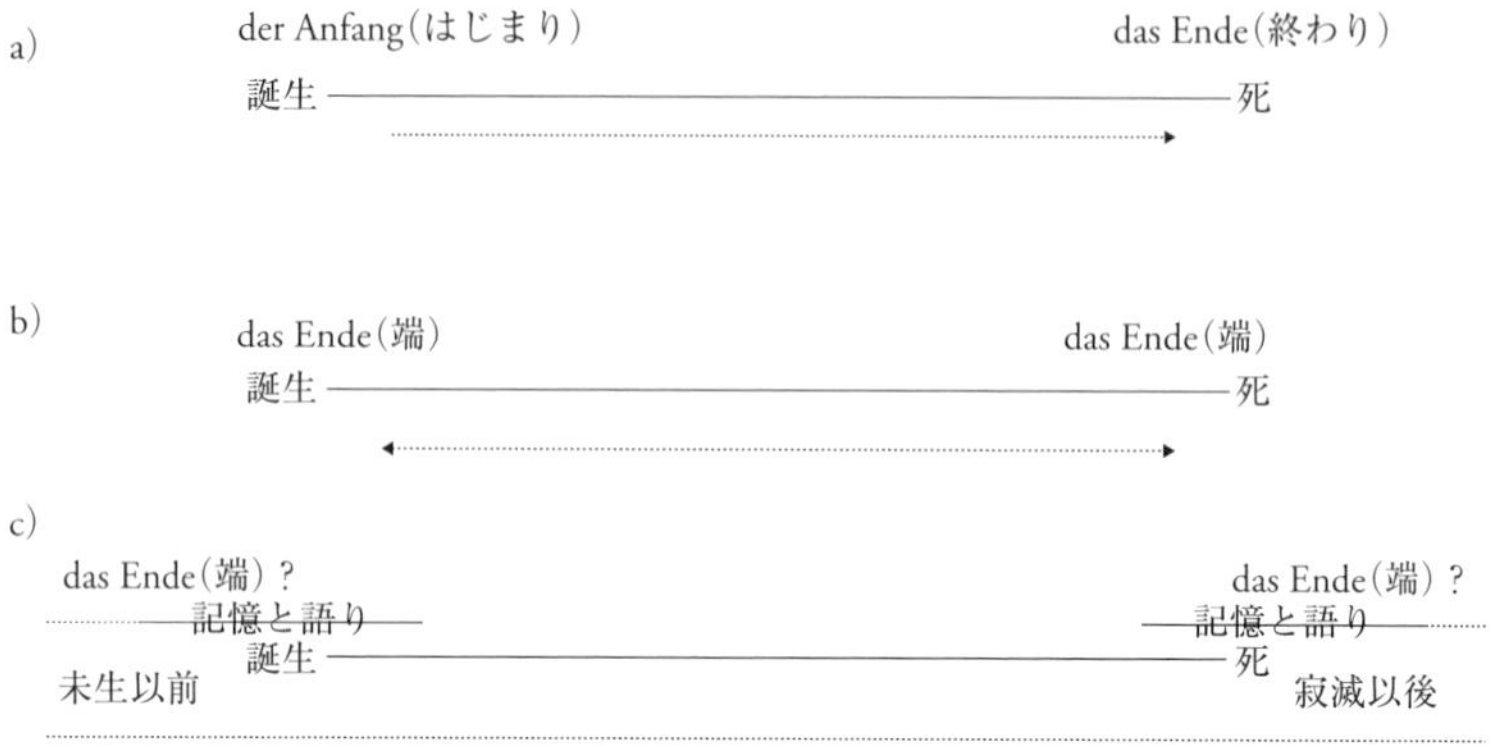

図 8-3　未生以前と寂滅以後をどうとらえるか

ものは存在しないともいえる。なぜなら、記憶や語りとは、次々に、伝えられてゆくものであるからである。そうなると、ある人の存在とは、必ずしも明確な存在と非存在という区切りによって分けられるものでもないともいえるだろう。

もちろん、存在としては、未生以前と寂滅以後は、現存在という存在の埒外ではある。だが、現存在は、存在から語りや記憶という物語の領域に移行することで、未生以前も寂滅以後も、存在という埒外に存在し続けることが可能となるともいえる。存在するものと存在しないものは、その意味で嵌入しあっている。存在を前提とした時、存在と存在しないものは二分されることになる。だが、その二分法を緩めてみた時、存在と存在しないものの境界は開かれたものになる。エネルゲイアに着目することとは、存在を存在に「なる」という動態においてとらえることであり、それは、その過程の中で生まれてくるものの可能性をあらためて認識することである。そうなった時、自己の記憶の射程は、もはや自己の記憶だけではなくなる。なお、「なる」という概念とエネルゲイアの関係については、本書補章2で検討する。[67]

〔67〕本書補章2 765ff. ページ

第Ⅳ部　場に残るカタストロフと「持去」

――メモリアル・モニュメント・遺構

第Ⅳ部は、場所とカタストロフの問題を扱う。ここまで国家、近代とポスト・モダン、記憶などのキーワードによってカタストロフと時間の問題を見てきたが、それをあらためて場という環境と関連づけて考えるのがこの第Ⅳ部である。

カタストロフはある環境のもとで起こるものだが、その環境のもとで残ってゆくものでもある。風化したり、消えたり、保存されたりするという、人為と自然の両者の作用の相乗した中でカタストロフは残る。

環境にはいくつかの広がりのレベルがある。まず第九章では、メモリアルというやや狭い場所、つまり環境をとりあげる。一方、第十章では、それより広いランドスケープや地域に焦点を当て、遺構とモニュメントを通じてカタストロフが場とどうかかわるのかについて見る。

それらを通じて、人はカタストロフをどのように場所に残してきたのか、どのように場所に残してゆくべきなのかを探る。

第九章　感情操作のポリティクス
――メモリアルにおける演出と動員

手前には、火山弾のような灰色の石で覆われた草一本も、木一本も生えていない原がひろがり、遠くには、黄色く色づいた落葉広葉樹と深く濃い緑色の針葉樹の巨木の入り混じった深い森の木立が見える（写真9-1）。その中に映画「二〇〇一年宇宙の旅 A Space Odyssey」（スタンリー・キューブリック Stanley Kubrick 監督、一九六八年）に登場する巨大な石板「モノリス」のような一枚の大きなプレートがある。よく見るとプレートに至る小さな轍が右から左に横切っているのが見える。

荒涼とした風景。

しかし、本章を読み進めた読者は、これは、荒涼とした風景ではなく、「荒涼とした風景」に見えるようにつくり込まれたメモリアルの場であることを知るだろう。

これは、自然の風景ではなく、荒涼とした風景によって喚起される感情を誘うためにつくられた装置である。では、そのような装置としての場は、だれがつくり、なぜ必要とされたものなのだろうか。

本書でとりあげるのは、カタストロフと人と、それをめぐる情動である。カタストロフは、それがまさにカタストロフであることによって、人に強い情動の動きを与えるが、同時に、それを記憶として残してゆく際に

写真 9-1　瓦礫の原のような風景（ベウジェッツ・メモリアル、ポーランド）

も人に感情の動きをもたらす。本章では、その様態を、カタストロフを場の中に残す手段であるメモリアルに注目することで明らかにする。

なお、本章でとりあげるのは、カタストロフの中でも、第二次世界大戦中のユダヤ人殺戮（ホロコースト、ショアー）であり、より具体的には、その殺害が行われた収容所（絶滅収容所）という場である。本書の中ですでに何度も言及しているが、ジョルジョ・アガンベンはカタストロフと人間性への罪の関係を、絶滅収容所におけるだれにも見られない死から説いた。その死がまさに起きていた場のあり方に目をこらすこと、とりわけ、その場が、どのように〝見られる〟場であるメモリアルという場になってゆくかを検討することは、カタストロフとは何かについて根源的な洞察を与えてくれると思われる。

1　感情操作とメモリアル、博物館

感情と場

メモリアルは、設置者が何らかのメッセージを観覧者に伝達しようとする場である。そのような場を設けることで設置者が観覧者に期待することは、そこで観覧者が過去を想起することである。特に、カタストロフに関するメモリアルでは、強い感情が喚起される。本書第五章で見たように、阪神・淡路大震災のメモリアル博物館では展示のナラティブが、ある「無名の死者／未婚の若い女子の人身犠牲」に収斂することで、観覧者の内面に強い情動が喚起されることが期待されていた[1]。つまり、カタストロフに関するメモリアルでは、単に過去の「事実」だけを想起することが想定されているのではない。多くの場合、その想起が効果的なものになるために、それが感情とともに想起されることが期待される。そのため、本書第六章で各地の博物館やメモリアルについて見たように、カタストロフに関する記念施設には建築的な技巧が凝らされることも多い。そのような場で喚起されるべきとして想定される感情は、「共感」や「悲哀」や「畏怖」や「同情」や「追悼」などの語彙によって言いあらわすことが可能な複数の感情の入り交じったものである。本章ではメモリアルという場におけるこのような過去の事実の想起に伴う感情について焦点を当てる。

分析に先立って、まず、感情について定義しておこう。感情に関する基本的な考え方を、本章では人類学の菅原和孝による。菅原はその著書『感情の猿＝人』において次のように述べる。

> 感情とは個体の内部に措定されるべき実体ではない。それは、行為空間に参入する実存の身構えそれ自体から湧きでる意味である。[2]

ここで重要なのは、感情は主体をとりまく行為空間と切り離しがたく結びついているという指摘である。本章では、メモリアルと博物館という場において喚起される感情を、観覧者へのインタビューや観覧者の表情やふるまいの観察から読みとるという方法はとらない。そうではなく、観覧者をとりまく場のあり方に注目する。菅原の言う行為空間である。メモリアルと博物館という場自体が感情を表現していると考え、そこで表現され

［1］　本書第五章第5節 331–332 ページ
［2］　［菅原 2002: 66］

ているると思われる感情を記述することによって、その空間に参入する主体の感情を類推するという方法をとる。この方法は、菅原によっていると同時に、哲学の菅野盾樹の考え方にもよっている[3]。菅野は人間の本質を、記号機能を営む主体と考える。そして、さらに主体をとりまく環境は記号環境であるとする。すると、主体をとりまく場と主体の感情の関係は以下のようになる。すなわち、「人間と世界との切り結びの様態ないし実存の様態は、〈表情＝感情の融即＝浸透態〉」であり、「存在論的な初劫から世界は表情をおびまた感情的」である。つまり、この考え方によると、空間自体が「存在論的」に感情を表現している。そして、主体はその中に存在することによって、どちらがどちらに働きかけているとは表現し得ないような、相互が相互に浸透するようなあり方で感情をおびる。メモリアルと博物館という場は人工物であり、そもそもそれを作成した主体によって何らかの感情がそこに宿されている場である。それゆえ、そこにおいて表現された感情を記述することで、その空間に参入する主体に生じることが期待されている感情を推測することが可能であると考えられる。

メモリアルと博物館

なお、ここで改めてメモリアルと博物館という語彙について述べておきたい。メモリアルと博物館はそれぞれ機能を異にする存在である。メモリアルは、おもに石像物など彫刻や建築物を用いて記念行為を行う。言語という手段に頼ることは少ない。一方、博物館は、ものを収集し、一定の秩序に従って配列し、多くの場合は言語という補助手段を用いて展示されている出来事に関する説明を行う。メモリアルと似た意味を持つ言葉に、モニュメントがある。モニュメントについては、本章の次の第十章で詳しく述べるが[4]、モニュメントという語にはどちらかというとその建築物や存在物のものとしての側面を重視した含意があるように思われる。一方、メモリアルには、記念や想起という行為の方を重視した含意がある。本章ではメモリアルという語を使用するが、それは、本章で扱う対象が、遺構などとは異なって、初めから、ある出来事を記念するために人為的に造られたものだからである。

なお、第六章でも、慰霊と復興の記念という行為が、慰霊施設と博物館が隣接することで、同じ場で行われているのを見たが、メモリアルにおいても、メモリアルと展示という行為が、メモリアルと博物館が隣接することで、同じ場で行われることが多い。これは、記念が歴史的な文脈で行われるという歴史主義が浸透した現代の特徴であるといえるが、本章での分析の対象も、そのような記念と展示が複合している施設である。ここまでは、メモリアルについてだけ記述してきたが、以下、煩雑にはなるが、メモリアルと博物館の両方を視野に入れた記述を行う。

メモリアルと博物館における感情の喚起

メモリアルと博物館における過去想起と感情のあつかいに関しては二つの潮流が存在する。一つは感情の喚起に積極的なもの、もう一つはそのような感情の喚起に消極的、ないし批判的なものである。

前者の姿勢を持つ施設としては、第六章（写真6-23）でも見たワシントンD．C．の全米ホロコースト博物館が代表的である。[5] この博物館では観覧者に、展示場にいながらにして、ホロコーストの当時の状況を「体験」

［3］［菅野 2002］
［4］本書第十章第1節 629ff. ページ
［5］［Weinberg and Elieli 1995］

写真 9–2　ベルリン・ユダヤ博物館の外観

させる装置や演出が用いられている。たとえば、博物館の外観が、ナチスが設置した強制・絶滅収容の建物を想像させる煉瓦と鉄で仕上げられていたり、ユダヤの人々を収容所に移送するために使用されていたのと同型の貨車がポーランド政府から譲り受けられて展示されていたり、マイダネク収容所から借用した犠牲者の靴の山が展示されていることなどはその一例である。

そのような展示のあり方を支えているのは、ものを明確なストーリーに従って配置し、そのストーリーによって観覧者に単に過去の事実を知らせるだけでなく、感情面での変化をもたらすことを積極的に評価する姿勢である。観覧者に、ストーリーの中に自己を没入させ、あたかも自分がストーリーの登場人物の一人であるかのように感じさせることが目標とされる。たとえば、この博物館では、入館時に、観覧者に「パスポート」と呼ばれる旅券のような小冊子が手渡される。その小冊子は、何種類もあり、そのどれにもホロコーストにより殺害された実在の人の生年月日や写真、移送先、死亡場所が記載されている。何種類もが用意されているうちの、一種類の「パスポート」が手渡されることにより、観覧者は、そのパスポートに記載された殺害された人にシンパシーを感じることになり、それ以後の見学をその「パスポート」の人物の運命を念頭に入れながら見ることになる。それは、観覧者の感情に訴えかけるものである。このような展示のあり方の背後にあるのは、観覧者に強い感情を喚起させることが、ホロコーストという過去の出来事を想起する際に効果的であるという考え方である。強い情動を呼び起こすという点では、本書第五章で見た阪神・淡路大震災のメモリアル博物館においても、観覧者の情動を強く揺さぶることが目標とされていたが[6]、その展示の考え方とも共通するといえる。

他方、感情の喚起に消極的ないし批判的なものとしては、ドイツ・ベルリンにあるユダヤ博物館が挙げられる[7]。こちらも、本書第六章で外観を見たが[8]、別の角度からの写真をここでは紹介しよう（写真9-2）。そのような考え方は、博物館建築の空間のあり方に暗示されている。建築家のダニエル・リベスキントが設計したその建築は、全体がジグザグの複雑な形態をしていることや、地階の床がわざと傾斜させられまっすぐ歩くことが困難であるようにされていること、人が入ることができない「ヴォイド」と呼ばれる空間が建物全体を貫いていることなど、特異な場のあり方をしている（写真9-3）。そのような特異な空間の中に観覧者を置くことで、ホロコーストという、想像を絶する過去の出来事に対しては、通常の過去想起の仕方はふさわしくないことを

［6］　本書第五章第5節 331–333 ページ
［7］　［広島市現代美術館 2002］。なおワシントン・ホロコースト博物館とベルリン・ユダヤ博物館の比較は以下の文献でも行われている。［Pieper2006］。
［8］　本書第六章第2節 383–384 ページ

写真 9–3　ベルリン・ユダヤ博物館の地階

感じ取らせようとする。もちろん、この博物館の場は、特異な形態をしていることで奇異の感情を呼び起こすともいえる。しかし、それは、どこかの一点に何かが収斂してゆくような情動ではない。むしろここでは、何か特定の感情が喚起されたり、単一の強い感情に収斂してゆくことが回避され、そのような感情を喚起する自己自身が省みられ、自問され、宙づりにされるような感覚を観覧者に感じさせる空間表現がなされている。

現在のメモリアルと博物館においては、このような二つの流れが存在している。とはいえ、これらは主に、一九九〇年代に建設された施設における流れである。それでは、その後に建設されたメモリアルと博物館においてはどのような過去想起の表現が行われているのだろうか。

ベウジェッツ・メモリアルとベルリン・ホロコースト・メモリアル

本章では、二つの施設をとりあげる。中心的には、ポーランドのベウジェッツに存在する「ベウジェッツ・メモリアル博物館 Bełżec Memorial Museum（以下、ベウジェッツ・メモリアルと略称）」をとりあげ、それと比較するためにドイツのベルリンに存在する「ヨーロッパで殺害されたユダヤ人のためのメモリアル Denkmal für ermordeten Juden Europas（以下、ベルリン・ホロコースト・メモリアルと略称）」とその付属の展示施設であるインフォメーション・センターをとりあげる。

この二つを見てゆくのは第一に、その空間構成のあり方の特質からである。第Ⅳ部は場をテーマとしているが、この二つは、本章第2節以下で具体的に見るように、ある空間的な場所として存在すること自体に意識的になっている。場に意識的になることは、観覧者感情を操作することにも意識的になることである。

第二は、その建設年代である。ベウジェッツ・メモリアルは二〇〇四年に開設され、ベルリン・ホロコースト・メモリアルは二〇〇五年に完成している。その建設は前者が一九九七年から、後者が一九八七年からであるが、両者とも、本格的に建設が進んだのは二〇〇〇年代に入ってからである。この時期は東西冷戦の終結後の時期である。冷戦終結後は、歴史像が著しく変化していった時代であり、ホロコーストに関する歴史表象も大きく変化した時期である。そのような中での変化を見て取ることができる対象である。本書では、すでに、第Ⅱ部で、カタストロフと時間の関係の問題を近代とポスト・モダンという時代における国民国家に位置づけて論じた。ここでは、カタストロフを、冷戦終結とグローバル化のもとで論じる。また、序章で述べたように、冷戦終結とグローバル化は、環境問題が政治的に国際的に前面に出て来ることと大きな関係を持っている。[9] カタストロフを地球環境問題の一部として検討している本書にとって、グローバル化と冷戦は避けて通れない問題である。

第三は、この二つが類似した表現上の特色を持っているからである。詳細は以下の論述において述べるが、大まかにいって、メモリアルの場としては現代アート的でランドスケープ・アートのような表現、そして博物館は過剰な演出を排して事実の提示に徹するという構成を持っている。しかし、大枠ではそのような共通点が

[9] 本書序章第1節30ページ

ありながら、詳細に検討すると、それぞれにおいて喚起されると想定される感情は異なっている。二つを比較することで、場における感情が操作されるといっても、その方向性に差異があることが明らかになると思われる。

第四に、これは本書第五章で見た「演出」の問題をグローバルな視点のもとで位置づけることである。カタストロフの記憶においては、感情の問題は避けて通ることはできない。本書第五章では、無名の死者／未婚の若い女子の人身犠牲が捏造されるメカニズムに焦点を当てたため、感情が操作される側面には迫ることができなかった。さまざまな手段で身体がコントロールされる現代社会であるが、感情も場の作られ方によってコントロールされている。第五章で見た例も、大きな流れの中では、その中の一例であると言える。その意味をグローバルに検討する上で、ポーランドとドイツの事例は格好の参照軸を与えると思われる。

2　ベウジェッツ絶滅収容所とそのメモリアル化

絶滅収容所としての機能

ベウジェッツ・メモリアルとはベウジェッツ絶滅収容所の存在をメモリアルするための施設である。

ベウジェッツ収容所は、一九四二年三月、ポーランド南東部の小さな村であるベウジェッツに、ナチスによって設立された[10]。ナチスが東ヨーロッパのユダヤ人を当初の構想の追放から殺害へと切り替えた「ラインハルト作戦」の一環で造られた三大収容所の一つである（他の二つはトレブリンカとソビブールに造られた）。ベウジェッツが存在する地域は、ガリツィアと呼ばれるポーランドとウクライナとの国境に近い農業地帯である。ガリツィア地方は、ホロコースト以前、東欧でユダヤ人が最も多く住む地域の一つで、そこに住むユダヤ人たちは地域に根を張り、独特の文化を形成していた。

ナチス時代にユダヤ人等が大量に殺害された収容所は絶滅収容所（extermination camp, das Vernichtungslager）と呼ばれ、労働などが強制された強制収容所から区別されている。絶滅収容所は、そのすべてがポーランド国内に設置された。ベウジェッツは、ポーランド国内に全部で六施設ある絶滅収容所の一つである。

ベウジェッツ収容所に収容されたのは、おもにはガリツィア地方のユダヤ人であった。クラクフやルブリンやリブフなどからユダヤ人が送り込まれた。しかし、それだけではなくのちには、チェコ、ルーマニア、オーストリア、ハンガリーなどのユダヤ人も移送されている。一日に一万五〇〇〇人を殺害する能力を備えた恒久的なガス室があり、約六〇万人が犠牲になったとされる。ただし、殺害された人数に関しては資料の残存状況が極めて悪いため、まだ定説を見ていない。

ベウジェッツ収容所が他の絶滅収容所と際だって異なっている点は、この収容所にはバラックなどの収容施設がほとんど存在しなかったことである。これは、列車や貨車によって「移送」されてきたユダヤ人が、プラットフォームからそのまま直接ガス室に直行させられたことによる。それゆえ、研究者によっては、ここを「殺害センター」という直截な名称で呼ぶこともある。[11]

ベウジェッツ収容所が実際に稼働したのは、一九四二年三月から同年一一月末までの比較的短期間である。

［10］　以下の記述は、［ラカー 2003: 319–324］、［Kola 2000］による。
［11］　［ラカー 2003: 3–9］

稼働が終了したのは、ガリツィアのユダヤ人がほぼ絶滅させられたことによる。ただしユダヤ人の特別作業班員は、その後も証拠隠滅作業に従事させられた。この作業は一九四三年六月まで続けられた。また、ソ連軍の侵攻の前には、犠牲者の死体を埋めた場所を掘り返し、腐敗した死体の焼却が行われた。

ベウジェッツ収容所の特徴は、第一に、収容所とは称されているものの、実際は流れ作業のような殺人に特化した施設だったことである。敷地面積は四万㎡であるが、これは大規模な人数を収容するための広大な敷地を持つアウシュヴィッツやトレブリンカ、マイダネクなどの収容所に比べて、格段に小さい。たとえば、アウシュヴィッツ第二収容所であるビルケナウ収容所には多いときには一〇万人が収容され、その広さは一七万五〇〇〇㎡であった。ベウジェッツがそれに比べて格段に狭い理由は、収容所とは呼ばれるものの、実質的にはここが収容施設を持たなかったことによる。

第二に、収容所の歴史に関する遺構や資料がほとんど残っていないことである。アウシュヴィッツやトレブリンカ、マイダネクなどの収容所の跡地では、戦後に設置された博物館で犠牲者の遺物や写真などのもの資料が展示され、また当時のバラックやガス室などもそのまま展示施設に転用されている。しかし、ベウジェッツ収容所では、新たに発掘された遺物をのぞいては、それらの遺物や遺構が現存しないため展示場に転用されたり、展示に活用されたりはしていない。さらに、資料や遺構だけでなく、犠牲者の遺体を焼却した灰の埋め場所すらも、メモリアルの建設に伴う事前の発掘が行われるまでわかっていなかった。これは、ナチスによる破壊と隠蔽工作が徹底的に行われたためである。比較的小規模な施設だったため、完全に破壊することが可能だったのである。

戦後のベウジェッツ収容所跡地の放置とメモリアル建設に至る過程

ベウジェッツ・メモリアルの建設計画は一九九七年から始まった。それ以前には、収容所跡地は長く忘れ去られていた。ただし、メモリアルのための設備がなかったわけではない。しかし、それは他の絶滅収容所のそれと比較すると目立たないものだった。他の収容所、たとえば、アウシュヴィッツ収容所とマイダネク収容所は一九四七年にポーランドの国立博物館となっていた。ヘウムノ収容所の跡地には記念ブロックのある円柱が立てられた。トレブリンカ収容所では広大なモニュメントの広場が作られ、ソビブール収容所には銅像と円形の塚が建立された。これに対して、ベウジェッツには文字が刻まれた高さ二メートルほどの碑と、骸骨を模した囚人の像が建立されただけだった。それらは戦争末期にナチスによる隠蔽工作によって森林と化した収容所跡地の中に建立されていた。ただし、そのように碑と像が建てられたとはいえ、この跡地は管理が行き届いていたとは決していえず、動物やときには人間までもが地中に埋められた物品をあさり、跡地は荒れていたという[12]。

一九九七年、荒れ果てているベウジェッツ収容所跡地に関してアメリカのホロコースト協会から整備の申し出があった。ポーランドは冷戦時には、ワルシャワ条約機構に参加し東側陣営に属していたが、そのポーランドにアメリカからこのような申し出があったことは冷戦終結とベルリンの壁崩壊を反映している。ホロコースト協会とは、アメリカ、ワシントンD.C.の全米ホロコースト博物館の建設にも関与した団体である[13]。最終的

［12］［Kola 2000］
［13］［Linenthal2001］

に、ベウジェッツ・メモリアルと博物館はポーランドの国立の施設として建設されたが、建設に要した資金の五〇%をアメリカ側が、残りの五〇%をポーランド政府が出資している。冷戦終結後、ポーランドはEUに加盟し、西側の一員となった。その一環として、アメリカからのホロコースト遺構の整備の申し出に積極的に応えたと評価できる。

建設に先立つ一九九七年から一九九九年にかけては、跡地の考古学的調査が行われている。これは、ポーランドのトルンにあるニコラス・コペルニクス大学の考古学教授であるアンジェイ・コラに委託された。コラの専門は中世考古学だが、彼は一九九四年から一九九七年にかけては、第二次大戦中の一九四〇年にポーランドのカティンの森で起こった、ソ連の秘密警察によってポーランド人将校約二万人が虐殺された事件、いわゆる「カティンの森虐殺」に関する発掘調査を行い、また一九九七年から一九九八年にかけてはリヴフにおいても同様の第二次大戦中の虐殺に関する墓地の調査を行っている。現代の虐殺にかかわるさまざまな遺跡の発掘について知識と技能を有する専門家である。

発掘調査で目指されたのは、犠牲者の遺体や灰が敷地のどこに埋められていたかを確定することであった。それは、メモリアルとして敷地が整備された際に、犠牲者の遺体が埋まっている埋葬場所が観覧者によって踏みつけられることを避けるためである。ナチスによる隠蔽工作によって埋葬場所はわからなくなっていたため、トレンチ調査と発掘によって埋葬場所が推定され、またその発掘に伴って収容所の建物の基礎や犠牲者たちの遺品も発見された。

この発掘と並んで博物館展示の企画と制作が行われた。実務作業に当たったのは、ポーランドとアメリカ両国の専門家からなるチームである。ポーランド側からは、ロバート・クワレック（ルブリン、ポーランド）、ジェシィ・ハルバーシュタット（ワルシャワ、ポーランド）、アメリカ側からは、ミシェル・ベレンバウム（ロサンゼルス、アメリカ）、ヤツエク・ノヴァコフスキ（ワシントン、アメリカ）、ラウラ・スルウィト（ワシントン、アメリカ）である。いずれも歴史とホロコーストに関する専門家で、たとえば、ロバート・クワレックはルブリン大学史学科出身の歴史研究者、ミチェル・ベレンバウムはワシントンD.C.の全米ホロコースト博物館のディレクターで同博物館の展示の基本構想を練り上げた人物である。展示に関するやりとりはアメリカとポーランドの間で電子メールを通じて行われた[14]。

この経緯も国際的な環境の変化と密接に関係を持つ。冷戦崩壊以前には東側陣営であったポーランドと西側陣営であったアメリカの歴史研究者が協力することは、それを示している。同時にこれは、アメリカに強く存在するユダヤ人コミュニティによるホロコースト表象の再検討のグローバルな展開が、ポーランドにも及んできたことを示してもいる。冷戦の終結という国際環境の変化によって、新しいホロコーストに関する歴史表象がつくり上げられてゆく過程でもあったといえる。

3　ベウジェッツ・メモリアルと博物館の展示ナラティブ

メモリアルとしての整備にあたっての特徴

さて、以上のような経緯でできあがったベウジェッツ・メモリアルであるが、そこにはどのような展示ナラ

[14]　展示開設にいたる経緯については、館長のロバート・クワレック（Robert Kuwalek）氏からの聞き取りによる。

ティブがあるのだろうか。

まずは、収容所跡地の整備を段階を追って見てみよう。収容所跡地の整備計画が持ち上がった際、敷地全体をどのように残すかが問題となり、浮上したのが、そこをメモリアル博物館とするという構想である。全体のプランは、約二〇〇メートル四方の収容所跡地全体をメモリアルとするものである。

そうした計画が立てられた理由は、第一に、敷地全体に遺骨が埋められたり隠蔽されたりしているため、全体としてメモリアルの場所とすることが求められたからである。とりわけ、これはユダヤ人にとって重要な問題であった。ただし、その過程では、敷地全体をメモリアル施設にすることで、埋葬された遺骨や灰が観覧者によって直接踏みつけられることが懸念された。それゆえ、建設方法として、敷地全体を特殊なアスファルトで覆う方法がとられることになった。また、建設過程においてもラビの指導の下、ユダヤ教の教義に乗っ取った建築法が採用されている。また第二に、過去の強制収容所のメモリアル化において、敷地全体をメモリアルとする例がすでに存在したことも挙げられる。アウシュヴィッツ、トレブリンカ、マイダネク収容所跡地はそれぞれ広大なメモリアルとなっているが、それらの前例の存在は、このメモリアルの建設に際して影響があったと思われる。

そして第三の理由として、それら過去の事例を通じて、こうした場所そのものを保存したランドスケープ・アート的なメモリアル表現のあり方が、収容所のメモリアル化にふさわしいことが理解されてきたことである。前述の他の収容所跡地のメモリアル化に共通しているのは、敷地に新たな建築物などを建設せず、放置されたそのままの状態を維持することである。それによって敷地の広さが強調されているが、その広さは、その土地で殺害された人数の多さを暗示することになる。ベウジェッツ収容所跡地は、アウシュヴィッツなど他の収容所跡地と比べて狭小である。しかし、過去の収容所跡地のメモリアル化の表現形式を踏襲し、敷地全体を利用

写真 9-4　敷地全体を覆う「瓦礫」

したランドスケープ・アート的な表現が選択されたといえる。

破壊と暴力が強調されるメモリアルの地上部分

それではベウジェッツ・メモリアルの表現はどのような表現なのだろうか。[15]

全体は二つの部分からなっている（図 9-1）。仮に「地上部分」と「地下部分」と呼んでおくことにしたい。地上部分は、敷地のほぼ全面を覆っている瓦礫からなっている（写真 9-4）。これは、メモリアルに足を踏み入れた観覧者がまず目にするものであり、観覧者にその存在感を強く印象づける。「地上部分」での表現の喚起する感情をあらかじめ述べておくと、長い時間の経過や移ろいを目の当たりにした際の感情、過去との距離を感じた際の感情、廃墟の放置をまざまざと目にした際の虚無感などである。

敷地は丘陵の一部で東方向に向かって高くなっている。その斜面全体を火山弾のようなコンクリート片が覆っている。ただし、注意しなくてはならないのは、このコンクリート片は、もともと敷地にあった当時の施設の瓦礫のように見えるが、実際はそうではなく、このメモリアルの一部として今回作成されたものである

［15］　以下の記述は二〇〇五年一〇月に行った現地調査に基づく。

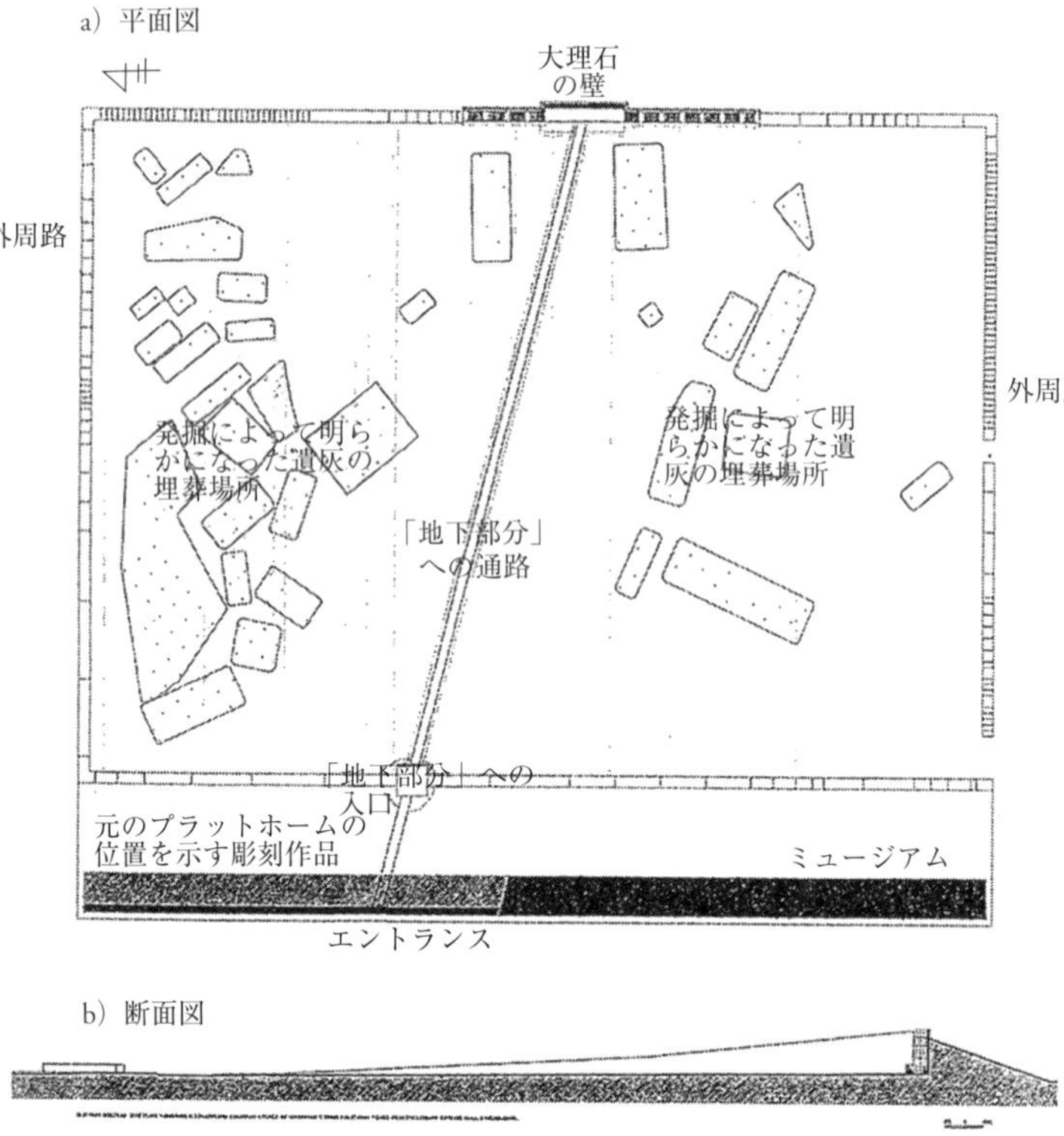

図 9-1　ベウジェッツ・メモリアルの見取り図（出典：［Baker 2006］）

ことである。瓦礫を新たに敷地一面に敷き詰めることが、このメモリアルの表現の重要な手段であった。入り口は敷地の西にあるため、入り口から入った観覧者は、斜面一面に広がるそれを仰ぎ見ることになる。コンクリート片の大きさは、人の握り拳大から小児の頭ほどの大きさまであり整形がなされていない。爆撃跡や建物の解体現場や廃墟のような凄惨な雰囲気が漂うような効果がはかられている。

また敷地には、建物の鉄筋に用いられるような鉄の棒が埋め込まれている部分がある（写真9–5）。これは、後で述べる「地下部分」へ通じる通路の周囲であるが、建物の解体現場でコンクリートの瓦礫から鉄筋が露出しているような状態を模倣して埋め込まれている。これも、そのような効果をはかって作成されたものである。その鉄棒には防錆加工がなされていないため、時間が経つにつれて錆が生じ赤茶けた錆が周囲に流れ出している。既述のように、この場所には以前に何らかの建物が存在した痕跡があるわけではないのだが、いくつかの表現上の技法によってあたかもこの場所が廃墟のような場所であることが強く印象づけられることになる。これらの表現は、この敷地がそれまで廃墟として省みられなかったことを暗示する。また物理的な破壊後の状況を模倣した表現であることは、この場所で行われたユダヤ人の絶滅が、文字通り「破壊destruction」とも呼ばれることをも想起させる。

写真 9-5　露出した鉄筋

「地上部分」の周囲には、ほぼ外周にそって敷地を一周できる通路が設置されている。この通路はコンクリートの打ち放しである。通路にはほぼすべての領域にわたって、約一メートル間隔で、ユダヤ人が移送されてきた元の場所の地名のヘブライ語と英語の活字が埋め込まれている（写真9-6）。この活字は一文字が約五センチメートル角である。先ほどの鉄筋と同様に防錆加工が施されていない。そのため錆が生じて、打ち放しのコンクリートに赤茶けた色の染みをつくっている。地名から錆が流れ出ていることは、錆の生じる時間を観覧者に想像させ、さらにそれがコンクリートにしみ込んでいることも、観覧者に長い時間を想像させる。また、錆が血のようにも見えることから、個々の地名が血を流しているような感覚も与えている。時間の経過や放置などを暗示することは、繰り返しになる

写真 9-6　通路に設置された地名の文字

写真 9-7　プラットフォームを示す芸術作品

が廃墟や暴力、破壊の暗示の補強という効果を持つ。

「地上部分」には芸術作品も存在する。デザイナーのアンジェイ・ソリガによる作品で、ベウジェッツへの引き込み線のプラットフォームがあった場所に設置されている。約一〇メートルに切断された鉄道の枕木と線路を一一層に積み重ねた作品である（写真9-7）。これは、この場所が移送されてきた人々が列車から降ろされた場所であることにちなんだ作品である。この表現も、時間の経過や放置を暗示するものとなっており、そこで喚起される感情は「地上部分」の他の表現と共通している。部材として、廃材、もしくはわざと廃材のように荒く加工された線路や枕木が使用されている。さらに作品の足下には、コンクリートや鉄片が堆積しているが、これはぼろぼろになった部材からそれらがはがれ落ちたものであることを暗示している。

「地上部分」についてまとめると、ここでは人工的に廃墟のような状態がつくりだされ、それを補強するさまざまな表現が存在することで、全体として破壊や暴力が暗示されているといえる。

感情が追悼に収斂するメモリアルの地下部分

次に「地下部分」について見る。「地上部分」において表現されていたのは、時間の経過や廃墟を目にした時の空漠とした感情であったが、これは何かに向かって収斂してゆく感情というより漠然とした感情である。それに対して「地下部分」で表現されている感情は明確である。「地下部分」の中心には追悼の空間があり、そこでの追悼の感情を観覧者に効果的に喚起させるための表現が行われている。

「地下部分」は敷地の中央奥に存在している。入り口から敷地の奥に向かって、通路が一直線に伸びているが、それは掘割のように次第に沈み込んでいく(写真9-8)。通路の両側は、不規則に表面が削られたざらざらしたコンクリートである。通路が奥に行くほど通路の沈み込みが深くなるため、コンクリートの壁はそれにつれて

写真 9-8　中央に至る通路

写真 9–9　奥に存在する壁面

写真 9–10　名前が刻まれた壁面

写真 9–11　「地上部分」に至る階段

高くなる。通路の幅が一・五メートルほどと狭いため、コンクリートの壁が高くなるにつれて閉塞感が昂進される。壁の上部には「地上部分」に設置された錆びた鉄筋が見えている。沈み込む深さが最も深くなったところに、T字型に直交するもう一つの掘割が存在する。この二つの通路の交わりの部分を中心として、T字型の横棒にあたる通路が追悼の場となっている。

追悼の場の奥の側の壁面は大理石の壁になっている（写真9-9）。通路の幅が約一・五メートルであるのに対して、壁の高さは一〇メートル近くあるため、観覧者は上部を見上げることになる。大理石の壁が高々とそびえ、上部からのしかかってくるような錯覚を受け、観覧者は閉塞感を感じることになる。この大理石の壁は上方の面は平坦に磨かれているが、下部は不規則に削られている。閉塞感に加えて、不安定な感覚を感じるように表現がなされているといえる。

上方の磨かれた面には、「旧約聖書」の『ヨブ記』の一六章一八節「大地よ、わが血を蔽うな、わが叫びは墓に下るな」が、ポーランド語、ヘブライ語、英語で書かれている。『ヨブ記』は神によって苦難を受けることを強いられたヨブに関する記述であるが、その中から、大地に流れた血がそのままの状態で置かれることを望み、乾いたりしみ込んだりすることなく、生々しいままでいること、また苦悩の叫びが鎮められ慰霊や鎮魂されることを拒絶する強い言明が選ばれている。「大地」、「血」、「墓」、「叫び」などの強い感情を喚起する文言とともに、この地で殺害されたユダヤ人の叫びを代弁しているかのようにもとらえられる。「地上部分」では、錆が血のように見える演出がなされていたが、それは、この『ヨブ記』での血への言及への布石であったとも言える。感情の喚起力の強い表現であり、その叫びへの同一化を促すものであるといえる。

文言が刻まれた面と反対側の壁面には、丁寧に磨き上げられた長い石造の板が壁面にはめ込まれている（写真9-10）。そこにはユダヤ人の姓がアルファベット順に刻まれている。これは、ベウジェッツに移送されてきたユダヤ人の姓である。姓だけなのは、ベウジェッツに移送された人名の詳しい記録が残っていないためである。出身地側の記録から判明した人々の姓だけが刻まれている一枚板は、メモリアルの「地上部分」と「地下部分」を通じて、最もきめ細やかな表面の研磨がなされているといえる部分である。すなわち、他とは異なった丁寧な扱いがされているが、それは、言うまでもなく死者の名前の持つ意味の大きさを暗示している。

この「地下部分」からは、両側に上方の「地上部分」への階段が通じている（写真9-11）。この階段を上ると、再び「地上部分」に出る。そこは敷地のほぼ東端である。前述したように敷地は、東から西に向かってなだらかに下りの傾斜がついているため、階段の上部に立つと敷地全体を見ることができる（写真9-12）。

この外周路から見える部分の視野の大半はコンクリート片で占められている。先程述べた錆びた鉄筋はかなり小さく見える。メモリアルの敷地の向こうには、牧草地や畑やなだらかな丘が広がる農村風景が見える。こ

写真 9-12　遠方を望む光景

の眺望は広さを印象づける。高いところに立った人間の視線は自然に下方の遠方に向かうため、ここに至った観覧者の視線は、遠方の農村風景に引きつけられることになり、この地が現在はのどかな農村であることが印象づけられる。また、メモリアルに使用されたコンクリート片が火山の噴火による堆積物のようにも見え、何らかの人工物という印象より、むしろ自然物のような感覚が与えられる。それをとりまく農村の光景とも相まって「地上部分」を下から見た時とは異なって、自然と調和した穏やかな感覚が観覧者に与えられることになる。「地下部分」で高まった緊張が緩和され、森や丘の緑によって浄化されたような効果がもたらされる。また同時に、それは、自然と人間の行為を対比させることや、長い時間の流れに対する考察を観覧者に喚起させることになる。

感情の喚起を避ける併設された博物館

さて、以上のようなメモリアルに対して、メモリアルに併設されている博物館ではどのような表現がなされているのだろうか。

ここでも論点を先取りすると、メモリアルが時間の経緯や追悼の感情などの喚起を積極的に行っているのに対して、博物館はそのような感情の喚起を可能な限り避けようとしているといえる。

まず外観についてみると、博物館の躯体は半分が地下に埋め込まれており、地上部分には立方体のコンクリートの箱状の屋根部分が見えるだけである（写真9-13）。しかも、その躯体はグレーのコンクリートの打ち放しである。グレーという色は存在感の希薄な色であり、コンクリートの打ち放しも何らかの表現を意図的に排していることが示されている。また立方体とは最も単純な形態であり、ミニマルな表現である。つまり博物館は、

写真 9-13　ミュージアムの外観

写真 9-14　エントランスからのスロープ

その外観によって、観覧者が内部に入る前から積極的な感情喚起する意志はないことを見て取ることができる。

展示場は、約二五〇㎡の一室だけからなる比較的小規模な空間である。幅約一〇メートル×奥行約二五メートルの四角形の部屋の中央部に屏風状の展示ボードを置いて区切り、その周りに壁面展示をするという構成で、観覧者は中央の屏風状の展示ボードの周りを円を描いて回ることになる。この円周上にショートカットは存在しないため、観覧者はランダムにどのコーナーを見るか選ぶことはできず、展示の開始から終わりまでを導線に従って見てゆくようになっている。

展示場は半地下にある。建物の入り口を入ると、レセプションから半地下へのスロープがある（写真9-14）。スロープを降りてゆくと展示場の全体を見渡すことができる。これは、展示を一周するのにどれくらいの時間をかければよいかを観覧者に一目で把握させる効果を持つ。入り組んだ迷路のような展示ではなく、明快で合理的な展示であることが印象づけられる。

スロープを下ってゆくとまず目に入るのが、天井から下げられたバナーである。展示の全体の中で、唯一といってよい色彩が使われているのがこのバナーである。その色彩は鮮やかなものではなく、淡い色彩である。ユダヤ人の戦争前の日常の暮らしの暖かな雰囲気が暗示される。対照的に壁はグレーに塗られている。ただ、このグレーは暗い色ではない。躯体の打ち放しのコンクリートと同系統の明るめのグレーで展示場の中立性を暗示する効果を持っている。また、照明も十分に明るい。同じホロコーストを扱った博物館であるアウシュヴィッツ博物館の一部の展示室に見られる黒く塗られた壁面や、ワシントンD.C.の全米ホロコースト博物館の暗く押さえられ陰鬱な印象を与える照明とは対照的である。美術館の展示室に見られるような余分な装飾を廃した白い壁だけの方形の空間（ホワイト・キューブ）を彷彿とさせる雰囲気を持つ。それは、この展示が中立的なものであることを観覧者に暗示する。

展示は次の六つのパートからなる。すなわち、①ナチスのユダヤ人迫害についての説明、②ガリツィアのユダヤ人の特質とホロコースト以前の暮らし、③ベウジェッツ収容所の機能、④ガリツィアのユダヤ人の被害、⑤発掘によって収集された遺品、⑥ベウジェッツ収容所からベウジェッツ・メモリアルと博物館に至るまでの歴史の六つの部分である。

①のナチスのユダヤ人迫害については、パネルと電光ボードによって説明される。②のガリツィアのユダヤ人の暮らしの歴史は、パネルと写真によって構成される。東欧におけるユダヤ教の宗教的実践の中心地であっ

写真 9-15　収容所の模型

写真 9-16　発掘された遺品の展示

たガリツィア地方の特色が詳細に解説される。

③のベウジェッツの機能については、地図、模型、ビデオが組み合わされて展示されている。前述したように、ベウジェッツ収容所には実際には収容施設はなく、移送されてきた人々はガス室に直行させられた。ガス室が人々に気づかれないため木々で偽装工作されていた様子が模型によってあらわされている（写真9-15）。また、証言ビデオとして映画『ショアー』の一場面が放映されている。本書第二章第3節で映画『ショアー』について見たが[16]、この映画は過去の再現やそれに付随する問題に関して先鋭的な問題提起を行い、さまざまな議論を

巻き起こした映画である。そのような映画が上映されていることで、この展示では、過去想起や過去の再現に関する思想上の問題にも注意を払っていることが暗示される。

④のガリツィアのユダヤ人殺害は、パネルと写真、そして観覧者が自ら翻読することが可能な金属製のプレートによって展示されている。地図、映像によるドキュメント資料の展示も併用されている。モニター上に流れる画面があり、そこにはガリツィアでのユダヤ人迫害を伝えた少年の手記などの文書資料が繰り返し流されている。

⑤の遺物としては、一九九七年から一九九九年にかけて行われたメモリアルと博物館建設の予備調査としての発掘で地中から発見された鍵やコインなどや、移送されてきた人々の持ち物や、施設内で警告のために掲示された看板が展示されている（写真9-16）。

⑥のベウジェッツ収容所からベウジェッツ・メモリアルと博物館までの歴史は年表形式のパネルで、写真も交え現在の整備された状況に至る経過がまとめられている。

生々しさの表現と再現・捏造への禁欲

次にこの博物館の表現の特徴と、それが博物館の展示にどのような効果をもたらしているかについて述べたい。

ベウジェッツ博物館の展示における表現の特徴の第一は、現存しているものの「提示」に大きな力がさかれ

［16］　本書第二章第3節 135-137ページ

ており、「再現」や「捏造」に関しては禁欲的な姿勢であることである。たしかに、写真9-15で見たような模型などはあるが、それ以外には、積極的な再現は行われておらず、また、本書第五章で見た阪神・淡路大震災のメモリアル博物館において行われていた「ありそうだが、なかったこと」をつくるという捏造も行われていない。もちろん、これは、ナチスによる破壊と隠蔽工作によって施設の大部分が破壊されており、資料がほとんどないという資料の残存状況を示しているだけであるともいえる。しかしより積極的には「再現」や「捏造」を避け、現存する数少ない資料だけを「提示」する姿勢を示しているともいえる。

第二は、感情に直接訴えかけることを避けていることである。展示場の基本となる色は明るいグレーである。先ほども述べたが、黒一色に塗られたアウシュヴィッツ収容所博物館の一部の展示場や、薄暗いワシントンD.C.の全米ホロコースト博物館などの展示場と比較すると、出来事を中立的な立場から展示していることを暗示する雰囲気が醸成されているといえる。

第三に、出来事を具体的な存在に即して表現しようとする姿勢である。ホロコースト全体の死者の数や、その巨大さを強調するのではなく、その中で犠牲になった人を紹介することで、この展示が出来事の巨大性の強調になりがちなホロコースト展示における表現とは異なるものを目指していることが暗示される。

第四に、生々しさが排除されていることである。たとえばアウシュヴィッツ収容所博物館では、犠牲者の遺体が大量に並んだ写真が使用されている展示箇所があるが、ここではそのような写真は使用されていない。また、展示室の壁面に使用されている色が濃い色ではなく淡い色で、しかもそれがグレーであることも生々しさを避けている。それは、この博物館が、生々しさの表現を通じて感情を強く喚起することを避けようとしていることを表現している。

これらを通じて指摘できることは、ベウジェッツ博物館においては、観覧者に強い感情を与えることに対して禁欲的な姿勢の展示が行われていることである。

批判を織り込んだ感情操作という方法

ここで改めてベウジェッツ・メモリアルと博物館を一体として見た時に何がどのように表現されているかを振り返っておきたい。メモリアルは、二つの部分からなっていた。「地上部分」では瓦礫のような造作が敷地一面に施されることにより、時間の経過や、この場所が放置されてきた場所であることが表現されていた。一方、「地下部分」は追悼の感情に収斂してゆく表現が行われていた。この「地下部分」は空間自体が地中にあり、「地上部分」が空中に拡散してゆく感情を与えるのに対し、地中に凝集してゆく感情を与える。さらに、この空間にはメモリアル全体を通じて最も丁寧な表現が行われている犠牲者の姓を刻んだ石造のパネルが存在する。このことは、犠牲者の名前がこのメモリアルの中心にあることを示し、この空間では犠牲者の名前に対して追悼の感情が高まることが想定されていることを示す。本書第五章では、無名の死者が、阪神・淡路大震災のメモリアル博物館の展示ナラティブの中心に位置することを見た[17]。カタストロフに関して積極的に感情の操作が行われる場合、何らかの凝集点が必要である。その対象として、死者が選ばれることを二つの例は示す。この「地下部分」から階段を通って外部に出ると、そこで見えるのは自然の豊かな農村の風景である。

以上を通じて、この空間が表現するものとして次のような感情が想定されているといえる。つまり、導入部分にあたる「地上部分」では漠然とではあるがこれから入ってゆく「地下部分」で喚起される強い何らかの感

［17］　本書第五章第5節 320ff. ページ

情の予感が観覧者に感じとられる。そして、その予感を抱きながら「地下部分」に入ると凝縮した追悼の感情が喚起される。そして再び「地上部分」に出ると、その凝縮された感覚の緊張が、包み込まれるような自然によって弛緩される。このような緊張と弛緩の連続した感情の動きが導かれているといえる。たとえるならば、ドラマのような感情のうねりを観覧者は得ることになる。ここにおいて、感情の操作は積極的に実行されているといえる。

一方、博物館においてはそのような感情の操作は極力避けられている。博物館の外観自体が、コンクリート打ち放しの装飾を排した躯体であることから、観覧者にとってもそうしたことが、博物館に入場する前から想像されるようになっている。展示の内容においても、殺害の生々しい具体的な状況を示す資料や写真などは存在せず、過去の写真、出土した遺物などの痕跡から観覧者がわずかに当時の状況を推測できるようになっている。

このようなメモリアルと博物館の対照的な表現のあり方は、過去想起に伴う感情の操作に関する批判を考慮したものであるといえる。つまり、博物館において、歴史的事実が客観的に、積極的な強い感情の喚起を伴わずに展示されていることが、メモリアルにおける感情の積極的な操作を相殺するものとして作用するといえる。メモリアルにおいては感情の操作が、明確な形で行われている。しかし、博物館における感情操作を排した表現によって、そのような操作の存在は顕在化しにくくなっているといえる。過去想起における感情喚起に批判的な意見をあらかじめ考慮したという形で、実際にはより高度化した形で感情が操作されているともいうことができる。

4　ベルリン・ホロコースト・メモリアル

ここまで、ベウジェッツ・メモリアルについて見てきたが、次にドイツ・ベルリンの「ベルリン・ホロコースト・メモリアル」を見ることにする。この施設においては、ベウジェッツ・メモリアルとは異なった過去想起における感情の操作に対する考え方が見られる。

市民のイニシアティブによる計画

このメモリアルの建設が計画されたのは、一九八七年のことだった。[18] 市民によるグループである「パースペクティブ・ベルリン」という法人が計画を始めた。当時はまだベルリンの壁が崩壊する以前であり、イニシアティブを取ったのは西ベルリンの市民たちである。この法人には一九六九年から七四年に西ドイツの首相であったウィリー・ブラントも参加した。ブラントの「私たちの名誉はユダヤ人殺害の記憶をどれだけの熱意を持って行い得るかにかかっている」という言葉は計画におけるモットーとなった。当初の活動は、署名活動と募金活動から始まり、なぜこのようなメモリアルが必要なのかに関する議論が繰り返された。

一九八八年にはドイツ連邦議会の下院においてこのメモリアルを推進するという議決が行われ、一九九二年

［18］　以下の記述は［Foundation for the memorial to the murdered Jews of Europe2005］による。

には、現在このメモリアルが存在しているブランデンブルク門の南の位置が候補に挙がっている。ただし、この場所に正式に決定されるためには、この場所の都市計画上の位置づけが明らかにされなくてはならなかった。

メモリアルの形態の決定にあたっては、複数回の設計競技（コンペティション）が実施された。一九九五年に一旦コンペの優勝者が決定されたが、公衆の反対によって撤回され、一九九七年に指名設計競技に変更されて行われた。そこでは四組の建築家が指名され、それらの建築家による公開の展示会が開催され、世論を聞く機会が設けられた。最終的には、ニューヨーク在住のユダヤ人建築家であるピーター・アイゼンマン Peter Eisenman と彫刻家のリチャード・セラ Richard Serra の案が最も妥当なものであるという結論になり、この案が選ばれた。

そして、アイゼンマンとセラの案によってこのメモリアルの建設が進められることとなったが、その後、当時の首相だったヘルムート・コールがアイゼンマンとセラの案をより周囲の環境に調和させるように要望し、セラがプロジェクトから降りるという一幕があった。また、アイゼンマンのプランも複数回にわたって変更を行うことになった。おもに周囲の景観との調和をはかることが求められた。

角柱の並ぶ墓地のような光景

このメモリアルは、敷地の一面に角柱が埋め込まれた形態をしている[19]（写真9-17、図9-2）。ランドスケープ・アート的な表現である点は、ベウジェッツ・メモリアルと類似している。

埋め込まれているのは二七一一本の角柱である。これらの角柱は、同じ規格で作られている。縦〇・九五メートル、横二・三八メートルで、高さだけが異なる。地表面が、不規則に掘りくぼめられており、それに応じて地表面に出ている角柱の高さは変化することになる。くぼみは中央に行くほど深くなっており、最大の深さは基準となるグランドレベルからマイナス二・四メートルで、そこにおいて地面から出ている角柱の高さの最大は四・七メートルである。

角柱には何も装飾が施されていない。コンクリート打ち放しであり、濃いグレーの色である。ただし、コンクリート打ち放しといっても、表面には落書きなどを防ぎ、経年の劣化を押さえるための塗装がなされている。角柱の並び方は規則的である。縦横に直交する複数の座標軸に沿っている。それぞれの角柱の間の間隔は〇・九五メートルである。

敷地の四周は道路であり、敷地は正方形に近いかたちである。敷地には柵などはなくどこからでもメモリアルに入ることができる。どの位置からメモリアルを見学するにせよ、観覧者にとってまず目に入るのはおびただしい角柱の群である。灰色の四角いコンクリートの物体が一面に並んでいる。このような物体は、通常はあまり目にすることはないし、それが、このように規則的に並んでいることを目にすることもほとんどない。それゆえ、違和感が喚起されることになる。と同時に、この物体には何も刻まれていないので、これが何かを知る手がかりはない。費用と時間をかけて念入りに建造されていることがうかがわれるが、何を表現しているかという手がかりがないということから、見る者はそれをめぐって思考せざるを得ない落ち着かない状況に置かれることになる。居心地の悪い感覚が生じさせられることになるといえる。

角柱の間が通路になっているため、観覧者はそこに入って歩き回ることができる。先程述べたように敷地は中央に向かうほど深くなっている。そのため、進むにつれて柱が高く見えてくる。通路はほぼ人が一人だけ通

〔19〕　以下の記述は、二〇〇五年一一月、二〇〇六年一月、二〇一一年八月に行った現地調査に基づく。

写真 9–17　ベルリン・ホロコースト・メモリアルの外観

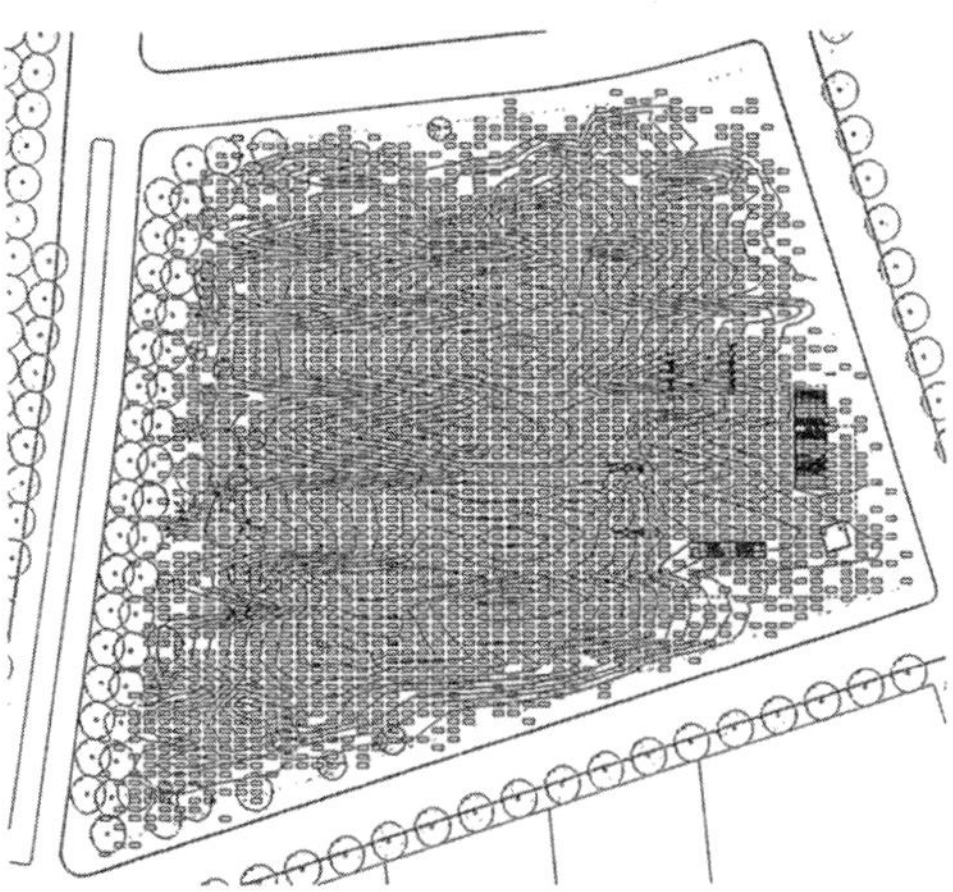

図 9–2　ベルリン・ホロコースト・メモリアルの見取り図（出典：[Foundation for the memorial to the murdered Jews of Europe 2005: 26]）

写真 9-18　石柱の間の通路

ることのできる幅であり、中央に進むにつれて上空が見えにくくなり、まるで森のなかを歩いているような感覚が喚起される（写真9-18）。また、通路は直交しているが、通路の幅が細く視野が効かないため、横から直交する通路を歩いている人のことは、直前まで気づくことができない。音もほとんど聞こえないため、横の通路から歩いてくる人にぶつかることを避けるには、スピードを落とし注意しながら歩くことが必要になる。見通しの利かない不安な感じを喚起される。さらに、この通路を歩いて中央に至ったとしても、ベウジェッツ・メモリアルのように中央に何らかの装置が設置されているわけではない。そもそも、ここには、中央というものはない。ただ、通路は、一番深くなった地点で下りから上りに変わるだけである。

以上のように、ここではある一つの意味が提示されることが避けられ、観覧者が宙吊りの状態にされている。中央というものがないことも、何かに凝集してゆく感情を避けることをこのメモリアルが目指していることを示す。つまり、単一の感情を抱かせないための装置としてこのメモリアルは存在している。

形態としては、ベウジェッツ・メモリアルと類似している。敷地の広さが強調されたランドスケープ・アート的な表現であること、そして通路が地下に沈み込んでいくことは共通点といえる。ただしそれが観覧者に与える感情は異なっている。ベウジェッツ・メモリアルにおけるそれは、追悼という強い感情に収斂してゆくものであった。もちろん、ベルリン・ホロコースト・メモリアルも追悼の感情を喚起することがないとはいえない。なぜなら、上記のような角柱は、一見すると墓石や柩のように見える形態をしているし、そもそもこの施設が「ヨーロッパで殺害されたユダヤ人」のための記念碑であることは自明だからである。とはいうものの、そこで喚起される感情が、単純な追悼の気持ちという一点に収斂することは避けられている。

断片性、不条理性、理解不可能性

このメモリアルには展示施設が併設されている。インフォメーション・センターと呼ばれているが、その機能はホロコーストという過去の出来事についての歴史的情報を与えることであり、博物館である。

この展示施設は、ほぼ正方形のメモリアルの敷地の南東の角付近に位置している。地上には角柱が立ち並んでいるので、それを妨げないために、博物館は地下に設置されている。

展示の特徴をあらかじめ述べると、それは一般的な博物館などで見られる過去から現在に直線的に配置された時系列的な歴史表現とは異なった過去の表現の仕方であり、こうした展示の仕方を通じて、通常の時系列的な過去想起のされ方に再考が促されるようになっている。

展示は四つのロビーと四つの展示室からなる（図9-3）。地上からの階段を下りてきた観覧者は第一と第二のロビーに導かれる。この二つは連続しており片側が白く塗られた壁面となっている（写真9-19）。そこには一九三三年から一九四五年にかけてのホロコーストに関する歴史的情報が掲示されている。上段に文字、下段に写真とその解説が掲示されている。ここで特徴的なのは、ポーランドやドイツにおける暴力を伴うユダヤ人迫害（ポグロム）の歴史や強制収容所や絶滅収容所の様子が展示されているのに加えて、ルーマニアやセルビア、ウクライナ、スロバキア、モルドバなどにおける迫害や大量虐殺に関する写真や解説が存在することである。これらの地域は、ＥＵの拡大に伴って西ヨーロッパとの一体性を強めてきた地域である。従来は知られることの少なかったこれらの地域の情報が、ＥＵの拡大とともに知られてきたことが示唆される。また、まさにユダヤ人迫害がヨーロッパ全域に広がるものであったことが示されているといえる。各国のアーカイブや資料保存機関から提供された写真が展示されており、ホロコーストのメモリアルとその歴史的解明に関する動きがヨーロッパ全体で進んでいることをも示す。いわば、ホロコースト史研究の新しい動向を伝える意味を持っているといえる。このように時系列的に情報が観覧者に与えられるのは、ここのロビー部分だけである。

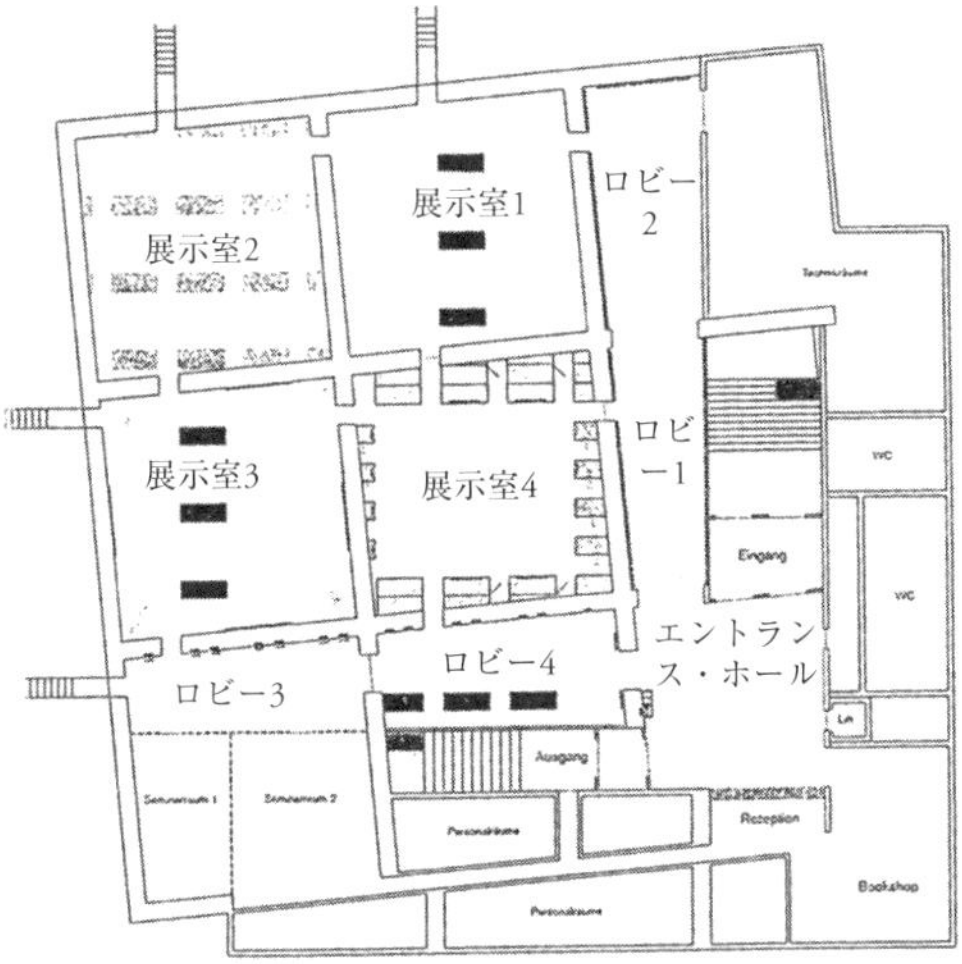

図 9–3　ベルリン・ホロコーストメモリアルの地下にあるインフォメーション・センターの見取り図（出典：[Foundation for the memorial to the murdered Jews of Europe 2005: 43]

写真 9–19　ロビー1 と 2 での時系列情報の展示

写真 9–20　展示室 1 の展示

そのロビーの奥に第一の展示室への入り口が存在する。第一の展示室は「複数形の次元 Dimensions」と題されたセクションである。ここでは、ユダヤ人迫害のさまざまな局面が伝えられる。ただし、それは時系列的な解説として、あるいは後世から過去を振り返った歴史という語り視点でなされるのではない。ここでの展示は、さまざまな局面を、当時それを体験していた人の限られた視野から示そうとするものである。それを実現するために展示されているのは、当時のユダヤ人の日記や手紙などである。それが一五点展示されている。展示は床面に設置されたパネルの上で行われている（写真 9–20）。このパネルはこの博物館の地上に存在するはずの角柱の位置が床面に投影された位置にあり、大きさは角柱と同じ二三八センチメートル×九五センチメートルである。強化プラスティックのパネルには裏面から白い光が透過するようになっており、そこに日記や手紙の拡大写真とその解読、そしてそれを書いた人に関する情報が焼き付けられている。焼き付けられた文字が透過光を通じて白く輝く面に浮き出るようになっている。

これらは、いずれも歴史の全体像を伝えるものではない。当時、迫害のただ中に置かれた人がわずかに見聞きし得たことが書かれている。たとえば、一九四三年九月七日に書かれた九歳の少女エティ・ヒレスムの葉書が展示されているが、それは、アウシュヴィッツへの移送の途中に書かれたもので、列車の中で得られた噂話などの限られた情報が記されている。また、一九四二年九月一一日に書かれたアブラハム・レヴィンの日記も展示されている。それはワルシャワ・ゲットーでの状況を記載したものであるが、トレブリンカへの移送の噂の記述である。当時、ユダヤ人の大量殺戮は、噂として伝えられるだけでその事実を正確に知る者は少なかった。そのような状況の中で翻弄されざるを得なかった人々の様子がここからはうかがえる。

これらはいずれも、断片的なものである。しかも、展示されている資料の点数はわずか一五点にすぎない。迫害の犠牲の規模とその期間を考えるとほんのごく一部である。また、当時の人々が知ることができたことだけしか、そこには書かれていない。そのような手記を読むことで、現在それを読んでいる者は、断片的な情報の中に存在せざるを得なかった当時の人々の状況をわずかに垣間見ることができる。

さらに、多くの日記や手紙は偶然発見されたものでもある。たとえば、アウシュヴィッツのガス室などで特別作業班員として働かされていたマルセル・ワジャリーの手記が展示されているが、これは一九八〇年にアウシュヴィッツで偶然に発見されたものである。観覧者は、ここから歴史が伝えられることの困難さに思いをはせざるを得ないとともに、失われた情報や知ることのできない多くの情報の存在に気づくことになる。

続く第二展示室は「家族の運命 Families」と題されている。一五組の家族がとりあげられ、その家族がホロコースト以前にどこでどのように暮らしていたか、そしてホロコーストによってどのような影響を受けたか、いわば家族の運命が写真と文書資料を通じて描き出される。一五組の家族は、おおむね一つの国から一家族という基準で選ばれている。展示されている家族が居住していた国は、ドイツ、フランス、チェコ、ウクライナ、オランダ、ポーランド、ハンガリー、セルビア、ギリシア、リトアニア、ベラルーシ、オーストリア、ルーマニアである。ユダヤ人迫害の状況がヨーロッパ全域に広がっていたことが理解される。それらが展示されているのは、メモリアルの角柱と同じ大きさの展示用の角柱である。第一展示室と同じようにこれらの角柱は地上の角柱に対応する位置に置かれ、地上のメモリアルと地下の展示施設の間の一体性を示すものとなっている。

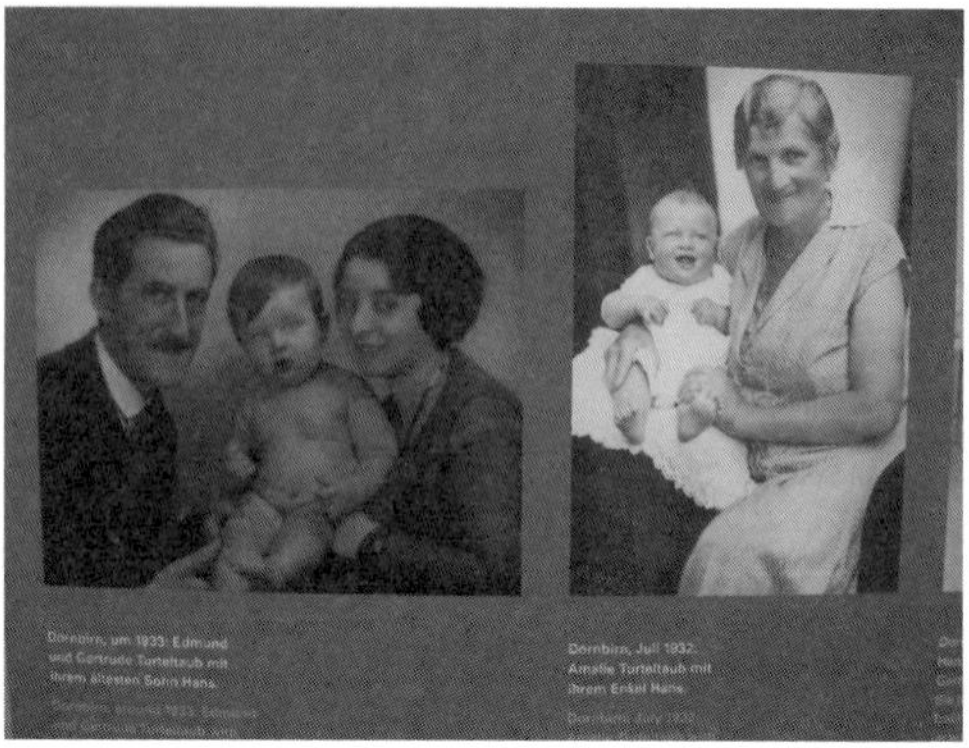

写真 9–21　家族アルバムからの写真

このセクションのそれぞれの家族に関する展示の基本的な構成は、迫害以前の歴史を伝える写真とその解説、迫害後の状況を伝える写真とその解説、家族の集合写真の提示とその集合写真に写された家族のメンバーのホロコースト後の状況の解説というものである。一つ一つの家族について、克明な説明がなされ、個々の家族についてこのような復元が可能であるほどに研究が進んでいることに観覧者は驚かされる。中には、アウシュヴィッツ収容所に移送されてきた無数の人々が写された写真の中にその家族の一員が写っていることがつきとめられているケースもある。また、移送先での殺害を伝える当時のナチスの資料に名前が記載されているケースもある。当時、殺害された人々の数があまりに多かったため、そのような追跡は不可能なことのように思われるが、実際は迫害や虐殺がシステマティックな文書行政を伴って行われたので、このような追跡が可能なのである。

展示されている多くの写真は、家族アルバムから選ばれたものである。家族アルバムとは私的なものであり、そこでカメラに向かってほほえみかけている被写体は決して現在、インフォメーション・センターでその展示を見ている観覧者に向かってほほえみかけているのではない（写真9–21）。本書補章1で二人称の写真が、撮影者と被写体という関係から外に開かれてゆく過程について見た[20]。家族アルバムの写真は二人称の写真ではあるが、それらは、本来は、私的な領域に秘され、公共的な領域には開かれてはゆかないはずの存在である。そのようなものが、展示という形態で、不特定多数の人に見られている。観覧者は、この展示においては、家族アルバムの一こまをのぞき見ているような感情を抱くことになり、そのような行為を行っている自己に対して後ろめたさを感じたり、のぞき見るという行為に関する自問を行うことになる。そのことによって、観覧者は、その私的な領域が無理やり開かれていったホロコーストというカタストロフの暴力性に思いをはせることになる。開かれることは公共性ともいえ、本書の中ではポジティブに評価してきた。[21] しかし、それが強制的に行われ、本来開かれてはならない領域、すなわち、親密圏や私的領域が、無理やり開かれ、不特定多数の視線に曝露されることは、ネガティブなことでもある。[22] これは、見ることの両義性という問題とかかわる。この見ることの両義性については、次章で述べる。[23]

ここで展示されている家族の歴史も、先ほどの第一室と同じくわずか一五組のものだけである。しかし、それが克明になされればなされるほど、その他の同じように迫害された多くの家族の存在が暗示されることになる。

第三展示室は「痕跡を呼ぶ Calling Traces」と題されている。犠牲になったユダヤ人の名前とその生年、収容所などに移送された年月、没年という簡単な伝記が、英語とドイツ語で読み上げられる。部屋は照明が落とされ暗闇に近い。四方の壁には名前と生没年がプロジェクターで投影される（写真9-22）。一人の名前の読み上げに要する時間は英語とドイツ語の両方を合わせると約一分である。名前は、約六〇〇万人分ある。この名前

［20］　本書補章1 215–218ページ
［21］　本書第五章第2節 270–273ページ
［22］　この点については、広島平和記念資料館の展示を例に述べた。［寺田 2005c］。
［23］　本書第十章第2節 638ff. ページ

写真 9–22　第 3 章でプロジェクターで投影された人名と生没年

写真 9–23　第 4 室の展示

の情報の収集に関しては、イスラエルのホロコーストに関する資料を収集する施設であるヤド・バシェムの協力を得ている。展示場には、これらがすべて読み上げられるためには六年と七ヶ月二七日の日数が必要であることが掲示されている。

これらは、ユダヤ人迫害によって犠牲になった人々の数の多さを示すものである。これを示すものとして、すべての人名を壁面に提示するという方法もアウシュヴィッツ収容所のオランダ展示館などで見られるが、ここではそれが読み上げられおり、その時間が膨大にかかることを示すことで、数の多さが暗示されることになる。また、単に数の多さだけでなく、それは個々人の名前であり、略歴をも伴っているため、個人の死に観覧者はより直面することになる。単に名前と略歴というデータが読み上げられるだけではあるが、観覧者はそれを暗闇の中で聞くことになり、多くの感情の交錯を体験することになる。

最後の展示室は「殺害の場所 Site of Murder」と題されている（写真9-23）。ヨーロッパにおけるユダヤ人殺害に関する場所の展示である。個別のパネルとして展示されているのは、絶滅収容所では、ベウジェッツ、トレブリンカ、アウシュヴィッツ、ソビブール、クルムホフ（ヘウムノ）、また集団虐殺の現場としては、ウクライナのバビ・ヤールとベラルーシのマウィ・トロステネツである。これらの場についての解説がある。またそのパネルの側面には受話器型のレシーバーが設置されている。そのレシーバーで聞くことができるのは、収容所や虐殺の場からの生還者の手記の朗読である。パネルでは紹介されていない具体的な生々しい状況が読み上げられている。また、壁面には映像が投影されており、そこには、これらの収容所や集団虐殺の場以外での迫害の状況の写真が映し出される。

四つの展示室は以上で終わりであるが、その続きにロビー三とロビー四があり、イスラエルにおいてホロコースト関係の情報を収集している機関であるヤド・バシェムや、ヨーロッパ各地のホロコーストに関連したメモリアルや博物館の位置と施設を示した展示がなされ、情報を検索できる端末が置かれている。

感情の喚起の回避

では、ベルリン・ホロコースト・メモリアルでは、どのような感情が喚起されているのだろうか。

まずメモリアルに関しては、すでに述べたように、単一の感情が喚起されないような表現がなされている。

第一に視覚的に、その物体が何を意味しているかがわかりにくい形態のものが、何を意味しているかわかりにくい様態で設置されていることで、観覧者に判断の材料が与えられず、そのものの意味するところを考えさせる効果を持つことになる。これは見る者に一つの強い感情を喚起させる表現ではなく、一つの感情を喚起させることを忌避する表現であるといえる。

第二に、メモリアルは視覚的にだけではなく、その内部を歩き回ることで身体的に体験することができるようになっているが、そこにおいて通路の見通しが利かなかったり、ほとんど上方が見えなかったりすることで、常に居心地の悪さを観覧者が感じるような表現がなされている。ホロコースト・メモリアルはもちろんヨーロッパで殺害されたユダヤ人を追悼するための施設であるが、そこでは「追悼」という単一の感情に強く収斂してゆくような情動が常に避けられているといえる。

このような方向性は、付随した博物館における展示ナラティブとも共通している。博物館では、ホロコーストの時系列的な解説はもちろん行われているが、しかし、一方で、むしろそのような時系列的な通常の過去想起のあり方を再考するような表現が行われている。すべての展示に共通しているのは、資料や家族や名前を歴史的な文脈の中に組み込むのではなく、それらをそこから投げ出して提示していることである。それは、ホロコーストを、ある一つの始まりがあり、中間があり、終わりがある通常の単線的な歴史として語ることを忌避しているともいえよう。むしろ、現時点での観覧者のそれらの資料への向き合い方や自問の姿勢自体を引き出すことがこの展示の目的であるといえる。これは、一般的な歴史展示とは異なる展示の仕方であるといえる。一般の歴史展示における過去想起が、歴史的知識の注入、ないしは過去に注入された知識の想起であるのに対して、ここでの想起はむしろ何らかの過去を想起することよりも、そのようにして過去を想起している自己という主体あるいは、主体の存在する現在とホロコーストが行われた過去との距離を意識させるものとなっている。本書第八章で見たかかわりに開かれた出来《しゅったい》とも共通する立場であるといえる。そこにおいて観覧者が抱くと想定されている感情は、何らかの一つの感情に収斂してゆくものではない。ホロコーストを一つのストーリーとして提示しないことで、メモリアルと同じく、常に、自己と、自己が想起している過去との関係が問い直されることが求められ、単一の感情に自己をゆだねるというより、むしろそのような単一の感情に自己をゆだねることができないことが構造的に強いられるようになっている。それを通じて、観覧者は過去想起そのものの構造を省察することになる。

5　展示ナラティブと感情

さて、以上ポーランドのベウジェッツ・メモリアルとドイツ・ベルリンのホロコースト・メモリアルについて見てきた。それらにおける個々の分析をもとに、メモリアルと博物館における過去想起における感情操作についてまとめたい。

複雑化する感情の操作

第一に、負の感情を喚起するための共通の表現が見られることである。それは地中に沈み込むメモリアルの形態である。このような形態としてよく知られているのは、ワシントンのベトナム戦争メモリアルであるが、ベウジェッツ・メモリアルもベルリン・ホロコースト・メモリアルもいずれも同じように地中に沈み込む形態をとっている。現代のメモリアルにおける過去想起において、負の出来事の想起に伴う何らかの感情を観覧者に喚起させたい場合の共通の表現方法が存在するといえる。

第二に、過去想起における強い感情の喚起について慎重な姿勢が、いずれにおいても見られることである。ワシントンD.C.の全米ホロコースト博物館のように、効果的に過去想起を行うためには強い感情操作が必要であることを前提とした展示の表現は、いずれにおいても見られない。とはいうものの、感情操作が行われていないかというと、必ずしもそうではなく、慎重な姿勢が見られるようになってきているがゆえに、より高度化した感情操作の方法が見られるといえる。たとえば、ベウジェッツ・メモリアルにおいては、とりわけ「地下部分」において「追悼」の感情が強く喚起されたり、犠牲となったユダヤ人の叫びに同一化を促すような表現が行われているが、その隣にある博物館では可能な限り感情の喚起を観覧者に起こさせないような表現がなされており、過去想起に伴う感情の喚起への批判を回避するような組み合わせとなっている。過去想起に伴う感情操作に関しては複雑化しているといえる。

とはいえ、感情操作は複雑化しているのであり、行われなくなっているのではない。たしかに、ベウジェッツ・メモリアルにおける博物館の展示では、感情操作に対して慎重な姿勢が見られる。装飾を排し、強い単一のナラティブの提示を可能な限り避けた博物館の展示では、一見すると解釈の多様性が確保されているように思われる。ただ実際は、そのように解釈の多様性を担保しているという姿勢を見せることで、観覧者に制作者への信頼感を抱かせるという効果がある。「政治的に正しく、しかも過去想起に伴う感情操作の問題点を意識した、よく考え抜かれた表現である」というかたちで、実際は行われている感情操作は見えにくくなっているともいえる。メモリアルと博物館が別個に設置されているということを利用して、メタ・メッセージが複雑な経路で伝えられている。

第三に、批判を想定し、批判を織り込み、批判を回避するというあり方は再帰的なものであるが、そのような再帰的な感情操作は、だれがその操作の主体となっているかが明らかではないことである。比較的単純な感情操作に関しては、たとえばその操作を行う主体がだれであり、操作される客体がだれであるかを指摘することは可能である。アメリカ・ワシントンのホロコースト博物館において、感情を操作している主体がだれであるかを指摘することは比較的容易であろう。だが一方、今回見てきたベルリン・ホロコースト・メモリアルに関しては、このような指摘はそれほど容易ではない。なぜなら、ここにおいては操作する主体と操作される客体ははっきりとは分かれていないからである。建設の過程は公開され、このような表現が選ばれたのは市民の選択による。ベルリン・ホロコースト・メモリアルにおいて行われている複雑化した過去想起における感情操作は、過去の想起そのものの困難を主題にしたものでもある。それを選んだのが、操作される客体でもあるといえる。

再帰性 reflexivity とは、後期近代 late modernity を特徴づけるあり方である。ドイツの社会学者ウルリヒ・ベック Ulrich Beck とイギリスの社会学者アンソニー・ギデンズ Anthony Giddens は『再帰的近代化 *Reflexive Modernization*』の中で、近代化が進展すると近代化の対象が喪失し、対象ではなく主体自身を近代化せざるをなくなることを明らかにした。[24] 再帰性のもとでは、主体と客体が相互に入れ替わり、どちらが主体でどちらが客体であるかは不分明になる。主体の確立と客体との分離を目指す運動を近代化とするならば、その主体と客体の境界が不分明になることは近代を超えている。ベックとギデンズは、この現象を後期近代の現象と考えた。厳密に言えば、後期近代とポスト・モダンは、近代の中にあるか、近代の外にあるかの違いがあるが、こ

［24］［Beck, Giddens and Lash 1994］

の現象は、近代の価値の再考という点では近代の外にあるとも考えられるため、これはポスト・モダンの現象であるとも考えられる。メモリアルにおいても感情の操作の主体が問われ、その主体が不分明になっていることは、カタストロフの記憶のあり方も後期近代あるいはポスト・モダンという刻印を受けているといえる。

第四に、依然として、感情操作に関して二つの姿勢が見られる。感情操作に対して慎重な姿勢を見せつつも、実際には単一の感情に収斂してゆくような感情操作が行われている施設がある一方、それに対して慎重な姿勢を持ち、実際にそこでは単一の感情に収斂してゆくことが避けられている施設がある。本書第1節では、過去にそのような姿勢が見られたものの代表的な例として、前者についてはアメリカのワシントンD.C.にある全米ホロコースト博物館が、後者についてはドイツ・ベルリンのユダヤ博物館が挙げられることを指摘した。本章の検討を通じて明らかになったのは、ベウジェッツ・メモリアルが前者の姿勢を持ち、ベルリン・ホロコースト・メモリアルが後者の姿勢を持つことである。前者はポーランドに存在するものの、その建設に際しては、アメリカの影響を強く受けている。本章の分析からだけでは断定的なことを述べることはできないが、ここからは、アメリカにおけるホロコーストの過去想起に関するある一定の姿勢の存在と、ドイツにおけるそれとは対比される姿勢の存在についてもうかがわせる。

第五に、感情想起と過去の実在の考え方には、相関が見られることである。過去が存在する場合、その過去を再現し、追体験することは可能である。これが感情操作の原動力となる。しかし、一方、本書第八章で見たプレゼンティズムのように[25]、過去は存在しないという考え方もある。その場合は、過去を追体験することもできないし、その追体験をもとにした感情操作もできない。過去が存在しないということで、感情はむしろ宙づりになるのである。

感情操作と人的エネルギーの動員

カタストロフのような出来事の場合、それを記憶しておくことが社会には求められる。とりわけ、その記憶は、大規模な社会単位である国家やエスニシティなどによって行われることが多い。感情を操作することとは、人を動員する際に用いられる手段である。大規模な動員とは、人の持つエネルギーを方向づけすることであり、それは権力や力（パワー）ともかかわることになる。権力や力（パワー）とは一般的に「他の人の行動を変化せしめうる可能性」である。[26]他の人の行動を変化させることとは、その人の中にある可能態（デュナミス）から現実態（エネルゲイア）への出来《しゅったい》を、ある方向づけをもって行わせしめることである。すなわち、感情操作とは、可能態と現実態にかかわる方向づけを通じて歴史のエネルゲイアとも関係する問題であるといえる。

カタストロフを通じてそこにあらわれた人のエネルギーを方向づけすること、とりわけ凝集させることについては、本書の中でもいくつかの事例をすでにみてきた。本書第四章では、「ボランティア革命」などという語に代表される言説を通じて、一〇〇万人以上といわれた阪神・淡路大震災のボランティアにあらわれた力を新自由主義に基づく自己責任を原理とする社会を下支えする力として動員しようとする動きがあったことを見た。[27]第五章では、阪神・淡路大震災のメモリアル博物館の展示において捏造された無名の死者／未婚の若い女子の人身犠牲に凝集してゆくナラティブがつくられ、ゆさぶられた観覧者の感情がそこに集中してゆく操作が

［25］　本書第八章第1節 508–513 ページ
［26］　"Power" in *The Encyclopedia of Philosophy*, Vol. 6, 426.
［27］　本書第四章第1節 181–182 ページ

行われていることを見た[28]。それは、年間約五〇万人、開館以来約五〇〇万人という人を動員している。このほかにも、本書の中では、関東大震災の慰霊堂に見られるそびえたつ塔という建築様式[29]、阪神・淡路大震災や東日本大震災における慰霊式典における柱という形状も紹介している[30]。これらは、屹立する柱状の形態で、強い凝集性を示す。インドネシア・ジャカルタに存在する独立記念塔も第六章で紹介したが[31]、まさに、国家が、人心を収斂させる際に用いる形態であるといえる。

人間のエネルギーを、感情という身体の直接性に基づくものによって国家に集中させる形態が極限までゆきつくとそれは、国家を超えたものになる。通常の国家は、社会契約に基づく個々人と国家の間の契約であると考えられており、それは、契約的関係であって、血や肉や生命による有機的な結びつきではない。しかし、国家を超えたものを想定するファシズムや超国家主義においては、血や感情や生命などが人間と国家を結びつける媒介として用いられる[32]。丸山眞男は、アジア太平洋戦争（第二次世界大戦、十五年戦争、大東亜戦争）期における超国家主義を支えた原理を解明した論文「超国家主義の論理と心理」において、中心に存在する天皇を垂直につらぬく万世一系という無限性が、この時期の国民を動員した原理であったことを明らかにしている[33]。まさに垂直性を通じて人々のエネルギーが一点に凝集するのである。超国家主義に関しては、歴史のエネルゲイアと「なる＝ビカミング」との関係を通じて本書補章2で検討するが[34]、大衆（マス）のもつエネルギーを感情という身体的なものを通じて操作することが究極までゆきつくところには超国家主義が存在することは、歴史が人類に与える貴重な教訓であろう。ファシズム期における大日本帝国と同様にナチスの政権下のドイツでも、血というロジックによって国民のエネルギーを国家に凝集させていた。ベルリン・ホロコースト・メモリアルにおいて、感情のエネルギーの凝集点であるといえる一つの中心を持つメモリアルの形態が避けられ、強い感情を喚起する操作が避けられているのは、その教訓を受け止め、生かしているものであるといえる。

本章で見た、感情操作に関するメモリアルにおける二つの流れは、決してそれだけで完結したものではない。ヨーロッパにおいても、またアメリカにおいてもホロコースト関係のメモリアル施設は二〇〇〇年代に入っても建設が続いている。[35]また、本書第六章第2節でも見た通り、カタストロフの博物館やメモリアルの建設は、グローバルに広く一般的になりつつある。[36]そのような状況の中、場の中での感情操作の問題はカタストロフと時間の問題があらわれる社会的側面として注目してゆく必要があるだろう。

［28］本書第五章第5節 331–333 ページ
［29］本書第六章第1節 364 ページ、写真6–2
［30］本書第五章第4節 322–324 ページ、写真5–13
［31］本書第六章第2節 385–386 ページ、写真6–15
［32］"Fascism" in *The Encyclopedia of Philosophy*.
［33］［丸山 1946=1995: 35］
［34］本書補章2 779ff. ページ
［35］ベルリン・ホロコースト・メモリアルを運営する財団が出版した『記憶の建築――ナチスの戦争犯罪とヨーロッパの想起の文化』（［Shulusche und Sifung Denkmal füer die Ermodeten Juden Europas（Hrsg.）2006］）には、ベウジェッツ・メモリアルとベルリン・ホロコースト・メモリアルを含む五〇のヨーロッパのホロコースト関係の博物館やメモリアルが紹介され、関連論文が収められている。とりあげられた施設のほとんどが一九九〇年代以降に設立されたものである。
［36］本書第六章第2節 382ff. ページ

コラム5　風景の与えるもの ―― プリーモ・レーヴィとアウシュヴィッツの「感動」

アウシュヴィッツに戦後はじめて戻った時は、さほど心を動かされなかった。だが、二度目に少人数で行った時、そこは深い感動を与えた。[1]

プリーモ・レーヴィのこのことばの意味を考えている。

アウシュヴィッツを訪ねた ―― いや、通過したと言った方がよいのかもしれない、というのは実質的にはアウシュヴィッツにいたのはわずか数時間だったから。だが、しかし、アウシュヴィッツへの旅は、その前から始まっていたと考えることもできるのかもしれない。だとしたら、実質的な滞在時間はあまり問題にしない方がいいのかもしれないのだが ―― 体験をことばにしようと、つまり記憶に定着させようとして、旅が終わってから、いくつかの本や映画や写真集を読んだり見たりしていたのだが、その中で、このことばに出会った。

たしかに、アウシュヴィッツをこの足で歩き、この目で見た。だがしかし、何を見たのだろうか。何を感じたのだろうか。それを明らかにするためには、まずは、あのアウシュヴィッツで見たもの、感じたことを表現することが第一である。しかし、第二に、アウシュヴィッツについて、これまで人はどんなことを考え、どんなことを表現してきたのか、アウシュヴィッツについてどのようなことばが残されているのかを探ることも必要である。この二つの方向から、アウシュヴィッツをたどりなおしているうちに、プリーモ・レーヴィに出会い、そしてこのことばに出会った。

プリーモ・レーヴィ。

作家。一九一九年、イタリア北部のアルプスを望む都市であるトリノに生まれる。大学では化学を専攻。卒業後、ファシスト軍に抵抗するためのパルチザンに身を投じるものの、捕らえられアウシュヴィッツに二五歳で送られる。一年三ヶ月の収容所生活を生き抜き、ドイツ敗戦によって解放。故郷に帰還の後、化学者として工場に勤務するかたわら『これが人間か』『休戦』などの作品を発表。国際的な評価を得る。

レーヴィの略歴はざっと以上のようなところである。ここからもわかるとおり、彼は、アウシュヴィッツ体験者としてアウシュヴィッツのことを書き続け、発言し続けることを選んだ作家である。アウシュヴィッツで何が起こったのか、それはどのような意味を持っていたのかを追求する、それが彼の作品の特徴である。

そのレーヴィのインタビュー集に冒頭のようなやりとりがあった。収容所に戻った時の印象はどうだったか訪ねられ、一九六五年にポーランドの追悼行事に招かれた時にはあまり感動し

［1］［レーヴィ 2002: 140］

写真１　ビルケナウ収容所、引き込み線とプラットフォーム

なかったと述べたあとの会話である。それは次のように続く。

「では一九八二年の時は？」

「少人数で行きましたが、深く感動しました。その時初めて三十九あるアウシュヴィッツの収容所の一つであるビルケナウを、あのガス室のあるやつを見ました。鉄路も保存されていました。錆びたレールが収容所の中まで入り込み、空き地のような所の端で終わっています。前には花崗岩のブロックで出来た象徴的な列車がありました。各々のブロックには国名が一つずつ書いてありました。線路とブロック、これがモニュメントだったのです」

「その時に犠牲者たちの名前や、顔、看守たちの顔などが蘇って来ましたか」

「いいえ。感覚だけが蘇って来ました。例えば場所の匂い、それも無害な、多分石炭の匂いだったと思います[2]」

ここで述べられている感動とは一体どういうことなのだろうか。

まずは、ここではアウシュヴィッツとビルケナウ収容所の違いについて確認しておかなくてはなるまい。クラクフからおよそ一時間ほどかかったバスを降りたってはじめにたどり着いたのがアウシュヴィッツ収容所であった。ここは、レーヴィがインタビューで述べているように三十数ヶ所あったアウシュヴィッツ収容所複合体の中核となる収容所であり、またその歴史が最も古い収容所である。

一九四〇年四月二七日に設置が決定されたアウシュヴィッツ収容所は、当初はドイツに強制労働力として送られる囚人のための中継施設であった。その目的はすぐに強制収容所に変更されたとはいえ、当初は一万人規模の囚人を収容するための収容所であったため、一階か二階建ての煉瓦造りの建物が二〇棟ほど並んでいるという大きさである。あの場所で感じられた、小規模で、ここでこのようなたとえをするのは不謹慎ではあろうが、どこか人間的なつくりという感覚はそこから来る。

一方、ビルケナウ収容所は、ＩＧファルベンほかのドイツ企業が囚人の強制労働による労働力を当て込んで、工場をアウシュヴィッツ周辺に建設したことによって強化されたアウシュヴィッツ複合体の第二番目の収容所であり、一九四一年一〇月に開設されている。ここは、巨大な化学工場の建設という要因に加え、四一年六月のソ連侵攻に伴うソ連軍の捕虜数百万人のうち数十万人を、当初それを担当していたドイツ軍が収容所管轄のナチス親衛隊（ＳＳ）へと移管するのに同意したこと、などの原因が重なって建設が決まった。設計に携わったＳＳ中央建設局は一二万五〇〇〇人がここに収容可能であると考えていた。建設当時は沼沢地であった一・七五平方キロメートルの敷地の中には、三〇〇以上のバラックが建てられたという。広大な、そして荒涼とした、という印象はここからくる。

アウシュヴィッツが、整備され、博物館化され、レストランまでがつくられていたのに比べて、ビルケナウの方はそのまま、であった。

たしかに、アウシュヴィッツの展示方法は素朴なものであり、けっして奇をてらったものではない。そのまま、に近いものであったといえば、そういうことはいえる。展示技法は洗練されていなかったし、そして、その洗練されなさ加減、あるいは、戦後直後の雰囲気を伝えるその古び加減というようなものが、逆に胸に迫ってきたのも事実ではある。だがしかし、それにしても、何かを展示しようとしていた、という点で、解説的だったことは否めない。もちろん、あの場所で起きた出来事をまずは伝えなくてはならない、そしてあの場所で起きたことを伝える方法に正解などあるわけはないということは前提条件である。それを確認した上で、しかし、アウシュヴィッツの展示は

［2］［レーヴィ 2002: 141］

説明的であり、その説明的である部分にどこか違和感が感じられた。

アウシュヴィッツ収容所内部の展示空間には、髪の毛、多くの靴、死者の灰、再現された藁の寝床、写真パネルがあり、それらのものによって、ここで起きた出来事を伝えようとしていた。もちろん、それらのものはそれが個々の具体的な人々の存在を生々しく感じさせるという点において、そしてその古び方の生々しさ加減において、そしてなんといってもその量において、見るものを震撼とさせ、だまりこませた。ここではたやすく言葉を発することができない、そのような思いが強くのしかかってきた。とはいえ、あの髪の毛の、鞄の、義足の山は、ある種の現代アートを思い起こさせるものでもあり、そこにある種の違和感を感じてしまったのも事実である。それに対しては、『ベルリンの瞬間』の中で詩人の平出隆も言うように、ヨーゼフ・ボイス Joseph Beuys やアンゼルム・キーファー Anselm Kiefer などの現代アートのアーティストたちがつくる芸術作品が追求しているリアリティを、それらのものたちが今、目の前で帯びていることに気づかないという倒錯感の方が倒錯している、という指摘をまずはすべきではある。[3] だが、しかし、そのようにして違和感を覚えながらでしかそのものたちに向き合えないという事態にこそ、いまこの時代においてアウシュヴィッツに向き合うことの困難さはあるということもできる。

一方、ビルケナウの方には展示と呼べるものはほとんどなかった。ただ、広大な緑の草地が広がるだけだった。あの時、われわれは、正門から入らず、ビルケナウの南西の端にある鉄条網の切れ目のようなところから敷地内に入り、まず、ガス室の廃墟へと導かれた。そこには見事に何もなかった。何かがある、何かがないということをすらをも超えた広漠さとでもいおうか、広々とした牧草地に見まごうばかりの鮮やかな緑の草地が一面に広がり、その向こうにわずかに霧の彼方に何かがあることが感じられる、という空間がビルケナウだった。ガス室も壊れたままだった。ソ連軍が進駐してきた際か、あるいは、それ以前のソ連軍の空爆によって破壊された、一日六〇〇〇人の殺害が可能だったといわれるそのガス室は、大きく崩れ落ちたコンクリートの側壁が屋根のようにも見えたし、

写真2　ビルケナウ収容所、ガス室の廃墟

なにか巨大な正体不明の箱船がそこに漂着して巨大な船腹をあらわにしているような異様な姿をさらけ出していた。パネル類は最小限にとどめられ、引き込み線が敷地の半ばまで来て止まった位置、いわゆる「選別」が行われたプラットフォームにわずかに、当時の写真が焼き付けられた看板が立っている程度だった。

音はなかった。その、長いプラットフォームを、はじめはひとかたまりになって歩いていたわれわれも次第に離ればなれになっていき、それぞれがそれぞれの思いを抱えながら、その錆びた長い引き込み線をひたすら歩いていた。

それが、ビルケナウだった。その場所の広大さ、あるいは空疎さ、茫漠さ、というようなものが、あまりに巨大なあの出来事をやはり象徴していた。単純な言い方にはなるが、百数十万人という人が死ぬ ―― 殺される ―― ということは途方もないことであり、その途方もないことが行われるためには、途方もない場所が必要であった、ということに気づき、それが衝撃を与えた。その途方もなさ、というか、想像もできなさ、というものの一端はビルケナウの広さ、であり、この広さこそが、途方もないことが行われるためには必要だったのだ、という事実に打ちのめされたといってもよい。また、あるいは、今、何のかかわりのない者が歩いてさえ、何らかの不安感が惻々と感じられる場所に、しかし、当時においてはもっ

［3］［平出 2002: 302］

と差し迫った状況においてその場に存在することを強いられた人たちがいた、ということも浮かんできた。これが人間が暮らしていくような場所であろうか、という荒涼とした風景である。今はまだ秋だからまだしもだが、これが冬になったらどうなるのか——それを考えるとよりいっそうその場所が重苦しいものに思え、そして、それらの想念が重くのしかかってきた。それがむき出しで、保存されている分、それを見る自分の内部と外部がダイレクトに反応しあい、その感覚が深いところに降りていくような気がした。

レーヴィの「深く感動した」という発言も、この感覚とどこかでつながるのではないだろうか。もちろん、体験者のレーヴィの発言を、体験者でもない者が推し量ることなどできないことではあろうし、たやすくわかるということは、レーヴィの訴えようとしたところからは最も遠いところにあるであろう。しかし、それを確認した上で、あえていうならレーヴィの発言はこの部分にかかわっているような気がする。

レーヴィはその前の部分で、一九六五年にアウシュヴィッツを訪ねた時には、すべてがきちんと整頓し直され、建物の正面もきれいにされていたが、しかしその場では集中できず、人が思うより感動は薄いものであった、という発言をしている。アウシュヴィッツとの対比。レーヴィがビルケナウで感じたのは、その場所でしか感じることのできない場所性のようなものであったのであろう。そして、その場所に立つことが、自分を集中させ、自分の書いてきた作品、あるいはその作品を書くという行為の根底にふれているということが確認されたとしたら、やはりそれは「心が動いた」ということばでしか言いあらわせないものだったのかもしれない。

リアルとは何だろう。博物館の歴史展示の目的は、ものごとをリアルに再現することである。だが、たとえばリアルに再現すればするほど、そのもののリアリティは増すが、どんどん嘘くさくなっていくということはないだろうか。これは再現にともなうアポリアだが、その原因は、そもそも再現とは、ここには帰ってくるはずのない過去を呼び返そうとする矛盾した行為だという点にある。本当は、過去は呼び戻せないし、再現もできない。だとしたら、必要なのは、再現できないことは再現できないと認め、過ぎ去った過去はもうここにないことを表現することではないか。そうなった時、人は過去とは何かをあらためて見つめ直さざるを得なくなるが、それこそが過去に正面から向き合うということであろう。

ビルケナウ収容所跡の原野は、何もなくなった場所が何もないままにとどめおかれていることで強烈な感覚を与えた。もちろん最小限の手は加わっているが、そこには何かを再現しようとする意思はない。そこには、ものだけがある。人間がものを介して過去に向き合い、かかわろうとすることとはどういうことか、ビルケナウの草原は問い続けている。

第十章　カタストロフとともにある場
——遺構保存のアポリアを越えて

メモリアルという場におけるカタストロフの残り方について見た前章に続き、本章では遺構とモニュメントを扱う。

前章で見たメモリアルはランドスケープ・アート的な要素を持っていたが、それは小規模なものであり、分析もメモリアルそのものにあらわれている論理をたどるものであった。それに対して、本章では、周囲の環境や風景とも結びついた遺構やモニュメントをとりあげ、環境や風景と遺構やモニュメントの相互の関係の中で、カタストロフが残ることの意味を考える。

環境は、いくつかの空間的な広がりの差異を持って主体の周辺に存在する。地域研究の立本成文は、主体、コミュニティ・地域圏、地球システムの三層構造で環境を分類した。[1] この整理を援用して、主体とその周囲のかかわりを図示してみると、主体と環境は、図10-1にあらわしたように、さまざまな呼称によってグラデーションを持った層として構造化されているといえる。前章のメモリアルや博物館というのは、ほぼ主体の身体

[1]［立本 2013: 187］

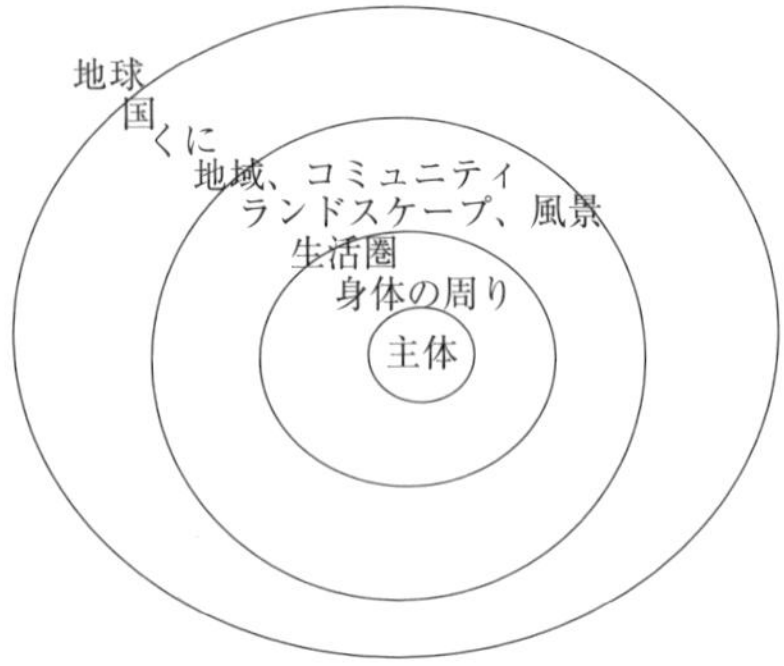

図 10–1　環境の構造（呼称による空間の構造化）

の周りの空間と限定できる環境であるといえる。一方、本章で対象とする環境は、図の中のコミュニティや地域、ランドスケープといったより広いレベルに対応する場である。カタストロフのような大規模な出来事は、コミュニティや地域のような広い環境の中で起こり、その広い環境に影響を及ぼす。それゆえ、このレベルでの分析が必要である。

一方、遺構とモニュメントとは、カタストロフがそのような空間的な場の中に残る際に、媒介として存在するものである。カタストロフは、出来事であるが、出来事という、「こと」が、場の中に残るためには、そのことを「もの」として示す媒介が必要である。前章では、メモリアルというつくられた場において、カタストロフが保存されていたことを見た。一方、本章では、風景や地域というつくられたものではないものをとりあげ[2]、環境の中にカタストロフが残される様態に伴う諸問題を見る。その上で、望ましい場におけるカタストロフの残り方について考える。

1　遺構・モニュメント・メモリアル

遺構とモニュメントに関する近年の注目

遺構とモニュメントに関しては、文化史、歴史社会学などの観点から、一九九〇年代以降、世界的に研究が進んでいる。その背景には、歴史や過去といった概念を支える制度や組織を、知の歴史や仕組みの面からエピスモロジーとして研究する方法が一般化したという事情がある。

ヨーロッパでは、この問題は、文化遺産や文化財の保存や修復の問題と絡んで研究が進んでいる。フランスの建築史家フランソワーズ・ショエ Françoise Choay は『遺産の寓意 *L'Allégorie du patrimoine*』（英訳題は「歴史的モニュメントの発明 *The Invention of the Historic Monument*」）において、文化遺産と歴史的モニュメントの発明の歴史をヨーロッパにおける文脈で検討し、ローマ時代の建造物が歴史的モニュメントとして中世以来扱われた経緯から、現代の文化遺産が珍重される状況への系譜を明らかにした[3]。

日本でも、戦争の遺構やモニュメントに関して、アジア太平洋戦争（第二次世界大戦、十五年戦争、大東亜戦争）を対象として研究が進んでいる。たとえば、歴史社会学の福間良明は『「戦跡」の戦後史――せめぎあう遺構とモニュメント』において、日本の代表的な戦争のメモリアルの場である広島の平和記念公園、沖縄の摩文仁の丘、鹿児島の知覧という場において、遺構とモニュメントがどのような役割を果たしたのかを明らかにしている[4]。福間は、遺構を「現物」、モニュメントを「新たにつくられた記念碑など」と定義し、ヴァルター・ベンヤミンが一九三五年に書いた「技術的複製可能性の時代における芸術作品 Das Kunstwerk im Zeitalter seiner technischen Reproduzierbarkeit」という論文で使用したアウラ die Aura という概念を用いて、日本の戦後という

［2］　超長期的な視野に立つと、環境や風景も、人間とその周りとの相互作用により長い年月をかけて形成されたものである。その意味で環境や風景もつくられたものではあるが、ここでは、メモリアルと対比する意味で、こう述べている。

［3］　［Choay1999］［Choay2002］

［4］　［福間 2015］

時期における遺構とモニュメントの社会的位置づけの変遷について叙述している。アウラとは、日本語では通常、オーラと言われ、物理的な光線のほか、霊気や精神的エネルギーなどを意味する一般名詞であるが、ベンヤミンは、これを、出来事の一回性によって、ものが帯びることになる光輝を指す語として用いた[5]。福間は、戦跡の「現物」である遺構が、戦争終結後のほどない頃は、負のアウラを帯びていたことにより忌避された一方、記念碑などのモニュメントが現実を直視せずともよいものとして好まれたこと、しかし、次第に戦跡そのものもモニュメントとなっていったことを明らかにしている。

モニュメントとメモリアルの差異

ここで改めて、遺構、モニュメント、メモリアルについて整理しておきたい。どれもが似通った意味ではあるが、それぞれにニュアンスの違いがある。ニュアンスの違いは、日本語において存在するとともに、日本語と英語の間でも存在する。

まず、メモリアルとモニュメントについて見る。メモリアルとモニュメントは日本語では、それほど差異はなく使われているが、そこには微妙な差が存在する。

まず、モニュメントだが、日本語の語義では「①ある事件・人物などの記念として建てられる建造物。記念碑・記念像など。②一時期を画するような記念的な作品・労作など」である[6]。

英語のモニュメント monument という語にも、複数の意味がある。本章の文脈でいういわゆるモニュメントとして、『オックスフォード英語辞典』には、「著名な人、行動、出来事を記念する目的を持つある構造物あるいは建物。または死者の記憶のために墓碑にかけられたり教会内などに設置された石造あるいは他の構築物。

以前には、彫像や立像、肖像も意味した」というエントリーがある。[7]『英語語源事典』によると、monumentには「①墓、②記念碑、霊廟」の意味があり、その語源としては、ラテン語の「思い出させるmonere」という動詞から来た「思い出させるもの monumentum」という語があるとされる。[8]

フランス語では、モニュメント（モニュマン le monument）は、「①ある人やあるものの記憶のための建築作品、彫刻作品、②宗教的あるいはシンボリックな価値を持った建造物、建立された石碑、石碑の断片、③考古学的、歴史的、美学的観点から飛びぬけた価値を持った建造物」という意味を持つ。[9]

先ほどの福間の定義にあらわれているように、日本語では、モニュメントと言った時に、いわゆる記念碑を限定して指すことが多いが、英語の語感では、日本語でいういわゆる記念碑だけでなく、城、砦、銅像、石碑、銘板などもがそこに含まれる。建築であることや物体であることの側面に注目した語彙であるといえる。フランス語のモニュマンも、先ほどのショエの著書を見てもわかるように、記念碑だけではなく、古代ローマ時代などの建造物等も含む。英語と同様フランス語でも、モニュマンとは建築や物体であることに注目した語彙である。

つまり、日本語と英語・フランス語ではモニュメントに建造物などの歴史遺産が含まれるか否かという差異がある。以下、本書では、混同を避ける意味で、英語・フランス語的な意味での建築物を含んだモニュメント

［5］［Benjamin 1991: 479］
［6］『大辞林』
［7］*Shorter Oxford English Dictionary.*
［8］『英語語源事典』
［9］*Le Nouveau Petit Robert.*

monumentを歴史的モニュメントと呼び、日本語の記念碑に限定された意味でのモニュメントを単なるモニュメントと表記する。

他方、メモリアルとは、日本語では「故人や歴史上の出来事を記念するもの」である。[10] 英語でのメモリアルmemorialとは、「モニュメントとして、あるいは習慣として人やもの、イベントの記憶が保存されているもの」のことである。[11] モニュメントとメモリアルには重なる意味があるが、メモリアルには「記念の」という意味を持つ形容詞としての使用法もあり、建築物や物体としての側面よりも、その性格に注目した語彙であるといえる。

メモリアルとして著名なのは、アメリカのワシントンD.C.にある「リンカーン・メモリアル Lincoln Memorial」や前章でも見たベルリンにある「ホロコースト・メモリアル Memorial to the Murdered Jews of Europe, Halocaust Memorial」であるが、どちらもモニュメントでもあり、「リンカーン・モニュメント」や「ホロコースト・モニュメント」と呼んでも差し支えない構造物であるが、一般的にメモリアルと呼ばれている。それは、それらがアブラハム・リンカーンというアメリカ合衆国建国の精神を体現した人や、ホロコースト（ショアー）という繰り返してはならない出来事を記憶するための施設であることを強調しているからであるといえる。

遺構という日本独自の言葉

つぎに遺構という言葉について整理しておく。

遺構を『岩波国語辞典』は「むかしの建築物の構造や様式がわかる残存物」とし、『大辞林』は「古い建造物で今日にその一部が残っているもの。また、古代の建築物の様式や配置などを知る手掛かりとして、土地に残された基壇や柱穴など」とする。

一方、英語では、日本語の遺構にあたる言葉としては、遺跡・遺構と訳される remain が「古代の遺物。とりわけ、古代の建造物」という意味を持ち、relic には、聖遺物のような意味もあるが、「一般的な何かが朽ち果てたり壊れたりした後に残った残存物」や、「古代や過去と関係することにより興味を引き付けるもの」などの意味がある。[12]

日本考古学においては、遺構という語には比較的厳密な定義がある。一般的には、日本の考古学研究や発掘現場では、遺跡と遺構を区別する。遺跡という用語は、広域的な遺物の残る場所であり、遺構とは、その遺跡を構成する一部の構造物の意味で使用されている。たとえば、ある古墳が発掘されたとして、遺跡とは、その古墳全体を指し、遺構は、そのうちの溝、排水施設などを指す用語として用いられる。[13] 考古学の勅使河原彰は、遺物を動産、遺構を不動産としたうえで、遺物と遺構が組み合わさって一定の機能・用途を持つ場所が、考古学でいう遺跡であるとする。[14]

［10］『大辞林』
［11］*Shorter Oxford English Dictionary.*
［12］*Shorter Oxford English Dictionary.*
［13］［鈴木 1988: 37］
［14］［勅使河原 2013: 27］

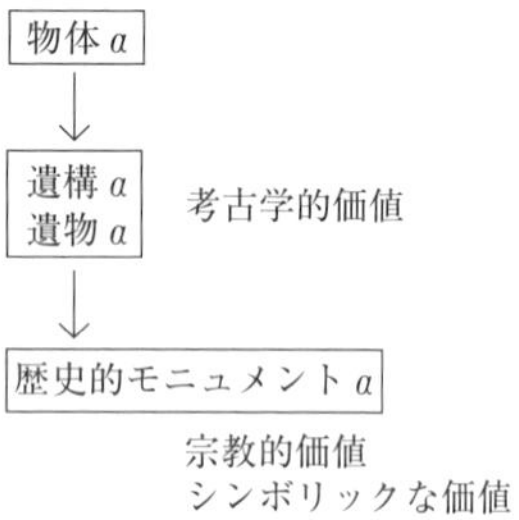

図10-2　遺構とモニュメントの持つ価値

学術的中立性を示唆する遺構という言葉

遺構・遺物とメモリアルやモニュメントとは重なる場合がある。そもそも、英語で見ると、遺構とモニュメントとは同じものである場合もある。ローマ時代の浴場や中世の城といった remains（遺構）はそのまま monument（歴史的モニュメント）である場合が多いだろう。日本語で考えると、新しく建立された石碑のようなものだけがモニュメントと考えられがちだが、遺跡や遺構も歴史的モニュメントというモニュメントであるからである。

だが、日本語では「遺構」という言葉がことさらに使用される。それは、モニュメントと遺構との間に、価値判断をめぐる差異があるからであると思われる。では、遺構・遺物とモニュメントとはどう違うのだろうか。先ほど、日本考古学における定義を見たが、日本語の「遺構」という用語は、考古学の用語であることが大きな意味を持つと思われる。遺構や遺物のようなものを指す際に、考古学の用語が使用されていることの含意には、そこには考古学的価値は認められても、モニュメントにあるような宗教的、あるいはシンボリックな価値があるとは認められていない段階のものを指す言葉であると思われる。考古学的価値とは学術的価値である。学術的価値は、宗教的価値やシンボリックな価値とは異なり、学術研究上に限定された狭い価値であり、中立的であるといえる。

図10-2で見るように、物体αのうちに、考古学的価値が認められた時に、それは、遺構・遺物と呼ばれるといえる。英語とフランス語の用法を参照すると、遺構・遺物に宗教的あるいは、シンボリックな価値が認められた時に、それは遺物や遺構ではなく、歴史的モニュメントと呼ばれることになる。学術的価値は、アカデ

ミック・コミュニティが認める価値であるが、宗教的価値は宗教的コミュニティが認め、シンボリックな価値は、広く社会が認めなくてはならない。「遺構」とは、そのような価値判断の段階の中のある階梯を示した言葉であると思われる。

近年の現象としてのカタストロフの遺構への注目

カタストロフの遺構の保存について関心が高まっていると先に述べたが、その始まりは、日本においては、アジア太平洋戦争（第二次世界大戦、十五年戦争、大東亜戦争）の「戦争遺跡」への関心であった。

戦争遺跡という語が出版物の中にあらわれたのは、一九八〇年代からであり、それ以前はそれに相当する場所は「戦跡」と呼ばれていた。「戦跡」という場合、それは「古戦場」のような一般的な意味で使用され、「戦跡巡り」ということばが、戦争体験者の慰霊や巡礼の旅として使用される場合もあった。[15] 一方、一九八〇年代以降に「戦争遺跡」という語が使用される場面を見ると、それは歴史学研究者や考古学研究者が参画した保存運動と連動していることが多かった。先駆的な書籍を見ると、一九八七年には、戦争体験を記録する会編『大阪の戦争遺跡ガイドブック ── 21世紀の子どもたちに平和を』が、一九九一年には池田一郎・鈴木哲也『京都の「戦争遺跡」をめぐる』が、一九九九年には、戦争遺跡保存全国ネットワーク編『戦争遺跡は語る』が出版されているが、[16] いずれも保存運動とかかわりを持つものである。保存運動に際して「遺跡」ということばが

---

［15］［福間 2015］

［16］［戦争体験を記録する会編 1987］［池田・鈴木 1991］［戦争遺跡保存全国ネットワーク（編）1999］

用いられていることは、先ほど見たように、そこに学術的価値が存在することが、保存を社会に訴えかける際の重要なメルクマールだったことを示している。このような「戦争遺跡」という語の使用法は、一九九〇年代以降に一般化し、二〇〇二年には『しらべる戦争遺跡の事典』という事典も発行され[17]、一つの学術研究分野として位置を確立したといえる。

一方、戦争以外のカタストロフである自然災害に関する遺構についてみると、本書第二章で、阪神・淡路大震災の被災地で震災の記録の保存運動の一環として「災害遺構」の保存が行われたことを述べたが、実は、それは、一九九〇年代半ばから末ごろの当時においては、「災害遺跡」と呼ばれていた。その段階では、自然災害というカタストロフに関するそのようなものについて、遺跡や遺構の区別がまだそれほど厳密ではなかったといえる。この後本章第2節で見るように東日本大震災においては「遺構」の保存に注目が集まっているが、「遺構」が注目されるようになったのは、自然災害というカタストロフが頻発し、それに関する場の保存が進み、遺跡と遺構が区別されるようになってきた新たな段階を示しているといえる。

遺構の保存と「持去」

さて、図10-2に戻ると、そこで注意したいのは、ものとして見た時、物体α、遺構α・遺物α、歴史的モニュメントαが同じものかどうかである。

一般的には、それらはものとしては同じであると思われ、呼び名が異なるだけだと思われている。しかし、もちろん呼び名も異なるが、ものとして全く同じかというとそうではない。なぜなら、物体αが遺構、遺物として認定される際にも、それが、歴史的モニュメントとして認識される際にも、何らかの作為が物理的に加わることが多いからである。

過去と現在の間に介在する作為については、すでに本書第五章で「捏造」について見た[18]。捏造とは、「本当には起こらなかったが、起こりそうなことをつくること」である。一方、ここでの作為は、そのようなことではない。先取り的に言うと、その作為は、「過ぎ去った過去を、その過ぎ去る様態でとどめること、過ぎ去る過去を過ぎ去る途中でとどめ、過去がある一定の距離以上に現在から遠ざからないように作為すること」である。本書では、それを過去を保ち持つことという意味で「持去」と呼ぶ。時間は本来であれば、次々に流れてゆくはずであるから、ある時点に生じた遺構は、どんどんと古びてゆくはずである。それは、エントロピーの法則にしたがえば、最終的に無にいたる方向にある。しかし、それをそれ以上古びさせ、無にいたる方向に向かわせないことが「遺構」が保存される際においては求められる。

同時に、遺構とは、すでに遺構として過去に存在したものであることが認識されているものであるから、すでに古びているものでもある。その古びている状態を保つことが求められる。ただし、その際には、それをとどめるべき状態はいつの状態かという問題が生じる。また、遺構保存とは社会的な行為でもあるので、そのような持去に対する社会的に異なった反応が生じる場合もある。

持去にまつわる反応は解決が難しいアポリアである場合が多い。アポリアとは、困難な事例であることで、却って物事の本質を見せてくれる。そこで、以下、「持去」によって生じるカタストロフの遺構保存をめぐるアポリアを具体的に見る中で、どのような問題が社会的に生じているのかを考えてゆきたい。

［17］［十菱・菊池（編）2002–2003］
［18］本書第五章第3節 297ff. ページ

2　カタストロフの遺構保存のアポリア

ここでは、遺構の保存という持去がもつアポリアをいくつかの事例から明らかにする。

（1）悲惨な死が起きた場所を持去することの困難
——宮城県南三陸町の東日本大震災の津波の被災庁舎

まず、はじめにとりあげるのは、東日本大震災の遺構である。本書第二章で見たとおり、阪神・淡路大震災の後には、壊れた護岸、活断層跡などが「震災遺跡」と呼ばれ保存されたが、それはそれほど多いものではなく、また、その保存に関しては世論が大きく盛り上がったわけではなかった。[19]もちろん、隠されていたわけではなかったが、関係者や関心を持つ人だけが知るような形で限定された動きだったといえる。しかし、二〇一一年に起きた東日本大震災においては、東日本大震災復興構想会議の『提言』が「原資料、津波災害遺産などを早期に収集し、国内外を問わず、だれもがアクセス可能な一元的に保存・活用できる仕組みを構築することが重要である」[20]と述べるなど、遺構保存に関心が集まった。マス・メディアの報道などでも遺構という語は一般的なものとなってゆく。人類学の立場から災害の記憶について研究している林勲男が遺構をめぐって報道された新聞や雑誌記事を集成したデータベースは、二〇一一年五月から二〇一四年一月までの間に約三五〇件もの記事をおさめている。[21]そのような状況の中で、遺構の保存がセンシティブな問題を提起することに改めて注意が向けられるようになった。なかでも、宮城県南三陸町の防災対策庁舎については、大きな議論を呼んでいる（写真10－1）。当初は町長が保存の方針を打ち出したが、のちに撤回された。しかし、震災遺構としてこの建物を評価する声もあり、二〇一五年に県に移管され災害後二〇年である二〇三一年まで県が管理し、その後改めて議論をするというかたちをとっている。

写真 10–1　宮城県南三陸町防災対策庁舎の外観

鉄骨をさらす庁舎

では、その遺構はものとして、何を問いかけているのだろうか。この遺構については、まだ状況が流動的で、刻々とそのもののありようは変化しているが、二〇一三年七月に調査を行った際の記録をもとに考察してみたい。

この遺構が存在するのは、宮城県南三陸町である。海沿いの国道から少し入ったところにある。津波で大きな被害を受けたこの一帯は、盛土が行われることが予定されており、あたりの建物はこの遺構以外は海沿いの鉄筋コンクリートの高層ビル一棟が残っているだけでほかはすべて撤去されている。何もなくなり、白っぽい砂や砂礫におおわれた土地が広がるが、雑草が緑色におおっている部

［19］　本書第二章第2節 118–119 ページ
［20］　［東日本大震災復興構想会議 2011: 55］
［21］　［林 2015］、国立民族学博物館「災害と社会・文化」ウェブ・サイト

写真 10–2　宮城県南三陸町防災対策庁舎の立地。周りはほぼ更地になっている。

写真 10–3　宮城県南三陸町防災対策庁舎の内部に向かって折れ曲がった鉄骨

写真 10–4　宮城県南三陸町防災対策庁舎の外部に向かって折れ曲がった鉄骨と階段

分も多い。その中に、ぽつんとこの遺構だけが残されている（写真10－2）。

この庁舎の近くには、駐車スペースになったようなところがあるが、これといって何もない、ごく普通の場所である。庁舎の前には、それが庁舎として使用されていた時には、駐車場だったと思われる場所があるが、そこには、自然発生的な祭壇のようなものが設けられており、そこに、花が手向けられたり、地蔵が設置されたりしている。庁舎の周囲には黄色と黒の縞模様のロープが人の腰の高さに張り巡らされているが、とくに出入りを妨げるものでもない。

強化鉄骨で三階建ての庁舎は、壁がなくなり赤い鉄骨がむき出しの姿をさらしている。庁舎は東側にある海に向かって正面を向いているが、壁などがすべてなくなっているため、背後にある山の緑が、その赤い鉄骨の間から見える。正面のかつて壁面だった部分にはもともと壁の中に配線されていたと思われるコード類が束になって垂れ下がっているのが見える。向かって右手には外付けの階段がある。階段の踏み段や手すりは白く塗られている。白く塗られたその部分と庁舎の赤い鉄骨の色が対照的で、人体模型の筋肉と筋、そして血管のような色の組み合わせに見える。

庁舎は鉄骨だけの姿になっているが、その南側一階の鉄骨は大きく内側に向かって折れ曲がっており、流れ込む津波の流れをそのまま写し取ったような形になっている（写真10－3）。同様に、北側の非常階段も外側に向かって大きく折れ曲がっており、庁舎の中を貫いた太い鉄骨を曲げてしまうほどの巨大なパワーを持つ津波の流れをそのまま写し取った形になっている（写真10－4）。

ものとして見た時、この庁舎には「遺構」としての訴求力があることも確かである。壁などがすべてなくなり、折れ曲がった鉄骨が津波の人間の想像もつかない大きな力をそのまま示しているのは、木造建築物や、コンクリート造建築物ではそのようなかたちの津波の痕跡は残らないため、鉄骨造であるこの建物に特有の津波の痕跡の残り方であるといえる。また、偶然とはいえ、その色合いが、血を想像させる色合いであることも遺構の特異性といえる。もちろん、この庁舎は津波で被災した直後の庁舎そのものではない。その当時には存在したであろう内部に残った調度類や泥などがとり去られている。それゆえ、厳密に見れば、被災時の庁舎ではなくなっている。後で述べるように、遺構として成立するためには、修復や補修が必要であるが、すでに意図しない形で、望ましい遺構のかたちに向けての「持去」という作為が加えられはじめているともいえる。

保存か解体か —— 情動を揺さぶるエピソードの存在

この庁舎は新聞をはじめとするマス・メディアの媒体では「遺構」と表現され、社会的にはすでに「遺構」として広く認識されている一方、公共行政体がそれを認知したという意味ではまだ「遺構」にはなっていないという状態にある。あるものを遺構として保存してゆこうとすると、それを修復し、遺構としての状態を保つ持去にともなう措置を取る必要があるが、大規模な遺構の場合、それを担保しうるのは公共行政体でしかない場合が多い。それゆえ、公共行政体がそれを遺構として認定していないということは、積極的な保存修復の措置がとられておらず、遺構であることに必要な持去が行われていないことを意味する。

行政が判断を保留している理由は、保存するか、解体するかをめぐって地域社会が対立しているからである。津波の猛威とその教訓を伝えるのにふさわしいとして保存を求める意見がある一方、遺族は、保存することが悲惨な状況を想起させることや、多くの人が亡くなった場所を不特定多数が見る対象とすることに納得できないとして「防災庁舎解体を望む遺族会」を結成して、反対の意見を表明している。これは、カタストロフの遺構のアポリアであるトラウマ的出来事の回帰の問題を示す。トラウマにおいては、精神の内部において負の出来事が回帰する。[22] 遺構が保存されると、持去によって現実の空間においてそれと同じことが起きるのである。

また、見ることをめぐる問題もある。遺構として保存することは、それを見せる対象とすることである。不特定多数の人々の視線にその遺構を曝露することは、とりわけ遺族にとっては「さらす」とも言い換えられよう。この庁舎が遺構として扱われ、注目を集めるようになった理由はいくつもあろうが、最大の理由はこの庁舎に関するエピソードによるものだと思われる。防災庁舎で亡くなった四〇人を超える人々の中にあって、防災担当の若い女性職員が亡くなる直前まで有線放送で地域の人に避難を呼び掛けていたという実話である。このエピソードは、災害直後から報道され人口に膾炙した。衝撃的であり、人々の情動を揺さぶることで社会的に大きな意味を持った。本書第九章で見たように、情動を喚起することは大衆のエネルギーを動員することを目標とする施設にとってプラスの価値を持つ場合がある。[23]『宮城県震災遺構有識者会議報告書』は、先ほどのエピソードの存在をこの庁舎の特徴に挙げ、この庁舎を「世界的にも認知度が高い」ことから「震災遺構としてぜひ保存すべき意義がある」と評価する。[24]

ただし、それを理由にすることは、その人の親族や近親者、知人、またその人本人の尊厳を傷つけることになる可能性もある。本書第五章で、阪神・淡路大震災のメモリアル博物館の展示のナラティブで、無名の死者が捏造されたことを明らかにした。[25] その無名の死者は、人身犠牲となった未婚の若い女子として表現されていたが、未婚の若い女子の死は強く人々の情動を揺さぶる反面、人々の情動を揺さぶるために利用されることも

[22]　[中井 2004]
[23]　本書第九章第5節 615–617 ページ
[24]　[宮城県震災遺構有識者会議 2015] によると埼玉県の道徳の教科書に掲載されたという。
[25]　本書第五章第5節 320ff. ページ

あるからである。阪神・大震災のメモリアル博物館の「無名の死者」として描かれた人身犠牲となった未婚の若い女子は、捏造された人物であり、モデルとなった同じような状況で亡くなった実在の人物を容易に特定できるとはいえ、展示ナラティブに実在の人物を用いることは回避されていた。その回避は倫理的な理由から来ていることが想定される。実在の人物の死に関しては、それを不特定多数の人々の視線に曝露する際には、倫理的な側面から十分な配慮が必要となるだろう。

本書で何度も引用しているが、ジョルジョ・アガンベンは、アウシュヴィッツで死んでいった人々は非人間的な死に方をしたといわれるが、それはどうして非人間的なのかを考察するなかで、それは、だれにも見られることなく、だれにも看取られることなく死んでいったから非人間的なのだと述べる。[26] また、本書補章1で見たとおり、エマニュエル・レヴィナスの顔に関する議論を援用すると、亡くなってゆく人を見ることは、その人の顔が発する「私を死にゆくままにするな」というメッセージを受け止めることである。[27] 人間にとって見ること、見られることは人間性の根幹をなす。だが、看取られるという見られ方ではなく、死んでゆくことを不特定多数の人々にただ見られることは、非人間的なことであり、倫理に反する可能性がある。見ることの両義性については、ホロコーストにおける家族アルバムを例にして前章で見たが、[28] それは、この倫理の両義性についてもいえる。阪神・淡路大震災のメモリアル博物館で、捏造された無名の死者が未婚の若い女子の人身犠牲として表現され、その死にゆくさまが不特定多数の人々の視線に曝露されている状況は、非人間的な状況といえるものだった。[29] この遺構が持去された時、そこは、捏造された無名の死者を扱うのではなく、現実に亡くなった人を扱うことになる。非人間的な状況が出現しない配慮や仕組みが倫理的に必要であろう。

遺構とは、現実の出来事が生み出したものであり、とりわけそれがカタストロフのような悲劇的な出来事の場合、その現実をだれがどう残すか、だれがどう語るかという問題が問われる。この津波の遺構はそれを示している。

（2）当時のまま持去することをめぐる相克
――フランス・犠牲者の村オラドゥールのナチスによる住民虐殺の遺構

次に見るのは、フランスにある「犠牲者の村」オラドゥール Oradour-sur-Glane の事例である。

オラドゥールはフランスのほぼ中央に位置するオート・ヴィエンヌ県の県庁所在地リモージュから三〇キロメートルほど離れたところにある村である。リモージュからは、ローカルバスで三〇分ほどかかる。この村は第二次世界大戦中の一九四四年に、ナチスドイツの武装SS（親衛隊）によって、突然、明確な理由もなしに包囲・襲撃され、ほぼ全員の村人が虐殺され、村の建物は焼かれたことで知られている村である。事件直後に村を視察した当時のド・ゴール将軍（のちのフランス大統領）が、村をナチス・ドイツの蛮行を記憶にとどめるために保存することを決定し、村は、虐殺当時の廃墟のまま残されている。この廃墟のまま残っているということによっても、この村は広く知られている。

［26］［アガンベン 2001］
［27］本書補章1 211–212ページ
［28］本書第九章第4節 606–607ページ
［29］本書第五章第5節 331ページ

ナチスによる虐殺と保存

オラドゥール村の当時の人口は約一五〇〇人。大半が農業に従事していたが、商店や自動車整備所があり、また軽便鉄道も走っているなど、行政上の区分は村だが、当時の写真や残っている遺構の雰囲気からすると町場的な雰囲気があるところだったようである。街道に沿って家や商店が建ち並び、街道には軽便鉄道が走り、村の中心部には広場があり、少し離れたところに教会があるという典型的なヨーロッパの町のつくりである。

この村をナチスのSS部隊が襲ったのは一九四四年六月一〇日の土曜日であった。この村がなぜ襲われたのかに関しては諸説があり、レジスタンス活動との関係や、それ以前に行われたドイツ軍への攻撃に対する報復などの説があるようだが、今日、説得力を持っているのが、偶然性とSS部隊の当時の部隊配置の地理的条件によって選ばれたもので、襲撃はどの村でもよく、フランスの人々にいつ襲われるかわからないという恐怖心を植え付けるのが目的だったという説である。[30] ただし、偶然オラドゥール村が選ばれたと言っても、襲撃は無計画に行われたわけではなく、周到に計画され、村人の虐殺の手順も決められていた。

ナチスは、早朝に、村に進軍し、村を取り囲み、周囲から中心部に輪を縮めて人々を家から通りに追い出し、村の中心部に集めていった。中心部に集められた人は選別され、男性は数人ずつのグループに分けられ、窓の少なそうな建物を選んで監禁され、女性や子どもたちは教会に閉じこめられた。それが終わると、銃声の合図があり、一斉に殺害が始まり、監禁先の建物や教会で人々は銃撃によって殺害された。犠牲者数は、男性一九七人、女性二四〇人、子ども二〇五人であった。壮年期の多くの男性は徴兵され村に残っていたのは多くが老人か女性か子どもだったため、犠牲になったのは、それらの人々だった。窓から逃げるなどして助かったのはわずか数人だけである。SS部隊は、殺害が終了すると、村に火を放ち建物を焼いた。また、村に当日と翌

写真 10–5　犠牲者の村オラドゥールの情報センターの外観

日とどまり、虐殺された人々の遺体を焼き、また村はずれに穴を掘って遺体を埋めた。死者の身元がわからないようにするためである。村に通じる街道はSS部隊によって封鎖されていたため、他の村の人々は村で何が起こっているのか知ることができなかった。人々がそれを知ったのは、SS部隊が引き上げた後で、残されていたのは完全に破壊された無人の村だけだった。

この村のことは、事件直後から広く知られ、犠牲者の遺族の手記なども出版された。すでに述べたように、戦争終結直前の一九四五年三月には、ド・ゴール将軍が村を視察し、ナチス・ドイツの蛮行を記憶にとどめるために保存すべきとの決定を下し、村は国家的な意志のもとに廃墟のまま残されることになった。

村が廃墟のまま残されることになったので、新しい村が建設されることになり、村人はその間、仮設住宅で暮らした。一九五三年に廃墟の村に隣接して新オラドゥール村が新しい都市計画思想のもと誕生した。廃墟の村は、戦争の惨禍をとどめる遺構として、左派・右派を問わず、多くの人々の巡礼の地になった。それまでは、廃墟のまま村が残されているだけだったが、一九七四年にはメモリアル堂が完成し、一九九九年には、メモリアル堂だけでは情報が伝わらないとして、情報センターが開設した（写真10–5）。

［30］　以下のオラドゥール村に関する記述は同村の情報センターの展示と［岩切・山本 2003］［荒井・早乙女 1997］による。

「当時のまま」残す

保存されている村は、街道沿いに約一キロメートルほどにわたって広がった町場のようになったところである。現在は、その周囲が土塁のような塀によって囲まれて外部からは入れないようになっており、見学者は情報センターに隣接している入口から村に入ることになる。

村の様子はまさに、現在もそっくり当時のままである。[31] 村の中央を貫く街道には軽便鉄道が走っていたが、その軽便鉄道の軌道や架線もそのまま残されている。村の中を走る街道は緩くカーブしているためそのカーブの向こうから軽便鉄道の列車がいきなりあらわれても不思議がない雰囲気である（写真10-6）。街道沿いの建物のファサードはよく残っているため、遺構という感じはしなくて、ごくふつうの町という印象を与える。ただし、ここに欠けているのは人の存在である。人だけがすっぽり抜けてしまった町という、日常ではありえない状況が、不思議な感覚を呼び起こす遺構である。東日本大震災後に、原子力（核）発電所の爆発により住民が避難させられて無人となった福島県の町を想起させる。

残されているのは、基本的には、石やコンクリートでできた建物の躯体と鉄などの金属でできた建物や街路にあった施設である。鉄などの金属はさびるにまかされているものの、基本的にはそれがそこにあったままで残されているため、ルノーの乗用車が当時そこにあった状況で残されたり（写真10-7）、鉄の鍋が暖炉に掛かったまま残されたりしている。それ以外の遺物は、存在しない。建物には、その場所で何人が虐殺されたかなどを示す石の銘板がはめ込まれていたり（写真10-8）、そこのもとの所有者の名前のプレートが設置されている建物もあるが、基本的には解説パネルのようなものも存在しない。いわゆる、ツーリズムや博物館展示において求められる解説機能のようなものはなく、純粋に遺構としてだけ存在しているともいえる。

ただし、遺構として存在していると言っても、それが、当時のそのまま残っているわけではない。現在、村の中に残されているのは、石やコンクリートと鉄でできたものだけだが、襲撃直後の写真を見ると、建物の中には焼けこげたものや焼け残ったものがさまざまに散乱していた。それらはすべて取り除かれている。また、残っている建物にしても、保存のために部分的に補強がなされたり、崩れ落ちた部分は新しく部材を継ぎ足して再建されたりしている（写真10-9）。遺構をそのままにしておいたとするならば、雑草が生い茂り、木も生えてくると思われるが、そのようなことのないようきちんと整備が行われて、メンテナンスが行われている。その意味では、遺構は、襲撃時そのままの状態というわけではなく、「襲撃されて焼け落ちた遺構として残すに望ましい状態」が、あるべき姿として、遺構の修復や日常的なメンテナンスをする人々の精神の中に存在し、遺構がその状態に常にとどまるように保たれているといえる。

国家の意志と住民の意識の矛盾

遺構が保存されるためには、社会的な合意が必要である。保存の是非もそうだが、保存すると決まった時にも、保存のためのさまざまな措置が必要となり、そのための財政基盤も必要となるからである。その意味では、遺構の保存という持去は常に政治的な出来事であるといえる。また、保存されるとなった場合には、どのような状態で残すのかが問題になる。

また、保存されるというのはごく一部の例であり、保存されない例の方が圧倒的に多い。オラドゥール村以

[31]　以下のオラドゥール村の遺構に関する記述は二〇一二年一月に実施した現地調査による。

写真 10–6　犠牲者の村オラドゥールを貫く街道

写真 10–7　犠牲者の村オラドゥールに残されている赤さびたルノーの乗用車

写真 10–8　犠牲者の村オラドゥールで拷問と殺戮が行われた場を示す石のプレート

写真 10–9　犠牲者の村オラドゥールの光景。右手前の建物は、崩れ落ちていた壁と窓に大きな補修が行われている。

外にもナチスによる虐殺を受けた村は存在するが、それらはすべて保存されているわけではない。東日本大震災について見ても、さきほど本節（1）において南三陸町の防災対策庁舎を例に見た通り、津波の被害を受けた遺構に関しては積極的に保存に関する議論がなされているが、原子力（核）発電所の爆発した建屋や無人となった町の保存に関しては、先鋭的な問題提起は行われているものの、[32]広く社会一般に共有された議論は起こっていない。[33]原子力（核）発電所の爆発に関しては、放射性物質の飛散による人体への影響に関して、社会的な合意が存在せず、保存をすることへの合意が存在しにくいからである。遺構保存に関しては保存されないことも含めて考えることが必要である。

この遺構では、保存が「国家的」な規模で行われたことによる矛盾も存在している。オラドゥール村の隣にできた新村に戦後も住み続けたのは、「犠牲者」となった人々の家族だった。遺構となった村がそっくりそのまま保存されたこととは、隣にできた新村に住む人々が、遺構となった村を日々見ながら暮らさなくてはならなかったことを意味する。村の一帯は少し傾斜しており、新村

［32］［東ほか（編）2013］ほか。
［33］福島の原子力（核）発電所の事故の可視化の問題に関しては、本書コラム 6 718ff. ページで述べた。

は傾斜の上側に作られた。これは新村に住む人々の目には、否応なしに、日々、遺構となった村が入って来ることを意味する。情報センターでは、新村においては、旧村のことを語ることははばかられたという証言ビデオが放映されている。それを示すかのように、新村の通りの名には、旧村の名を引き継いだものはなく、全ての通りには新しい通りの名が与えられた。村人が、「犠牲者の村」オラドゥールに向き合えるようになったのは、村の主要構成員が、体験者の世代から、次の世代に交代してからのことだったという。

ここには、遺構保存における技術的な見えにくい作為の問題と、社会的に見えにくい矛盾が見え隠れする。遺構の保存という持去とは、多くの作為の上に成り立つものであること、また、遺構の認定が上から行われた時、それは共同体に傷を残す場合もあることをこの遺構は示している。

（3）遺構の保存よりも必要とされる過去への主体的な向き合い
――カンボジア・プノンペンのクメール・ルージュによる国民虐殺の遺構

続いてカンボジア・プノンペンの遺構をとりあげる。ここでは、だれが見るのか、という問題を扱う。ここまでですでに、遺構保存が見ることとかかわることを述べてきた。見ることは「観光」とも言い換えうる。人は、カタストロフの後の風景を見に行くことがあり、今日では、災害の後のスタディー・ツアーは一般的になっている。ダーク・ツーリズムという学術用語については、すでに本書第五章で紹介した[34]。旅行のガイドブックにも、過去のカタストロフの土地が掲載されている場合がある。カタストロフにかかわる研究において、観光も重要な位置づけを占めるようになっている[35]。

カンボジアは、クメール・ルージュ政権の人民虐殺というカタストロフを経験した国である[36]。クメール・ルージュ政権とは、一九七五年から七九年にわたって続いた毛沢東主義に影響を受けた急進的な共産主義者たちが国の政権を取り、国家を無謀な共産主義化に導こうとした動きである。彼らは、十分な準備も持たずに政権を握った。多くの無意味な施策が行われたが、最も悲惨だったのは都市から住民を追いやったことである。プノンペンなど都市の住民が、ある日突然、家から追い出され、農村に追いやられた。クメール・ルージュたちは、無計画にそれを行ったため、住居も宿泊施設も準備されていなかった。人々は、森や林の中で過ごすしかなく、食料もすぐに尽きた。正確な数字はいまだに不明だが、結果として一〇〇万人以上の人々が栄養状態の悪化や疾病によって犠牲になったといわれる。また、独裁政権を維持するために、無実の罪で連行され殺された人も多い。

政権は一九七九年に崩壊したが、その後も、東南アジアをめぐる国際政治の波に翻弄され、カンボジアは、なかなか立ち直ることができなかった。混乱の後、国民会議議員を選ぶ選挙がＵＮＴＡＣなどの力をかりてはじめて行われたのが、政権崩壊後十数年経った一九九三年であり、ようやく社会が安定してきたのは二〇〇〇年に入ってからのことである。一九九三年の選挙の際、犠牲となった国連ボランティアの中田厚仁については、「見ること」とかかわって、レヴィナスの顔をめぐる議論とともに、当時論じられたことを、本書補章１です

［34］　本書第五章第２節 278–279 ページ
［35］　［山下 2015］［市野澤 2015］
［36］　以下、クメール・ルージュと遺構についての記述は、［Kane2007］［Victims Support Section of the Extraordinary Chambers in the Courts of Cambodia2009］による。

写真 10−10　博物館となったＳ21収容所と観光客

でに見た。[37]

カンボジア人のいない遺構――Ｓ21収容所博物館

クメール・ルージュ政権時代の遺構と呼べる場として、プノンペンのＳ21収容所博物館がある。[38] ここは、当時「政治犯」の収容所として機能し、約一七〇〇〇人以上が拷問によって犠牲になったという施設である。トゥール・スレン収容所と呼ばれる場合もある。Ｓ21とは、「セキュリティ・プリズン21」の略号で、虐殺当時隠語として用いられた。「政治犯」とは当時のクメール・ルージュ政権にとっての〝政治犯〟という意味であり、政権に対する危険人物と見なされた人々や、政権が忌避した知識階層などが、ＣＩＡやＫＧＢやベトナムのスパイなど架空の罪状で収容され殺害された。カンボジアのクメール・ルージュ政権の行った人道に対する罪の象徴的存在でもある。この施設は、もともとは高校（リセ）の建物であったため、教室などを利用して査問や拷問が行われた。

現在は、博物館となって公開されているとはいえ、それはほとんど当時そのままの状態で残されている。教室には木組みで牢獄の個室が作られていたが、その木組みがほこりにまみれながら当時の状況を伝えている。入場者は、ほとんどが外国人であり、ドイツやアメリカからの観光客が多く、カンボジア人はほとんどいない（写真10−10）。ガイドブックに紹介されていたからここに来たという風情の大勢の欧米人が、そこを占めているのは奇妙な感じを与える。

これは、カタストロフの遺構はだれのためのものなのかという問題を提起する。カンボジア人がここにほとんどいないことは、カンボジアの人たちにとって、クメール・ルージュ期の出来事はまだ、見る対象となっていないことを示唆している。見る対象となるとは、客体化されることである。外国人観光客だけが歩き回る元高校であり元監獄である「博物館」は、被災の場を見るという行為について、「だれが」という問いを投げかける。

見せるため／見るための場――カンボジア特別法廷

一方、プノンペン郊外にあるカンボジア特別法廷はそれとは逆の方向を示す。カンボジアでは、当時のクメール・ルージュ政権の中枢人物の裁判が行われているが、これはそのために特別に建造された施設である。裁判は、外国からの援助を得て、裁判官や弁護士などに国際的なチームが作られて実施され、特別法廷用の建物は、プノンペンの郊外に作られている。

カンボジア特別法廷は、プノンペンから車で三〇分ほどの郊外の原野のただ中にある。隣接するのは、軍隊の駐留地である。そのような街から遠く離れたところにあること、軍隊の施設の隣という場所にあることが、裁判の困難を示している（写真10-11）。

［37］　本書補章1　211-212ページ
［38］　以下、カンボジアの遺構の記述は二〇一三年一月に実施した現地調査による。

写真 10-11　カンボジア特別法廷へ向かうゲート。法廷の建物は奥に小さく見える。

写真 10-12　カンボジア特別法廷の傍聴席（出典：［Victims Support Section of the Extraordinary Chambers in the Courts of Cambodia 2009: 20］）

この特別法廷には、約五〇〇人が入ることのできる傍聴席がある（写真10-12）。写真を見てわかるように、それはガラス張りの水族館のようになっている。劇場のようでもある。写真には、その傍聴席に詰めかけた人々が写っている。調査を行った際、家族がクメール・ルージュ政権時代に犠牲になったあるカンボジア人は、法廷に来たことがあると語り、その理由を「なぜなら、あの時、何が起こったのかを知りたいと思っているからだ」と述べた。

ここで重要なのは、特別法廷に傍聴席が五〇〇席もあることである。通常の裁判では最も大きな法廷でもその傍聴席数は二〇〇程度である。[39] だが、国際的に大きな事件の場合、特別な法廷が建設されメディアで広く報道されることがある。アジア太平洋戦争（第二次世界大戦、十五年戦争、大東亜戦争）に関する東京裁判（極東国際軍事裁判）やヨーロッパにおける第二次世界大戦に関するニュルンベルク裁判などでは、特別な法廷が建造されたが、東京裁判もニュルンベルク裁判も五〇〇近い傍聴席を持っていた。それは、その裁判が見られることが重要だからである。このカンボジア特別法廷の傍聴席が五〇〇席もある特殊な構造も、カンボジアの人たちが、それを「見る」ことが重要だということを示している。見ることは客体化することである。人は、自己の内部にあるカタストロフの体験を、見ることを通じて客体化しえる。客体化されたものは、操作が可能である。それは、立ち直るための操作が可能であることを意味する。

カンボジアの人々が遺構を見ることよりも、法廷でクメール・ルージュ政権の中枢にいた人物たちを直接に見ることを選んでいることは、責任の主体のあり方を示す。それは、遺構を残すことよりも社会に必要とされている過去への向き合い方を示唆する。

（4）カタストロフの遺構として扱われないカタストロフの遺構——古代ローマ・ポンペイの火山噴火の遺跡

先に図10-2を見る中で、遺構として扱われるようになる前の物体αと、遺構としてのα、歴史的モニュメントとしてのαは、ものとして同じものかどうかと述べた。物体αがカタストロフの遺構であるはずなのに、

［39］日本の最高裁判所大法廷の傍聴席数は二〇八である。

写真 10-13　ポンペイ遺跡のベスヴィウス火山を望む広場

カタストロフの遺構とは扱われない場合もある。ベンヤミンが述べたアウラについて考えるなら、もし、アウラがものの側にあったとしたならば、そのようなことはありえない。しかし、ものにアウラを読み取るのは、見る側である。見る側が物体 α にカタストロフのアウラを感じ取ることのない場合、それがカタストロフの遺構として扱われないのは不思議ではない。

とりあげるのは、ポンペイ遺跡である（写真10-13）。ポンペイは、イタリア半島のほぼ中央部に位置する考古学の発掘サイトである。今から約二〇〇〇年前、紀元七九年八月二四日に起こったヴェスヴィウス火山の噴火によって火砕流や火山灰によって埋もれた都市が、発掘されてそっくりそのまま残っている。

発掘と遺構保存の歴史

文化遺産概念の形成にあたっては、ヨーロッパにおける近代の歴史学、考古学、美術史、文化史などの学知の発達と、のちにミュージアムへと発展してゆく王侯貴族のコレクションの形成の歴史が大きな影響を与えている。このポンペイ遺跡がポンペイ遺跡として今日のような形態をとるにあたっては、この歴史が大きな影響を与え、またポンペイ遺跡もその過程において一定の役割を担っていた。

ポンペイ遺跡の発掘が本格的に始まったのは、一八世紀からである。[40] ポンペイが火砕流によって埋まった後も、その場所は付近の人々にはポンペイがあった場所として認識されてはいたが、人々はそこを発掘しようとまでは思わなかった。それが発掘されるに至るには一八世紀以降発達する王侯貴族のコレクションの発展と、ギリシアやローマの古典古代に対する憧憬、そして考古学の発展が関係している。それ以前の一七世紀にも散発的に遺構から石碑やフレスコ画やコインなどの遺物が収集されていたためそこに遺物があることは貴族たちの間には知られていた。一部の遺物はハプスブルク家にもたらされたりしてウィーンでは知られており、選帝侯フリードリヒ・アウグストの娘がナポリに嫁いだのを契機に、一七四八年、発掘はナポリ王家の公式の事業として始まった。

発掘が進められ、ポンペイの全貌が明らかになりはじめると、さまざまな遺物が残っていることも明らかになっていった。その過程では、ドイツにおける美術史のパイオニアとして知られるヨハン・ヨアヒム・ヴィンケルマンが遺跡の公開をめぐって議論を起こしたり、音楽家のアマデウス・モーツァルトや文筆家のヴォルフガング・ゲーテなどが遺跡を訪れたりしている。のちにドイツではロマン主義がひろまり、ローマ時代という古典古代に対する関心が頂点に達し、廃墟への関心が高まったが、このころからドイツでは古典古代に関する

［40］　以下のポンペイに関する記述は遺跡サイトでの展示、［ヨキレット 2005］によった。

関心は高かったのである。

一七九九年から一八〇六年にはフランスがナポリを所有することになったが、この新しいナポリの支配者もポンペイの発掘を継続した。このころにはすでにヨーロッパ全体で、古代の遺跡に価値を見いだす価値観が広まっていたためである。フランスの支配期に発掘は一挙に進み、この時期に、今日公開されているポンペイ遺跡のほぼ全体の概要が明らかになっている。

二〇世紀に入るとより科学的な発掘が行われるようになった。二〇世紀前半にはとくに石膏を空洞になった箇所に流し込む方法が開発され、それによって犠牲者や動物などの体の形を復元することが可能になった。その後、第二次世界大戦で爆撃を受けたり、地震により被害を受けたりしたものの、発掘や遺跡の保存は今日も国際的な協力体制のもと行われている。

古代都市としてのポンペイ

古代都市ポンペイはヴェスヴィウス火山のなだらかに傾斜する山肌の中腹に作られていた。紀元前七世紀から六世紀ごろから都市が造られ始めた。海を臨む小高い丘に位置し、当時の主な産業は貿易と農業だった。丘の上に都市が作られるのは防御のために当時は必要なことである。当初は独立した都市だったが、紀元前一世紀ごろにローマの同盟に編入され、後に、ローマの植民都市になった。最盛期の人口は二万人以上といわれ、市の中央にフォーラム（広場）や、アポロンやヴィーナスを祀った神殿、行政機関の建物があり、市の外周には闘技場や野外劇場をもそなえた大きな都市であった。都市の周囲は防御のため城壁で囲まれていた。現在は、その城壁の内部のほぼ全域が発掘されている。

当時の生活を伝える遺跡

見学者は発掘された当時の道路を歩き、発掘された建物の中に入ることができる[41]（写真10-14）。それによって、真空パックされたかのようなローマ時代の生活の様子を知ることができる。たとえば、当時、都市のメイン・ストリートにはファースト・フード店のような店がたくさんあり、都市の住民はそこで食事をとることが多かったが、その店のかまどや店構えが残っていたり、また公共浴場や野外劇場なども残っている（写真10-15）。都市全体が丸ごと火砕流によって埋まったことによって、都市のあらゆる階層の住宅が残り、市の上層に属する人々や富裕な貿易商などの中庭や泉をそなえた大規模な邸宅から（写真10-16）、細い路地に建て込んだ集合住宅のような小規模な住宅まであらゆる種類の住宅も残っている。住宅の中には、室内に漆喰画やモザイクの装飾を施した住宅もあり、それらの残された装飾画やモザイクはローマ時代の雰囲気をありありと伝える。

とはいえ、それが発掘されたままなのかどうかというと、そうではない。かなりの程度に修復や復元の手が加えられている。発掘されたままの状態では部材の石などがぼろぼろになっていたり、内部の装飾がよく残っているとはいえ、それらは断片的であったりするので、専門家にはそれがもとあった状況がわかっても、専門家以外の人々にとっては、遺構だけ見てもそれがもとあった状況を想像することは困難であるため、周囲の建物をある程度復元しなければ、見学に耐えないからである。この後、項を改めて検討するが、遺構をどの程度復元するかには、国や地域によって考え方の差異がある。純粋に遺構の保存という点から見ると、復元が加えられた遺構は、もはや遺構とはいえない可能性もある。しかし、遺構が保存されるためには、広く社会的な

［41］　以下、ポンペイ遺跡の記述は二〇一二年一月に実施した現地調査による。

写真 10-14　ポンペイ遺跡の街道

写真 10-15　ポンペイ遺跡の復元された劇場

写真 10-16　ポンペイ遺跡の銅像のある泉を中庭に持つ邸宅

写真 10-17　ポンペイ遺跡で公開されている修復・復元作業

合意が必要であり、その社会的な合意を得るためには、一般の人にもわかるかたちで遺構の価値を知らせる必要があるのである（写真10-17）。とはいえ、ポンペイ遺跡での復元は問題も引き起こしている。復元はポンペイの発掘が本格的に始まった一九世紀から行われていたが、そのことによって、今日では、どこまでが遺構でどこからが当時の復元なのかわからなくなっているという問題も起こっているという。

隠されるカタストロフ

このポンペイではカタストロフは隠されている。ポンペイは約二〇〇〇年以上前の古代ローマ時代の人々の生活をよみがえらせる遺構であると同時に、多数の死者が発生したカタストロフの遺構でもある。このカタストロフの遺構という側面は、今日のポンペイ遺跡発掘サイトではほとんど表立っては言及されない。実際には遺構の多くの場所において火砕流から逃げられなかった人々の遺骨が発見されたり、遺体の残った空洞が発見されたりしていると思われるが、それらは積極的には展示されていない。わずかに一箇所、城壁に近い遺構の外周部分の当時のブドウ畑の跡地に、逃げられなかった人の遺体が残っていた空洞に石膏を流し込んだ型どりが展示されているだけである。

置かれた石膏の型どりは生々しく当時の人の苦しみを伝える。型どり遺構の前には解説プレートがあり、そのプレートには一八六三年にポンペイを訪れた人の手記からの一節が引用されている。その手記には、「その型どられた人が一八世紀以上前に死んでいるにもかかわらず、今日においてもまだなお、その苦しみを伝えている」という文言がある。

なぜカタストロフの遺構を保存するのかを問うとき、今日その理由として挙げられるのは、カタストロフの教訓を伝えるためと言われることが多い。その中には人々の苦しみや悲しみへの想像や共感もふくまれようが、教訓を伝えると言う時、そのような感情はあまり表に出ない。しかし、カタストロフの遺構とは多くの死が発生した場所であり、それは人々の悲しみや苦しみを伝える場でもある。苦しみや悲しみはものではないため、遺構としては残らない。また直後においては、それを想像や共感することができたとしても時間が経過するとそれを想像する困難は増加するため、二〇〇〇年前の遺構の場合、人は二〇〇〇年前の人の感情を想像することは困難だといえる。このポンペイ遺跡では遺体がそのまま残っていて、その空洞に石膏を流し込む方法が開発されたことによって偶然にそれが可能になっているとはいえ、それは限定されている。

見ることはカタストロフにとって大きな意味を持つ。本書の中で、何度も述べてきているが、見ること見られることは人間性の根幹をなす。一方で、見ること見られることは、人を截然と見る側と見られる側に分けることでもある。そうなった時、見る側は主体となり、見られる側は客体となる。客体とはいわばものである。つまり、見られる側はものとして扱われることになる。ものとは非人間であり、見ることとは人を非人間的に扱うということでもあるといえる。人が非人間として認識された時、人と人が痛みを分かち合うことは難しくなる。純粋に考古学の遺物として見られる対象となっているポンペイの遺構は、見られる者をまさに考古学的なものとして扱うことから､見る者が見られる者に共感することができにくくなっていると思われる。それが、ポンペイ遺跡においてカタストロフの側面が隠されたように見える原因である。

遺構とは、考古学的、学術的な意味を帯びた言葉である。そのような考古学的、学術的視点をとることで、過去を客観視することができるメリットがある一方、過去が客体化されることにより、過去の出来事への人間的なかかわりが欠如するという側面も生まれる。

（5）遺構にならない「木っ端」
――ベネチア・ビエンナーレにおける建築家宮本佳明による瓦礫のインスタレーション

最後に、遺構にならないカタストロフの遺構の例をあげておきたい。

ポンペイについて見る中で、遺跡への関心には、ロマン主義が関係し、それは廃墟への関心を高めたことに触れた。ここからはロマン主義という西欧の一八世紀から一九世紀にかけての文化の問題が浮かび上がってくる。「持去」を中心とした遺構の保存には文化的な背景が存在し、遺構の価値が評価されることとは、廃墟に対するロマンティシズムとも関係するのである。

オラドゥールの遺構を見ても、遺構が保存されるときには、廃墟らしく保存されること、あるいはいかにも廃墟らしいものが遺構として選ばれやすいことは想像できる。このことは、石造物が建築物の大半であるヨーロッパでは気づかれにくいが、日本では、それが遺構として選ばれる際の見えざる背景となっている。原爆ドームは遺構として著名になったが、そこには、原爆ドームの廃墟のようなたたずまいの視覚的印象が大きく作用していた[42]。本書第一章で見たように、カタストロフの視覚表現には、ある型の存在が認められ、新しく起きたカタストロフは過去の型を用いて認識される[43]。これを視覚的にいうと、廃墟という型として認識されるものが「遺構」として認識されるという傾向を持つことである。逆に言うと、廃墟という型にあてはまらなければ、目の前に「遺構」があるにもかかわらず、それが「遺構」と認識されない可能性があるといえる。

ベネチア・ビエンナーレでの木っ端による「廃墟」

そのことのはらむ問題を、建築作品を通じて明らかにしたのが、建築家の宮本佳明であった。宮本は、阪神・淡路大震災で被災した建築家だが、その体験からヨーロッパでは建物が壊れると廃墟になるが、日本においては、建築は倒れると「木っ端」になるだけであり、日本におけるカタストロフはそもそも遺構というものを残

[42]　原爆ドームを広島の平和記念公園における視覚的なアイコンとしたのは、建築家の丹下健三による計画である。この点については［丹下・藤森 2002］［笠原 2005b］［福間 2015］が詳細に分析を行っている。

[43]　本書第一章第2節 88–90 ページ

写真10-18　宮本佳明、宮本隆司、石山修武による1996年ベネチア・ビエンナーレ建築展の日本館の展示（写真撮影・提供：宮本佳明建築設計事務所）

さない可能性に気付いた。[44] しかし、宮本は、その廃墟にはなり得ない「木っ端」こそが、日本という土地で起きたカタストロフを物語るうえで欠かすことのできない遺構であるという。

本書第一章第3節でも紹介したが、宮本は、一九九六年にイタリアのベネチアで行われた国際的な美術展であるベネチア・ビエンナーレ建築展における日本館の展示に招聘され、阪神・淡路大震災で倒壊した家屋の瓦礫として撤去された「木っ端」を集めたインスタレーションを展示した。[45] 先ほどポンペイ遺跡について見たが、イタリアは、古代ローマの発祥の地であり、ローマ時代の廃墟が多く残っている。「廃墟」概念の起源ともいえる古代ローマ帝国のおひざ元である本場イタリアに、廃墟にすらならない「木っ端」を持ち込み展示を行ったのである。

この展示は、四二〇㎡のベネチア・ビエンナーレ日本館の空間を阪神・淡路大震災で撤去された瓦礫で埋め尽くすというものであった（写真10-

18)。そのために宮本は撤去され野焼きを待つ瓦礫を、埋め立て地などの瓦礫の集積所から収集した。その瓦礫は、コンテナに積み込まれ日本からイタリアに輸送された。運ばれたのは、おびただしい柱材、梁、細かい竹、ほぞのついた部材、ブリキの波板、鉄骨、釘、瓦、木材、鉄芯、コンクリートの塊、畳などであり、そのどれもが折れたり、ねじ曲がったり、ひしゃげたりしていた。それらが、室内にインスタレーションとして積み上げられた。その四周には、写真家宮本隆司の撮影した阪神・淡路大震災の発生直後の倒壊した建物などの写真を壁面いっぱいに大伸ばしした写真が展示され、建築家石山修武が工事用ロボットをその中に配置した。宮本佳明は、これを「廃墟を作る試み」と述べている[46]。

そのインスタレーションは、「未来を感知する——地震計としての建築」というベネチア・ビエンナーレの当該年度のテーマを体現するものとして高く評価され、グランプリにあたる金獅子賞を受賞している。

傾いた木造家屋を傷として残す——「ゼンカイ」の家

また、宮本佳明は、阪神・淡路大震災の揺れにより全壊状態となった木造の長屋の一部である自邸を補強する工事を行い、それを建築作品とした。宝塚市に存在するこの建物は「『ゼンカイ』の家」と名付けられた作品である。

建築後ほど経ていた四軒長屋の中ほどに、宮本の自宅兼事務所は存在したが、それは、震災で被害を受け、「全

[44]　[宮本 1997]
[45]　本書第1章第3節97ページ、[宮本 1997]、『GA Japan: environmental design』23号。
[46]　[宮本 1997: 235]

写真 10–19　宮本佳明の「『ゼンカイ』の家」の内部

壊」の判定を受けた。阪神・淡路大震災においては、全壊の判定を受けた建物は公費での解体が可能であった。一部の所有者はその長屋全体を解体することを望んだが、宮本が詳細に構造を調査した結果、その建物は一部を取り壊す必要があるものの補修して使用し続けることが可能であることがわかった。そこで、取り壊しが必要な部分を切り離して、残りを修繕することにしたのである。

その際に、修繕は、既存の木造の架構の中に巨大な鉄骨をはめ込むようにして行われた。全体の荷重は新しい鉄骨が担うこととなり、木造の架構はそれに支えられることになる。写真10-19は、「『ゼンカイ』の家」の内部だが、木造の伝統的な長屋の室内に、一見不釣り合いな橋梁にでも使用されるような巨大な鉄骨（右手前）が貫入している様が見て取れる。伝統的な木造建築の補強を、伝統技術である木造で行うのではなく、あらたな技術である鉄によって行っているのである。

木造軸組みは構造体としての役割を終えて、住まい手と震災の記憶をとどめた「造作」となって生き続けることになる。[47]

宮本は、このように、それがカタストロフの傷を傷として残しながら、なおも建築を継承していこうという実験であるというが、それは木造の建物の被害を「遺構」であり、「モニュメント」とすることでもあるといえる。遺構とは、これまでの遺構概念に沿ったものだけではなく、積極的に見出され、あらたに作られてゆくべきものでもある。そのような遺構概念への、建築家の問題提起だともいえよう。

（6）遺構保存と「持去」

以上、四つの事例を見てきた。これらをもとにして遺構保存と「持去」をめぐる問題を確認したい。

遺構保存という行為

まず、遺構の保存とはどのような行為なのかを改めてまとめておこう。遺構の保存とは、「あるかつてあったものを、かつてあった状態のように加工し、それを保ち続けること」である。この遺構の保存という行為の中には、復元や、保存、修復などさまざまな技法が含まれる。遺構保存には、考古学、建築学、文化遺産などさまざまな分野が絡むが、本章の初めに見たように、日本における遺構ということばのニュアンスには考古学的な含意が強いので、ここでは、まず、日本考古学において復元・修復や保存がどのように扱われているかを中心に検討し、補足として歴史的建築や絵画などのその他の文化財の保存と修復についても触れる。

まず、復元と修復について見よう。復元と修復は考古学において、発掘資料の整理と分析の過程の一つであ

［47］［宮本 1997: 250］

る。[48]通常、発掘された遺物は、洗浄され、登録され、記録され、分類され、その過程で復元と修復が行われる。遺物の復元と修復の目的は二つあり、一つは往々にしてバラバラの状態で発掘される断片的な遺物を接合するなどして復元し、修復することで博物館で展示できるなど文化財としての価値を高めることである。またもう一つは、復元と修復によってその遺物の制作過程を知ることができることである。[49]もちろん、この過程ではその資料の価値を減じないように、その材質や保存状態に応じた復元と修復の方法がとられるべきことは、共通認識となっている。

保存に関しては、保存といっても、どのような保存が望ましい保存だと考えられるかはその保存対象によって異なる。考古学において、遺構はそれが発掘された時点の状態をとどめるようにして保存することが望ましいとされる場合が多い。とはいえ、すでにポンペイ遺跡の項で述べたように、ここには、国や地域における差異もある。フランスと日本の遺跡保存を比較した考古学の稲田孝司によると、フランスでは、不動産歴史遺産（歴史的モニュメント）における復元は一切認めないが、日本では、容認されているという。その背景には石造りの文化と木造の文化の差異があると稲田は指摘する。[50]先ほど見た宮本佳明の「木っ端」が遺構と認識されない状況の指摘と通底する指摘である。稲田は、保存において復元を認める日本の状況について、日本では、復元が容認されているとはいえ、遺跡には、創建から改築、腐朽、崩壊の過程があるが、完成された一時期の姿に固定した復元した姿で遺跡全体を覆ってしまうことが妥当かどうかは疑問だと述べ、破城の状態をとどめて整備された佐賀県の名護屋城や、七世紀後半の山城の崩壊状況をとどめて保存されている九州の神籠石遺跡を高く評価する。[51]

他方、遺跡の保存に関して、市民運動などの成果により遺跡そのものを残すことに価値が認められている日本に対し、フランスでは、発掘調査と研究に価値が認められ、遺跡を工事や調査で破壊せずに後世に残してゆくような遺跡保存は中心課題とはなっていないという。[52]

歴史的モニュメントとしての建築の修復と再生

歴史的モニュメントとしての建築の保存の場合は、西洋における絵画や美術品も含んだ修復と保存に関する長い論争と伝統がある。[53]ルネサンス期や啓蒙主義時代から古代の芸術作品の修復と保存は行われてきていたが、一九世紀のヒストリシズム（歴史主義）の時代に入ると、それは、歴史的価値とのかかわりで論じられるようになる。

ここでいう歴史的価値とは、芸術作品が人間の創造性の証明であることを意味する。歴史とは、人間の主体性を示す行為であり、創造的行為とは、その最も崇高なものであるという考え方である。これはヒストリシズムにおいて特徴的な考え方であり、補章2で見る「歴史のダイナミズム」に通じる考え方である。[54]芸術作品としての建築は、芸術家としての建築家の崇高な創造的行為の証明である。それゆえ、それを保存することが人間の輝かしい主体性を確認することにつながるのである。

［48］［鈴木 1988: 128–138］
［49］［鈴木 1988: 131］
［50］［稲田 2014: 282］
［51］［稲田 2014: 351–352］
［52］［稲田 2014: 300］
［53］［ヨキレット 2005］
［54］本書補章2 768–771ページ

一八四〇年代、イギリスの作家ジョン・ラスキンJohn Ruskinはその著『建築の七灯The Seven Lamps of Architecture』において、修復は建築の歴史的審美を破壊するとして修復に否定的な意味を与え、保存という営為に高い意義を与えた。それまでは、建築的価値とは無関係な修復が行われることが多かったのに対して、様式や素材などに注意を払い、建築が持つ美や真理を体現するような保存が行われることを求めたものである。これは、同時代と後の時代の修復と保存の考え方に大きな影響を与える。

一九〇三年には、オーストリアの文化財保護官アロイス・リーグルAlois Rieglが『現代の記念物崇拝Der moderne Denkmalkultus』（一九〇三年）において歴史的記念物の保存に関する理論化を図る。[55]リーグルは、歴史的価値というのは経年的価値、つまり古いから価値があるということではないことを強調する。彼は、歴史的価値とは、人類がつくり出した何らかの創造的領域の発展過程のある段階を提示するものであると言い、それゆえ、現物はその価値を減じないために、可能な限り手つかずで保存されなくてはならないとする。ここには、価値を減じないための保存という考え方がある。このリーグルの名前は、本章第1節で見たヴァルター・ベンヤミンがアウラ概念を導き出した論文「技術的複製可能性の時代における芸術作品」の中で、まさにそのアウラ概念がはじめて導き出される直前に言及されている。[56]アウラがある過去と結びついていたこと、現代に至りそのアウラが衰退してきていることを技術的複製可能性の時代の特徴としてベンヤミンは指摘しているが、それは歴史的モニュメントの保存との対比によって見出された概念だったのである。

他方、近年では、歴史的モニュメントは使用されながら保存されることが望ましいと考えられていることが多い。とりわけ、建築物ではリノベーションなど創造的な介入の余地が認められるようになってきている。たとえば、二〇〇七年から二〇一二年にかけて行われた東京駅の復元においては、一九一四年の竣工の時点にはなかった食堂が中央部に設けられるなどのリノベーションが行われているが、それは、より利便性を高めるものであり、建築的価値を高めるものとしてプラスに評価されている。[57] 建築史の加藤耕一は、リノベーションなどの創造的な介入を建築の再利用だとし、そもそもヨーロッパにおいては、再利用の歴史が脈々と続いてきたのであり、保存や修復が問題になったのは、近代における一時期だけであると述べる。[58] そして、近代におけるモダニズムが建築に対する時間の経過という作用に対して非寛容であったためそのような態度が生じたのだとして、そこからの解放が、現代のリノベーションの動きを通じてあらわれていることを評価する。

「持去」と捏造

保存と修復という行為を通じて行われていることを、本書では「持去」と呼んでいる。持去とは、過去を過ぎ去らないようにすることである。過去を過ぎ去らないように保つことは、過去の捏造ではない。捏造は「実際には無かったことをあったかのようにつくる」ことである。持去においては、「実際にあった過去を過ぎ去らないように保つ」ことが行われる。持去においては、過去を再現することや復元することが目指されているわけではない。最も大きな目的は、それを保ち続けることにある。遺構が、場の中に置かれるとき、それをめぐって起きるアポリアの多くは、この持去の性質に起因している。カタストロフの遺構の場合の特異性とは、それがカタストロフによって破壊された状態のままで保存することが求められることである。南三陸町の被災庁舎

［55］［リーグル 2007: 20］
［56］［Benjamin 1991: 478］
［57］『新建築』87–17
［58］［加藤 2017］

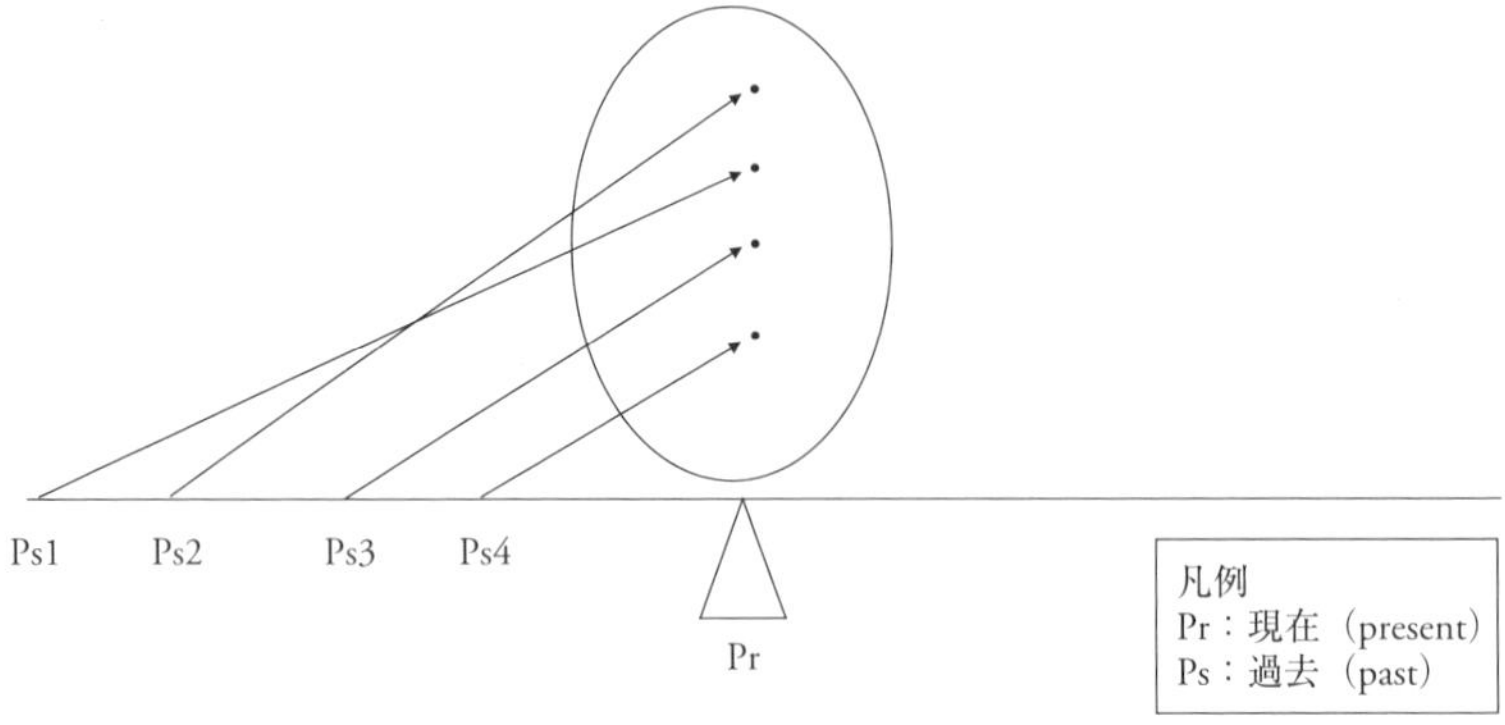

図 10–3　持去における過去と現在

図 10–4　持去におけるものへの作為の砂山モデル

やオラドゥール村の例はそれを示すが、この破壊された状態をそのまま残すことがアポリアの原因となる場合が多い。

これを図にすると図10－3のようになる。それぞれ過去1（Ps1）、過去2（Ps2）、過去3（Ps3）……に存在した遺構は、過去の状態をとどめたまま現在に存在するようにされる。図10－4は、それを砂山に例えて描いた「持去におけるものへの作為の砂山モデル」である。砂山は、そのままにしておけばいずれはくずれ去り、なくなるが、ある段階において、くずれ去った砂が山に戻されることで、〝くずれ去る途中〟という段階が持去されることになる。本来であればエントロピー増大の法則に従って、崩壊してゆくものが、エントロピー増大の法則に反して、エントロピーをとどめる方向で、常に反エントロピーの方向に保持される。そのような作為である持去という行為は、自然の時間の流れに反している。ここでは、過去のある時点が最も価値のあるものとされ、それ以外は価値がないものとなるヒエラルキーがある。ただし、この持去という行為は厳密にいえば、不可能である。本書第八章でプレゼンティズムの考え方を見た[59]。それによると、過去における現在に存在したものは、過去における現在に存在したのであって、現在における現在には存在しない。つまり、現在と過去は位相が違うため、過去と全く同じものを保持することは不可能だからである。

「持去」と過去の真正性とヒエラルキー

持去において過去を保つことが不可能であるにもかかわらず、それが行われようとするということは矛盾した行為である。その矛盾を解消するための概念が歴史的建造物の保存において議論されている。それは、オーセンティシティ authenticity とインテグリティ integrity という概念である。インテグリティとは、過去に可能な限り近づく姿勢、同じような素材や考え方のものを使用するよう努力する姿勢であり、一方のオーセンティシティとは、過去そのままを保存し、元あったものを使い続けようとすることである。これまでは、歴史的モニュメントの保存においては、オーセンティシティが追求されてきた。しかし、近年はインテグリティへと、その目標が変化してきている。完全に元あった状態を再現することは不可能であるため、オーセンティシティを追求することの不可能性と困難が認識され、できる限り元あった状態に近づくインテグリティが求められるようになってきたのである[60]。

[59]　本書第八章第1節 508–513 ページ
[60]　『新建築』92–3。

これは、持去がはらむ過去の真正性の問題である。持去という行為において、インテグリティやオーセンティシティが目指されるのは、真正な過去をいかに保持するかが問題になるからである。だが、実際にはその持去されているとされる過去は存在しない。それは矛盾であり、インテグリティやオーセンティシティが問題になる背景となっている。真正な過去が存在するという擬制は、本書第八章で見たように、カタストロフの記憶への当事者以外のかかわり方を困難にするものであった。真正な過去が存在するという考え方にたつとき、過去の出来事への距離や関与の度合いによって、時間や当事者の中にヒエラルキーが生み出される。時間や当事者におけるヒエラルキーを認定するのは、同じように権力においてヒエラルキーが上に位置する存在である場合が多い。オラドゥール村が遺構として認定されたのは、将軍ド・ゴールの判断だった。南三陸町の庁舎の保存の発議も当時の首長によってなされている。権力のヒエラルキーの中では時間が秩序づけられてゆく。そのような状況においては、その価値観は、下の者にとっては上からの押し付けとしてとらえられやすく、過去への自由なかかわりは生じにくい。

「持去」とトラウマ

カタストロフの遺構は、人が亡くなった場であることが多い。それを持去することは、その過去が常に現在に回帰することを意味する。過去が現在に回帰することは、トラウマである。

なぜ、過去が回帰することがトラウマになるのであろうか。トラウマの定義について、「精神障害の診断と統計マニュアル第四版（ＤＳＭ-Ⅳ）」は、トラウマ的記憶とは語られないもの、前言語的なものであり、想起が不可能なことであると定義する。それは、トラウマ的な出来事が、精神の内部において、物語としては存在しないことを示唆している。トラウマが物語として語られないとは、精神の中で過去が過去のまま存在しているということであろう。過去が、そのまま過去であるということは、過去がむき出しになっているともいえる。本書第七章で見たように物語で考えるとは、人間の存在と結びついた行為である。[61]逆に言えば、トラウマが語られないということは、過去が物語として語られるようになれば、トラウマにはならないということであり、過去そのものがそこにある状態とは人間の精神にとっては害をなすものであることを示唆する。

トラウマにおいて過去がそのまま、その精神の内部に存在することは人に傷を負わせる。つまり、人間の精神にとって、過去はむき出しやそのままの状態で存在してはならないともいえる。過去は、物語になるべきであり、むき出しでありそのままの過去の状態であってはならないのである。物語で考えるとは、人間が時間の中に存在していることからくる作用である。[62]それを考えあわせると、持去という行為が実は自然に反しているということを思い起こさせる。持去とは、過去が過去にならないことである。たしかに、持去という行為が、意図的に行われる場合は、プラスの価値を持つ場合もある。だが、そのような意図が存在しないのに過去が過去にならなければ、それは人間にとってマイナスの状態をもたらすことになる。

トラウマの治療においては、過去の回帰が間遠になることが目指される。[63]だが、カタストロフの遺構が保持されることは、ある物体がそこにあることを通じて過去がつねに回帰することである。カタストロフの遺構は、人が亡くなったり、生命の危機に瀕した場所でもあることが多い。それが持去されることは、そこに過去がむき出しになっていることでもあろう。そのようなむき出しの過去がそこにあってもよいのかどうかについては、

［61］　本書第七章第3節 470ページ
［62］　本書第七章第3節 470ページ
［63］　［中井 2004］

慎重な判断が必要となる。

「持去」の背景にある西洋の文化的特質

さらに、持去に基づく遺構保存の行為や文化遺産概念に、西洋的な価値観という文化的な背景があることも注意しておきたい。前項で見た宮本佳明のベネチア・ビエンナーレのインスタレーションが示すように、「木っ端」は一般的に遺構としては扱われない。木っ端とは木造建築の破壊された状態であるが、それは、ヨーロッパで形成された遺構のイメージには合致しないからである。

遺構と廃墟の概念が密接にかかわることはポンペイ遺跡の例で見た。廃墟の特徴として、欠損がある。[64] これは、英語ではラクーナ lacuna、フランス語でラキューヌ la lacune と呼ばれるが、経年によりある部分が欠けることである。そのような欠損は時間の存在を暗示し、遺構が長い歴史的過程を経ていることを示唆する。しかし、このラクーナは石造物に特有のものである。木造建築においては、部分的な欠損が全体的な崩壊に結び付くため、欠損が生じることは不可能である。つまり、木造建築は廃墟になりにくく、それゆえ廃墟と結びついた遺構と考えられにくいといえる。そのような中においては、あるものが遺構であるにもかかわらず、遺構としては見逃されている状況も想定されるのである。

ユネスコにおいて世界文化遺産登録制度に加えて「無形文化遺産」登録が制定されるに際しては、日本の果たした役割は大きかったが、その背景には、遺産概念を広く無形の行為にも適応する日本の考え方があった。[65] 逆に言えば、無形のものを文化遺産であると考えることは、西洋においてはそれほど一般的ではなかったといえる。つまりそこには、文化遺産という概念をめぐる文化の型の問題がある。

木造建築が長く建築物の中心であった日本では、修復とは、その都度、そっくりそのまま同じものをつくるのではなかったことが明らかにされている。[66] 建築史の清水重敦は『建築保存概念の生成史』において、西洋の建築保存とは異なった文脈で、日本の建築は保存、修復されてきたことを明らかにしている。修復や保存に近い行為として式年遷宮がある。歴史上、式年遷宮は伊勢神宮をはじめとするさまざまな神社で行われてきていたが、そこでは、過去が現在のデザインのリソースの一つであり、遷宮の度に大工集団は、過去の様式と対話しつつ新しい様式を付け加えて次の建築を作った。そこでは、持去ではなく、過去に上書きすることがごく普通に行われていた。また、近代に入ってからも、修復や保存は「古寺社保存法」（一八九七（明治三〇）年制定）が定める「修理」の体系と呼ばれる解体修理を軸とした方法が確立していた。先ほどオーセンティシティとインテグリティについて見たが、近年は、世界遺産などのオーセンティシティをもとめるグローバルな文化遺産保護運動と日本における在来の実践のずれが顕在化する中で、そのような過程が再評価され、逆にアジアからの価値観として、オーセンティシティを再定義しようという動きもある。

プロローグで徳川期の江戸の人々のカタストロフに対する時間感覚として非歴史的な感覚という意味でのプレゼンティズムを指摘し、それが現代とは異なる感覚であることを述べた。[67] 持去とは、過去に対する一つの向き合い方である。遺跡や遺構の保存が発達した歴史は、西洋において持去という時間への向き合い方が発達してきた歴史でもあった。それは徳川期までの日本のそれとは異なるものであった。近代になり、近代化のもと

［64］［清水 2013: 209］
［65］［国末 2012］
［66］［清水 2013］
［67］本書プロローグ 9–14 ページ

で日本は西洋からの制度を取り入れたが、その中には時間に関するさまざまな制度も含まれる。その制度と伝統社会のずれが持去という行為をめぐってもあらわれているといえる。

3　アートによる遺構への新たな価値の付与——イタリア・ジベリーナ

ここまで見たカタストロフの遺構を残すという持去に伴うアポリアを克服する道にはどのようなものがあるのだろうか。この難問は巨大な領域にまたがる問いであり、すべてを一挙に解決することは容易ではないが、その方向に向けての一つの例を、イタリア・ジベリーナ Gibellina の地震後の遺構の保存の事例から考えてみたい。

ヨーロッパは地震が比較的少ないところだが、ユーラシア・プレートとアフリカ・プレートの境界にあたるイタリアでは地震が起きることがある。イタリアのシチリア島の中部にあるベリチェ地域は、一九六八年一月一四日と一五日にマグニチュード六・一の地震により、大きな被害を出した。この地震はベリチェの地名をとって、ベリチェ地震と呼ばれることもある。死者は三七〇人に達し、多くの負傷者と七万人にのぼる家を失った人々が発生した。

ジベリーナはそのベリチェ地域のほぼ中央部に位置する緩やかな谷の尾根の一つに位置する。酪農と農業を中心とした村である。ただ、村とはいっても山の上に家々が固まって小さな広場もあるそのさまは要塞のようでもある。実際、中世以来、戦乱や盗賊などを避けるために山の上に人々が固まって集落をつくってきた経緯を考えると、それは小さな要塞都市ともいえる。

アースワークとして残された遺構

地震で被災した後、村は数キロ離れた幹線道路沿いの平地に村ごと移転し、移転前の村の跡地は、それをそっくりそのまま固めた「アースワーク」として残されている[68]（写真10-20）。今日、ジベリーナの名前がその中で知られているのは、そのためである。

遺構保存における持去の持つアポリアは、それが、保存するか消し去るかという二つの選択肢のもとでのみ行われることに一つの原因がある。ジベリーナの優れているのは、その二つの選択肢とは違う第三の選択肢を見つけたことである。つまり、遺構は保存されたが、それはカタストロフという悲惨な過去を「持去」した傷痕としてではなかった。では、どのように残ったかというと、村はアート作品として残ったのである。

作品を作ったのはアルベルト・ブッリ Alberto Burri（一九一五―一九九五）という芸術家で、その作品には「グランデ・クレット Grande Cretto（大きな亀裂）」という名が付けられている。ジベリーナにあった家や建物のうち、人の胸くらいの高さ以上のものをすべて取り去り、土台と道だけの状態にしたところをコンクリートで覆うことによってつくられている。

ジベリーナは谷沿いの急峻な斜面に密集して家々が建っていた。道は細く、入り組んでいたため、結果として道と家の土台だけが残った状態をコンクリートで固めたものは、一種の迷路のような状態になっている。

訪問者は、自由に作品の内部に入って歩きまわることができる。訪問者は地震によって壊滅して今はもう存在しない村の道を歩くことになる（写真10-21）。村の道は、その入り組み方や他の道との角度によって、そ

[68]　以下、ジベリーナの記述は二〇一二年一月に実施した現地調査による。

写真 10-20　ジベリーナの「グランデ・クレット」の遠景

写真 10–21　ジベリーナの「グランデ・クレット」の内部に残るかつての村の細い道

れぞれが微妙にちがった表情を見せ、地震以前にその道の両側に建っていたはずの家々の状態を想像させる。

少し離れたところには展望台のようになったところがあり、そこからは全体を見ることができる。全体は山をおおう「かさぶた」か、トーチカのように見える。山をかさぶたやトーチカのようなコンクリートがおおう光景を人はあまり目にすることはない。一種異様な感じがもたらされる。それは、ひいては、ある風景が丸ごとなくなってしまうという通常ではありえない大きなカタストロフを示しているといえる。

しかし、それは一方で、異様というだけではない親密な感じを歩く者に与える。それは、網の目のように入り組んだ通路が、人の歩く幅に合わされていることから来ている。もとは村の生活道路だったところであるから、それはごく自然なことであろう。つまり、そこはアート作品でありながら、カタストロフの前にそこで営まれていた人の生活の痕跡を感じさせる場でもあるのである。

地域の問題の解決とアートによる新たな価値の付与

ジベリーナは、地震の以前から中世以来の山岳居住の伝統を受け継いだ生活様式をどうするかという問題を

写真 10–22　新ジベリーナに作られた芸術作品

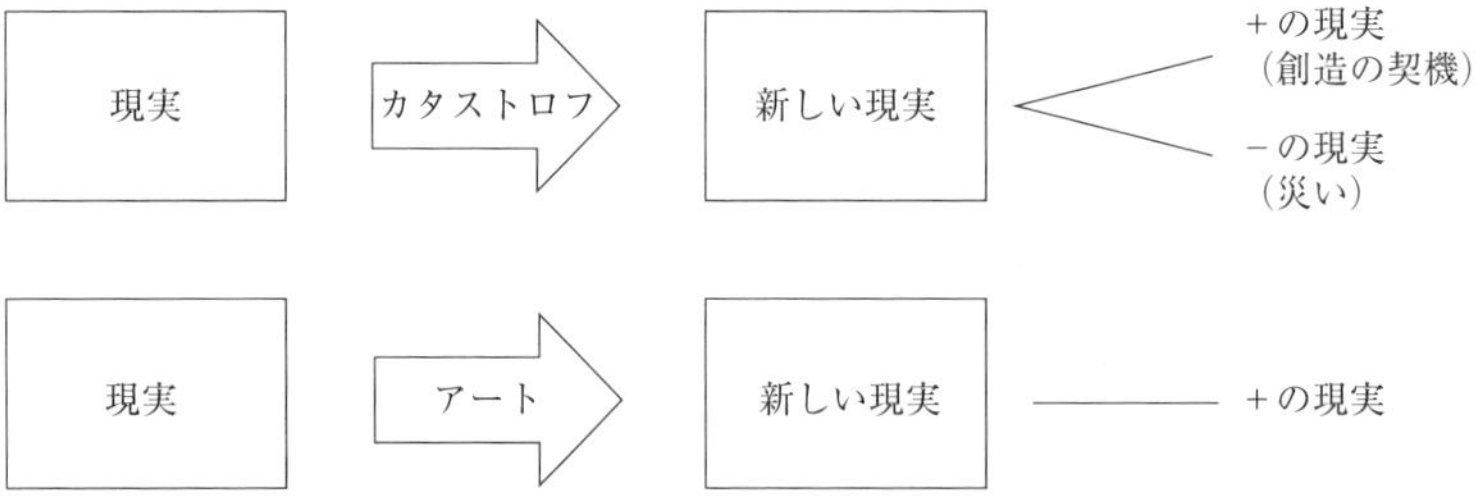

図 10–5　アートによる現実の変換

抱えていた。中世には、山岳居住は、牧羊や農業には適し、また外敵から村を防御するためには有効だった。しかし、社会が工業化し、また村を襲う外敵も存在しなくなった状況では山岳に居住することの意味は薄れていた。

　災害を契機として、ジベリーナのとった戦略が、高地にあった家の再建に代えて鉄道が通り高速道路も計画されていて今後発展が見込まれる平地に新たに市街地を建設することだった。つまり、ジベリーナでは地震を契機に、旧来の生活様式から新しい生活様式に移行することを選択したのである。それを象徴的に表現するためにはアートの持つ価値を変換する機能は最適だった。複数のアーティストが招かれ、「グランデ・クレット」以外にも多くのアートが移転した新しい市街地にはつくられている（写真10-22）。

ジベリーナは遺構をそのまま残したものではない。遺構をアートによって加工している。そして、それによって遺構をカタストロフという悲惨な過去を持去する傷痕としてではなく残すことに成功しているといえる。

アートとは、芸術表現を通じて、ある現実を別の種類の現実に変換する方法の一つである（図10-5）。本書第八章で述べたが、カタストロフも、災いであるというマイナスの面とともに、それが旧来の秩序を破壊し、新しい秩序をもたらす創造の契機となるプラスの面を持つ。マルティン・ハイデガーは人間の現存在を死に向かう投げ出しであると定義している。[69]その議論を改めて確認すると、死に向かうということはマイナスである。しかし、ハイデガーによると、死に向かう現存在とは可能態（デュナミス）が現実態（エネルゲイア）になることである。可能態にとどまっていれば、現存在は存在することはできない。死に向かう現存在とは、可能態が現実態になるというプラスも持っているのである。アートは、それを気付かせてくれるきっかけである。プラスの現実は可能態としてしか存在しないといえるが、それを人為的に現実態にするのがアートである。本書第八章では、胎児・嬰児が未来に対して持つ可能性を見た。[70]胎児・嬰児とは、生物的成長の自然な過程で、プラスの現実を見せてくれるものであるといえよう。一方、アートは、それを美術という人為的な方法を用いて示すものである。美術という手段によって、可能態の中から新しい現実が出来するのである。

カタストロフとは、生命の危機でもある。生命の危機とは、一方で、死に向かう現存在であることを知らしめると同時に、可能態が現実態になるというプラスの面に気付かせる契機でもある。ただ、このプラスの面は、

［69］　本書第五章第5節 328-331ページ
［70］　本書第八章第3節 552ff. ページ

気づかれることが難しいし、それをあらわすことも難しい。このジベリーナの「グランデ・クレット」では、アートという中間項を入れることによって、それが可視化されている。

かさぶた

ジベリーナの遺構は、人々の生活の場でもあった。それゆえ、それをなくしてしまうことは、人々の過去の生活の記憶をなくしてしまうことにもなる。だが、一方、それをそっくりそのまま残すことは、カタストロフという悲惨な過去を傷痕として持去することにもなる。それを避けるためには、何らかの変換を通じて残せばよいという発想もここにはある。持去においては風化も問われる。カタストロフの記憶についてよく問われることに風化という問題がある。先ほど、持去とトラウマについて見たが、精神医学者の中井久夫は「風化」をトラウマ的記憶との関係で論じている。[71] 治療の観点からみると、トラウマ治療において目標とされるのは、フラッシュバックなどによって、その出来事のことを思い出すことが完全にはなくならないにせよ、間遠になることであるという。これは風化の一つのあり方である。過去をそのまま保持し続けること、つまり持去が必ずしもよいことではなく、風化がくい止められるべきものであるかどうかについては慎重な判断が必要であることを精神医学は告げている。ジベリーナの「グランデ・クレット」はかさぶたのように見える。かさぶたとは、傷が徐々に治癒する過程である。カタストロフから数十年を経て、ジベリーナの傷はかさぶたになりつつあるように見える。

かさぶたとは、それが壊れたものそのものではないことを意味する。すでに壊れた家屋は撤去されているが、そこに残っている地形や道路の痕跡によって、持去は行われている。ものをそのまま残すのではなく、ものの中のある要素を取り出して、持去が行われているのである。これは、プレゼンティズムの考え方における過去は存在しないという考え方に近いだろう。過去は存在しないし、過去そのものを持去することはできない。しかし、現在、そこに存在するものに目を凝らすことによって過去を想起することはできることが示唆されている。本書で用いている言葉を使うと、かかわりによって、創造的な現在が出来《しゅったい》しているのである。

また、ここで行われている持去は行われているとしても、それは強い持去であるわけではない。たとえばコンクリートの補修は行われていないため、コンクリートは徐々に劣化してきている。一〇〇年後、数百年後には、コンクリートが風化してボロボロになり、大地と見分けがつかなくなっていることだろう。それは風化である。だが、このままコンクリートが風化して大地に帰ったとしたら、それは、風景における傷が治癒したともいえる。

遺構として遺構をそのまま残すのではなく、アートという媒介を加えることにより、過去のカタストロフを場の中に残すさまざまな可能性がひろがることをこの例は示している。先に見たように歴史的モニュメントとしての建築においては、リノベーションという手段で、持去に対してさまざまなモディフィケーションが施されることが近年は積極的に行われるようになってきた。それは弱い持去といえよう。それを参照するならば、遺構の保存にも、強い持去ではなく、さまざまな程度の持去という介入のあり方があってもよいことが想定される。

[71] [中井 2004]

写真 10–23　廃墟のままのポッジョレアル村

廃墟のまま残された村

一方、当然のことだがカタストロフに遭遇した人は、カタストロフの遺構を残すためにその後の生活をするのではない。人にはカタストロフに遭遇した後も生活があり、とくにカタストロフによって家やその他の生活基盤を失った人にとっては、被災後にどのように生存を確保するかは重要な問題である。

ベリチェ地震の場合、ベリチェ地域で被害を受けた村はジベリーナ以外にも十数に上り、被災によって家を失った人は七万人にのぼった。その人たちの当面の生活のための場としての仮設住宅の建設が必要であり、村の再建をどのように行うかが地域にとっての最大の課題だった。この地域で村々の再建が始められたのは震災後約一〇年経ってからである。人々は、それまで永い仮設住宅の暮らしを堪え忍ばなくてはならなかった。

現在、この地域はオリーブやメロン等の果樹栽培、またワイン産業を主な産業として、復興をとげているが、実際のところ、カタストロフの記憶を残すことに関しては、ジベリーナは特異な例であるように思われる。ジベリーナほど熱心ではない村も見られる。たとえば、ジベリーナの近隣のポッジョレアル村 Poggioreale には、地震に遭遇した一七世紀以来の村の遺構がそのまま残っている。ジベリーナと同じように災害から約一〇年後に元の村から一キロメートルほど山麓に新しい村を作って移転したが、移転前の村がそっくりそのまま残されているのである（写真10－23）。

この村の遺構は、家々だけでなく広場や水場など中世の村の様子がそのまま残っていることなどから映画のロケに使われ、一部の観光客の注目を浴びているが、建物は崩れ落ちるのにまかされ、また残った家や教会から窓枠や装飾などが盗み去られるのに対してもあまり注意は払われていない。保存のための措置を訴えている関係者もいるようだが、積極的な措置はとられていない。カタストロフの遺構であるかもしれないが、地域の人々にとってそのように認識されていないので、積極的には保存されていないのである。

ジベリーナとポッジョレアルという二つの対照的な村の様子はカタストロフの遺構が残ることとは、社会的な行為であり、一つの正しい解があるわけではないことを示している。

4　モニュメント群がつくるカタストロフとともにある場――阪神・淡路大震災

前節では、アートというかかわりによる新たな現実の出来《しゅったい》を見た。これは、カタストロフの遺構保存が持去という行為であることからくるアポリアを解決する一手段である。

もう一つの道として、ここでは、モニュメントの建立という方法を見ておきたい。本章では、モニュメントと遺構を異なったものとしてとらえている。モニュメントは記念碑を意味し、記念碑は、遺構のような過去のカタストロフの時点で存在し、その時の惨状を伝えるものとは違って、後から作られる人為的な記念物としてとらえている。遺構とモニュメントとは異なるものであるので、モニュメントには遺構保存のアポリアがないのは当たり前といえば、当たり前である。しかし、モニュメントも持去という行為にかかわるものであり、遺構保存のアポリアが、それが持去という営為であることから来ているとするると、モニュメントに着目することも、持去が引き起こすアポリアを解消する一つの手段になりうる。それを阪神・淡路大震災の「震災モニュメント群」から考えたい。

なお、念のために付け加えると、以下、ここでのモニュメントという語は、英語の「歴史的モニュメント」としての建築や遺構も含む「monument」という意味で使用するのではなく、日本語のほぼ記念碑だけを意味することばとして使用する。

震災モニュメントとモニュメント・マップ、ガイドブック

本書第五章で簡単に触れたが、[72]阪神・淡路大震災の発生から約三年経過した時期（一九九八年）から被災地においてさまざまなモニュメントがつくられることが自生的に発生した。だれかが主導したわけでもない、まさに集合的な行為として、多様な形態のモニュメントが、被災地のあちこちに建立されるようになった。

それらが増えるにしたがって社会的な関心が高まり、一九九九年一月には、一二〇のモニュメントを掲載した「震災モニュメントマップ」初版が刊行され、震災五周年にあたる二〇〇〇年一月には『震災モニュメントめぐり』というガイドブックが刊行された。これらのマップやガイドブックはその後も版を重ね、二〇〇一年一月（震災六周年）には、一五八のモニュメントを掲載した「モニュメントマップ」第二版が刊行された。また、ガイドブックの続編としての『思い刻んで』（二〇〇四年一月）、『希望の灯りともして』（二〇〇五年一月）が刊行された。『思い刻んで』によると、その数は二三六ヶ所であったから、五年余りの間に倍増していたことになる。[73]

さらに、この数はその後も増え続けた。二〇一七年一月一七日の『毎日新聞』(大阪本社版)は一七面と一八面を使用して「モニュメントマップ」を掲載しているが、そこに掲載されているモニュメントの数は、三〇九である。この「モニュメントマップ」に掲載されたうちの、最も直近の建立は二〇一六年だった。建立は時を経ても続き、震災後一〇年目から二〇年目までの一〇年間に約七〇ものモニュメントが新しく建てられているのである(図10-6)。

モニュメントは、それをそれとしてみると単なる一つの物体でしかない。それを集合的なある社会現象としたのはガイド・マップやガイドブックであった。本書第五章で公論について見たが、そこで社会学のユルゲン・ハーバーマスの所論を紹介した[74]。ハーバーマスは公論形成にあたっては、メディアの果たす役割が大きいことを重視したが[75]、集合的な記憶においても、メディアが果たす役割が大きい。マップやガイドブックとは可視化の装置である。タイ地域研究のトンチャイ・ウィニッチャクン Thongchai Winichakul は、『地図がつくったタイ *Siam Mapped*』において、地図が国民国家という創造の共同体の形成において大きな役割を果たしたことを明らかにした[76]。「震災モニュメント」においても、マップやガイドブックによって可視化されることによって、モニュメントは、「震災モニュメント」という集合的な社会現象になっていったといえる。地図化されるということは、場として人々にそれを認識させることになる。マップの存在によって、モニュメントという個々の

[72]　本書第五章第5節 321–322 ページ
[73]　[NPO法人阪神大震災1・17希望の灯り・毎日新聞震災取材班(編著) 2004: 6]
[74]　本書第五章第2節 270–271 ページ
[75]　[Habermas 1990=1962]
[76]　[ウィニッチャクン 2003]

物体群は、集合的にとらえられ、広がりを持つ場の現象として人々に認識されていった。

揺れた地域にあまねく分布するモニュメント群

図10-6に示したように、震災モニュメントは、東は兵庫県の伊丹市、宝塚市から西は同明石市まで、阪神・淡路大震災の強い揺れが起きた地域にほぼあまねく存在している。そのことの意味は本節でこの後で詳しく検討するが、その前に、具体例をいくつか見てみることにしよう。

写真10-24は、西宮市に存在する「阪神・淡路大震災西宮市犠牲者追悼之碑」である。この碑には西宮市域において、阪神・淡路大震災で被災して亡くなった西宮市民一〇八二の人々の名前が刻まれている。九・二メートル×三メートルの大きな一枚岩である。これが存在するのは、西宮市の満池谷《まんちだに》公園の一角である。ここは、西宮市の市街地から数キロメートル離れた北部の山間部にある。徳川時代から続く墓地がこの一帯には存在し、火葬場も存在する。この公園には、アジア太平洋戦争（第二次世界大戦、十五年戦争、大東亜戦争）期に作られた「忠魂碑」も存在する。また、ここは、スタジオ・ジブリがアニメ化したことで有名になった野坂昭如の小説『火垂るの墓』の舞台となった場所でもある。[77] 少年と少女の幼い兄妹が暮らし、妹が栄養失調のため死んでしまった洞穴があったという設定がこの満池谷の貯水池であり、この碑は、その貯水池のほとりの公園に建つ。

本書では、カタストロフのナラティブには型が存在することを見てきた。[78] そのような型はカタストロフの語り方だけではなく、カタストロフの死者の悼み方においても存在する。このモニュメントは、徳川期から近代を通じて、死を悼む行為が連綿と続くトポスに建立されている。そのことで、戦争と震災というカタストロフを連続させている。

西宮の碑に名前が刻まれたのは「市民」であったが、モニュメントには市民以外を悼むものもある。神戸市東灘区の磯島公園にある深江南町四丁目自治会と磯島公園管理会と深江南第二住宅集会所運営委員会深江財産区が建立した「阪神・淡路大震災 犠牲者慰霊碑」には、この地区で亡くなった二〇人の人々の名前が刻まれているが、その中には、「日本人」以外に「ブラジル人」六人の名前も刻まれている（写真10-25）。

深江地区は海岸沿いの工業地帯に位置し、その近くには工場や物流倉庫などが存在する人工島があった。日系ブラジル人一人も含むこのブラジルの人々は、その人工島で出稼ぎ労働をするため来日していたのである。この人々は、「日本人」ではない。カタストロフが、国民的カタストロフとして、国民国家の追悼する対象となるとき、国民国家の成員である「国民」以外は見過ごされがちである。本書第五章で見た国家の公定的記憶として阪神・淡路大震災を語るメモリアル博物館の展示には、このブラジルの人々のことは登場しない。しかし、地域の人々の視点から見た時、「国民」ではなくとも、同じ被害を受けた人として慰霊の対象となっている。

写真10-26は、神戸市灘区に存在する碑である。あるアパートの駐車場の横にある植え込みの中に設けられている。高さ五〇センチメートルほどの花崗岩でできた丸い石碑で、表面には、地震が起きた日付と時間だけが刻まれた金属製の小さなプレートが埋め込まれているほかは、それ以外の慰霊や追悼を意味する文字や建立主体をあらわす文字は刻まれていない。『モニュメント・ガイド』によると、ここには、震災前もアパートが建っており、震災によって倒壊したそのアパートの下敷きになって女子中学生とその母親ほかの四人が亡くなったという。[79] だれがそれを建立したのか、その石碑は明らかにしないが、そのような目立たないものがそこに存在

［77］［野坂 1968］
［78］本書第一章第2節 88–90ページ、本書第五章第3節 285–286ページ
［79］［NPO法人阪神大震災1・17希望の灯り・毎日新聞震災取材班（編著）2004: 78］

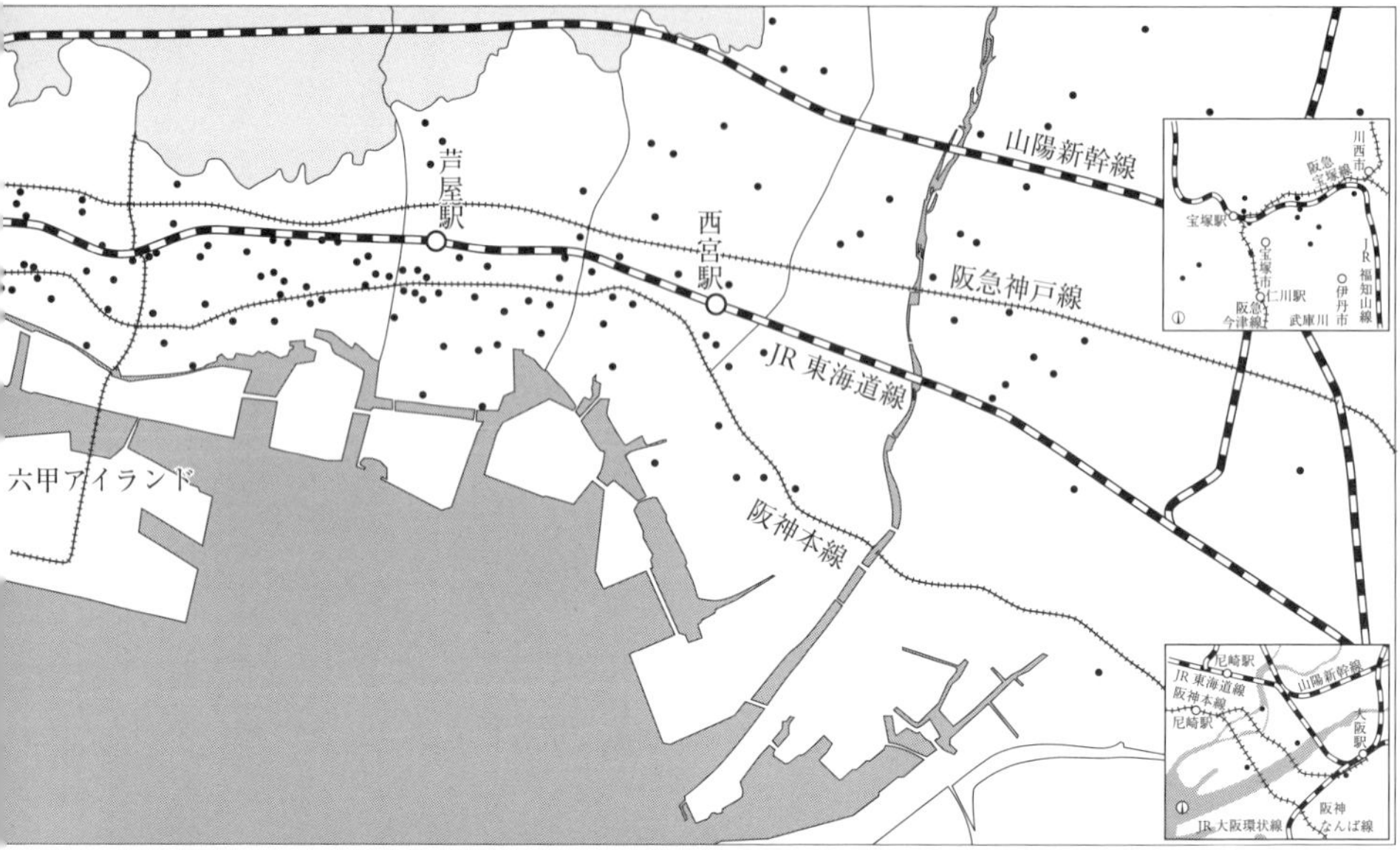

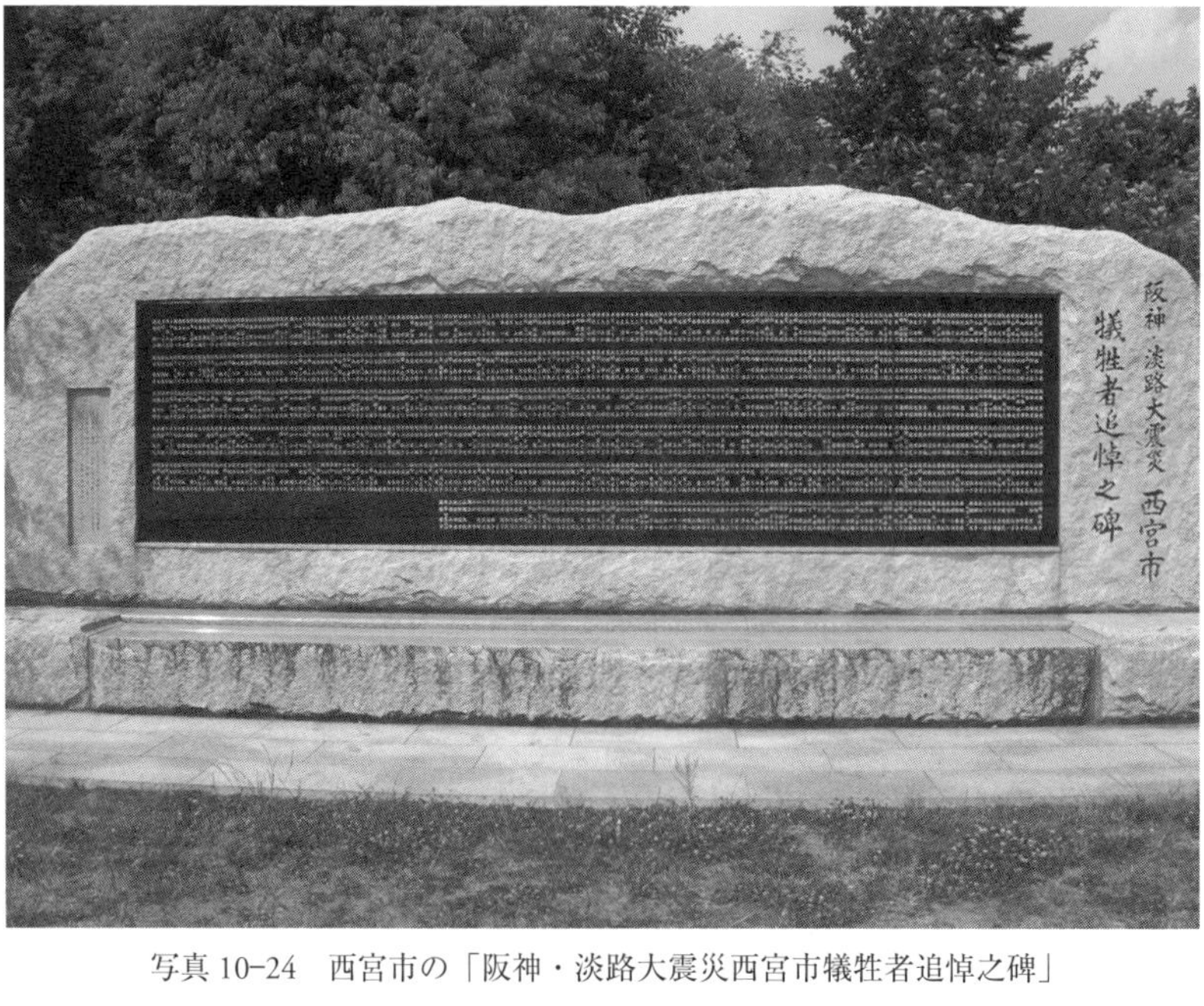

写真 10-24　西宮市の「阪神・淡路大震災西宮市犠牲者追悼之碑」

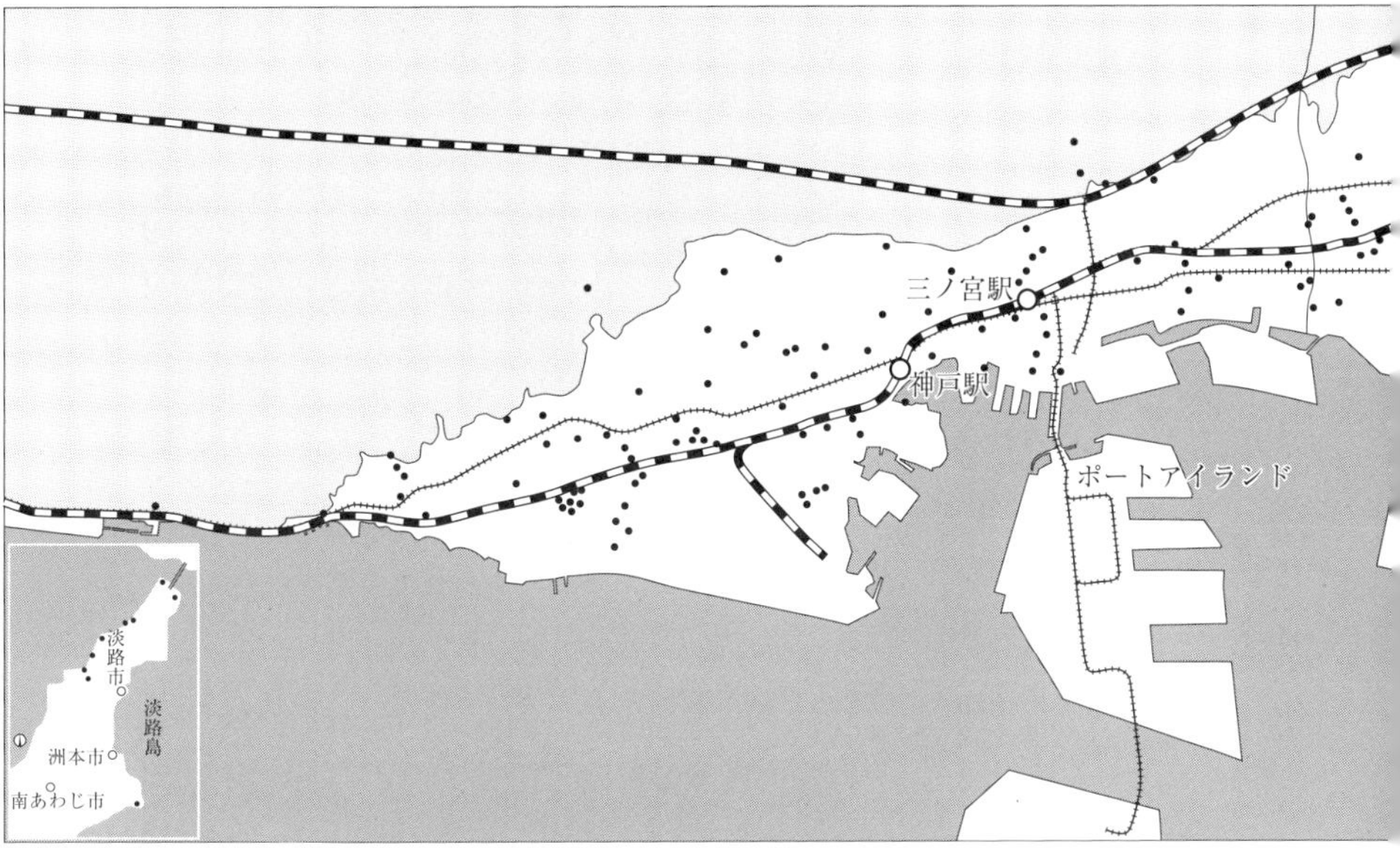

図 10–6　阪神・大震災の「震災モニュメント」の分布（『毎日新聞』2017 年 1 月 17 日朝刊「震災モニュメントマップ」をもとに作成）

写真 10–25　ブラジル人の名前も刻む「阪神・淡路大震災　犠牲者慰霊碑」

写真 10-26　あるアパートの駐車場の植え込みの中の碑

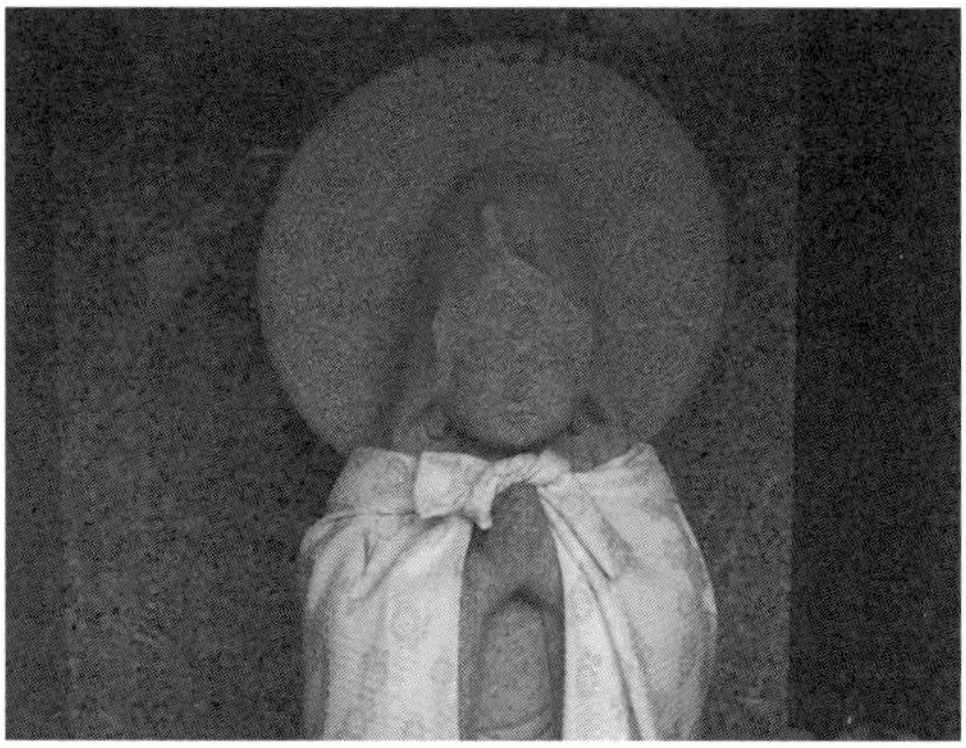

写真 10-27　「桜子ちゃんの観音さま」

するということでかえって、そのことを印象付ける。

同じ石でも、偶像化された石の形態で建立されたモニュメントもある。写真10-27は「桜子ちゃんの観音さま」と呼ばれる観音像である。神戸市東灘区森南町に存在する。「桜子ちゃん」は当時六歳で、家族と一緒に住んでいたが、一人だけ、倒壊した家の下敷きになって亡くなった。それを悼んで、「桜子ちゃん」の祖父にあたるF氏が建立したものである。

F氏は、森南町の自治会長を務めるなど、地域の活動にも熱心な人であった。[80] 森南町は、本書第一章で見た

写真 10–28 「生きた証」と名付けられた桜（後方左）

ように、[81]震災後、神戸市によって土地区画整理が計画された土地であった。その計画の賛否を巡っては、当初は大半の住民が反対したが、その後、計画を受け入れる住民と、計画にあくまで反対を貫く住民に分かれ、地域を二分する争いが起きた。その争いは熾烈で、社会学の岩崎信彦が、それを「まちづくり」ではなく「まち壊し」と表現し、そのような「まち壊し」を招いたのは、都市計画決定にあたって十分に住民と話し合いが行われなかった経緯にあることを指摘し、そのような「復興」「まち壊し」土地区画整理事業は今回で終わりに」すべきであると、「復興」のあり方に警鐘を鳴らしているほどである。[82]F氏は地域のまとめ役として、難しいかじ取りを迫られることになった。

この観音像が建つのは、その区画整理によって新しく誕生した敷地に建つF氏宅の玄関の横である。F氏宅の玄関は、区画整理によって誕生したJR甲南山手駅に続くメインストリートに面している。そこにこの像があることによって、F氏の「桜子ちゃん」への思いが表現されるとともに、まちづくりを見守る存在として「桜子ちゃんの観音さま」が位置づけられることにもなっている。

[80] F氏と桜子ちゃんについては、[野田 1996]による。野田の著書では実名が記載されているが、ここでは仮名とした。
[81] 本書第一章第3節 101–104 ページ
[82] [岩崎・塩崎 1997][岩崎 1999]

石ではなく、樹として残す形態のモニュメントもある。写真10-28は「生きた証」と名付けられた桜の樹である。この樹は、神戸市灘区の石屋川沿いの公園に存在する。この石屋川から見下ろせる灘区高徳町のアパートの下敷きになり亡くなった若い夫婦を悼んで、その夫婦の夫の側の両親が植樹したものである。亡くなった夫婦は、夫が二七歳、妻が二五歳で、震災前の四月に結婚したばかりだった。夫の故郷である兵庫県の北部の豊岡市の両親は、若くして亡くなった息子を悼み、そのアパートの跡地が見える公園に五本のソメイヨシノ種の桜を植樹した。桜は毎年春に花をつける。いつしか、その花の下で、両親やその花の由来を知った人々が集まるようになり、その集まりは植樹が行われた二〇〇〇年以来毎年続いているという。[83]

石として、樹として残す

これらの建立主体は市、自治会、財産区、家族などである。また建立のモチーフとしては、個別の犠牲者の名前を刻み鎮魂することを目的としたものが二四・七％、また個別の犠牲者の名前を刻むことはないが、犠牲となった人一般を悼み鎮魂を目的としたものが、一五・九％で、この二つを合わせた「死者を悼む」というモチーフのものが最も多い。それに続き、「復興を記念する」というモチーフのものが一七・一％、また犠牲者への鎮魂や復興というような文言は特に記載されないが、被災したものをモニュメントとしてそのままとどめるものが一六・七％存在する（表10-1）。これは、カタストロフの体験の多義性を示す。そこであらわされようとしているのは、犠牲者への追悼であると同時に、人々の苦難の体験や復興の過程でもあり、また、復興や苦難といった言葉では表現しきれない、地震に出遭ったことそのもののようなことも含まれる。この多義性については、すでに本書第五章、第八章で見てきたが[84]、この後、より詳しく検討する。

石や樹として残されていることはそれと無関係ではない。表10-1のカテゴリーのうち、「死者を悼む」というモチーフのものを形態別に分類し集計したのが図10-7である。それを見ると、石に刻むものが六八％で最

表10-1　震災モニュメントのモチーフ

モニュメントのモチーフ	実数	%
個別の犠牲者を鎮魂、名前を刻む	62	24.7
復興を記念する	43	17.1
被災したものを残す	42	16.7
犠牲者一般への鎮魂	40	15.9
特定のメッセージはなく抽象的なもの	24	9.6
壊れたものの復活	14	5.6
苦難を語りつぐ	13	5.2
激励	7	2.8
タイムカプセル	4	1.6
感謝	1	0.4
その他	1	0.4
合計	251	100.0

注：1）［NPO法人1.17希望の灯り・毎日新聞震災取材班編著 2004］から集計した。
2）1つのモニュメントに対して複数のモチーフをカウントしたため出典に記載されたモニュメントよりカウントされた数が多くなっている。

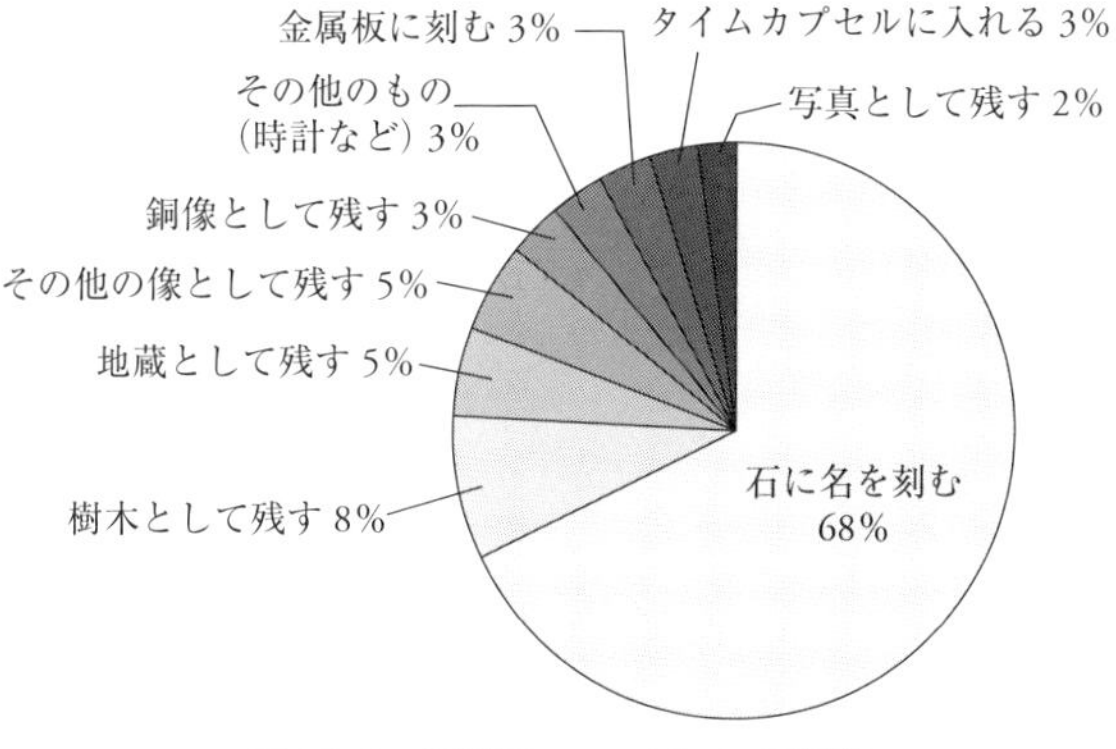

図10-7　震災モニュメントの形態
注：［NPO法人1.17希望の灯り・毎日新聞震災取材班編著 2004］から集計した。

［83］『神戸新聞』二〇一五年四月五日
［84］本書第五章第1節267–268ページ、第八章第3節537–540ページ

も多い。続いて、植樹という形で樹として残すという例が八%存在する。また地蔵などの宗教的な偶像として残す例も五%存在する。プラスティックや陶器、金属などの例はあるが、石や樹という自然物が中心である。

人間の尺度を超えた時間を示唆する石と樹のコスモロジーの時間

石や樹という自然のものは、人間の世界とは別のコスモロジーに属す。人類学のフィリップ・デスコラは『自然と文化を超えて *Par-delà nature et culture*』の中で、自然と人間の関係を、それらが人間と外面・内面において類似しているか、していないかの区分によって分類し、それに対する人のかかわり方を、トーテミズム的関与、アニミズム的関与、科学主義関与、類推的関与の四つのタイプに分けた[85]。ここで見ている石や樹という自然のものは、外面も内面も人間と全く類似していない。そのような存在物と人との関与の仕方は、デスコラによると類推によることになる。

石や樹はコスモロジーだけではなく、時間の尺度も人間のそれを超えた別種のスケールの中にある。たとえば、樹は毎年花をつけるが、それは、季節の変化による。季節の変化は、地軸の傾きによって生じる。地軸の傾きの原因には諸説ありわかっていないことも多いが、一説には地球という惑星の誕生間もない時期に巨大な物体が衝突したことによるものと言われる。地球の誕生は、約四六億年前である。つまり、季節の存在は億年単位という人間とは異なった位相の超長期の時間の存在を示唆するといえる。

また震災モニュメントでよく用いられている石は花崗岩だが、花崗岩は多くは中生代、すなわち約二億五〇〇〇万年前から約六〇〇〇万年前に生成したものである。さらに、用いられるモチーフの観音や地蔵などの菩薩（ボディサットヴァ बोधिसत्त्व, bodhisattva）は、仏教のコスモロジーによると、五六億七〇〇〇万年後の弥勒菩薩の出現まで人間を救済する役割を持つ。これらは、人間中心の時間の尺度をはるかに超えた時間である。

人類学のクロード・レヴィ＝ストロース Claude Lévi-Strauss は、犠牲をささげる行為が、なぜ聖性を帯びるのかについて、犠牲奉納者、犠牲祭祀、犠牲、聖性という回路における、行為と行為者の連続によって徐々に聖性に近づいてゆくことを示した。[86] 本来は、犠牲をささげるという行為自体には、聖性はないのだが、それは、多くの回路を経ることで、聖性に漸進的に近づいてゆくというのである。モニュメントは、石や樹というものであり、決して死者そのものではない。死者は存在としては無であり、現世には存在することはありえない。しかし、樹や石に名前が与えられ、名前が刻まれること、その建立をめぐる儀式が行われることなどによって、死者は、それらのものが属する異なったコスモロジーと時間に近づく。そのコスモロジーと時間は永続性のもとにあるが、その永続性のコスモロジーと時間に近づいた現世のもの自体も、現世における永続性を帯びることになる。

この死者の存在する永続性を帯びた時間は「あの世」である。生者の属する世界である「この世」と死者の属する「あの世」は、第五章や第八章で四象限に整理した図（図5‒8、図8‒2）で見てきたとおり、[87] 位相としては、別種の位相である。生者は死者のいる「あの世」に行くことはできないし、死者も生者のいる「この世」に来ることはできない。しかし、時間を極大の視点からとらえた時、その時間は重なりうる。図10‒8はそれを模式的に描いたものである。たとえば、図10‒8のaという、一倍の尺度から見た「この世」と「あの世」の開きは大きい。しかし、それを一〇倍の遠さから見た時（b）、この二つは見かけ上わずかに近づき、一〇

[85]　[Descola2005: 280‒320]
[86]　[Lévi-Strauss 1962: 297‒298]
[87]　本書第五章第5節326ページ、第八章第3節554ページ

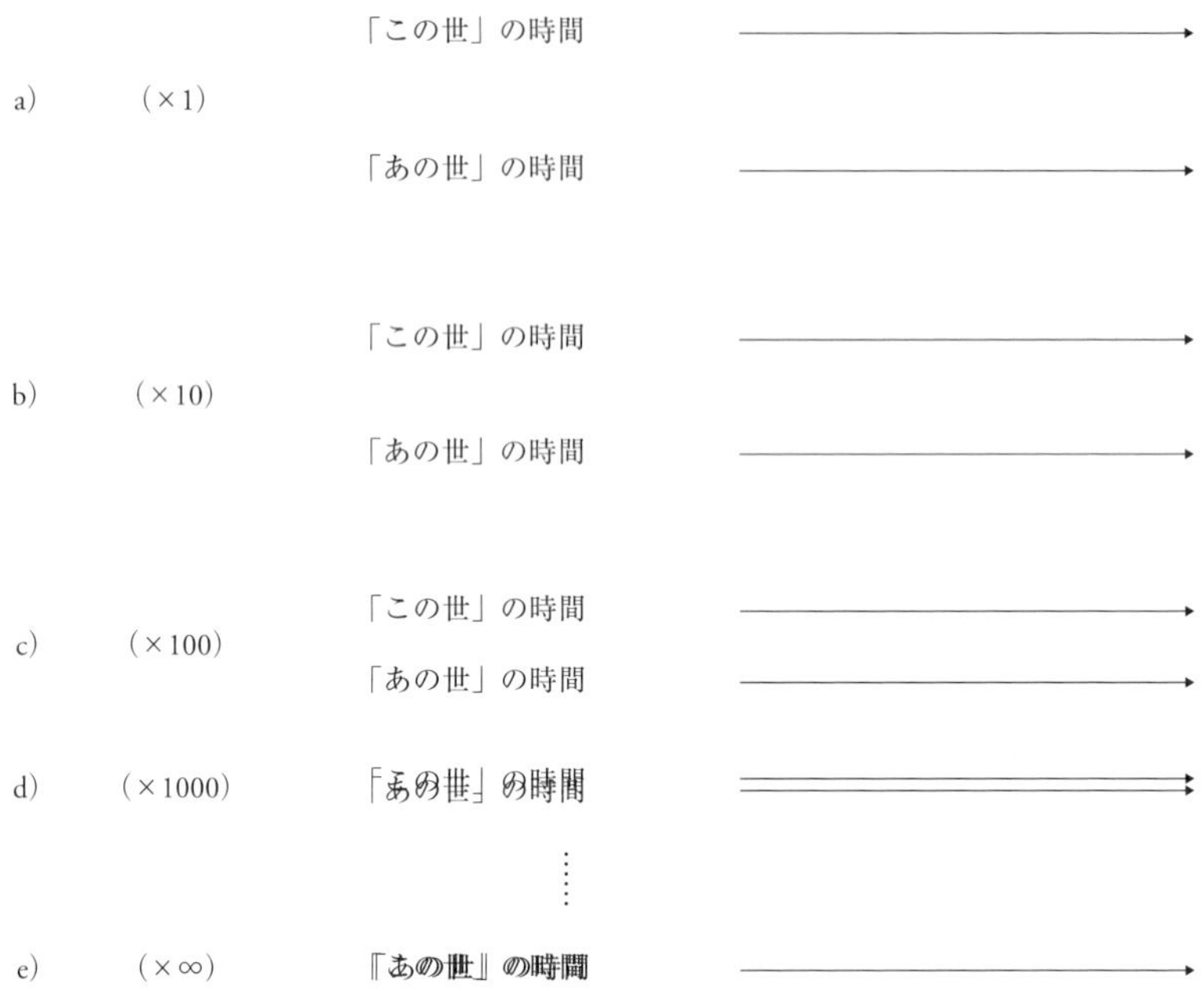

図 10−8　極大の視点から見た時、重なる「この世」と「あの世」の時間

○倍（c）や一〇〇〇倍（d）の遠さから見た時、さらに近づく。それを無限大の遠さから見た時（e）、その二つは、ほぼ重なるといってもよい。石や樹の属するコスモロジーの時間とは、人間の生存可能な年月と比べると、ここで見た無限大の長さであるといえる。そのような石や樹の属するコスモロジーの時間の尺度から見た時、「この世」と「あの世」という本来は位相を別にした時間が重なりうるのである。

　これは、過去が保持されるという持去とは異なる時間への態度である。もちろん、モニュメントは、ある時点で起きた過去のカタストロフを記憶にとどめるために建立されている。しかし、そこでは、遺構の保存が、その保存を通じてある特定の過去を持去しようとすることで視点をその特定の過去に固定するのに対し、視点は、時間のさまざまな位相を横断的に移動している。そこでは、人の主体的な時間へのかかわりによって、持去された過去ではなく、新たな時間が出来《しゅったい》しているといえる。

コスモロジーの時間とカタストロフの時間

このような石や樹の属するコスモロジーの時間は、本書第Ⅱ部で見た公定的な記憶の前提とする透明で均質な近代の時間とは異質な時間である。[88]このモニュメント群が示唆するのは、国民国家のカタストロフの公定的な記憶が、博物館という装置を通じて、透明で均質な近代の時間を必要とするのに対して、国民国家の構成員の個別のカタストロフの記憶は、博物館という装置の外部にある、風景や地域という環境の中で、透明で均質な近代の時間とは異なる石や樹の属する多様なコスモロジーの時間を必要とするということである。

この石や樹の属するコスモロジーの時間は、身体と結びついているものでもある。本書第三章で見たとおり、カタストロフの前に放り出された人は、その出来事に身一つで対峙することになる。[89]そこで人が直面するのは、カタストロフの時間であり、その時間とは、自己というものの発生する発生機とも言えるものであった。表10-1の震災モニュメントのモチーフには、鎮魂や、激励などのモチーフと並んで、特定のモチーフとは言えない抽象的なモチーフだが、「地震に出遭ったことそのもの」を残すというモチーフのものも一〇％ほど存在する。そのような例として、次のようなものがある。

写真10-29は、「命」と書かれた碑である。ここには命としか文字は書かれていない。もちろん、その命とは、

［88］　本書第六章第2節 381–382ページ
［89］　本書第三章第1節 143–145ページ

写真 10–29 「命」と刻まれた震災モニュメント（神戸市東灘区中野南公園）

写真 10–30 「絆」と刻まれた震災モニュメント（芦屋市津知町津知公園）

写真 10–31 「無常」と刻まれた震災モニュメント（神戸市東灘区照明寺）

写真 10–32 「生」と刻まれた震災モニュメント（芦屋市新浜町兵庫県立国際高校）

亡くなった人々をあらわすものであろう。しかし、それは同時に、自分の命であり、地震というカタストロフに出遭って感じた、生きていることそのものへの感慨であるともいえる。そのほかにも、震災モニュメントには「絆」（写真10–30）、「無常」（写真10–31）、「生」（写真10–32）などという文字が刻まれたものがある。

これらは、地震に遭遇したことによる、人々の生命や存在そのものへの問いである。本書第五章や第八章でもすでに述べてきたが[90]、そのような問いは、一般に言語化して表現することは難しい。阪神・淡路大震災において被災し、仮設住宅に入居した高齢者たちにインタ

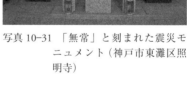

ビュー調査を行った国際保健人口学の大谷順子は、高齢者たちが「さびしい」という、一見すると単純なことばをしばしば発することを明らかにし、そのことばの背後には、多様で複雑な感情が存在することを明らかにした。[91]感情を明確なことばとして言語化することは市井の人には困難が伴う場合が多い。哲学の言語においてなら、それは可能かもしれないが、哲学の言語を使用する訓練を受けている一般の人はそれほどいない。本書第五章ですでに紹介しているが、[92]東日本大震災の後の被災地では「てつがくカフェ」という形式でそれを集団的に行おうとする動きがある。ダイアローグ2にも登場している、せんだいメディアテークにおいて「考えるテーブル・てつがくカフェ」の運営に携わった学芸員の清水チナツは、人々がそこに答えを見つけるためではなく、考えるための問いを見出すために訪れていることを見てとっている。[93]つまり、人々は、体験に何らかの言葉を与えようとしているのである。せんだいメディアテークにおける「てつがくカフェ」は人々の大切な場となり、東日本大震災から五年の間に五〇回も開かれている。

とはいえ、「てつがくカフェ」という形式で、人々が哲学的な問題を対話によって考える試みが日本において本格的に開始されたのは、二〇〇〇年前後頃からである。[94]本節で見ている震災モニュメントがさかんに建立されていた阪神・淡路大震災の後の一九九〇年代後半ごろは、一般の市井の人が体験を哲学の言葉で言語化す

---

［90］　本書第五章第2節267–268ページ、第八章第3節537–540ページ
［91］　［大谷 2006:191–223］
［92］　本書第五章第1節269ページ
［93］　［清水チナツ 2016b］
［94］　日本におけるこの運動を主導した一人である哲学者の鷲田清一は本書補章1 210–211ページで見たように、阪神・淡路大震災に強い関心を寄せ、また、東日本大震災にも関心を払ってきた。二〇一五年からは、その被災地である仙台にあるせんだいメディアテークの館長も務めている。カタストロフの体験の言語化に哲学の側面からかかわってきた一人であるといえる。

る回路は限られていた。しかし、カタストロフとは、人々にそれを表現せずにはいられない衝動を与える。市井の人が、モニュメントに石や樹を用いることで、石や樹の属するコスモロジーの時間への傾斜を示したのは、そのカタストロフの時間への対峙の経験を表現しようとした試みであったといえる。

博物館における公定的な記憶は、カタストロフのナラティブを無名の死者／未婚の若い女子の人身犠牲に収斂させる。それは、人々の感情のエネルギーをある一点に集中させることである。一方、震災モニュメント群にあらわれている、カタストロフの体験の記憶は、一点には収斂しない。それは、地震に遭遇したことで人々が感じた生命や存在そのものへの問いが、ある一点に収斂するようなものではないからである。人々は、その問いを何とか解こうとした。その精神の営為として、モニュメント群は被災地に点在しているといえる。

半ば開かれ、半ば閉じられた場

さらに引き続き、これらの震災モニュメントと時間の関係を、違った角度から考えてゆこう。本章のテーマである、風景や地域ということを考えてみると、モニュメントが地域に開かれることに対する微妙なニュアンスを持っていることに気付く。

震災モニュメント群は、マップに掲載され、「震災モニュメント」という名を与えられた後には、集合的な社会現象となった。その意味では集合的な記憶であるといえるが、それは同時に、それぞれ個別のモニュメントであり、個的な記憶をとどめる営為である。たしかに、それは、名前を公共的な場に刻んだり、死者を想起させる物体を公共的な場に置いたりしている。しかし、一方、写真10-26で見た、あるアパートの植え込みの中の小さな石碑のように、直接的にだれがその記憶を記憶しているのかがあいまいにされている場合もある。

また、公共的な場といっても、個人の家の門の横だったり、アパートの駐車場だったりと、私的領域と公共領域のはざまにおかれているものも多い。

すでに何度も引用しているが、精神医学の中井久夫は、トラウマ的な記憶を語るのがよいのか語らないのがよいのかはわからないという。また、もし、語るとしても、それは、信頼のできる人にひっそりと語る方がよいともいう[95]。記憶とは、個々人の精神の内部の領域にあるものであり、その個々人の内部の領域を開いてゆくことは、危険な作業でもあるのであろう。前章で、ホロコーストにおいて私的領域や親密圏が暴力的に開かれていったことを見たが[96]、それは個人や社会に大きな傷を残すことである。一方、これら震災モニュメントのあり方は、半ば閉じられ、半ば開かれているといえる。それは、地震というカタストロフの暴力性を示すものである。と同時に、そこから立ち直る際にはそれを社会化し、社会全体として立ち直ることが必要であることも示していると考えられる。

阪神・淡路大震災の公定的な記憶が展示されているメモリアル博物館では、個人の内面が、感情喚起によってダイレクトに無名の死者／未婚の若い女子の人身犠牲として捏造された公定的記憶に接続する回路が開かれていた。マスすなわち大衆のエネルギーを直接的に一点に集中させてゆく回路が設定されているといえる。一方、震災モニュメントという個別的なカタストロフの体験を振り返る場における内面は、一挙に集合的な記憶にはなりえない。それは、いったん個別の記憶として、モニュメントというものとして、だれかの手によって、半ば開かれ、半ば閉じられた場所に置かれる。そして、それは、モニュメントを建立したのとはまた別のだれ

[95]　［中井 2004］
[96]　本書第九章第4節 606–607 ページ

かの手によって、モニュメントマップとしてまとめられ、集合性を帯びる。つまり、モニュメントというものや、マップというメディアの力を借りて、少しずつ時間の経過とともに、段階を踏んで集合的になるのである。そこでは、カタストロフという出来事は持去されているが、マップが改訂され、ガイドブックが版を重ねることで、その持去が行われた時間の経緯も記録される。つまり、現実の時間、メディアの時間、ものの時間など複数の時間が並行して進んでいるのである。

モニュメントを歩く

モニュメントと風景や地域という広がりを持つ環境のかかわりについては、それを歩く、という行為も注目される。モニュメントを巡礼のようにして歩くモニュメント・ウォークという行為が人々の間から自発的に出てきた。「モニュメント・マップ」や「モニュメント・ガイド」が発行されたことにも、モニュメントを歩くという行為を前提としていた面がある。当初は、少人数のグループが週末などに自然発生的に集まって訪ね歩くというイベントを行っていたが、のちには行政体が行う公的行事にも取り入れられた。二〇〇〇年一月一七日に開催された兵庫県主催の地震から五周年の行事では、市民と並んで来賓として来神した皇族の紀宮清子内親王（当時）もこれに参加して歩いた。

モニュメントを歩くことは、モニュメントをたどり、そこであった出来事を想像することである。それは、メトニミー（換喩）的な過去へのかかわり方である。メトニミー的な過去へのかかわり方とは、過去を歴史としてとらえる際の歴史家の主体的な行為でもある。歴史とは、ある全体のことを指すが、その歴史という全体を見たことがあるものはだれもおらず、あくまである部分が提示されることによって全体が想像されるという意味でメトニミーとして存在するしかない。歴史理論では、歴史というものを批判的に見るとき、そのメトニミー的な関与の仕方に自覚的になることの必要が指摘されている。[97]

あるいは、それは、兆候 clues や痕跡 traces や症候 symptoms として存在するわずかな記号 signs を手掛かりにして、その先にある見えない全体を想像する営為であるともいえる。[98] イタリアの歴史家でミクロストリア microstoria という方法を編み出したカルロ・ギンズブルク Carlo Ginzburg は、そのような兆候読解は、歴史家や精神分析家や探偵などの職業的に用いられる技術であるが、同時に、それは広く人類に備わった能力であるという。狩人は、獲物の足跡という兆候から、その獲物の過去の行動と未来の行動を推測し、獲物を捕獲する。それは、旧石器時代の狩猟採集が中心的な生業であった頃は、人類にとって必須の能力であったという。

これを、可能態（デュナミス）と現実態（エネルゲイア）の視点から見ると、兆候として現実態として存在する存在から、可能態を推論することであるといえる。図10-9のように、兆候とは、氷山の頂のように、可能態の中から現実態が出来《しゅったい》している状態である。わずかに出来している現実態から、その下の可能態の中に隠れているこれから出来する現実態を予測することである。序章で、世界の歴史は発見の過程であり、世界と環境は出来してくるものであることを述べたが、[99] それは、このことにあたる。また、これは、過去について行われると同時に、未来について行われるものでもある。兆候の読解と未来については、本書終章で詳しく検討する。[100]

モニュメントとは、そこにおいて、すべてが語られているものではない。半ば開かれ、半ば閉じられてい

［97］［White1973］
［98］［ギンズブルグ 1988］［Ginzburg2013］
［99］本書序章第1節 30–31ページ
［100］本書終章第2節 760–761ページ

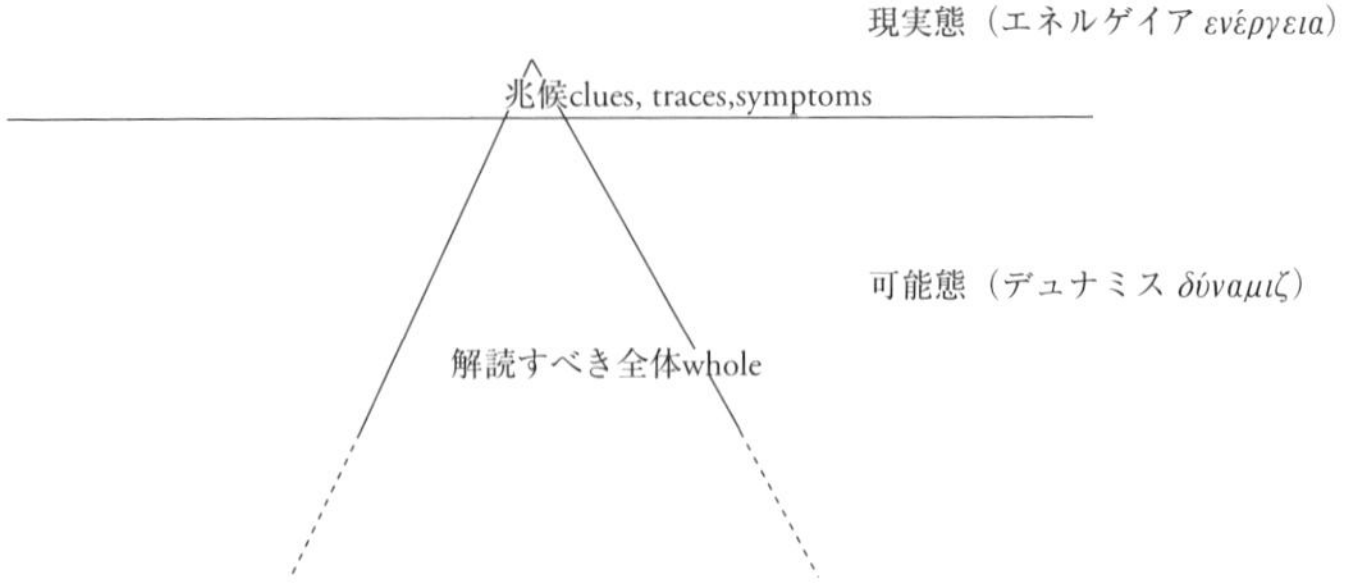

図 10–9　兆候読解の方法から見たエネルゲイア

るそれは、それを兆候ととらえ、そのモニュメントの先にあるはずの語られていない記憶を想像することを要求する。モニュメントを歩くことは、そのようにして、メトニミーとしてあらわれている部分をつなぎ合わせて全体を個々人がその内面で構築してゆくという行為である。

本書第八章で、かかわりによる開かれた出来《しゅったい》について見た。[101] もう一度振り返っておくならば、一方で真正で特権的なある過去の出来事とその出来事の当事者を想定し、その出来事とその出来事の当事者の真正の記憶を伝えようとする立場があった。これは、一定の社会的意味を持つ場合もあるが、固定された過去しか語ることはできず、後世に伝わらない可能性がある。他方、かかわりによって出来を目指すこととは、ある固定された過去ではなく、そのつどそのつどあらわれる現在における過去に開かれていることである。それが、人間を生き生きとした現実に生きさせる。

震災モニュメントとは単なるものである。しかし、そのものに主体の側から働きかけることが、モニュメントを歩くという行為、そしてその歩くという行為の背後にある兆候の読解という行為である。時間の出来《しゅったい》は行為から生じる。風景や地域という広がりを持つ場に展開する震災モニュメント群を人が歩くということは、震災というもう存在しない過去に、人が現在の立場からかかわり、過去を現在に出来させることである。

場とカタストロフの記憶

環境とは、主体と客体の相互的な作用によって作られたある場である。風土論のオギュスタン・ベルクAugustin Berqueによると、人間の周りを取り巻く環境は人間に対して単なる客体として対峙しているだけでなく、逆に人間は環境によって無限に構築されるとともに、その環境を構築する共同的な生成の過程にある。[102]ここで見た、メトニミー的な過去への兆候読解的アプローチとは、人々がモニュメントという集合的記憶を読解することで個々人の内部の個的記憶を構築するとともに、その個的記憶がこんどはまたあらたなモニュメントを生み出し、モニュメント・マップやウォークを生み出し、集合的記憶を構築するという往還を通じて、過去とかかわる場をつくることであるといえる。環境とはある空間的な広がりの中で生じるが、その空間は意味づけられている。その意味づけは記号のネットワークによって行われる。

あらためて、モニュメントを広がりのあるこの記号のネットワークとして見た時、その記号が配置された空間が一つの場として浮かび上がってくる。本節の冒頭で見た図10-6は、モニュメントマップに記載されたモニュメントを地図上に落としたものであるが、一見してわかるように、モニュメントの配置には規則性はない。それは、偶然によって配置されている。偶然と必然については本書の中で何度も論じてきたが、[103]地震とは、人間にとって偶然に起きた出来事である。それは、地中で活断層が活動したという、人間にとっての偶然の出来事にすぎない。モニュメントが規則性なく地表に置かれていることは、自然というものの偶然性と、それを受

[101]　本書第八章第1節 505ff. ページ
[102]　[ベルク 2013: 102]。この点については、本書補章2 784 ページで検討する。
[103]　本書第八章第3節 549–551 ページ

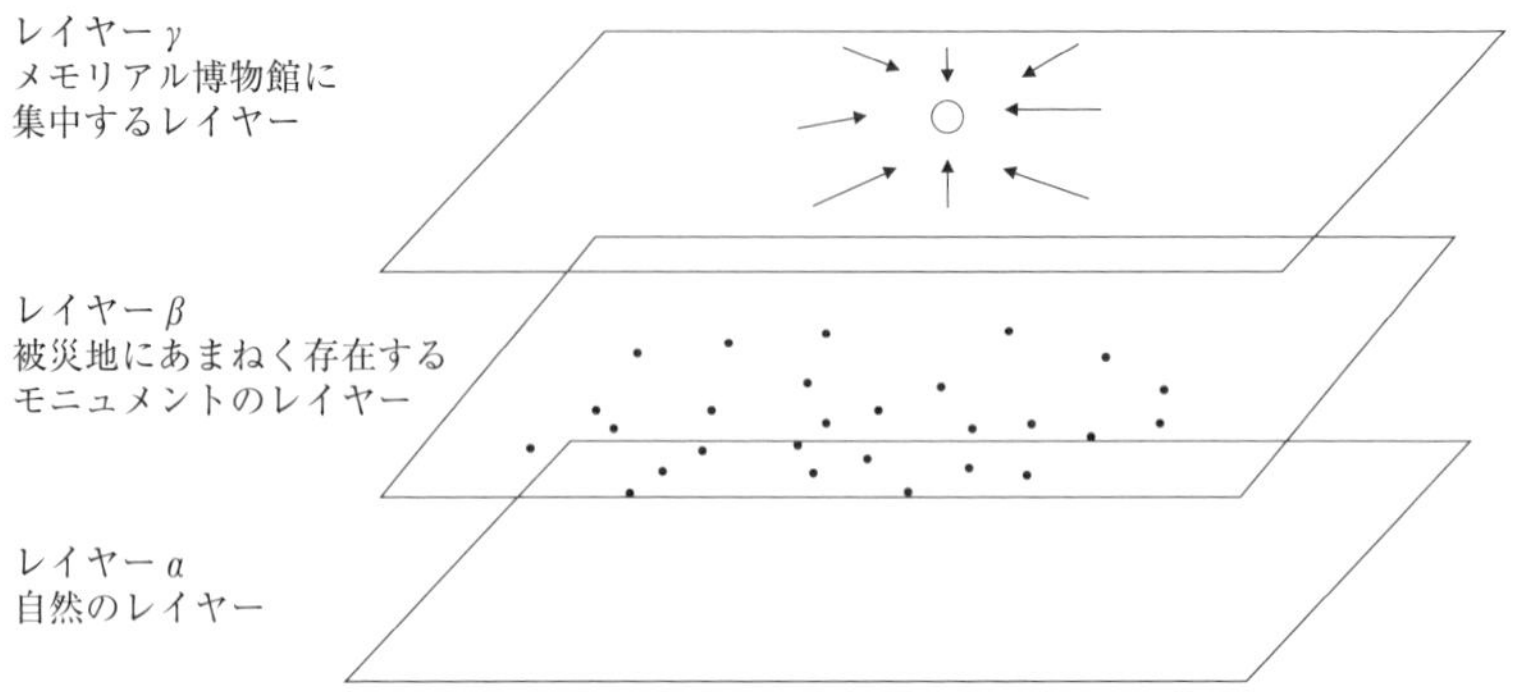

図10-10　カタストロフが場に残る際の三つの層

け止める人間の側の立場をあらわすものでもある。

一方、これは、人々の内面を示すものでもあったことを先ほど述べた。ここで、これを明治三陸津波の津波碑と比較してみる。三陸沿岸に「津波碑」と呼ばれる碑が多数存在するがそれは、明治三陸津波、昭和三陸津波の後、建てられた碑であり、後の世への警告を示す碑である。一方、本章で見た阪神・淡路大震災のモニュメントにおいては、表10-1からわかる通り、警告のモチーフを持つモニュメントがほとんどないことが注目される。もちろん、三陸津波の津波碑においても、碑文として刻まれた文面は警告碑であっても、その含意するところは多様な内容を持つことは想像に難くない。しかし、本章で見たモニュメントにおけるモチーフは、より多く人々の内面を表出するものとなっている。近代という時間は、人々の内面がさまざまに陶冶されてきた時間である。その結果が、この二つの例の差異となってあらわれているともいえる。カタストロフに対峙した人の内面とは、本書第三章で見たとおり、時間の発生機と同義のものであった。つまり、ここで見てきた震災モニュメントとは、場の中に内面の時間が置かれているものであるとも考えられる。

そのようなモニュメントが、図10-6で見たように広範囲に置かれていることとは、カタストロフの記憶が、この広範囲の場において存在しているということである。その存在のあり方は、公定的記憶がメモリアル博物館におけるある一点に収斂しているのに対して、遍在するものであるといえる。メモリアル博物館は、ある一つの博物館という場をつくり、その中で、「無名の死者」を捏造することで、カタストロフのナラティブをその一点に集中させるものであった。一方、本章で見た震災モニュメントは、被災した地域に遍在している。

これらをまとめる意味で、カタストロフが場に残る三つの層を図にあらわしたのが図10‐10である。これは、複数の時間と記憶のあり方の併存を示している。本章の冒頭で、環境についての立本の整理をもとにした図を見た（図10‐1）。その図では、ある環境を二次元として表現したが、ここでは、それをいくつかのレイヤーの重なり合った三次元の図として表現する。

図のレイヤーαという基層にあるのは、自然環境である。この自然環境のレイヤーには、超長期の過去の時間の存在が刻まれている。他方、レイヤーβは個的な記憶である。記憶をモニュメントとして風景や地域という環境に置くことは、その風景や地域という環境にカタストロフの時間の個的記憶をとどめようとすることであり、その時間の体験をとどめるようとするものである。ここで風景や地域という環境にとどめられているのは、人々の内面の時間である。それらは、まずは、個々人による手の届くかかわりとして[104]場の中に置かれる。それが、全体として集合的になった時、ある場を構成することとなる。レイヤーγは、国民国家におけるカタストロフの公定的記憶である。今日の世界は国民国家体制を基にしており、国家の安定のためにその語りが必要とされる。つまり、自然環境という人間の時間を超えて長期に持続する場αの上に、人々の内面の時間が展開することで形成された記憶の場βと、国民国家の公定的記憶に収斂する記憶の場γという二つの層が存在する。自然災害がカタストロフとしてとらえられ、環境の中に残る時、その残り方は一様ではない。いくつかの

［104］　本書第八章第2節 527–528 ページ

桜に息子の姿重ね

震災犠牲追悼で植樹　足立さんら花見会

灘区

阪神大震災で犠牲になった息子夫婦の生きた証しを残そうと、足立悦夫さん(83)、朝子さん(79)夫妻＝豊岡市＝が神戸市灘区の石屋川公園に植樹した桜の下で4日、花見会が開かれた。太く根を張った5本の桜の木は、震災から20年を経た春も枝いっぱいに薄桃色の花を咲かせた。「たくさんの出会いをありがとう」。夫妻と、交流を続けてきた遺族や友人ら約80人が思い出を語り合った。【宮嶋梓帆】

満開の桜を見上げる足立悦夫さん（右）と朝子さん夫妻＝神戸市灘区の石屋川公園で

新婚4カ月だった長男伸也さん（当時27歳）、妻富子さん（同25歳）は、同公園近くにあった木造2階建てアパートの下敷きになり、犠牲になった。

「2人を忘れないでほしい」。1999年にソメイヨシノを植えた。春に満開の桜を囲んで思い出を語るのが恒例になった。直径5センチほどだった幹は72センチにまで育った。

2人が勤めた同じ会社の同僚だった小島洋子さん(47)＝同市北区＝は「足立君は物静かでとみちゃんはしっかり者。2人ともビールが好きだったのを思い出します」。富子さんの実父、上野山晴久さん(78)＝同市灘区＝は「今も区切りは付けられないけど、みんなでお酒を飲んで何気ない話をして過ごせるのがありがたい」と目を細める。

毎月、公園を訪れて桜の成長を見守ってきた悦夫さんは「息子が生きていたら47歳。年々増す花の勢いが働き盛りの姿と重なる」と満開の花を見つめた。朝子さんは「息子がくれた出会いが癒やしになった。今日はいっぱいありがとうと伝えたい」と話した。

写真10–33　「生きた証」の桜を囲む花見会を伝える新聞紙面（『毎日新聞』2015年4月5日朝刊）

レイヤーがあり、そのレイヤーの重なりの中で、カタストロフは残るのである。

遺構保存のアポリアを超えて

これらのモニュメントのつくる場は、遺構保存のアポリアを一定程度解決しているといえる。たとえば、遺構においては、過去が持去されることによって、回帰し、トラウマとなってしまうことを意味した。しかし、モニュメントにおいては、過去は持去されていない。先ほどモニュメントにおいては複数の時間が流れると述べたが、しかし、第一義的には、そこにあるのは、通常想定されている過去から現在を通り未来に流れる時間である。

モニュメントの時間は、その外部に流れる時間にゆだねられている。モニュメントが樹木である場合にそれは顕著である。たとえば、「生きた証」の桜の場合、桜は成長し、変化する。写真10–33は、その桜の花の時期に毎年行われる花見の模様を伝える新聞記事である。地元各紙は、毎年その様子を報じるが[105]、それらの記事は、遺族や花見に集まった人々の様子とともに、桜の成長を語る。桜の花とは、松尾芭蕉が「さまざまの事おもひ出す桜かな」と詠んだように[106]、日本の心性の歴史において、過去の想起と深く結びついた植物であり、桜花を見ることは、人にさまざまなことを思い起こさせる。阪神・淡路大震災で亡くなった死者のモニュメントである桜の花見が、毎年春にメディアで報じられることは、メディアを通じて死者が広く社会的に想起されているといえよう。報道においては、満開の桜の花の画像が、遺族の姿とともに紹介される。遺族は、美しく花を咲かせる時期という植樹後二〇年を越えた桜を見て「息子が生きていたら四七歳。年々増す花の勢いが働き盛りの姿と重なる」と述べている。阪神・淡路大震災が起きた時、壮年期であった遺族は、歳をとり、少しずつ老境に入っている。一方、桜は、成長を続け、花の盛りを迎える。それらに対して、あの世に存在する死者は時間を持たないが、死者はあたかも、この二つのアンビバレンツな時間の合間に存在するかのようである。ここでは、死者が死者として回帰するのではない。死者と桜は別個のものとして語られてはいる。しかし、だからといってそれは完全に別ではなく、ゆるやかに重ねあわされている。

死からの再生とは、永続的な人間の願いである。再生については、復興という語義とともに検討した[107]。そこでは述べなかったが、それは権力ともかかわる。ドイツの哲学者のビョンチョル・ハン Byungchul Han は、権力とは限定された存在である人間が永続性を手にしようとするときに生まれるものであるという[108]。その際、犠牲が必要とされることが多いが、犠牲とは限定された存在であることを規定する限定をとり去り、永続性を手

〔105〕掲載した『毎日新聞』以外にもたとえば、『神戸新聞』二〇一五年四月五日、『毎日新聞』二〇一六年四月三日など。
〔106〕一六八八（元禄元）年三月、伊賀に滞在中の芭蕉が旧藩主藤堂探丸子別邸の花見に招かれた際の発句。［宮本（校注）1964: 36］。
〔107〕本書第五章第１節 259–261 ページ。
〔108〕［Han2005: 65–90］

に入れるために、主体と客体、人間と世界の境界を取り除くために毀たれるという。これをハンはもの性の除去die Ent-Dinglichungと境界の除去die Ent-Grenzungと呼ぶ。権力の永続性とは、同一性が永続することである。この後、補章2で、歴史のエネルゲイアと近似する「なる」という考え方について検討するが、「なる」は『古事記』において国が生まれるダイナミクスを示すとともに、超国家主義期においては、「満州国」建国など国家の覇権の対外「伸長」、すなわち同一性の永続をささえる論理的支柱ともなった[109]。永続性を望むことは、権力の基盤にあるものでもある。阪神・淡路大震災の復興をメモリアルする博物館では、展示で無名の死者として若い未婚の女子の人身犠牲が捏造された。その背景にも、永続性と権力の結びつきがあるとも考えられる。

一方、ここでの桜とは、永続ではない。桜は植物であり、そこには永続性はない。桜に、亡くなった人は重ねあわされてはいる。しかし、それは重ねあわされているのであって、その桜の永続が望まれているわけではない。ここでは、桜はたしかに持去のために用いられている。しかし、そこに流れている時間は、固定された過去ではない。未来へ向かう時間と持去された過去という二つの時間が重なって動いている。これは、前節で見たジベリーナの「グランデ・クレット」も同じである。永続性は権力の基盤ともなり、カタストロフの死者を永続性のもとで語ることは権力とつながるものになりうるが、ここにあるのはそのような語り方とはまた異なった過去の語り方である。

モニュメント群にあらわれていた営為とは、遺構の保存における持去という行為が時間の経緯を存在しないかのように擬制させることとは異なる。その擬制のもとでは過去の真正性を必要とし、真正の過去に近づく捏造が行われる場合がある。また真正性は、ヒエラルキーに関係し、真正性が上から与えられる弊害も存在する。多くのモニュメント群は下から、自律的につくられたが、それは、上から設定され、一つの真正性に収斂してゆく時間とは異なる。そこにおいては、地球的時間、地質学的時間だけでなく、未来に続く救済の時間も含まれている。過去と現在には存在論的な断絶があり、持去とは実際には不可能な行為である。しかし、その過去との距離、断絶はこの世界の真実である。モニュメントの建立とは、この断絶に正面から向き合うことで、時間とカタストロフの根源的な意味を考えさせ、遺構保存のアポリアを解決する一つの契機となるものであるといえる。

〔109〕 本書補章2章 779–780 ページ

コラム6　見えない風景を見る――フクシマとアウシュヴィッツ

二〇一二年の冬、『おだやかな日常』という映画をめぐるシンポジウムに参加した。

この映画は、東京の人々はフクシマをめぐる三・一一のカタストロフをどう受け止めたのか、どんな葛藤や人間関係の断絶が生じたのかを描いたドラマである。[1] 放射能はものではなく作用なので目に見えなく、また飛散した放射性物質もものではあるが微小なため目に見えないこともあり、見えにくいカタストロフをどうとらえるのかをめぐる社会的な混乱とそれに人がどう対応したかという問題がこの映画では問われていた。

見えにくいカタストロフという点では、第二次大戦中のヨーロッパでのユダヤ人大量殺害（ホロコースト、ショアー）とフクシマをめぐる災害に多くの共通点があると思う。そして、単に、共通点があるだけでなく、ユダヤ人大量殺害をヨーロッパの人々がどのように記憶しようとしてきたのかを知ることは、カタストロフの記憶をめぐる一つのトピックでもある、「見ること」の問題を考えさせることになる。

見えにくいと言った場合、ここでは、物理的に、殺害が行われた場所が見えにくいことを指す。もちろん、ホロコーストは反ユダヤ思想に基づいて行われ、思想は目に見えないということがある。しかし、それ以上にホロコーストを見えにくくさせているのが、物理的な条件である。

たとえば、アウシュヴィッツ強制収容所はホロコーストの時に約数百万人が殺害された「絶滅収容所」の一つだが、ポーランドの南西部の古都クラクフから数十キロメートル離れたオシフェンチムという小さな町の辺境の沼地に建設されていた。ナチス政権が建設した収容所のうち「絶滅収容所」と考えられている収容所は六ヶ所あるが、[2] すべて、当時ドイツが占領していたポーランドの、しかもかなりの辺地に建設されていて、ドイツ国内の都市近郊等に建設されたものは存在しない。その過半数を調査したが、現在ではどこも交通の便が大変悪く、一日数便しか

写真１　トレブリンカ収容所跡地に続く鉄道線路。収容所跡地はほぼ全域が森にかえっている。（ポーランド）

ない路線バスを乗り継いだり、バスもないためレンタカーを使わければ行けなかったりと、たどりつくのに多大な苦労をした（写真１）。

絶滅収容所とは、工場のように人間を殺害する大規模な施設である（写真２）。たとえばアウシュヴィッツ収容所では一〇〇万人以上の人が殺害されたが、それだけの人間を殺害するためにはそれに見合った広さが必要だった。フクシマの原子力（核）発電所も巨大な都市の電力需要を賄うためにそれに見合った大きな施設となっている。だが、人間を殺害する「負の施設」を可視化することは忌避されたし、また危険を伴う各発電所も同じように「負の施設」として社会からは忌避されている。「負の施設」が辺境にいわば「押しつけられる」構造は、フクシマと東京の関係と同じであるといえる。

物理的に見えにくいということは距離の問題から起きる。ドイツ第三帝国の首都ベルリンとアウシュヴィッツの距離は約五〇〇キロメートルである。その間はドイツ帝国鉄道によって結ばれ、ヨーロッパの各地からかり集められたユダヤ人たちは、ドイツ帝国鉄道の列車によって、通常の運賃がナチスから支払われて、アウシュヴィッツに移送された。その移送計画を含むユダヤ人殺害計画は、ベルリン

［１］『おだやかな日常』［内田 2012］。シンポジウムは、「記憶の写し絵　内戦・テロと震災・原発事故の経験から紡ぐ私たちの新しい物語」二〇一二年一二月二二日、キャンパスプラザ京都、主催：京都大学地域研究統合情報センター。

［２］アウシュヴィッツ、マイダネク、ヘウムノ、ソビブル、トレブリンカ、ベウジェッツである。［ラカー（編）2003: 319］。

写真２　広大なマイダネク収容所跡地。跡地には、記念碑や展示館、収容バラックなどが存在する。（ポーランド）

のナチスの官僚によりデスクワークとして計画されたが、それは電信や文書で収容所に送られていた。これらは、福島第一原子力（核）発電所と電力の大消費地の首都圏が数百キロの送電線によって結ばれていたこと、フクシマの事故対応は、東京の東京電力株式会社の本社によって計画され、テレビ会議を通じて発電所のサイトに指示されていたことと重なる。[3] 鉄道、送電線、電信、電話などはどれも近代を形作る技術である。それらの技術が、「負の施設」が距離によって見えにくくなることを可能にしていたし、いまもそれを可能にしている。その意味では、アウシュヴィッツもフクシマも近代の刻印を受けているといえる。

このような物理的な条件は、戦争中には、ホロコーストをドイツ国民・ポーランド国民の目から見えにくくする効果を持つものであり、それは、同時に、戦後、ドイツ、ポーランドにおいて、ホロコーストを記憶することに対する困難さをもたらしていた。すでに本書の中で何度も述べてきたが、「見ること」は人間にとっての最も基本的な人間性の条件であり、「見守ること」「見守られること」は、人と人との重要なかかわりのあり方のひとつである。だが、ホロコーストにおいては、この「見ること」が意図的に遮断されていたのであり、それが戦後における記憶のあり方に影を落としていたのである。しかし、それぞれの地で、ミュージアムやメモリアルを通じて、その困難さを克服し、あの災厄を記憶すること、言い換えれば「見える」ようにすること、「見守る」ことができるようにすることについての試みが続けられ、それは、出来事から七〇年以上たった現在も続けられている。

たとえば、ポーランドではアウシュヴィッツやマイダネク、ベウジェッツなどの絶滅収容所の跡地が保存され、博物館や追悼施設になっている。アウシュヴィッツ収容所は戦後いち早く一九四七年には保存されることがポーランド政府によって決定され、一九六〇年代から博物館として整備が行われたが、一九七九年には世界遺産リストに登録され、保存のための活動や教育活動が行われている（写真3）。同館の公式ガイドの一人である中谷剛によると、二〇〇〇年代に入って入館者は増加しており、二〇〇一年には五〇万人だった年間入館者は二〇一一年には一四〇万人余りにまで至っているという。増加はおもにヨーロッパ域内からの研修旅行に訪れた生徒や学生たちであるという。[4]「負の施設」である絶滅収容所をいわば押し付けられたにもかかわらず、それを人類に対する警告として長く後世に伝えてゆこうとする姿勢であるといえる。訪ねることは「見る」ことである。ここには、ヨーロッパの人々の「見る」ことへの認識があらわれている。

［3］ナチスは、撤退時にガス室を爆破したり、書類を焼却したりするなど証拠の隠滅を図っているが、これも、東京電力がテレビ会議の映像を全部公開しないこととも重なる。

［4］［中谷 2012: 19］

写真３　アウシュヴィッツ収容所跡地の博物館を見学する人々。（ポーランド）

写真４　ベルリン・フィルハーモニーの前に建立されたT4メモリアル。（ドイツ・ベルリン）

また、押し付けた側のドイツにおいても、ユダヤ人大量殺害や殺害されたユダヤ人を記憶する動きは続いている。とりわけ、首都ベルリンでは、二〇〇〇年代に入っていくつかの施設のオープンが相次いだ。本書第七章、第九章で述べたが、二〇〇一年には、ベルリン・ユダヤ博物館が開館し[5]、二〇〇五年には「ホロコースト・メモリアル」が完成した。[6]さらに、二〇一〇年には、ナチスの秘密国家警察（ゲシュタポ）やナチス親衛隊（ＳＳ）などの建物が存在したプリンツ・アルブレヒト通の跡地に展示館「テロのトポグラフィー Topographie des Terros」が、二〇一四年にはベルリンのフィルハーモニーの前にナチス時代に精神にハンディキャップを持った人々を「安楽死」と称して殺害したことがらを忘れないための碑「Ｔ４メモリアル」が完成した（写真４）。これらは、長い年月をかけて完成に至ったもので、最終的には連邦政府や州政府が資金を提供しているが、どれも、その設置のきっかけには市民の側による発議とイニシアティブがあり、それが実現するまでには人々の粘り強い運動が存在した。ベルリンは絶滅収容所から遠く離れており、そこでは、遠く離れた場所で行われた負の行為が見えにくくなる傾向がある。そのような場所では、歴史は放っておくと、消え去ってしまう。けれども、それを記憶するために、博物館や記念碑という形で、見えにくいものをその見えにくいこともふくめて、見えるようにする動きが、市民の手によって続いているのである。

フクシマの出来事と、第二次大戦中にヨーロッパで起きたユダヤ人に対する出来事は、物事が見えにくくされている構造の中にあるという点で共通点を持っている。見えにくくされているということは、それを見ようと人々が思わなければ見えないままであるということだし、それを人々が記憶してゆこうと思わなければ記憶されないままであるということである。もちろん、フクシマの出来事は、進行中で、記憶と呼ぶことは適切ではないだろう。だが、見えにくい、あるいは、作為的に見えにくくされている構造の中におかれているフクシマの出来事に対してどのような向き合い方があるのか、遮断され、見ることを断たれた関係をつながりに変えてゆくどのようなつながりのあり方があるのかという問題について、アウシュヴィッツとベルリンでのさまざまな取り組みは、多くの示唆を与えている。

［5］　本書第六章第2節 383–384 ページ、本書第九章第1節 571–572 ページ
［6］　この碑については本書第九章第4節で述べた。

終章　カタストロフから見た地球環境・歴史・未来史

以上、カタストロフと時間について見てきた。終章である本章では、本書の内容をまとめるとともに、それを再び大きく地球環境学研究の中に位置づけてみたい。

その際、キーワードとなるのが、歴史のエネルゲイアである。序章で歴史のエネルゲイアというアプローチを提唱し、五つの綱領を述べた。本書の本論の中では、この言葉を直接的に使うことは多くはなかったが、この終章では、改めて、本書の内容を踏まえて、歴史のエネルゲイアについて考えてみる。第1節では、本書の内容をまとめ、歴史のエネルゲイアの五つの綱領に添って振り返る。第2節で、その歴史のエネルゲイアというアプローチの地球環境学研究における意義を、カタストロフから発した広い視野から見てゆく。とりわけ、地球環境学研究が、過去と未来という二つの時間にどう向き合うかという点においての今後の課題を探る。

1　カタストロフから見る環境と時間

本書の内容の小括

まずは本書の内容をまとめておきたい。

本書は、鯰絵を掲げるプロローグから始まった。鯰絵には、徳川期の江戸に住む人々の時間の感覚があらわれているが、それはプレゼンティズムと呼べるものである。そこにあらわれていたのは、ヒストリシズム（歴史主義）とは異なった時間の感覚であり、それは近代に入り、歴史という時間に置き換えられてゆくものであった。この鯰絵におけるプレゼンティズムは、カタストロフという時間の特殊さをあらわしているものでもある。生と死が交錯し、この世とあの世が同一地平に存在する。そのようなカタストロフの時間というものを鯰絵は描き出している。

序章では、時間をめぐる問題と地球環境学研究がどうかかわるのかについて総論を述べた。地球環境学研究は、環境という空間的な対象を扱っているためそのことは気付かれにくいが、約四六億年前に地球が誕生したという地球史的規模の過去と、現在の地球環境問題によって影響を受ける未来の二つを視野に入れるという意味で、時間と密接なかかわりを持っている。そのような地球環境学の立場から時間をどのように扱うべきなのか、どのようなアプローチがあるのかを述べ、その一つとして歴史のエネルゲイアという考え方を提唱した。また、カタストロフという分析視角を採用する意義を、人間と自然の関係の観点から述べた。

そのようにやや俯瞰して時間と地球環境学の関係という問題を見た序章に続き本論にあたる部分では具体的

なカタストロフの諸相に焦点を当てて論じた。本論にあたる部分は、四部構成となっており、人間のカタストロフへの対応の急性期、回復期、寛解期という時間区分に対応していた。大まかに、第Ⅰ部が急性期、第Ⅱ部と第Ⅲ部が回復期、第Ⅳ部が寛解期にあたった。

急性期を扱う第Ⅰ部は、カタストロフそのものの時間がどのような時間であるのかに焦点を当てた。

第一章では、カタストロフが過去の歴史の記憶を呼び起こすことを見た。カタストロフのような非日常的な出来事は理解することが難しい。それゆえ、理解の枠組みを過去の歴史に求めるため過去が想起される。また、歴史となった過去だけではなく、まだ歴史とならない記憶の問題もカタストロフの直後から社会的に問題になることを明らかにした。

第二章では、カタストロフの記録が未来への意識を持つものであることを見た。ここでは体験と経験という言葉がキーワードになった。これは、現在を未来の視点から見て歴史的であるととらえる見方だが、同時に、戦争体験を経験として昇華する考え方から来ているものであり、歴史の主体という存在となることを、その経験の持ち主に求めたものである。ここには、戦争体験を歴史意識の問題とする、戦後日本、ひいては近代の日本という思想空間独自のあり方が反映していた。また同時に、これは、カタストロフを了解し、それを物語にしてゆく際の一つの型であるといえる。ここであらわれた未来という意識は、復興と再生、メモリアル博物館に与えられた「未来センター」という名前の意味、死と生、胎児・嬰児の記憶など、この後も本論の各章の中でかたちを変えて論じられた。また、歴史の主体と歴史のダイナミズムとは歴史のエネルゲイアと直接かかわる問題である。この点については、この後、補章２で補足して論じられる。

第三章は、カタストロフという時間がどのような時間であるのかを、その渦中の時間のあり方に絞って見た。渦中という時間は、時間が発生する契機ともいえる空無のような時間であり、カタストロフに遭遇した人は、その時間に一個の身体として直面することを述べた。

第四章は、それまでの分析がカタストロフに遭遇した地域の側の視点からの分析であったのに対して、そこに外部からかかわった災害ボランティアの視点に立ち、カタストロフという時間を考えた。ボランティアのナラティブの分析から、心の揺れというボランティアに特有の心的過程をボランティアたちが体験していたことを見た。また、補章1では、ボランティアたちを撮影した写真の検討を通じて、見ることというカタストロフの人間存在とかかわる側面が明らかになった。この見ることは、この後も本書の中の各章で、死者を見ること、人身犠牲、遺構保存などの問題と関連して論じられた。

続いて、第Ⅱ部では、カタストロフの時間と国民国家、近代の問題が論じられた。時間には、現象学的時間、物理学的時間、形而上学的時間という側面があるが、それらを統合して社会的に存在する歴史的時間という側面もある。そのような時間がカタストロフの時間をどう扱うのかがこの第Ⅱ部のテーマであった。

第五章では、国民国家とカタストロフの時間が、復興と、その博物館における展示を通じて検討された。復興とは、過去のように再びあることであり、一から新しいものを創造するというよりも、そこで回復すべきものとして過去が目指されるという側面がある。そこでは、未来に向かって進む時間は同時に過去にも向かっている。そのような過去と未来への同時の進行が、復興という語のもとで、国家による未来像の提示として行われた。この未来は、国家にとっての理想の未来である。一方、国家は国家にとっての理想の過去も用いる。ありそうな過去が捏造されるが、そのありそうな過去の捏造においては、真正な過去に近いものであるという基準により虚偽であるにもかかわらずそれが捏造されることが社会的に許されることになる。第五章で具体的にとりあげたのは、阪神・淡路大震災のメモリアル博物館であった。そこでありそうな過去として捏造されたのは無名の死者であった。国民国家は統合の過程において無名戦士の墓を必要とするが、国家的事業として掲げられた復興の表象も無名の死者を必要としたのである。またその捏造された無名の死者は未婚の若い女子の人身犠牲として描き出された。国家は古来より人身犠牲を必要としてきたが、カタストロフからの復興においても、それがあらわれていた。本章では、この過去の捏造、真正な過去、人身犠牲を論じるとともに、「見る」ことの倫理についても論じた。

第六章では、近代の問題を扱った。近代という時間は時間の均質性を必要とするが、それがカタストロフからの復興の表象と密接にかかわるものであること、関東大震災の例においては、カタストロフの後、社会が行うべき表象の重要性として慰霊が復興よりも大きな位置を占めていたが、阪神・淡路大震災の例になると表象においては、慰霊は復興にとってかわられ、さらに、その復興も均質な時間の未来に吸収されることを見た。復興は日本近代を通じて用いられた用語だったが、阪神・淡路大震災においては、復興が終わった時、それは復興ではなく、未来として表象された。それは、近代からポスト・モダンへの過渡的状況を示すものともいえた。

第Ⅲ部は、カタストロフの記憶の問題をとりあげた。第Ⅱ部が国家の公定的記憶の問題に焦点を当てたのに対して、ここでは、個人の記憶の問題に着目し、それがどのように記憶されているか、どのように記憶されるべきかという問題を見た。

第七章では、カタストロフと悲劇という問題を検討した。カタストロフが悲劇という型によって記憶されること、また、記憶されることがらの中には、物語になっていない過去として存在するものやことがあることを確認した。

第八章は、記憶の継承の問題を扱った。記憶のメカニズムを時間の形而上学的現実から考え、過去が存在しないこと、真正な過去を想定した立場では記憶の継承が限られたものになることを踏まえて、それに代わるかかわりによる開かれた出来《しゅったい》を目指す新たなアプローチの必要を述べた。また、具体的な記憶のための装置を紹介するとともに、その一例としての胎児・嬰児の記憶の可能性についても見た。胎児・嬰児とは、存在論的に見れば、死者と対偶の位相にある。しかし、胎児・嬰児は未来にかかわる存在であるという面があり、それは、カタストロフが現実の秩序を破壊するものでありながらも、新しい社会や新しい人を生み出す契機になるプラスの価値を持つということに自覚的になることをあらわしているものだった。この八章の胎児・嬰児という、これから生まれる者、新たに生まれた者の視角は、第七章が死者を中心的に扱ったことと対になっていた。

第Ⅳ部は、場の中にどのようにカタストロフが残るか、あるは、残されるべきかという問題を扱った。空間と時間とカタストロフという問題である。

第九章は、場といってもやや狭い範囲の場を検討の対象とした。メモリアルという場をとりあげ、そこにおいて感情がどのように操作されるのかという問題を見た。感情は空間と結びついている。とりわけ、カタストロフは感情を喚起させるものである。場の中にカタストロフが残る、あるいは残される際に感情を操作することは、それを通じて人々のエネルギーを集中させてゆく過程であることを見た。

第十章は、第九章よりも広い範囲の場を扱った。風景や地域と呼べる環境の中でカタストロフが残る、あるいは残される様態について検討した。その際、遺構とモニュメントをキーワードにした。遺構の保存とは、カタストロフに出遭った建物を保存することである。その際には、過去を保存するという持去という行為が行われている。この持去は、時間とともに変化する物体の変化を押しとどめようとする行為である。そのことが遺構の保存のアポリアの根底にあることを明らかにした。一方、遺構への弱い持去という介入により持去を緩和することや、モニュメントの建立という形で持去とは別種の時間へのかかわりを持つことも選択肢としてありうることを見た。

以上が内容のまとめである。本書を通じて、時間について持去というキーワードが浮かび上がってきた。また、復興と近代という問題、生と死という問題も扱われた。

時間、生と死、復興と持去

さて、これらの問題になったことがらとキーワードについて、あらためて確認しておこう。

実は、先ほどはキーワードとしては挙げなかったが、それらの根底には、流れる時間と主体が生きることという二つの対比があった。このことについては、本書の中では表立っては触れてこなかったが、そこから始めることにしたい。

ここでいう生きることとは、生きることが、時間そのものであるという意味である。本書では、時間について見る中で、生きることが時間であるという意味での生きることと時間の問題について中心的に述べることはなく、むしろ、時間が未来から現在を通過し過去に流れ、未来の時点が現在になり過去になるということを前提にした書き方をしていた。しかし、それは、見方を変えれば、「わたし」という存在が、過去から、現在を通り、未来に入ってゆくという過程でもある。その場合、時間が流れるのではなく、「わたし」という存在の存在しているということが動いているのであって、その外に時間が流れているわけではない。これは、プレゼンティズムの立場に近いといえよう。プレゼンティズムにおいては、過去や未来は存在せず、現在だけが存在すると考える。この自己の内部に存在する時間とは現象学的時間であるが、この現象学的時間と物理学的時間の関係については、突っ込んで考えてはこなかった。

なぜ、流れる時間と生きることが問題になるのだろうか。それは、それそのものが生であるからである。生きていることとは、未来に向かって進むことである。未来に向かって進んでいるから生きているといえる。それは、変化である。もちろん、生きていることは「わたし」が生物であるから、当たり前のことではある。しかし、変化とは「わたし」が生物であることからだけ来ているのではない。無生物も変化している。たとえば原子は崩壊するが、それは変化である。そして、「わたし」の身体は原子によって構成されている。とすると、この未来に向かって進むこととは、この世に存在するものが存在していることの根元にあるものであるといえる。

この世に存在するものが存在していることを、「わたし」という生物の立場から見ると、それは生と死として語られる。死は、その生が終わることである。しかし、死においては、生が終わったとしても、「わたし」を構成する原子は崩壊し続ける。そして、また、どこかで別の原子と組み合わさり分子となる。本書第八章で、生と死を二つの端とした時に、しかし、その端は、他者の記憶とともにオーバーラップしあいまいなものになることを見た[1]。もちろん、生と死には物理的な定義があるが、それは、さまざまな尺度によってはかりうる、あいまいなものであるともいえる。

以上述べたことは、復興と持去という本書の二つのキーワードとかかわる。

復興と持去には共通点があった。それは、過去を再び取り戻すことが目指されることである。それは、広い意味では、生命のアナロジーとしてとらえられよう。復興という再び立ち上がることにおいて、過去が取り戻されることは、生命が再びよみがえり、再生することともいえる。持去とは、崩れ落ち、朽ち果てるものを崩れ落ち、朽ち果てないようにとどめることである。朽ち果てることとは、エントロピーの増大であり、ものの世界においてはごく当然の過程である。しかし、一方、生物の社会では、朽ち果てることに抗って、恒常性を保つことが求められる[2]。生物のアナロジーで考えた時、持去において、ものに加えられる操作とは、そのものに生命を吹き込むことであるともいえる。そのようになった時、ものは、永続性を帯びることになる。生物においては、永続することは、個々の生物だけを見ると、個々の生命の終焉があるため不可能だが、ものにおいては、持去の操作によって、永続することは可能である。復興と持去とは、広い意味で言えば、もの、つまり、非生物に生物のふるまいをさせることにより、永続性という、生物においても、非生物においても不可能なことを可能にすることであり、ものにいのちを吹き込むことであるといえる。この時、生物と非生物の関係が改めて問い直され、それらを共通した基盤で見る基盤が生じるともいえよう。生を支える現場の生活世界においては、そのことは当然のこととして気付かれてもいる。食を通じて生のあり方を考える辰巳芳子は、生物は食べることを通じ、非生物を体内に取り込むことで生命を維持していることに改めて注意を向けている。[3] 生物の種間の接触のあり方に着目する科学技術研究のドナ・ハラウェイ Donna Haraway は、性、感染、捕食といった広義の交渉にともなう個体間あるいは種間の交わりは、太古においては相互に深く関連を有した行為であったと特徴づけた上で、それは、真核生物と原核生物の共存のあり方として提起されているシンビオジェネシス symbiogenesis ―― 直訳すると「共-生-生成」ともいえる ―― などをも含む生物間の長期間にわたる相互行為の一部としてとらえるべきであること、そして、現在の地球上の生物たちの関係のあり方はその長い過程を経たあり方としてとらえるべきであることに注意を向けている。[4] 生を生きている場を虚心に見つめたとき、生命の永続と、微生物をふくむ生物、無生物のかかわりが目に入ってくるともいえる。

復興も持去も、カタストロフの後に広く用いられてきた。それは、カタストロフという大きな生命の危機を

[1]　本書第八章第3節 557–558 ページ
[2]　[Imanishi2002: 17]
[3]　[辰巳 2012][辰巳 2017]
[4]　[Haraway2008: 31-32, 286-287][Haraway2017: 25–27]

経験することによって不安定な状態に陥った社会にとって、安定化のために必要な措置であるといえる。だが、それは、同時に矛盾をはらむものでもあった。日本において、一九二三年の関東大震災以来用いられた復興という手法は、一九四五年のアジア太平洋戦争（第二次世界大戦、十五年戦争、大東亜戦争）の敗戦からの「戦後復興」においては成功したものの、一九九五年の阪神・淡路大震災の頃になると、その手法がはらむ〝上からの〟姿勢が社会と遊離したものであることの相克が少しずつ見えてくるようになっていた。持去も、カタストロフの記憶をとどめるためには有効な反面、それが苦しみに満ちた過去を保存してしまうことの矛盾も顕在化するようになってきていた。

そのような中、阪神・淡路大震災においては、メモリアル博物館の名称から「復興」が抜け落ち、代わりに「未来」という語が使用されることになった。関東大震災のメモリアル博物館は「復興記念館」であったし、アジア太平洋戦争（第二次世界大戦、十五年戦争、大東亜戦争）に関するメモリアル博物館にも「復興」と銘打たれたものもある。他方、阪神・淡路大震災のメモリアル博物館の呼称として採用された未来とは、カタストロフからの立ち直りを行っている現在でもなく、それが完了した現在でもない。まだ到来しない時間のことである。そのような言葉をカタストロフという危機からの脱却をメモリアルする博物館の名に用いることは、社会とカタストロフとの関係、カタストロフと時間の関係に変質が生じていることを示している。

それは、持去においても同じである。二〇一一年の東日本大震災の遺構の保存をめぐる社会的関心とさまざまな動きからわかるように、カタストロフという出来事をものの保存を通じて持去する行為も必要とされている。しかし、一方、それにとどまらず、持去ではない過去へのかかわり方が、アートの利用や複数のモニュメントの建立などのかたちで生まれていることもたしかである。

この背景には、持去の技術が進んだという事情もあるだろう。アーカイブ技術や写真、ビデオ、録音など、過去を保持する技術は今日驚くべき精度で進化している。それらは、過去がありありと保存されることを可能にしている。それらの技術が存在しなかった時代に比べると時間が過ぎ去り、過去が存在しなくなることを惜しむ切実さは比べ物にならないくらいに薄れているといえる。それらの技術が存在しなかったころには、現在を保存することも、保存された過去を現在に再現させることも容易ではなかった。過ぎ去った現在は、過ぎ去ったままであった。もちろん、持去の技術が進んだ今も、それには変わりない。しかし、さまざまな技術的媒介により、過去が現在になることが可能になる程度が増えていることも事実であろう。それが、持去への態度の変化をもたらしているとも思われる。

ここまで見たことをある一つの方向への傾斜と考えてみると、それは、ある一つの像や固定された関係が少しずつずれてきている動きではないかと思われる。開かれ、流動する関係や時間を呼び込む態度であるともいえる。復興ではなく、未来が求められたということとは、決められた復興という過去を参照する行為ではなく、まだ到来しない時間における存在を自らつかみ取ろうとする主体的態度である。また持去における新たな動きは、ある真正だが、実際はそれをとどめることが不可能な過去を想定するのではなく、創造的に現在を、そして未来をつくりあげることである。関係をずらし、再考することは、今日、さまざまな分野で行われている。生物と無生物の境界が揺らぎ、主体と環境の関係が再考され、受動と能動のあいだの状態が見直され、当事者と非当事者の再定義が行われ、記憶と歴史の関係に新しい光が当てられている。これらは、これまでの近代社会や近代科学が依拠してきた世界の分割法である。その分割法自体が再考されているのである。もともと世界は切れ目のないものであり、言い換えればこれは、その切れ目のない状態をどうとらえるのかが改めて自覚され、その認識のあり方が反省されている状態であるともいえる。ここで見た、カタストロフにおける、復興と持去をめぐる動きも、広く見るとそのような動向の中の一つと考えることができると思う。

デュナミス・エネルゲイア・エンテレケイア

これらのことは、本書が歴史のエネルゲイアという考え方をみちびく背景である。以下、その歴史のエネルゲイアについて見てゆくが、エネルゲイアという概念そのものについては、序章では簡単にしか述べなかったため、歴史のエネルゲイアについて見る前に、ここではアリストテレスの記述を手掛かりに、エネルゲイアとデュナミスについて少し詳しく見ておくことにしたい。

エネルゲイアとは、ダイナミックスの語源となったデュナミスと並んでアリストテレスの自然学と形而上学の基本概念である。アリストテレスは、存在の分析の基本をデュナミス（可能態*δύναμις*）とエネルゲイア（現実態*ἐνέργεια*）の組み合わせによって行った。

アリストテレスは、『自然学』と『形而上学』において、デュナミスとエネルゲイアを分析している。[5] 自然においては、最も根源的な要素は運動（キネーシス）であるが、その運動を分析する際に、まずはこのデュナミスとエネルゲイアは用いられる。『自然学』においては、デュナミス（可能態）とは運動の中でとらえられる。それは、あるものが変化する（キネーシス）ことである。たとえば、エージェント（行為者）が働きかけることと、ペイシェント（被行為者）が働きかけられることがそれである。ここにおいては、変化や動きのもととなるものが可能態（デュナミス）ととらえられる。つまり、エネルゲイアというものの対になるデュナミスとは、変化の相である。

一方、その自然を存在の点から分析したのが『形而上学』である。そのθ章で、アリストテレスは、より深くデュナミスとエネルゲイアを知るために、もの（実体）とこの二つの関係を問う。

エネルゲイア（現実態）とは、ものの実在や存在である。それは、否定によってわかるものであり、直接とらえることはできない。またそれは、アナロジーとしてしかとらえられないものでもある。たとえば、見ることはエネルゲイア（現実態）であるが、その見ることがどのようなものであるかは目を閉じるという否定によってのみ知られる。学者であることはエネルゲイア（現実態）であるが、学んでいるということは学者になるためのデュナミス（可能態）である。

エネルゲイア（現実態）とはあるものごとの結果ともいえるものである。それを動作についていうと、動作には完結していない動作とすでに完結した動作がある。家をつくることや学ぶことというのは、それだけで完結することではない、つまりエネルゲイアとなることはないものである。どういうことかというと、それは他動的 transitive である他動詞なので、その働きかけの対象がないと完結しないのである。一方、見るや考えるという自動詞においては、主体の中で見るものと見ているものが同じであり、考えているものと考えられているものが同じである。つまり、この動作はそれ自体がエネルゲイア（現実態）であるといえる。言い換えると、何かに依存して働くものはエネルゲイアではない。それ自体自らが自らに働くものがエネルゲイア（現実態）なのである。これは、この後、補章2で検討するプロセス自体に価値を見出す「なる＝ビカミング」の考え方と共通している。[6]

一方、デュナミスとエネルゲイアについて、奇妙なパラドックスもある。それは、時間的に見れば可能態から現実態が生じる、言い換えれば可能態が現実態に先行するように見えるのに対して、論理的には現実態が可能態に先行することである。どういうことかというと、あるものが現実態になる可能性が可能態の中に含まれ

［5］［Aristotle1929］［Aristotle1933］
［6］本書補章2 771ff. ページ

ているように思われるが、実際には、あるものが現実として存在するからこそ、そのものが存在することができるという可能態が考えつかれるのである。論理的思考と時間的思考が食い違う例である。これは、時間の問題と語りの問題であるといえる。本書補章1で見た後方因果性の考え方は、この考え方に基づく[7]。

第七章で「物語で考える」というベイトソンの考えを紹介した。その物語で考えるとは、始まりがあり、中間があり、終わりがあるものとしてプロセスをとらえることであり、生と死を始まりと終わりと考えることと関係していることであった[8]。デュナミスとエネルゲイアも、この物語で考えるという人間の持つ特色と関係している。また、それは、この後述べる、未来ともかかわる[9]。未来を書くことは、通常は、可能性を書くこと、すなわち、未来に起こりそうなことを書くことであるように思われている。しかし、可能態は、ここでアリストテレスが言うように、現実態の中にしか存在しない。未来を可能態（デュナミス）と考えると、そのデュナミスは、すでに現実（エネルゲイア）として今ここに存在しあるものの中にしか存在しえないことになる。その意味では、今ここにある現実態の中に過去の可能態を見る歴史へのアプローチも、今ここにある現実態の中に未来の可能態を見る未来へのアプローチも、同じ営為であるといえる。第十章で、ミクロストリアのカルロ・ギンズブルクの兆候読解という考え方について述べた。現実態の中に可能態を見ることとは、まさに兆候読解であり、それは過去の歴史に対して行われるのと同様に、未来に対しても行われうるものである。

そうなるとき、目的（エンデ、das Ende）という問題が出てくる。エネルゲイア（現実態）が終わり（das Ende）であるならば、その終わりという目的を得るために、可能態（デュナミス）が獲得されるという考え方である。〝見える〟（可能態）を得るために〝見る〟（現実態）のではなく、〝見る〟という現実態があるから、〝見える〟という可能態があるのである。あるいは別の例でいうと、ものはかたちを得るためにデュナミス（可能態）のなかに入るが、それが現実態となると、形を得るのである。ただし、ここでいう、目的を完遂した現実は、エネルゲイアとは呼ばれない。アリストテレスは、これにエンテレケイア Ἐντελέχεια という語を宛てる。エンテレケイアは通常は完全現実態や完現と訳される。[10] つまり、現実態は二種類あり、エンテレケイアが目的を完遂した現実態であるのに対して、エネルゲイアとは目的を持たない現実態なのである。

カタストロフと歴史のエネルゲイア

さて、以上と本節の最初の項で行った本書の小括を踏まえて、歴史のエネルゲイアというアプローチについて本書がどのような貢献を行ったのかを述べたい。

本書では、出来事や過去が動くという側面に着目してきた。その動きや出来《しゅったい》のさまをとらえるアプローチの仕方が歴史のエネルゲイアのアプローチである。この出来事や時間が動くことの中には、出来事や時間そのものが動くと同時に、そこに参加し、それを語り、それを記憶する人間の側も動いてゆくことをも含んだ。それは、動きの中で、可能態の中に存在したものが現実態となってゆくことに注目することであり、それ自体自らが働くものとしてこのプロセスをとらえることである。また、同時に、それは現実となるものを語るということでもある。現実態（エネルゲイア）が存在するからこそ、可能態（デュナミス）は感知された。この二つの位相

［7］本書第三章第2節 171 ページ、本書補章1 241 ページ。"Backward causation" in *The Oxford Companion to Philosophy*.

［8］本書第七章第3節 469–472 ページ

［9］本書終章2節 750ff. ページ

［10］エンテレケイアを出隆は『形而上学』で、「完全現実態」と訳し［アリストテレス 1968］、西谷啓治は「完現」と訳している［西谷 1986］［西谷 1987］。

の存在に自覚的になることが歴史のエネルゲイアのアプローチである。
その綱領を序章で五つにまとめたが、本書の貢献をそれら五つの切り口に即して整理すると次のようになる。

（1）偶然性と必然性

エネルゲイアは出来事や存在の目的というものを考えさせた。ある出来事が起きた時、人は、しばしばその原因を問うし、あるものが存在する時、人はしばしばその目的を問う。だが、エネルゲイアとは、可能態が現実態になるという移行を示すのだが、実は、そこには何らかの目的はなかった。

本書で、これを偶然性と必然性という問題として考えた。第三章で見たように、自然災害というカタストロフに出遭うこととは、人間の目から見た時、偶然のように見える。しかし、それは自然の立場に立った時には偶然ではない。それは、物理学的な諸法則による必然的なものである。また、戦争というカタストロフにおいては、それは人間の主体性を奪うことで、すべてを偶然と認知させることでもある。

このように偶然と必然としてものごとをとらえる背後には、第八章で見たように目的（エンデ、das Ende）のあるものとして時間の流れを語るという人間の行為が存在する。物語で語るという人間の認知過程が、始まりがあり、中間があり、終わりがある時間というものを想定させてしまうのである。

偶然と必然は、人間という、物語で考え、意識を持った生物が、環境という、ものの世界の中に存在することとの生み出す基本的な相克である。それは、人間の主体性の実現としての歴史に対して、環境という非人間の「歴史」をどのようにとらえるのかという超長期の過去の問題ともつながる。これは、自然災害というカタストロフや環境問題が、人間に超長期の過去を想起させることで、偶然と必然の問題と決定論の問題に新たな視角を求めていることでもある。この超長期の過去の問題は、地球環境学にとって大きな問題であるため、節を改め、この後第2節で考える。[11]

(2) 時間の存在性、時間の方向性

エネルゲイアは、時間が存在するのか、時間がどのような方向に向かっているのかということも考えさせる。一つには、デュナミスとエネルゲイアの組み合わせが時間的な変化として出来するように見えるからであり、もう一つには、その組み合わせの前後関係とは時間的な前後関係であると同時に、論理的な前後関係でもあるからである。

本書では、この時間をめぐる問題を過去と現在をめぐる関係性のもとでとらえようとした。第Ⅱ部では、カタストロフの過去が捏造されること、また第Ⅳ部では、カタストロフの過去が「持去」されることを見た。それらは、未来から過去に向かう時間の因果性の流れを人為的に変更しようとするものであった。それにより、国家が人々を統合することが可能になる一方、真正な過去というヒエラルキーが生み出されるものでもあった。時間の因果性を人為的に変化させることで、現実態をつくり出す行為であるといえる。

もちろん、時間には、さまざまな相がある。本書の中では、現象学的、物理学的、形而上学的時間を見た。それらの複合したものとして歴史的時間は存在すると考えた。このように多様な側面を含み込んだ時間を考える時、その時間が出来するという契機にさかのぼって考える必要がある。カタストロフの瞬間とは、そのよう

[11] 本書終章第2節 745ff. ページ。

な時間の一つであることも明らかにした（第三章）。

（3）かかわり・ひらかれ・出来《しゅったい》

ギリシア語のエネルゲイアは英語ではアクチュアリティ actuality と訳される。このアクチュアリティがラテン語の行為を意味する āctus という言葉から来ているように、エネルゲイアも現実態であるが、それは行為や働きという意味を持つ。

第八章では、出来《しゅったい》に開かれたかかわりがもたらすものについて考えた。ある過去があるのではないし、ある現在があるのでもないし、ある未来があるのでもない。形而上学におけるプレゼンティズムによれば、過去のものも未来のものも存在しない。ある固定された過去の真正性を前提として過去にかかわるよりも、過去が現在に出来《しゅったい》するという立場で過去にかかわる方が、創造的で生き生きとしたかかわりが生まれる。過去も現在も未来もかかわりの中で、常に動いている。もののリアリティというのは大切であるが、それを前提にしていることの限界があることも確かである。そのようなとき、可能態の中から現実態が生まれること、出来することを見据えたかかわりの立場からのアプローチが必要になるのであり、その具体的例については、第八章と第十章の二つの章で明らかにした。

（4）生まれること、未来

エネルゲイアとは、現実になることであり、それは生まれることである。可能態のままであれば、それは存在しえない。しかし、現実態になるからこそ、現実は現実に存在するという様態によって現実に存在することとなる。カタストロフにおいては、死の問題を避けることはできない。しかし、死の問題と同時に生まれることも見られなくてはならない。なぜなら死がエンデ（das Ende）であるのと同じように、誕生もエンデ（das Ende）であるからである。ここでいうエンデ（das Ende）とは、端である。エンデ（das Ende）には、終わりという意味もあるが、それを端と考えた時、そこは始まりと終わりのうちの終わりではない。それは、デュナミス（可能態）とエネルゲイア（現実態）の境界にしかすぎない。

そう考えた時、カタストロフと誕生、カタストロフと胎児・嬰児の問題が浮かび上がった。第五章で見たように、国民国家のカタストロフの記憶においては、無名の死者が捏造された。無名の死者とこれから生まれる者とは存在論的に同じ象限に位置する。だが、死者がもうこの世に存在しないのとは反対に、これから生まれる者はこれからこの世に存在してくる存在である。つまり、歴史のエネルゲイアとは、存在に着目することで、カタストロフを破壊や死の相から見ることと同時に、その未来や新しい人間の誕生の相から考えることを可能にする。第八章では、これから生まれる者という可能態の立場からカタストロフについて考えることの意義を検討し、また第十章では、このこれから生まれる者と未来の問題とも通じるカタストロフの持つ創造というプラスの側面を現実態とするアートについて見た。

(5) 書くこと、語ること

未来はどのようにして可能態から現実態になるのだろうか。この点に関しては、書くという行為が関係する。書くとは過去について言うならば、出来事を歴史にしてゆくことである。ドイツ語ではこの二つに区別があった。一方は、起こったことを示すdie Geschichteであり、もう一方は、書かれたものという意味を持つdie Historieである。ここでいう歴史を書くとは、起こった出来事das Geschehenを起こった過去die Geschichteにとどめることなく、書かれたものであるdie Historieにすることである。未来も同じであろう。この後第2節で使用する語を先取りして言うと、これから起こる未来は、書かれることで「未来史」になる。書かれていないものは、可能態（デュナミス）の中にある。それは、書かれた時、現実態（エネルゲイア）の中に出来する。この点については第十章で、兆候読解という歴史学の方法について見る中で検討したが、これも先ほどの（1）と同様、地球環境学研究の今後にかかわるので、節を改め、次の第2節で引き続き詳細に検討する。

以上、本書でいう歴史のエネルゲイアを構成する五つの綱領をみてきたが、それらは、重なり合いながら、差異をもって存在している。序章でも述べたが、そもそも、もともとアリストテレスがデュナミスとエネルゲイアという語彙を考案した時から、これらの二つの概念には多義性が含まれていた。[12] むしろ、アリストテレスは、いきいきとした現実を分析するために、あえてそれらが多義的にとらえられる余地を残していたともいえる。時間というものも、本書で見てきたように現象学的時間、物理学的時間、形而上学的時間と多義的にとらえられるものである。歴史的時間とは、それらを含んで出来事を記述しようとすることである。そのような時間の多義性に歴史のエネルゲイアの多義性は対応している。

2　地球環境と歴史／未来史

最後に、以上のことを改めて地球環境学研究に位置づけてみたい。序章でも、大きく地球環境学研究と時間について見た。ここで、再び、本書の記述を経たうえで、地球環境と時間について広い視野から考えておきたい。

時間といってもそれは広大な領域だが、ここでは過去と未来に絞る。そして、前者については、超長期の過去というトピックについて、後者については、未来について書くこと、言い換えれば未来史について考える。超長期の過去は、自然災害というカタストロフが地球環境学研究に新たな視角の必要性を迫る課題の一つであるし、未来史を書くこととは本書がテーマの一つとした歴史を書くことと密接につながる。本書が地球環境学にどう貢献するのかという展望を含めて考えてみたい。

（1）超長期の過去

アジアの地勢的位置と超長期の過去へのまなざし

自然災害というカタストロフは、超長期的な時間とかかわる。人間の時間の尺度は、人間の生に規定されている。人間の生に関する語としては、英語でジェネレーション、漢語で「世」があるが、それらは三〇年といわれ、また同じく漢語で言う還暦は六〇年であるが、そのような語は数十年単位の時間を指す。一方、自然災害というカタストロフは、短いものは、台風などの一年という間隔もあるが、地震や津波や火山噴火は、何百年や何千年を単位としてとらえられるべきものである。人間の超長期の過去への認識は、この自然災害という

［12］　本書序章第3節51ページ、［Rapp und Corcilius（Hrsg.）2011: 177–182］。

カタストロフに規定される部分も大きい。

もちろん、これは地勢的特性にかかわるものでもある。太平洋を取り囲む地域は、リング・オブ・ファイヤーと呼ばれ、地球内部のプレートやマグマなどの運動の影響を受けやすい。それゆえ、アジアをはじめとするこの地域では自然災害というカタストロフへの感性も育まれてきた。本書の記述してきた事例もその一つである。しかし他方、ヨーロッパなど、それほど地球内部の運動が激しく地表には影響を及ぼさない地域もあり、そこにおける人々と地球の関係は異なっているといえる。

だが、地球という環境と人間が切り離しえないことは、超長期的に見た時、強く認識される。地球環境問題におけるそのような超長期の過去のあり方を見直すアプローチとして、アンソロポシーンという地質学的時期区分が勃興している。

アンソロポシーン Anthropocene とは、地球環境をめぐって提唱されている新しい時期区分のことである。日本語では人新世や人類世と訳されているが、まだ定訳はない。オゾン・ホール概念を提唱した気候学者のパウル・クルッツェン Paul Crutzen が、二〇〇〇年頃から、使用しはじめた用語である。[13] 二酸化炭素排出量や地球環境への負荷の数値が、ヨーロッパに端を発する一九世紀の産業革命後急激に上昇し、プラネタリー・バウンダリーと呼ばれる地球の許容量を超えて不可逆的な過程に入っている点で、地球の歴史が新しい段階に入っていることを表現したことばである。

地質年代は約四六億年前の地球の誕生以来の時間を区分した時期区分である。それには、いくつかの階層があり、代 era・紀 period・世 epoch がある。代は数十から数億年単位の区分で地球には、古生代・中生代・新生代の三つしかない。紀はその下位の億から数千万年単位の区分で、たとえば、古生代にはカンブリア紀やデボン紀、中生代には白亜紀やジュラ紀などがある。世はさらにその下の区分になる。現在は、新生代 Cenozoic

の第四紀 Quaternary の完新世〔ホロシーン Holocene〕である。それは約一万七〇〇〇年前に始まったとされている。

その完新世〔ホロシーン〕のうちの一九世紀以降を「アンソロポシーン Anthropocene」という新区分に分割しようというのがクルッツェンらの提唱である。このアンソロポシーンという語は、アンソロポスという、人類を意味するギリシア語を元につくられた造語である。つまり、人間の活動が、地質年代という超巨視的に見ても、地球に目に見える影響を与えることになったことを示す。これは、人類の進歩であり、英知であると同時に、未来へのネガティブな作用でもある。そのアンビバレンツな状況を示した用語でもある。これまで、このような問題は、さまざまな用語でとらえられてきた。たとえば、サステイナビリティもそうだし、あるいは、ヌースフェア、バイオスフェア、ガイアなどの概念もその中にある。いかに、地球というシステムの中における人間の活動をとらえるかが問題となっている。ここにおいては、地球環境学とは、約四六億年の地球史を扱う学問である。そうして、それを未来に接続することが求められている。

地球史的規模の超長期の過去と人類の歴史

このアンソロポシーンとは超長期の過去を人間がどう語るかという問題である。超長期の過去への考え方が問題としているのは、第一に人間を超えた時間を人間の歴史とどうつなげるかである。人間を超えたというのは、個々の生命体としての人間という意味であると同時に、種としての人類という意味でもある。約四六億年

[13]　[crufzen and Schwägerl 2015]

という地球史の大半は人類の存在しない時間であった。そのような時間をどのように人間の存在する時間である歴史につなげることができるのかが問われている。これを、過去という点から言うと、ここにおいては、ものの過去、生き物の過去が、どのように歴史として語られるのかが問題となっているといえよう。第三章で、ハイデガーのもの、生き物、人間と世界の関係に関する三つの区分を紹介した[14]。ハイデガーだけではなく、通常、ものに過去があるとは想定されず、ものが歴史を持っているとは通常は言われないし、生き物の過去は進化と呼ばれることはあっても通常は歴史とは呼ばれない。しかし、人間の歴史がアンソロポシーンという名前で地質学的年代に接続した時、その地質学的な超長期の過去に存在したものや生き物の過去を歴史としてとらえられるのかどうかという問題が浮上する。

第二に、超長期の時間への注目は、自然と主体の相互作用的な行為への着目を促す。進化という数万年、数十万年単位の出来事に着目することは、そこでの外部と内部の関係を再考させるからである。アンソロポシーンという現象の理解のために、進化生物学のマンフレッド・ラウビックラーManfred Laubichlerと科学史のユルゲン・レン Jürgen Renn は共進化の概念を進展させ、外延的進化 Extended Evolution という概念を提唱している[15]。それによると、昆虫も含む生物の歴史はそのニッチ（適所）におけるエージェント（行為者）の進化のプロセスである。ニッチとは外部である。エージェントは、その外部であるニッチのあり方に規定され、その外部環境を遺伝子レベルの変化や行動の変化において内部化する。しかし、同時に、その生物の存在は、外部であるニッチを変化させ、その変化は新たなニッチを生み出す。これはつまり、エージェントはその内部を外部化するということを意味する。このようなプロセスが外延的進化であるが、この主体を仮に生き物とすると、環境とは、その生き物が周囲のニッチと相互作用していることがつくり上げたものであるし、その主体を人間であるとすると、文化や社会とは、内部化された外部であり、外部化された内部であることになる。生き物も人間も、同じ外延的進化のプロセスの中にあると言え、自然と文化を截然と区分することはできなくなるのである。

第三に、超長期の過去への注目は、自然とともに生きてきた人類という存在を改めて認識させる。アンソロポシーンという時代区分は科学言説として提唱されているので、その政治的含意は目立ちにくいが、その底には西洋中心主義がある。[16] そこには、西洋における人間と自然を截然と分け、人間を、自然を支配するものとして位置付ける見方や、歴史を人間が自然を支配する過程として見る見方が反映している。西洋においては、人間の力が地球環境を変えるほどに大きなものになったことを示すアンソロポシーンという時代区分の提唱は、大きな衝撃であると同時に、人間の自然への支配の到達点を示すものとしてある種の陶酔を持って迎えられている。だが、その人間の自然の支配は、地球環境を引き返すことのできないくらい負の状況に追い込んでしまっている。その状況を生み出したのが近代化だとすると、近代化すなわち、西洋文明そのものが問われているといえる。西洋文明は中緯度の比較的自然の変化の少ないところで生まれ、繁栄した。[17] その文明化の方法を全球的に適応しようとしているのが近代化であり、アンソロポシーンという時代であるとしたならば、それとは異なる自然条件のもとにあるアジアからの発信は大きな意味があると思われる。アジア、とりわけモンスーン・アジアにおいては、生物の多様性や気候の多様性が指摘されている。本書の対象とした自然災害というカタストロフが多発するのもアジアの特徴である。超長期の過去から見た時、安定した自然と人間の関係のもとで人

［14］　本書第三章第1節 150–151 ページ
［15］　[Laubichler and Renn 2015]
［16］　[寺田 2017]
［17］　[佐藤ほか（編）2012]

間が存在していたのはごく限られた時期と地域におけるものであったといえる。そのようなとき、自然災害というカタストロフに人が対応してきた歴史を振り返ることは、大きな意味を持つ。

以上をまとめると、超長期の過去への着目は、歴史概念と、歴史における主体性の問題に再考を迫っているといえる。そこにおいて問題となるのは、歴史のダイナミクスではない。一般には歴史のダイナミクスとは、人間による主体的な理性の実現過程だと考えられている。[18] しかし、環境をも含む歴史とは、人間だけがつくり上げることができるものではない。歴史のエネルゲイアは、ダイナミクスに変わるオルタナティブの一つである。歴史のダイナミクスにおいては、理性の意志による全き実現が目的とされる。しかし一方、超長期の過去が属する地質学的時間には、理性や意志を持つエージェントがいるわけでもなく、そこにおいて理性の全き実現を期待するという何らかの目的は期待されてはいない。エネルゲイアにおいては、エンテレケイアとは異なり、何らかの目的は存在するわけではない。このダイナミクスとは異なる出来《しゅったい》の過程を分析することが、超長期の過去に関して求められているのである。

カタストロフに目を凝らすことは、地球上に生きている人類を超長期の時間の中で考えることである。その時、歴史とは何かが改めて問われているのである。

（2）未来と未来史

書くことというエネルゲイアと未来

一方、先ほど述べたように、本書の問題意識の一つは歴史を書くということそのものにあった。本書が訴えたかったことの一つは、時間の揺らぎであり、歴史の揺らぎである。揺らぎというよりも、時間が動いてゆくこと、それをどのようにとらえ、どのように書くかということであった。歴史を書くことは、過去を語ることであり、それは時間とともに存在する存在である人間が、生きていることを、始まりがあり、中間があり、終わりがあるある物語として語ることである。序章で見たように、環境とは世界であり、世界と環境に歴史があることは発見の過程であるはずである。歴史をどう書くかという問いに対して、本書は、この時間の揺らぎの中で書くこととはどういうことか、時間の動きそのものをとらえるにはどうすればよいのかということを探った。序章第5節で、メタヒストリーという言葉を用いたが、今日における歴史を書くことの意味を探った書でもあった。

とはいえ、ここでいう歴史を書くということは、過去へのアプローチにとどまるわけではない。歴史を書くということは時間について考えることである。そして、時間を考えるということは、未来、現在、過去を見通すものである。それゆえ、このアプローチは、未来への視野も開く。

環境と未来は、常に一体となった問いとして存在してきた。環境問題が未来における環境の持続性とともに語られるものであるからである。しかし、一般的に未来は不確実なものであると考えられている。では、その不確実性を伴う未来を語ることの困難について、どのように考えればよいのだろうか。

第八章で見たように、形而上学のプレゼンティズムの立場に立つとき、実は、過去と未来は等価である。[19] あるいは、未来が不確実であることと、過去が不確実であることは等価であると考えられる。どちらも、人が直

［18］　本書補章2 768–771ページ
［19］　本書第八章第1節 508–513ページ

接観察することはできず、推論をもとにしてその状態を記述するという点では同じ位相にあるからである。その時、これまで人が過去に関する知識を蓄積してきたのと同じように、未来を蓄積することで、未来を確実なものにすることができると考えられる。

未来へのアプローチと過去へのアプローチ

環境研究の立場からの未来への科学的アプローチに関しては、持続性研究のシウメイ・バイ Xiumei Bai と複雑系システム論のサンデル・ファン・デア・ルーSander van der Leeuw ほかの「適切で望ましい未来のためのアジェンダ」に関する論文が示唆的である[20]。

この論文は、地球環境学研究において、未来研究が過去に関する研究からの演繹でしかなかったことをどう乗り越えるかを問題とする。過去の変化からの類推でしかない未来は、限られた未来である。未来とは、過去から演繹されるものだけではあるはずはなく、断絶やジャンプの末にあるものであると、バイらは考える。だが、それを捉えることは通常科学では難しい。

この論文では、それを克服するためには、まずは未来のゴールを設定すること、そして、それを可能にするダイナミクスを探り当てること、過去の変化に依存せざるを得ない科学の限界を超えるアプローチを見出すことが提唱される。そこでは、複雑系システムの立場から、イノベーションがはじめはごく限られた地域やコミュニティで起こることが明らかにされ、そのようなイノベーションを可能にすることの重要性が説かれるとともに、未来のシナリオを描くことの重要性が説かれる。

バイらは、イノベーションが、始まりは、ごく限られた地域やコミュニティで起こるという。それが意味することは、イノベーションはこの地球上においては複数の場所で起こること、つまり複数形で起こるということである。複数形で起きたイノベーションが導く未来は、複数形になる。つまり、未来のシナリオというのは、ローカルなコンテクストに基づいた複数形の未来のシナリオを描くことであり、そのシナリオの存在が未来像となり、多様な現実の未来の可能性を導くというのである。

バイらは未来が不確実であるという考え方はしていないことに注意したい。たしかに未来は存在しない。しかし、それは、シナリオが書かれることによって存在するようになると述べているのである。過去と未来は、形而上学的に見れば、その存在は等価である。プレゼンティズムの立場に立てば、未来は存在しないし、過去も存在しない。過去があたかも存在し、それを詳しく知っていると考えているのは、これまでの人間が、過去に関する知を蓄積してきたからである。

過去を知るということ

ここで、現在の人が過去のどれくらいをどのように知ることができるのか考えてみよう。図11-1は過去について、わたしたちがどの程度わかっているかを模式的に示したものである。わかっている度合いは、現在から遠くなるにつれて減ってゆく。わかっているということの中には、知識の量と知識の確からしさという要素が含まれ、知識の量と確からしさは必ずしも連動するものではないが、ここでは、とりあえず、それらを総称してわかっていることの度合いと称することにする。わたしたちは、一日前の出来事をありありと知ることが

［20］［Bai et al. 2015］

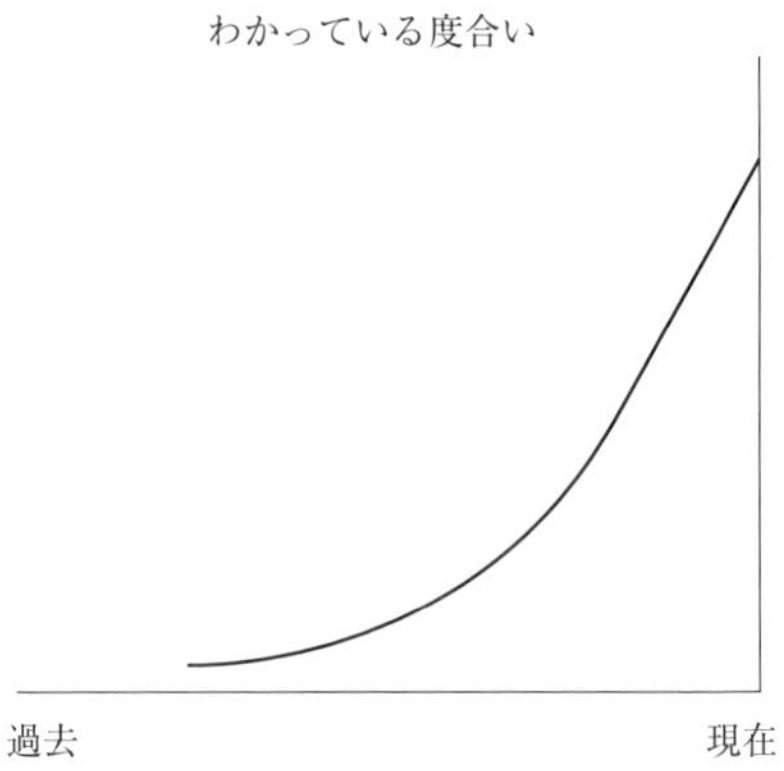

図 11-1　過去のわかっている度合い

できる。一〇日前の出来事になるとその度合いは減るものの、かなりはっきりと知ることができる。一年前の出来事になるとさらにその度合いは減るが、それでも、詳しく知ることができる。

さらに時間をさかのぼると、一〇年前の出来事もディテールまで知ることができる。一〇年というオーダーは、日常の生活世界であり、人が自分で生きた体験の過去である。その時間が一〇〇年のスケールになると歴史の世界になるが、しかし、一〇〇年前の出来事も、細部まで知ることができる出来事もあれば、ぼんやりしかわからない出来事もあるが、ともかくは知ることができるものだといえる。二〇〇年前のフランス革命や五〇〇年前の大航海時代のこともかなりの程度でわかる。一〇〇〇年前の唐の時代についてもかなりわかるといってよいだろうし、二〇〇〇年前のアリストテレスやプラトンが活躍した時代についても多くのことがわかるといえよう。一万年前の旧石器時代のことになればわかる程度は減るが、それでもわかる。三〇万年前のホモ・サピエンスの誕生の頃についてはわかる程度はぐっと減るが、それでも、わからないということはない。

確からしさと知識の量について考えてみよう。確からしさは確率の問題であると同時に、一致の問題でもある。出来事とモデルの問題であり、過去そのものが存在すれば、それは、過去そのものと同一性を持つことになるので、最も確かであるが、知識は、過去そのものではなく、過去に関する知識でしかないので、同一であること、つまり1であることはありえない。偽りの知識の量が増えたところで、確からしさが高まることはないが、科学知は真の知識を増大させることを目標としているので、科学知の量が増えることは確からしさを高めることに貢献するといえる。

過去に関する科学知の量について考えてみると、過去は、いつの時代にもあり、過去について知ること、記録すること、それを語ること、すなわち歴史という考え方もこれまで人類社会の存在とともに長い時間存在していた。『オックスフォード・ヒストリー歴史記述の歴史 *The Oxford History of Historical Writing*』全五巻には、約二〇〇〇年前の古代バビロニア以来現在までの一四〇を超える歴史記述が紹介されている。[21] だが、そこにおける歴史の知識の量は時期によって異なっていたはずであり、その量は、現代に近くなるほど増えていると考えられる。一〇〇年前の人より、現在の人の方が過去に関する知識の量は格段に多いといえるだろう。バビロニアにも歴史記述があったことは知られている。しかし、その記述内容と、現代の歴史の記述内容はその詳しさを取ってみると比べ物にならないと思われる。

複数形の歴史（ヒストリーズ）と歴史家・歴史学

バイらの論文が未来をシナリオと呼んだのにならって、歴史を過去のシナリオと呼んでみることにする。すると、この歴史に関する知識の量の豊富さは、過去のシナリオの複数性の豊富さであるといえる。

その複数性の豊富さは何によって支えられているのだろうか。それは、人と制度である。たとえば、歴史研究者の数を考えてみよう。現在、世界にはどれほどの歴史研究者がいるのだろうか。表11-1には、日本とヨー

［21］［Woolf (ed.) 2011–2012］

表 11-1　職能的歴史研究者による職能団体とその構成員数

団体名	国名	設立年	構成員数	出典
史学会	日本	1889	2,268	http://www.shigakukai.or.jp/society/about/
歴史学研究会	日本	1932	2,011	http://rekiken.jp/about_us.html
日本史研究会	日本	1945	2,557	http://www.nihonshiken.jp/about/
地方史研究協議会	日本	1950	1,600	http://chihoshi.jp/?page_id=24
日本考古学協会	日本	1948	4,200	http://archaeology.jp/about/association/
社会経済史学会	日本	1930	1,340	
考古学研究会	日本	1954	2,700	
日本歴史学協会	日本	1948	（推計 24,500）	
The Royal Historical Society	イギリス	1868	3,700	http://royalhistsoc.org/membership/
Historical Association	イギリス	1906	6,000	https://www.history.org.uk/aboutus/info/1342/who-are-we
Verband der Historiker und Historikerinnen Deutschlands	ドイツ	1895	3,400	http://www.historikerverband.de/verband/aufgaben-und-ziele.html
American Historical Association	アメリカ	1884	14,196	http://blog.historians.org/2011/07/aha-membership-on-the-rise-again-in-2011/

注：　1）日本の団体に関しては全て「学会名鑑」による。
2）ホームページの閲覧はいずれも 2017 年 7 月。
3）この表の中で日本歴史学協会だけは歴史研究者の職能団体ではなく、歴史研究者の職能団体が構成する団体である。そのため厳密にいえば構成員はいないが、行論の便宜上ここに加えた。構成員数は推計である。推計方法については本文を参照。

ロッパの主要な職能的歴史研究者が構成する集団の構成員数を挙げた。これを手掛かりにして考えてみたい。

まず、日本についてみる。日本には、多くの歴史研究者の職能集団があるが、おおむね二〇〇〇人くらいが最大の規模であると思われる。文献史学に関して言うと、数百人から二〇〇〇人規模の団体が、分野や方法や考え方の違いによって分散して存在している。考古学については、もう少し規模が大きな団体が存在する。それらの団体が構成するナショナル団体があるのでそれを手掛かりに、日本の歴史研究者の数を推計してみる。日本歴史学協会は、日本の歴史関係の諸団体が構成する、国際歴史科学会議に加盟するナショナル団体である。日本歴史学協会には、四七の学会が所属している。すべての団体が構成員の数を開示しているわけではないが、公開されている二九団体の会員数の合計は、二万九〇七人である。一八の団体は公開していないが、仮に、その構成員をそれぞれ二〇〇人とした時、合計の人数は、二万四五〇〇人となる。もちろん、会員にオーバーラップはあるだろうが、この推計数はそれほど大きく現実とは離れていないと思われる。日本の職能的歴史研究者の人数をここから考えると、すべての歴史研究者が日本歴史学協会加盟の団体のメンバーでもないと思われるので、その総数はもう少し増えるだろうと思われるが、その誤差は数千人という規模ではないと予想される。つまり、日本のプロの歴史研究者の総数は、二万五〇〇〇人前後と考えてよいだろう。

海外についても検討してみる。表11-1には、いくつかの欧米の歴史家の職能団体の構成員数も記した。アメリカの職能的歴史研究者の最大の団体である全米歴史家協会（American Historical Association）は、一万四一九六人の会員がおり、イギリス王立歴史協会 Royal Historical Society の会員は三七〇〇人、同じくイギリスの歴史協会は六〇〇〇人である。ドイツのドイツ歴史家協会 Verband der Historiker und Historikerinnen Deutschlands は三四〇〇人である。日本の例を参照しつつ、ここから考えて、ＯＥＣＤ諸国の各国の歴史研究者の数は、それぞれ一万人から二万人前後であると考えてもそれほど間違いではないだろう。そうすると、ＯＥＣＤ加盟国三五ヶ国の歴史研究者の総数は、少なく見積もって約三五万人、多く見積もって約七〇万人前後ということになる。ここでは中間をとって約五〇万人と考えよう。

全球的に見ると、地球上には、一七九の国がある。本書の中で何度か見たように、今日存在するディシプリンとしての歴史研究とは、西洋近代に発達したアカデミックな研究体制と体系化された学問の方法論を持ち、ヒストリシズムの刻印を受けたディシプリンである。表の中の設立年代が示すように、ヨーロッパと日本で多くの歴史研究者の職能集団が成立したのは、一九世紀の末から二〇世紀の初頭の約四〇年くらいのごく短い間である。ＯＥＣＤ諸国とは、西洋諸国と、西洋化・近代化を歴史上行った非西洋諸国からなる。西洋近代文明というシステムの導入の仕方やその制度化には、ＯＥＣＤ諸国と非ＯＥＣＤ諸国とでは大きな差があるので、一律にＯＥＣＤ諸国の推計を非ＯＥＣＤ諸国に当てはめることはできないが、仮に、非ＯＥＣＤ国である一四〇ヶ国が、ＯＥＣＤ諸国と同じだけの歴史研究者を持っていたとしたら、その数は、総数約一〇〇万人ということになるといえよう。

おおざっぱでやや乱暴な推計ではあるが、今日の世界には、全地球的に見て、ざっと見積もって約一〇〇万人の歴史研究者がいる可能性がある。歴史研究が近代的な学術研究のディシプリンとして確立した一九世紀末からの一〇〇年間を考えれば、この何倍もの数の歴史研究者が地球上には存在し、それぞれがそれぞれの歴史を書いてきたといえる。歴史研究者が書くものとは、歴史であるが、それは先ほどの未来の叙述に関する用語を用いれば、シナリオである。歴史研究者の職能集団は、シナリオの確実性の高さを担保する集団である。その確実性の担保のもと、個々の歴史研究者が、個々の歴史研究者の考える確実性の高いと思われる過去に関するシナリオを描いているのである。もちろん、歴史を書くのは、歴史研究者だけではない。歴史研究の成果をもとにしたもっと多くの過去にかかわるシナリオが社会全体では書かれているだろう。シナリオを書くこととは、推論を書くことである。形而上学的に見ると、過去そのものは存在しない。しかし、過去が存在するように見えているのは、推論のおかげであり、その推論が社会的、組織的に精緻に組み立てられてきたからということになる。それはこれまで膨大な複数形の歴史（ヒストリーズ histories）が書かれてきたということでもある。

未来を書くこと —— 未来と未来史のエネルゲイア

これと同じことが未来についてもいえるだろう。過去と未来は、存在しないという点で等価である。未来について、歴史と同じように、一〇年、二〇年、五〇年、一〇〇年、二〇〇年、五〇〇年、一〇〇〇年、二〇〇〇年、一万年などというオーダーのもとで、そのそれぞれの時点についての詳しいシナリオが書かれた時、未来はかなりの確実性で〝わかる〟といえると思われる。それは、過去のことが「わかった」のと同じように未来のことも「わかった」ようになるということである。多数の複数形のシナリオがあらわれれば、それだけ、未来のことが「わかったこと」になるといえるのである[22]。

未来を書くことは、エネルゲイアである。エネルゲイアとは、存在しなかったものが存在することである。書くこととは、エネルゲイアであり、書くことによってまだ書かれていない可能態（デュナミス）を書かれた現実態（エネルゲイア）とすることである。書くことによって、書かれていなかったことは、書かれたものとしてこの世に存在することになる。

書くことと過去と未来について考えてみる。本書で何度か述べてきたがドイツ語が、歴史を表現する言葉と

[22]　[Bai et al. 2015]

表 11–2　歴史と未来史

	出来事そのもの	それについて書かれたこと
過ぎ去ったこと	die Geschichte 過去 past	die Historie 歴史 history, historiography
これから起こること	未来 future	未来史 futurography

して、die Historie と die Geschichte という二つの言葉を持っていることが示唆を与える（表11–2）[23]。前者は書かれた歴史であり、後者は出来事である。ここからわかることは、過去については、過去と歴史というように、出来事と過去について書かれたものという言葉の上での区別があるのである。しかし、未来については、まだそのような区分が言葉としてはない。つまり、未来を書いたものを表現する言葉は存在しないのである。だが、出来事としての未来と同じように、書かれたものとしての未来も存在する。それに言葉を与えてみよう。それを、歴史 history, historiography に対して「未来史 futurography」と呼ぶことにする。「歴史」が「歴」、すなわち、過ぎること、経ること、つぎつぎになること、つまり起きたことの「史」、すなわち「ふみ」という書かれたものであるとするならば、まだ出来《しゅったい》していないこと、これから起きること、つまり「未来」の「ふみ」であるものは「未来史」と呼びうるからである。

この「未来史」とは、予言に似ている。しかし、予言ではない。たしかに、そもそも、歴史とは、古代においては予言のために発達したものであった[24]。古代中国の卜占やエジプトの事例はそれを示す。予言とは過去の出来事からある型を取り出して、その型を未来に当てはめようとするものである[25]。しかし、歴史のエネルゲイアの考え方でいうと、未来とは、型に当てはめられるものではない。それは「なる」ものである。それは、型を自分で生成するものであり、人類学のティム・インゴルド Tim Ingold が言うように、バスケット編みにおいてバスケットを編むことそのものが、バスケットという構造や形を生みだすものであるように、ある型があらかじめ存在し、それに当てはめるのではない[26]。「未来史」の方法とは、現在存在するものという手がかりを用いて、未来を推論することである。第十章でイタリアの歴史家のカルロ・ギンズブルクの兆候読解としての歴史研究という方法を検討し、それが、可能態として存在する過去の中から兆候としてあらわれている現実態を見いだす作業であることを見た。その方法は、過去だけではなく、未来に関しても適応可能であろう。それは、現在の中に可能態として存在する未来を、書くということを通じて、書かれた未来史の中に現実態とすることである。

未来史が「史」であるからには、それは、書くことである。人類は、長い歴史を通じて、すでに、歴史の探究を科学的に実践し、過去を確からしく推論する歴史学という学をつくってきた。「未来史」がそのような学を打ち立て、過去の歴史について払われているのと同じくらいの学知と労力の量が未来史についても払われたとしたら、未来は確実性の高いものとして現在に持たれるようになってくるといえるだろう。

この未来のことがわかる度合いを先ほどの過去と同じように考えてみる。図11-2は先ほどの図11-1で見た過去のわかっている度合いを未来に関して折り返してみたものである。ここでは、形而上学のプレゼンティズムの立場により、過去と未来のものは存在しないという点で、未来と過去は対称的であると考える。すると、過去のわかっている度合いは未来のわかっている度合いと対称的であると考えることができる。

今日のわれわれの未来の知識の量から言って、もうすでに、一日後のことは、かなりの精度でわかるようになっている。天気予報はほぼ正確に一日後の気象を言い当てる。一ヶ月後のこともかなりの精度でわかって

[23]　本書序章第1節 32–33 ページ、第三章第1節 150–151 ページ
[24]　[Feldherr and Hardy (ed.) 2011: 55–75, 371–393]
[25]　[Löwith1953=1983：317]
[26]　このインゴルドのバスケット編みの比喩については補章2 783 ページで詳しく述べる。

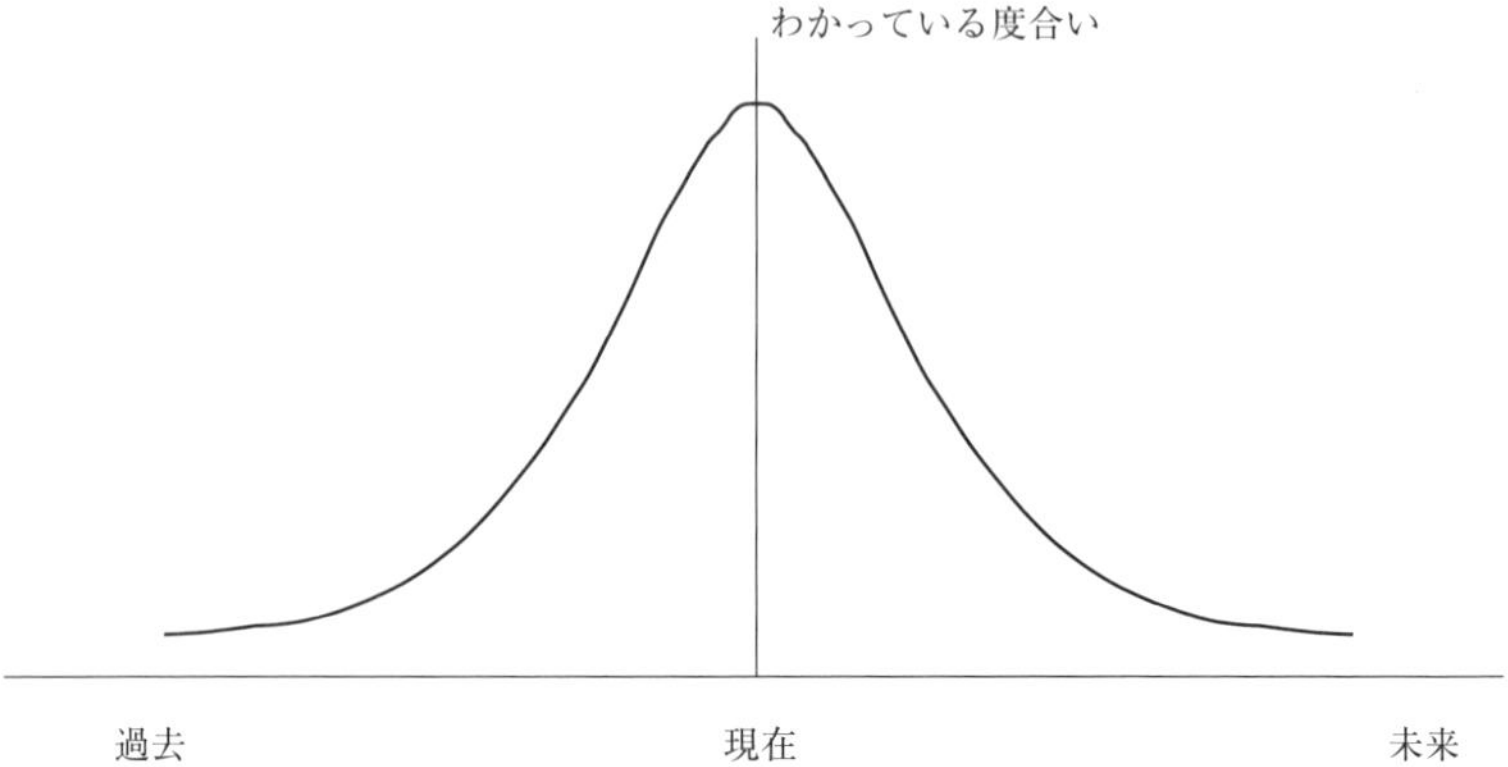

図 11-2　過去と未来のわかっている度合い

いるといえるだろうし、一年後のこともかなりの精度でわかっている。企業や行政体は年ごとの計画を立てているため、いまから一年経過した後、その一年間に何が行われたかは、予測されているといえる。このことは、一〇年から五〇年のオーダーについてもある程度言えるだろう。ＮＡＳＡは二〇四〇年ごろには、火星で人が住み始めることを予想している。[27]二〇七〇年ごろには、火星にコロニーがつくられ、人工光合成やゲノム編集の技術もそのころには社会に定着しているという予測もある。[28]その視線を、一〇〇年後にすすめてみても、予測はある程度可能であると言える。二〇一三年から二〇一四年にかけて発行された気候変動に関する政府間交渉パネルIntergovernmental Panel on Climate Change（ＩＰＣＣ）の『第五次評価報告書』は、そのころ、地球の気温が〇・三度から四・八度上昇している可能性が高いとシミュレーションする。[29]おそらく、わたしたちは、過去のどの時点よりも、未来に関する多くの知識を持っているといえるだろう。では、五〇〇年後については、そして、一〇〇〇年後、一万年後についてはどうだろうか。

　歴史研究においては、それぞれの時代に関する専門家がいて、それぞれの時期の確からしい歴史を書いている。未来に関しても、そのような時間の深さのレベルに応じた未来史が複数形で書かれたとしたら、未来のことはよりわかったことになるだろう。

本書では、歴史のエネルゲイアということばを用いてきたが、これを勘案すれば、歴史のエネルゲイアとは、同時に、未来史のエネルゲイアでもある。

地球環境学とは、まだ始まったばかりの学的営為であり、それはさまざまなアプローチによって豊かにされてゆくべきものである。

未来史のエネルゲイアが問う未来はどこから始まるのだろうか。始まりは、どこが始まりかというのは難しい。始まりとは、その始まりが問われた時、もうすでに始まっているともいえる。[30]わたしたちは、今すでに、未来の始まりを問うているが、そう問うた時点で、もうすでに未来は始まっているともいえる。始まりはすでに始まっていて、未来について考えているその時点で、すでに、わたしたちは未来の中にいるのかもしれない。

地球環境学は、未来のことを考えさせる。時間を中心にしたアプローチによって、複数形の未来史が、さまざまな場において書かれた時、私たちは、たしかに未来を手にしているといえるようになるのではないだろうか。

［27］［ナショナルジオグラフィック 2016］
［28］［熊沢・遠山 2017a］［熊沢・遠山 2017b］［寺田・熊沢・遠山 Forthcoming2018］
［29］ＩＰＣＣ『第五次評価報告書』ウェブサイト
［30］［Said1975］

補章2　歴史のエネルゲイアと「なる＝ビカミング」

本書ではエネルゲイアという考え方を歴史と未来史へのアプローチの方法として用いたが、その歴史のエネルゲイアは、歴史そのものの過程をどうとらえるか、言い換えれば、歴史の進行や歴史の発展、歴史の進歩をどうとらえるかという問題とも関係する。それは、メタヒストリーというよりも、歴史哲学の問題であり、本書の射程を超えているといえるが、本書のような歴史を書くこと、歴史を語ることについて考えようとする書においては、避けて通ることのできない問題である。とりわけ、歴史のエネルゲイアと類似した考え方は、アジア太平洋戦争（第二次世界大戦、十五年戦争、大東亜戦争）期における日本の超国家主義の時代にそれを補強するために用いられた経緯がある。歴史を書くということはどういう意味を持つのかを改めて確認するために、この補章2ではその問題について考えておきたい。

歴史を持つ社会、歴史を持たない社会

進歩や発展という考え方は、ダイナミクスという考え方と根を同じくする。このダイナミクスという考え方

は、人間が存在し時間の経過とともにあることとは、人間が歴史を作っているということであり、人間が、その歴史というものを通じて、価値を増大させ、人間性の実現を目指すことは力動的な働きであるという考え方である。それは、人間が、存在する時間を歴史ととらえ、その歴史が発展してゆくという考え方である。

一般的には、人間が時間の中に存在することを歴史ととらえることが多い。ヒストリシズムである。だが、世界には、その人間が時間の中に存在することを歴史ととらえない文化もあるし、さらに、その歴史が発展するという考えをとらない文化もある。そのような文化を人類学のクロード・レヴィ・ストロースは『野生の思考 *La Pensée Sauvage*』の終章にあたる「歴史と弁証法」の中で、「熱い社会」に対比するものとして語った[1]。彼によると、人間が時間の中に存在することを歴史ととらえるヒストリシズムを持ち、歴史が進歩発展すると考える社会とは、典型的には西洋近代社会であるが、それは「熱い社会」である。一方その「熱い社会」と対極にある社会では、前進やダイナミクスという語りのもとで出来事が語られるのではなく、行為を通じてある静的な構造の中に出来事が配置される。前進やダイナミクスという「熱い」語りにおいては、つぎつぎに社会が進んでいくが、そのような要素を語りの中に持たない、いわば「冷たい社会」においては、出来事はすでに存在する構造の中に吸収されて語られ、歴史が進歩するとは考えられないのである。レヴィ・ストロースは、この近代西洋に代表される「熱い社会」の対極にある社会の例を「未開の」社会のあり方に求めている。熱い社会とは、もちろん比喩的な表現である。しかし、熱いことには熱というエネルギーが関係し、エネルギーを熱に変換するためにはダイナミクスという力動が用いられる。エネルギーとはエネルゲイアをもとにしてつくられた語であり、ダイナミクスとはデュナミスをもとにして作られた語である。つまり、歴史の進歩という考え方と、エネルゲイアとは、ダイナミクスという考え方を媒介にして関係しているのである。

もっとも、熱い、冷たいというこのとらえ方以外にも、歴史についての考え方にはさまざまな考え方がある。

中国においては、天が聖人に人民の統治を命じるという天命説が王朝の正統性の根拠となったが、それが正統性を失うことにより易姓革命が起こるという変化が歴史という考え方の基礎となった。日本においては、その影響を受け、天皇の代替わりや、凶事が続くことから逃れるために年号が変えられるという制度が採用されてきた。

イスラーム圏においては、預言者ムハンマドの言行を集めたハーディース学に基づく「イスラーム世界史」があり、そこでは、各地の出来事が、その「イスラーム世界史」に結び付けられてきたこと、イスラームの歴史においては、伝統的に人物史が重視されること、一方、同時に、各地の地域史や各イスラム都市の歴史の併存もみられ複線的な歴史が描かれてきたことや、イスラム文化圏以外の歴史をふくむ世界史への志向も存在したことが指摘されている。[2] イスラーム圏においては、歴史を意味する語はターリーフ تاريخ, taʾrīkh と言い、それは、「月日を記すこと」を意味するアッラハ أرّخ, arrakha という動詞の語根からきているが、そのターリーフは、「熱い社会」が持つ「歴史」と似たものであるようにも見える。事実、一四世紀（イスラーム暦七世紀）のアラブの歴史家イブン・ハルドゥーン（أبو زيد عبد الرحمن بن محمد بن خلدون الحضرمي, Abū Zayd ʿAbd ar-Raḥmān ibn Muḥammad ibn Khaldūn al-Ḥaḍramī が著した『歴史序説 المقدمة, Muqaddima』は、歴史の動因を、都市と非都市の対抗と、集団意識の発達に求め、世界で初の社会科学的歴史学であるとも評価されている。[3] しかし、イスラーム世界においては、ターリーフと呼ばれるその歴史とは、生きて変化するものであり、その主体は民族という運動体である。アラブ・イスラーム史の佐藤次高は、このイスラームにおけるターリーフは、日本語で

[1]　[Lévi-Strauss（1962b）822–849]
[2]　[林 2005][佐藤 2005]
[3]　「イブン・ハルドゥーン」『岩波イスラーム辞典』

いう「歴史」とは完全には一致しないものである可能性を指摘している。[4]

熱い社会における歴史という考え方を典型的に示す一九世紀ドイツの哲学者ヘーゲルは、『世界史の哲学 Die Philosphie der Weltgeschichte』(一八三〇年)の中で歴史とは理性による意志の実現過程であるとした。[5] 彼の考える歴史とは、古代ギリシアから語り始められ、ドイツにおいて語り終わる「世界史」である。それは、近代という時代と、西洋中心主義という地域的な制約を受けているとはいえ、序章でも見たように近代化と西洋化の広がりによってこの考え方は広く世界をおおっており、今日の歴史書の多くが叙述する歴史という考え方の根底にあるものだといってもよい。

歴史のダイナミズム

このような歴史を「歴史のダイナミズム」と呼んだのは、ドイツの哲学者カール・レーヴィットである。レーヴィットは、歴史を、人間がその中に存在することによって、歴史の主体となる過程であるとした。[6] 一九五三年の「人間とエネルギー」を特集テーマとする『エラノス会議年報』に収められた論文「歴史と歴史主義のダイナミクス」において彼は、これを「歴史のダイナミクス Dynamik der Geschichte」と言った。レーヴィットは、歴史とは自然科学と異なり、文化や時代による解釈や語りの型が大きな位置を占めるという。

彼によると、歴史とはヨーロッパにおいては一五〇〇年ほどの新しい概念である。それ以前には、古代においては、出来事は円環すると考えられており、ギリシアの人々やローマの人々は、出来事を天体の運行のように考えていた。世の中には革命や戦争が起きているが、それは、人間界にも貫徹する自然の法則があらわれているからであると考えられていたのである。中世に入り、キリスト教的世界観がひろがったが、そこでは出来事は始まりと終わりがある直線状に並べられるようになり、円環する時間の表象から直線的表象に変わった。とはいえ、それはあくまで神の意志を達成するという目的論的意識のもとにあった。近代に入り、科学の発達によって、ものがエネルギーとプロセスによって分析されるのと軌を一にして、世界は自然と歴史に分化するようになった。ここにおいて、人間の主体性が問われるようになる。その主体性とは、歴史の中で起こることは、人間によって意図され目的された行為によるという考えに基づく。レーヴィットは西洋における歴史概念の見取り図を以上のように描く。

レーヴィットによれば、人間の行為が歴史になる過程は、複雑である。人間が単に行為するだけでは、それは歴史ではない。歴史とは、そうされることにより歴史となるものの中で人間が行為することで歴史と呼ばれるものができることである。歴史によって働きかけられるものが歴史に働きかけることになるのである。つまり、人は歴史をつくるが、同時に人は歴史によっても作られるのである。このような相互的で再帰的なプロセスをレーヴィットは歴史のダイナミクスと呼ぶ。これは、古代ギリシアにおいては運命やトゥケー、アナケーと呼ばれた。中世キリスト教では秘跡と呼ばれ、ヘーゲルが理性の策略 die List der Vernunft と言い、カール・マルクス Karl Marx が生産力と生産関係の弁証法と呼んだものであり、人間が主体として歴史の中で存在する際の構図である。ダイナミクスとは、すでに述べたように、アリストテレスの存在の析出の二つの様態の一方であるデュナミス（可能態）から来た語である。それが、歴史の進歩の基本的原動力である人間の主体性の位置を表現するために使用されている。

［4］［佐藤 2005: 77–78］
［5］［Hegel1830=1955］
［6］［Löwith1953=1983］

このような考え方が西洋の歴史概念の基盤にあったとすると、近代の歴史、つまり発展として歴史をとらえる見方の根底にはダイナミズムという考え方があったことになる。近代の歴史においては、発展が重視された。しかし、今日、歴史を発展の相でとらえることに疑問が付されている。これは、近代西洋に特有の歴史のダイナミズムとしてのみ、人間の過去を語ることにも懐疑が寄せられていることであるともいえよう。歴史を人間がその中に入るダイナミズムとしてだけとらえるのではなく、人間以外の生き物やものもふくめたある過程としてとらえるためにそれをエネルゲイアとして見ることは、そのような歴史をダイナミズムとしてとらえることに対する別種のアプローチでもある。

もちろん、歴史のダイナミズムとは、歴史の動因であり、歴史が動く原理そのものであるので、普遍的なものでもある。それは、動因であるという点で、エネルゲイアとも同じであるといえるし、この後で見る「なる＝ビカミング」と同じであるともいえる。ただ、歴史のエネルゲイアにおいては、人以外のものもそこに含まれることを排除せず、進歩や発展を前提としないし、それは書かれるものという側面を重視し、そこに入る対象ではなく、それを外から見る対象としてとらえている点で、歴史のダイナミズムとは異なる。

その際、エネルゲイアがエンテレケイアとは異なるものであることは意味を持つ。エンテレケイアも現実態ではあるが、それは目的を完遂してゆく現実化の方向性を持つ。一方、エネルゲイアは目的を持たない。歴史のダイナミズムとは、人間の主体的な行為を前提とし、それは、歴史の目的を前提とするといえるだろう。目的がある現実態、つまり歴史のダイナミズムの方向性とは、エネルゲイアの方向ではなく、エンテレケイアの方向であるともいえる。

人間の主体性を考えた時、歴史のダイナミズム、すなわちエンテレケイアというある目的を目指した方向性に一定の役割があるともいえよう。しかし、地球環境学が扱う地球史には、人間以外の生き物やものの過去が含まれる。人間以外の存在にも主体性は認められようが、その時、そこにあるのは、人間の考える目的性とは異なるだろう。終章で述べたように、アンソロポシーン Anthropocene という地質学上の新しい区分の提唱によって、超長期の過去に人類の歴史をいかに接合するかが問われている。超長期の過去を考える時、その主体性のあり方にはダイナミズムではない新たな動因が求められており、エネルゲイアとはその手がかりの一つであるともいえる。

なる＝ビカミング

歴史のエネルゲイアは、歴史のダイナミズムへのオルタナティブであると述べたが、同じ歴史のダイナミズムの考え方へのオルタナティブとして、「なる」という考え方もある。アリストテレスのいうエネルゲイアとは、そのものがそれ自身で展開してゆくことを指すものでもあり、それは「なる」ともいえるものである。その「なる」というとらえ方をとりあげ、その「なる」の考え方と歴史のエネルゲイアの考え方を比較してみよう。

「なる」という考え方を歴史とかかわらせて考えてきた例はいくつかある。第一に、マルクスの史的唯物論では下部構造と上部構造の弁証法的な止揚によって歴史が進むと考えられている。この考え方の背景には、ヘーゲルの弁証法の考え方がある。先ほどカール・レーヴィットの歴史のダイナミクスの考え方を紹介したが、そこでも弁証法は重視されていた。ヘーゲルは、『論理学 Wissenschaft der Logik』の中において、なる werden を存在と無を止揚する基本的な概念であるとした。[7] 存在と無とは、形而上学的には異なった位相にある。そのよ

［7］［Hegel1812=1951］

うな異なった位相を超越することができるのは、「なる」という作用だけである。

第二に、プラトンは、『ティマイオス Τίμαιος』の中でコスモゴニー（世界生成）を明らかにする中で「なるγένεσις」について述べている。[8] プラトンによれば、この世界は神（Θεός）が自己の姿に似せようとして作った。神とは、完璧な存在である。神の姿に似せるとは、完璧な姿を求めることである。神が世界を創る前には、世界は存在しなかった。世界を創るために、神は、存在するものたちをそれがあるべき場所（コーラ χώρα）に充塡した。その時に、「なる」が作用したというのである。

ここでとりあげたいのは、日本の政治思想史研究の丸山眞男の見出した「なる」という考え方である。以下、具体的に見てゆくが、丸山の見出した「なる」、そして、丸山自身が「なる」を見出したこと自体に歴史のエネルゲイアについて考える多くの論点がはらまれている。

なお、丸山は「なる」と表記しているが、後で述べるように、それを「ビカミング」としている英語圏（ないしフランス語圏）の思想との関連もあるため、以下の記述では丸山の見出した「なる」について述べる際には「なる」と表記し、それも含む広い意味での生成やエネルゲイアに着目する考え方について述べる際には「なる＝ビカミング」と表記する。

丸山眞男

丸山眞男（一九一四―一九九六）は、日本の思想史、政治思想の研究者である。丸山の「なる」という概念への注目と論理は、その経歴に見られる日本の戦時期と戦後期の歴史的経緯に密接に関係している。

簡単に経歴を紹介しておくと、[9] 大阪朝日新聞の著名な記者であった丸山幹治の長男として大阪に生まれた丸山は、父の東京への転勤により東京で生育し、第一高等学校、東京帝国大学を卒業した後、その職業的学問的生活のほとんどを東京帝国大学法学部と東京大学法学部で送った。一九三三年、一九歳の時、唯物論研究会に出席していた丸山は治安維持法により、特別高等警察（特高）に検挙・拘留された。以後、東京帝大の助教授になるまで特高の定期的訪問を受けた体験を持つ。丸山は、戦後においては、日本の戦時体制を批判し、近代的価値観を主唱する知識人として知識界で主導的な位置を占めた。後年にいたると、新左翼やポストモダニズムの潮流の中で批判の対象ともなっている。その学問は、欧米の政治学の概念と日本の政治思想を独自の仕方で融合させた学問である。

「歴史意識の古層」

その丸山の「なる」に関する学説は、一九七四年にあらわれた「歴史意識の「古層」」という論文にまとめられている。[10] 丸山が六〇歳の頃に書かれた論文である。この論文は、筑摩書房の『日本の思想』という講座本の第六巻にあたる「歴史思想集」という巻の解説として書かれたものである（写真11-1）。この巻には、中世の歴史思想書である慈円『愚管抄』（成立：一二一九（承久元）年）、北畠親房『神皇正統記』（成立：一三三九（延元四）年ごろ）、近世の歴史思想書である荒井白石『古史通』（成立：一七一六（享保元）年）、頼山陽『日本政記論賛』（成立：一八二〇年代おわり（文政末ごろ））、伊達千広『大勢三転考』（成立：一八四八（嘉永元）年）が一

［8］［Plato1929］
［9］［丸山 1997］所収の「年譜」を参照した。
［10］［丸山 1974］

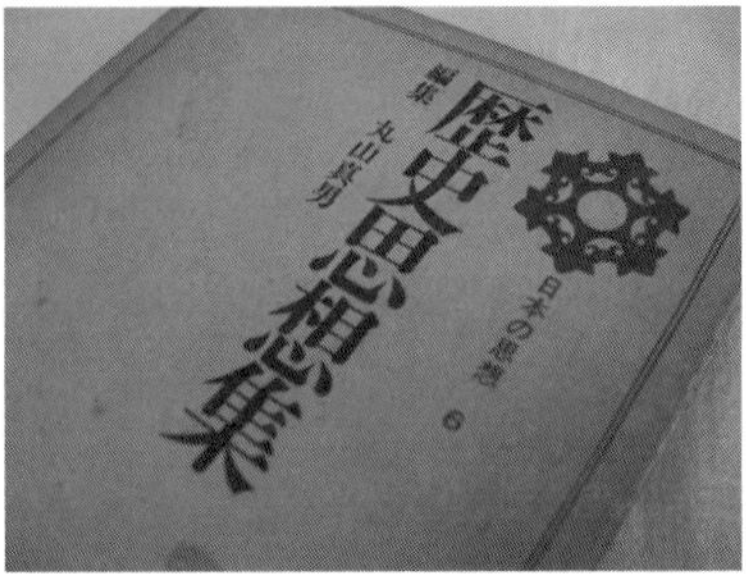

写真 11-1　丸山眞男（編）『歴史思想集』。全20巻からなる「日本の思想」シリーズの最終巻として配本された。

部は全部を、長いものは抄録を収められている。丸山の解説は、それらの個々の思想書の解説であるというよりも、それらを貫く日本の歴史意識の原理を明らかにしたものであり、その中で丸山は「つぎつぎに、なりゆく、いきほひ」という原理が日本の歴史意識を通底して規定してきたと述べる。

この「つぎつぎに、なりゆく、いきほひ」という概念は、丸山が『古事記』から抽出した概念である。『古事記』は、『日本書紀』と並ぶ日本最古の歴史書である。『古事記』が書かれた当時、日本は、当時先進国であった中国から多くの文明の産物を受け入れてきたが、その中の一つが歴史書の編纂である。当時、日本が直面していた文明世界においては、中国はすでに公定の歴史書を持っていた。中国の公定の歴史書である「二十四史」のうち、一二までがすでにこの時期までに作られている。朝鮮半島においても、このころ、『百済記』、『百済新撰』、『百済本記』からなる歴史書「百済三書」が作成されている。そのような中で、公定の歴史書を持つことは、文明国として必要なことであった。『古事記』は天武天皇の命令を受け稗田阿礼の記憶をもとに、太安万侶が編纂し、七一二（和銅五）年に元明天皇のもとに献呈されている。

『古事記』における「なる」

「なる」という言葉は、古事記の冒頭の第一行目から出てくる。そこにはこうある。

天地初発之時、於高天原、成神名、天之御中主神。次高御産巣日神。次神産巣日神。此三柱神者、並独神成坐而、隠身也。[11]
（あめつちはじめてひらけしとき、たかまのはらになれるかみのなは、あめのみなかぬしのかみ。つぎにたかむすひのかみ。つぎにかみむすひのかみ。このみはしらのかみは、みなひとりがみとなりまして、みをかくしたまひき。）

丸山は、本居宣長の『古事記伝』が古代における「なる」の意味に三つの意味があったとする説を紹介している。その三つとは、生まれる、変わる、完成するという意味である。これらは、つくると似た意味の言葉である。しかし、そこには微細なちがいがある。「なる」といった時、何かがその内側から出来して、存在にいたるという現象が想定されている。しかし、「なる」は存在や、「ある」ではない。それは、なることのプロセスである。

この「なる」に比べて別のタイプの歴史の語りもある。たとえば、「旧約聖書」の『創世記』は「はじめに、神が天と地を創造した」と述べる。ここでは、神が世界を創ったことが明確に述べられている。丸山は、「なる」と「つくる」とは異なった論理であることを指摘する。「つくる」とは、何かをつくることであり、それは、他動詞であり、何かが何かをつくるといった時、主語が対象となるものを他動的につくることになる。一方、「なる」は自動詞である。「なる」といった時、何が何をという意味での操作の概念はあらわれない。終章で見たように[12]、この「なる」の側面と、アリストテレスのいうエネルゲイア、そして「ビカミング」の考え方

[11]　［倉野（編）1963］
[12]　本書終章第1節 737ページ

はこの点で全く重なる。

この後、古事記の第二段落でも「なる」が続く。そこでは、葦の芽の神や、天の神、地の神、雲の神、泥の神、生命力の神、男女の生殖器の神、身体の神、道具の神、誘惑の神がつぎつぎと「なる」。この連続した「なる」の状態においては、「つぎに」という接続詞が多用される。[13]それを指して、丸山はその背後に、「つぎつぎに、なりゆく」という概念の存在を指摘する。この次々に神が登場する記述は、神話や伝統的な民俗譚にも見られる数え上げの技法である。これは、修辞上のテクニックであり、ホメーロスの叙事詩やトルストイの『戦争と平和』などにも見られる。[14]しかし、ここでの「つぎ」は、修辞を超えてあまりに多用されている。『古事記』におけるオブセッションともいえる修辞の多様については、国文学の猪股ときわが、「…して（而）」の繰り返しについて、反復することで、動作が神の行為に近づいてゆくことが表現されていることを明らかにしているが、[15]丸山は、「つぎ」の多用が、時間の持続への強い希求であり、それが、血の連続性への希求につながる可能性を指摘する。日本語の「つぎ」という語は、世継ぎや、後継ぎなど血の連続性をあらわす語として使用されることが多いからである。日本における歴史思想においては、歴史の原動力における超越的な力の概念は見られない。それに代わり、この連続性というものが歴史思想において根源的な重要性をもったことを丸山は推論する。

一方、「いきほひ」という要素も重要である。古事記の初めの第一行は「天と地が最初に始まった時」という文言から始まる。丸山は、これは、中国の神話とは異なる始まり方であることを指摘する。中国の神話は盤古神話のように、「天と地が分けられた時」というように始まる。この場合、天と地はある超自然的な力によって分けられ、上方向と下方向に分離した。丸山は、この中国神話の語り方は、神による天地創造の一バージョンであるとする。しかし、古事記においては、天と地は自ら「なる」のである。これは、始まりにおけるエネルギーの存在を示す。始まりとはエネルギーであり、歴史的過程とは、そのエネルギーを前方に向けて、未来に向けて保つことであると考えられていたと丸山は考える。

自然・作為・「なる」

「つぎつぎに、なりゆく、いきほひ」の中で中核的な位置を占めると考えられる「なる」という考え方は、自然の概念と重ね合わせることができる。自然とは、それがそのようになることとしてとらえられるからである。そして、その自然という概念は、日本の政治思想において、大きな意味を持ってきた。丸山は一九四一年に発表した「近世思想における自然と作為」において、自然という概念と作為という概念がどのように政治的に機能してきたのかを明らかにしている[16]。

丸山のこの論文は、徳川時代の朱子学の展開を扱ったものである。約百数十年間続いた戦国の世を一六〇三年に終結させた徳川幕府は、当時、他の東アジア諸国が実施していた海禁政策を取り入れ、貿易統制や宗教統制により国を対外的国際環境から切り離した。この時代は、日本における前期近代の始まりであったとも評価されている。列島に平和を維持するため、徳川幕府は正統性を強化する必要があったが、そのためのイデオロギーを構築するために、公的アカデミーが江戸に設立され、儒教、とりわけ朱熹の学説に基づく朱子学が研究

［13］［山口・神野志（校注・訳）1997: 29–30］
［14］［池澤 2015］
［15］［猪股 2016: 100–103］
［16］［丸山 1941=1996］

教授された。

自然という概念は朱熹の中心的な概念である。朱熹は人間の本性を理であるとし、それは天の理が与えられたものであるとした[17]。天からはそのような人間の自然としての理が自然の分配過程として分け与えられた。この分配過程によって、理は人間以外にも分け与えられている。つまり、理は人間だけではなく、あまねく存在することになる。朱熹によると、天と地は相互に関係している。この相互関係は、理という原理と、気という原理の二つにより、人間において実現している。これが、朱子の考える自然である。

この自然という概念は、徳川時代の封建的秩序を支える基礎的な概念となった。フランスにおけるアンシャン・レジームやインドにおけるカースト・システムなどと同様に、徳川幕府は、身分制という制度を開発した。その制度の中においては、将軍が最も上位に位置し、武士、農民、技術者、商業従事者という順に身分が下ってゆく。この身分制度は徳川幕府によって作られた制度であり、つまり、人為的な順位である。しかし、朱子学の思想の助けを借りて、その身分の秩序は自然であるとされた。徳川幕府の正当性は天が与えたものであり、それゆえ、自然であるというロジックである。

丸山眞男にとって、日本の前期近代の歴史とは、そのような権威の自然性の克服の歴史ととらえられた。丸山の論文で中心的に論じられているのは、荻生徂徠（一六六六—一七二八年）であるが、その徂徠は、権威の自然性に対して権威の人為性を提唱した思想家である。徂徠は、社会秩序は自然ではなく、人為的なものであると考えた。それが意味するところは、そのような秩序は人がつくったものであるならば、人が変えることができるということである。この考え方は、人が社会における行為の主体になることを意味する。丸山は、徂徠を、人間の主体性を明らかにした点で、一七世紀のヨーロッパの哲学者ルネ・デカルト（一五九六—一六五〇年）と並ぶ存在であると述べている。徂徠と徂徠学派の登場は、近代社会に向けての重要な一段階であったと丸山は評価する。

自然・「なる」と日本の超国家主義

この丸山の自然への評価は、先ほど触れたように、日本における近代、とりわけ戦前と戦後の歴史過程と関係している。自然に関する近世の政治思想を丸山がとりあげたこと自体が政治的含意を持っていた。

近代における自然の持つ意義を見てみると、それは政治思想史的観点からいうと否定的な意味を持つものであった。開国（一八五三年）と明治維新（一八六八年）を経て近代日本が直面したのは、近代市民社会にふさわしい個人を確立することである。徳川時代における封建制とは異なり、近代国民国家は独立した市民によって構成される。徳川時代には、民衆は、主体的な政治的アクターではありえず、為政者の仁政を期待する「客分」であったことはすでに本書の中で何度も見てきた。[18]独立した個人であるためには、その個々の主体性が必要とされる。その意味で、徳川時代の身分制の自然の秩序は、近代を目指す丸山にとって、ネガティブな意味を付与された。そして、自然という単語も主体性の欠如であるとして、否定的にとらえられた。

アジア太平洋戦争（第二次世界大戦、十五年戦争、大東亜戦争）への突入により、日本は超国家主義と全体主義の時代を迎える。この時代において、自然と「なる」は、また異なった位相を見せる。この時代の超国家主義と全体主義は、天皇が『古事記』に書かれたように、神話の時代から日本を統治し、その統治が日本歴史を貫

[17]「黎（編）1999」
[18] 本書プロローグ 13–14 ページ、本書第二章第3節 124–125 ページ、本書第五章第2節 270 ページ

写真 11–2　紀平正美『なるほどの哲学』。丸山は「なる」と「うむ」に立脚した徳川期以来の神道系思想家や日本主義を批判しつつも、そこには漢籍や仏典や西洋哲学とは違う何かを懸命に模索しようとした「ある種の真実」も含まれていることを指摘する［丸山 1974: 42］。

いて続いていること、それは天皇の血の連続性によるものであるという理論を構築した。その点で、自然と「なる」は戦時中の日本においては、公定の歴史理論の位置にあったといえる。

たとえば、文学・歴史学・文法学の山田孝雄は一九四三（昭和一八）年に発行された『日本国家科学大系』の中に収められた「日本肇国史」という論文の中で、[19]『古事記』においては国が「生まれた」ことが書かれていていると述べ、そのことが国家が生命を持つことをあらわしているという。生命を持つものには、身体と魂が存在するが、日本という国家においてはそれが国体と天皇にあたり、その発展は天皇の血統によって担保されてきたという。このような血の連続性の強調は、同時期のドイツにおけるナチスによる国家社会主義にも見られた。

また哲学の紀平正美もこの時期に『なるほどの哲学』（一九四二年、写真11-2）、『なるほどの論理学』（一九四三年）という著書をあらわし、「ある」の分析に基づく西洋哲学とは異なった、「なる」という原理に基づいた哲学を構想した。[20]だが、それは同時に「新たに神の産み給ひし国」である「大満州国」を大日本帝国の中に位置づけるための「建国の哲学」ともなり、「大詔によりて与へられたる」「大東亜共栄圏」の対外侵略を支える哲学的原理としても機能した。[21]つまり、アジア太平洋戦争（第二次世界大戦、十五年戦争、大東亜戦争）期の日本においては、「なる」という原理は超国家主義と全体主義を支える機能をはたしていたのである。本書第九章では、感情というエネルギーが国家にコントロールされることが究極的に行きついた先が超国家主義であることを述べた[22]。総力戦体制下では、軍事のみならず学知も動員されるが[23]、そこには、哲学や歴史学なども動員されていたのである。

丸山が一九四一年に発表した「近世思想における自然と作為」という論文は、そのような言論環境の中で書かれた論文である。超国家主義と全体主義はすでに一九二〇年ごろから日本の社会を覆いつつあり、一九四一年において、この論文を発表することは相当の緊張をはらむものであったといえる。そのような状況の中で丸山は、近世における荻生徂徠の「作為」をとりあげることで超国家主義への批判を込めたといえる。

戦後になり、丸山は矢継ぎ早に戦時中の超国家主義を批判的に検討する論文を発表する[24]。「近世思想における自然と作為」に加え、それらの論文は、戦後になり、超国家主義からの脱却と新しい社会の論理を求める人々に強く支持され、丸山は思想界の主導的立場に立つようになる。しかし、それもまた時代の変化の影響を受ける。戦後が約二〇年を経過した一九六〇年代末から七〇年初めにかけて、新左翼運動が日本の大学で勃興した。これは、旧来の左翼思想を攻撃するものであり、ヨーロッパにおけるポスト・モダン運動と軌を一にしていた。丸山の論理も近代主義であると激しく攻撃され、一九六九年二月から三月には、東京大学全学共闘会議（全共闘）系の学生により、大学の教室に軟禁され、講義においてつるし上げをされるという事件も起きた。

[19]［山田 1943：14–87］
[20]［紀平 1942］［紀平 1943］
[21]［紀平 1943：1–13］
[22] 本書第九章第5節 616 ページ
[23]［小森・千野・酒井ほか（編）2002］
[24]［丸山 1946=1995］

「なる」を日本の歴史感覚に通底する要素としてとりあげた論文「歴史意識の古層」が書かれたのは、そのような状況の少し後のことである。この中で、丸山は当時の思想界における歴史への態度を「「なりゆき」の流動性と「つぎつぎ」の推移の底知れない泥沼に化するかもしれない。」と述べている。[25]ここでは、時代が動くこと、その流動が見てとられており、それと呼応するように、「なる」という原理が抽出されたともいえる。

「なる」とビカミング

丸山の「なる」への注目とほぼ同時期に「なる」に着目したのが、フランスの哲学者ジル・ドゥルーズ Gilles Deleuze とフェリックス・ガタリ Pierre-Félix Guattari である。彼らは、一九八〇年に刊行した『千のプラトー *Mille Plateaux*』において、「なる」という概念をとりあげ、本質的な主体への疑義を呈した。「強度になること、動物になること、不可知のものになること（Devenir-intese, devenir-animal, devenir-imperceptible）」と題された章で、彼らは、人間存在を人間で「ある」ことではなく、人間に「なる」ことと規定した。[26]フランス語で devenir とはまさに「なる」を意味する動詞である。人間であることが人間になることであるならば、人間以外のものになることも可能となる。西洋の考え方では、人間は客体として環境を認識するが、それは、人間存在が世界から切り離されることでもある。しかし、人間となることは、人間が世界とは切り離されず、世界の中のさまざまなものとの流動するネットワークの中にあることによって可能になる。ドゥルーズらは、その流動性に注目したが、一方の丸山の「なる」への注目も、さきほどの引用が示すように同じように歴史の流動性に注目することであったといえる。丸山は、時代の変化の中で、人間という存在が揺らいでとらえられるようになってきたことを察知し、「なる」という概念に注目した。ドゥルーズとガタリが、流動の中で人間存在をとらえ「なる」ことの意味を再考したのも、その点で丸山と同時代を生きていたといえる。

この「なる」は英語で、「ビカミング」として、その後も、これに注目する論者が続いている。社会人類学のティム・インゴルド Tim Ingold はこの「ビカミング」という過程・プロセスに注目した研究を続けている。『環境の知覚 *Perception of the Environment*』で、彼は、バスケット編みに注目した章を設けており、そこでは、プロセスそのものがかたちになることが主題となっている。[27] バスケット編みにおいては、編む行為そのものが構造をつくっている。編まれることがなければ、バスケットのかたちは出来《しゅったい》しない。これをインゴルドは人間の製作行為の持つ世界の生成の機能と関連づけて論じる。この視点はアリストテレスのエネルゲイアの考え方と通じる。アリストテレスの『形而上学』には、まさに彼が、現実態（エネルゲイア）は、ものそのものの中に「住み着いている」と言っている個所がある。建物を建てるという行為は、家というものの中に住み着いているし、編むという行為は編まれたものの中に住み着いているとアリストテレスは言うのである。[28]

また、インゴルドは、『生社会的ビカミング *Biosocial Becomings*』と題する本も編著で出している。[29] そこでは、遺伝子・ミーム仮説と自然選択説に依拠して組み立てられたネオ・ダーウィニズムが批判される。ネオ・ダーウィニズムにおいては、すべての進化過程を、遺伝子とミームによって運搬されるある本質的なものを実現する過程であると説明しようとする。しかし、現実の世界で起きているのは、さまざまなエージェントの相互行

［25］［丸山 1974：41］
［26］［Deleuze et Guattari 1980］
［27］［Ingold1996=2000］
［28］アリストテレス『形而上学』θ1050a（［Aristotele 1933：461］）
［29］［Ingold and Passon 2013］

為の連続的プロセスであり、そのような複雑な相互行為の連続の現実を考えた時、あらかじめ与えられた本質というものを想定することは困難である。インゴルドが「ビカミング」に着目するのは、現実の複雑な状況をより動態的にとらえるためであるといえる。

風土論のオギュスタン・ベルクの「通態 la trajection」の論理もこの「なる＝ビカミング」と通底しているといえる。通態の理論とは、現実は、主語が環境を述語として認識することによって構成される無限の相互連関の過程であるというものである。通常、現実（r）は論理の主体（S）である主語が、述語（P）により限定されることであると考えられている。これは r=S/P と表現される。しかし、同時に、主体は現実によって構成されるものでもあり、それゆえ、この現実はあらたな主語S' と述語P' をつくり出すといえる。それゆえ、現実は、r=S/P ではなく、無限の r=（(S/P）/P'）/P''）/P'''…と書かれなくてはならない。このプロセスは無限に続くものである。[30] この通態の現実と、和辻哲郎の風土論、またユクスキュルの環世界論は共通した原理である。ベルクは、通態の立場から、今西錦司の理論に着目している。[31] 今西は進化とは主体性の自律的な運動であり、主体はそのアイデンティティをそのプロセスの中で保ち続けると考えた。今西は生物種は、進化において「変わるべくして変わる」と述べている。[32] これは、先ほどみたアリストテレスの、現実態（エネルゲイア）が論理の上では可能態（デュナミス）に先行するという考え方と通じるものであり、今西の「なる＝ビカミング」への親和性を示すといえる。このほか、終章第2節で見た、マンフレッド・ラウビックラーとユルゲン・レンの外延的進化説[33]も、主体と環境の連続的な相互関係に着目しており、環境に関する通態と通底したアプローチをとっているといえる。

「なる＝ビカミング」という考え方は、歴史のエネルゲイアと同じ根を持つ考え方である。エネルゲイアに注目した時、現実は、なることを通じてとらえられる。ここで問題になっているのは、流動する現実をどうとらえるのかという問題である。先ほど紀平について触れた部分でも見たが、大きく見れば、西洋の哲学は伝統的に存在に注目してきたといえる。アリストテレスの論理学以来、それは、固有性 property を持つ個物に注目した術語 predicate に立脚した論理を構築してきたが、そのような論理は、無時間的な状態で実現されるものである。[34] しかし、現実においては、出来事や存在は時間の中にあり、それは絶えざる「なる＝ビカミング」の過程にある。固有性に注目するだけではとらえられないそのような過程に注目する考え方はプロセス哲学と呼ばれ、その系譜を、老子やヘラクレイトスから始まり、スピノザ Baruch Spinoza やライプニッツ Gottfried Leibniz を経て、西田幾多郎やポール・リクール Paul Ricoeur やジル・ドゥルーズにいたる論者たちのつらなりとして論じる論じ方もある。[35] 哲学における技術の立場からアンソロポシーンを論じる香港出身のユク・フイ Yuk Hui は、これらは、アルフレッド・ノース・ホワイトヘッド Alfred North Whitehead やアンリ・ベルクソン Henri Bergson のポスト・カント主義のプロセスの哲学のなかに位置づけることができると提唱する。[36] また、比較哲学の立場から初期上座部仏教について論じているスタンフォード大学仏教センターのノア・ロンキン Noa Ronkin によると、仏教の中に見られる起源が相互に関係しているという「縁起 प्रतीत्यसमुत्पाद, Pratītya-samutpāda」や「無我 अनात्मन, anātman」や「無常 अनित्य, anitya」の概念も、そのプロセスの哲学の

[30]　[Uexküll2014]
[31]　[Berque2015]
[32]　[今西 1980: 202–213]
[33]　本書終章第2節 748–749 ページ
[34]　"Process Philosophy" in *Stanford Encyclopedia of Philosophy*.
[35]　[Helin, Hernes et al. (ed.) 2014]
[36]　[Hui2016: 47]

中に含めることもできるという。[37] 一九四二年に刊行された『なるほどの哲学』で紀平正美は、西洋の哲学は伝統に「ある」という存在に注目してきたが、それに代えて「なる」に注目する必要があることを述べていたが、そのことばと重なるような発言が、今日、中国や欧米の研究者から発されているのである。グローバルに見て従来とは異なった思想や考え方、異なった発想が必要とされている現在、その一つとして、この「なる＝ビカミング」が注目を集めているといえよう。

とはいえ、「なる」という考え方には、アジア太平洋戦争（第二次世界大戦、十五年戦争、大東亜戦争）期の日本において超国家主義に利用されたという負の歴史もあった。いや、日本だけでなく、ドイツにおいても、同様の動きは見られた。ナチズム研究の歴史学のジョージ・モッセ George Mosse は「なる＝ビカミング」の考え方が、ナチス・ドイツのファシズムにおいて人種の永遠の精神への合一と同義語のようにとらえられ重視されたことを明らかにしている。[38] それらの可能性と負の歴史とは、本書で考えようとしてきた歴史のエネルゲイアの可能性とありうべき負の側面でもあると思われる。もちろん、ある考え方と、それが政治的にどのように利用されるかということは別である。しかし、日本において歴史がどう書かれるか、歴史がどう語られるかという問題に取り組む際、そのような出来事があったことは銘記しておかなくてはならない。それは、歴史を書くことを通じて、どのような未来を選択するかという問題でもある。

［37］［Ronkin2009: 14］

［38］［Mosse1979: 7］。なお、この点について、アメリカの思想史家のジュリア・トマスは、『近代性の再構築――日本政治思想における自然という概念 *Reconfiguring Modernity: Concepts of Nature in Japanese Political Ideology*』の中で、日本の超国家主義の時代には、共同体が、自然に「なる」のではなく、自然そのものとしての共同性として表象されたことを指摘し、モッセがファシズムを「永続的な革命」、あるいはたえざる「なる＝ビカミング」だと定義するならば、日本の超国家主義は、ファシズムには当たらない可能性があることを指摘している［Thomas2002: 185］。

エピローグ　「「神戸まで歩く」を歩く」を歩く

二〇〇二年一月に、西宮から神戸まで歩いた。

作家の村上春樹に「神戸まで歩く」というエッセイがある。[1] それは、村上が、阪神・淡路大震災の二年後である一九九七年に、その阪神・淡路大震災の被災地であり、同時に彼の故郷でもある、西宮から神戸までを自分の足で歩いた時のことを書いたエッセイだ。電車も、タクシーも、バスも、自転車も使わずに、とにかく自分の足で歩く。歩くことは、環境の中に、ダイレクトに身を置くことである。歩くこととは、自分とまわりの間に何らかの夾雑物を介在させることなく、そこにあるものやことをこの目で見ることを可能にする。村上の方法には共感できるものがあった。もとより、歩くことは好きだし、自分の目で見ることの大切さもつねづね感じている。そこで、彼のエッセイを手掛かりに、歩いてみようというのが、二〇〇二年の旅だった。それは、阪神・淡路大震災の発生から七年後のことであって、村上の旅からいうと五年後である。その小さな旅のこと

[1]［村上 1998］

は、エッセイとして書いた[2]。その時撮った写真は、本書のコラム3に採録した。今回、この本を書き終え、この本を閉じるにあたって、もう一度そこを歩いてみたくなった。今回歩いたのは、二〇一七年である。阪神・淡路大震災が起きた一九九五年からは、二二年後である。村上がエッセイを書くために歩いた一九九七年からは、二〇年後にあたる。前回の旅は二〇〇二年だったから、それからかぞえても一四年になる。

二〇〇二年に歩いた時は、村上春樹が歩いた足跡をたどって歩いたわけだから、いうなれば「「神戸まで歩く」を歩く」旅であった。今回は、その「「神戸まで歩く」を歩く」で歩いたところを歩くわけだから、「「「神戸まで歩く」を歩く」を歩く」である。今回の歩きは、村上春樹が一九九七年に歩いたそれをたどるというよりも、自分が二〇〇二年に歩いた村上春樹が一九九七年に歩いた足跡歩きを再び歩いたということになる。日本文学には「歌枕」という概念があり、先人が文学的描写の対象とした場をたどり、そこについて新たに書くことは、れっきとした伝統の一つになっている。『源氏物語』も『古今和歌集』も『奥の細道』も古人の紀行無くしてはありえない。第一、村上春樹の「神戸まで歩く」は、一九九七年の、ということは地震から二年後の当時の時間と空間の空気をよく伝えている。文学作品というのは、ある時代の座標軸であるものであろう。そのような座標軸を基準にしてカギカッコが三つついた「「「神戸まで歩く」を歩く」ことは悪くないことだと思う。

村上春樹が歩いたのは阪神西宮駅から西に向かってほぼ真っすぐ、芦屋市を経て、神戸市に入り、神戸市東灘区、灘区を横断し新神戸駅を経て三宮に至るコースである。距離にして約一五キロ、途中に夙川、芦屋川、石屋川という名のある川やその他の名もないような小さな川を越え、六甲山のふもとにも登る。基本的には市街地だが、それなりにアップダウンのある歩きがいのあるコースだ。「神戸まで歩く」には、その途中に彼が見たこと考えたことが書かれている。こちらの前回の旅も、基本的には同じコースだった。今回も、それを踏襲することにする。

というわけで、二〇一七年八月はじめのある日曜日の早朝、阪神西宮駅前を出発した。

駅前はすっかりと様変わりしている。駅は高架になり、駅前には大きなロータリーができている。地震の以前には、南にアーケードが続いていて、そこには商店街があったはずだが商店街らしきものはすっかりと消えている。前回来た時には、まだアーケードが残っていて、そのアーケードの下にあったタイル張りの商店街の大通りもひび割れながらもそのまま残っていた。しかし、いまは、もうすっかりと区画整理が行われ、きれいな石畳が敷かれ、タワーマンションがそびえるその瀟洒な一角のさまからは、ここにかつて庶民的な商店街があったことはうかがい知れない。

＊

その道を抜けると、西宮戎神社がある。真新しい築地塀（この塀は室町時代につくられた日本で何番目かに古い塀だったが、震災で壊れたため修理された）を見ながら歩いていると、小さなのぼりがいくつもはためいているのが見えてきた。大相撲の場所中の両国国技館の前のようだ。近寄ってみると「手作りサーカス」と書かれたモンゴルの草原で翻っていそうな色合いの小さなのぼりがいくつも築地塀の手前にある柵に取り付けられている。なんだこれは、と思っていると、ひらひらした衣をまとった妖精のような少女がひらりとそののぼりの影からあらわれ、築地塀の切れ目にある朱色の大門から境内の中に入っていった。まるでヴィム・ヴェンダース Wim Wenders の映画の一シーンのようだ。

［2］［寺田 2002］。のちに［寺田 2015a］に収録された。

つられて入ってみると、境内には、テントが幾張りもある。どうやら、今日は、フリーマーケットで、そのフリーマーケットの名前が「手作りサーカス」というらしい。準備中の様子をぶらぶらと見て歩く。

西宮戎の境内は広々としているが、そこにあるのは、白い砂と大きな黒松と楠だけである。白い砂は毎日掃き清められているのだろう、その上には落ち葉も枯れ枝もない。白い砂は、六甲山の花崗岩が細かく風化した砂である。それは、このあたりの川の川床の砂であり、浜の砂浜の砂でもある。ここから浜まではほんのわずかな距離だ。いまは、あたりはもうすっかり建物がたちならび、アスファルトでくまなく舗装されているが、それほど遠くない昔、道はすべてこの白い砂の道だったのだろう。ちょうどこの季節、盛夏には熱い太陽の光にあぶられ熱くなったその砂の道をはだしでぴょんぴょんと飛び跳ねながら浜に海水浴に行った少年もいたことだろう。そんな過去が、築地塀に守られてそっくりと保存されているような気がした。

＊

西に向かうと夙川に出る。

川沿いの道を歩く。夙川は作家の須賀敦子が過ごしたところである。須賀敦子は、一九二九年、芦屋に生まれ、一九九八年東京で亡くなった。『ミラノ霧の風景』や『コルシア書店の仲間たち』で、若い日、イタリア人の夫と過ごしたミラノでの日々の記憶を追想したエッセイを書いたことで知られている。[3] また、『遠い朝の本たち』、『ヴェネツィアの宿』では、阪神間で生まれ育った戦前、戦中の生活と、そこでの、ある家族の肖像を情感豊かに描き出している。[4] 須賀は、八歳のころ、一族が経営する会社が東京に支社を構え、父がその支店長に就任したため、東京に転居し、麻布に暮らすことになったが、[5] 会社の本社は大阪にあったため、家は関西にもあった。ミラノ、夙川、麻布が大きな三角形を描くような生の軌跡だったといえる。

年譜を見ると、一九九五年の阪神・淡路大震災の後、彼女はこの夙川の中流の香露園のあたりを編集者と一緒に歩きに来たらしい。[6] 編集者の証言も残っている。[7] 当時、須賀は東京に住んでいたが、夙川にも生家は残っていて、親族が住んでいた。川沿いを歩いて、その家に向かったという。

数年前の冬、東京の出版社で編集者の仕事をしているOさんがしばらく関西に逗留しに来たことがあった。Oさんとは、須賀敦子をめぐって文通をしていたこともあって、その数日を須賀さんの故地をめぐることに費やした。京大病院や、大阪淀屋橋の須賀工業のビルや甲山の彼女のお墓をめぐった。ネット上でさがせば、須賀さんのエッセイに出てくる場所がどこなのかをすぐに知ることができるのかもしれなかったが、二人ともその気もなかったので、須賀さんの文章の記述だけを頼りにあちらこちらと行き当たりばったりのように歩いた。それでも、Oさんはめざとく、須賀さんゆかりの場所を探し当てた。

夙川のカトリック教会から、西の方に行ったところの阪急電車の線路沿いに、須賀さんが幼い頃を過ごした家があるということが、たびたび彼女のエッセイに出てくる。このあたりかな、と見当をつけて、見つからなかったら、それはそれまでのことだと思っていたが、Oさんは「あ、ここに須賀と書いてある」と、表札を見つけ、そこでも勘の良さを発揮した。

そのOさんとの小さな旅に持ち歩いていたのが須賀の『ヴェネツィアの宿』だった。この本は、須賀がイタ

[3]　[須賀 1990]、[須賀 1992]
[4]　[須賀 1998]、[須賀 1993]
[5]　[松山 2000：386]
[6]　[松山 2000：514]
[7]　[柿原 2014]

リアでの夫ペッピーノとの死別の後、日本に帰ってきて生活を立て直そうとしていた頃のことを記したものだ。『ミラノ霧の風景』や『コルシア書店』で描かれた時代の後の時期を描いた作品だが、これは、まるで死の影におおわれたような本だった。ペッピーノの死が描かれ、そして、次々と続く家族の死が、父の死が描かれる。それほど多くの死のことを書いているのだが、この本の中で、それにもかかわらず、須賀は、自分が、それまで、死のことを考えることや死ということにまつわることをとにかく避けようとしていた人だったと書いている。

死は、なにがあっても目をそむけるべきもので、一生、死に手を触れないで済ませられるのなら、私はそのほうがよかった。[8]

当時、三十代終わりから四十代はじめだった須賀にとってはそのようなものだったのだろう。『ヴェネツィアの宿』を書いた時の須賀は六二歳である。その須賀は、その文の中で、死というものを正面から描いているように思える。

小説とは、悪を描くものだと考えていた小説家の車谷長吉は「怖いことは表出してしまえば怖くなくなる」と言っていたそうだ。車谷の連れ合いで、車谷の最期をみとった詩人の高橋順子が書いた『夫・車谷長吉』という回想記の中に出てくる。[9]

車谷は、私小説家として、できれば秘めておきたい人間の心の暗部や、人間関係に伴って出てきてしまう軋轢や軋みを容赦なく書いた人であった。そのような人の心の秘めた暗い部分とは怖いことである。怖いことを描くことは、車谷にも容易ではなかったらしい。「怖いことを書かねばならないときは、目をつむってワープロのキーを叩く」。高橋は、車谷が思わず漏らしたこんな言葉も記録している。

本書では、いくつもの死のことを書かざるを得なかった。それらは、それらを書かなくてはいけないからそれらを書いたのだったのだが、しかし、本書にも、「目をつむって」パソコンのキーを叩いたところが何ヶ所かないわけではない。

『夫・車谷長吉』には、車谷の最期のことが詳しく書かれている。その車谷の最期を書くとき、高橋は、そこまで書いてよいのかと悩み、ワープロを叩く手に数珠をかけていたそうだ。しかし、同時に、その高橋には「もっと書け、もっと書け」とはげます車谷の声が聞こえたともいう。[10]

では、一体、本書において、進むべきか、進まざるべきか、ふみ迷うパソコンの筆を前に進ませたものは、なんだったのだろう。

＊

それにしても、歩くことは見ているのだろうか。歩くことは、たしかによく見ることでもある。だが、歩いたからと言ってよく見えていたのかどうか。

この小さな徒歩の旅で何を見たのだろう。

震災の跡をたどるのであれば、それは、ほとんど意味がなかったような気がする。震災の直接の痕跡と呼べ

［8］［須賀 1993：258］
［9］［高橋 2017a：95］
［10］［高橋 2017b］

るようなものは、今回は、もうほとんど存在しなかったからである。

前回の二〇〇二年の歩きでは、復興区画整理事業が終わっていた地区もあったが、それが実施中だったところもあった。たとえば、芦屋市西部地区では、ちょうど土ならしや道路の付け替えが行われているところで、街路の数ブロックで丸ごと土がはぎ取られ地面がむき出しになり、そこを大きなダンプカーや土木工事車両が行きかっていた。その街区に一歩入ると、方向感覚を失い、そこがどこかがわからなくなった。だが、今回歩いてみたそこは、もう、緑豊かな住宅地になっていた。瀟洒な庭や車庫を持つ新しく建てられた家々が整然とした区画に収まり、区画のそこここには、小さなポケット公園があった。

前回の旅ではわずかに残っていた崩れた家や崩れた塀のある家ももうほとんど見なかった。今回、夏草が深く生い茂る空き地はところどころにあった。しかし、それが、あの震災によるものなのか、それとも、それ以外の、都市の自然現象としての新陳代謝に伴う入れ替わりなのかはわからない。

それもそうだろう。二十数年というと、三〇年にほど近い。三〇年といえば、ひと世代だ。過去は過去になるのが当たり前のことであって、過去を探し求めて歩くのは、かえって不自然なことでもあるかもしれない、そんなことを思いながら歩いていた。

*

昼前に芦屋西部地区に至り、近くの公園でお昼を食べて、さらに西へ西へと歩く。八月の日差しは容赦なく、この時間帯が一番きつい。一年のうちで、歩くのに一番不適切な時間ではないだろうか。日光が皮膚を焼くようだ。山手幹線という東西縦貫道を選ぶ。この道路の、住吉川から石屋川の区間には豊かなプラタナスの並木がある。その木陰をたどりながら歩く。樹木の発するマイナスイオンが心底ありがたい。

石屋川まで来る。

ここには、「生きた証」の桜がある。五本の桜。この桜については、本書の第十章で書いたし、写真も掲載した。今回、その近くに、別の人が寄贈した新しい桜の苗木が植えられているのに気付いた。そこにも「生きた証」という同じ立札がある。「モニュメント・マップ」や「モニュメント・ガイド」には載っていなかったし、少し離れたところにあるので、前に調査に来た時には気づかなかった。立札の後ろに回ってみると五本の「生きた証」の桜のしばらく後に植樹されたことが書かれている。立札のおもてに刻まれているのは二人の男女の名前だ。この人たちも阪神・淡路大震災で亡くなったのだろうか。「モニュメント・ガイド」に乗っていなかったということは、桜は植樹したけれども、マップやガイドにのせることはこの樹を植えた人が遠慮されたのかもしれない。

たしかに、震災は見えなくなった。だが、しかし、風景の中に、実はあの出来事はひっそりと織り込まれている。見えなくなったということは、存在しなくなったということではない。こちらに見えていないいだけだ。そんなことを思う。

＊

阪急六甲を経て、神戸高校に来る。

坂の上の学校。村上春樹さんは、この高校の卒業生で、高校時代、新聞委員会で『神戸高校新聞』の編集長をしていた。

そういえば、村上さんとも長い付き合いになった（当たり前だが、付き合いといっても、面識があるわけではない）。

村上さんの名前をはじめて知ったのは、この兵庫県立神戸高校の新聞委員会室でだった。高校一年の冬に新聞委員会に入ったのだったが――ちなみに、この高校では、新聞「部」ではなく、「委員会」だった。報道の中立性を鑑みてそのような名称になったのだそうだ。いかにも「戦後」の民主主義の雰囲気がまだ残っていた感じだ――、その時、新聞委員会にいたのは、先輩の女の人と、同学年の男子生徒一人だけだった。先輩の女の人は、聖書研究サークルと掛け持ちをしていて、本をよく読んでいる人だった。その人から、文庫本を見せられて、「この人は、新聞委員会の先輩なのよ」と言われたのが出会いだった。その女の先輩の口調には、憧れのような色が混じっていた。あるいは、委員会室に、背中が黄色で表紙にＵＦＯが飛んでいる佐々木マキのイラストの描かれたあの『風の歌を聴け』の文庫本が置いてあったのだったか。その当時、村上さんはまだ『ノルウェイの森』を出す前で、すでに何冊かの文庫本は出ていたが、どちらかというと、知る人ぞ知るという感じの作家だった。

『風の歌を聴け』や『一九七三年のピンボール』や『羊をめぐる冒険』を読んだのは、高校一年生から二年生になるころにかけての冬から春にかけてだったと思う。それまでは、日本語で書かれた小説といえば、三島由紀夫や安部公房や大江健三郎や開高健が新しいところだった。けれども、その小説を読んで、まったく違った世界があることを知った。たぶん、その後、三島由紀夫や阿部公房や大江健三郎や開高健は、長く読まなかったと思う。

戦前に建てられた天井の高い校舎の北側にあった新聞委員会の部屋には、年代物の木製の椅子や机や引き出しや物入れが置かれていて、引き出しの中には、過去の『神戸高校新聞』がたくさん入っていた。新入部員は、「面割」（紙面の割り付け方）を学ぶために、過去の新聞を使い、それに赤鉛筆でレイアウトの線を引いていった。そのために過去の新聞をひっぱりだそうと、その棚や引き出しをひっくり返すと、村上さんの頃の新聞も出てきた。村上さんが編集長だったことは、「編集人　村上春樹」と題字の下にあったからすぐにわかった。編集人とは生徒がつとめることになっていた編集長のことで、この学校では、発行人とは、顧問の教員のことである。当時、部員は十数人いたようで、新聞はブランケット判の大判の新聞が発行されていた。新聞の通常の記事は、基本的には、署名記事ではないので、どれが、村上さんが書いたものだったかはわからない。けれど、彼は編集長だった高校二年生の一年間、署名入りの「鑑賞席」というコラムを持っていた。いや、それはコラムというよりもっと大きなスペースにきっちりと書かれた芸術評論なので、学芸批評欄というべきかもしれない。ベートーヴェンの弦楽四重奏の演奏で著名なヴェーグ四重奏団が来日した際のまさに、そのベートーヴェンの弦楽四重奏のプログラムの演奏会の音楽評、ロバート・ワイズ『サウンド・オブ・ミュージック』を、彼の前作である『ウエストサイド・ストーリー』と比較して論じた映画評、滝沢修がウイリーを演じたテネシー・ウィリアムズの『セールスマンの死』の劇評など、同じ高校生とは思えない大人っぽい文章だった。この玄人好みのラインナップは、村上春樹は高校時代から村上春樹だったと思わせる。

新聞委員会室に一人こもってバックナンバーを読むことは面白かった。高校時代は中学時代とはまたちがった大人っぽい新しい友達ができ、彼らからいろいろなことを教わった時代だったが、同時に、放課後の、天井の高い人気のない校舎の片隅にある新聞委員会室で、一人、原稿用紙を埋めてゆくことを知った時代でもあった。あの頃、そういう時間を持ったことは、確実に自分の中にのこっているような気がする。

その後、村上さんは文字通り世界に活躍の場を広げ、こちらも、まあ、自分なりの年を過ごし、折に触れて、彼の小説やエッセイを読んできた。この本の原稿は、ドイツのベルリンにあるマックス・プランク科学史研究所に客員研究員として滞在していた去年二〇一六年の冬にも書き継がれていた。マックス・プランク科学史研究所は欧米の中世、近世、近代の科学者や哲学者の全集を中心とした七万冊の本を持つライブラリーを地下に持っていて、滞在していたゲスト・ハウスの部屋はその真上の一階（グラウンド・フロア）にあった。週末、その床の板子一枚下が七万冊という、ひと気のないゲスト・ハウスの一室で、薄いドイツの冬の日差しを浴びながら、買ってきた新聞『ツァイト』の分厚い週末版を、ソファに寝転がりながら読んでいたら、中ほどの見開きの面に村上さんの大きな写真付きのインタビューが出てきた。ウィーンが舞台の小説がもうすぐ出ると言っていた。「こんなところで」と驚いたが、驚いたと言いつつ、実は、それほど驚いたわけでもなかった。それより、その時、そうしてドイツで村上さんのことばをドイツ語で読むという出会いは、なんだか必然的な出会いでもあるように思えて、「あ、どうも、こんにちは」と言いたい気持ちになった。（また繰り返すと、面識はないのだが）

とりとめもなく、そんなことを思い出しながら、地獄坂——山の上の高校へ至る最後のきつい上り坂。運動部の生徒は、この坂道のダッシュで鍛えられる。山の上にある学校にはこの手の名前がついた坂や階段が必ずあるのではなかろうか——を上る。登りきったところに古城のような校舎がある。校舎の前には、一段低くなって造成されたグラウンドがあり、グラウンドの向こうには、大阪湾が一望のもとに見える。グラウンドでは、サッカー部がゲームをしている。練習なのか、どこかの高校との練習試合なのか。土の色も、校舎のたたずまいも、その向うに見えるほこりっぽい大阪湾の景色も変わらない。ここにいるのが、今の自分でなくて、高校二年生の自分であってもおかしくないくらいだ。いや、ここにいるべきなのは、高校二年生の自分であって、今の自分ではないのかもしれない。ここでは、今の自分はリアルではなくて、リアルなのは、過去の自分だ。けれど、過去の自分がリアルな自分であったとしたら、ここに立って、これを見ている自分は存在しないことになる。もしかしたら、自分は、今、存在しないのかもしれない。そんなことを思うことは、ふつうは、あまりない。だが、その今の自分への違和感は不思議な現実感を伴って迫ってきた。

神戸高校から新神戸駅は指呼の距離だ。途中、松蔭女子中高校の隣にあるケーキ屋がソフトクリームの看板を出していたので、ソフトクリームをなめて涼を取り、だらだらと坂を下って、新神戸駅に至る。新神戸から北野町に来る。前回も旅の終わりは、北野町だった。その時は、手塚治虫の『アドルフに告ぐ』の跡をたどるのが目的だったが、今回は、安藤忠雄が目的だ。

北野町は安藤忠雄の初期の建築作品が多くあることで有名なところだ。

安藤は建築家だが、本を書くことも好きなようで、たくさんの本を出していて、一時期、彼の一冊の本を持ち歩いていたことがある。住まいの図書館出版局から出ていた「住まい学大系」という、『真夜中の家』という本の著者でもある植田実[11]が編集長だったB6版の本のシリーズがあって、その中の『旅』という小さな本が、中でも気に入っていたのだ[12]。気に入っていたというよりも、それが語りかけるものが、その本を離させなかったというべきか。インドや沖縄、トルコへの旅のスケッチと、当時、安藤が進めていた沖縄や渋谷や六甲や、ここ北野町の建築プロジェクトのエスキースがないまぜになったちょっと不思議な本だ。

＊

本当のことを言えば、一人で外国を旅するのは嫌いである。のんびりとした日本と違って、外国は厳しく、とくに

[11]　[植田 1989]
[12]　[安藤 1989]

ひとり旅は心労が多く大変であるからだ。それでも旅をし続けてきたのは、無意識のうちに、何か強く私をかりたてるものがあったからであろうか。[13]

そういって、安藤は、旅へいざなう。

旅というよりも、安藤の言う、そのかりたてるものがほしかったのかもしれない。

今読み返してみると、あの時、安藤が本の中で言及していた土地に、その後、ずいぶんと足を踏み入れ、自分なりの関係を作ってきたように思う。

シベリア鉄道で、手塚治虫少年が父とともに北野町で出遭った〝流氓ユダヤ〟を逆にたどる旅もしたし、インドにも通うようになりその地の大学でレクチャーもするようになった。沖縄は、フィールドワークの土地の一つだし、フランスでは、コルビュジエのサヴォア邸やラ・トゥーレットの修道院を訪ねただけでなく、フランス人の共同研究者と共同研究プロジェクトを構築しつつある。実は、安藤のこの本は、いつしか読みかえすこともなくなり、長く記憶の筐底の深くにあって、別に安藤の軌跡を追いかけて旅をしていたわけでもなかったのだが、こうして振り返ってみると、結果として、安藤の旅へのいざないは、心のどこかに作用していたのかもしれない。

「RIN'S GALLERY」（一九八一年）と「ROSE GARDEN」（一九七七年）という二つの安藤建築をたずねる。ヒューマンスケールの初期の安藤の作品だ。一歩足を踏み入れ、そこを歩くと、歩を進めるごとに、いくつもの小さな階段とブリッジでつながれたさまざまな空間がめくるめくつながってあらわれてくる。まるで、すべてがつながっていて、終わりというものがないエッシャーMaurits Escherの絵の中に入り込んだような感じになる。

この建築のたたずまいを見て「やさしい人なんだね」と言った人がいた。安藤といえば、元プロボクサーで、大学に行かずに独学で建築を学んだ経歴を持ち、こわもてがトレードマークになっているが、そのような側面もありながら、実は、その心の奥底には、やさしく、柔らかな感性が隠れてもいるのだろう。すばらしい芸術作品とは、そのような隠れた心根をも伝えてくるものであるのだ。

＊

もう、夕暮れになっている。

足は、それなりに疲れているが、なんだかこのまま帰るのは惜しい気持ちがする。日常には戻りたくない気持ちだ。

映画館に入る。村上さんの旅の終わりも映画だった。とりあえず、映画を見て帰ろう。北野町からまっすぐ海に向かって坂を下りる。坂の下にはアーケード街があり、その中ほどに小さな映画館がある。

ひやりとした館内。

がらんとした遠くの方には、ぽつんと一枚の白いスクリーンがある。

まるで、アンドレイ・タルコフスキーの映画『ストーカーСталкер』で、ゾーンと呼ばれる禁断の境域に足をふみ入れた登場人物たちが迷い込んだ異空間のようだ。どこからか、ぴちゃぴちゃと水がしたたり落ちてくるような気がする。

［13］［安藤 1989：11］

そのスクリーンに、この〝旅〟が映ったらどうなるのだろうか、と考える。

〝旅〟とは、映画にうってつけの題材だ。旅には始まりがあり、中間があり、終わりがある。旅は、前に進むが、時として、後ろ向きに進むこともある。旅は繰り返す。

映画というものも、始まりがあり、中間があり、終わりがあり、前に進むが、時に後ろ向きに進み、繰り返すこともある。

一〇〇年ほど前に映画というものを今日の形に創り上げた創始者のうちの一組であるオーギュストとルイのリュミエール兄弟 Auguste et Louis Lumière は、三〇秒ほどの短い様々なシーンを撮影し、それを興行として人々に見せていた。シネマトグラフの始まりである。その中には、機関車が駅に到着するシーンもあり（「ラ・シオタ駅への列車の到着」）、それは、カメラに向かって迫ってくるダイナミックな動くものが写っていることで人々を驚かせ、また、何度も繰り返し、上映されることで、動く映像というものを見る人々に楽しみを与えたという。

いや、繰り返しどころか、リュミエール兄弟の短編の中には、始まりから終わりと、その逆回しが対になった作品（「壁の破壊」「壁の破壊Ⅱ」）までもがある。リュミエールの映画工場の壁が倒されるシーンを収めた短編は、その続編において反対に回転しはじめ、一度倒された壁が、むくむくと煙の中から立ち上がる。そこでは、時間が後ろ向きにさかのぼられている。[14]

だが、しかし、これが〝旅〟だとして、その〝旅〟はいつから始まっていたのだろうか――。

たしかに、今日の〝旅〟は、今日の朝始まった。

だが、もし、この〝旅〟があの日の朝から始まっていたのだとしたら、この〝旅〟は、二十数年かかった〝旅〟だということになる。

その二十数年かかった〝旅〟を映し出す映画は、上映されたとしたら、二十数年の上映時間がかかる。

では、その二十数年の上映時間の〝旅〟の映画を見続けるということは、二十数年間、この席に座っていることになるのだろうか。

そして、その、二十数年間の〝旅〟の映画を見終わった時、この映画館の席を立ち、この映画館から出ていったら、そこには、何が見えるのだろうか。

そのとき、ぼくはどうなっているのだろうか。

まだ、映画は始まらない。

疲れでうとうととしながら、そんなことを思いながら、まだ何も映っていないスクリーンをぼんやりと見ていた。

〔14〕〔リュミエール 2005〕

引用・参照資料リスト

映像（映画・テレビドラマ・展示映像）

青池憲司（1995–1999）『映像記録・記憶のための連作　人間のまち――野田北部・鷹取の人びと』第1～第14部、日本。

庵野秀明（総監督）（2016）『シン・ゴジラ』監督・特技監督樋口真嗣、日本。

大河原孝夫（1992）『ゴジラvsモスラ』特撮監督川北紘一、日本。

――（1993）『ゴジラvsメカゴジラ』特撮監督川北紘一、日本。

――（1995）『ゴジラvsデストロイア』特撮監督川北紘一、日本。

大森一樹（1989）『ゴジラvsビオランテ』特撮監督川北紘一、日本。

キアロスタミ、アッバス（1991）『そして人生はつづく زندگی و دیگر هیچ』イラン。

キューブリック、スタンリー（1968）『二〇〇一年宇宙の旅 2001: *A Space Odyssey*』イギリス・アメリカ。

黒沢明（1954）『七人の侍』日本。

――（1989）『黒い雨』日本。

酒井耕・濱口竜介（2011）『なみのおと』東北記録映画三部作第1部、日本。

――（2013a）『なみのこえ　気仙沼／新地町』東北記録映画三部作第2部、日本。

――（2013b）『うたうひと』東北記録映画三部作第3部、日本。

タルコフスキー、アンドレイ（1979）『ストーカー Сталкер』ソビエト連邦。

――（1983）『ノスタルジア *Nostalghia*』イタリア・ソビエト連邦。

土本典昭（1971）『水俣――患者さんとその世界』日本。

――（1975）『不知火海』日本。

寺田匡宏（2005）『Die Kindheit in Kobe 神戸の幼年時代』日本。

西村潔（1980）『東京大地震――マグニチュード八・一』日本。

早坂暁（脚本）（1981）『夢千代日記』日本。

橋本幸治・小松左京（1984）『さよならジュピター』特撮監督川北紘一、日本。

本多猪四郎（1954）『ゴジラ』日本。

みやぎ民話の会（2013–）『民話　声の図書館』18巻（二〇一七年八月現在）、日本。

ランズマン、クロード（1985）『ショアー *Shoah*』フランス。

リュミエール、オーギュスト、リュミエール、ルイ（2005）『レ・フィルム・リュミエール *Les films Lumière*』フランス。

ウェブサイト

国立民族学博物館「災害と社会・文化」（林勲男）http://www.r.minpaku.ac.jp/isaki/disaster/thk.html#c12　アクセス日二〇一七年一一月一四日。
せんだいメディアテーク「3がつ11にちをわすれないためにセンター」http://recorder311.smt.jp/　アクセス日二〇一五年七月二九日。
トータルメディア開発研究所　http://totalmedia.co.jp/　アクセス日二〇一五年五月二三日。
株式会社東宝映像美術　http://toho-eb.co.jp/　アクセス日二〇一四年一〇月一三日。
人と防災未来センター　http://www.dri.ne.jp/　アクセス日二〇一五年七月二九日。
IPCC Fifth Assessment Report https://www.ipcc.ch/publications_and_data/publications_and_data_reports.shtml#1　アクセス日二〇一七年一二月二三日。
Stanford Encyclopedia of Philosophy　https://plato.stanford.edu/index.html　アクセス日二〇一七年一二月六日。

新聞・雑誌・ミニコミ

『朝日新聞』二〇〇五年一月一五日（夕刊）、寺田匡宏「震災の記憶　分有めざす」。

『アサヒグラフ』一九九五年二月一日号（3794号）（緊急増刊詳報関西大震災）、朝日新聞社。

『記録室通信』1–20、震災・活動記録室、一九九五年六月–一九九七年五月。

『建築思潮』4〈特集　破壊の現象学　戦後建築と阪神大震災〉、一九九六年。

『神戸新聞』二〇〇五年一月一七日–二〇日、二二日、二月一七日（朝刊）、「シリーズ　震災と記憶」。

『産経新聞』二〇〇四年一二月二〇日(夕刊)、笠原一人「誰かへ、新しい声を重ね」。

『情報センター/ネットワーク・ニュース』1-12、震災記録情報センター、一九九五年九月―一九九七年五月。

『新建築』87巻17号(特集　東京駅丸の内駅舎保存・復元)、二〇一二年一一月。

『ディリーニーズ縮刷版―阪神・淡路大震災の時現地で発行されていた生活情報紙』あらばき協働印刷、一九九九年。

『ニューひょうご』二〇〇〇年二月号、兵庫県。

『「文化遺産」救援ニュース』1-9、地元NGO救援連絡会議文化情報部、一九九五年一月―六月。

『毎日新聞』二〇一七年一月一七日(朝刊)、「震災モニュメントマップ」。

『読売新聞』二〇〇五年一月一七日、「色あせぬ十年の記憶」。

『GA Japan：Environmental design』23号(特集1　ヴェニス・ビエンナーレ建築展'96)、エーディーエー・エディタ・トーキョー、一九九六年一一月。

『paper plane』001-064、二〇〇二年一一月―二〇〇四年一一月、[記憶・歴史・表現]フォーラム。

『SANPO下町通信』永田収私家版、一九九三年から発行、二〇〇三年一月現在28号まで刊行。

辞書

大野晋・佐竹昭広・前田金五郎(編)(1990)『岩波古語辞典』増補版、岩波書店。

小川環樹・西田太一郎・赤塚忠(編)(1986)『角川新字源』242版、角川書店。

小西友七・南出康世(編)(2003)『ジーニアス和英辞典』第2版、大修館書店。

シンチンゲル、ロベルト・山本明・南原実(編)(1981)『現代和独辞典』初版、三修社。

高楠順次郎(編)(1924-1934)『大正新修大蔵経』全100巻、大正一切経刊行会。

武信彰・山田眞一・古川裕ほか(編)(2006)『ポケットプログレッシブ中日・日中辞典』初版、小学館。

恒川邦夫・牛場暁夫・吉田城(編)(2010)『プチ・ロワイヤル和仏辞典』第3版、旺文社。

寺澤芳雄(編)(1999)『英語語源辞典』縮刷版、研究社。

東郷正延・染谷茂・磯谷隆ほか(編)(1988)『研究社露和辞典』携帯版、初版、研究社。

西尾実・岩淵悦太郎・木谷静夫(編)(1979)『岩波国語辞典』第3版、岩波書店。

日本国語大辞典第二版編集委員会・小学館国語辞典編集部（編）（2000）『日本国語大辞典』第2版、小学館。
増田綱（編）（1974）『*Kenkyusha's New Japanese English Dictionary* 研究社新和英大辞典』Fourth edition、研究社。
村松明・三省堂編修室（編）（1988）『大辞林』初版、三省堂。
Lidell, G. and Scott, R.（1996）. *Greek-English Lexicon*, Oxford: Oxford University Press.
Pfeifer, Wolfgang（unter der Leistung von）.（1995）. Etymologisches Wörterbuch des Deutschen, Ungekürzete, durchgesehene Ausgabe, Müchen: Deutscher Taschenbuch Verlag.
Rey-Debove, Josette et Rey, Alain（dir.）（2000）. *Le Nouveau Petit Robert*, Nouvelle édition, Paris: Dictionnaires le Robert.
Stevenson, Angus（ed.）（2007）. *Shorter Oxford English Dictionary*. Sixth edition. Oxford: Oxford University Press.

事典

大塚和夫・小杉泰・小松久男ほか（編）（2002）『岩波イスラーム辞典』初版、岩波書店。

大貫隆・名取四郎・宮本久雄ほか（編）（2002）『岩波キリスト教辞典』初版、岩波書店。

国史大辞典編纂委員会（編）（1979–1997）『国史大辞典』全一五巻、初版、吉川弘文館。

永原慶二（監修）（1999）『日本史辞典』初版、岩波書店。

中村元・福永光司・田村芳朗ほか（編）（2002）『岩波仏教辞典』第2版、岩波書店。

Edwards, Paul（ed.）（1967）. *The Encyclopedia of Philosophy*, 8 Vols., New York: McMillan Publishing.

Hondrich, Ted（ed.）（2005）. *The Oxford Companion to Philosophy*, New edition, Oxford: Oxford University Press.

Mittelstraß, Jürgen（2004）. Enzyklöpädie Philosophie und Wisseschaftstheorie, Unveränderte Sonderausgabe, 4 Bde., Stuttgart, Weimar: Verlag J.B. Metzler.

文献

和文

【あ行】

アウエハント、コルネリウス（小松和彦ほか訳）（2013）『鯰絵 —— 民俗的想像力の世界』岩波書店（岩波現代文庫）。

アガンベン、ジョルジョ（上村忠男・広石正和訳）（2001）『アウシュヴィッツの残りのもの』月曜社。

アレクシエービッチ、スベトラーナ（松本妙子訳）（2011）『チェルノブイリの祈り』岩波書店（岩波現代文庫）。

朝日新聞大阪本社「阪神・淡路大震災誌」編集委員会（編）（1996）『阪神・淡路大震災誌 ―― 一九九五年兵庫県南部地震』朝日新聞社。

アサヒソノラマ（編）（1995）『ボランティア元年』アサヒソノラマ。

芦原建築設計研究所（1983）「中庭を囲む展示部門」『新建築』一九八三年四月号。

東浩紀（1998）『存在論的、郵便的』新潮社。

――（2001）『動物化するポストモダン』講談社（講談社現代新書）。

東浩紀（編）（2003）『網状言語F改』青土社。

東浩紀ほか（編）（2013）『思想地図β』vol. 4-1（チェルノブイリ・ダークツーリズム・ガイド）、ゲンロン。

秋田茂・永原洋子・羽田正ほか（編著）（2016）『「世界史」の世界史』ミネルヴァ書房。

渥美公秀（2014）『災害ボランティア ―― 新しい社会へのグループ・ダイナミックス』弘文堂。

荒井信一・早乙女勝元（監修）（1997）『世界の「戦争と平和」博物館』2、日本図書センター。

アリストテレス（出隆訳）（1968）『アリストテレス全集』12（形而上学）、岩波書店。

アリストテレス（今道信友訳）（1972）「詩学」アリストテレス（今道信友・村川堅太郎・宮内璋ほか訳）『アリストテレス全集』17（詩学・アテナイ人の国制・断片集）、岩波書店。

アリホン、ダニエル（岩本憲児・出口丈人訳）（1980）『映画の文法 ―― 実作品にみる撮影と編集の技法』紀伊国屋書店。

アルヴァックス、モーリス（小関藤一郎訳）（1989）『集合的記憶』行路社。

安克昌（1996）『心の傷を癒すということ ―― 神戸……365日』作品社。

安藤忠雄（1989）『旅 ―― インド・トルコ・沖縄』住まいの図書館出版局。

安保則夫（1989）『ミナト神戸 コレラ・ペスト・スラム ―― 社会的差別形成史の研究』学芸出版社。

池川明（2008）『胎内記憶 ―― 命の起源にトラウマが潜んでいる』角川書店（角川新書）。

いがらしみきお（2016）「こうずんさん」［せんだいメディアテーク（企画）2016］。

いがらしみきお・クマガイコウキ（2016）「制作ノート ―― 郷土伝承資料館」［せんだいメディアテーク（企画）2016］。

池澤夏樹（2015）「解説」池澤夏樹（訳）『古事記』河出書房新社。

池田一郎、鈴木哲也（1991）『京都の「戦争遺跡」をめぐる』平和のための京都の戦争展実行委員会編「語りつぐ京都の戦争」、シリーズ2、機関紙共同出版。

石川智士・渡辺一生（編）（2017）『地域知と対話するサイエンス――エリアケイパビリティ論』勉誠出版。

石黒耀（2002）『死都日本』講談社。

石牟礼道子（1969）『苦海浄土――わが水俣病』講談社。

石牟礼道子・岡田哲也・季村敏夫（1996）『死なんとぞ、遠い草の光に――水俣、ショアー、阪神大震災のことなど』震災・活動記録室。

市野澤潤平「プーケットにおける原形復旧の一〇年――津波を忘却した楽園観光地」［清水・木村 2015］。

井筒俊彦（1991）『意識と本質』岩波書店（岩波文庫）。

伊東明子（1996）「重点復興地域森南地区――住み続ける住民の決意」『造景』1。

稲田孝司（2014）『日本とフランスの遺跡保護――考古学と法・行政・市民運動』岩波書店。

猪股ときわ（2016）『異類に成る――歌・舞・遊びの古事記』森話社。

今西錦司（1980）『主体性の進化論』中央公論社（中公新書）。

今村薫（2016）「サン（ブッシュマン）の世界像」［秋田・永原・羽田ほか（編著）2016］。

岩切信・山本耕二（2003）『母と子でみる　オラドールの記憶――ナチスに虐殺されたフランスの村』草の根出版会。

岩崎信彦・塩崎賢明（1997）「区画整理事業一六地区における住民の苦闘と前進」神戸大学〈震災研究会〉編『神戸の復興を求めて』阪神大震災研究3、神戸新聞総合出版センター。

岩崎信彦（1999）「復興「まち壊し」土地区画整理事業は今回で終わりに」神戸大学〈震災研究会〉編『大震災五年の歳月』阪神大震災研究4、神戸新聞総合出版センター。

色川大吉（編）（1983）『水俣の啓示――不知火海総合調査報告』上下、筑摩書房。

ヴィトゲンシュタイン、ルートヴィヒ（黒崎宏訳・解説）（1997）『『哲学探究』読解』産業図書。

ウィニッチャクン、トンチャイ（石井米雄訳）（2003）『地図がつくったタイ――国民国家誕生の歴史』明石書店。

植田実（1989）『真夜中の家――絵本空間論』住まいの図書館出版局。

鵜飼哲・高橋哲哉（1995）『「ショアー」の衝撃』未来社。

内田順子（2000）『宮古島狩俣の神歌――その継承と創成』思文閣出版。

NPO法人1.17希望の灯り・毎日新聞震災取材班（編著）（2004）『思い刻んで――震災一〇周年のモニュメント』どりむ社。

大江健三郎（1983）『新しい人よ目ざめよ』講談社。

――（1992）「信仰を持たない者の祈り」『人生の習慣《ハビット》』岩波書店。

大岡昇平（1951＝1994）「野火」『大岡昇平全集』3（小説Ⅱ）、新潮社。

大門正克（2002）「バーコードに閉じ込められた言葉」『瓦版なまず』13、震災・まちのアーカイブ。

大澤真幸（1996）『虚構の時代の果て――オウムと世界最終戦争』筑摩書房（筑摩新書）。

大谷順子（2006）『事例研究の革新的方法――阪神大震災被災高齢者の五年と高齢化社会の未来像』九州大学出版会。

小野和子（2012）「物語ること、生きること」『今日のつくり方』ミルフイユ04、せんだいメディアテーク。

――（2013）「ほらくらべ」『技と術』ミルフイユ05、せんだいメディアテーク。

大畑裕嗣ほか（編）（2004）『社会運動の社会学』有斐閣。

大矢根淳（2007a）「被災地におけるコミュニティの復興とは」浦野正樹・大矢根淳・吉川忠寛（編）『復興コミュニティ論入門』（シリーズ災害と社会2）弘文堂。

――（2007b）「生活再建と復興」大矢根淳・浦野正樹・田中淳ほか編『災害社会学入門』シリーズ災害と社会1、弘文堂。

岡本達明・松崎次夫（編）（1989–1990）『聞書水俣民衆史』全5巻、草風館。

岡田温司（2017）『映画とキリスト』みすず書房。

岡山県立美術館（編）（2013）『徳永仁臣―柳洲――関東大震災から90年　知られざる震災画家』岡山県立美術館。

奥野安彦（1995）『瓦礫の風貌』リトルモア。

奥村弘（2012）『大震災と歴史資料保存――阪神・淡路大震災から東日本大震災へ』吉川弘文館。

――（編）（2014）『歴史文化を大災害から守る――地域歴史資料学の構築』東京大学出版会。

尾崎正明・清水敏男（編）（2003）『藤田嗣治画集――素晴らしき乳白色』講談社。

小田兼三・田代菊雄（編）（1995）『阪神大震災と市民ボランティア――岡山からの証言と提言』山陽新聞社。

小田康徳（1995）「大阪における地震津波碑と震災の記憶について」『ヒストリア』48。

【か行】

加賀幸夫（1995）「わが町・森村の基本構想」森南町・本山中町まちづくり協議会。

柿原寛（2014）「夙川から歩きはじめた思い出」河出書房新社編集部（編）『須賀敦子ふたたび』KAWADE 夢ムック 文藝別冊、河出書房新社。

笠原一人（2000）「「記録」と「記憶」の前提条件」『瓦版なまず』8。

――（2004）「「記憶のリアリティ」から「記憶の現実」へ」『paper plane』028。

――（2005a）「声と文字のあいだ」［「記憶・歴史・表現」フォーラム（編）2005］。

――（2005b）「原爆ドームと被爆建物」［「記憶と表現」研究会（編）2005］。

――（2009）「序章」［笠原・寺田（編）2009］。

笠原一人・寺田匡宏（編）（2009）『記憶表現論』昭和堂。

加藤耕一（2017）『時がつくる建築――リノベーションの西洋建築史』東京大学出版会。

加藤典洋（2010）『さようなら、ゴジラたち――戦後から遠く離れて』岩波書店。

金子郁容（1992）『ボランティア――もうひとつの情報社会』岩波書店（岩波新書）。

川喜田敦子（2016）「加害を想起し、被害を追悼する――ドイツにおけるナチの過去の記憶」［寺田（編）2016］。

冠木新市（1994）『君もゴジラを創ってみないか――川北紘一特撮ワールド』徳間オリオン。

川北紘一（2010）『特撮魂――東宝特撮奮戦記』洋泉社。

――（2015）『川北紘一特撮写真集』洋泉社。

河崎晃一（2005）「その時、私たちが見なかったこと」［「記憶・歴史・表現」フォーラム（編）2005］。

河田明久（2008）「「作戦記録画」小史――一九三七～一九四五」［椹木ほか（編）2008］。

河村直哉・中北幸家族（1999）『百合――亡き人の居場所、希望のありか』国際通信社。

金田久璋（2007）『あどうがたり――若狭と越前の民俗世界』福井新聞社。

「記憶と表現」研究会（編）（2005）『訪ねてみよう戦争を学ぶミュージアム／メモリアル』岩波書店（岩波ジュニア新書）。

「記憶・歴史・表現」フォーラム（編）（2005）『Someday, for somebody いつかの、だれかに――阪神大震災・記憶の「分有」のためのミュージアム構想」展 2005 冬神戸』「記憶・歴史・表現」フォーラム。

気象庁（1997）『平成7年（1995年）兵庫県南部地震調査報告』（気象庁技術報告第119号）。

木田元（2001）『偶然性と運命』岩波書店（岩波新書）。

北川幸三（1978）『人形の寺――宝鏡寺の市松人形たち　北川幸三写真集』神無書房。

――（1996）『風が運んだ救援隊』長征社。

北原糸子（1998）『磐梯山噴火――怪異から災害の科学へ』吉川弘文館。

――（2006）『日本災害史』吉川弘文館。

――ほか（編）（2012）『歴史災害事典』吉川弘文館。

――（2013）『地震の社会史――安政江戸地震と民衆』吉川弘文館。

北原糸子・寺田匡宏（編著）（2003）『歴史・災害・人間』上〈災害史・原論〉編、歴史民俗博物館振興会。

木下直之（2005）「あれから10年〈EXHIBITION INVITATION〉14」『芸術新潮』二〇〇五年三月号。

木下直之・吉見俊哉（1999）『ニュースの誕生――かわら版と新聞錦絵の情報世界』東京大学総合研究博物館。

紀平正美（1942）『なるほどの哲学』畝傍書房。

――（1943）『建国の哲学』満州冨山房。

君本昌久（1983）『いろまち燃えた――福原遊廓戦災ノート』三省堂。

金時鐘（2001）『在日のはざまで』平凡社（平凡社ライブラリー）。

木村聖哉・鶴見俊輔（1997）『「むすびの家」物語――ワークキャンプに賭けた青春群像』岩波書店。

木村周平（2013）『災害の公共人類学――揺れとともに生きるトルコの人びと』世界思想社。

季村敏夫（1996）『日々の、すみか』書肆山田。

――（2004）「死者との往還――『ミュージアム構想』へのノート」『Paper Plane』022。

――（2006）『馬町から』如月舎。

季村敏夫・笠原芳光（編）（1997）『生者と死者のほとり――阪神大震災・記憶のための試み』人文書院。

木村敏（1993＝2000）「時間の間主観性」『偶然性の精神病理』岩波書店（岩波現代文庫）。

ギンズブルグ、カルロ（竹山博英訳）（1988）『神話・寓意・徴候』せりか書房。

国末憲人（2012）『ユネスコ「無形文化遺産」――生きている遺産を歩く』平凡社。

熊谷武二・妹尾河童（1997）『神戸・消滅と再生――阪神大震災一〇〇〇日の記録』講談社。

熊谷俊夫（1996）「震災文庫の設置・公開について――阪神・淡路大震災に関する資料を次世代に伝える」『神戸大学附属図書館報』5-4。

熊澤輝一・遠山真理（2017a）「生きもののあり方を変えるゲノム編集――ミクロの設計図を書き換える　先端技術と向き合う1」『Humanity & Nature』66。

――（2017b）「人工光合成がある社会――植物からの独立がもたらす人と自然の新たな共存のかたち　先端技術と向き合う2」『Humanity & Nature』68。

倉野憲司（編）（1963）『古事記』岩波書店（岩波文庫）。

栗原彬（1993）「ヴァルネラビリテの思想」『思想』830。のち同『〈やさしさ〉の闘い――社会と自己をめぐる思索の旅路で』新曜社、一九九六年に収録。

車木蓉子（1996）『五十年目の戦場・神戸――詩と証言・阪神大震災』かもがわ出版。

桑子敏夫（1993）『エネルゲイア――アリストテレス哲学の創造』東京大学出版会。

桑原史成（1965）『水俣病――写真集』三一書房。

建築資料研究所（2005）『建築設計資料』102（美術館3――多様化する芸術表現、変容する展示空間）、建築資料研究社。

小岩勉（撮影）（2016）「展覧会記録写真――みやぎ民話の会　東北伝承の民話語り」［せんだいメディアテーク（企画）2016］。

甲南大学阪神大震災調査委員会編（1996）『阪神火水害記念帳　復刻版』神戸新聞総合出版センター。

神戸空襲を記録する会（編）（1972）『神戸大空襲』神戸新聞社（のじぎく文庫）。

神戸新聞社（1995a）『神戸新聞の100日――阪神大震災、地域ジャーナリズムの戦い』プレジデント社。

――（1995b）『「阪神大震災」全記録』神戸新聞社。

神戸大学工学部建築学科土木教室兵庫県南部地震学術調査団（1995）『兵庫県南部地震緊急被害調査報告書（第1報）』神戸大学工学部。

国立歴史民俗博物館（1990）『国立歴史民俗博物館十年史』国立歴史民俗博物館。

越沢明（2011）『後藤新平――大震災と帝都復興』筑摩書房（ちくま新書）。

小島憲之・木下正俊・東野治之（校注・訳）（1996）『萬葉集』四、新編日本古典文学全集9、小学館。

越野剛「災厄によって災厄を思い出す――ベラルーシにおける戦争と原発事故の記憶」〔寺田編 2016〕。

古東哲明（2002）『ハイデガー＝存在神秘の哲学』講談社（講談社学術新書）。

小森陽一・千野香織・酒井直樹（ほか編）（2002）『岩波講座近代日本の文化史』7（総力戦下の知と制度）、岩波書店。

小山仁示（1985）『大阪大空襲――大阪が壊滅した日』東方出版。

――（1994）「大阪大空襲の記録化」『岩波講座日本通史』別巻2（地域史研究の現状と課題）、岩波書店。

近藤史人（2002）『藤田嗣治「異邦人」の生涯』講談社。


【さ行】


坂本勇（1997）「「写真で語りつぐ　私たちのまち」開催のご案内」震災記録情報センター（チラシ）。

佐々木和子（2014）「震災を次代に伝えるために――震災アーカイブの構築」〔奥村（編）2014〕。

佐々木悠介（2016）『カルティエ＝ブレッソン――二十世紀写真の言説空間』水声社。

笹山晴生・佐藤信・五味文彦ほか（著）（2017）『詳説日本史改訂版』山川出版社（2016年文部科学省検定済）。

佐藤謙三校註（1959）『平家物語』下、角川書店（角川文庫）。

佐藤孝宏・杉原薫・峯陽一ほか（編）（2012）『生存基盤指数――人間開発指数を超えて』講座生存基盤論5、京都大学学術出版会。

佐藤次高（2005）「歴史を伝える」〔林・枡屋（編）2005〕

佐藤玲子・小野和子（1998）『むがすむがすずうっとむがす　栗駒山南山麓の昔語り』みやぎ民話の会叢書6、みやぎ民話の会。

佐原真（2005）『佐原真の仕事』4（戦争の考古学）、岩波書店。

椹木野衣・藏屋美香・河田明久・広瀬礼太（編）（2008）『戦争と美術――一九三七―一九四五』国書刊行会。

三陸町史編集委員会（1989）『三陸町史』第4巻（津波編）、三陸町。

椎名映夫（2003）「プロセス公開の方法論」『歴史・災害・人間』11（特集公共性とミュージアム）、国立歴史民俗博物館。

清水重敦（2013）『建築保存概念の生成史』中央公論美術出版。

清水チナツ（2016a）「影が照らす」〔せんだいメディアテーク（企画）2016〕。

――（2016b）「いまだやまぬ揺れの中で――東日本大震災とせんだいメディアテーク」〔寺田（編）2016〕。

清水展（2003）『噴火のこだま――ピナトゥボ・アエタの被災と新生をめぐる文化・開発・NGO』九州大学出版会。

――（2012）「自然災害と社会のリジリエンシー（柔軟対応力）――ピナトゥボ山大噴火（一九九一年）の事例から「創造的復興」を考える」[佐藤ほか 2012]。

――（2015）「先住民アエタの誕生と脱米軍基地の実現――大噴火が生んだ新しい人間、新しい社会」[清水・木村 2015]

清水展・木村周平（編）（2015）『新しい人間、新しい社会――復興の物語を再創造する』災害対応の地域研究5、京都大学学術出版会。

――（2015）「はじめに」[清水・木村（編）2015]。

市民がつくる神戸市白書委員会（編）（1996）『神戸黒書――阪神大震災と神戸市政』労働旬報社。

――（編）（1996）『地震隠し検討資料シリーズ①〈復刻〉「神戸と地震――一九七四年一一月」神戸市発行、「兵庫県下震災対策調査報告書」一九七九年、兵庫県発行』市民がつくる神戸市白書委員会。

十菱駿武、菊池実（編）（2002–2003）『しらべる戦争遺跡の事典』正・続、柏書房。

震災・活動記録室（1995）『「震災・活動記録室」中間報告』震災活動・記録室。

震災復興調査研究会編（1997–2004）『阪神・淡路大震災復興誌』全10巻、21世紀ひょうご創造協会。

震災モニュメントマップ作成委員会・毎日新聞震災取材班（編）（2000）『忘れない一・一七　震災モニュメントめぐり』葉文館。

――（編）（2001）『阪神大震災　希望の灯りともして……――六七人の記者が綴る一五八のきずな』どりむ社。

新修神戸市史編集委員会（編）（2000）『新修神戸市史』産業経済編Ⅱ（第二次産業）、神戸市。

新東晃一（2010）「南九州における火山活動と人間――過去三万年間の人間と環境のかかわり」総合地球環境学研究所（編）『地球環境学事典』弘文堂。

陣内秀信（1992）『東京の空間人類学』筑摩書房（ちくま学芸文庫）。

菅原和孝（2002）『感情の猿＝人』弘文堂。

菅野盾樹（2002）「なぜ自然は美でありうるか――あるいは、光景の感情」(http://www33.ocn.ne.jp/~homosignificans/)

住田功一（1999）『語り継ぎたい。命の尊さ――阪神大震災ノート』一橋出版。

須賀敦子（1990）『ミラノ　霧の風景』白水社。

――（1992）『コルシア書店の仲間たち』文芸春秋。

――（1993）『ヴェネツィアの宿』文芸春秋。

――（1998）『遠い朝の本たち』筑摩書房。

菅豊（2013）『「新しい野の学問」の時代へ――知識生産と社会実践をつなぐために』岩波書店。

鈴木公雄（1988）『考古学入門』東京大学出版会。

鈴木正幸・水林彪・渡辺信一郎・小路田泰直（共編）（1992）『比較国制史研究序説――文明化と近代化』柏書房。

鈴木正幸（編）（1998）『王と公――天皇の日本史』柏書房。

スミス、ユージン、スミス、アイリーン（中尾ハジメ訳）（1980）『水俣――写真集』三一書房。

関美比古・高橋勝視（2002）『神戸市街地定点撮影――一九九五―二〇〇一復活への軌跡』毎日新聞社。

妹尾河童（1997）『少年Ｈ』上・下、講談社。

セリュラ、モーリス（高畠正明訳）（1973）『世界の巨匠シリーズ　ユージェーヌ・ドラクロワ』美術出版社。

戦争遺跡保存全国ネットワーク（編）（1999）『戦争遺跡は語る』かもがわ出版（かもがわブックレット）。

戦争体験を記録する会編（1987）『大阪の戦争遺跡ガイドブック――21世紀の子どもたちに平和を』清風堂書店出版部。

せんだいメディアテーク（企画）（2016）『物語のかたち――現在に映し出す、あったること』ミルフイユ08、せんだいメディアテーク。

せんだいメディアテークプロジェクトチーム（2005）『せんだいメディアテークコンセプトブック』ＮＴＴ出版。

総理府阪神・淡路大震災復興対策本部事務局（2000）『阪神・淡路大震災復興誌』大蔵省印刷局。

外岡秀俊（1997・1998）『地震と社会――「阪神大震災」記』上下、みすず書房。

ソルニット、レベッカ（高月園子訳）（2010）『災害ユートピア――なぜその時特別な共同体が立ち上がるのか』亜紀書房。


【た行】


高階秀爾（1996）『日本絵画の近代――江戸から昭和まで』青土社。

高橋順子（2017a）『夫・車谷長吉』文芸春秋。

――（2017b）「夫・車谷長吉と育んだ生の時間」『婦人公論』102巻21号、通巻1482号（二〇一七年一〇月二四日号）。

高橋哲哉（2005）『靖国問題』筑摩書房（ちくま新書）。

高橋学（1995）「地震被害と平野の古環境」阪神大震災対策歴史学会連絡会・歴史資料保全情報ネットワーク（編）『阪神・淡路大震災　歴史と文化をいかす街づくりシンポジウム記録集』阪神大震災対策歴史学会連絡会・歴史資料保全情報ネットワー

ク。

高橋康夫・吉田伸之（編）（1989）『日本都市史入門』東京大学出版会。

竹沢尚一郎（2012）「災害、記憶、写真 ── 回収されることを拒む記憶たち」『民博通信』136。

武村雅之（2003）『関東大震災 ── 大東京圏の揺れを知る』鹿島出版会。

立本成文（2013）「地球環境問題と地域圏」立本成文（編）『人間科学としての地球環境学』京都通信社。

辰巳芳子（2012）『食といのち』文藝春秋。

──（2017）「伝え、受け継ぐ、食の知恵」『クロワッサン』41-7、通巻946号、二〇一七年四月一〇日号。

谷崎潤一郎（1946-1948）『細雪』上・中・下、中央公論社。

田村友一郎（2016）「制作ノート ── ソテロの骨折」［せんだいメディアテーク（企画）2016］。

丹下健三・藤森照信（2002）『丹下健三』新建築社。

長征社編（1996）『大震災・市民篇1995』長征社。

──（1995）「神戸よ」『神戸新聞』一九九五年一月二五日。

──（1998）『神戸ものがたり』平凡社（平凡社ライブラリー）。

拓植信行（1994）「学童疎開誌編纂の動向 ── 東京品川の場合を中心として」『岩波講座日本通史』別巻2（地域史研究の現状と課題）、岩波書店。

津村泰範（2017）「京都工芸繊維大学大学院保存再生学特別研究会　文化遺産におけるオーセンティシティとインテグリティの本質を考える」『新建築』92巻3号。

勅使河原彰（2013）『考古学研究法 ── 遺跡・遺構・遺物の味方から歴史叙述まで』新泉社。

寺田匡宏（1996）「被災地の歴史意識と震災体験」『歴史科学』146。

──（1997）「復興と歴史意識 ── 阪神大震災記録保存運動の現在」『歴史学研究』701。

──（2001）「三陸綾里湾津波語り」『歴史・災害・人間』3、のち［北原・寺田2003］所収
──（2002）「神戸を歩いて見えたこと ── 二〇〇二年一月一七日、震災七年目紀行」『歴史・災害・人間』5、のちに「神戸を歩いて見えたこと ── 震災から七年」と改題して［寺田2015a］に収録。

──（2004）「リアリティの構造」『paper plane』009。

――（2005a）「記憶の「分有」めざす」『朝日新聞』二〇〇五年一月九日夕刊文化面。

――（2005b）「平和の礎」［「記憶と表現」研究会 2005］。

――（2005c）「広島平和記念資料館」［「記憶と表現」研究会 2005］。

――（2005d）「国立広島原爆死没者追悼平和祈念館」［「記憶と表現」研究会 2005］。

――（2005e）「記憶・過去・歴史―メタヒストリー阪神大震災」『歴史科学』176。

――（2005f）「Die Kindheit in Kobe」［「記憶・歴史・表現」フォーラム（編）2005］。

――（2007）「現代のメモリアルとミュージアムの場における過去想起に伴う感情操作の特徴――ポーランド・ベウジェッツ・メモリアルとベルリン・ホロコースト・メモリアルの空間構成と展示による過去表現に関する比較研究」『国立歴史民俗博物館 研究報告』138。

――（2008）「ミュージアム展示における自然災害の表現について――関東大震災「震災復興記念館」の事例」岩崎信彦・田中泰彦・林勲男・村井雅清（編）『災害文化と災害教育』昭和堂。

――（2009）「空間の中の時間　歴史展示施設に見られるその様態」笠原一人・寺田匡宏（編）『記憶表現論』昭和堂。

――（2012）「負の記憶」の継承の側面から見た津波七年後のアチェ――博物館・災害遺産の側面から――」［山本・西（編著）2012］。

――（2015a）『人は火山に何を見るのか――環境と記憶／歴史』昭和堂。

――（2015b）「「無名の死者」の捏造――阪神・淡路大震災のメモリアル博物館における被災と復興像の演出の特徴」木部暢子（編）『災害に学ぶ――文化資源の保全と再生』勉誠出版。

――（2015c）「〈場〉のあり方から見た日本の近代／現代における自然災害の公的記憶――関東大震災と阪神大震災に関する博物館・メモリアルのトポスと建築における復興と慰霊の表象の比較分析」ベトナム国立大学ハノイ校人文社会科学大学東洋学部日本研究学科ヴォ・ミン・ヴ（編）『日本学研究論文集』5、（災害と復興）、世界出版社（ベトナム、ハノイ）。

――（2015d）「神戸という記憶の〈場〉――阪神・淡路大震災の公的記憶の相克」［清水・木村（編）2015］。

――（編）（2016）『災厄からの立ち直り――高校生のための〈世界〉に耳を澄ませる方法』あいり出版。

寺田匡宏・熊澤輝一・遠山真理（Forthcoming2018）「地球の外にいくつもの「環境」ができるとき――新たなアクターが拓く火星移住という未来　先端技術と向き合う3」『Humanity & Nature』72。

デリダ、ジャック（高橋允昭訳）（1967＝1970）『声と現象――フッサール現象学における記号の問題への序論』理想社。

十川幸司（2003）『精神分析〈思想のフロンティア〉』岩波書店。

栃本一三郎・渡邊一雄・和田敏明（編著）（1996）『ボランティア新世紀』第一法規出版。

豊田正子（1995）『新編綴り方教室』岩波書店（岩波文庫）。


【な行】


中井久夫（1995）『家族の深淵』みすず書房。

――（2004）『兆候・記憶・外傷』みすず書房。

――（2014）『精神科治療の覚書』新版、日本評論社。

――（編）（1995）『一九九五年一月一七日神戸』みすず書房。

――（編）（1996）『昨日のごとく――災厄の年の記録』みすず書房。

中井久夫・山口直彦（2004）『看護のための精神医学』第2版、医学書院。

長井真理（1988＝1991）「「悲劇」の生成としての境界例」『内省の構造――精神病理学的考察』岩波書店。

中谷剛（2012）『新訂増補版　アウシュヴィッツ博物館案内』凱風社。

中野敏男（1995）「ボランティア動員型市民社会論の陥穽」『現代思想』27―5（特集市民とは誰か）。

ナショナルジオグラフィック（2016）『マーズ　火星移住計画』日経ナショナルジオグラフィック社。

ナンシー、ジャン＝リュック（西谷修・安原伸一朗訳）（1999＝2001）『無為の共同体――哲学を問い直す分有の思考』以文社。

西芳実（2011）「記憶や歴史を結び直す――二〇〇四年スマトラ沖地震津波被災地におけるコミュニティ再生の試み」『季刊　民族学』138。

――（2015）『災害復興で内戦を乗り越える――スマトラ島沖地震・津波とアチェ紛争』京都大学学術出版会。

西川長夫（1998）『国民国家論の射程』柏書房。

西谷啓治（1986）『西谷啓治著作集』3（西洋神秘思想の研究）、弘文堂。

――（1987）『西谷啓治著作集』5（アリストテレス論攷）、弘文堂。

日外アソシエーツ（編）（2009）『世界災害史事典――1945–2009』日外アソシエーツ。

日本建築学会（1997）「東京都復興記念館の保存に関する要望書」（http://www.aij.or.jp/scripts/request/document/970325.htm）。

納富信留（2002）「エネルゲイア」永井均・中島義道・小林康夫ほか（編）『事典哲学の木』講談社。

野家啓一（2005）『物語の哲学』岩波書店（岩波現代文庫）。

野口武彦（1997）『安政江戸地震』筑摩書房（ちくま新書）。

野坂昭如（1968）『アメリカひじき・火垂るの墓』文藝春秋。

野田正彰（1992）『喪の途上にて――大事故遺族の悲哀の研究』岩波書店。

――（1995）『災害救援』岩波書店（岩波新書）。

――（1995–1996）「わが街――東灘区森南町の人々」『産経新聞』のち［野田 1996］

――（1996）『わが街――東灘区森南町の人々』文藝春秋。


【は行】


バークン、マイケル（北原糸子訳）（1985）『災害と千年王国』新評論。

橋川文三（1959）「「戦争体験論」の意味」［橋川 1964］。

――（1964）『歴史と体験――近代精神史覚書』春秋社。

――（1968）『増補版　歴史と体験――近代日本精神史覚書』春秋社。

橋本裕之（2017）『王の舞の演劇学的研究』臨川書店。

浜本満（1989）「死を投げ棄てる方法――儀礼における日常性の再構築」田辺繁治編『人類学的認識の冒険――イデオロギーとプラクティス』同文舘。

林勲男（2015）「生者の記憶、記者との対話」木部暢子（編）『災害に学ぶ――文化資源の保存と再生』勉誠出版。

林佳世子（2005）「イスラーム史研究と歴史史料」［林・枡屋（編）2005］

林佳世子・枡屋友子（編）（2005）『記録と表象――史料が語るイスラーム世界』イスラーム地域研究叢書8、東京大学出版会。

林達夫（1976）『歴史の暮れ方――共産主義的人間』中央公論社（中公文庫）。

林洋子（2008）『藤田嗣治　作品を開く――旅・手仕事・日本』名古屋大学出版会。

阪神・淡路大震災メモリアルセンター構想推進協議会、兵庫県、神戸市、兵庫県商工会議所連合会（1999）『阪神・淡路大震災メモリアルセンター整備構想』阪神・淡路大震災メモリアルセンター構想推進協議会、兵庫県、神戸市、兵庫県商工会議所連合会。

阪神大震災を記録し続ける会（編）（1995）『阪神大震災 ― 被災した私たちの記録』朝日ソノラマ。

―（編）（1996）『阪神大震災 ― もう1年まだ1年』神戸新聞出版センター。

東日本大震災復興構想会議（2011）『復興への提言 ― 悲惨の中の希望』東日本大震災復興構想会議。

兵庫部落解放研究所（1996）『記録 阪神・淡路大震災と被差別部落』解放出版社。

兵庫県立芦屋高等学校第52期生と有志教諭（1996）『阪神大震災生徒記録集 ― 芦高生は震災後、何を考え、どのように行動したのか?』兵庫県立芦屋高等学校。

廣松渉（1972＝1996）『廣松渉著作集』1（世界の協働主観的存在構造）、岩波書店。

平出隆（2002）『ベルリンの瞬間』集英社。

福間良明（2015）『「戦跡」の戦後史 ― せめぎあう遺構とモニュメント』岩波書店（岩波現代全書）。

藤井貞和（1987）『物語文学成立史 ― フルコト・カタリ・モノガタリ』東京大学出版会。

―（1993）『増補新装版 古日本文学発生論』思潮社。

―（2016）『日本文学源流史』青土社。

藤沢令夫（1980）『イデアと世界 ― 哲学の基本問題』岩波書店。

フジタニ、タカシ（米山リサ訳）（1994）『天皇のページェント ― 近代日本の歴史民族誌から』日本放送出版協会。

古川日出男（2012）『春の先の春へ ― 震災への鎮魂歌 古川日出男宮澤賢治「春と修羅」をよむ』左右社。

プロジェクト一〇〇（編）（1996）『〈ガレキ＝都市の記憶〉ポスト震災のアートスケープ』樹花舎。

ベイトソン、グレゴリー（佐藤良明訳）（1979＝2001）『精神と自然 改訂版 ― 生きた世界の認識論』新思索社。

ベンヤミン、ヴァルター（久保哲司訳）（1940＝1996）「歴史の概念について」浅井健二郎編訳『ベンヤミン・コレクション』1（近代の運命）、筑摩書房（ちくま学芸文庫）。

―（1938＝1997）「1900年頃のベルリンの幼年時代」浅井健二郎編訳『ベンヤミン・コレクション』3（記憶への旅）、筑摩書房（ちくま学芸文庫）。

―（久保哲司編訳）（1998）『図説写真小史』筑摩書房（ちくま学芸文庫）。

ベルク、オーギュスタン（鳥海基樹訳）（2016）『理想の住まい ― 隠遁から殺風景へ』京都大学学術出版会。

本間正明（1996）「草の根パワーを阻む制度欠陥 ― 阪神・淡路大震災におけるボランティア革命」［本間・出口 1996］。

本間正明・出口正之（1996）『ボランティア革命――大震災での経験を市民活動へ』東洋経済新報社。

【ま行】


毎日新聞社（1995）『毎日ムック　ドキュメント阪神大震災全記録』毎日新聞社。

――（1996）『毎日ムック 詳細阪神大震災――1995年1／17からの復活 完全保存版』毎日新聞社。

牧田清（1996）『この街に生きる　阪神大震災神戸・長田区から――牧田清写真集』解放出版社。

牧田清（写真）・早川三郎（文）（1995）『街が消えた――阪神大震災フォトドキュメント・神戸市長田区の記録』遊タイム出版。

牧原憲夫（1998）『客分と国民のあいだ――近代民衆の政治意識』吉川弘文館。

松井孝典（2010）「巨大隕石の落下――6550万年前の天体衝突と生物絶滅」総合地球環境学研究所（編）『地球環境学事典』弘文堂。

松浦寿輝（2001）『官能の哲学』双書　現代の哲学、岩波書店。

松山巖（2000）「年譜」須賀敦子『須賀敦子全集』8、河出書房新社。

丸山眞男（1941＝1996）「近世日本政治思想における「自然」と「作為」――制度観の対立としての」丸山眞男『丸山眞男集』2、岩波書店。

――（1946＝1995）「超国家主義の論理と心理」丸山眞男『丸山眞男集』3、岩波書店。

――（1974）「歴史意識の古層」丸山眞男（編）『歴史思想集』日本の思想6、筑摩書房。

――（1989＝1996）「「子午線の祀り」を語る」丸山眞男『丸山眞男集』15、岩波書店。

――（1997）『丸山眞男集』別巻、岩波書店。

水俣病研究会編（1996）『水俣病事件資料集』上・下、葦書房。

宮内泰介（編）（2014）『環境保全はなぜ失敗するのか』新曜社。

宮城県震災遺構有識者会議（編）（2015）『宮城県震災遺構有識者会議報告書』宮城県震災遺構有識者会議。

三宅明正・大門正克ほか（編）（2017）『日本史A――現代からの歴史』東京書籍（2016年文部科学省検定済）。

宮沢賢治（1924＝1976）『春と修羅』精選名著複刻全集近代文学館、日本近代文学館。

宮田登・高田衛（編著）（1995）『鯰絵――震災と日本文化』里文出版。

宮本佳明（1997）「もう一つの廃墟論」［季村・笠原 1997］。

宮本三郎（校注）（1964）『校本芭蕉全集』4（連句篇（中））、角川書店。

宮本博（1995）「阪神・淡路大震災記録資料を未来へ伝えるために ―― 震災記録を残すライブラリアン・ネットワークの活動」『図書館雑誌』89-9。

宮本隆司（1995）『KOBE 1995 After the Earthquake』Telescope/Workshop for Architecture and Urbanization.

六車由実（2003）『神、人を喰う 人身御供の民俗学』新曜社。

村上春樹（1997）『アンダーグラウンド』文藝春秋。

――（1998）「神戸まで歩く」『近景・遠景』新潮社。

メルロ＝ポンティ、モーリス（滝浦静雄訳）（2001）「幼児の対人関係」『メルロ＝ポンティ・コレクション』3（幼児の対人関係）、みすず書房。

モリオカ・トデスキーニ、マヤ（1999）「死と乙女 ―― 文化的ヒロインとしての女性被爆者、そして原爆の記憶の政治学」ミック・ブロデリック（編）（柴崎昭則・和波雅子訳）『ヒバクシャ・シネマ ―― 日本映画における広島・長崎と核のイメージ』現代書館。

森南町・本山中町まちづくり協議会（1995）『森南地区復興まちづくり憲章』森南町・本山中町まちづくり協議会。


【や行】

八木哲郎（1996）『ボランティアが世界を変えた』法蔵館。

安水稔和（1999）『生きているということ』編集工房ノア。

山下晋司（2015）「復興ツーリズム ―― 震災後の新しい観光スタイル」［清水・木村 2015］。

山下祐介・菅磨志保（2002）『震災ボランティアの社会学』ミネルヴァ書房。

山田孝雄（1933）「日本肇国史」『日本国家科学大系』1（肇国及日本精神）、実業之日本社。

山本高之（2016）「制作ノート ―― 未来の東北から」［せんだいメディアテーク（企画）2016］。

山本唯人（2008）「関東大震災の資料保存・展示活動と復興記念館 ―― 「公論」形成のメディアとして」岩崎信彦・田中泰彦・林勲男・村井雅清（編）『災害文化と災害教育』昭和堂。

山本博之（監修）（2012）『雑誌に見る東日本大震災（二〇一一年）―― 震災はいかにして国民的災害になったか』京都大学地域研究統合情報センター。

——（2014）『復興の文化空間学——ビッグデータと人道支援の時代』災害対応の地域研究1、京都大学学術出版会。

山本博之・西芳実（編）（2012）『災害遺産と創造的復興——地域情報学の知見を活用して』CIAS Discussion Paper Series No.25、京都大学地域研究統合情報センター。

柳田國男（1998）「明治大正史　世相編」柳田國男『柳田國男全集』5、筑摩書房。

柳父章（1977）『翻訳の思想——「自然」とnature』平凡社。

山口佳紀・神野志隆光（校注・訳）（1997）『古事記』新編日本古典文学全集1、小学館。

ユクスキュル／クリサート（日高敏隆・羽田節子訳）（2005）『生物から見た世界』岩波書店（岩波文庫）。

ヨキレット、ユッカ（秋枝ユミ・イリベル訳）（2005）『建築遺産の保存その歴史と現在』アルヒーフ。

吉田憲司（1999）『文化の発見——驚異の部屋からバーチャルミュージアムまで』岩波書店。

吉田裕（1988）「日本近代史研究とオーラル・ヒストリー——兵士の戦争体験を中心にして」『オーラル・ヒストリーと体験史——本多勝一の仕事をめぐって』青木書店。

——（1995）『日本人の戦争観——戦後史のなかの変容』岩波書店。

吉田満（1952）『戦艦大和ノ最期』創元社。

吉見俊哉（1987）『都市のドラマトゥルギー——東京・盛り場の社会史』弘文堂。

——（1992）『博覧会の政治学——まなざしの近代』中央公論社（中公新書）。

米田定蔵・米田英男（2001）『都市の記憶——神戸・あの震災』エピック。

米本昌平（1994）『地球環境問題とは何か』岩波書店（岩波新書）。


【ら行】


ラカー、ウォルター（井上茂子ほか訳）（2003）『ホロコースト大事典』柏書房。

リーグル、アロイス（尾関幸訳）（2007）『現代の記念物崇拝——その特質と起源』中央公論美術出版。

ルーマン、ニクラス（佐藤勉監訳）（1993・1995）『社会システム理論』上・下、恒星社厚生閣。

レーヴィ、プリーモ（竹山博英訳）（1947＝2017）『これが人間か——アウシュヴィッツは終わらない』朝日新聞出版（朝日選書）。

——（多木陽介訳）（2002）『プリーモ・レーヴィは語る——言葉・記憶・希望』青土社。

ワイゼンフェルド、ジェニファー（篠儀直子訳）（2014）『関東大震災の想像力——災害と復興の視覚文化論』青土社。

若桑みどり（1995）『戦争と女性』筑摩書房。
鷲田清一（1995）「被災地の周辺に〈顔〉が感じられる」『産経新聞』一九九五年二月一日夕刊。
——（1998）『顔の現象学』講談社（講談社学術文庫）。

中文

黎靖徳（編）（1999）「理気」『朱子語類』1、北京：中華書局。

英文

Anderson, Benedict（2006）. *Imagined Communities: Reflections on the Origin and Spread of Nationalism*, Revised edition,London: Verso.
Arendt, Hannah（1958=1998）. *The Human Condition*, Second edition, Chicago: The Chicago University Press.
Aristotle（1929）. *Phisycs*, Eds. by Page et al., Loeb Classical Library, Cambridge MA: Harvard University Press.
——（1933）. *Metaphysics*, Ed. by H. Tredennik, Loeb Classical Library.
——（1936a）. "On the Soul," in Arisitotle, *On the Soul, Parva Naturalia, On Breath,* eds. W. S. Hett, Loeb Classical Library, Cambridge MA: Harvard University Press.
——（1936b）. "On Breath," in Arisitotle, *On the Soul, Parva Naturalia, On Breath*, eds. W. S. Hett, Loeb Classical Library, Cambridge MA: Harvard University Press.
Bai, Xiu Mei, van der Leeuw, Sander, O'brien, Karen et al.（2015）. Plausible and desirable futures in the Anthropocene: A new research agenda. *Global Environmental Chang,39.*
Callender, Craig（ed.）（2011）. *The Oxford Handbook of Philosophy of Time*. Oxford: Oxford University Press.
——（2001）. *The invention of the historic monument*, trans. Lauren M. O'Connell, Cambridge: Cambridge University Press.
Crisp, Thomas（2003）. "Presentism" in [Loux and Zimmerman（ed.）2003].
Davidson, Donald（1967）. "The logical Form of Action Sentences," in [Davidson2001].
——（2001）. *Essays on Actions and Events*, Oxford: Oxford University Press.
Davis, Bret W.（2011）. "Natural Freedom: Human/Nature Nondualism in Japanese Thought" in Jay L. Garfield and William Edge Edelgrass

(ed.) , *The Oxford Handbook of World Philosophy,* New York: Oxford University Press.

Feldherr, Andrew and Hardy, Grant (eds.) (2011) . *The Oxford History of Historical Writing*, Vol. 1: Beginnings to AD600, Oxford: Oxford University Press.

Foundation for the memorial to the murdered Jews of Europe (2005). *Material on the Memorial to the Murdered Jews of Europe*, Berlin: Nicolaische Verlag.

Frazor, Jamese George (1980). *The Golden Bough: A Study in Magic and Religion*, Macmillan.

Ginzburg, Carlo (2013). *Clues, Myths, and the Historical Method*, Trans. by John and Anne Tedeschi, Baltimore: Johns Hopkins University Press.

Gutfreund, Hanoch and Renn, Jürgenl. (2014).The *Road to Relativity*. Princeton and Oxford: Princeton University Press.

Haraway, Donna (2008). *When Species Meet,* Minneapolis: University of Minnesota Press.

— (2017). Symbiogenesis, Sympoiesis, and Art Science Activisms for Staying with the Trouble, in Anna Tsing, Heather Swanson, Elaine Gan et al. (ed.), *Art of Living on a Damaged Planet: Monsters of the Anthropocene,* Minneapolis: University of Minnesota Press.

Helin, Jenny, Hernes, Tor, Hjorth, Daniel et al. (ed) (2016). *The Oxford Handbook of Process Philosophy and Organization Studies,* Oxford: Oxford University Press.

Hobson, Marian (1998). *Jacques Derrida: Opening Lines*, New York: Routledge.

Hui, Yuk (2016). *The Question Concerning Technology in China: An Essay in Cosmotechnics.*, Falmouth: Urbanomic.

Ingold, Tim (1996=2000). "On Weaving a Basket", in Tim Ingold, *The Perception of the Environment: Essays on livelihood, dewelling and skill*, New York: Routledge.

Ingold, Tim and Palsson, Gisli (2013). *Biosocial Becomings: Integrating Social and Biological Anthropology*, Cambridge: Cambridge University Press.

Izutsu, Toshihiko (2008). *The Structure of Oriental Philosophy: Collected Papers of the Eranos Conference,* Vol.Ⅱ, Tokyo: Keio University Press.

Kola, Andrzej (2000) , *Belzec: The Nazi Camp for Jews in the Light of Archaeological Source Excavations 1997-1999*, Warsaw and Washing ton: The council for the Protection of Memory of Combat and Mytyrdom.

Kolbert, Elizabeth (2014). *The Sixth Extinction: An Unnatural History*, New York: Henry Holt.

Laubichler, Manfred and Renn, Jügen (2015). *Extended Evolution*, Preprint 471, Berlin: Max Planck Institute for the History of Science.

Lewis, David (1973). Counterfactuals, Malden, MA: Blackwell Publishing.

Loux, Michael (2002). *Metaphysics: A contemporary introduction*, Second edition, London: Routrage.

Loux, Michael L. and Zimmerman, Dean W. (ed.) (2003). *The Oxford Handbook of Metaphysics*, Oxford: Oxford University Press.

Lowe, J.E. (2002). *A Survey of Metaphysics*, Oxford: Oxford University Press.

Linenthal, Edward T. (2001). *Preserving Memory: The Struggle to Create America's Holocaust Museum*, New York: Columbia University Press.

McGinn, Colin (2006). *Mindsight: Image, Dream, Meaning*, Cambridge, MA: Harverd University Press.

— (2009). "Imagination" in Brian P. McLaughin, Angsar Beckermann, and Sven Walter (eds.) *The Oxford Handbook of Philosophy of Mind*, Oxford: Oxford University Press.

McTaggart, J. McT. E. (1927=2008). "Time: an Exerpt from The Nature of Existence," In [Van Inwagen and Zimmerman (eds.) 2008].

Mosse, George (ed.) (1979). *International Fascism: New Thoughts and New Approaches*, London: SAGE Publications.

Mozersky, Joshua M. (2011). "Presentism," in [Callender2011].

Newton, Isaac (1687=1995). *The Principia*, trans. Andrew Motte, Amherst, New York.: Prometheus Books.

Nussbaum, Martha C. (2000). *Women and Human Development: The Capabilities Approach*, Cambridge: Cambridge University Press.

Plato (1914). "Phaedo," in *Plato I*, trans. North Fowler, Loeb Classical Library, Cambridge MA: Harvard University Press.

— (1929). "Timaeus," in *Plato IX*, trans. R. G. Bury, Loeb Classical Library, Cambridge MA: Harvard University Press.

— (1939). "Parimenides," in *Plato IV*, trans. North Fowler, Loeb Classical Library, Cambridge MA: Harvard University Press.

Rawls, John (1971=1999). *A Theory of Justice*, Revised Edition, Cambridge, MA: Belknap Press of Harvard University Press.

Rochat, Philippe (2011). "What is it like to be a Newborn?," in Shaun Gallagher (ed.), *The Oxford Handbook of the Self*, Oxford: Oxford University Press.

Ronkin, Noa (2009). "Theravada Metaphysics and Ontology: Kaccanagotta (Samyutta-nikaya) and Abhidhammatthasagaha" in William

Edelglass and Jay L. Garfield (ed.) , *Buddhist Philosophy: Essential Readings*, Oxford: Oxford University Press.

Said, Edward W. (1975). *Beginnings: Intention & Method*, New York: Columbia University Press.

Schemmel, Mathias (2016). *Historical Epistemology of Space: From primate cognition to spacetime physics*, Springer.

Sider, Theodore (2001). *Four Dimensionalism: An Ontology of Persistence and Time,* Oxford: Oxford University Press.

Spivak, Gayatri C. hakravorty (2007) “Writing Wrongs-2002: Accessing Democracy among the Aboliginals,” in G.C. Spivak, *Other Asias*, Malden, MA: Blackwell Publishing.

Thomas, Julia Adeney (2001). *Reconfiguring Modernity: Concepts of Nature in Japanese Political Ideology,* Berkley and Los Angeles: University of California Press.

Turner, Victor (1971=1974). “Social Dramas and Ritual Metophors,” in V. Turner, *Dramas, Fields, and Metophers: Symbolic Action in Human Society*, Ithaca: Cornell University Press.

van Inwagen, Peter and Zimmerman, Dean (eds.) (2008). *Metaphysics: the big questions*, Second Edition, Malden, MA: Blackwell Publischig.

van Inwagen, Peter (2014). *Metaphysics*, 4th Edition, Boulder: Westview Press.

Victims Support Section of the Extraordinary Chambers in the Courts of Cambodia (n.d. (2009)). *Statement of apology and acknowledgement of responsibility made by* Kaing Guek Eav *alias* Duch, Phnom Penh: Victims Support Section of the Extraordinary Chambers in the Courts of Cambodia.

Walker, Brett L. (2015). *A Concise History of Japan*, Cambridge: Cambridge University Press.

Weinberg, Jeshajahu and Elieli, Rina (1995). *The Holocaust Museum in Washington*. New York: Rizzoli International Publications.

White, Hayden (1973). *Metahistory: the historical imagination in nineteenth-century Europe*, Baltimore: Johns Hopkins University Press.

Whitehead, Alfred North (1978). *Process and Reality,* Corrected Edition, ed. David Griffin and Donald W. Sherburne, New York: Free Press.

Woolf, Daniel (ed.) (2011-2012). *The Oxford History of Historical Writing*. 5 Vols., Oxford: Oxford University Press.

独文

Arendt, Hannah (1967=2002). Vita activa, oder Vom tätigen Leben, München: Piper.

Baker, Andrew (2006). "Wie die Gedenkstätte Belzec Wirklichkeit Wurde", in [Shluscheu und Stiftung für die ermordeten Juden Europas (Hrg.) 2006].

Beck, Ulrich (1996). "Das Zeitalter der Nebenfolgen und die Politisierung der Moderne." in Ulrich Beck, Anthony Giddens und Scott Lash, Reflexive Modernisierung: Eine Kontroverse, edition suhrkamp, Suhrkamp Verlag.

Benjamin, Walter (1991). Walter Benjamin Abhandlungen, Gesammelte Schriften Bd. 1・2, Hrg. von Rolf Tiedemann und Hermann Schweppenhäuser, suhrkamp taschenbuch wissenschaft, Frankfurt am Main: Suhrkamp Verlag.

— (2005). Über den Begriff der Geschichte, Walter Benjamin Werke und Nachlass Kritische Gesamtausgabe, Bd. 19, Berlin: Suhrkamp Verlag.

Crutzen, Paul and Schwägerl, Christian. (2015). "Wir sind nicht dem Untergang geweiht: Ein Interview mit Paul J. Crutzen," in Hrg. von N. Möllers, C. Schwägerl, und H. Trischler, Willkommen im Anthropozän, München: Deutsches Museum.

Dōgen (2006). Shōbōgenzō: Ausgewälte Schiriften, Übers. u. Hg. von Ryōsuke Ōhnishi und Rolf Elberfeld, Tokyo: Keio University Press.

Habarmas, Jürgen (1962=1990). Structure Wandel der Öffentlichkeit, Frankfurt am Main: Suhrkamp Verlag.

Han, Byungchul (2005). Was ist Macht?, Universal-Bibliothek, Stuttgart: Reclam.

Hegel, G. W. Friedrich (1812=1951). Wissenschaft Der Logik, Leipzig: Felix Meiner.

— (1830=1955). "Die Philosphie der Weltgeschichte, zweiter Entwurf," in G. W. F. Hegel, Vorlesung über die Philosophie der Weltgeschichte, Band 1, Die Vernunft in der Geschichte, Hamburg: Felix Meiner Verlag.

Heidegger, Martin (1927=1972). Sein und Zeit, Tübingen: Max Niemeyer Verlag.

— (1992). Die Grundbegriffe der Metaphysik: Welt-Endlichkeit-Einsamkeit, Martin Heidegger Gesamtausgabe, Bd 29/30, Frankfurt am Main: Vittorio Klostermann.

Horkheimer, Max und Adorno, Theodor W. (1988). "Kuluturindstrie", in Max Horkheimer und Theodor W Adorno, Dialektik der Aufkläerung, Frankfurt am Main: Fischer Verlag.

Husserl, Edmund (1905=2013), Zur Phänomenologie des inneren Zeitwebußtseins, Hamburg: Felix Meiner Verlag.

—— (1936=1986). Die Krisis der europäischen Wissenschaften und die transzendentale Phänomenologie, in: Edmund Husserl, Phänomenologie der lebens Welt, Ausgewältete Texte II, Universal-Bibliotek, Stuttgart: Philipp Reclam.

Kant, Imanuel (1781=1998), Kritik der reinen Vernunft, Hamburg: Felix Meimer Verlag.

Löwith, Karl (1953=1983). "Die Dynamik der Geschichte und der Historismus," in Karl Löwith, Weltgeschichte und Heilsgeschehen: zur Kritik der Geschichtsphilosophie, Sämtliche Schriften. Bd. 2, Stuttgart: Metzler.

Pieper, Katrin (2006). Die Musealisierung des Holocaust: das Judishe Museum Berlin und das U.S. Holocaust Memorial Museum in Washington D.C.: ein Vergleich, Köln: Boehlau.

Rapp, Christoph und Corcilius, Klaus (Hrg.) (2011). Aristoteles Handbuch: Leben-Werk-Wirkung. Stuttgart: J.B. Metzler.

Shulusche, Günter und Siftung Denkmal fuer die Ermodeten Juden Europas (Hrg.) (2006). Architektur der Erinnerung: NS-Verbrechen in der europaeischen Gedenkkulutur, Berlin: Nicholaische Verlagsbuchhandlung.

Uexküll, Jakob Johann von (2014). Umwelt und Innenwelt der Tiere, Hrg. von Florian Mildenberger, Springer.

仏文

Barthes, Roland (1980). *La chambre claire : Note sur la photographie*, Cahiers du cinéma, Le Seuil, [Paris]: Gallimard.

Berque, Augustin (2014). *Poétique de la Terre: Histoire naturelle et histoir humaine, essai de mésologie*, Paris: Benin.

—— (2015), "La mésologie d'Imanishi," dans Kinji Imanishi, *La liberté dans l' évolition*, Édition Wildproject.

Choay, Françoise (1999). *L'Allégorie du patrimoine*, Paris: Seuil.

Deleuze, Gilles et Guattari, Félix (1980). *Mille Plataux: Capiitalism et Schzophrénie*, Paris: Les édition de minuit.

Derrida, Jacques (1980). *La Carte postale: de Socrate à Freud et au-delà*, Paris: Flammarion.

Descola, Phillipe (2005). *Par-delà nature et culture*, Paris: Gallimard.

Eliade, Mircea (1969). *Le myth de l'éternel retour : Archétypes et répétition,* Nouvelle édition revue et augmentee, Paris : Grllimard.

Girard, René (1972). *La violence et le sacré*, Paris: Grasset.

Kane, Solomon (2007). *Dictionaire des Khmers rouges*, Montreuil and Bangkok: Aux lieux d'être.

Latour, Bruno (2005). *Nous n'avons jamais été modernes,* Paris: La Découverte.

Lévi-Strauss, Claude (1962a). *Le Totémism aujourd'hui,* Paris: Presses Universitaires de France.

— (1962b). «La Pensée Sauvage» dans Claude Lévi-Strauss, *Oeuvres,* édition Gallimard Paris: Gallimard.

Lévias, Emanuel (1971). *Totalité et infini: Esssai sur l'extériorite,* Paris: Le livre de poche.

Platon (1956). *La République,* Tradui par Émile Chambry, Paris: Societé d'édition les belles letters.

Rollet, Sylvie (2011). *Une éthique du regqrd: Le cinéma face à la Catastrophe, d'Alain Renais à Rithy Panh,* Paris: Hermann.

Saussure, Ferdinand (1916=1967). *Cours de lingustique générale,* Paris: Éditions Payot & Rivages.

初出一覧

本書の元になった文章は、以下のとおりである（いずれも大幅に改稿している）。

プロローグ　鯰絵とプレゼンティズム
新稿。一部に「災害からの立ち直り――鯰絵、ボランティアに象徴　国立歴史民俗博物館ドキュメント災害史一七〇三―二〇〇三の世界５」『千葉日報』二〇〇三年九月一日の一部を使用。

序章　時間・カタストロフ・エネルゲイア
新稿。第５節に「記憶とさまざまな声の歴史へ――神戸と佐倉の間で」『2001 年度比較文化学会講演会報告集』１、都留文科大学比較文化学科・比較文化学会、二〇〇一年を改稿して使用。

第Ⅰ部　カタストロフという時間

第一章　カタストロフの中で想起されるカタストロフ
「被災地の歴史意識と震災体験」『歴史科学』146、一九九六年。

第二章　記録と記憶
「復興と歴史意識」『歴史学研究』701、一九九七年。

第三章　カタストロフの前の人
「時間・記憶・歴史――阪神大震災メタヒストリー」『歴史科学』179・180、二〇〇五年五月。
「環境・人間・過去――菅原和孝『感情の猿＝人』の示すもの」『歴史評論』650、歴史科学協議会、二〇〇四年六月。

第四章　心の揺れという体験
「震災と歴史学徒――1995–2000」『歴史科学』161号、二〇〇〇年。
「風が運んだ救援隊――阪神淡路大震災ボランティアと北川幸三の写真」『ドキュメント災害史 1703-2003（展示図録）』国立歴史民俗博物館、二〇〇三年。

「阪神大震災と語り ―― 映像『風が運んだ救援隊2003』について」『国立歴史民俗博物館研究報告書』121、二〇〇五年。

補章1　ボランティアたちの顔が語る
「風が運んだ救援隊 ―― 阪神淡路大震災ボランティアと北川幸三の写真」『ドキュメント災害史1703–2003（展示図録）』国立歴史民俗博物館、二〇〇三年。

ダイアローグ1　風を撮る、光を撮る ―― 写真家・北川幸三との対話
新稿。

第Ⅱ部　カタストロフ・近代・国家

第五章　無名の死者の捏造
「無名の死者の捏造」木部暢子編『災害に学ぶ』勉誠出版、二〇一五年
「神戸という記憶の〈場〉―― 公的、集合的、個的記憶の相克とすみわけ」清水展・木村周平（編）『新しい人間、新しい社会』京都大学学術出版会、二〇一五年。

コラム1　博物館という空間と時間
「空間の中の時間　歴史展示施設に見られるその様態」笠原一人・寺田匡宏（編）『記憶表現論』昭和堂、二〇〇九年。

コラム2　中国の博物館における「復興」
「自然災害・戦争などに関する博物館における「復興」の表現の特徴」国立民族学博物館共同研究「災害復興における在来知 ―― 無形文化の再生と記憶の継承」研究会口頭発表、二〇一三年五月一一日。

第六章　透明な空間、浮遊する時間
「〈場〉のあり方から見た日本の近代／現代における自然災害の公的記憶 ―― 関東大震災と阪神大震災に関する博物館・メモリアルのトポスと建築における復興と慰霊の表象の比較分析」ベトナム国立大学ハノイ校人文社会科学大大学東洋学部日本研究学科ヴォ・ミン・ヴ（編）『日本学研究論文集』5（災害と復興）、世界出版社（ベトナム、ハノイ）、二〇一五年。
「ミュージアム展示における自然災害の表現について ―― 関東大震災「震災復興記念館」の事例」岩崎信彦・田中泰彦・林勲男・村井雅清（編）『災害文化と災害教育』昭和堂、二〇〇八年。

コラム３　アチェで感じたこと、津波から七年
「負の記憶」の継承の側面から見た津波7年後のアチェ ── 博物館・災害遺産の側面から」山本博之・西芳実（編著）『災害遺産と創造的復興 地域情報学の知見を活用して』CIAS Discussion Paper Series No. 25、京都大学地域研究統合情報センター二〇一二年三月。

コラム４　「神戸まで歩く」を歩く
「神戸という記憶の〈場〉── 公的、集合的、個的記憶の相克とすみわけ」清水展・木村周平（編）『新しい人間、新しい社会』京都大学学術出版会、二〇一五年のページ下部の写真コラム。

第Ⅲ部　カタストロフと記憶

第七章　悲劇と語り
「三陸綾里湾津波語り」『歴史・災害・人間』3、二〇〇一年。
「災害と語り ── 悲劇としての三陸津波の記憶表象とその分析方法に関する試論」『国立歴史民俗博物館 研究報告書』123（特集・環境利用システムの多様性と生活世界）、二〇〇五年。

第八章　だれの記憶、だれのための記憶
「リアリティの構造」009『paper plane』009、二〇〇四年二月。
「胎児・幼児の語りと震災の記憶」『国立歴史民俗博物館 研究報告書』130、二〇〇六年。
「Die Kindheit in Kobe　神戸の幼年時代」『いつかの、だれかに（展示図録）』［歴史・記憶・表現］フォーラム、二〇〇五年。

ダイアローグ２　民話の森と災害の語り ── せんだいメディアテーク学芸員・清水チナツとの対話
新稿。

第Ⅳ部　場に残るカタストロフと「持去」

第九章　感情操作のポリティクス
「現代のメモリアルとミュージアムの場における過去想起に伴う感情操作の特徴 ── ポーランド・ベウジェッツ・メモ

リアルとベルリン・ホロコースト・メモリアルの空間構成と展示による過去表現に関する比較研究」『国立歴史民俗博物館 研究報告』138、二〇〇七年。

コラム5　風景とアクチュアリティ

「アウシュヴィッツから帰って」『paper plane』004、二〇〇四年一月。

「モノと過去／リアリティとアクチュアリティ――ビルケナウ収容所跡の草原で」『総合誌　歴博』128、二〇〇五年一月。

第十章　カタストロフとともにある場

「犠牲者の村オラドゥール」「ジベリーナ」「ポンペイ遺跡」『科学研究費補助金共同研究 災害対応の地域研究 2011 年度調査報告書　稿本』二〇一二年三月。

「南三陸町」『人間文化研究機構共同研究 大規模災害と人間文化 調査報告書（稿本）』二〇一四年七月。

「風景とともに立ち直る」寺田匡宏（編著）『災厄からの立ち直り――高校生のための〈世界〉に耳を澄ませる方法』あいり出版、二〇一六年。

コラム6　見えない風景を見る

「見えにくい災厄にどう向き合うか――フクシマ―東京／アウシュヴィッツ―ベルリン」『歴史学研究』909、二〇一三年九月。

終章　カタストロフから見た地球環境・歴史・未来史

新稿。ただし、第2節の一部は「歴史ナラティブとしてのアンソロポシーン言説――日本からの発信の可能性」『Humanity&Nature』58、二〇一六年一月を改稿して使用。

補章2　歴史のエネルゲイアと「なる＝ビカミング」

"The Anthropocene Concept and Japanese Historical Narrative: Becoming, Nature, and Artificiality," #1Anthropocene Workshop, Research Insitute for Humanity and Nature, September 17, 2015. 口頭発表原稿。

"Nature, Artificiality, and Becoming," Anthropocene Campus 2016/Technosphere Issue, Haus der Kulturen der Welt, Berlin, Germany, April 16, 2016. 口頭発表原稿。

"Anthropocene concept as a question for life-world: From a view point of energy（ἐνέργεια）, becoming, and time," collogue

International: Landscapes in the Anthropocene, Fondation France-Japon de l'EHESS, Paris, France December 7, 2016. 口頭発表原稿。

エピローグ　「「神戸まで歩く」を歩く」を歩く
新稿。

研究助成一覧

本書の元になった研究が助成を受けた基金・共同研究費等による研究助成は、以下のとおりである。

国立歴史民俗博物館公募型企画展示プロジェクト「歴史資料と災害像」代表者・北原糸子、二〇〇一―二〇〇三年度

福武学術文化振興財団「近世~近代の津波被害と復興に関する自然環境史的研究――津波学・歴史学・民族学・考古学の協業による古文書・伝承・津波碑データの総合分析」代表者・篠原徹、二〇〇二年度

トヨタ財団助成共同研究「多元的な記憶をどう伝えるか――近代/ポスト近代の戦争と災害後のモニュメント・記録・語りの文化史的研究とその社会化のためのミュージアム構想」代表者・寺田匡宏、二〇〇二年度―二〇〇四年度

国立民族博物館共同研究「災害に関する人類学」代表者・林勲男、二〇〇四―二〇〇八年度

科学研究費補助金（若手研究（B））「グローバリゼーションによるホロコースト表象の変容に関する博物館人類学的研究」代表者・寺田匡宏、二〇〇五年度―二〇〇七年度

科学研究費補助金（若手研究（B））「可視化される「ナショナルヒストリー」――アジア・ヨーロッパの歴史博物館の展開と現在」代表者・寺田匡宏、二〇〇八年度―二〇一〇年度

三菱財団人文科学研究助成「グローバリゼーション下における「負の記憶」展示の博物館学的研究――ドイツ、ポーランド、アメリカにおけるホロコースト・ミュージアム」代表者・寺田匡宏、二〇〇五年度

科学研究費補助金（基盤研究（A））「災害対応の地域研究の創出――「防災スマトラ・モデル」の構築とその実践的活用」代表者・山本博之、二〇一一年度―二〇一四年度

科学研究費補助金（基盤研究（B））「自然災害からの創造的復興の支援を目指す統合的な民族誌的研究」代表者・清水展、二〇一一年度―二〇一四年度

国立民族博物館共同研究「災害復興における在来知――無形文化財の再生と記憶の継承」代表者・橋本裕之、二〇一二年度―二〇一三年度

京都大学地域研究統合情報センター共同研究「紛争と災害後のメディアと記憶」代表者・西芳美、二〇一二年度

京都大学地域研究統合情報センター共同研究「災厄からの再生のための記録と記憶の〈場〉――災害・紛争後の記憶をつなぐ実践・支援とその可能性」代表者・寺田匡宏、二〇一三年度―二〇一四年度

人間文化研究機構共同研究「大規模災害と人間文化」代表者・木部暢子、二〇一三年度

科学研究費補助金（挑戦的萌芽研究）「ブーゲンビル戦の二つの記憶――草の根からの和解に向けて」代表者・大西正幸、二〇一五年度―二〇一七年度

Stipendium for the stay as a visiting scholar, Max Planck Institut für Wissenschaftsgeschichte, 2016.

総合地球環境学研究所所長裁量経費（若手研究者支援経費）「モンスーン、言語、歴史――アジアからの環境ナラティブ構築のためのネットワーキングとその映像による表現」代表者・寺田匡宏、二〇一六年度

総合地球環境学研究所所長裁量経費（若手研究者支援経費【個人研究】）「地球環境に関する複数形の未来ナラティブ形成のための基礎的研究――アジアとアンソロポシーンの視点から」代表者・寺田匡宏、二〇一七年度

【な行】

【は行】

【ま行】

【や行】

【ら行】

【さ行】

【た行】

5）作品名、書名、論文名、映画の題名

4）出来事名、事件名

3）地名、国名、建築名

【ま行】

【や行】

【た行】

【な行】

【は行】

【か行】

【さ行】

2）人名、組織名

【わ行】

【欧文】

【ま行】

【た行】

【か行】

索　引

・本書のうち、プロローグ、序章から終章までの各章、コラム、ダイアローグ、エピローグの本文と注から語句を採録した。
・上記を 1) 概念、ことがら、術語、2) 人名、組織名、3) 地名、国名、建築名、4) 出来事名、事件名、5) 作品名、書名、論文名、映画の題名の 5 つに区別して、それぞれの中で、日本語については、五十音順、欧文についてはアルファベット順で配列した。
・見出し語が語の中で使用されている場合、「歴史　——意識」「時間　物理学的——」などのように、見出し語を先に立て、見出し語の部分を「——」を用いて表記した。
・同じことがらに複数の呼び方がある場合は、「A → B」と表記し、B の名称で採録している。
・クロスレファレンスについては、「A (→ B も見よ)」という表記で示した。クロスレファレンスは、上記の 5 つの区分をまたがって参照した。

1) 概念、ことがら、術語

Columns

Furthermore, several complimentary topics are discussed in the columns: national museums and problem of linear narrative; the Chinese idea of reconstruction; the memory of tsunami in Aceh, Indonesia; and the similarity between Fukushima and Auschwitz.

*

Table of Contents

Murakami took the two day walk from Nishinomiya to Kobe, where he was born and raised until he came to Tokyo to enter Waseda University. His short travelogue detailing this short trip is an intimate inner dialogue between himself and his homeland, and reveals the complex feelings of the writer towards his devastated memoryscape.[22]

I like this essay partly because it captures the atmosphere after the catastrophe well, and partly because I may have the same complex feelings towards my homeland. I am an alumnus of the same high school as Murakami—I graduated from the Hyogo prefectural Kobe high school twenty-two years after him. In 2002, I traced his walk and wrote a short essay.[23] In closing this volume, I thought I would retrace Murakami's footsteps in 1997 and my own in 2002.

Walking from Nishinomiya to Kobe, like Murakami, I saw a landscape that has changed from both the earthquake and the ordinary metabolic process of city. Time passes and landscapes change. What does the passage of time mean twenty-two years after the incident? While this question is posed throughout this volume, both the real and imaginary landscape made me think about it seriously again.

Dialogues

This volume has two dialogues in which guests are invited and that are intended to provide supplementary information to the main chapters. In dialogue one, a talk with Kozo Kitagawa, whose photographic collection of the volunteers is highly praised,[24] investigates the meaning of the experience of voluntary activity after catastrophe. In the second dialogue, a talk with Chinatsu Shimizu, curator of the Sendai Medhiateque, reveals the significance of the narrative of catastrophe and various attempts to open this narrative to the future.

---

22 Haruki Murakami, "Kobe made aruku (A Walk to Kobe)," in Haruki Murakami, *Kinkei enkei (Scenary Near, Scenary Far)*, Tokyo: Shinchosha, 1998, in Japanese.

23 Masahiro Terada, "Kobe wo aruite mieta koto (What I Saw in Walking to Kobe)," *Rekishi saigai ningen (History, Catastrophe, and Humanity)*, 5, 2002, in Japanese.

24 Kozo Kitagawa, *Kazega hakonda kyuentai (Volunteers Came with the Wind)*, Kobe: Choseisha, 1996, in Japanese.

Supplementary Chapter 2. *Naru*-becoming and the *Energeia* of History

The idea the *energeia* of history is similar to that of *naru*, or "becoming," in Japanese. The historian of political thought, Masao Maruyama, has found this in the writing of *Kojiki*, the oldest Japanese historiography, which dates back to the seventh century.[18] He argues that *naru* has and continues to regulate Japanese historical thought. *Naru* is similar to the concept of *devenir*, or "becoming," in French, which was introduced by Gilles Deleuze and Félix Guattari as one of the key ideas in re-examining the human condition.[19] Tim Ingold, an anthropologist, has also used this term to revise the boundary of humanity among other things.[20] This reveals the possibilities of the approach of the *energeia* of history in the changing circumstance of the Anthropocene. At the same time, however, we should recognize the implications of this concept, especially its political meaning.

Between the 1930s and 1940s, the concept of *naru*-becoming had been utilized by the ultra-nationalists to enforce their ideology in support of imperial power in Japan, and to lead the Japanese nation into an era of fascism, invasion, and total war. At that time, Tadayoshi Kihira, one of the leading philosophers of *naru*-becoming, declared that the new Japanese philosophy should be based on the concept of *naru*-becoming instead of that of existence upon which Western philosophy was based.[21] The history of the concept of *naru*-becoming tells us that historiography is a double-edged sword.

Epilogue. Tracing Haruki Murakami's "A Walk to Kobe"

In 1997, two years after the Great Hanshin-Awaji Earthquake, novelist Haruki

---

[18] Masao Maruyama, "Rekishi ishiki no koso (Deep Consciousness of Japanese History)," in Masao Maruyama, *Maruyama Masao shu (Collected Works of Masao Maruyama)*, Vol. 10, Tokyo: Iwanami shoten, 1995, in Japanese.

[19] Gilles Deleuze et Félix Guattari, *Mille Plataux: Capiitalism et Schzophrénie*, Paris: Les édition de minuit, 1980.

[20] Tim Ingold and Gisli Palsson, *Biosocial Becomings: Integrating Social and Biological Anthropology*, Cambridge: Cambridge University Press, 2013.

[21] Tadayoshi Kihira, *Naruhodo no tetsugaku (Philosophy of Becoming)*, Tokyo: Unebi shobo, 1942, in Japanese.

is a process that does not have any singular end. History written under the concept of *energeia* might be able to redefine the directionality of history by taking both humanity and living things into account.

Moreover, the concept of *energeia* might show some significant importance in the understanding of the future. The importance of having a precise vision of the future in a plural form has recently been emphasized as necessary to a sustainable future. Xiumei Bai and Sander van Leeuw et al. argue that the plurality of scenarios would broaden future probabilities.[16]

How is it possible to have plural scenarios? This chapter suggests that revising the problem of writing the past and future is the key to this. Normally, the past and future is regarded to asymmetrical; but, according to the metaphysical theory of presentism, the past and future are symmetrical for the existence of time. If so, writing history and the future must be the equivalent. However, unlike the term "historiography," which means the writing of history, we do not have particular word for writing the future; hence, the term "futurography" used here. Between the dawn of civilization to the present, humanity developed knowledge and techniques of writing history, but did not do so for futurography. If we write about the future with as much effort as we have already paid to historiography in human history, we might be able to have futurographies as rich as past historiographies. To write is to activate the *energeia*, or actuality, of things hidden in the unwritten *dynamis*, or potentiality. The Italian historian, Carlo Ginzburg, calls this process clue tracking, and argues that it comes from the nature of human cognition dating back to time of hunter-gatherers in the Paleolithic era.[17] This is one way to pursue the *energeia* of history and, by furthering this direction, humanity might obtain their own future by themselves.

---

[16] Xiu Mei Bai, Sander van der Leeuw, Karen O'brien et al., "Plausible and desirable futures in the Anthropocene: A new research agenda," *Global Environmental Change*, 39, 2015.

[17] Carlo Ginzburg, *Clues, Myths, and the Historical Method*, trans. John and Anne Tedeschi, Baltimore: Johns Hopkins University Press, 2013.

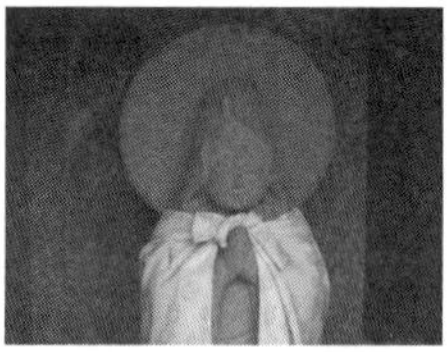

As Bodhisattva, several statue monuments are shown as protecting this world until the next emergence of the Buddha in 5.6 billion years (fig. 10–27 on p.686). Memorial trees represent the year in the life of plants, which are normally longer than that of humans. Levi-Strauss argues that the sacredness of things is acquired through successive rituals.[14] In the case of the monuments of the Great Hanshin-Awaji Earthquake, overcoming the problem of the time is achieved through the successive process of the building of such small monuments, which indicate existence of another life longer than that of humanity.

Conclusion. Environment, Past, and Future Seen from the *Energeia* of History

As the conclusion of the volume, this chapter summarizes the contents of the previous chapters and synthesizes them through the concept of the *energeia* of history. In doing so, special emphasis is placed on the idea of the distant past and the problem of futurography, or writing about the future.

The epoch of the Anthropocene is often thought to have been caused by human activity as an independent existence to the earth; taking catastrophe and its aftermath into account, the interdependence of nature and humanity should be analyzed more seriously. As Hegel argues, history is thought to be a process in which human rationality is fulfilled.[15] The concept of the Anthropocene requires the revision of such a view and a new approach is required—a historical narrative that covers not only human history, but also the evolutionary process of all living things is necessary. Different from *enthelecheia* (*ἐντελέχεια*)—or actuality with particular aim—*energeia*

14 Claude Lévi-Strauss, "La Pensée Sauvage," dans Claude Lévi-Strauss, *Oeuvres*, Paris: édition Gallimard, 1962.

15 G. W. Friedrich Hegel, "Die Philosphie Weltgeschichte, zweiter Entwurf," in G. W. F. Hegel, Vorlesung über die Philosophie der Weltgeschichte, Band 1, Die Vernunft in der Geschichte, Hamburg: Felix Meiner Verlag, 1955.

direction of emotion in the memorialization of catastrophe is re-examined. One of the characteristics of late modernity is the reflexivity of social settings, and the problem of emotion in the museum memorializing catastrophe is no exception.

Chapter 10. To be with Memory of the Catastrophe: Beyond *Aporia* of Conservation

Remains of the catastrophe are often conserved as historical heritage. In spite of their usefulness, however, remains are proof of the traumatic event. To preserve things that witnessed the tragic incident reminds those traumatized by the same event of the very incident—as if it were happening again then and there. This sometimes causes social conflict concerning whether or not such remains should be conserved. In Tohoku prefectures—the affected area of the 3.11 triple catastrophe—public opinion on this problem is divided, and it is not easy to find a solution.

This chapter views this as a problem caused by the *aporia* of conserving of past. Seen from the physical reality, conserving the past is impossible; as discussed in chapter eight. Time simply passes and all things must obey the principle of entropy. In this sense, to conserve the past is an unnatural operation and, in order to solve the *aporia* mentioned above, there is a compromise between physical reality and social necessity.

In Gibellina in central Sicily, Italy, the site of the earthquake in 1968 is conserved not merely as remains, but also as an artistic work (fig. 10-20 on p.682). Art is one way of showing the hidden possibility of reality, as the revealed actuality and artwork can be used for a complementary way of conserving the traumatic site as it is. Instead of preserving remains, the survivors of the Great Hanshin-Awaji Earthquake erected small monuments, statues, or memorial trees at the site of the tragedy. These are so small that they cannot be said to function as historical remains effecting social opinion; however, because of their ubiquitous presence in the area, they are treated as an important part of public memory.

Part IV. Catastrophe Remains in the Environment: Keeping the Past as Monuments, Memorials, and in Sites

The fourth part centers on the theme of how catastrophe remains in the environment. Defining catastrophe as a huge devastating incident means that it must affect the particular space or region—that is, environment—in which it occurs. Traces thus remain in environment in various ways. Chapter 9 focuses on memorial sites as environment in a narrow sense, while the following chapter deals with monuments and landscapes as the broader sense.

Chapter 9. Politics of Emotion: Dramatization of Catastrophe at Memorials

Catastrophe influences human emotion. This is not only the case for those who experience it directly, but also for those who follow the traces of the event—even centuries afterwards. This dimension is particularly problematic when it comes to the social and public memory of catastrophe. Emotion is deeply rooted in one's selfhood; therefore, to activate it would mean directing human inner-energy somewhere. Currently, the cultural industry utilizes this dimension of emotion in various ways.

The case-studies of this chapter are two memorial sites: the Memorial and Museum in Belzec, Poland (fig. 9–1 on pp.564–565), which memorializes the former extermination camp; and the Holocaust Memorial (the Memorial to the Murdered Jews of Europe, fig. 9–17 on p.600) in Berlin, Germany, which is for all victims killed under the Nazi regime. Both are sensitive to the problem of the utilization and direction of emotion regarding the Shoah, or Holocaust. In the Berlin site, the unfamiliar figure of the memorial provokes the emotions of visitors. Although the direction of emotion can be observed at the Belzec site, the entire site is structured to mitigate the feeling of emotional manipulation. The methods used in the

Chapter 8. Whose Memory? To Whom Is Memory Memorized? : *Die Kindheit in Kobe, or Childhood in Kobe*

According to the presentism theory in metaphysics, there exists only present and things in the past and future do not exist. It is often thought that it is possible to represent the past by exhibiting things which have existed in the past or by asking those who experienced past. However, strictly speaking, things which existed in past do not exist in the present and those who have experienced a past event do not exist in the present, even if the person does. This requires us to have alternative perspective towards time, and we should search for a means of being open to the past that emerges as a phenomenon of present.

Children, especially newborn infants, are radically open to the future. This chapter investigates the narrative of children who were prenatal, fetal, or neonatal when the Great Hanshin Awaji Earthquake occurred (fig. 8–6 on p.541). Against the expectation that they would be unable to remember the incident, because it occurred before their birth or when they were quite little, interviewed children talk about their "experience" quite vividly. One of children tells of how he was shaken in the trembling of the earthquake, which measured 7 in intensity, while another talks in great detail about how dishes and glasses fell down from the kitchen shelves. Do they repeat their own memory? It is evident that they were told about the earthquake by their parents and made these memories their own. Children repeat such transmitted memories as their own.

Martin Heidegger, in *Being and Time*, defines death as one end of the existence and birth as the other.[13] But is birth really the end of existence? Thinking about the overlapping memories of parent and newborn infant, the boundary of both ends of life are blurred and the idea of the existence extended.

[13] Martin Heidegger, Sein und Zeit, Tübingen: Max Niemeyer Verlag, 1972.

Chapter 7. Tragedy and Narrative: Voices of the Dead

Catastrophe is often narrated as a tragedy. Although this may seem quite natural, it is curious—a catastrophe is not a play in a theater, but an incident that happened in the real world. Even though a catastrophe is not a theatrical event, humanity describes it using terms for theater. Aristotle defines tragedy as a narrative that has a beginning, middle, and an end.[12] It is a basic condition of human understanding of an event that occurs in time. To narrate catastrophe as a tragedy is based on this fundamental condition of humanity.

This chapter collects two narratives from survivors of the Great Tohoku Tsunami in 1933. In a small village in Northeastern Japan (fig. 7-1 on p.440), around seventy years after the incident, Mr. M., 90, —who was in his twenties at the time, and lost his father and younger brother in the tsunami—remembers the catastrophe well, but cannot talk about them and remains reticent after more than half a century. Mr. K., 88, —who was in his teens when he lost his parents and friend to the disaster—repeats their last words as if they were present in front of him. Although those two examples seem to be contradictory, they share a common strong feeling for the existence of the dead. Death is an end of life, beyond which there can be only nothingness or infinity. An ending is the termination of liner duration—and a duration which has an end must have middle and a beginning. Those who keep the dead in their memory always confront this place of ending. One reason a catastrophe is narrated as tragedy is because of this confrontation with the strong feeling for the existence of the dead in their memory.

12 Aristotle, *Poetics*, op. cit.

of the Great Kanto Earthquake, which hit Tokyo in 1923 and killed more than one hundred thousand people, we can find interesting differences in how reconstruction was represented in post modernity and modernity. Although both memorialize the reconstruction and recovery from devastating disasters, the museum built in 2002 is called the "Center for Humanity, Disaster Reduction, and Future," whereas that built in 1935 is named the "Great Kanto Earthquake Memorial Hall for the Recovering." The former does not use the term "recover" anymore, but uses the word "future." The words "recovery," "reconstruction," and "resurrection" imply life and body, and such terms have been preferred in modern Japan. However, this implication is no longer required in the era of post-modernity.

The buildings of both museums also show vivid contrast. The architectural style of the museum for the 1923 earthquake is based on the Japanese traditional style with religious flavor, and gives a feeling of the depth of tradition (fig. 6–2 on p.364). By contrast, the entire façade of the museum for the 1995 disaster is covered with glass and seems to represent flatness; it emphasizes the transparency and sense of floating, which are significant criteria in post-modernity.

Part III. Catastrophe and Memory

The third part of the book focuses on the theme of memory and catastrophe. When an individual encounters a catastrophe, he/she cannot help narrating his/her experience to another. For human beings—or for living beings in general—avoiding catastrophic experience is desirable for their survival; therefore, how to remember the incident is important for their subsistence. At the same time, it is not easy to transmit such an experience to another, as the catastrophe is usually a traumatic experience. How has humanity narrated the catastrophe? And what is a desirable way to do so, especially towards the future generation? This part investigates these questions, focusing on the memory of catastrophe in two phases of life: in years of being elderly and those of childhood.

exhibition's primary narrative is told through the story of a family, represented in the movie theater of the museum: the protagonist, a young lady, tells of the death of her elderly sister in the big fire caused by the earthquake, and her struggle towards recovery from the shock of it.

While such deaths were reported in Kobe at the time, the story told is a fictional one. Neither the narrator nor the sister have a name—they were fabricated as anonymous people. Why should such unknown characters be created instead of using some the sixty thousand victims, who had their own names? This is because the museum was established by the central government who required a national symbol of reconstruction. Benedict Anderson argues that the nation state needs the tombs of Unknown Soldiers as a symbol for national integration. The Great Hanshin-Awaji Earthquake was treated as the national catastrophe by both the government and the Japanese population, and recovery from it was a national endeavor. In order to represent such a process, the museum needed to fabricate the Unknown Dead as a symbolic figure.

Various methods were used to strengthen the representational effect of the Unknown Dead. Koichi Kawakita, a film director famous for his special effects techniques in the Godzilla series, was featured. Moreover, the representation of young, unmarried (i.e. virginal) females in the story is similar to that of war paintings like "The Massacre at Chios" by Eugène Delacroix or "Compatriots on Saipan Island Remain Faithful to the End" by Tsuguharu Fujita. Young (virginal) females symbolize fragility on the one hand, and human vital energy towards recovery on the other.

The museum attracts five hundred thousand visitors every year, i. e., sacrificing a young (virginal) female in the story attracts such kinds of mass attention. How to exhibit recovery from the catastrophe in the museum was also a problem of gender politics in a broad sense.

Chapter 6. Transparent Space, Flamboyant Time: Mourning and Reconstruction in Modern/Post-Modern Japan

By comparing the memorial museum of the Great Hanshin-Awaji Earthquake to that

that shook their inner experience. The photographs taken by Kozo Kitagawa caught this essential moment among the volunteers.

Part II. Catastrophe, Nation State, and the Modernity

The second part of the book deals with the problem of the function of the nation state after the catastrophe. The nation state is a typical phenomenon of modernity; therefore, the main issue pursued in this chapter is how the modern state deals with catastrophe. To investigate this, the research emphasis is the museum. The museum is an institution that emerged in modern European modern and spread worldwide, and which thus parallels the process of modernization. In this sense, this part of the book also confronts the history of Japan becoming a modern state.

Chapter 5. Recovering through the Unknown Dead

Soon after the Great Hanshin-Awaji Earthquake, the Japanese government established the committee for the reconstruction of the Hanshin area. Its task was to discern the proper direction for reconstruction and recovery, and to share their findings with society. The committee published several proposals; interestingly, in the paper released in May 1995—just four months after the catastrophe—establishing a memorial museum of reconstruction was already proposed, among other concrete policies. Why did they declare the need to build a memorial museum in such an early phase of the aftermath? The earthquake was so enormous that almost no one had a concrete vision of how to recover from it. Declare the plan for the foundation of a memorial museum was a symbolic act; by setting down an image predicting the process of reconstruction, they aimed to show society a proper direction for recovery. This first vision of recovery regulated the entire building of the memorial museum, which opened in 2002—seven years after the incident (fig. 5-1 on p.253).

The exhibition represents the recovery process using various media, including films, dioramas, panels, documents, testimonies, and remains. The of the volunteer workers. More than one million people visited Kobe to help those suffering from damage caused by the incident. Such a mass movement was unexpected and was thus treated as a kind of social change signifying the transition from a society governed by rigid bureaucracy to a vital civic society supported by various non-governmental sectors. The NGO and NPO received civil rights, and even the Law for Promotion of the NPO Activity passed the Diet.

The majority of volunteers belonged to a younger generation under their thirties. Interestingly, most of the participants of Aum shinrikyo, a religious cult responsible for the sarin attack on the Tokyo subway in the same year, were also from this generation. Several social critics have argued that the volunteer movement and subway attack are two sides of the same coin. Both wanted to impact the world; one functioned as positive force, while the other had a negative effect. This need for relief comes from the lack of History—that is, a historical narrative—written after the end of the Cold War.

Supplementary Chapter 1. The Faces of Volunteers Speak: The Catastrophe Photographed

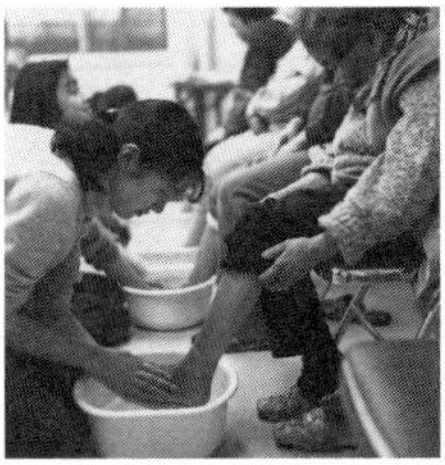

As individuals, volunteers performed numerous caring activities, including a foot massage service for the elderly (fig. in Gallery on p.228) or the provision of therapy by talking and listening. However, their most common activity was simply being there—sitting next to those who were suffering was their main task. With reference to the concept of *vulnérabilité* and *visage* forwarded by the French philosopher, Emmanuel Levinas,[11] it can be said that these volunteers were keeping an eye on the faces of victims while offering their faces to the victim's gaze. Both volunteers and those they helped were communicating by face-to-face contact, and it was a moment

[11] Emanuel Levias, *Totalité et infini: Esssai sur l'extériorite*, Paris: Le livre de poche, 1971.

the Great Hanshin-Awaji Earthquake in one of his poems.[8] He lived near the area where the earthquake caused a large fire. When featured in mass media, the area's hellish scenery shocked the entire nation greatly (fig. 5–4a on p.286), and the place was referred to as ground zero of the catastrophe—even the emperor and empress lay flowers there. Kimura's poem depicts the time during the big fire. The flame was dancing without sound, he writes. Dancing is movement and it must be a phenomenon of time. If there is time, sound should be heard by the poet, because sound is also function of time; however, he did not hear any sound then. His poem indicates that the vortex of catastrophe might be perceived as a timeless moment.

According to the philosopher of psychiatry, Bin Kimura, self emerges from the timeless deep state of consciousness.[9] He argues that in the abyss of our self, there is an area in which time does not exist; and, from this original state, self emerges through a process of differentiation between self and non-self. French philosopher, Jacque Derrida, also emphasized the importance of this function of differentiation in his use of the term "*différance.*" [10] Time of catastrophe is time of timeless, and hence it is an original state of momentum of our time consciousness.

Chapter 4. Experiencing the Tremble: How Did Volunteers Experience the Catastrophe?

One of the characteristics of the Great Hanshin-Awaji Earthquake is the emergence

---

8 Toshio Kimura, "Shizukesa ni kurui (Dellusion in Silence)" in Toshio Kimura, *Hibi no sumika (Habitat for Everyday Life)*, Tokyo: Shoshi Yamada, 1996, in Japanese.

9 Bin Kimura "Jikan no kanshukansei (Inter-subjectivity of Time)," in Bin Kimura, *Guuzensei no seishinbyouri (Psychopathology of Contingency)*, Tokyo: Iwanami shoten, 2000, in Japanese.

10 Jacques Derrida, *La voix et le phénomene: Introduction au problème du signe dans la phénoménologie de Husserl*, Paris: Presses Universitaires de France, 2016.

Participants in this activity called it the "movement for documenting experience," and they aimed to convert their experience into historical consciousness. Why did they need historical consciousness? During modernization, Japanese intellectuals had an inferiority complex regarding their lack of historicity. They thought that historical consciousness comes from the existence of something transcendental, like the God in Christianity, and because Japan did not have such a thing, Japan could not have history.

Shortly after Japan's defeat in the Second World War, one of the leading figures of such thought, Bunzo Hashikawa (1922–1983), argued that the Japanese would be able to develop historical consciousness if they truly confronted the meaning of their defeat, as it had completely changed Japanese legitimacy.[7] His declaration made a huge impact and has shaped Japanese intellectuals since. Over the course of time, many sought another transcendental experience than that of war. Catastrophe seemed to be such an experience; therefore, some thought that to document and memorize it would bring the Japanese another chance to obtain historicity. The process of recovering from the catastrophe became a hallmark of the Japanese historical experience in the post-war period.

Chapter 3. To Be in Front of the Catastrophe: The Moment of Vortex

Catastrophe strips everyday life of its skin. Encountering a catastrophe, the individual has to look at the naked state of his/her world. Being in the catastrophic event, the individual realizes that he/she is exposed to something huge as a mere body. In this sense, usage of the term "catastrophe" is not limited to natural disasters; a man-made incident is called catastrophe, as is typically observed in the case of war. In a catastrophe, humanity is in a state of submission and not allowed to have free will or freedom of determination. It is an extreme experience of time; but, such extremity also teaches us what is essential for time.

The poet, Toshio Kimura, describes how he experienced time in the vortex of

[7] Bunzo Hashikawa, *Rekishi to taiken: kindaiseishinshi oboegaki (Historicity and Experience: Memorandum for Modern Intellectual History)*, Tokyo: Shunjusha, 1964, in Japanese.

the viewpoint of those who experience it directly in person.

Chapter 1. Catastrophe Remembered: Narrating the Present Catastrophe by Remembering the Past Catastrophe

The Great Hanshin-Awaji Earthquake hit on January 17, 1995, at 5: 46 AM. It was a completely unexpected event for the majority of the population in the affected area. Although several earthquakes have occurred in that area over the past millennium, such history was forgotten, and people believed that there had not been any large earthquakes there before. Experiencing an earthquake that measured 7 on the intensity scale made many realize that this kind of "faith" was groundless.

Those who endured this unexpected event looked for a way to understand it; a pattern of narrative for the catastrophe was required. As there had not been a historical narrative for the earthquake in that area, they referred to other types of catastrophic events—like the 1945 air raid during the Second World War or the large flood in 1938. Nobel laureate, Svetlana Alexievich, points out that a new catastrophe activates memories of past catastrophes, and that the present catastrophe requires the narrative of those past as a reference.[6] In consulting historical experience and knowledge, people sought a means of recovering from the unexpected shock of the incident.

Chapter 2. Records and Memories: Historical Consciousness and Transcendental Experience in the Japanese Historical Context

After the Great Hanshin Earthquake, there emerged a social movement for documenting the disaster. A lot of books on the incident have been published and municipal libraries were willing to collect them. Numerous citizen initiatives also wanted to document various aspects and their aftermath. This mass movement happened because it was a rehabilitation process from the shock of the catastrophe, but the movement had another meaning, especially in the Japanese historical context.

---

6 Svetlana Alexievich, *Voices from Chernobyl*, trans. Keith Gessen, Dalkey Archive Press, 2005.

(modern Tokyo) in 1855.

The print is unique because it represents the earthquake as a figure of a fish, and also because its narrative lacks historical perspective. The image talks about both this earthly world, where living people reside, and the other world, inhabited by the dead; it does not indicate any sense of history or the future at all, however. We call this tendency presentism. By comparison, today Japanese people talk about catastrophe using historical vocabulary. Why did such a change happen? Does it relate to Japanese modernization? Indeed, key questions asked by this book emerge from this small block print.

Introduction. Time, Catastrophe, and *Energeia*

Problems concerning environment are normally thought to be a problem of space, because the idea of environment is seen as spatial matter. The rise of environmental issues as one of the foremost problems of the present, however, reveals that the environment is a problem of both our future and past; as such, environmental questions must be dealt with one at a time. Moreover, the term "environment" is equivalent to the word "world." The term "world history" is typically used to refer to human history and a process towards the realization of complete human rational subjectivity. At the same time, however, as long as the world is regarded as an environmental phenomenon, our notion of history should be broadened. Catastrophic natural disasters provide impetus to expand our concept of history, because they makes us think about the long past and power of nature, both of which transcend humanity. Paying attention to the moment of catastrophe brings about new perspectives on nature and history. In this sense, history is not only the product of humanity, but also of all living and non-living things. One means of analyzing this is provided by the concept of the *energeia* of history, which questions the process of how history emerges from an event.

Part I. Catastrophe as an Event

This part investigates catastrophe as an event; that is to say, we see catastrophe from

developed by Aristotle, who thought that reality emerges as the result of the transition from *dunamis* (δύναμις), or possibility, to *energeia*, or actuality.[4]

Historical progress is typically thought to be a dynamic process. The German philosopher, Karl Löwith, argued that the dynamics of history come from processes in which humans are involved and that, by virtue of this involvement, humans take a subjective position in history.[5] Thinking about catastrophic natural disasters makes us reconsider the problem of who the subject and object of history are, because the occurrence of the event itself has nothing to do with human existence.

Recently, a new definition of geographical epoch has been discussed in environmental studies. The term "Anthropocene" has emerged and requires the revision of human-nature relationship. When we think of the long duration of time beyond humanity, we confront the problem of the concept of history means in itself. Using the term "*energeia*," this volume seeks a new way of writing history that covers the subjectivity of both humanity and the environment.

A summary of each chapter in the volume is provided hereunder.

Prologue. *Namazue* Catfish Print and Presentism

On the back of two large catfishes is a crowd of people. Wearing traditional kimono, they strike and hit the fishes with harsh cries. A Kabuki character and even a "God" can also be seen among the mob (fig. 0–1 on pp.2–3). This is an example of the so-called catfish print, which was sold without permission by the Tokugawa shogunate shortly after the devastating earthquake that hit Edo

[4] Aristotle. *Physics*, eds. Page et al., Loeb Classical Library, Cambridge MA: Harvard University Press, 1929; Aristotle. *Metaphysics*, eds. H. Tredennik, Loeb Classical Library, Cambridge MA: Harvard University Press, 1933.

[5] Karl Löwith, "Die Dynamik der Geschichte und der Historismu," in Karl Löwith, Weltgeschichte und Heilsgeschehen: zur Kritik der Geschichtsphilosophie, Sämtliche Schriften. Bd. 2, Stuttgart: Metzler, 1983.

of disastrous incidents, narrating them is an important deed for both the individual person and his/her community. Consequently, how catastrophes have been and should be narrated is one of the main themes of this study.

The third term is "reconstruction," and is typically used in modern Japan as a symbolic word after catastrophic events. Reconstruction implies the rebuilding process of devastated architectures or infrastructures, as well as the revitalization of society itself. Reconstruction is a synonym for resurrection. Although the majority of Japanese are Buddhist and resurrection or incarnation (*samsāra*) has a rather negative meaning in the Buddhist doctrine, the recovery of lost lives is strongly desired—especially in the aftermath of catastrophe. The use of this term reveals Japanese people's ambivalence towards life as a social phenomenon.

Fourth, we must consider the problem of the Unknown Dead; this references Benedict Anderson's argument regarding the tombs of Unknown Soldiers and nationalism.[3] He finds that nation-states need this as a symbol of the integration of the nation and state. The exhibition of a memorial museum for the Great Hanshin-Awaji Earthquake fabricates the Unknown Dead in representing the reconstruction process of the catastrophe. Although the earthquake killed more than six thousand people, the museum does not wish to represent those victims as individuals, rather that featured there is nameless. Sponsored by the Japanese central government, it required a symbolic figure under which the entire nation can accomplish reconstruction as a national endeavor.

Interestingly, the Unknown Dead is presented as a young, unmarried female. In many folktales, a young female virgin is sacrificed in the pursuit of communal enterprise. The fabrication of the Unknown Dead as a young, unmarried female in the memorial museum for the reconstruction of the catastrophe may relate to a deep unconscious desire for praxis of sacrifice.

Finally, this study uses the concept of the *energeia* of history as its analytical framework. This study is particularly interested in how events become historical; namely, how they are perceived and described in history. The idea of *energeia* was

---

[3] Benedict Anderson, *Imagined Communities: Reflections on the Origin and Spread of Nationalism*, Revised edition, Verso, 2006.

Japan. Exploring the aftermath of this disaster, this book investigates the historical significance of the Japanese response and societal resilience towards environmental crisis.

As the aforementioned keywords indicate, this volume uses several terms to set the scheme of the study. These words provide a rough sketch of the book.

First, how does the term "catastrophe" relate to the environmental problem? It might seem obvious, because—in the normal sense—catastrophe is a synonym for natural disaster. While this volume mainly deals with natural disaster, its scope is not limited to it. It also deals with and re-examines the meaning of man-made disasters, which include war and accidents at nuclear power stations.

This study views catastrophe as a crisis of seeing. Italian philosopher, Giorgio Agamben, argues that the reason why catastrophe is catastrophe is because, in such conditions, a human being is forced to die without being seen by anyone.[1] In the Auschwitz concentration camp, for instance, the victims died without attention from anyone, and are hence said to have died in inhumane conditions. To be seen means to be cared for by someone; the reciprocal relation of caring about and being cared for is one of the basic conditions of humanity. Using the term "catastrophe," this volume will investigate this ontological dimension of human relationships.

The second term we should investigate here is "time." Those confronted with catastrophe often find their concept of time undermined as a result, as such an extreme experience makes one reconsider the meaning of time. Time has various dimensions, including the physical, phenomenological, and metaphysical. This volume views historical time as the integration of these three dimensions, and observable in societal reactions towards the shock of catastrophe.

The problem of time also relates to that of narrative. As defined by Aristotle,[2] a narrative has a beginning, middle, and an end; and this characteristic comes from the directionality of time. To narrate is a fundamental human activity. In the wake

---

[1] Giorgio Agamben, *Quel che resta di Auschwitz: L'archivio e il testimone*, Torino: Bollati Boringhieri, 1998.

[2] Aristotle, *Poetics; Longinus: On the Sublime; Demetrius: On Style*, trans. Stephen Halliwell et al., Loeb Classical Library, Cambridge MA: Harvard University Press, 1995.

Catastrophe and Time

Memory, Narrative, and the *Energeia* of History

Masahiro Terada

RIHN Book Series of Environmental Humanics

Research Institute for Humanity and Nature
Kyoto, Japan

2018

Kyoto University Press

English Summary

Key Words: history, metahistory, catastrophe, time, *energeia* (ἐνέργεια) of history, dynamics of history, writing history, narrative, the Great Hanshin-Awaji Earthquake, the Great Kanto Earthquake, the Unknown Dead, the Shoah/Holocaust, reconstruction, resurrection, museum, monument, memorial, presentism, historicism, historical consciousness, death/birth, *naru*-becoming, futurography, Anthropocene.

This volume investigates the meaning of catastrophe in environmental humanities by focusing on the Great-Awaji Hanshin Earthquake, which hit Kobe on January 17, 1995. In a city with a population of a million, it killed more than six thousand people and caused devastating damage, including large fires and collapsed highways. This was the largest catastrophe in Japan since the Second World War, until the Tohoku Earthquake—or Triple Disaster—of March 2011. The Great-Awaji Hanshin Earthquake marked the transition from modern to post-modern society in

【著者紹介】

寺田 匡宏（てらだ まさひろ）

総合地球環境学研究所客員准教授。歴史学、メタヒストリー、地球環境学。歴史と記憶の関係や、歴史という人間中心の概念が非人間を扱う環境とどう関係するかを研究。また、メタヒストリーという記述の立場から、超長期の過去であるアンソロポシーンと未来史についても研究。国立歴史民俗博物館COE研究員、国立民族学博物館外来研究員、総合地球環境学研究所特任准教授、マックス・プランク科学史研究所（ドイツ、ベルリン）客員研究員などを歴任。これまで、明治大学、立命館大学、ナーランダ大学（インド、ビハール）、タゴール国際大学（インド、ベンガル）、ハノイ国家大学（ベトナム、ハノイ）、世界文化会館（ドイツ、ベルリン）ほかの大学、文化機関で講義を行ってきた。著書に、『人は火山に何を見るのか ── 環境と記憶／歴史』（昭和堂、2015年）、『災厄からの立ち直り ── 高校生のための〈世界〉に耳を澄ませる方法』（編著、あいり出版、2016年）、『記憶表現論』（笠原一人と共編著、昭和堂、2009年）ほか。映像作品に『Die Kindheit in Kobe 神戸の幼年時代』（カラーDVD、2005年）、『シャンティニケタンへの道』（カラーDVD、2016年）ほか。

【About the Author】

Masahiro Terada is a visiting associate professor of history and meta-history at the Research Institute for Humanity and Nature (RIHN) in Kyoto, Japan. His research explores history, memory, and meta-history with a focus on the relationship between history, which deals with humanity, and the environment, usually thought to be a matter of non-human things. From this position, he is currently investigating the concept of the Anthropocene in the East Asian perspective, as well as the problem of "futurography." Terada was a COE researcher at the National Museum of Japanese History in Chiba, Japan; a visiting researcher at the National Museum of Ethnology in Osaka, Japan; and a visiting research scholar at the Max Planck Institute for History of Science in Berlin, Germany. He has delivered lectures at numerous universities and cultural institutions, including: Meiji University in Tokyo, Japan; Ritsumeikan University in Kyoto, Japan; Nalanda University in Bihar, India; Visva-Bharati University in Bengal, India; Hanoi National University in Hanoi, Vietnam; and Haus der Kulture der Welt in Berlin, Germany. His publications include: *What You Are Waiting for on the Top of the Volcano, or Towards a New 'Scienza Nuova' of Humanity and Nature*, Kyoto: Showado, 2015 (in Japanese); *Hearing the Voices, Healing the World: Towards Better Understanding of Human Being in Aftermath of Catastrophe [A Young Generation's Reader]*, ed., Kyoto: Airi Shuppan, 2016 (in Japanese); and *Memory and Representation*, ed. with Kazuto Kasahara, Kyoto: Showado, 2009 (in Japanese). He has also produced visual work, namely: *Die Kindheit in Kobe; Childhood after the Earthquake*, Color, DVD, 2005; and *A Passage to Shantiniketan*, Color, DVD, 2016.

環境人間学と地域
カタストロフと時間
── 記憶／語りと歴史の生成《エネルゲイア》

平成 30（2018）年 3 月 30 日　初版第一刷発行

著　者　　寺　田　匡　宏
発行人　　末　原　達　郎
発行所　京都大学学術出版会
京都市左京区吉田近衛町69番地
京都大学吉田南構内（〒606-8315）
電　話（075）761-6182
FAX（075）761-6190
URL　http://www.kyoto-up.or.jp
振　替　01000-8-64677

ISBN 978-4-8140-0151-4
Printed in Japan

印刷・製本　㈱クイックス
装幀　鷺草デザイン事務所
定価はカバーに表示してあります